2022 河南统计年鉴

HENAN STATISTICAL YEARBOOK

河南统计年鉴

HENAN STATISTICAL YEARBOOK

2022

河南省统计局
国家统计局河南调查总队 编

Compiled by Henan Province Bureau of Statistics
Survey Office of the National Bureau of Statistics in Henan

总第39期 NO.39

2022 河南统计年鉴

图书在版编目（CIP）数据

河南统计年鉴. 2022 = Henan Statistical Yearbook 2022 : 汉英对照 / 河南省统计局, 国家统计局河南调查总队编. -- 北京 : 中国统计出版社,2022.11
ISBN 978-7-5037-9943-3

Ⅰ. ①河… Ⅱ. ①河… ②国… Ⅲ. ①统计资料－河南－2022－年鉴－汉、英 Ⅳ. ①C832.61-54
中国版本图书馆CIP数据核字（2022）第157077号

河南统计年鉴2022

作　　者/ 河南省统计局　国家统计局河南调查总队
责任编辑/ 高媛媛
装帧设计/ 文　莎
出版发行/ 中国统计出版社有限公司
地　　址/ 北京市丰台区西三环南路甲6号
邮政编码/ 100073
电　　话/ 邮购（010）63376909　书店（010）68783171
网　　址/ http://www.zgtjcbs.com
印　　刷/ 河南豫统印刷有限公司
经　　销/ 新华书店
开　　本/ 890mm × 1240mm　1/16
字　　数/ 1400千字
印　　张/ 44　彩页 0.75
版　　别/ 2022年11月第1版
版　　次/ 2022年11月第1次印刷
定　　价/ 398.00元　Price: 398.00yuan（RMB）

本书附同版本CD-ROM一张，光盘内容以书面文字为准。
如有印装差错，由本社发行部调换。

《河南统计年鉴2022》

编委会和编辑部工作人员名单

编 委 会

编辑部工作人员

2022 河南统计年鉴

Editorial Board and Staff

编辑说明

一、《河南统计年鉴2022》是一部全面反映河南省经济和社会发展情况的资料性年刊。本书收录了全省和各市（县）2021年以及重要历史年份的经济和社会各方面大量的统计数据，并收录了全国及各省市区2021年的主要统计数据。

二、全书内容分为27个部分，即，1. 综合；2. 国民经济核算；3. 人口；4. 就业人员与职工工资；5. 固定资产投资；6. 对外贸易；7. 能源；8. 财政；9. 物价；10. 人民生活；11. 城市概况；12. 农业；13. 工业；14. 建筑业；15. 房地产业；16. 批发和零售业、住宿和餐饮业；17. 金融业；18. 其他服务业；19. 运输和邮电；20. 资源和环境；21. 科技；22. 教育；23. 卫生和社会工作；24. 文化和体育；25. 公共管理、社会保障和社会组织；26. 各县（市、区）主要统计指标；27. 全国及各省区市主要统计指标。

三、为方便读者使用，各篇章前设有《简要说明》，对本篇章的主要内容、资料来源、统计范围、统计方法以及历史变动情况予以简要概述。篇末附有《主要统计指标解释》。

四、资料中所使用的度量衡单位均采用国际统一标准计量单位。

五、 本年鉴部分数据合计数或相对数由于单位取舍不同而产生的计算误差均未作机械调整。

六、本年鉴各表中，有关对全表的注解均在该表上方，对表中部分指标的注解则在该表下方。凡带续表的资料，对部分指标的注解一律在最后一张续表的下方。

七、本年鉴表中的符号使用说明："空格"表示该项统计指标数据不详或无该项数据；"#"表示其中的主要项。

Editor's Notes

I. Henan Statistical Yearbook 2022, is an annual statistical publication, which reflects comprehensively the economy and society development of Henan. It covers data for 2021 and key statistical data in some historically important years at the provincial level and city(couty) level of Henan. It also covers data for 2021 and key statistical data at the national level and the local level of other provinces.

II. The yearbook contains the following 27 parts, 1.General Survey; 2.National Accounts; 3.Population; 4.Employment and Wages; 5.Investment in Fixed Assets, 6.Foreign Trade; 7.Energy; 8.Government Finance; 9.Prices; 10.People's Living Conditions; 11.General Survey of Cities; 12.Agriculture; 13.Industry; 14.Construction; 15.Real Estate; 16.Wholesale and Retail Sale Trades, Hotels and Catering Services; 17.Financial Intermediation; 18.Other Services; 19.Transport, Postal and Telecommunication Services; 20.Resources and Environment; 21.Science and Technology; 22.Education; 23.Public Health and Social Work; 24.Culture and Sports; 25.Public Management, Social Security and Social Organizations; 26.Main Indicators of County (City, municipal districts); 27.Main Indicators of the Whole Nation and 31 Provinces (Municipality, Autonomous Regions).

Ⅲ.To facilitate readers, the Brief Introduction at the beginning of each chapter provides a summary of the main contents of the chapter, data sources, statistical scope, statistical methods and historical changes. At the end of each chapter, Explanatory Notes on Main Statistical Indicators are included.

Ⅳ.The units of measurement used in this yearbook are internationally standard measurement units.

V. Statistical discrepancies on totals and relative figures due to rounding are not adjusted in this yearbook.

VI. The notes concerning the whole table are placed at the upper part of the table, while the notes concerning individual indicators are placed at the lower part of the table. If the table occupied more than one page, the notes of the individual indicators are placed at the end of the last page.

VII. Notations used in this yearbook: "(Blank)" indicates that the data are unknown or are not available; "#" Indicates a major breakdown of the total.

目录索引

2022 河南统计年鉴

目　　录

CONTENTS

一、综合

General Survey

二、国民经济核算

National Accounts

三、人口
Population

四、就业人员与职工工资
Employment and Wages

五、固定资产投资

Investment in Fixed Assets

六、对外经济贸易

Foreign Trade

七、能源
Energy

八、财政

Government Finance

九、物价

Prices

十、人民生活

People's Living Conditions

十一、城市概况

General Survey of Cities

十二、农业
Agriculture

十三、工业
Industry

十四、建筑业
Construction

十五、房地产业

Real Estate

十六、批发和零售业、住宿和餐饮业
Wholesale and Retail Sale trades, Hotels and Catering Services

十七、金融业

Financial Intermediation

十九、运输和邮电

Transport, Postal and Telecommunication Services

二十、资源和环境

Resources and Environment

二十一、科学技术

Science and Technology

二十二、教育

Education

二十三、卫生和社会工作
Public Health and Social Work

二十四、文化和体育
Culture and Sports

二十五、公共管理、社会保障和社会组织
Public Management, Social Security and Social Organizations

二十六、各县（市、区）主要统计指标

Main Indicators of County（City, municipal districts）

二十七、全国及各省、区、市主要统计指标

Main Indicators of the whole Nation and 31 Provinces (Municipality, Autonomous, Regions)

综合
General Survey

1

◎ 资料整理：赵霞 靳伟莉 乔旭明 李湛

简要说明

一、主要内容

本篇包括行政区划资料，国民经济综合资料，基本单位资料，航空港区资料。

二、资料来源

行政区划资料，是截止上年末经国务院批准的行政区划变更情况，由河南省民政厅提供。

国民经济综合资料是通过对各篇章主要统计指标及其速度、结构和效益等加工计算的，由河南省统计局综合处编辑整理。

基本单位资料主要包括所有法人单位和产业活动单位数，是根据名录库中各部门的单位审批登记资料和经常性统计调查中查到的新增、变动和消亡单位情况，本部分由河南省统计局普查中心编辑整理。

航空港区资料由河南省统计局地方经济调查队编辑整理。

Brief Introduction

I. Main Contents

Data on Zhengzhou Airport areas is prrovided by economic and social survey office of Henan Province Bureau of Statistics.

II. Sources of Data

Data on divisions of administrative areas in Henan are prepared and provided by the Henan Province Bureau of Civil Affairs on the basis of the changes in the divisions of administrative areas as approved by the State Council at the end of the previous year.

The summary data on the national economy and social development reflect the overall situation by presenting further processed statistics including growth, structure, ratio, and efficiency data derived from other chapters. Data in this part are prepared by Comprehensive Department of Henan provincial Bureau of statistics.

Data on institutional unit include legal and establishment units, which are calculated on directory library and increase, change and reduce unit in regular surreys. Data in this part are prepared by Census Center of Henan provincial Bureau of statistics.

Data on industry gathering area, zhengzhou Airport and two business areas is prepared by Assessment of monitoring and evaluation of Henan provincial Bureau of Statistics.

Data on Zhengzhou Airport areas is prrovided by economic and social survey office of Henan Province Bureau of Statistics.

1-1 全省行政区划(2021年底)

Administrative Divisions of Henan Province (End of 2021)

单位：个 (unit)

地 区 Region	市 City	省辖市 Cities Under the Jurisdication of Province	县级市 Cities at County Level	县 Counties	市辖区 Districts Under the Jurisdication of City	镇 Towns	乡 Townships	民族乡 Ethnic Townships	街道办事处 Urban Subdistrict Offices	居民委员会 Neighborhood Commitees	村民委员会 Village Commitees
全 省 Total	**38**	**17**	**21**	**82**	**54**	**1178**	**594**	**12**	**673**	**7334**	**44700**
郑 州 市 Zhengzhou	6	1	5	1	6	72	12	1	92	989	2200
开 封 市 Kaifeng	1	1		4	5	35	44		38	437	2135
洛 阳 市 Luoyang	1	1		7	7	106	22	1	59	846	2376
平 顶 山 市 Pingdingshan	3	1	2	4	4	51	31	2	59	271	2550
安 阳 市 Anyang	2	1	1	4	4	66	23		46	328	2961
鹤 壁 市 Hebi	1	1		2	3	15	4		25	224	791
新 乡 市 Xinxiang	4	1	3	5	4	77	40	1	36	255	3559
焦 作 市 Jiaozuo	3	1	2	4	4	35	17		56	175	1826
濮 阳 市 Puyang	1	1		5	1	44	31		14	291	2867
许 昌 市 Xuchang	3	1	2	2	2	60	13	2	28	923	1600
漯 河 市 Luohe	1	1		2	3	37	9		10	77	1269
三 门 峡 市 Sanmenxia	3	1	2	2	2	29	33		12	167	1211
南 阳 市 Nanyang	2	1	1	10	2	159	43	2	39	434	4482
商 丘 市 Shangqiu	2	1	1	6	2	99	66	2	31	266	4543
信 阳 市 Xinyang	1	1		8	2	83	86		41	605	2853
周 口 市 Zhoukou	2	1	1	7	2	102	64		40	492	4583
驻 马 店 市 Zhumadian	1	1		9	1	97	56	1	42	457	2442
济 源 市 Jiyuan	1		1			11			5	97	452

1–2 各市、县(市、区)名称(2021年底)

Names of Administrative Areas (End of 2021)

市 Cities	县(市、区)数(个) Counties (unit)	市辖县 Counties Under the Jurisdiction of Cities	市辖区 Districts Under the Jurisdiction of Cities	县级市 Cities at County Level
郑州市 Zhengzhou	12	中牟 Zhongmou	中原区、二七区、管城回族区、金水区、上街区、惠济区 Zhongyuan, Erqi, Guancheng Huizu, Jinshui, Shangjie, Huiji	巩义市 Gongyi 荥阳市 Xingyang 新郑市 Xinzheng 登封市 Dengfeng 新密市 Xinmi
开封市 Kaifeng	9	杞县、通许、尉氏、兰考 Qixian, Tongxu, Weishi, Lankao	龙亭区、顺河回族区、鼓楼区、禹王台区、祥符区 Longting, Shunhe Huizu, Gulou, Yuwangtai, Xiangfu	
洛阳市 Luoyang	14	新安、栾川、嵩县、汝阳、宜阳、洛宁、伊川 Xin'an, Luanchuan, Songxian, Ruyang, Yiyang, Luoning, Yichuan	孟津区、老城区、西工区、瀍河回族区、涧西区、洛龙区、偃师区 Mengjin, Laocheng, Xigong, Chanhe Huizu, Jianxi, Luolong, YanShi	
平顶山市 Pingdingshan	10	宝丰、叶县、鲁山、郏县 Baofeng, Yexian, Lushan, Jiaxian	新华区、卫东区、湛河区、石龙区 Xinhua, Weidong, Zhanhe, Shilong	汝州市 Ruzhou 舞钢市 Wugang
安阳市 Anyang	9	安阳、汤阴、滑县、内黄 Anyang, Tangyin, Huaxian, Neihuang	文峰区、北关区、殷都区、龙安区 Wenfeng, Beiguan, Yindu, Longan	林州市Linzhou
鹤壁市 Hebi	5	浚县、淇县 Xunxian, Qixian	鹤山区、山城区、淇滨区 Heshan, Shancheng, Qibin	
新乡市 Xinxiang	12	新乡、获嘉、原阳、延津、封丘 Xinxiang, Huojia, Yuanyang, Yanjin, Fengqiu	红旗区、卫滨区、凤泉区、牧野区 Hongqi, WeiBin, Fengquan, Muye	卫辉市 Weihui 辉县市 Huixian 长垣市 Changyuan
焦作市 Jiaozuo	10	修武、博爱、武陟、温县 Xiuwu, Boai, Wuzhi, Wenxian	解放区、中站区、马村区、山阳区 Jiefang, Zhongzhan, Macun, Shanyang	沁阳市 Qinyang 孟州市 Mengzhou
濮阳市 Puyang	6	清丰、南乐、范县、台前、濮阳 Qingfeng, Nanle, Fanxian, Taiqian, Puyang	华龙区 Hualong	
许昌市 Xuchang	6	鄢陵、襄城 Yanling, Xiangcheng	魏都区、建安区 Weidu, Jianan	禹州市 Yuzhou 长葛市 Changge
漯河市 Luohe	5	舞阳、临颍 Wuyang, Linying	源汇区、郾城区、召陵区 Yuanhui, Yancheng, Zhaoling	
三门峡市 Sanmenxia	6	渑池、卢氏 Mianchi, Lushi	湖滨区、陕州区 Hubin, Shanzhou	义马市 Yima 灵宝市 Lingbao
南阳市 Nanyang	13	南召、方城、西峡、镇平、内乡、淅川、社旗、唐河、新野、桐柏 Nanzhao, Fangcheng, Xixia, Zhenping, Neixiang, Xichuan, Sheqi, Tanghe, Xinye, Tongbai	卧龙区、宛城区 Wolong, Wancheng	邓州市 Dengzhou
商丘市 Shangqiu	9	虞城、民权、宁陵、睢县、夏邑、柘城 Yucheng, Minquan, Ningling, Suixian, Xiayi, Zhecheng	梁园区、睢阳区 LiangYuan, Suiyang	永城市 Yongcheng
信阳市 Xinyang	10	息县、淮滨、潢川、光山、固始、商城、罗山、新县 Xixian, Huaibin, Huangchuan, Guangshan, Gushi, Shangcheng, Luoshan, Xinxian	浉河区、平桥区 Shihe, Pingqiao	
周口市 Zhoukou	10	扶沟、西华、商水、太康、鹿邑、郸城、沈丘 Fugou, Xihua, Shangshui, Taikang, Luyi, Dancheng, Shenqiu	川汇区、淮阳区 Chuanhui, Huaiyang	项城市 XiangCheng
驻马店市 Zhumadian	10	确山、泌阳、遂平、西平、上蔡、汝南、平舆、新蔡、正阳 Queshan, Biyang, Suiping, Xiping, Shangcai, Runan, Pingyu, Xincai, Zhengyang	驿城区 Yicheng	
济源市 Jiyuan	1			济源市 Jiyuan

1-3 河南省主要统计指标居全国位次

The Rank of Main Indicators of Henan in Nation

指 标	Indicator	2000	2010	2015	2019	2020	2021
生产总值	Gross Domestic Product	5	5	5	5	5	5
生产总值增速	Growth of Gross Domestic Product	14	21	13	10	26	27
居民消费价格指数	General Consumer Price Index	26	13	20	8	4	14
一般公共预算收入	General Public Budget Revenue of the Local Government	9	9	8	8	8	8
一般公共预算支出	General Public Budget Expenditure of the Local Government	7	5	5	5	5	6
规模以上工业增加值增速	Growth Rate of Industrial Enterprises above Designated Size	17	14	7	7	28	27
社会消费品零售总额	Total Retail Sales of Consumer Goods	5	5	5	5	5	5
进出口总额	Total Exports and Imports	18	16	11	12	10	10
#出口	Exports	14	17	11	9	10	10
居民可支配收入	Disposable Income			24	23	24	24
城镇	Disposable Income of Urban Households			24	26	28	28
农村	Disposable Income of Rural Households			17	16	19	21

1-4 河南省主要统计指标占全国比重

The Poroportion of Main Indicators of Henan in Nation

单位：% (%)

指 标	Indicator	1952	1978	1990	2000	2010	2015	2019	2020	2021
生产总值	Gross Domestic Product	5.3	4.4	5.0	5.0	5.6	5.4	5.5	5.4	5.1
第一产业	Primary Industry	6.6	6.4	6.5	7.9	8.1	7.0	6.6	6.9	6.8
第二产业	Secondary Industry	5.8	4.0	4.3	5.0	6.7	6.4	6.1	5.8	5.4
第三产业	Tertiary Industry	2.8	3.2	4.5	4.0	3.9	4.3	4.9	4.8	4.7
人均生产总值	Per Capita GDP		60.3	65.6	68.6	79.6	76.8	77.6	76.1	73.4
一般公共预算收入	General Public Budget Revenue of the Local Government	2.5	3.5	4.3	3.8	3.4	3.6	4.0	4.2	3.9
一般公共预算支出	General Public Budget Expenditure of the Local Government	1.0	4.7	4.3	4.3	4.6	4.5	5.0	4.9	4.6
粮食产量	Output of Grain	6.3	6.9	7.4	8.9	9.9	9.8	10.1	10.2	9.6
社会消费品零售总额	Total Retail Sales of Consumer Goods	3.9	4.6	3.8	4.8	5.1	5.2	5.5	5.7	5.5
进出口总额	Total Exports and Imports	0.1(1957年)	0.6	0.9	0.5	0.6	1.9	1.8	2.1	2.1
#出口	Exports	0.3(1957年)	1.0	1.4	0.6	0.7	1.9	2.2	2.3	2.3
居民可支配收入	Disposable Income						78.0	77.8	77.1	76.3
城镇	Disposable Income of Urban Households						82.0	80.7	79.3	78.2
农村	Disposable Income of Rural Households						95.0	94.7	94.0	92.6

1-5　国民经济和社会发展总量和速度指标

指　标	Item	1978	2000	2005	2010
人口与就业	**Population and Employment**				
人口(万人)	**Population (10 000 persons)**				
常住人口	Residents popolation			9380	9405
#城镇人口	Urban			2875	3651
就业(万人)	**Employment (10 000 persons)**				
年底就业人员	Employed Persons (year-end)	2807	5572	5662	5156
#城镇	Urban	423	860	910	1736
#乡村	Rural	2384	4712	4752	3420
宏观经济	**Macroeconomy**				
国民核算	**National Accounts**				
生产总值(亿元)	Gross Domestic Product (100 million yuan)	162.92	5052.99	10243.47	22655.02
第一产业	Primary Industry	64.86	1124.93	1844.04	3127.14
第二产业	Secondary Industry	69.45	2282.48	5202.27	12173.51
第三产业	Tertiary Industry	28.61	1645.59	3197.16	7354.38
人均生产总值(元)	Per Capita GDP (yuan)	232	5450	10978	23984
固定资产投资	**Investment in Fixed Assets**				
固定资产投资增速（%）	Growth Rate of Investment in Fixed Assets (%)		9.6	42.8	22.2
房地产开发投资（亿元）	Investment in Real Estate Development (100 million yuan)		77.87	388.52	2114.08
对外贸易	**Foreign Trade**				
进出口总额(亿元)	Total Exports and Imports (100 million yuan)	1.99	188.36	626.54	1204.40
进口额	Imports	0.27	64.71	213.42	491.27
出口额	Exports	1.72	123.65	413.12	713.13
能源(万吨标准煤)	**Energy (10 000 tons of SCE)**				
能源生产总量	Total Energy Production	4434	6591	14522	17438
能源消费总量	Total Energy Consumption	3353	7919	14625	18964
财政(亿元)	**Public Finance (100 million yuan)**				
一般公共预算收入	General Public Budget Revenue of the Local Government	33.73	246.47	537.65	1381.32
一般公共预算支出	General Public Budget Expenditure of the Local Government	27.67	445.53	1116.04	3416.14
物价总指数(以上年为100)	**Price Indices (preceding year=100)**				
居民消费价格总指数	General Consumer Price Index	100.1	99.2	102.1	103.5
商品零售价格总指数	Producer Price Indices for Industrial Products	100.1	98.5	101.7	103.7
人民生活	**People's Living Conditions**				
居民可支配收入(元)	Disposable Income (yuan)				
城镇	Urban Households	315	4766	8668	15930
农村	Rural Households	105	1986	2871	5524
居民消费支出(元)	Living Expenditure (yuan)				
城镇	Urban Households	274	3831	6038	10838
农村	Rural Households	82	1316	1892	3682

Principal Aggregate Indicators and Growth Rates of National Economic and Social Development

2015	2020	2021	2021年为以下各年% 2021as % of the Following years				年均增长速度(%) Average Annual Growth Rate		
			1978	2000	2010	2020	1979-2021	2001-2021	2011-2021
9701	9941	9883			105.1	99.4			0.5
4561	5510	5579			152.8	101.2			3.9
5075	4884	4840	172.4	86.9	93.9	99.1	1.3	-0.7	-0.6
2167	2591	2627	621.0	305.5	151.3	101.4	4.3	5.5	3.8
2908	2293	2213	92.8	47.0	64.7	96.5	-0.2	-3.5	-3.9
37084.10	54259.43	58887.41	6771.4	710.9	228.7	106.3	10.3	9.8	7.8
4015.56	5354.02	5620.82	945.3	256.2	153.3	106.4	5.4	4.6	4.0
17947.86	22220.89	24331.65	12625.1	887.1	222.6	104.1	11.9	11.0	7.5
15120.68	26684.52	28934.93	13637.6	766.1	262.6	108.1	12.1	10.2	9.2
38338	54691	59410	4797.0	665.9	218.2	106.4	9.4	9.4	7.4
16.5	4.3	4.5							
4818.93	7782.29	7874.35		10112.2	372.5	101.2		24.6	12.7
4600.19	6654.80	8208.07	412465.8	4357.7	681.5	123.3	21.4	19.7	19.1
1916.16	2579.90	3184.02	1179266.7	4920.4	648.1	123.4	24.4	20.4	18.5
2684.03	4075.00	5024.06	292096.5	4063.1	704.5	123.3	20.4	19.3	19.4
11173	10403	9749	219.9	147.9	55.9	93.7	1.8	1.9	-5.1
22343	22752	23501	700.9	296.8	123.9	103.3	4.6	5.3	2.0
3016.05	4168.84	4353.92	12908.2	1766.5	315.2	104.4	12.0	14.7	11.0
6799.35	10372.67	9784.29	35360.7	2196.1	286.4	94.3	14.6	15.8	10.0
101.3	102.8	100.9							
99.8	100.9	101.5							
17125	24810	26811				108.1			
25576	34750	37095	11776.2	778.3	232.9	106.7	11.7	10.3	8.0
10853	16108	17533	16698.1	882.8	317.4	108.8	12.6	10.9	11.1
11835	16143	18391				113.9			
17154	20645	23178	8459.0	605.0	213.9	112.3	10.9	8.9	7.2
7887	12201	14073	17162.4	1069.4	382.2	115.3	12.7	11.9	13.0

1-5　续表 1

指　标	Item	1978	2000	2005	2010
城市概况	**General Conditions of Cities**				
供水总量(万立方米)	Water Supply (10 000 cu.m)		191706	183436	179122
排水管道长度(公里)	Length of Sewer Pipelines (km)		6070	10201	14733
城市煤气、天然气家庭用量(万立方米)	Consumption of Coal Gas and Natural Gas for Residential Use (10 000 cu.m)		30100	31384	63663
公共汽(电)车总数(标台)	Total Number of Public Buses and Trolley Buses (unit)		12514	12514	18912
道路长度(公里)	Length of Roads (km)		4920	7090	9413
公园绿地面积(公顷)	Areas of Green Land (hectare)		6286	12644	18361
产　业	**Industry**				
农林牧渔业	**Farming, Forestry, Animal Husbandry and Fishery**				
主要农产品产量	Output of Major Farm Products				
粮食(万吨)	Grain (10 000 tons)	2097.40	4101.50	4582.00	5581.82
棉花(万吨)	Cotton (10 000 tons)	22.42	70.38	67.70	33.89
油料(万吨)	Oil-bearing Crops (10 000 tons)	24.16	392.55	449.60	515.66
烟叶(万吨)	Tobacco (10 000 tons)	29.95	27.60	28.84	28.75
园林水果(万吨)	Fruits (10 000 tons)	47.11	364.73	555.69	797.50
年底大牲畜存栏头数(万头)	Large Animals (year-end) (10 000 heads)	515.03	1445.73	1508.80	719.19
年底生猪存栏头数(万头)	Hogs (year-end) (10 000 heads)	1724.90	3787.69	4439.00	4540.55
年底羊存栏只数(万只)	Sheep and goats (year-end) (10 000 heads)	989.70	2961.40	3988.00	1895.40
肉类(万吨)	Meat (10 000 tons)	45.64	517.00	689.00	608.96
工业	**Industry**				
规模以上工业增加值增速(%)	Growth Rate of Value-added of Industrial Above Designated Size (%)		11.6	23.3	19.0
建筑业	**Construction**				
建筑业总产值（亿元）	Gross Output Value of Construction (100 million yuan)		357.34	1066.15	4400.61
施工房屋面积(万平方米)	Floor Space of Buildings Under Construction (10 000 sq.m)		5308.29	10813.15	28677.13
竣工房屋面积(万平方米)	Floor Space of Buildings Completed (10 000 sq.m)		2629.33	4787.12	13156.03
交通运输	**Transport**				
铁路营业里程（公里）	Length of Railways in Operation (km)	3212	3354	4000	4224
公路里程（公里）	Length of Highways (km)	31549	64453	79506	245089
民用汽车拥有量（万辆）	Possession of Civil Motor Vehicles (10 000 units)	6.30	84.73	206.01	484.89

continued

2015	2020	2021	2021年为以下各年% 2021as % of the Following years				年均增长速度(%) Average Annual Growth Rate		
			1978	2000	2010	2020	1979-2021	2001-2021	2011-2021
196709	217730	231305		120.7	129.1	106.2		0.9	2.4
20467	29222	31369		516.8	212.9	107.3		8.1	7.1
110929	225650	232026		770.8	364.5	102.8		10.2	12.5
27355	42290	43002		343.6	227.4	101.7		6.1	7.8
12318	16295	17956		365.0	190.8	110.2		6.4	6.0
25201	38664	41318		657.3	225.0	106.9		9.4	7.7
6470.22	6825.80	6544.20	312.0	159.6	117.2	95.9	2.7	2.2	1.5
6.77	1.77	1.40	6.2	2.0	4.1	78.9	-6.3	-17.0	-25.2
538.99	672.57	657.28	2720.5	167.4	127.5	97.7	8.0	2.5	2.2
28.85	21.02	19.31	64.5	70.0	67.2	91.8	-1.0	-1.7	-3.6
919.68	1001.82	995.85	2113.9	273.0	124.9	99.4	7.4	4.9	2.0
411.70	394.88	403.11	78.3	27.9	56.1	102.1	-0.6	-5.9	-5.1
4361.95	3886.98	4392.29	254.6	116.0	96.7	113.0	2.2	0.7	-0.3
1926.00	1965.12	2012.29	203.3	68.0	106.2	102.4	1.7	-1.8	0.5
647.22	544.05	646.81	1417.2	125.1	106.2	118.9	6.4	1.1	0.5
8.6	0.4	6.3							
8047.65	13122.55	14192.01		3971.6	322.5	108.1		19.2	11.2
53132.48	65956.92	67394.30		1269.6	235.0	102.2		12.9	8.1
18026.91	19412.39	18988.63		722.2	144.3	97.8		9.9	3.4
5205	6134	6134	191.0	182.9	145.2	100.0	1.5	2.9	3.4
250584	270271	271570	860.8	421.3	110.8	100.5	5.1	7.1	0.9
1342.13	1759.17	1890.61	30026.4	2231.4	389.9	107.5	14.2	15.9	13.2

1-5 续表 2

指 标	Item	1978	2000	2005	2010
批发、零售业	**Wholesale and Retail Trades、Hotels and Catering Services**				
社会消费品零售总额(亿元)	Total Retail Sales of Consumer Goods (100 million yuan)	72	1858	3363	7923
金融业(亿元)	**Finance (100 million yuan)**				
金融机构人民币年底存款余额	Deposits of Financial Institutions	46	4753	10004	23149
金融机构人民币年底贷款余额	Loans of Financial Institutions	100	4357	7435	15871
科学研究、技术服务和地质勘查业	**Scientific Research, Technical Services and Geologic Prospecting**				
R&D经费内部支出(亿元)	Internal Expenditures on R&D (100 million yuan)		24.80	55.61	211.38
技术市场成交额(亿元)	Volume of Transaction in Technical Markets (100 million yuan)		21.16	26.37	27.69
三种专利授权量(项)	Three Types of Patent Application Granted (item)		2766	3748	16539
教育	**Education**				
专任教师数(万人)	Number of Full-time Teachers (10 000 persons)				
普通高等学校	Regular Institutions of Higher Education	0.54	2.02	4.63	7.75
普通中学	Regular Secondary School	29.34	30.86	37.30	38.10
小学	Primary Schools	42.88	45.93	47.55	49.04
在校学生数(万人)	Students Enrollment (10 000 persons)				
普通高等学校	Regular Institutions of Higher Education	2.73	26.24	85.19	145.67
普通中学	Regular Secondary School	521.62	638.14	758.22	661.56
小学	Primary Schools	1140.26	1130.63	986.84	1070.53
卫生、社会保障和社会福利业	**Health, Social Security and Social Welfare**				
卫生机构床位数(万张)	Number of Beds in Health Institutions (10 000 units)	10.20	19.86	21.40	32.76
#医院、卫生院	Hospitals	9.73	18.34	20.23	30.44
卫生技术人员数(万人)	Number of Medical Technical Personnel (10 000 persons)	11.44	26.84	28.92	37.28
#执业（助理）医师	Doctors	4.38	11.11	11.11	15.48
文化、体育和娱乐业	**Culture**				
图书出版总印数(万册)	Number of Books Published (10 000 copies)		35077	27260	20150
期刊出版总印数(万册)	Number of Magazines Issued (10 000 copies)		10721	9323	8524
报纸出版总印数(万份)	Number of Newspapers Issued (10 000 copies)		129104	197896	214158

注：1. 本表价值量指标按当年价格计算。生产总值、工业增加值发展(增长)速度均按可比价格计算(下同)。
2. 1992年以后生产总值及相关数据已按新的行业划分办法和第四次经济普查、第七次人口普查数据调整(下同)。
3. 2000年以后财政收入为分税制后新口径数据，发展(增长)速度按可比口径计算。
4. 进出口总额2000年及以后年度为海关数，1978年为有关部门数。
5. 从2013年起，国家统计局开展了城乡一体化住户收支与生活状况调查，2015年以后数据来源于此调查，与以前年份的调查范围、方法和口径有所不同。

continued

2015	2020	2021	2021年为以下各年% 2021 as % of the Following years				年均增长速度(%) Average Annual Growth Rate		
			1978	2000	2010	2020	1979-2021	2001-2021	2011-2021
15476	22503	24382	33962.5	1311.9	307.7	108.3	14.5	13.0	10.8
47630	76446	82430	180344.0	1734.1	356.1	107.8	19.0	14.6	12.2
31433	62867	69445	69448.6	1593.9	437.5	110.5	16.4	14.1	14.4
435.04	901.27	1018.84		4107.8	482.0	113.0		19.4	15.4
45.56	384.50	608.89		2877.3	2199.0	158.4		17.3	32.4
47766	122809	158038		5713.6	955.5	128.7		21.2	22.8
9.80	13.34	14.25	2638.9	705.4	183.9	106.8	7.9	9.7	5.7
42.87	55.13	58.75	200.2	190.4	154.2	106.6	1.6	3.1	4.0
47.21	52.39	54.82	127.8	119.4	111.8	104.6	0.6	0.8	1.0
176.69	249.22	268.64	9840.3	1023.8	184.4	107.8	11.3	11.7	5.7
599.12	697.00	716.87	137.4	112.3	108.4	102.9	0.7	0.6	0.7
937.05	1021.59	1011.87	88.7	89.5	94.5	99.0	-0.3	-0.5	-0.5
48.96	66.72	71.57	701.7	360.4	218.5	107.3	4.6	6.3	7.4
45.65	62.55	66.85	687.1	364.5	219.6	106.9	4.6	6.4	7.4
51.96	70.69	75.56	660.5	281.5	202.7	106.9	4.5	5.1	6.6
19.86	27.64	29.75	679.2	267.8	192.2	107.6	4.6	4.8	6.1
23224	41155	44653		127.3	221.6	108.5		1.2	7.5
8602	6799	6585		61.4	77.3	96.9		-2.3	-2.3
204783	132314	129096		100.0	60.3	97.6		0.0	-4.5

a) Figures in value terms in this table are Calculated at current prices. The indices and growth rates of the follow indicators are calculated at comparable prices: GDP, value added of industry (the same as following tables).

b) Since 1992, the data of GDP were adjusted by new industry classification method, the fourth economic census and the seventh population census (the same as following tables).

c) Total financial revenue since tax reform began to be implemented since 2000. The indices in this table are calculated at comparable prices.

d) Since 2000, the data of imports and exports in foreign trade begin to be obtained from custom statistics (the same as following tables).

e) Since 2013, the national bureau of statistics (NBS) caries out the integration of urban and rural residents income and expenditure survey and living conditions survey. After 2015, the data comes from this survey, which is different from the survey scope, method and caliber of previous years.

1-6 国民经济和社会发展结构指标

Structural Indicators on National Economic and Social Development

单位：% (%)

指 标	Item	2000	2005	2010	2015	2020	2021
人口	**Population**						
城乡结构	Urban and Rural Structure						
市镇	Urban	23.20	30.65	38.82	47.02	55.43	56.45
乡村	Rural	76.80	69.35	61.18	52.98	44.57	43.55
性别结构	Sexual Structure						
男	Male	51.6	51.6	51.8	51.8	51.6	50.2
女	Female	48.4	48.4	48.2	48.2	48.4	49.8
就业	**Employment**						
就业人员产业结构	Industrial Structure						
第一产业	Primary Industry	64.0	55.4	44.9	33.9	25.0	24.2
第二产业	Secondary Industry	17.5	22.1	29.0	29.9	29.5	29.9
第三产业	Tertiary Industry	18.5	22.5	26.1	36.2	45.4	45.9
国民核算	**National Accounts**						
生产总值产业结构	Industrial Structure						
第一产业	Primary Industry	22.3	18.0	13.8	10.8	9.9	9.5
第二产业	Secondary Industry	45.2	50.8	53.7	48.4	41.0	41.3
第三产业	Tertiary Industry	32.6	31.2	32.5	40.8	49.2	49.1
固定资产投资	**Investment**						
固定资产投资产业结构	Structure of Investment in Fixed Assets						
第一产业	Primary Industry			4.4	4.2	4.0	3.4
第二产业	Secondary Industry			51.1	48.6	28.4	30.3
第三产业	Tertiary Industry			44.5	47.1	67.6	66.3
重点行业占工业投资比重	Structure of Industry Investment						
#五大主导产业	Five-Leading Industry				48.7	38.6	38.2
#传统产业	Traditional Pillar Industry				35.1	44.6	43.2
#高耗能工业	High Energy Consumable Industry				25.8	34.3	33.3
能源	**Energy Sources**						
能源消费总量结构	Structure of Energy Sources Composition						
原煤	Coal	87.6	87.2	82.8	76.4	67.6	63.3
石油	Petroleum	9.6	8.7	9.3	13.3	15.3	15.7
天然气	Gas	1.7	2.2	3.4	5.2	5.9	6.4
一次电力及其他能源	Primary Electricity	1.1	1.9	4.5	5.1	11.2	14.6
财政	**Government Finance**						
一般公共预算收入结构	Structure of General Public Budget Revenue						
#各项税收	Taxes	79.1	68.0	73.6	69.7	66.3	65.3
一般公共预算支出结构	Structure of General Public Budget Expenditure						
#农林水事务	Supporting Agricultural Production and Agricultural Operating Expenses	7.7	7.4	11.7	11.6	11.0	10.4
教科文卫	Culture Education Science and Health Care	24.3	24.2	28.7	32.0	32.4	33.3
#科学技术	Science	1.5	1.2	1.3	1.2	2.5	3.4

1-6 续表 continued

单位：% (%)

指 标	Item	2000	2005	2010	2015	2020	2021
生活	**People's Living Conditions**						
城镇居民消费结构	Consumption Structure of Urban Residents						
食品烟酒	Food, Alcohol and tobacco				28.1	27.0	27.8
衣着	Clothing				10.5	7.8	7.7
居住	Residence				19.8	24.2	22.9
生活用品及服务	Articles for Daily Use and Others				8.1	6.8	7.0
交通通信	Traffic Communication				10.9	11.6	11.4
教育文化娱乐	Education, Culture and Entertainment				11.6	10.4	11.9
医疗保健	Health Care				8.0	9.2	8.9
其他用品和服务	Others				3.1	2.9	2.4
农村居民消费结构	Consumption Structure of Rural Residents						
食品烟酒	Food, Alcohol and tobacco				29.2	27.8	29.4
衣着	Clothing				8.3	7.2	7.5
居住	Residence				20.8	22.7	20.4
生活用品及服务	Articles for Daily Use and Others				7.1	6.4	6.2
交通通信	Traffic Communication				12.3	12.3	11.5
教育文化娱乐	Education, Culture and Entertainment				10.8	10.5	12.2
医疗保健	Health Care				9.7	11.3	11.0
其他用品和服务	Others				1.7	1.7	1.8
工业	**Industry**						
重点行业增加值比重	Structure of Value-added of the Industry						
#五大主导产业	Five-Leading Industry				44.0	46.8	46.1
#传统产业	Traditional Pillar Industry				45.3	46.2	48.4
#高技术产业	High-technology Industry				8.8	11.1	12.0
运输业	**Transportation**						
货运量运输方式结构	Structure of Freight Traffic						
#铁 路	Railways	16.8	18.8	7.0	5.1	4.7	4.2
公 路	Highways	82.6	79.5	90.5	89.5	88.4	88.9
水 运	Waterways	0.6	1.7	2.4	5.4	6.9	6.9
客运量运输方式结构	Structure of Passenger Traffic						
#铁 路	Railways	5.6	6.0	5.0	10.3	19.0	24.5
公 路	Highways	94.2	93.7	94.5	88.7	78.7	72.9
水 运	Waterways	0.1	0.1	0.2	0.2	0.3	0.4
批发零售贸易、住宿和餐饮业	**Wholesale and Retail Trades, Hotels and Catering Services**						
社会消费品零售总额结构	Structure of Retail Sales of Consumer Goods						
批发零售和贸易业	Wholesale and Retail Trade	90.8	89.6	88.0	88.3	89.8	89.3
住宿和餐饮业	Hotels and Catering Services	9.2	10.4	12.0	11.7	10.2	10.7

1－7　国民经济和社会发展比例和效益指标

Indicators on Proportions and Efficiency in National Economic and Social Development

本表价值量指标均按当年价格计算。
The data in value terms in the table are calculated at current prices.

指　标	Item	2000	2010	2015	2020	2021
人口	**Population**					
出生率(‰)	Birth Rate (‰)	13.07	11.52	12.70	9.24	8.00
死亡率(‰)	Death Rate (‰)	5.93	6.57	7.05	7.15	7.36
自然增长率(‰)	Natural Growth Rate (‰)	7.14	4.95	5.65	2.09	0.64
就业	**Employment**					
城镇户均就业人口(人)	Number of Dependents per Urban Employee (person)	1.94	1.95	1.76	1.49	1.64
国民核算	**National Accounting**					
经济增长贡献率(%)	Contribution Rate to GDP (%)					
第一产业	Primary Industry	9.7	4.9	5.8	20.2	10.0
第二产业	Secondary Industry	61.2	65.3	50.0	8.9	26.9
第三产业	Tertiary Industry	29.1	29.7	44.2	70.9	63.1
全社会劳动生产率(元/人.年)	Overall Labor Productivity (yuan/person.year)	9377	40801	73022	110531	121118
第一产业	Primary Industry	3275	12313	22213	43278	46938
第二产业	Secondary Industry	24153	76782	118247	152624	168443
第三产业	Tertiary Industry	16309	51524	86259	120421	130338
对外经济贸易	**Foreign Trade and International Tourism**					
进出口总额相当于生产总值比例(%)	Proportion of Total Imports & Exports to GDP (%)	3.7	5.3	12.4	12.3	13.9
能源	**Energy**					
能源生产弹性系数	Elasticity Ratio of Energy Production		0.21		0.87	
能源消费弹性系数	Elasticity Ratio of Energy Consumption	0.77	0.69	0.14	1.82	0.52
财政	**Finance**					
一般公共预算收入占GDP比重(%)	Proportion of General Public Budget Revenue to GDP (%)	4.9	6.1	8.1	7.7	7.4
家庭	**Family**					
少儿抚养系数(%)	Dependency Ratio of Children (%)		29.7	30.7	36.5	34.9
老年抚养系数(%)	Dependency Ratio of the Aged (%)		11.8	13.9	21.3	21.9
生活	**Family**					
城乡居民收入比例(农村居民人均可支配收入为1)	Proportion of Per Capita Annual Disposable Income of Urban Residents to Rural Residents (Rural Residents=1)	2.40	2.88	2.36	2.16	2.12

1—7 续表 continued

指标	Item	2000	2010	2015	2020	2021
农业	**Agriculture**					
主要农产品单产(千克/亩)	Per Unit Yield of Main Agricultural Products (kg/mu)					
粮食	Grain	303	372	394	424	405
棉花	Cotton	60	64	70	73	81
油料	Oil-bearing Crops	175	230	250	281	273
工业	**Industry**					
成本费用利润率(%)	Ratio of Profits to Industrial Cost (%)	4.5	10.2	7.2	6.2	5.5
资产负债率(%)	Assets Liability Ratio (%)	66.4	55.2	47.0	56.5	57.4
总资产贡献率(%)	Ratio of Total Assets to Industrial Output Value (%)	8.6	22.4	13.9	8.6	8.7
产品销售率(%)	Proportion of Products Sold (%)	98.0	98.7	98.2	98.3	98.0
建筑业	**Construction**					
劳动生产率(元/人)	Overall Labor Productivity (yuan/person)		183639	287604	423340	460820
技术装备率(元/人)	Value of Machinery per Laborer (yuan/person)	5302	10173	13294	10624	9167
金融	**Financial**					
金融机构存款相当于	Bank Deposits as Percentage of					
生产总值比例（%）	GDP (%)	94.1	102.2	128.4	140.9	140.0
金融机构存贷比	Bank Loans as Percentage of Deposits					
（存款=100）	(Deposits=100)	91.7	68.6	66.0	82.2	84.2
科技	**Science and Technology**					
R&D经费投入强度（%）	Proportion of R&D Expenditure to GDP (%)	0.5	0.93	1.17	1.66	1.73
教育	**Education**					
每万人拥有在校大学生	Number of University Students per 10 000 Persons					
(含研究生)(人)	(Include Postgraduates) (person)	28	198	234	324	353
卫生	**Health Care**					
每万人拥有卫生机构	Number of Hospital Beds per 10 000					
院床位(张)	Persons (unit)	20.9	34.8	51.6	67.1	72.4
每万人拥有执业医师(人)	Number of Doctors per 10 000 Persons (person)	11.7	16.5	21.0	27.8	30.1

1-8　按三次产业分的基本单位数及构成

Institutional Units and Composition By Industry

年　份 Year	单位数(个) Number of Enteprised (unit)	第一产业 Primary Industry		第二产业 Secondary Industry		第三产业 Tertiary Industry	
		绝对数 Value	构成(%) Composition (%)	绝对数 Value	构成(%) Composition (%)	绝对数 Value	构成(%) Composition (%)
法人单位 **Institutional Units**							
2000	225806	5035	2.2	90865	40.3	129906	57.5
2005	286207	8334	2.9	97446	34.1	180427	63.0
2010	400767	14317	3.6	136646	34.1	249804	62.3
2011	412772	15179	3.7	139539	33.8	258054	62.5
2012	426534	15923	3.7	142556	33.4	268055	62.9
2013	511887	10713	2.1	121078	23.7	380096	74.2
2014	623773	34473	5.5	139985	22.4	449315	72.1
2015	763212	45042	5.9	158963	20.8	559207	73.3
2016	816779	46778	5.7	149863	18.4	620138	75.9
2017	964946	76844	8.0	174156	18.0	713946	74.0
2018	1360376	81169	6.0	223621	16.4	1055586	77.6
2019	1418827	122389	8.6	231248	16.3	1065190	75.1
2020	1652264	136573	8.3	281552	17.0	1234139	74.7
2021	1953704	159564	8.2	346209	17.7	1447931	74.1
产业活动单位 **Establishments Units**							
2000	336330	5755	1.7	97001	28.8	233574	69.5
2005	387463	9924	2.6	101636	26.2	275903	71.2
2010	492300	14941	3.1	139509	28.3	337850	68.6
2011	503248	15806	3.1	142386	28.3	345056	68.6
2012	517217	16540	3.2	145425	28.1	355252	68.7
2013	587177	10922	1.9	123681	21.1	452574	77.0
2014	724050	34770	4.8	144347	19.9	544933	75.3
2015	861422	45342	5.3	163283	18.9	652797	75.8
2016	912907	47073	5.2	153299	16.8	712535	78.0
2017	1074783	77231	7.2	180181	16.8	817371	76.0
2018	1504762	81443	5.4	235057	15.6	1188262	79.0
2019	1544165	122776	8.0	240381	15.6	1181008	76.5
2020	1790914	137105	7.7	296025	16.5	1357784	75.8
2021	2095512	160195	7.6	365384	17.4	1569933	74.9

1-9 分行业法人单位数

Number of Institutional Unit by Sector

单位：个 (unit)

年份 Year	合计 Total	农林牧渔业 Agriculture, Forestry, Animal Husbandry and Fishery	采矿业 Mining	制造业 Manufacturing	电力、燃气及水的生产和供应业 Production and Supply of Electricity,Gas and Water	建筑业 Construction	交通运输仓储及邮政业 Transport, Storage and Post	信息传输、软件和信息技术服务业 Information Transmission, Software and Information Technology	批发和零售业 Wholesale and Retail Trade	住宿和餐饮业 Hotels and Catering Services
2005	286207	8334	7482	82822	946	6196	2430	1704	28669	4546
2006	305722	8600	7800	90965	1025	6942	2652	2156	33862	5181
2007	322828	9570	7893	97862	1090	7715	2882	2497	37450	5882
2008	362427	11406	7454	105315	1367	9083	4885	4631	47472	8809
2009	379992	13022	7774	109908	1450	9817	5300	4892	52698	9092
2010	400767	14317	7955	115652	1556	11483	5787	5267	58780	8240
2011	412772	15179	7951	117629	1605	12354	6112	5564	63176	8411
2012	426534	15923	7882	119770	1629	13275	6319	6451	67778	8688
2013	511887	10713	5741	100313	2181	12843	9409	4809	99916	11136
2014	623773	45427	6353	116185	2402	15511	11185	6306	118451	12223
2015	763212	57525	6487	127692	2892	22490	14401	11964	172393	14547
2016	816779	58830	4761	110992	2778	32006	16364	18203	206121	12911
2017	964946	90759	4746	124077	3753	42317	18979	25564	257404	15029
2018	1360376	116564	3588	138461	4971	78034	26433	56112	408979	21284
2019	1418827	156665	3314	140759	4965	83586	26724	56385	415432	21297
2020	1652264	171732	3435	159715	5337	114702	31923	66983	500883	24403
2021	1953704	196301	3917	187304	6414	150546	38258	81182	610854	30183

1-9 续表 continued

单位：个 (unit)

年 份 Year	金融业 Finance	房地产业 Real estate	租赁和商务服务业 Leasing and Business Services	科学研究和技术服务业 Scientific Research and Technical Service	水利、环境和公共设施管理业 Management of Water Conservancy, Environment and Public Facilities	居民服务、修理和其他服务业 Resident Services, Repair and Other Services	教 育 Education	卫生和社会工作 Health and Social Work	文化、体育和娱乐业 Culture, Sports and Entertainment	公共管理、社会保障和社会组织 Public Management, Social Security and Social Organization
2005	1679	3610	6468	4189	1942	1920	16705	29715	2599	74251
2006	1755	4210	7820	4341	1915	2298	16917	29660	2685	74938
2007	1796	5111	8620	4527	1979	2556	17127	30031	2814	75426
2008	1076	6765	9821	5266	2206	3700	22536	26057	3492	81086
2009	1368	7464	11318	5577	2323	4173	22751	26114	3607	81344
2010	1695	9328	13304	6221	2418	4448	22900	26174	3751	81491
2011	1983	10550	15093	6574	2510	4568	22940	25221	3876	81476
2012	2034	11420	16400	7053	2604	4814	23074	25239	4608	81573
2013	1369	14387	22923	24110	4033	6898	40079	34020	13048	93959
2014	3226	17160	29737	27150	4614	8029	42309	37933	15757	103815
2015	4159	22377	45465	36962	6094	11089	44940	38881	17609	105245
2016	4891	27501	57916	39894	7072	13368	45623	36862	15552	105134
2017	4921	31673	71012	47284	7865	15432	46326	36494	18163	103148
2018	3001	46303	126282	75709	9631	25048	60451	20369	34229	104927
2019	2727	47075	129596	77074	11121	24305	60178	20560	33538	103526
2020	2920	54504	158736	92406	14625	27288	62366	19422	36426	104458
2021	3146	62838	195475	112492	19130	31718	65927	16709	42011	99299

1-10 各市按三次产业和机构类型分法人单位数(2021年)

Number of Institutional Unit by orgniztion type and City (2021)

单位：个 (unit)

地区 Region	合计 Total	第一产业 Primary Industry	第二产业 Secondary Industry	第三产业 Tertiary Industry	企业法人 Business Entity	事业法人 Institution Entity	机关法人 Government Entity	社会团体 Social Organization	其他 Others
全 省 Total	**1953704**	**159564**	**346209**	**1447931**	**1631319**	**64552**	**12230**	**11274**	**234329**
郑州市 Zhengzhou	497552	6092	69287	422173	478366	5495	1057	1340	11294
开封市 Kaifeng	101847	13786	19532	68529	82267	2655	665	451	15809
洛阳市 Luoyang	118711	9036	24308	85367	99496	5262	1023	1081	11849
平顶山市 Pingdingshan	80005	7000	13115	59890	66058	3146	772	597	9432
安阳市 Anyang	84766	5256	18653	60857	69520	3021	669	355	11201
鹤壁市 Hebi	36541	3148	7877	25516	31163	947	356	299	3776
新乡市 Xinxiang	121707	8351	29195	84161	98655	3999	844	630	17579
焦作市 Jiaozuo	50969	5868	11501	33600	38925	2853	666	381	8144
濮阳市 Puyang	76640	4917	16309	55414	64456	2991	522	345	8326
许昌市 Xuchang	94197	5735	19982	68480	81356	2206	499	562	9574
漯河市 Luohe	24718	1877	5221	17620	19170	1396	321	144	3687
三门峡市 Sanmenxia	40666	3789	6106	30771	31676	2214	519	414	5843
南阳市 Nanyang	188124	23258	27573	137293	146802	7269	1001	1275	31777
商丘市 Shangqiu	103250	9665	18315	75270	80577	4630	747	515	16781
信阳市 Xinyang	100147	13063	18510	68574	75517	4513	922	994	18201
周口市 Zhoukou	105693	16608	19436	69649	74329	6576	784	624	23380
驻马店市 Zhumadian	107557	20943	17744	68870	75356	4931	775	808	25687
济源示范区 Jiyuan	20614	1172	3545	15897	17630	448	88	459	1989

1-11 各市分行业法人单位数(2021年)

单位：个

地区 Region	合计 Total	农林牧渔业 Agriculture Forestry, Animal Husbandry and Fishery	采矿业 Mining	制造业 Manufacturing	电力、燃气及水的生产和供应业 Production and Supply of Electricity,Gas and Water	建筑业 Construction	交通运输仓储及邮政业 Transport, Storage and Post	信息传输、软件和信息技术服务业 Information Transmission, Software and Information Technology Services
全 省 Total	**1953704**	**196301**	**3917**	**187304**	**6414**	**150546**	**38258**	**81182**
郑 州 市 Zhengzhou	497552	7348	366	24908	547	43884	8325	37589
开 封 市 Kaifeng	101847	15514	46	10991	256	8324	1623	3334
洛 阳 市 Luoyang	118711	10123	769	13915	538	9260	2354	4785
平 顶 山 市 Pingdingshan	80005	8105	403	7266	383	5190	1428	2394
安 阳 市 Anyang	84766	6963	108	8688	441	9504	1618	2843
鹤 壁 市 Hebi	36541	3498	58	4672	189	3028	767	1349
新 乡 市 Xinxiang	121707	11308	138	19538	403	9279	2331	3798
焦 作 市 Jiaozuo	50969	6495	108	8451	240	2761	1660	1520
濮 阳 市 Puyang	76640	5823	78	8431	284	7676	2219	2359
许 昌 市 Xuchang	94197	7418	186	14031	248	5663	1648	2761
漯 河 市 Luohe	24718	2233	2	3757	89	1387	787	724
三 门 峡 市 Sanmenxia	40666	4245	402	2401	275	3082	1176	1153
南 阳 市 Nanyang	188124	28567	564	16888	621	9653	3215	5685
商 丘 市 Shangqiu	103250	12152	18	11501	430	6424	2228	3818
信 阳 市 Xinyang	100147	19244	418	8502	488	9167	1958	2076
周 口 市 Zhoukou	105693	20417	4	12190	541	6743	2398	2020
驻 马 店 市 Zhumadian	107557	25330	173	9331	340	7961	1909	2020
济 源 示 范 区 Jiyuan	20614	1518	76	1843	101	1560	614	954

Number of Institutional Unit by Sector and City (2021)

(unit)

批发和零售业 Wholesale and Retail Trade	住宿和餐饮业 Hotels and Catering Services	金融业 Finance	房地产业 Real Estate	租赁和商务服务业 Leasing and Business Services	科学研究和技术服务业 Scientific Research, and Technical Service	水利、环境和公共设施管理业 Management of Water Conservancy, Environment and Public Facilities	居民服务、修理和其他服务业 Resident Services, Repair and Other Services	教育 Education	卫生和社会工作 Health and Social Work	文化、体育和娱乐业 Culture, Sports and Entertainment	公共管理、社会保障和社会组织 Public Management, Social Security and Social Organization
610854	**30183**	**3146**	**62838**	**195475**	**112492**	**19130**	**31718**	**65927**	**16709**	**42011**	**99299**
183044	8265	779	19472	80342	43341	3060	8805	7830	1736	9894	8017
29351	1901	176	2962	9750	4510	862	1557	3130	849	2208	4503
33976	2155	201	3896	9762	6852	1436	1971	4857	1350	3381	7130
27880	1407	135	2863	5523	3115	1124	1298	3634	733	1778	5346
25162	1069	170	2112	8319	3227	892	1551	3915	610	1817	5757
9851	522	65	1265	3553	2116	541	538	1248	281	927	2073
38021	1236	180	3474	9335	4699	1087	1706	4495	1879	2097	6703
13517	668	134	1282	2864	1708	413	716	2060	590	1301	4481
23039	724	153	2272	7132	4269	912	1338	2797	605	1452	5077
32569	1389	123	2580	7067	5129	1690	1188	3191	993	1807	4516
7066	443	66	943	2113	935	270	359	1031	252	333	1928
13656	673	65	1200	3146	1649	569	709	1226	455	1036	3548
61910	2882	248	4711	15696	9710	2175	2987	7651	1772	3208	9981
26513	1334	154	3704	8219	7137	849	1861	4702	994	3913	7299
23165	1887	201	3507	7887	4864	1288	1584	2635	1303	2269	7704
27889	1739	116	2416	5552	3727	703	1609	6536	1063	2177	7853
27557	1667	133	3622	7087	4492	943	1638	4305	1071	1918	6060
6688	222	47	557	2128	1012	316	303	684	173	495	1323

1-12 各市按登记注册类型分企业法人单位数(2021年)

单位：个

地区 Region	企业单位数 Number of Enterprises	内资企业 Domestic Funded Enterprises	#国有企业 State-owned Enterprises	#集体企业 Collective-owned Enterprises	#股份合作企业 Cooperative Enterprises
全省 Total	**1631319**	**1628579**	**4124**	**6603**	**516**
郑州市 Zhengzhou	478366	477382	550	626	77
开封市 Kaifeng	82267	82104	201	412	19
洛阳市 Luoyang	99496	99253	301	414	17
平顶山市 Pingdingshan	66058	65955	291	273	21
安阳市 Anyang	69520	69444	157	419	8
鹤壁市 Hebi	31163	31106	63	158	27
新乡市 Xinxiang	98655	98473	265	558	53
焦作市 Jiaozuo	38925	38840	127	254	9
濮阳市 Puyang	64456	64390	174	186	39
许昌市 Xuchang	81356	81270	124	435	8
漯河市 Luohe	19170	19097	80	111	5
三门峡市 Sanmenxia	31676	31609	161	240	1
南阳市 Nanyang	146802	146644	547	616	157
商丘市 Shangqiu	80577	80482	189	489	11
信阳市 Xinyang	75517	75439	330	351	19
周口市 Zhoukou	74329	74244	285	651	35
驻马店市 Zhumadian	75356	75246	238	351	10
济源示范区 Jiyuan	17630	17601	41	59	

Number of Business Entities by City and Status of Registration (2021)

(unit)

#联　营 Joint Ownership	#有限责任公司 Limited Liability Corporations	#股份有限公司 Share-holding Corporations Ltd.	#私　营 Private	#其他内资 Others	港、澳、台商投资企业 Enterprises with Funds from Hong Kong, Macao and Taiwan	外商投资企业 Enterprises with Foreign Investment
115	**69873**	**3110**	**1543086**	**1152**	**1177**	**1563**
15	25121	656	449932	405	462	522
6	3059	234	78101	72	65	98
14	4828	187	93459	33	88	155
4	3483	189	61624	70	36	67
2	4703	124	64018	13	30	46
2	1290	72	29450	44	30	27
9	3672	193	93662	61	72	110
3	1802	115	36480	50	29	56
7	2214	131	61620	19	28	38
7	2486	137	78004	69	41	45
3	1165	96	17596	41	33	40
3	1304	92	29784	24	29	38
15	3921	212	141150	26	66	92
6	2444	144	77162	37	40	55
6	2470	165	72018	80	30	48
7	2171	157	70904	34	30	55
6	2788	175	71606	72	58	52
	952	31	16516	2	10	19

1—13　“四上”法人单位数(2021年底)

Number of Institutional Unit of industry, construction, wholesale and retail trades, hotels and catering enterprises above designated size (End of 2021)

单位：个　　(unit)

地　区　Region	合　计 Total	工　业 Industry	建筑业 Construction	批发和零售业 Wholesale and retail trade	住宿和餐饮业 Hotels and Catering Services	房地产业 Real estate	重点服务业 Key Services
全　省 Total	**64468**	**21415**	**8910**	**13971**	**2932**	**8214**	**9026**
郑　州　市 Zhengzhou	12505	2515	2144	3168	635	1512	2531
开　封　市 Kaifeng	2723	1080	395	478	144	289	337
洛　阳　市 Luoyang	5048	1769	705	1139	235	620	580
平顶山市 Pingdingshan	3036	937	404	576	139	559	421
安　阳　市 Anyang	2644	863	571	562	79	336	233
鹤　壁　市 Hebi	1206	442	213	214	49	159	129
新　乡　市 Xinxiang	4262	1627	825	773	106	624	307
焦　作　市 Jiaozuo	2374	903	301	560	55	262	293
濮　阳　市 Puyang	1856	660	316	380	58	216	226
许　昌　市 Xuchang	3573	1693	250	538	151	454	487
漯　河　市 Luohe	1468	646	109	308	50	229	126
三门峡市 Sanmenxia	1523	419	189	464	91	181	179
南　阳　市 Nanyang	4853	1650	545	1199	287	533	639
商　丘　市 Shangqiu	4440	1790	356	984	156	539	615
信　阳　市 Xinyang	4263	1380	383	974	274	633	619
周　口　市 Zhoukou	4271	1577	507	848	220	427	692
驻马店市 Zhumadian	3747	1229	587	647	192	574	518
济源示范区 Jiyuan	676	235	110	159	11	67	94

1-14 航空港主要经济指标

Main Economic Indicators of Zhengzhou Airport

指 标	Item	2020		2021	
		绝对数 Absolute value	增长速度(%) Growth Rate (%)	绝对数 Absolute value	增长速度(%) Growth Rate (%)
生产总值(亿元)	Gross Domestic Product (100 million yuan)	1015.40	7.4	1172.81	12.1
第一产业	Primary Industry	9.98	-9.5	9.37	-6.9
第二产业	Secondary Industry	719.48	9.4	869.49	16.7
第三产业	Tertiary Industry	285.94	1.5	293.94	1.1
规模以上工业增加值(亿元)	value-added of Industrial Above Designated Size (100 million yuan)		10.7		25.0
固定资产投资(亿元)	Investment in Fixed Assets		8.5		-7.0
#民间投资	Civilian		25.6		-0.8
#工业	Industry		81.1		-66.1
#房地产业	Real Estate		-9.1		23.9
社会消费品零售总额(亿元)	Total Retail Sales of Consumer Goods (100 million yuan)	133.04	-6.6	139.48	4.8
#限上企业(单位)消费品零售额	above Designated Size	8.32	-3.4	7.31	-6.0
外商实际投资额(亿美元)	Actually Amount of Foreign Investment (USD 100 million)	6.13	5.1	6.66	8.6
引进省外境内资金(亿元)	Domestic Capital from other Provinces (100 million yuan)	48.10	3.2	49.60	3.1
一般公共预算收入(亿元)	General Public Budget Revenue of the Local Government (100 million yuan)	65.37	4.1	68.49	6.2
#税收收入	Tax Revenue	57.43	7.8	60.56	5.4
一般公共预算支出(亿元)	Genenral Public Budget Expenditure of the Local Government (100 million yuan)	91.99	3.7	86.16	-6.3
民航旅客吞吐量(万人次)	Passenger Throughput of Civil Aviation (10 000 person-time)	2140.67	-26.5	1895.50	-11.5
民航货邮吞吐量(万吨)	Freight Throughput of Civil Aviation (10 000 tons)	63.94	22.5	70.47	10.2
航空运输飞行架次(万架次)	Air Transport Flight Vehicles (10 000 vehicles)	17.78	-17.6	16.04	-9.8

主要统计指标解释

行政区划 指国家对行政区域的划分。根据有关法规规定，我国的行政区域划分如下：(1)全国分为省、自治区、直辖市；(2)省、自治区分为自治州、县、自治县、市；(3)自治州分为县、自治县、市；(4) 自治区、自治州、自治县都是民族自治的地方；县、自治县分为乡、民族乡、镇；(5)直辖市和较大的市分为区、县；(6)国家在必要时设立的特别行政区。

可比价格 指计算各种总量指标所采用的扣除了价格变动因素的价格，可进行不同时期总量指标的对比。按可比价格计算总量指标有两种方法：一种是直接用产品产量乘某一年的不变价格计算；另一种是用价格指数进行缩减。

不变价格 指以同类产品某年的平均价格作为固定价格，用于计算各年的产品价值。按不变价格计算的产品价值消除了价格变动因素，不同时期对比可以反映生产的发展速度。新中国成立后，随着工农业产品价格水平的变化，国家统计局先后五次制定了全国统一的工业产品不变价格和农业产品不变价格。从 1952 年到 1957 年使用 1952 年工（农）业产品不变价格，从 1957 年到 1970 年使用 1957 年不变价格，从 1971 年到 1980 年使用 1970 年不变价格，从 1981 年到 1990 年使用 1980 年不变价格，从 1991 年开始使用 1990 年不变价格。

平均增长速度 平均增长速度表明社会经济现象在一个较长的时期内逐期平均增长变化的程度，它不能根据各个环比增长速度直接求得，但与平均发展速度之间存在着一定的数量关系：平均增长速度＝平均发展速度－1。

平均发展速度是一种根据环比发展速度计算的序时平均数，由于各时期对比的基础不同，所以计算平均发展速度不能采用一般的序时平均数的计算方法，计算方法分为水平法和累计法。水平法，又称几何平均法，即将环比发展速度按连乘法用几何平均数公式计算。累计法，也称方程法，根据一段时期内各年发展水平总和与基期水平的关系，列出方程式计算平均发展速度。水平法着重考虑最后一年所达到的发展水平；累计法着重考虑整个时期累计发展水平的总量。

本年鉴内所列的平均增长速度，除固定资产投资用“累计法”计算外，其余均用“水平法”计算。从某年到某年平均增长速度的年份，均不包括基期年在内。如建国四十三年以来的平均增长速度是以 1949 年为基期计算的，则写为 1950-1992 年平均增长速度，其余类推。

国民经济行业分类 自 2012 年定期报表开始使用新的《国民经济行业分类》(GB/T4754-2011)。该分类是由国家统计局组织修订，国家质量监督检验检疫总局和中国国家标准化管理委员会于 2011 年 4 月 29 日发布。这次修订是在 2002 年分类标准的基础上，参照联合国《全部经济活动的国际标准产业分类》（ISIC/Rev.4）进行的。修订后的《国民经济行业分类》（GB/T4754-2012）共有门类 20 个，大类 96 个，中类 432 个，小类 1094 个。

企业（单位）登记注册类型 是以在工商行政管理机关登记注册的各类企业为划分对象，以工商行政管理部门对企业登记注册的类型为依据，将企业登记注册类型分为内资企业、港澳台商投资企业和外商投资企业三大类。内资企业包括国有企业、集体企业、股份合作企业、联营企业、有限责任公司、股份有限公司、私营公司和其他企业；港澳台商投资企业和外商投资企业分别包括合资经营企业、合作经营企业、独资经营企业和股份有限公司。对不在工商行政管理部门进行登记注册的行政机关、事业单位和社会团体，主要按其经费来源和管理方式进行划分。

国有企业 指企业全部资产归国家所有，并按《中华人民共和国企业法人登记管理条例》规定登记注册的非公司制的经济组织。不包括有限责任公司中的国有独资公司。

集体企业 指企业资产归集体所有，并按《中华人民共和国企业法人登记管理条例》规定登记注册的经济组织。

股份合作企业 指以合作制为基础，由企业职工共同出资入股，吸收一定比例的社会资产投资组建，实行自主经营，自负盈亏，共同劳动，民主管理，按劳分配与按股分红相结合的一种集体经济组织。

联营企业 指两个及两个以上相同或不同所有制性质的企业法人或事业单位法人，按自愿、平等、互利的原则，共同投资组成的经济组织。联营企业包括国有联营企业、集体联营企业、国有与集体联营企业和其他联营企业。

有限责任公司 指根据《中华人民共和国公司登记管理条例》规定登记注册，由两个以上、五十个以下的股东共同出资，每个股东以其所认缴的出资额对公司承担有限责任，公司以其全部资产对其债务承担责任的经济组织。有限责任公司包括国有独资公司以及其他有限责任公司。

股份有限公司 指根据《中华人民共和国公司登记管理条例》规定登记注册，其全部注册资本由等额股份构成并通过发行股票筹集资本，股东以其认购的股份对公司承担有限责任，公司以其全部资产对其债务承担责任的经济组织。

私营企业 指由自然人投资设立或由自然人控股，以雇佣劳动为基础的营利性经济组织。包括按照《公司法》《合伙企业法》《私营企业暂行条例》规定登记注册的私营有限责任公司、私营股份有限公司、私营合伙企业和私营独资企业。

其他内资企业 指上述企业之外的其他内资经济组织。

合资经营企业（港或澳、台资） 指港澳台地区投资者与内地企业依照《中华人民共和国中外合资经营企业法》及有关法律的规定，按合同规定的比例投资设立、分享利润和分担风险的企业。

合作经营企业（港或澳、台资） 指港澳台地区投资者与内地企业依照《中华人民共和国中外合作经营企业法》及有关法律的规定，依照合作合同的约定进行投资或提供条件设立、分配利润和分担风险的企业。

港澳台商独资经营企业 指依照《中华人民共和国外资企业法》及有关法律的规定，在内地由港澳台地区投资者全额投资设立的企业。

港澳台商投资股份有限公司 指根据国家有关规定，经外经贸部依法批准设立，其中港、澳、台商的股本占公司注册资本的比例达25%以上的股份有限公司。凡其中港、澳、台商的股本占公司注册资本的比例小于25%的，属于内资企业中的股份有限公司。

中外合资经营企业 指外国企业或外国人与中国内地企业依照《中华人民共和国中外合资经营企业法》及有关法律的规定，按合同规定的比例投资设立、分享利润和分担风险的企业。

中外合作经营企业 指外国企业或外国人与中国内地企业依照《中华人民共和国中外合作经营企业法》及有关法律的规定，依照合作合同的约定进行投资或提供条件设立、分配利润和分担风险的企业。

外资企业 指依照《中华人民共和国外资企业法》及有关法律的规定，在中国内地由外国投资者全额投资设立的企业。

外商投资股份有限公司 指根据国家有关规定，经外经贸部依法批准设立，其中外资的股本占公司注册资本的比例达25%以上的股份有限公司。凡其中外资股本占公司注册资本的比例小于25%的，属于内资企业中的股份有限公司。

行政机关、事业单位和社会团体 参照企业登记注册类型，主要按其经费来源和管理方式划分。具体规定如下：

⑴行政机关：包括国家机关和政党机关，原则上均列为“国有”。但有特殊规定的，如供销社等，则列为“集体”。

⑵事业单位：包括经国家机构编制部门和有关业务主管部门批准成立的各类事业单位，不包括实行企业化管理的事业单位。事业单位的划分办法如下：

①由国家财政预算拨款或列入财政预算外资金管理以及经费主要来源于国有主管部门或国有上级单位的事业单位，列为“国有”。

②经费主要来源于集体单位的事业单位，列为“集体”。

③公民个人（或个人合伙）开办的事业单位，列为“私营”。

④上述以外的其他事业单位，如果其经费来源不明确，按管理方式进行归类。

⑶社会团体：包括经民政部门批准成立以及未纳入社会团体管理条例范围的工会、妇联等各类社会团体。社会团体的划分办法如下：

①未纳入民政部社会团体管理条例范围的工会、妇联、共青团、青联、工商联、科协、侨联等社会团体，国家拨款设立的基金会或基金管理组织以及经费主要来源于国有业务主管部门或国有上级单位的社会团体，列为“国有”。

②经费主要来源于集体单位的社会团体，列为“集体”。

③公民个人（或个人合伙）开办的社会团体，划为“私营”。

④上述以外的其他社会团体，如果其经费来源不明确，改按管理方式进行归类。

法人单位 指具备：

⑴依法成立、有自己的名称、组织机构和场所、能够独立承担民事责任；

(2)独立拥有和使用（或授权使用）资产、承担负债、有权与其它单位签订合同；

(3)会计上独立核算、能够编制资产负债表。法人单位包括企业法人、事业单位法人、机关法人、会团体法人和其他法人。

产业活动单位 是法人单位的附属单位。产业活动单位应具备下列条件：

(1)在一个场所从事一种或主要从事一种社会经济活动；

(2)相对独立组织生产经营和业务活动；

(3)能够掌握收入和支出等业务核算资料。

Explanatory Notes on Main Statistical Indicators

Divisions of Administrative Areas refers to the division of administrative areas by the State. The relative laws stipulate that 1) the whole country is divided into provinces, autonomous regions and municipalities directly under the Central Government; 2) provinces and autonomous regions are further divided into autonomous prefectures, counties, autonomous counties and cities; 3) autonomous prefectures are further divided into counties, autonomous counties and cities; 4) counties and autonomous counties are further divided into townships, ethnic townships and towns; 5) municipalities directly under the Central Government and large cities are divided into districts and counties, 6) the State shall, when necessary, establish special administrative regions.

Comparable Prices refer to prices that are used to remove the factors of price change in calculating economic aggregates, so as to facilitate comparison of aggregates over time. Two methods are used for calculating economic aggregates at comparable prices:

One is Multiplying the output of products by their constant prices of certain year, and other is Deflation of data at current prices by relevant price index.

Constant Price refers to the average price of a given product in certain year, which is used for comparison of over output value time. As the output value at constant prices removes the factor of price changes, it reflects the trend of production development over time. Since 1949,with the changes in general price level, the State Statistical Bureau has issued nationally unified constant prices five times: the 1952 constant prices for 1949-1957;the 1957 constant prices for 1957-1971; the 1970 constant prices for 1971-1981; the 1980 constant prices for 1981-1990;and the 1990 constant prices have been used since 1991.

Average Annual Growth Rate shows the average growth rate of social and economic development during a longer period. It can not be directly calculated by chain based growth rate. The relation is:

Average Annual Growth Rate = Average Speed of Development – 1

Average speed of development is the time series average of speed which calculated by chain based. Because the reference bases during the different periods are not same, average speed of development can not be calculated by the general method. Level approach and accumulative approach for calculating average speed of development rate are applied. The “level approach”, or the method of calculating the geometric average, is derived by the formula of geometric average of the chain-based speeds of development, or comparing the level of the last year of the interval with that of the beginning year; the other is called the “accumulative approach” or the “algebraic average”, “equation” method, which is derived by the summation of the actual figure of each year in the interval divided by the figure in the base year. The level approach focuses on the level of the last year, while the accumulative approach emphasizes the aggregate development in the duration.

The average annual growth rates listed in the Yearbook are calculated by the level approach except for the growth rate of investment in fixed assets. The base year is not listed in the duration for which average annual growth rates are computed. For instance, the average annual growth rate of the 43 years since 1949 is shown as the average annual growth rate of 1950-1992 without showing the base year 1949.

Industrial Classification of the National Economy The new Industrial Classification of the National Economy (GB/T 4754-2011) is introduced starting from the compilation of 2012 annual statistics. The revision, based on the 2002 classification, was organized by the National Bureau of Statistics taking into consideration of the International Standards of the Industrial Classification of All Economic Activities (ISIC/Rev.4) of the United Nations. The new Classification was promulgated by the National Administration of Quality Supervision, Inspection and Quarantine and the Standardization Administration of the People's Republic of China on April 29, 2011. The revised version of the Industrial Classification of the National Economy (GB/T 4754-2012) is composed of 20 sections, 96 divisions, 432 groups and 1094 classes.

Registration Status of Enterprises Enterprises are classified into 3 categories, namely domestic-funded enterprises, enterprises with investment from Hong Kong, Macau and Taiwan, and enterprises with foreign investment, in the light of the registration status of an enterprise in industrial and commercial administration agencies. Domestic-funded enterprises include state-owned enterprises, collective-owned enterprises, cooperative enterprises, joint ownership enterprises, limited liability corporations, share-holding corporations Ltd., private enterprises and other enterprises. Included in the enterprises with investment from Hong Kong, Macau and Taiwan and enterprises with foreign investment are joint-venture enterprises, cooperative enterprises, sole investment enterprises and share-holding corporations Ltd. For government agencies, institutions and social organizations which are not requested to be registered in industrial and commercial administration agencies, they are classified mainly by their sources of funds and way of management.

State-owned Enterprises refer to non-corporation economic units where the entire assets are owned by the state and which have registered in accordance with the Regulation of the People's Republic of China on the Management of Registration of Corporate Enterprises. Excluded from this category are sole state-funded corporations in the limited liability corporations.

Collective-owned Enterprises refer to economic units where the assets are owned collectively and which have registered in accordance with the Regulation of the People's Republic of China on the Management of Registration of Corporate Enterprises.

Cooperative Enterprises refer to a form of collective economic units (enterprises) where capitals come mainly from employees as their shares, with certain proportion of capital from the outside, where production is organized on the basis of independent operation, independent accounting for profits and losses, joint work, democratic management, and a distribution system that integrates remuneration according to work with dividend according to capital share.

Joint Ownership Enterprises refer to economic units established by two or more corporate enterprises or corporate institutions of the same or different ownership, through joint investment on the basis of equality, voluntary participation and mutual benefits. They include state joint ownership enterprises, collective joint ownership enterprises, joint state-collective enterprises, and other joint ownership enterprises.

Limited Liability Corporations refer to economic units established with investment from 2-50 investors and registered in accordance with the Regulation of the People's Republic of China on the Management of Registration of Corporations, each investor bearing limited liability to the corporation depending on its share of investment, and the corporation bearing liability to its debt to the maximum of its total assets. Limited liability corporations include exclusive state-funded limited liability corporations and other limited liability corporations.

Share-holding Corporations Ltd. refer to economic units registered in accordance with the Regulation of the People's Republic of China on the Management of Registration of Corporations, with total registered capitals divided into equal shares and raised through issuing stocks. Each investor bears limited liability to the corporation depending on the holding of shares, and the corporation bears liability to its debt to the maximum of its total assets.

Private Enterprises refer to profit-making economic units invested and established by natural persons, or controlled by natural persons using employed labor. Included in this category are private limited liability corporations, private share-holding corporations Ltd, private partnership enterprises and private-funded enterprises registered in accordance with the Corporation Law, Partnership Enterprises Law and Interim Regulations on Private Enterprises.

Other Domestic-funded Enterprises refer to domestic-funded economic units other than those mentioned above.

Joint Venture Enterprises (Funds are from Hong Kong, Macau or Taiwan) refer to enterprises jointly established by investors from Hong Kong, Macau and Taiwan with enterprises in the mainland of China in accordance with the Law of the People's Republic of China on Sino-foreign Joint Venture Enterprises and other relevant laws, where the share of investment, profits and risks is stipulated in the contract.

Cooperative Enterprises(Funds are from Hong Kong Macao or Taiwan) established by investors from Hong Kong, Macao and Taiwan with enterprises in the mainland of China in accordance with the Law of the People's Republic of China on Sino-foreign Cooperative Enterprises and other relevant laws, where the investment or provision of facilities, and the share of profits and risks is stipulated in the cooperative contract.

Enterprises with Sole (exclusive) Investment from Hong Kong, Macao and Taiwan refer to enterprises established in the mainland of China with exclusive investment from investors from Hong Kong, Macao and Taiwan in accordance with the Law of the People's Republic of China on Foreign-Funded Enterprises and other relevant laws.

Share-holding Corporations Ltd. with Investment from Hong Kong, Macao and Taiwan refer to share-holding corporations Ltd. established with the approval from the Ministry of Foreign Trade and Economic Relations in line with relevant state regulations, where the share of investment from Hong Kong, Macau or Taiwan businessmen exceeds 25% of the total registered capital of the corporation. In case the share of investment from Hong Kong, Macao or Taiwan is less than 25% of the total registered capital, the enterprise is to be classified as domestic-funded share-holding corporation Ltd.

Joint-venture Enterprises with Foreign Investment refer to enterprises jointly established by foreign enterprises or foreigners with enterprises in the mainland of China in accordance with the Law of the People's Republic of China on Sino-foreign Joint Venture Enterprises and other relevant laws, where the share of investment, profits and risks is stipulated in the contract.

Cooperation Enterprises with Foreign Investment refer to enterprises jointly established by foreign enterprises or foreigners with enterprises in the mainland of China in accordance with the Law of the People's Republic of China on Sino-foreign Cooperative Enterprises and other relevant laws, where the investment or provision of facilities, and the share of profits and risks is stipulated in the cooperative contract.

Enterprises with Sole (exclusive) Foreign Investment refer to enterprises established in the mainland of China with exclusive investment from foreign investors in accordance with the Law of the People's Republic of China on Foreign-Funded Enterprises and other relevant laws.

Share-holding Corporations Ltd. with Foreign Investment refer to share-holding corporations Ltd. Established with the approval from the Ministry of Foreign Trade and Economic Relations in line with relevant state regulations, where the share of investment from foreign investors exceeds 25% of the total registered capital of the corporation. In case the share of foreign investment is less than 25% of the total registered capital, the enterprise is to be classified as domestic-funded share-holding corporation Ltd.

Government Agencies, Institutions and Social Organizations are classified into following categories by source of funds and way of management taking reference of the registration status of enterprises:

(1) Government agencies: include state and party agencies, classified in principle as “state-owned”. There are exceptions, such as supply and marketing cooperatives, which are classified, as “collective”.

(2) Institutions: include institutions of various types established with the approval by organization and staffing departments of the government, but exclude institutions where enterprise management system is introduced. Institutions are further classified as follows:

(a) Institutions whose main budget is listed in the government budget appropriations or extra-budget funds, or allocated from the budget of their competent government agencies. Such institutions are classified as “state-owned”.

(b) Institutions whose budget mainly comes from collective units. Such institutions are classified as “collective”.

(c) Institutions other than those mentioned above whose source of budget is not clear. Such institutions are classified by way of management.

(3) Social organizations: include social organizations established with the approval from the Ministry of Civil Affairs, and organizations that are not covered by social organization management regulations such as trade unions, women’s federations etc. Social organizations are further classified as follows:

(a) Social organizations that are not covered by social organization management regulations of the Ministry of Civil Affairs such as trade unions, women's federations, communist youth leagues, youth associations, industrial and commerce associations, scientists associations, overseas Chinese associations, etc., foundations and fund management organizations established with funds from the state, and social organizations whose funds mainly come from the budget of their competent government agencies. Such institutions are classified as "state-owned".

(b) Social organizations whose budget mainly comes from collective units. Such institutions are classified as "collective".

(c) Social organizations established by individual or a group of citizens, which are classified as "private".

(d) Social organizations other than those mentioned above whose source of budget is not clear. Such organizations are classified by way of management.

Artificial person Refer to unit that have following conditions:

(1) legally Established, have own name, organization ,location and can undertake a civil case responsibility independently by law.

(2) independently Own and use(or authorizable usage) a property, undertake liabilities and can make a bargain with other units.

(3) can independently account and workout balance sheet. artificial person unit includes business artificial person, artificial person, organization artificial person, meeting group artificial person and other.

Establishments unit Refer to the subsidiary unit of artificial person unit. it should have following conditions:

(1) Be engaged in only one kind of social economic activities in exclusive condition.

(2) Opposite independently organize management and business activity.

(3) predominate data of businesses, such as income and expenditure...etc.

国民经济核算
National Accounts

2

◉ 资料整理：胡昶昶 张艺 陆杨

简要说明

一、主要内容

生产总值资料包括河南省历年生产总值绝对值、指数和构成，三次产业贡献率、拉动点，全员劳动生产率，各省辖市、济源示范区生产总值绝对量、指数等数据。

二、资料来源

生产总值资料是根据不同产业部门、不同支出构成的特点和资料来源情况而采用不同方法计算的。本年鉴公布的地区生产总值以及与之有关的指标数据，如果遇到普查，在能够获得更详细的基础资料的情况下，地区生产总值历史数据还会发生变动。根据第四次经济普查资料、第三次农业普查资料、第七次人口普查资料等，重新修订了以前年度的地区生产总值、人均地区生产总值等数据。本年鉴中的数据是修订以后的数据。

生产总值是一个价值量指标，其价值的变化受价格变化和物量变化大因素影响。不变价生产总值是把按当期价格计算的生产总值换算成按某个固定期（基期）价格计算的价值，从而使两个不同时期的价值进行比较时，能够剔除价格变化的影响，以反映物量变化，反映生产活动成果的实际变动。地区生产总值指数就是根据不变价地区生产总值计算得到的。

本篇所列的各省辖市、济源示范区地区生产总值数据由河南省统计局与各省辖市、济源示范区统计局统一核算得到。

本篇当年数据为初步核算结果。

Brief Introduction

I. Main Contents

Statistics on national accounts include the absolute value, index and composition of the GDP of Henan Province over the years, the contribution rate and pull point of the three industries, the total labor productivity, the absolute value and index of the GDP of the cities under provincial jurisdiction and Jiyuan Demonstration Zone .

II. Sources of Data

GDP data are calculated by different methods according to the characteristics of different industrial sectors, different expenditure components and data sources. In case of census, the historical data of GDP and related indicators published in this yearbook will change if more detailed basic data can be obtained. According to the data of the fourth economic census, the third agricultural census, the seventh population census, etc., the data of gross regional product and per capita gross regional product of the previous years have been revised. The data in this yearbook are revised.

GDP is a value quantity indicator, and its value change is affected by two major factors: price change and volume change. The constant price GDP is to convert the GDP calculated according to the current price into the value calculated according to the price of a fixed period (base period), so that when comparing the values of two different periods, the impact of price changes can be eliminated, so as to reflect the changes in volume and the actual changes in the results of production activities. The GDP index is calculated based on the constant GDP.

The GDP data of cities under provincial jurisdiction and Jiyuan Demonstration Zone listed in this chapter are obtained through unified accounting by the Statistics Bureau of Henan Province, the Statistics Bureau of cities under provincial jurisdiction and Jiyuan Demonstration Zone.

The data of the current year are preliminary accounting results.

2-1 生产总值

Gross Domestic Product

本表按当年价格计算。

Data in this table are calculated at current prices.

单位：亿元 (100 million yuan)

年 份 Year	生产总值 Gross Domestic Product	第一产业 Primary Industry	第二产业 Secondary Industry	第三产业 Tertiary Industry	人均生产总值(元) Per Capita GDP (yuan)
1978	162.92	64.86	69.45	28.61	232
1979	190.09	77.30	80.52	32.27	267
1980	229.16	93.23	94.44	41.49	317
1981	249.69	106.04	95.79	47.86	340
1982	263.30	108.18	102.76	52.36	353
1983	327.95	143.49	116.36	68.10	433
1984	370.04	155.28	136.29	78.47	482
1985	451.74	173.43	170.07	108.24	580
1986	502.91	179.02	202.15	121.74	635
1987	609.60	220.22	230.25	159.13	756
1988	749.09	240.72	299.83	208.54	910
1989	850.71	289.95	317.13	243.63	1012
1990	934.65	325.77	331.85	277.03	1091
1991	1045.73	334.61	388.09	323.03	1201
1992	1279.75	342.75	542.40	394.60	1452
1993	1660.18	397.50	760.24	502.44	1865
1994	2216.83	529.43	1053.35	634.05	2467
1995	2988.37	738.91	1387.65	861.81	3297
1996	3634.69	908.05	1668.88	1057.75	3978
1997	4041.09	976.73	1851.70	1212.66	4389
1998	4308.24	1037.58	1927.95	1342.70	4643
1999	4517.94	1087.70	1970.98	1459.26	4832
2000	5052.99	1124.93	2282.48	1645.59	5450
2001	5533.01	1195.39	2497.71	1839.91	5959
2002	6035.48	1207.11	2881.60	1946.77	6487
2003	6942.41	1198.70	3348.63	2395.08	7376
2004	8411.19	1647.57	4080.74	2682.88	9047
2005	10243.47	1844.04	5202.27	3197.16	10978
2006	11977.87	1869.82	6316.19	3791.86	12761
2007	14824.49	2156.69	7904.01	4763.80	15811
2008	17735.93	2575.81	9713.40	5446.72	18879
2009	19181.00	2665.66	10324.57	6190.77	20280
2010	22655.02	3127.14	12173.51	7354.38	23984
2011	26318.68	3349.25	14021.59	8947.84	27901
2012	28961.92	3577.15	15042.55	10342.21	30497
2013	31632.50	3827.20	15995.37	11809.92	33114
2014	34574.76	3988.22	17139.61	13446.93	35982
2015	37084.10	4015.56	17947.86	15120.68	38338
2016	40249.34	4063.64	18986.89	17198.81	41326
2017	44824.92	4139.29	20940.33	19745.30	45723
2018	49935.90	4311.12	22038.56	23586.21	50714
2019	53717.75	4635.70	23035.56	26046.49	54356
2020	54259.43	5354.02	22220.89	26684.52	54691
2021	58887.41	5620.82	24331.65	28934.93	59410

注：1. 三次产业结构已执行《国民经济行业分类》(GB/T4754-2017) 行业分类标准；2000年以来人均GDP按常住人口计算(以下相关表格同)。
2. 根据第四次经济普查和第七次人口普查结果，对1992年以来的GDP及人均GDP进行了调整(以下相关表格同)。

a) The industrial structure has been executed the industry classification standard of the "national economy industry classification "(GB/T4754-2017). The data on Per capita GDP since 2000 are calculated at resident population.(the same as the following related tables).

b) According to the results of the fourth economic census and the seventh population census, the data of GDP and per capita GDP have been adjusted since 1992 (the same as the following related tables).

2-2 生产总值指数(上年=100)

Indices of Gross Domestic Product (Preceding year=100)

本表按可比价格计算。

The indices in this table are calculated at comparable prices.

(上年=100) (preceding year=100)

年 份 Year	生产总值 Gross Domestic Product	第一产业 Primary Industry	第二产业 Secondary Industry	第三产业 Tertiary Industry	人 均 生产总值 Per Capita GDP
1978	111.3	110.6	112.1	111.3	109.5
1979	108.7	101.7	112.6	119.7	106.9
1980	115.4	109.2	117.2	126.9	113.7
1981	107.8	111.7	101.3	113.7	106.3
1982	104.3	100.5	106.1	109.0	102.7
1983	123.8	130.2	113.5	131.3	121.9
1984	110.1	105.5	115.0	110.7	108.5
1985	113.5	100.8	117.0	131.9	111.9
1986	104.6	92.1	114.0	108.6	103.0
1987	115.0	116.9	108.6	123.5	112.9
1988	109.8	97.4	120.1	109.4	107.6
1989	107.0	109.2	103.5	110.3	104.8
1990	104.5	105.4	102.3	106.8	102.5
1991	106.9	97.4	113.3	110.4	105.2
1992	113.7	101.5	125.4	111.1	112.3
1993	115.6	110.4	122.0	111.7	114.3
1994	113.5	101.3	121.5	112.6	112.5
1995	114.7	111.9	117.1	113.2	113.8
1996	113.9	111.3	116.1	112.5	113.0
1997	110.5	107.6	111.0	111.8	109.7
1998	108.8	107.0	109.2	109.3	107.9
1999	108.1	107.2	107.8	109.2	107.3
2000	109.1	104.2	111.5	108.8	110.1
2001	108.7	104.9	109.5	110.1	108.5
2002	109.1	104.8	116.6	101.6	108.9
2003	110.9	97.2	115.7	112.5	109.6
2004	112.8	113.6	113.3	111.6	114.2
2005	114.3	107.6	117.1	113.7	113.9
2006	114.5	107.4	117.8	113.3	113.8
2007	114.6	103.7	117.9	115.0	114.7
2008	112.0	105.5	114.2	111.5	111.8
2009	111.0	104.1	111.9	112.4	110.2
2010	112.4	104.5	114.7	111.8	112.5
2011	112.0	103.6	113.9	112.4	112.2
2012	110.1	104.4	111.2	110.6	109.4
2013	109.0	104.2	109.5	109.9	108.4
2014	108.9	104.0	109.3	110.0	108.2
2015	108.4	104.4	107.6	111.1	107.7
2016	108.2	104.3	107.1	110.6	107.5
2017	107.8	104.3	107.0	109.7	107.1
2018	107.6	103.4	106.9	109.5	107.2
2019	106.8	102.3	106.7	107.8	106.4
2020	101.1	102.3	100.2	101.7	100.7
2021	106.3	106.4	104.1	108.1	106.4

2-3 生产总值指数(1978=100)

Indices of Gross Domestic Product (1978=100)

本表按可比价格计算。

The indices in this table are calculated at comparable prices.

年 份 Year	生产总值 Gross Domestic Product	第一产业 Primary Industry	第二产业 Secondary Industry	第三产业 Tertiary Industry	人 均 生产总值 Per Capita GDP
1978	100.0	100.0	100.0	100.0	100.0
1979	108.7	101.7	112.6	119.7	106.9
1980	125.4	111.1	132.0	151.9	121.5
1981	135.2	124.0	133.7	172.7	129.2
1982	141.0	124.7	141.8	188.3	132.7
1983	174.6	162.3	161.0	247.2	161.8
1984	192.2	171.2	185.1	273.6	175.5
1985	218.2	172.6	216.6	360.9	196.4
1986	228.2	159.0	246.9	391.9	202.3
1987	262.5	185.8	268.2	484.1	228.4
1988	288.2	181.0	322.1	529.6	245.7
1989	308.4	197.7	333.3	584.1	257.5
1990	322.2	208.3	341.0	623.8	264.0
1991	344.5	202.9	386.4	688.7	277.7
1992	391.7	206.0	484.5	765.1	311.8
1993	452.6	227.4	590.9	854.3	356.5
1994	513.9	230.3	718.1	962.3	401.0
1995	589.6	257.8	841.2	1089.3	456.2
1996	671.8	286.9	976.4	1225.6	515.6
1997	742.4	308.7	1084.3	1370.6	565.4
1998	807.5	330.3	1184.5	1497.9	610.2
1999	872.8	354.1	1276.9	1635.8	654.5
2000	952.5	369.0	1423.1	1780.1	720.3
2001	1035.0	387.2	1558.5	1959.1	781.7
2002	1129.2	405.8	1816.5	1990.7	851.1
2003	1252.5	394.4	2102.3	2240.0	933.1
2004	1412.8	447.9	2381.0	2500.0	1065.6
2005	1615.0	481.7	2788.0	2842.8	1213.7
2006	1849.4	517.4	3283.3	3221.0	1381.6
2007	2119.7	536.8	3870.2	3705.7	1585.3
2008	2374.6	566.5	4418.3	4132.8	1772.4
2009	2634.8	590.0	4945.3	4646.0	1953.5
2010	2961.5	616.7	5670.9	5193.6	2198.4
2011	3316.7	639.1	6459.3	5837.4	2466.6
2012	3653.4	667.4	7183.7	6456.9	2698.5
2013	3982.9	695.4	7869.1	7097.8	2925.2
2014	4336.7	723.5	8597.1	7804.4	3165.0
2015	4700.9	755.5	9246.4	8673.3	3408.8
2016	5087.9	787.6	9906.9	9591.2	3664.4
2017	5486.7	821.6	10600.0	10520.2	3924.6
2018	5905.9	849.3	11334.7	11514.5	4208.3
2019	6304.5	868.8	12099.7	12407.2	4477.7
2020	6370.7	888.7	12123.7	12619.4	4509.0
2021	6771.4	945.3	12625.1	13637.6	4797.0

2-4 生产总值分产业构成

Industrial Composition of Gross Domestic Product

本表按当年价格计算。

Data in this table are calculated at current prices.

单位：% (%)

年 份 Year	生产总值 Gross Domestic Product	第一产业 Primary Industry	第二产业 Secondary Industry	第三产业 Tertiary Industry
1978	100.0	39.8	42.6	17.6
1979	100.0	40.7	42.3	17.0
1980	100.0	40.7	41.2	18.1
1981	100.0	42.5	38.3	19.2
1982	100.0	41.1	39.0	19.9
1983	100.0	43.7	35.5	20.8
1984	100.0	42.0	36.8	21.2
1985	100.0	38.4	37.6	24.0
1986	100.0	35.6	40.2	24.2
1987	100.0	36.1	37.8	26.1
1988	100.0	32.1	40.0	27.9
1989	100.0	34.1	37.3	28.6
1990	100.0	34.9	35.5	29.6
1991	100.0	32.0	37.1	30.9
1992	100.0	26.8	42.4	30.8
1993	100.0	23.9	45.8	30.3
1994	100.0	23.9	47.5	28.6
1995	100.0	24.7	46.4	28.8
1996	100.0	25.0	45.9	29.1
1997	100.0	24.2	45.8	30.0
1998	100.0	24.1	44.8	31.2
1999	100.0	24.1	43.6	32.3
2000	100.0	22.3	45.2	32.6
2001	100.0	21.6	45.1	33.3
2002	100.0	20.0	47.7	32.3
2003	100.0	17.3	48.2	34.5
2004	100.0	19.6	48.5	31.9
2005	100.0	18.0	50.8	31.2
2006	100.0	15.6	52.7	31.7
2007	100.0	14.5	53.3	32.1
2008	100.0	14.5	54.8	30.7
2009	100.0	13.9	53.8	32.3
2010	100.0	13.8	53.7	32.5
2011	100.0	12.7	53.3	34.0
2012	100.0	12.4	51.9	35.7
2013	100.0	12.1	50.6	37.3
2014	100.0	11.5	49.6	38.9
2015	100.0	10.8	48.4	40.8
2016	100.0	10.1	47.2	42.7
2017	100.0	9.2	46.7	44.0
2018	100.0	8.6	44.1	47.2
2019	100.0	8.6	42.9	48.5
2020	100.0	9.9	41.0	49.2
2021	100.0	9.5	41.3	49.1

2-5 三次产业贡献率

Share of the Contributions of Three Strata of Industry to the Increase of the GDP

本表按可比价格计算。

Data in this table are calculated at constant prices.

单位：% (%)

年 份 Year	生产总值 Gross Domestic Product	第一产业 Primary Industry	第二产业 Secondary Industry	第三产业 Tertiary Industry
1981	100.0	61.5	6.9	31.6
1982	100.0	4.9	55.3	39.8
1983	100.0	51.7	22.4	26.0
1984	100.0	23.5	54.1	22.4
1985	100.0	2.6	47.6	49.9
1986	100.0	-62.4	117.2	45.2
1987	100.0	36.0	24.2	39.8
1988	100.0	-8.8	82.4	26.4
1989	100.0	37.8	22.0	40.2
1990	100.0	35.5	21.8	42.7
1991	100.0	-13.0	69.8	43.2
1992	100.0	3.4	72.2	24.3
1993	100.0	18.3	58.2	23.4
1994	100.0	2.5	69.2	28.3
1995	100.0	18.9	54.2	26.9
1996	100.0	18.5	54.9	26.6
1997	100.0	16.1	51.0	32.9
1998	100.0	17.3	51.3	31.4
1999	100.0	19.0	47.2	33.8
2000	100.0	9.7	61.2	29.1
2001	100.0	12.7	49.6	37.8
2002	100.0	11.4	82.8	5.9
2003	100.0	-5.3	70.1	35.2
2004	100.0	19.2	52.6	28.3
2005	100.0	9.6	60.8	29.5
2006	100.0	9.2	62.2	28.6
2007	100.0	4.3	63.9	31.8
2008	100.0	7.0	63.3	29.7
2009	100.0	5.5	59.6	35.0
2010	100.0	4.9	65.3	29.7
2011	100.0	4.2	62.3	33.5
2012	100.0	5.6	60.4	34.1
2013	100.0	5.6	58.4	36.0
2014	100.0	5.3	57.8	37.0
2015	100.0	5.8	50.0	44.2
2016	100.0	5.6	42.0	52.4
2017	100.0	5.7	42.8	51.5
2018	100.0	4.5	43.1	52.4
2019	100.0	3.3	47.2	49.5
2020	100.0	20.2	8.9	70.9
2021	100.0	10.0	26.9	63.1

注：产业贡献率指各产业增加值增量与GDP增量之比。

a) Share of the contributions of three strata of industry refers to the proportion of the increment of value-addede of each industry to the increment of GDP.

2-6 三次产业对生产总值增长的拉动

Contribution of the Three Strata of Industry to GDP Growth

本表按可比价格计算。

Data in this table are calculated at current prices.

单位：百分点 (percent)

年 份 Year	生产总值 Gross Domestic Product	第一产业 Primary Industry	第二产业 Secondary Industry	第三产业 Tertiary Industry
1981	7.8	4.8	0.5	2.5
1982	4.3	0.2	2.4	1.7
1983	23.8	12.3	5.3	6.2
1984	10.1	2.4	5.5	2.3
1985	13.5	0.3	6.4	6.7
1986	4.6	-2.9	5.4	2.1
1987	15.0	5.4	3.6	6.0
1988	9.8	-0.9	8.1	2.6
1989	7.0	2.6	1.5	2.8
1990	4.5	1.6	1.0	1.9
1991	6.9	-0.9	4.8	3.0
1992	13.7	0.5	9.9	3.3
1993	15.6	2.8	9.1	3.7
1994	13.5	0.4	9.3	3.8
1995	14.7	2.7	8.0	4.0
1996	13.9	2.6	7.6	3.7
1997	10.5	1.6	5.4	3.5
1998	8.8	1.5	4.5	2.8
1999	8.1	1.5	3.8	2.8
2000	9.1	0.9	5.6	2.6
2001	8.7	1.1	4.3	3.3
2002	9.1	1.0	7.5	0.6
2003	10.9	-0.5	7.6	3.8
2004	12.8	2.5	6.7	3.6
2005	14.3	1.4	8.7	4.2
2006	14.5	1.3	9.0	4.2
2007	14.6	0.7	9.3	4.6
2008	12.0	0.8	7.6	3.6
2009	11.0	0.6	6.6	3.8
2010	12.4	0.6	8.1	3.7
2011	12.0	0.5	7.5	4.0
2012	10.1	0.6	6.1	3.4
2013	9.0	0.5	5.3	3.2
2014	8.9	0.5	5.1	3.3
2015	8.4	0.5	4.2	3.7
2016	8.2	0.5	3.4	4.3
2017	7.8	0.4	3.3	4.1
2018	7.6	0.3	3.3	4.0
2019	6.8	0.2	3.2	3.4
2020	1.1	0.2	0.1	0.8
2021	6.3	0.6	1.7	4.0

注：产业拉动指GDP增长速度与各产业贡献率之乘积。

a) Contribution of the three strata of industry to GDP growth refers to the growth rate of GDP multiplied by the contribution share of every industry.

2-7 全员劳动生产率

Overall Labor Productivity

单位：元/人.年 (yuan/person.year)

年 份 Year	全员劳动生产率 Over all Labor Productivity	第一产业 Primary Industry	第二产业 Secondary Industry	第三产业 Tertiary Industry
1979	669	334	2748	1385
1980	790	393	3180	1788
1981	837	437	3120	1892
1982	851	433	3288	1870
1983	1019	560	3548	2092
1984	1115	600	3802	2115
1985	1316	674	3784	2646
1986	1413	696	3706	2761
1987	1652	852	3889	3102
1988	1946	918	4703	3538
1989	2165	1080	4812	4150
1990	2328	1174	4990	4831
1991	2519	1163	5707	5438
1992	2994	1167	7677	6268
1993	3803	1355	9925	7527
1994	5011	1834	12600	9051
1995	6673	2602	15478	11607
1996	7947	3222	17411	13272
1997	8545	3409	18526	14035
1998	8774	3544	19543	13488
1999	8854	3480	21024	14045
2000	9377	3275	24153	16309
2001	9979	3395	25306	17751
2002	10935	3511	28320	18297
2003	12556	3562	31561	21714
2004	15124	5009	36664	23128
2005	18212	5776	43479	25867
2006	21049	6042	48549	29281
2007	25800	7225	55701	35498
2008	30558	8933	63674	39045
2009	32554	9500	63752	42215
2010	40801	12313	76782	51524
2011	51179	14806	92584	65507
2012	56572	16463	97273	73862
2013	62000	18313	100503	83135
2014	67954	20242	109120	86921
2015	73022	22213	118247	86259
2016	79489	24894	125347	89748
2017	88930	28341	138756	95350
2018	99663	32198	146520	108821
2019	108236	36302	155075	118363
2020	110531	43278	152624	120421
2021	121118	46938	168443	130338

注：2010-2019年全员劳动生产率依据就业人员数据调整进行相应修订。

a) From 2010 to 2019, the overalll labor productivity was adjusted according to the result of the employment.

2-8 分行业增加值及指数

Value-added and Indices by Sector

本表增加值按当年价格计算，指数按可比价格计算。

The value-added in this table are calculated at current prices. The indices in this table are calculated at comparable prices.

单位：亿元 (100 million yuan)

行业	Sector	2020		2021	
		增加值 Value-added	指数（上年=100） Index (preceding year=100)	增加值 Value-added	指数（上年=100） Index (preceding year=100)
生产总值	**Gross Domestic Product**	**54259.43**	**101.1**	**58887.41**	**106.3**
农、林、牧、渔业	Agriculture, Forestry, Animal Husbandry and Fishery	5600.46	102.5	5908.57	106.4
工业	Industry	17147.24	100.2	18785.30	105.4
建筑业	Construction	5143.89	100.1	5619.03	100.1
批发和零售业	Wholesale and Retail Trade	4128.29	101.9	4468.02	106.1
交通运输、仓储和邮政业	Transport, Storage and Post	2846.54	100.7	3378.36	118.2
住宿和餐饮业	Hotels and Catering Services	1036.74	89.2	1114.17	106.4
信息传输、软件和信息技术服务业	Information Transmission, Software and Information Technology Services	1258.07	122.3	1408.28	116.2
金融业	Finance	2912.34	104.6	3101.60	102.6
房地产业	Real Estate	3606.48	100.8	3719.67	102.9
租赁和商务服务业	Leasing and Business Services	1878.71	98.4	2004.87	107.4
科学研究和技术服务业	Scientific Research and Technical Service	1112.15	99.0	1212.76	108.4
水利、环境和公共设施管理业	Management of Water Conservancy, Environment and Public Establishment	292.04	107.8	337.33	114.1
居民服务、修理和其他服务业	Resident Services, Repair and Other Services	1388.24	99.1	1494.34	111.2
教育	Education	2170.83	103.3	2280.86	106.6
卫生和社会工作	Sanitation and Social Security	1365.26	100.5	1472.63	105.6
文化、体育和娱乐业	Culture, Sports and Entertainment	568.86	93.2	623.12	114.3
公共管理、社会保障和社会组织	Public Management, Social Welfare and Social Organization	1803.28	102.6	1958.50	109.9

2-9 各市生产总值(2020年)

Gross Domestic Product by City (2020)

本表按当年价格计算。

Data in this table are calculated at current prices.

地　区	Region	生产总值(亿元) Gross Domestic Product (100 million yuan)	第一产业 Primary Industry	第二产业 Secondary Industry	第三产业 Tertiary Industry	人均生产总值(元) Per Capita GDP (yuan)
郑　州　市	Zhengzhou	11850.35	171.32	4662.94	7016.09	94911
开　封　市	Kaifeng	2347.77	363.88	870.26	1113.63	48667
洛　阳　市	Luoyang	5081.90	254.19	2256.14	2571.56	72212
平顶山市	Pingdingshan	2418.24	204.81	1056.76	1156.66	48623
安　阳　市	Anyang	2275.48	239.01	982.19	1054.28	41727
鹤　壁　市	Hebi	971.96	78.10	545.33	348.53	62159
新　乡　市	Xinxiang	2967.74	293.59	1314.69	1359.47	47480
焦　作　市	Jiaozuo	2025.26	157.79	792.82	1074.65	57587
濮　阳　市	Puyang	1620.51	220.35	577.54	822.62	43124
许　昌　市	Xuchang	3389.37	183.68	1753.12	1452.57	77507
漯　河　市	Luohe	1554.26	150.04	655.18	749.04	65414
三门峡市	Sanmenxia	1430.25	147.00	664.45	618.80	70532
南　阳　市	Nanyang	3888.39	652.25	1221.84	2014.29	39930
商　丘　市	Shangqiu	2886.59	515.09	1079.88	1291.61	36943
信　阳　市	Xinyang	2769.82	536.10	965.89	1267.83	44348
周　口　市	Zhoukou	3221.80	561.57	1298.09	1362.15	35711
驻马店市	Zhumadian	2842.81	543.49	1081.74	1217.58	40475
济源示范区	Jiyuan	691.35	29.27	409.49	252.59	95050

2-10 各市生产总值(2021年)

Gross Domestic Product by City (2021)

本表按当年价格计算。
Data in this table are calculated at current prices.

地区	Region	生产总值(亿元) Gross Domestic Product (100 million yuan)	第一产业 Primary Industry	第二产业 Secondary Industry	第三产业 Tertiary Industry	人均生产总值(元) Per Capita GDP (yuan)
郑州市	Zhengzhou	12691.02	181.69	5039.29	7470.04	100092
开封市	Kaifeng	2557.03	380.98	969.57	1206.48	53173
洛阳市	Luoyang	5447.12	261.01	2378.68	2807.43	77110
平顶山市	Pingdingshan	2694.16	216.87	1208.53	1268.77	54122
安阳市	Anyang	2435.47	235.15	1064.71	1135.61	44690
鹤壁市	Hebi	1064.64	72.52	615.93	376.19	67803
新乡市	Xinxiang	3232.53	292.48	1442.47	1497.58	52028
焦作市	Jiaozuo	2136.84	141.41	856.66	1138.77	60643
濮阳市	Puyang	1771.54	209.63	662.60	899.31	47131
许昌市	Xuchang	3655.42	182.00	1912.80	1560.61	83415
漯河市	Luohe	1721.08	155.48	740.90	824.70	72560
三门峡市	Sanmenxia	1582.54	150.40	748.82	683.31	77701
南阳市	Nanyang	4342.22	731.21	1372.34	2238.67	44894
商丘市	Shangqiu	3083.32	577.20	1152.20	1353.93	39678
信阳市	Xinyang	3064.96	601.29	1064.75	1398.92	49345
周口市	Zhoukou	3496.23	610.57	1416.79	1468.88	39126
驻马店市	Zhumadian	3082.82	556.81	1200.33	1325.68	44266
济源示范区	Jiyuan	762.23	26.02	460.30	275.91	104515

2-11 各市生产总值指数(2020年)

Indices of Gross Domestic Product by City (2020)

本表按可比价格计算。

The indices in this table are calculated at comparable prices.

(上年=100) (preceding year=100)

地 区	Region	生产总值 Gross Domestic Product	第一产业 Primary Industry	第二产业 Secondary Industry	第三产业 Tertiary Industry	人均生产总值 Per Capita GDP
郑州市	Zhengzhou	102.8	101.1	104.3	101.6	100.4
开封市	Kaifeng	101.8	102.5	101.5	101.9	101.2
洛阳市	Luoyang	102.7	102.7	102.8	102.5	101.8
平顶山市	Pingdingshan	103.0	102.7	102.5	103.5	102.1
安阳市	Anyang	103.1	101.9	103.1	103.4	102.1
鹤壁市	Hebi	101.8	102.3	101.8	101.6	100.6
新乡市	Xinxiang	102.8	101.8	103.7	102.0	102.6
焦作市	Jiaozuo	79.0	101.3	65.5	96.8	78.6
濮阳市	Puyang	102.8	102.7	104.3	101.5	102.4
许昌市	Xuchang	102.5	102.3	102.7	102.1	102.1
漯河市	Luohe	101.3	102.2	99.8	103.1	101.5
三门峡市	Sanmenxia	102.9	102.9	102.7	103.1	102.8
南阳市	Nanyang	102.0	102.4	101.0	102.8	102.7
商丘市	Shangqiu	98.9	102.6	95.6	100.9	98.8
信阳市	Xinyang	101.9	102.2	101.6	102.2	102.2
周口市	Zhoukou	101.3	102.3	100.0	102.5	101.7
驻马店市	Zhumadian	103.5	102.5	103.6	103.8	104.0
济源示范区	Jiyuan	103.3	101.1	103.8	102.3	102.8

2-12 各市生产总值指数(2021年)

Indices of Gross Domestic Product by City (2021)

本表按可比价格计算。

The indices in this table are calculated at comparable prices.

(上年=100) (preceding year=100)

地区	Region	生产总值 Gross Domestic Product	第一产业 Primary Industry	第二产业 Secondary Industry	第三产业 Tertiary Industry	人均生产总值 Per Capita GDP
郑州市	Zhengzhou	104.7	102.5	103.4	105.6	103.1
开封市	Kaifeng	107.2	106.4	106.6	108.0	107.6
洛阳市	Luoyang	104.8	106.8	100.4	108.4	104.4
平顶山市	Pingdingshan	107.1	107.1	104.8	109.1	107.0
安阳市	Anyang	105.0	103.7	102.7	107.4	105.0
鹤壁市	Hebi	106.7	97.9	107.5	107.3	106.2
新乡市	Xinxiang	106.6	102.9	104.4	109.5	107.2
焦作市	Jiaozuo	104.4	103.1	102.9	105.7	104.2
濮阳市	Puyang	108.4	107.1	107.8	109.1	108.3
许昌市	Xuchang	105.5	106.2	104.2	107.0	105.3
漯河市	Luohe	109.1	108.1	106.6	111.5	109.3
三门峡市	Sanmenxia	107.5	107.2	105.3	109.9	107.0
南阳市	Nanyang	109.0	107.4	106.8	110.8	109.7
商丘市	Shangqiu	104.0	106.8	101.5	104.9	104.5
信阳市	Xinyang	106.5	106.8	104.7	107.8	107.1
周口市	Zhoukou	106.3	106.6	104.7	107.6	107.3
驻马店市	Zhumadian	107.2	107.2	105.5	108.7	108.1
济源示范区	Jiyuan	106.1	106.3	104.5	108.6	105.8

2-13 各市分行业增加值(2020年)

Value-added by Sector and City (2020)

本表按当年价格计算。

Data in this table are calculated at current prices.

单位：亿元 (100 million yuan)

地区 Region	合计 Total	农林牧渔业 Agriculture Forestry, Animal Husbandry and Fishery	工业 Industry	建筑业 Construction	批发和零售业 Wholesale and Retail Trade	交通运输仓储及邮政业 Transport, Storage and Post	住宿和餐饮业 Hotels and Catering Services	金融业 Finance	房地产业 Real Estate	其他服务业 Other Services
郑州市 Zhengzhou	11850.35	179.16	3073.82	1602.14	1053.13	657.38	192.41	1291.52	1016.46	2784.32
开封市 Kaifeng	2347.77	375.76	717.04	155.79	157.62	84.34	48.58	92.79	140.55	575.30
洛阳市 Luoyang	5081.90	280.00	1798.69	464.89	448.90	246.90	91.70	294.48	294.26	1162.08
平顶山市 Pingdingshan	2418.24	213.28	882.59	177.52	213.47	105.43	53.87	109.70	129.04	533.35
安阳市 Anyang	2275.48	249.70	677.26	306.85	156.50	120.29	30.92	76.15	145.17	512.64
鹤壁市 Hebi	971.96	82.38	482.86	63.63	49.97	66.97	20.31	21.15	40.17	144.53
新乡市 Xinxiang	2967.74	300.58	996.31	320.54	201.53	195.43	39.67	109.31	200.80	603.57
焦作市 Jiaozuo	2025.26	163.74	667.10	126.95	161.66	199.42	45.05	80.92	108.59	471.83
濮阳市 Puyang	1620.51	234.73	457.75	159.19	124.42	115.67	37.85	65.78	92.28	332.86
许昌市 Xuchang	3389.37	193.43	1550.92	208.87	232.84	155.47	50.18	96.81	177.37	723.49
漯河市 Luohe	1554.26	152.50	568.56	87.35	174.01	104.43	34.75	46.36	81.05	305.25
三门峡市 Sanmenxia	1430.25	148.85	511.56	157.18	97.21	100.48	23.39	44.96	61.27	285.35
南阳市 Nanyang	3888.39	664.39	914.39	309.80	332.80	262.49	108.77	165.63	266.06	864.06
商丘市 Shangqiu	2886.59	528.60	871.59	209.66	164.62	133.87	74.83	101.88	203.28	598.27
信阳市 Xinyang	2769.82	586.86	724.42	243.06	135.60	87.11	57.02	117.83	200.60	617.32
周口市 Zhoukou	3221.80	596.17	1071.42	228.92	189.47	140.00	74.91	83.93	219.89	617.10
驻马店市 Zhumadian	2842.81	569.32	780.43	304.46	185.64	90.06	52.75	107.45	137.40	615.30
济源示范区 Jiyuan	691.35	29.81	371.69	38.19	48.28	41.07	12.38	14.04	22.77	113.12

2-14 各市分行业增加值(2021年)

Value-added by Sector and City (2021)

本表按当年价格计算。

Data in this table are calculated at current prices.

单位：亿元 (100 million yuan)

地 区 Region	合 计 Total	农 林 牧渔业 Agriculture Forestry, Animal Husbandry and Fishery	工业 Industry	建筑业 Construction	批发和零售业 Wholesale and Retail Trade	交通运输仓储及邮政业 Transport, Storage and Post	住宿和餐饮业 Hotels and Catering Services	金融业 Finance	房地产业 Real Estate	其 他 服务业 Other Services
郑 州 市 Zhengzhou	12691.02	190.15	3400.56	1651.58	1123.60	748.57	203.34	1379.20	972.42	3021.60
开 封 市 Kaifeng	2557.03	393.34	785.81	185.81	171.75	95.57	53.28	98.31	149.29	623.86
洛 阳 市 Luoyang	5447.12	287.55	1899.50	487.34	486.63	305.86	97.10	310.08	310.37	1262.69
平 顶 山 市 Pingdingshan	2694.16	227.09	1015.67	199.00	232.64	127.80	58.04	118.37	136.17	579.38
安 阳 市 Anyang	2435.47	246.47	718.61	347.01	168.95	137.68	33.11	83.73	152.64	547.27
鹤 壁 市 Hebi	1064.64	77.13	546.45	69.55	54.78	73.17	21.91	23.82	41.64	156.21
新 乡 市 Xinxiang	3232.53	300.10	1085.29	359.03	217.99	235.44	42.63	119.37	209.72	662.96
焦 作 市 Jiaozuo	2136.84	147.81	716.24	141.40	174.77	219.62	48.05	84.42	116.37	488.16
濮 阳 市 Puyang	1771.54	224.84	515.56	180.99	135.13	141.88	41.37	71.22	98.71	361.85
许 昌 市 Xuchang	3655.42	194.28	1688.80	234.37	251.25	176.80	53.90	101.82	185.54	768.67
漯 河 市 Luohe	1721.08	158.07	641.74	99.74	186.68	125.45	36.92	49.86	86.79	335.83
三 门 峡 市 Sanmenxia	1582.54	152.41	582.69	170.55	105.02	123.19	25.12	48.02	65.07	310.46
南 阳 市 Nanyang	4342.22	744.36	1019.59	354.70	362.22	324.13	116.40	178.84	288.34	953.63
商 丘 市 Shangqiu	3083.32	592.34	936.85	216.69	174.76	149.93	79.75	108.11	207.84	617.05
信 阳 市 Xinyang	3064.96	673.82	801.57	267.75	147.35	96.31	61.29	127.22	216.90	672.75
周 口 市 Zhoukou	3496.23	648.96	1167.40	251.17	206.39	163.06	80.36	92.31	229.41	657.18
驻 马 店 市 Zhumadian	3082.82	585.06	837.57	365.25	201.91	108.82	56.43	115.41	139.74	672.63
济 源 示 范 区 Jiyuan	762.23	26.60	422.23	38.38	51.97	50.03	13.56	16.08	23.89	119.47

2-15 各市分行业增加值指数(2020年)

Indices of Value-added by Sector and City (2020)

本表按可比价格计算。

The indices in this table are calculated at comparable prices.

(上年=100) (preceding year=100)

地区	Region	合计 Total	农林牧渔业 Agriculture Forestry, Animal Husbandry and Fishery	工业 Industry	建筑业 Construction	批发和零售业 Wholesale and Retail Trade	交通运输仓储及邮政业 Transport, Storage and Post	住宿和餐饮业 Hotels and Catering Services	金融业 Finance	房地产业 Real Estate	其他服务业 Other Services
郑州市	Zhengzhou	102.8	101.4	105.3	101.8	102.2	100.4	89.4	105.2	98.1	102.1
开封市	Kaifeng	101.8	102.5	101.9	99.1	102.3	104.8	90.3	106.3	98.7	102.3
洛阳市	Luoyang	102.7	102.7	102.2	105.7	102.7	100.2	90.6	102.9	105.5	103.1
平顶山市	Pingdingshan	103.0	102.9	102.4	103.1	101.6	101.5	92.6	102.6	103.5	106.5
安阳市	Anyang	103.1	102.0	103.1	103.0	102.6	103.6	87.7	104.9	108.2	103.6
鹤壁市	Hebi	101.8	102.7	101.8	101.4	102.6	102.4	90.3	104.3	102.0	101.9
新乡市	Xinxiang	102.8	102.0	104.1	101.9	103.1	101.5	90.1	105.5	101.3	102.1
焦作市	Jiaozuo	79.0	101.3	63.0	99.0	95.7	102.5	78.0	103.5	97.4	95.8
濮阳市	Puyang	102.8	102.7	103.9	102.8	100.3	105.8	87.9	103.6	106.3	101.6
许昌市	Xuchang	102.5	102.6	103.1	98.8	103.4	103.2	90.2	105.0	104.5	101.5
漯河市	Luohe	101.3	102.2	100.1	98.3	100.7	103.6	87.1	107.2	106.3	104.7
三门峡市	Sanmenxia	102.9	102.9	102.7	103.1	102.0	101.3	89.4	105.0	103.8	105.4
南阳市	Nanyang	102.0	102.5	102.9	92.5	102.0	102.9	90.1	104.1	103.9	104.3
商丘市	Shangqiu	98.9	102.8	96.3	92.8	98.8	103.4	86.3	105.2	95.5	103.5
信阳市	Xinyang	101.9	102.4	102.8	96.6	101.0	100.1	89.8	103.6	102.2	103.8
周口市	Zhoukou	101.3	102.6	102.7	86.3	104.6	102.8	92.1	104.3	101.9	102.8
驻马店市	Zhumadian	103.5	102.9	103.3	104.5	103.3	102.4	90.5	102.8	97.8	106.1
济源示范区	Jiyuan	103.3	101.3	104.0	102.3	104.7	101.8	92.0	106.0	90.6	104.8

2-16 各市分行业增加值指数(2021年)

Indices of Value-added by Sector and City (2021)

本表按可比价格计算。

The indices in this table are calculated at comparable prices.

(上年=100) (preceding year=100)

地 区 Region	合 计 Total	农 林 牧渔业 Agriculture Forestry, Animal Husbandry and Fishery	工业 Industry	建筑业 Construction	批发和零售业 Wholesale and Retail Trade	交通运输仓储及邮政业 Transport, Storage and Post	住宿和餐饮业 Hotels and Catering Services	金融业 Finance	房地产业 Real Estate	其 他 服务业 Other Services
郑 州 市 Zhengzhou	104.7	102.8	108.0	94.7	104.2	114.6	104.9	102.4	95.3	109.1
开 封 市 Kaifeng	107.2	106.3	105.8	109.6	106.8	112.3	108.8	101.6	105.8	109.4
洛 阳 市 Luoyang	104.8	106.4	101.5	96.3	106.2	122.6	105.1	101.0	105.1	109.2
平 顶 山 市 Pingdingshan	107.1	107.2	105.6	103.0	106.7	120.1	106.9	103.4	105.1	109.6
安 阳 市 Anyang	105.0	103.8	102.0	103.9	105.6	113.3	106.3	105.4	104.7	107.8
鹤 壁 市 Hebi	106.7	98.5	108.2	100.5	107.5	108.4	107.0	108.0	103.2	108.6
新 乡 市 Xinxiang	106.6	103.1	104.8	102.9	105.8	119.3	106.6	104.7	104.0	110.6
焦 作 市 Jiaozuo	104.4	103.2	103.0	102.4	105.8	109.1	105.8	100.0	106.7	104.9
濮 阳 市 Puyang	108.4	107.2	107.3	104.5	106.5	121.9	108.4	103.8	106.5	109.9
许 昌 市 Xuchang	105.5	106.3	104.6	103.1	105.6	112.9	106.5	100.9	104.2	107.0
漯 河 市 Luohe	109.1	108.1	106.2	109.2	106.1	121.2	105.4	103.1	106.7	114.5
三 门 峡 市 Sanmenxia	107.5	107.2	107.1	99.7	105.6	121.4	106.6	102.4	105.8	109.6
南 阳 市 Nanyang	109.0	107.5	107.3	105.2	106.6	122.5	106.2	103.5	107.9	111.9
商 丘 市 Shangqiu	104.0	106.8	103.1	95.0	103.9	110.9	105.7	101.7	101.8	105.2
信 阳 市 Xinyang	106.5	107.0	106.4	101.2	106.6	109.3	106.6	103.5	107.7	108.1
周 口 市 Zhoukou	106.3	106.8	105.5	100.8	106.8	115.7	106.4	105.4	103.9	107.8
驻 马 店 市 Zhumadian	107.2	107.3	103.6	110.3	106.6	119.8	106.1	103.0	101.3	110.7
济 源 示 范 区 Jiyuan	106.1	106.4	105.7	92.4	105.2	120.6	108.7	109.8	104.5	106.5

2–17 非公有制经济增加值(2020年)

Value-added of Non-Public-Owned (2020)

行　业	Sector	增加值(亿元) Value-added of Non-Public-Owned (100 million yuan)	指　数(%) Index of Value-added of Non-Public-Owned (%)	占全行业增加值比重(%) as Percentage of Value-added of Whole Industry (%)
总　计	**Total**	**35409.72**	**102.1**	**65.3**
#第一产业	Primary Industry	1987.07	103.6	37.1
第二产业	Secondary Industry	17847.12	100.4	80.3
第三产业	Tertiary Industry	15575.53	104.1	58.4
#农林牧渔业	Agriculture, Forestry, Animal Husbandry and Fishery	2066.22	103.6	36.9
工业	Industry	13728.80	100.2	80.1
建筑业	Construction	4153.80	101.0	80.8
批发和零售业	Wholesale and Retail Trade	3104.06	104.1	75.2
交通运输、仓储和邮电业	Transport, Storage and Post	1776.64	101.1	62.4
住宿和餐饮业	Hotels and Catering Services	1026.80	89.3	99.0
金融业	Finance	632.92	109.9	21.7
房地产业	Real estate	3494.95	102.5	96.9
其他服务业	Others	5425.54	108.9	45.8

2–18 各市非公有制经济增加值(2020年)

Value-added of Non-Public-Owned by City (2020)

本表按当年价格计算。

Data in this table are calculated at current prices.

地　区	Region	增加值(亿元) Value-added of Non-Public-Owned (100 million yuan)	占GDP比重(%) Value-added of Non-Public-Owned as Percentage of GDP (%)
郑州市	Zhengzhou	7397.27	62.4
开封市	Kaifeng	1480.89	63.1
洛阳市	Luoyang	3143.06	61.8
平顶山市	Pingdingshan	1482.38	61.3
安阳市	Anyang	1480.89	65.1
鹤壁市	Hebi	636.35	65.5
新乡市	Xinxiang	2010.73	67.8
焦作市	Jiaozuo	1388.58	68.6
濮阳市	Puyang	1093.26	67.5
许昌市	Xuchang	2452.24	72.4
漯河市	Luohe	1094.88	70.4
三门峡市	Sanmenxia	803.28	56.2
南阳市	Nanyang	2469.66	63.5
商丘市	Shangqiu	1893.54	65.6
信阳市	Xinyang	1767.31	63.8
周口市	Zhoukou	2062.05	64.0
驻马店市	Zhumadian	1843.74	64.9
济源示范区	Jiyuan	486.92	70.4

2-19 生产总值构成项目

Structure of Gross Domestic Product

本表按当年价格计算。

Data in this table are calculated at current prices.

单位：亿元 (100 million yuan)

年 份 Year	生产总值 Gross Domestic Product	劳动者报酬 Compensation of Laborers	生产税净额 Net Taxes on Production	固定资产折旧 Depreciation of Fixed Assets	营业盈余 Operating Surplus
1992	1279.75	733.49	186.24	183.36	176.66
1993	1660.18	902.85	221.30	232.82	303.21
1994	2216.83	1312.68	251.78	296.03	356.34
1995	2988.37	1822.82	344.76	333.82	486.97
1996	3634.69	2136.19	430.47	465.52	602.51
1997	4041.09	2264.52	477.78	530.06	768.73
1998	4308.24	2279.50	419.50	563.32	1045.92
1999	4517.94	2319.04	509.06	577.36	1112.48
2000	5052.99	2498.84	582.76	654.29	1317.10
2001	5533.01	2703.99	628.58	726.80	1473.64
2002	6035.48	2822.40	718.35	776.89	1717.85
2003	6942.41	3090.15	831.54	897.64	2123.07
2004	8411.19	3832.57	1005.67	926.35	2646.60
2005	10243.47	4589.88	1211.30	1181.60	3260.69
2006	11977.87	5020.41	1428.84	1304.82	4223.80
2007	14824.49	6201.85	1973.37	1589.36	5059.91
2008	17735.93	7583.84	2320.11	2039.65	5792.34
2009	19181.00	8885.76	3087.67	2183.38	5024.18
2010	22655.02	10901.56	2871.33	2928.99	5953.13
2011	26318.68	12741.39	3153.73	3312.89	7110.68
2012	28961.92	14225.60	4227.78	3517.63	6990.90
2013	31632.50	15653.62	4414.90	3546.05	8017.94
2014	34574.76	17074.81	3887.67	4237.19	9375.09
2015	37084.10	18477.96	4315.24	4537.34	9753.56
2016	40249.34	20061.67	4475.45	5083.50	10628.72
2017	44824.92	22068.59	4907.81	5505.50	12343.02
2018	49935.90	23710.03	6268.27	6359.47	13598.12
2019	53717.75	26054.70	6624.61	6988.93	14049.50
2020	54259.43	28062.08	6274.41	7805.81	12117.12

主要统计指标解释

国内生产总值（GDP） 指按市场价格计算的一个国家(或地区)所有常住单位在一定时期内生产活动的最终成果。国内生产总值有三种表现形态，即价值形态、收入形态和产品形态。从价值形态看，它是所有常住单位在一定时期内生产的全部货物和服务价值超过同期投入的全部非固定资产货物和服务价值的差额，即所有常住单位的增加值之和；从收入形态看，它是所有常住单位在一定时期内创造并分配给常住单位和非常住单位的初次收入之和；从产品形态看，它是所有常住单位在一定时期内最终使用的货物和服务价值减去货物和服务进口价值。在实际核算中，国内生产总值有三种计算方法，即生产法、收入法和支出法。三种方法分别从不同的方面反映国内生产总值及其构成。

三次产业 三次产业的划分是世界上较为常用的产业结构分类，但各国的划分不尽一致。根据《国民经济行业分类》(GB/T 4754-2011）和《三次产业划分规定》，我国的三次产业划分是：

第一产业是指农、林、牧、渔业（不含农、林、牧、渔服务业）。

第二产业是指采矿业（不含开采辅助活动），制造业（不含金属制品、机械和设备修理业），电力、热力、燃气及水生产和供应业，建筑业。

第三产业即服务业，是指除第一产业、第二产业以外的其他行业。

支出法国内生产总值 是从最终使用的角度反映一个国家（或地区）一定时期内生产活动最终成果的一种方法，包括最终消费支出、资本形成总额及货物和服务净出口三部分。计算公式为：

支出法国内生产总值=最终消费支出+资本形成总额+货物和服务净出口

最终消费支出 指常住单位为满足物质、文化和精神生活的需要，从本国经济领土和国外购买的货物和服务的支出。它不包括非常住单位在本国经济领土内的消费支出。最终消费支出分为居民消费支出和政府消费支出。

居民消费支出 指常住住户在一定时期内对于货物和服务的全部最终消费支出。居民消费支出除了直接以货币形式购买的货物和服务的消费支出外，还包括以其他方式获得的货物和服务的消费支出，即所谓的虚拟消费支出。居民虚拟消费支出包括如下几种类型：单位以实物报酬及实物转移的形式提供给劳动者的货物和服务；住户生产并由本住户消费了的货物和服务，其中的服务仅指住户的自有住房服务；金融机构提供的金融媒介服务；保险公司提供的保险服务。

政府消费支出 指政府部门为全社会提供的公共服务的消费支出和免费或以较低的价格向居民住户提供的货物和服务的净支出，前者等于政府服务的产出价值减去政府单位所获得的经营收入的价值，后者等于政府部门免费或以较低价格向居民住户提供的货物和服务的市场价值减去向住户收取的价值。

资本形成总额 指常住单位在一定时期内获得减去处置的固定资产和存货的净额，包括固定资本形成总额和存货变动两部分。

固定资本形成总额 指常住单位在一定时期内获得的固定资产减处置的固定资产的价值总额。固定资产是通过生产活动生产出来的，且其使用年限在一年以上、单位价值在规定标准以上的资产，不包括自然资产、耐用消费品、小型工器具。固定资本形成总额包括住宅、其他建筑和构筑物、机器和设备、培育性生物资源、知识产权产品（研发支出、矿藏的勘探、计算机软件）的价值获得减处置。

存货变动 指常住单位在一定时期内存货实物量变动的市场价值，即期末价值减期初价值的差额，再扣除当期由于价格变动而产生的持有收益。存货变动可以是正值，也可以是负值，正值表示存货上升，负值表示存货下降。存货包括生产单位购进的原材料、燃料和储备物资等存货，以及生产单位生产的产成品、在制品和半成品等存货。

货物和服务净出口 指货物和服务出口减货物和服务进口的差额。出口包括常住单位向非常住单位出售或无偿转让的各种货物和服务的价值；进口包括常住单位从非常住单位购买或无偿得到的各种货物和服务的价值。由于服务活动的提供与使用同时发生，一般把常住单位从非常住单位得到的服务作为进口，非常住单位从常住单位得到的服务作为出口。货物的出口和进口都按离岸价格计算。

劳动者报酬 指劳动者因从事生产活动所获得的全部报酬。包括劳动者获得的各种形式的工资、奖金和津贴，既包括货币形式的，也包括实物形式的，还包括劳动者所享受的公费医疗和医药卫生费、上下班交通补贴、单位支付的社会保险费、住房公积金等。

生产税净额 指生产税减生产补贴后的差额。其中，生产税指政府对生产单位从事生产、销售和经营活动，以及因从事生产活动使用某些生产要素（如固定资产和土地等）所征收的各种税收、附加费和其他规费。生产税分为产品税和其他生产税，产品税主要有：增值税、消费税、进口关税、出口税等；其他生产税主要有：房产税、车船使用税、城镇土地使用税等。生产补贴则相反，它是政府为影响生产单位的生产、销售及定价等生产活动而对其提供的无偿支付，包括农业生产补贴、政策亏损补贴、进口补贴等。生产补贴作为负生产税处理。

固定资产折旧 指由于自然退化、正常淘汰或损耗而导致的固定资产价值下降，用以代表固定资产通过生产过程被转移到其产出中的价值。原则上，固定资产折旧应按照固定资产的重置价值计算。

营业盈余 指常住单位创造的增加值扣除劳动者报酬、生产税净额和固定资产折旧后的余额。

机构单位 指能够以自己的名义拥有资产和承担负债，能够独立地从事经济活动并与其他主体进行交易的经济主体。

机构部门 将相同性质的机构单位归并在一起，就形成机构部门。资金流量核算将常住机构单位划分为以下四个机构部门：非金融企业部门、金融机构部门、政府部门、住户部门。与常住单位发生经济往来关系的非常住单位组成国外部门，在资金流量核算中也视同机构部门。

非金融企业与非金融企业部门 非金融企业指主要从事市场货物生产和提供非金融市场服务的常住企业，它主要包括从事上述活动的各类法人企业。所有非金融企业归并在一起，就形成非金融企业部门。

金融机构与金融机构部门 金融机构指主要从事金融媒介以及与金融媒介密切相关的辅助金融活动的常住单位，它主要包括中央银行、商业银行和政策性银行、非银行信贷机构和保险公司。所有金融机构组成金融机构部门。

政府机构与政府部门 政府机构指在设定区域内对其他机构单位拥有立法、司法或行政权的法律实体及其附属单位。政府机构的主要职能是利用征税和其他方式获得的资金向社会和公众提供货物和服务；通过转移支付，对社会收入和财产进行再分配；从事非市场性生产。它主要包括各级党政机关、群众团体、事业单位、基层群众的自治组织等。所有政府机构组成政府部门。

住户与住户部门 住户指共享同一生活设施、部分或全部收入和财产集中使用、共同消费住房、食品和其他消费品与消费服务的常住个人或个人群体。所有住户组成住户部门。

非常住单位与国外部门 所有不具有常住性的机构单位都是非常住单位。与我国常住单位发生交易的所有非常住单位称为国外部门。

初次分配总收入 收入初次分配是生产活动创造的价值在参与生产活动的生产要素所有者及政府之间的分配。生产活动的最终成果是增加值。生产要素主要包括劳动力、资本、自然资源。劳动力所有者因提供劳动而获得劳动报酬；资本的所有者因提供资本而获得不同形式的收入，如借贷资本所有者获得利息收入；股权所有者获得红利或参与利润分配；自然资源所有者因出让自然资源使用权而获得地租；政府因国家管理需要对生产活动或生产要素征收生产税同时也因扶持有关生产活动而支付生产补贴。初次分配的结果形成各个机构部门的初次分配总收入。各部门的初次分配总收入之和就等于国民总收入，亦即国民生产总值。

经常转移 转移是一个机构单位向另一个机构单位提供货物、服务或资产，而同时并没有从后一机构单位获得任何货物、服务或资产作为回报的一种交易。经常转移指交易的一方或双方都不涉及获得或处置资产（除存货和现金外）的转移。其形式有所得税、财产税等经常税、社会保险缴款、社会保险福利、社会补助和其他经常转移。

可支配总收入 在初次分配总收入的基础上，通过经常转移的形式对初次分配总收入进行再次分配。再分配的结果形成各个机构部门的可支配总收入。各部门的可支配总收入之和称为国民可支配总收入。

总储蓄 指可支配总收入用于最终消费后的余额。各部门的总储蓄之和称为国民总储蓄。

资本转移 指交易的一方或双方涉及获得或处置资产（除存货和现金外）的转移。资本转移包括资本税、投资性补助和其他资本转移。

净金融投资 它反映各机构部门或经济总体非金融投资过程中资金富余或短缺的状况。从非金融交易角度看，它是指总储蓄加资本转移收入减资本转移支出减非金融投资后的差额。从金融交易角度看，它是金融资产的增加额减金融负债的增加额之后的差额。

通货 指以现金形式存在于市场流通中的货币，包括纸币和硬币。

存款 以各种形式存在存款类金融机构的存款，包括活期存款、定期存款、财政存款、外汇存款和其他存款等。

贷款 指金融机构发放的各类贷款，包括短期贷款、票据融资、中长期贷款、外汇贷款、委托贷款和其他贷款等。

证券 包括债券和股票。由债券购买者承购的或因销售产品而拥有的，可在金融市场上交易并代表一定债权的书面证明。包括政府债券、金融债券、企业债券、商业票据、支付固定收入但不提供法人企业残余价值分享权的优先股等。股票购买者及直接投资者对其投资企业净资产所拥有的权益。股票是股份公司签发的证明股东投资并按其所持股份享有权益和承担义务的权益性证券。其他股权是机构单位以直接投资的方式用除股票、债权性证券以外的土地、房屋及建筑物、机器设备、存货、资源资产等实物资产，商标、专利权、土地使用权、特许使用权、商誉等无形资产及货币资金直接向其他单位进行的投资。通常以股权证、出资证明书、参与证或类似的单据为凭证。

保险准备金 指社会保险和商业保险基金的净权益、保险费预付款和未结索赔准备金。

结算资金 指金融机构用于结算目的汇兑在途的资金。

金融机构往来 指金融机构部门子部门之间发生的同业存放、同业拆借和债券回购等。

准备金 指各金融机构在中央银行的存款及缴存中央银行的法定准备金。

中央银行贷款 指中央银行向各金融机构的贷款。

经常项目 包括货物、服务、收益及经常性转移。

货物进出口 指通过我国海关进出口的货物。货物的进出口值都按离岸价格估价。离岸价格可视为进口商在出口商边境领取货物时支付的购买者价格。当进口商领取该货物时，该货物已装载到进口商自己的运载工具或其他运载工具，出口商已为该货物支付了出口税或获得了出口退税。

服务进出口 指常住单位与非常住单位之间相互提供的服务。包括运输服务、旅游服务、通讯服务、建筑服务、保险服务、金融服务、计算机和信息服务、咨询服务、广告、宣传服务、电影音像服务、专有权力使用费和特许费、其他商务服务、政府服务。

收益 指常住单位与非常住单位之间因相互提供生产要素而产生的收入，包括劳动者报酬和投资收益。其中投资收益包括直接投资、证券投资和其他投资的收益和支出，以及直接投资收益的再投资。

资本项目 包括移民转移、债务减免等资本性转移。

金融项目 包括直接投资、证券投资和其它投资。

直接投资 以投资者寻求在本国以外运行企业获取有效发言权为目的的投资，包括直接投资资产和直接投资负债两部分。相关投资工具可划分为股权和关联企业债务。股权包括股权和投资基金份额，以及再投资收益。关联企业债务包括关联企业间可流通和不可流通的债权和债务。

证券投资 包括证券投资资产和证券投资负债，相关投资工具可划分为股权和债券。股权包括股权和投资基金份额，记录在证券投资项下的股权和投资基金份额均应可流通（可交易）。股权通常以股份、股票、参股、存托凭证或类似单据作为凭证。投资基金份额指投资者持有的共同基金等集合投资产品的份额。债券指可流通的债务工具，是证明其持有人（债权人）有权在未来某个（些）时点向其发行人（债务人）收回本金或收取利息的凭证，包括可转让存单、商业票据、公司债券、有资产担保的证券、货币市场工具以及通常在金融市场上交易的类似工具。

其它投资 除直接投资、证券投资、金融衍生工具和储备资产外，居民与非居民之间的其他金融交易。包括其他股权、货币和存款、贷款、保险和养老金、贸易信贷和其他。

储备资产增减额 指我国在黄金储备、外汇储备、在国际货币基金组织的储备头寸、特别提款权、使用基金信贷等方面本年末与上年末余额之间的差额。负号表示储备资产增加，正号表示储备资产减少。

Explanatory Notes on Main Statistical Indicators

Gross Domestic Product (GDP) refers to the final products at market prices produced by all resident units in a country (or a region) during a certain period of time. Gross domestic product is expressed in three different perspectives, namely value, income, and products respectively. GDP in its value perspective refers to the total value of all goods and services produced by all resident units during a certain period of time, minus the total value of input of goods and services of the nature of non-fixed assets; in other words, it is the sum of the value-added of all resident units. GDP from the perspective of income includes the primary income created by all resident units and distributed to resident and non-resident units. GDP from the perspective of products refers to the value of all goods and services for final consumption by all resident units minus the net exports of goods and services during a given period of time. In the practice of national accounting, gross domestic product is calculated from three approaches, namely production approach, income approach and expenditure approach, which reflect gross domestic product and its composition from different angles.

Three Industries Classification of economic activities into three strata of industry is a common practice in the world, although the grouping varies to some extent form country to country. In China economic activities are categorized into the following three strata of industry:

Primary industry refers to agriculture, forestry, animal husbandry and fishery and services in support of these industries.

Secondary industry refers to mining and quarrying, manufacturing, production and supply of electricity, water and gas, and construction.

Tertiary industry refers to all other economic activities not included in the primary or secondary industries.

GDP by Expenditure Approach refers to the method of measuring the final results of production activities of a country (region) during a given period from the perspective of final uses. It includes final consumption expenditure, gross capital formation and net export of goods and services. The formula for computation is

GDP by expenditure approach = final consumption expenditure + gross capital formation + net export of goods and services

Final Consumption Expenditure refers to the total expenditure of resident units for purchases of goods and services from both the domestic economic territory and abroad to meet the needs of material, cultural and spiritual life. It does not include the expenditure of non-resident units on consumption in the economic territory of the country. The final consumption expenditure is broken down into household consumption expenditure and government consumption expenditure.

Household Consumption Expenditure refers to the total expenditure of resident households on the final consumption of goods and services. In addition to the consumption of goods and services bought by the households directly with money, the household consumption expenditure also includes expenditure on goods and services obtained by the households in other ways, i.e. the so-called imputed consumption expenditure, which includes the following: (a) the goods and services provided to households by employers in the form of payment in kind and transfer in kind; (b) goods and services produced and consumed by the households themselves, in which the services refer only to the owner-occupied housing; (c) financial intermediate services provided by financial institutions; (d) insurance services provided by insurance companies.

Government Consumption Expenditure refers to the consumption expenditure spent for the provision of public services provided by the government to the whole country and the net expenditure on the goods and services provided by the government to households free of charge or at reduced prices. The former equals to the output value of the government services minus the value of operating income obtained by the government departments. The latter equals to the market value of the goods and services provided by the government free of charge or at reduced prices to the households minus the value received by the government from the households.

Gross Capital Formation refers to the fixed assets acquired less disposals and the net value of inventory, thus including gross fixed capital formation and changes in inventories.

Gross Fixed Capital Formation refers to the value of acquisitions less those disposals of fixed assets during a given period. Fixed assets are the assets produced through production activities with unit value above a specified amount and which could be used for over one year. Natural assets, consumer durables, small instruments are not included. Gross Fixed Capital Formation includes the value of housing, other buildings and structure, equipment and machinery, breeding biological resources, intellectual property right product (expenditure for R&D, the prospecting of minerals and the acquisition of computer software) minus the disposal of them.

Changes in Inventories refers to the market value of the change in the physical volume of inventory of resident units during a given period, i.e. the difference between the values at the beginning and at the end of the period minus the gains due to the change in prices. The changes in inventories can have a positive or a negative value. A positive value indicates an increase in inventory while a negative value indicates a decrease in inventory. The inventory includes raw materials, fuels and reserve materials purchased by the production units as well as the inventory of finished products, semi-finished products and work-in-progress.

Net Export of Goods and Services refers to the exports of goods and services subtracting the imports of goods and services. Exports include the value of various goods and services sold or gratuitously transferred by resident units to non-resident units. Imports include the value of various goods and services purchased or gratuitously acquired resident units from non-resident units. Because the provision of services and the use of them happen simultaneously, the acquisition of services by resident units from abroad is usually treated as import while the acquisition of services by non-resident units in this country is usually treated as export. The exports and imports of goods are calculated at FOB.

Laborers Remuneration refers to the total payment of various forms to labourers for the productive activities they are engaged in. It includes wages, bonuses and allowances, which the labourers earn in cash and in kind. It also includes the free medical services provided to the labourers and the medicine expenses, transport subsidies and social insurance, and housing fund paid by the employers.

Net Taxes on Production refers to taxes on production less subsidies on production. The taxes on production refers to the various taxes, extra charges and fees levied on the production units on their production, sale and business activities as well as on the use of some factors of production, such as fixed assets, land etc. in the production activities they are engaged in. Taxes on production are divided into product tax and other kinds of taxes on production, product tax mainly includes: value-added tax, consumption tax, import duty, export duty; other taxes on production mainly include: House Property Tax, Tax on Vehicles and Boat Operation, Urban Land Use Tax, etc. In contrast to taxes on production, subsidies on production refer to the payment by the government for free to the production units to influence production activities of production units such as production, sales and pricing, which include agricultural production subsidies, subsidies for policy losses, import subsidies, etc. Subsidies on production are therefore regarded as negative taxes on production.

Depreciation of Fixed Assets refers to the decline of the value of fixed assets due to natural deterioration, normal elimination or loss, it reflects the value of transfer of the fixed assets in the production of the current period. In principle, the depreciation of fixed assets should be calculated on the basis of the re-purchased value of the fixed assets.

Operating Surplus refers to the balance of the value added created by the resident units after deducting the labourers remuneration, net taxes on production and the depreciation of fixed assets.

Institutional Units refer to economic subjects that can be in a position to own assets and incur liabilities in one's own name; to engage independently in economic activities; and to conduct transactions with other subjects.

Institutional Sectors refer to groups of institutional units that are homogenous in nature and have been grouped together. The following 4 institutional sectors are identified in the flow of funds accounts: non-financial corporations, financial institutions, general government and households. and also treated as an institutional sector is the rest of the world, which is composed of non-resident units that have economic relations with resident units.

Non-Financial Corporations and the Sector of Non-Financial Corporations refer to resident corporations that are engaged in the production of goods and the provision of non financial services in the market, mainly covering corporate enterprises of various types engaged in the above-mentioned activities. All non-financial corporations make up the sector of non-financial corporations.

Financial Institutions and the Sector of Financial Institutions refer to resident institutions that are engaged in the financial intermediary services or auxiliary financial activities that are closely related with financial intermediary services, mainly covering the Central Bank, commercial banks, policy banks, non-banking credit institutions and insurance companies. All financial institutions together make up the sector of financial institutions.

Government and the Sector of Governments Government refer to legal entities and their auxiliary units that are established through the political process and are empowered with legislative, administrative or judicial rights over other institutional within specific regions. The main function of government is to acquire funds through taxation or other means in order to provide goods and services to society and households; and to conduct redistribution of income and properties of society through transfer payment; and engaged in non-market production. Government cover mainly: Party and government organizations at all levels, mass organizations, institutional units, grass roots self-governing organizations, etc. All governments together make up the sector of governments.

Households and the Sector of Households refer to resident individuals or groups of resident individuals who share common living facilities, pool together entire or part of their income and properties for their common disposal, and share their housing, food and other consumer goods and services. All households together make up the sector of households.

Non-resident Units and the Rest of the World Non-resident units refer to units that are of a non-resident nature. All non-resident units that have transactions with resident units together make up the rest of the world.

Total Income from Primary Distribution Primary distribution of income refers to the distribution of the value created from production activities among the owners of factors of production and the governments. The final result from production activities is the value-added. Factors of production mainly include labour force, capital, natural resources. Owners of labour force gain remuneration by providing labour. Owners of capitals get income of various forms by providing capital: owners of loan capital receive income from interests. Share holders receive dividends or participation in profit distribution. Owners of natural resources obtains rents for assign the use right of natural resources. Government levies production tax on production activities or factors of production for state administration needs and pay production subsidies for supporting related production activities. Results of primary distribution generate the total income from primary distribution of each sector, and the sum of the total income of primary distribution of all sectors make up the Gross National Income, or the Gross National Product. Owners of land receive rents from leasing of land.

Current Transfers to the transaction in the form of provision of goods, services or assets by an institutional unit to another institutional unit without receiving any goods, services or assets in return from the recipient. Current transfers that don' t involve obtaining or disposing property (except inventory and cash) of one side or both sides. They include regular tax such as income tax and property tax, payment to social securities, social security benefits, social allowances and other current transfers.

Total Disposable Income Total income from primary distribution is re-distributed through current transfer, resulting in the total disposable income of various institutional sectors. The sum of total disposable income of all institutional sectors makes up the total national disposable income.

Total Savings refer to total disposable income subtracting final consumption. Total savings of all sectors make up the total national savings.

Capital Transfer refers to the transfer that don' t involve obtaining or disposing property (except inventory and cash) of one side or both sides. Capital transfer includes: capital tax, investment subsidy and other capital transfer.

Net Financial Investment reflects the surplus or shortage of capitals of institutional sectors or of the economy in general in the process of non-finanical investment. It refers to total savings plus the income from capital transfer minus payment for capital transfer and minus non-financial investment from the point of view of non-financial transaction. In terms of monetary transaction, it is the difference between the increase in financial assets minus the increase of the financial liabilities.

Currency refers to currency that is in circulation in the market, including paper money and coin.

Deposits refer to deposits in depository financial institutions in various forms, which mainly include demand deposit, time deposit, fiscal deposit, foreign exchange deposit and other deposit, etc.

Loans refer to various types of loans granted by financial institutions, which mainly include short-term loan and bill finacing, medium- and long-term loan, foreign exchange loan, entrusted loans and other loans.

Securities Include Shares and bond. refer to written certificates representing creditors' rights as purchased by bond holders or as acquired by selling products, which can be transacted at the financial markets. They include government bonds, financial bonds, corporation bonds, commercial drafts, preferential stocks that provide fixed income without the right to share the residual value of corporations, and so on. the rights of stockholders and direct investors on the net assets of corporations they have invested in. Shares refer to negotiable securities on creditor's rights, issued by share companies certifying the investment by stockholders and their rights and duties in accordance with the amount of stocks that they hold. Other holding rights refer to the direct investment by institutional units in other units with currency capital or with assets, in forms other than shares and negotiable securities on creditor's rights, including such tangible assets such as land, buildings, machines and equipment, inventory, resources, etc., and such intangible assets as trade marks, patents, monopolies, rights on land use, licenses, commercial reputation, etc.. Documents of proof of holding rights usually include certificates on creditor's right, certificates on investment or on participation, etc.

Insurance Reserve Funds consists of net equity of social insurance and commercial insurance, prepayments of insurance premiums, and reserves for outstanding claims, and bond repurchase.

Settlement Fund refers to fund in float of financial institutions for settlement.

Inter- financial Institutions Accounts refer to flow of capital between financial institutions, consisting of nostro & vostro accounts, inter-bank lending.

Required and Excessive Reserves refer to financial institutions' deposits with the People's Bank of China.

Central Bank Lending refer to lending to financial institutions by the People's Bank of China

Current Account includes goods, services, income and current transfers.

Import and Export of Goods refer to imported or exported goods through Chinese customs. Both import and export of goods are valued at free on board (f.o.b.) prices. Free on board prices can be regarded as the purchaser's prices paid by importers when claiming goods at the border of the exporters. When the importer claim the imported goods, the goods have been loaded in importer's carriers or other carriers, and the exporter has paid export duty or received export redeem.

Import and Export of Services refer to services provided between resident and non-resident units, including services on transportation, tourism, communications, construction, insurance, finance, computer and information, consultancy, advertising and publicity, as well as film, audio and video services, royalty for patents, trademarks and other special rights, other commercial services, and government services.

Income refers income from provision of factors of production between resident and non-resident units, including compensation of labour and earnings from investment. Earnings from investment include earnings from and expenses on direct investment, security investment and other investment, as well as reinvestment of earnings from direct investment.

Capital Account includes capital transfers such as immigration transfer, reduction or exemption of debts, etc.

Financial Account includes direct investment, security investment and other investments.

Direct Investment is an investment aimed at investors seeking effective voice for enterprises operating outside their own country. It includes two parts: direct investment assets and direct investment liabilities. Related investment instruments can be divided into equity and related enterprise debt. Equity includes equity and investment fund shares, as well as reinvestment returns. The liabilities of affiliated enterprises include negotiable and non-negotiable creditor's rights and liabilities among affiliated enterprises.

Security Investment includes securities investment assets and securities investment liabilities, and related investment instruments can be divided into equity and bonds. Equity rights include share rights and investment fund shares. Shares recorded under securities investment and investment fund shares should be negotiable (tradable). Equity rights are usually evidenced by shares, stocks, shares, depository receipts or similar documents. Investment fund share refers to the share of collective investment products such as mutual funds held by investors. A bond is a negotiable debt instrument, which is a certificate proving that its holder (creditor) has the right to recover principal or interest from its issuer (debtor) at some point in the future, including negotiable deposits, commercial instruments, corporate bonds, asset-backed securities, money market instruments, and a similar tool for usually trading on the financial market.

Other Investment refer to other financial transactions between residents and non-residents except direct investment, securities investment, financial derivatives and reserve assets. They include other equity, currency and deposits, loans, insurance and pensions, trade credit and others.

Reserve Assets, Net Increase refers to the difference between the end of the reference year and the end of the previous year, in gold reserve, foreign exchange reserve, special drawing rights in the International Monetary Fund, and the use of the Fund's credits. An increase in reserve assets is expressed in a negative figure and a decrease in the reserve assets is expressed in a positive figure.

人口
Population

3

资料整理：谷永翔

简要说明

一、主要内容

本篇包括历年人口及自然变动资料，城镇化资料、人口结构主要分类资料，历次人口普查主要指标。

二、资料来源

1971—1981年、1983—1989年、2000年和2010年总人口数是根据1982年、1990年、2000年和2010年人口普查数据调整推算的；1990—1999、2001—2009年数据是人口变动抽样调查调整数；市镇、乡村人口1953、1964、1982、1990、1995、2000、2005、2010年数据是根据当年人口普查（或抽样调查）数据调整推算的，普查年度之间年份是根据两次普查间平均每年增幅调整的；2004年后非普查年份是根据当年人口抽样调查推算的。由河南省统计局人口和就业统计处编辑整理。

三、统计调查方法

在逢“0”的年份进行全国人口普查；在逢“5”的年份进行全国1%人口抽样调查；其余年份进行全国人口变动情况抽样调查。人口抽样调查是以全国为总体，各省为次总体，采用分层、多阶段、整群概率比例抽样方法抽取样本。

Brief Introduction

I. Main Contents

This chapter include the size of Henan population and natural change, urban proportion, classification of the population structure, data of All previous National Population Census, marriage registration.

II. Sources of Data

Figures for 1971-1981, 1983-1989, 2000,2010 have been adjusted on the basis of the 1982, 1990, 2000,2010 National Population Census. Figures for 1990-1999, 2001-2009 are estimated from the National Sample Survey on Population Changes. Figures of Urban and rural population in 1953,1964,1982,1990,1995,2000,2005,2010 are adjusted on the basis of the current year National Population Census or National Sample Survey, Figures for the years between National Population Census are adjusted on the basis of the growth rate of two National Population Census. Data of years without Population Census since 2014 were calculated on the basis of the Spot Check of population in the current year. Tables in this part are compiled by the Department of Population and Employment Statistics of the Henan provincial Bureau of Statistics.

III. Sampling Methodology

The national population census is conducted in the year ending with 0; the national 1 percent population sample survey is conducted in the year ending with 5; sample surveys on population changes are conducted in the rest of the years. The sample survey on population change takes the whole nation as the population and each province, autonomous region or municipality as sub-populations, and the stratified multi-stage systematic PPS cluster sampling scheme is used.

3-1 总人口(年底数)

Total Population (Year-end)

单位：万人 (10 000 persons)

年 份 Year	户籍人口 Registered Residence Population	按性别分 By Sex		性别比 (女=100) Sex Ratio (Female=100)	城镇化率 (%) Urbanization Rate (%)	人口密度 (人/平方公里) Population Density (person/sq.km)	常住人口 Resident Population
		男 Male	女 Female				
1978	7067	3599	3468	103.8	13.63	423	
1979	7189	3662	3527	103.8	13.82	431	
1980	7285	3710	3575	103.8	14.01	436	
1981	7397	3768	3629	103.8	14.20	443	
1982	7519	3835	3684	104.1	14.42	450	
1983	7632	3902	3730	104.6	14.56	457	
1984	7737	3960	3777	104.9	14.70	463	
1985	7847	4022	3825	105.2	14.84	470	
1986	7985	4097	3888	105.4	14.98	478	
1987	8148	4184	3964	105.5	15.12	488	
1988	8317	4272	4045	105.6	15.26	498	
1989	8491	4366	4125	105.9	15.40	508	
1990	8649	4440	4209	105.5	15.52	518	
1991	8763	4501	4262	105.6	15.85	525	
1992	8861	4554	4307	105.7	16.18	531	
1993	8946	4602	4344	105.9	16.51	536	
1994	9027	4643	4384	105.9	16.84	541	
1995	9100	4651	4449	104.5	17.19	545	
1996	9172	4715	4457	105.8	18.39	549	
1997	9243	4751	4492	105.8	19.59	553	
1998	9315	4787	4528	105.7	20.79	558	
1999	9387	4825	4562	105.8	21.99	562	
2000	9488	4895	4593	106.6	23.20	568	
2001	9555	4915	4640	105.9	24.43	572	
2002	9613	4946	4667	105.9	25.80	576	
2003	9667	4980	4687	106.3	27.20	579	
2004	9717	5000	4717	106.0	28.90	582	
2005	9768	5045	4723	106.8	30.65	585	9380
2006	9820	5074	4746	106.9	32.50	588	9392
2007	9869	5100	4769	106.9	34.34	591	9360
2008	9918	5125	4793	106.9	36.03	594	9429
2009	9967	5150	4817	106.9	37.70	597	9487
2010	10800	5576	5224	106.7	38.82	563	9405
2011	10922	5641	5281	106.8	40.47	567	9461
2012	10932	5657	5275	107.2	41.99	571	9532
2013	11039	5714	5325	107.3	43.60	573	9573
2014	11102	5751	5351	107.5	45.05	578	9645
2015	11217	5810	5407	107.4	47.02	581	9701
2016	11370	5877	5493	107.0	48.78	586	9778
2017	11377	5878	5499	106.9	50.56	589	9829
2018	11444	5911	5533	106.8	52.24	591	9864
2019	11486	5930	5556	106.7	54.01	593	9901
2020	11526	5947	5579	106.6	55.43	595	9941
2021	11533	5947	5586	106.5	56.45	592	9883

注：1. 1982、1990、2000年户籍人口数为当年人口普查推算数；2009年之前其余年份数据为年度人口抽样调查推算数据；2010年及以后为公安户籍年报数据(下同).

2. 依据2020年第七次全国人口普查结果，对2011年以来的常住人口和城镇化率进行了修正（下同）.

3. 2010年及以后人口密度为常住人口口径。

a) The number of registered residence households in 1982, 1990 and 2000 was the number of projections for the current population census; The data of other years before 2009 are calculated from the annual population sampling survey. The data since 2010 are from the annual report of Public Security Department (the same as the following tables).

b) According to the results of the seventh national census in 2020, the resident population and urbanization rate since 2011 have been revised (same as the following tables).

c) The population density since 2010 are calculated as the caliber of resident population.

3–2 人口自然变动情况

Natural Changes of Population

单位：万人 (10 000 persons)

年 份 Year	出生人口数 Number of Birth	出生率 (‰) Birth Rate (‰)	死亡人口数 Number of Death	死亡率 (‰) Death Rate (‰)	自然增加人口数 Number of Natural Growth	自然增长率 (‰) Natural Growth Rate (‰)
1978	154	21.92	44	6.30	110	15.62
1979	153	21.51	45	6.35	108	15.16
1980	145	20.00	46	6.32	99	13.68
1981	151	20.64	48	6.57	103	14.07
1982	153	20.62	46	6.21	107	14.41
1983	154	20.38	48	6.30	106	14.08
1984	145	18.89	48	6.26	97	12.63
1985	157	20.09	48	6.13	109	13.96
1986	187	23.65	51	6.44	136	17.21
1987	212	26.22	51	6.32	161	19.90
1988	214	25.95	48	5.83	166	20.12
1989	223	26.51	48	5.76	175	20.75
1990	214	24.92	56	6.52	158	18.40
1991	172	19.78	58	6.63	114	13.15
1992	159	18.13	61	6.99	98	11.14
1993	141	15.87	56	6.35	85	9.52
1994	138	15.36	57	6.34	81	9.02
1995	130	14.41	57	6.28	73	8.13
1996	130	14.28	58	6.44	72	7.84
1997	129	13.97	58	6.30	71	7.67
1998	131	14.17	59	6.37	72	7.80
1999	132	14.07	60	6.35	72	7.72
2000	123	13.07	56	5.93	67	7.14
2001	126	13.20	59	6.26	67	6.94
2002	119	12.41	61	6.38	58	6.03
2003	116	12.10	62	6.46	54	5.64
2004	113	11.67	63	6.47	50	5.20
2005	112	11.55	61	6.30	51	5.25
2006	113	11.59	61	6.27	52	5.32
2007	111	11.30	62	6.30	49	4.90
2008	113	11.42	64	6.45	49	4.97
2009	113	11.45	64	6.46	49	4.99
2010	117	11.52	67	6.57	50	4.95
2011	121	11.56	69	6.62	52	4.94
2012	125	11.87	71	6.71	54	5.16
2013	130	12.27	72	6.76	58	5.51
2014	136	12.80	75	7.02	61	5.78
2015	136	12.70	75	7.05	60	5.65
2016	143	13.26	77	7.11	66	6.15
2017	140	12.95	75	6.97	65	5.98
2018	127	11.72	74	6.80	53	4.92
2019	120	11.02	75	6.84	46	4.18
2020	92	9.24	71	7.15	21	2.09
2021	79	8.00	73	7.36	6	0.64

3-3 各市常住人口数

Resident Population by City

单位：万人 (10 000 persons)

地 区 Region	2010	2011	2012	2013	2014	2015	2016	2017	2018	2019	2020	2021
全 省 Total	**9405**	**9461**	**9532**	**9573**	**9645**	**9701**	**9778**	**9829**	**9864**	**9901**	**9941**	**9883**
郑州市 Zhengzhou	866	909	948	987	1030	1069	1119	1164	1205	1235	1262	1274
开封市 Kaifeng	468	470	474	476	478	475	476	477	478	481	483	478
洛阳市 Luoyang	655	660	664	666	674	683	688	692	695	702	706	707
平顶山市 Pingdingshan	491	488	486	486	489	487	489	489	491	496	499	497
安阳市 Anyang	517	521	524	523	524	526	530	533	537	543	548	542
鹤壁市 Hebi	157	156	154	155	153	154	153	153	153	156	157	157
新乡市 Xinxiang	571	580	589	597	605	610	616	620	623	625	626	617
焦作市 Jiaozuo	354	352	350	348	350	350	351	350	349	351	352	352
濮阳市 Puyang	360	362	366	370	372	375	377	378	375	374	377	374
许昌市 Xuchang	431	429	428	429	429	428	429	430	436	436	438	438
漯河市 Luohe	255	251	248	245	242	241	239	238	238	238	237	237
三门峡市 Sanmenxia	223	222	219	216	215	211	208	205	203	202	204	204
南阳市 Nanyang	1027	1026	1027	1019	1013	1007	1001	994	985	976	972	963
商丘市 Shangqiu	735	741	749	753	760	766	772	777	780	781	782	772
信阳市 Xinyang	610	613	617	618	621	622	624	624	627	625	624	619
周口市 Zhoukou	894	899	906	908	913	918	922	919	909	902	902	885
驻马店市 Zhumadian	723	716	716	708	707	709	711	712	709	704	701	692
济源示范区 Jiyuan	68	68	69	69	70	70	71	72	72	73	73	73

3-4 各市城镇常住人口数

Urban Resident Population by City

单位：万人 (10 000 persons)

地 区 Region	2010	2011	2012	2013	2014	2015	2016	2017	2018	2019	2020	2021
全 省 Total	**3651**	**3829**	**4002**	**4174**	**4345**	**4561**	**4770**	**4970**	**5153**	**5348**	**5510**	**5579**
郑 州 市 Zhengzhou	551	589	627	665	708	755	811	862	911	955	989	1008
开 封 市 Kaifeng	168	177	186	194	202	210	218	226	234	243	251	253
洛 阳 市 Luoyang	291	303	316	330	347	366	384	401	420	442	459	466
平 顶 山 市 Pingdingshan	203	208	213	219	226	231	239	245	251	260	266	271
安 阳 市 Anyang	200	209	218	225	232	241	251	261	270	280	290	293
鹤 壁 市 Hebi	75	77	79	81	82	84	86	88	90	93	96	97
新 乡 市 Xinxiang	235	248	261	275	288	303	315	328	339	350	360	360
焦 作 市 Jiaozuo	167	171	176	181	186	193	199	204	209	216	222	225
濮 阳 市 Puyang	113	120	128	136	143	152	161	169	174	181	189	191
许 昌 市 Xuchang	169	175	180	186	191	199	206	214	222	228	235	239
漯 河 市 Luohe	100	103	105	107	109	113	117	120	123	128	130	132
三 门 峡 市 Sanmenxia	99	102	103	104	106	107	108	110	111	113	117	118
南 阳 市 Nanyang	339	354	371	386	398	416	434	451	464	479	491	497
商 丘 市 Shangqiu	219	233	247	261	274	291	307	323	337	351	361	365
信 阳 市 Xinyang	210	221	232	242	252	265	275	286	296	306	313	316
周 口 市 Zhoukou	266	280	291	303	314	330	343	355	363	371	384	386
驻 马 店 市 Zhumadian	215	223	233	241	249	262	274	285	293	302	309	313
济源示范区 Jiyuan	33	35	37	38	40	42	43	45	46	48	49	50

3-5 各市户数、人口数(2021年底)

Number of Households and Population by City (End of 2021)

本表数据是根据全省2021年人口抽样调查汇总数据及公安年报数据推算。
Data in this table are calculated based on the result of 2021 sample survey of population and annual report of bureau of public security.

地区 Region	总户数(万户) Total Number of Households (10 000 households)	户籍人口(万人) Total Population (10 000 persons)	常住人口(万人) Resident Population (10 000 persons)	男 Male	女 Female	城镇化率(%) Urbanization Rate (%)
全省 Total	**3365**	**11533**	**9883**	**4966**	**4917**	**56.45**
郑州市 Zhengzhou	270	911	1274	651	623	79.10
开封市 Kaifeng	168	565	478	243	235	52.85
洛阳市 Luoyang	225	752	707	355	352	65.88
平顶山市 Pingdingshan	162	570	497	251	245	54.45
安阳市 Anyang	188	631	542	267	275	54.07
鹤壁市 Hebi	50	171	157	79	78	61.71
新乡市 Xinxiang	184	668	617	311	306	58.39
焦作市 Jiaozuo	103	372	352	178	175	63.73
濮阳市 Puyang	122	435	374	186	188	51.01
许昌市 Xuchang	157	513	438	221	217	54.58
漯河市 Luohe	75	266	237	119	118	55.86
三门峡市 Sanmenxia	73	226	204	103	101	58.03
南阳市 Nanyang	370	1231	963	485	478	51.61
商丘市 Shangqiu	312	1012	772	386	387	47.21
信阳市 Xinyang	282	910	619	308	311	51.14
周口市 Zhoukou	333	1258	885	440	445	43.62
驻马店市 Zhumadian	269	967	692	345	348	45.17
济源示范区 Jiyuan	21	73	73	37	36	68.17

3-6 河南省人口预期寿命

Life Expectancy of Henan

单位：岁 (age)

年 龄 Age	1990			2000			2010			2020		
	合计 Total	男 Male	女 Female	合计 Total	男 Male	女 Female	合计 Total	男 Male	女 Female	合计 Total	男 Male	女 Female
	70.0	**68.1**	**72.0**	**72.8**	**71.0**	**74.7**	**74.6**	**71.8**	**77.6**	**77.6**	**74.6**	**80.8**
1	70.5	68.4	72.8	73.5	71.2	75.9	74.3	71.6	77.4	77.1	74.1	80.3
5	67.1	64.9	69.4	69.7	67.4	72.2	70.5	67.7	73.5	73.2	70.2	76.3
10	62.3	60.1	64.6	64.9	62.6	67.3	65.5	62.8	68.6	68.2	65.3	71.4
15	57.4	55.3	59.7	60.0	57.7	62.4	60.6	57.9	63.6	63.3	60.3	66.5
20	52.7	50.6	54.9	55.2	52.9	57.5	55.7	53.0	58.7	58.4	55.5	61.5
25	48.0	45.9	50.2	50.4	48.2	52.7	50.9	48.3	53.8	53.5	50.7	56.6
30	43.3	41.2	45.5	45.7	43.5	47.9	46.1	43.5	48.9	48.7	45.9	51.7
35	38.6	36.5	40.8	40.9	38.8	43.1	41.3	38.8	44.0	43.9	41.2	46.8
40	33.9	31.9	36.1	36.2	34.2	38.3	36.6	34.2	39.2	39.1	36.5	41.9
45	29.3	27.3	31.4	31.6	29.7	33.6	32.0	29.7	34.4	34.5	32.0	37.1
50	24.9	23.0	26.9	27.1	25.2	29.0	27.5	25.4	29.8	30.0	27.7	32.4
55	20.7	18.9	22.6	22.8	21.0	24.6	23.2	21.3	25.4	25.6	23.5	27.8
60	16.8	15.2	18.4	18.7	17.0	20.3	19.1	17.3	21.1	21.4	19.5	23.4
65	13.4	11.9	14.7	15.0	13.4	16.4	15.4	13.7	17.1	17.4	15.7	19.1
70	10.3	9.1	11.3	11.7	10.3	12.8	12.0	10.6	13.5	13.7	12.3	15.1
75	7.8	6.8	8.5	9.1	7.9	9.9	9.4	8.1	10.6	10.5	9.3	11.6
80	5.5	4.8	6.0	6.9	5.9	7.4	7.2	6.0	8.1	7.7	6.8	8.5
85	3.6	3.2	3.8	5.4	4.6	5.7	5.8	4.8	6.5	5.6	5.0	6.0
90	1.5	1.4	1.6	3.9	3.6	4.0	4.8	3.9	5.3	4.0	3.7	4.2
95	1.3	1.1	1.3	2.8	3.0	2.8						
100	1.1	1.0	1.2	0.5	0.5	0.5						

注：本表数据是根据普查数据计算。

a) Data in this table are calculated on the basis of the National Population Census.

3-7 各市常住人口年龄结构(2021年底)

Age Composition of Population by City (End of 2021)

本表数据是根据全省2021年人口抽样调查汇总数据及公安年报数据推算(下表同)。

Data in this table are calculated based on the result of 2021 sample survey of population and annual report of bureau of public security (the same as the following table).

地区 Region	常住人口数(万人) Resident Population (10 000 persons)				比重 (%) Proportion (%)		
		0-14岁 Age 0-14	15-64岁 Age 15-64	65岁及以上 Age 65+	0-14岁 Age 0-14	15-64岁 Age 15-64	65岁及以上 Age 65+
全 省 Total	**9883**	**2199**	**6301**	**1383**	**22.3**	**63.8**	**14.0**
郑州市 Zhengzhou	1274	236	923	116	18.5	72.4	9.1
开封市 Kaifeng	478	109	299	71	22.8	62.5	14.8
洛阳市 Luoyang	707	142	471	93	20.1	66.6	13.2
平顶山市 Pingdingshan	497	118	310	69	23.8	62.3	13.9
安阳市 Anyang	542	127	340	76	23.4	62.7	14.0
鹤壁市 Hebi	157	33	105	19	20.7	67.0	12.3
新乡市 Xinxiang	617	138	395	85	22.3	64.0	13.7
焦作市 Jiaozuo	352	64	240	48	18.2	68.1	13.7
濮阳市 Puyang	374	93	230	52	24.8	61.3	13.8
许昌市 Xuchang	438	94	277	67	21.3	63.3	15.4
漯河市 Luohe	237	46	152	39	19.5	64.0	16.5
三门峡市 Sanmenxia	204	36	139	28	17.8	68.3	13.9
南阳市 Nanyang	963	238	583	142	24.7	60.5	14.7
商丘市 Shangqiu	772	191	468	114	24.7	60.6	14.7
信阳市 Xinyang	619	139	381	98	22.5	61.6	15.9
周口市 Zhoukou	885	215	528	142	24.3	59.7	16.1
驻马店市 Zhumadian	692	167	411	114	24.2	59.4	16.4
济源示范区 Jiyuan	73	14	50	10	18.9	67.9	13.2

3-8 各市常住人口抚养系数(2021年底)

Dependency Ratio of Population by City (End of 2021)

单位：% (%)

地 区 Region	少儿系数 Ratio of Children	老年系数 Ratio of the aged	老少比 Ratio of the aged to Children	少儿抚养系数 Children Dependency Ratio	老年抚养系数 The Aged Dependency Ratio	总抚养系数 Gross Dependency Ratio
全 省 Total	**22.3**	**14.0**	**62.9**	**34.9**	**21.9**	**56.8**
郑 州 市 Zhengzhou	18.5	9.1	49.3	25.5	12.6	38.1
开 封 市 Kaifeng	22.8	14.8	64.8	36.5	23.6	60.1
洛 阳 市 Luoyang	20.1	13.2	65.6	30.2	19.8	50.1
平 顶 山 市 Pingdingshan	23.8	13.9	58.4	38.1	22.3	60.4
安 阳 市 Anyang	23.4	14.0	59.8	37.3	22.3	59.6
鹤 壁 市 Hebi	20.7	12.3	59.4	30.8	18.3	49.1
新 乡 市 Xinxiang	22.3	13.7	61.3	34.9	21.4	56.3
焦 作 市 Jiaozuo	18.2	13.7	75.2	26.7	20.1	46.8
濮 阳 市 Puyang	24.8	13.8	55.7	40.5	22.6	63.1
许 昌 市 Xuchang	21.3	15.4	72.1	33.7	24.3	58.0
漯 河 市 Luohe	19.5	16.5	84.7	30.5	25.8	56.4
三 门 峡 市 Sanmenxia	17.8	13.9	78.5	26.0	20.4	46.4
南 阳 市 Nanyang	24.7	14.7	59.7	40.8	24.4	65.2
商 丘 市 Shangqiu	24.7	14.7	59.6	40.8	24.3	65.1
信 阳 市 Xinyang	22.5	15.9	70.6	36.5	25.8	62.3
周 口 市 Zhoukou	24.3	16.1	66.2	40.7	26.9	67.5
驻 马 店 市 Zhumadian	24.2	16.4	67.9	40.6	27.6	68.3
济 源 示 范 区 Jiyuan	18.9	13.2	69.6	27.8	19.4	47.2

3-9 分年龄、性别的人口结构(2021年)

Population Construction by Age and Sex (2021)

本表数据是根据全省2021年人口抽样调查汇总数据及公安年报数据推算。

Data in this table are calculated based on the result of 2021 sample survey of population and annual report of bureau of public security.

年 龄	Age	占常住人口比重 (%) Percentage to Resident Population (%)	男 Male	女 Female	性别比 (女=100) Sex Ratio (Female=100)
合 计	**Total**	**100.0**	**50.2**	**49.8**	**101.0**
0-4岁	0-4 Age	5.5	2.9	2.6	107.9
5-9岁	5-9 Age	8.2	4.3	3.9	112.2
10-14岁	10-14 Age	8.6	4.6	3.9	117.9
15-19岁	15-19 Age	6.9	3.8	3.1	122.8
20-24岁	20-24 Age	5.2	2.7	2.4	111.5
25-29岁	25-29 Age	5.0	2.5	2.5	101.3
30-34岁	30-34 Age	8.6	4.2	4.4	96.3
35-39岁	35-39 Age	6.0	2.9	3.0	96.7
40-44岁	40-44 Age	5.7	2.8	2.9	96.7
45-49岁	45-49 Age	6.7	3.3	3.4	98.7
50-54岁	50-54 Age	8.1	3.9	4.1	94.8
55-59岁	55-59 Age	7.6	3.7	4.0	93.1
60-64岁	60-64 Age	4.0	2.0	2.1	94.9
65-69岁	65-69 Age	5.4	2.6	2.8	95.0
70-74岁	70-74 Age	3.8	1.9	2.0	95.0
75-79岁	75-79 Age	2.3	1.1	1.2	86.6
80-84岁	80-84 Age	1.4	0.6	0.8	76.5
85-89岁	85-89 Age	0.8	0.3	0.5	60.0
90-94岁	90-94 Age	0.3	0.1	0.2	47.8
95岁及以上	Above 95 Age	0.1	0.0	0.1	33.6

3-10 七次人口普查主要指标

Main Indicators of National Population Censuses in 1953, 1964, 1982, 1990, 2000, 2010, 2020

单位：万人 (10 000 persons)

项 目	Item	1953	1964	1982	1990	2000	2010	2020
全省总人口	**Total Population**	**4379**	**5033**	**7442**	**8553**	**9256**	**9403**	**9937**
按性别分的人口	**Population By Sex**							
男 性	Male	2232	2549	3795	4380	4775	4749	4983
女 性	Female	2147	2484	3647	4173	4481	4654	4953
按年龄分的人口	**Population By Age**							
0岁-6岁	Age 0-6	914	920	1027	1269	765	981	938
7岁-12岁	Age 7-12	511	846	1165	943	1211	760	1041
育龄妇女(15-49岁)	Women at Childbearing Age (Age 15-49)	1017	1109	1781	2279	2496	2623	2172
劳动年龄人口	Working Age Population							
(男16-59 女16-54)	(Male Age 16-59 and Female Age 16-54)	2290	2482	3927	4985	5601	5819	5356
男60岁女55岁以上人口	Males Aged 60 and over and Females Aged 55 and Over	458	449	739	899	1105	1483	2140
按民族分的人口	**Population By Nationality**							
汉 族	Han Nationality	4338	4981	7362	8453	9143	9291	9821
各少数民族	Minority Nationality	41	52	80	101	113	112	116
按城乡分的人口	**Population By Residence**							
城镇总人口	Urban Population	311	552	1173	1303	2145	3622	5508
乡村总人口	Rural Population	4068	4481	6270	7251	7111	5781	4429
按文化程度分的人口	**Population By Educational Level**							
#大学和相当于大学	University and Equivalent		9	25	73	248	602	1167
高中	Senior Secondary School		44	470	606	928	1242	1514
初中	Junior Secondary School		209	1427	2270	3646	3993	3728
小学	Primary School		1230	2322	2972	3073	2267	2440
文盲和半文盲(12周岁以上)	Illiterate and Semi-literate (Age 12 and Over)		2147	2015	1396	543	399	223

注：1. 第五次人口普查数据为快速汇总数据，其中文盲和半文盲人口是指15岁及以上。
2. 第五次人口普查总人口指根据《第五次人口普查办法》规定的常住人口。
3. 第六、七次人口普查数据为常住人口，其中文盲和半文盲人口是指15岁及以上。

a) Data of the fifth Population Census were fast collected results,and illiterate and semi-literate were age 15 and over.
b) Total population of the fifth Population Census refers to population of resident according to "Way of the fifth National Population Census".
c) Data of the sixth and seventh Population Census are resident population, and illiterate and semi-literate were age 15 and over.

主要统计指标解释

人口数 指一定时点、一定地区范围内的有生命的个人总和。

年度统计的年末人口数指每年 12 月 31 日 24 时的人口数。

常住人口 指实际经常居住在某地区一定时间（指半年以上）的人口。按人口普查和抽样调查规定，主要包括：1、在本地居住，户口也在本地的人口；2、户口在外地，但在本地居住半年以上者，或离开户口地半年以上而调查时在本地居住的人口；3、调查时居住在本地，但在任何地方都没有登记常住户口，如手持户口迁移证、出生证、退伍证、劳改劳教释放证等尚未办理常住户口的人，即所谓“口袋户口”的人。

出生率（又称粗出生率） 指在一定时期内(通常为一年)一定地区的出生人数与同期内平均人数(或期中人数)之比，用千分率表示。本资料中的出生率指年出生率，其计算公式为：

出生率＝年出生人数／年平均人数×1000‰

式中：出生人数指活产婴儿，即胎儿脱离母体时(不管怀孕月数)，有过呼吸或其他生命现象。年平均人数指年初、年底人口数的平均数，也可用年中人口数代替。

死亡率（又称粗死亡率） 指在一定时期内（通常为一年）一定地区的死亡人数与同期平均人数（或期中人数）之比，一般用千分率表示。计算公式为：

死亡率＝年死亡人数／年平均人数×1000‰

人口自然增长率 指在一定时期内（通常为一年）人口自然增加数（出生人数减死亡人数）与该时期内平均人数（或期中人数）之比，一般用千分率表示。计算公式为：

人口自然增长率＝（本年出生人数－本年死亡人数）／年平均人数×1000‰＝人口出生率－人口死亡率

性别比 总人口中男性人数与女性人数之比。通常用每 100 个女性人口相应有多少男性人口表示。其计算公式为：

性别比＝男性人口数/女性人口数×100%

总抚养系数 指被抚养人口（0-14岁和65岁或60岁以上人口）与15-64岁或15-59岁人口的比例。计算公式为:

总抚养系数＝被抚养人口/15-64岁或15-59岁人口×100

老年抚养系数 指老年人口（65岁或60岁以上人口）与15-64岁或15-59岁人口的比例。计算公式为:

老年抚养系数＝老年人口/15-64岁或15-59岁人口×100

少年抚养系数 指少年儿童与 15-64 岁或 15-59 岁人口的比例。计算公式为:

少年抚养系数＝少年儿童人口/15-64 岁或 15-59 岁人口×100（修改）

Explanatory Notes on Main Statistical Indicators

Total Population refers to the total number of people alive at a certain point of time within a given area.

The annual statistics on total population is taken at midnight, the 3lst of December.

Resident Population refers to the population actual living in a certain area for six months or more. According to the census and sample surveys, it includes the following main items : 1, Population live in this area, with the local resident registered; 2, Population with the resident registered of other area, live this area over half a year or Less than half a year but Leaving the area where they resident registered over half a year; 3, Population live in the local area, but have no resident registered, only have Migration Certificate、Birth certificate、Legionnaires card、Release card from Re-education through labor or haven not yet requisition the resident registered ,so-called "pocket-registered "population.

Birth Rate (or Crude Birth Rate) refers to the ratio of the number of births to the average population (or mid-period population) during a certain period of time (usually a year), expressed in ‰. Birth rate in the chapter refers to annual birth rate. The following formula is used:

Birth Rate=Number of Births/Average Number of Population×1000‰

Number of births refers to live births i.e. the births when babies had showed any vital phenomena regardless of the length of pregnancy.

Annual Average Number of Population is the average of the number of population at the beginning of the year and that at the end of the year. Sometimes it is substituted for with the mid year population.

Death Rate (or Crude Death Rate) refers to the ratio of the number of deaths to the average population (or mid year population) during a certain period of time (usually a year), which is often expressed in‰. The following formula is used:

Death Rate umber of Deaths=Number of Deaths/Annual Average Number of Population×1000‰

Natural Growth Rate of Population refers to the ratio of natural increase in population (number of births minus number of deaths) in a certain period of time (usually a year) to the average population (or mid year population) of the same period, which is often expressed in‰. The following formulas are applied:

Natural Growth of Population= (Number of Births—Number of Deaths) /Average Number of Population×1000‰

Natural Growth Rate of Population=Birth Rate—Death Rate

Sex Ratio Refers to the Proportion of Male to Female Among the Total Population Which is often described as the proportion of 100 females to males. the following formula is used:

Sex Ratio = Number of Males/Number of Females×100%

Total Dependency Ratio refers to the ratio of number of dependents to the total population aged 15-64, the number of dependents being population aged 0-14 and population aged 65 and over. The total dependency ratio is calculated as follows:

Total Dependency Ratio = Number of Dependents/Population Aged 15-64×100%

The Aged Dependency Ratio refers to the ratio of the number of the aged population to the total population aged 15-64, the aged being population aged 65 and over. The aged dependency ratio is calculated as follows:

The Aged Dependency Ratio = Number of the Aged Population/ Population Aged 15-64×100%

The Juvenile and Children Dependency Ratio refers to the ratio of the number of the juvenile and children to the total population aged 15-64, the juvenile and children being population aged 0-14. The juvenile and children dependency ratio is calculated as follows:

The Juvenile and Children Dependency Ratio = Number of Juvenile and Children/ Population Aged 15-64 or 15-59×100%

就业人员与职工工资

Employment and Wages

4

资料整理：马召 王韶光 薛云

简要说明

一、主要内容

本篇资料反映从业人员就业情况、城镇单位平均工资及变化情况等。

二、统计范围

《劳动工资统计报表制度》的调查范围为法人单位（不包括乡镇企业和个体工商户）；私营企业统计范围为城镇。1998年及以后城镇单位就业人员、平均工资等指标中不再包括离开本单位仍保留劳动关系职工及其生活费。

三、资料来源

就业人员情况及分组由国家统计局、河南省统计局根据劳动力调查测算。城镇单位就业基本情况及分组、工资总额和平均工资等资料，由河南省统计局人口和就业统计处根据《劳动工资统计报表制度》编辑整理。

四、调查方法

劳动工资统计报表采用全面调查和抽样调查相结合的方法，由各级统计部门组织法人单位逐级上报。

Brief Introduction

I. Main Contents

Data in this chapter include employment situation, average wages and change in urban units, etc.

II. Scope of Statistics

The investigation scope of the the Labor and Wage Statistical Reporting System is legal entities (excluding township enterprises and individual businesses); The statistical scope of private enterprises covers cities and towns.In 1998 and later, the indicators of employed persons and average wages of urban units no longer include employees who left their own units but still retain labor relations and their living expenses.

III. Sources of Data

The situation and grouping of employed persons are calculated by the National Bureau of Statistics and Henan Provincial Bureau of Statistics according to the labor force survey. The basic employment situation of urban units and the data on grouping, total wages and average wages are compiled and sorted out by the Population and Employment Statistics Division of Henan Provincial Bureau of Statistics according to the System of Labor Wage

IV. Sampling Methodology

Labor statistics using the method of combining comprehensive survey and sampling survey, and the statistical departments report them level by level.

4-1 按城乡分的就业人员数

Number of Employed Persons in Urban and Rural Areas

单位：万人 (10 000 persons)

年份 Year	合计 Total	城镇 Urban Areas	#国有经济 State-owned Units	#集体经济 Collective-owned Units	#有限责任公司 Limited Liability Corporations	#港澳台投资经济 Units with Funds from Hong Kong, Macao and Taiwan	#外商投资经济 Foreign Funded Units	乡村 Rural Areas
1978	2807	423	346	74				2384
1979	2873	444	363	78				2429
1980	2929	469	379	83				2460
1981	3039	508	407	90				2531
1982	3146	516	407	95				2630
1983	3289	542	425	99				2747
1984	3346	574	419	129				2772
1985	3520	627	454	139				2893
1986	3598	649	469	149				2949
1987	3782	686	488	156				3096
1988	3916	704	508	161				3212
1989	3943	717	512	168				3226
1990	4086	727	521	171				3359
1991	4216	774	544	177				3442
1992	4332	811	571	172				3521
1993	4400	865	599	162				3535
1994	4448	890	604	158				3558
1995	4509	931	617	162				3578
1996	4638	981	640	161				3657
1997	4820	1002	603	177				3818
1998	5000	933	485	149				4067
1999	5205	894	475	146	66	9	6	4311
2000	5572	860	464	143	69	10	6	4712
2001	5517	829	448	134	69	8	5	4688
2002	5522	831	417	123	99	8	5	4691
2003	5536	841	399	117	121	8	6	4695
2004	5587	869	409	96	121	8	7	4718
2005	5662	910	405	91	132	7	8	4752
2006	5719	942	402	86	147	8	10	4777
2007	5773	958	397	83	154	10	11	4815
2008	5835	976	391	68	160	10	10	4859
2009	5949	1067	381	49	192	10	11	4882
2010	5156	1736	389	50	192	11	12	3420
2011	5129	1820	400	52	238	28	16	3309
2012	5110	1902	409	51	287	19	17	3208
2013	5094	1983	370	46	435	53	20	3111
2014	5082	2064	368	43	450	55	18	3018
2015	5075	2167	366	39	493	57	19	2908
2016	5052	2264	367	34	520	52	19	2788
2017	5029	2357	362	28	526	52	17	2672
2018	4992	2442	354	21	416	35	13	2550
2019	4934	2532	324	19	429	32	16	2402
2020	4884	2591	349	20	432	32	22	2293
2021	4840	2627	354	19	396	30	22	2213

注：2010-2020年就业人员按照2010年、2020年人口普查数据和劳动力调查数据进行修订，城镇、乡村就业人员同时按新统计口径进行修订；2010年之前就业人员数据是按城镇非私营单位、城镇私营单位、城镇个体就业人员加乡村就业人员的统计口径测算。4-2，4-3表相同。

a) The employed persons in 2010-2020 are revised according to the census data and labor force survey data in 2010 and 2020, and the employed persons in urban and rural areas are revised according to the new statistical caliber at the same time; Before 2010, the employment data were calculated according to the statistical caliber of urban non-private units, urban private units, urban individual employees and rural employees. Table 4-2, 4-3 is the same.

4-2 分三次产业的就业人员数

Number of Employed Persons by Three Strata of Industry

年 份 Year	就业人员 (万人) Number of Employed Persons (10 000 persons)				就业人员构成(以就业人员为100) Composition in Percentage (Total=100)		
		第一产业 Primary Industry	第二产业 Secondary Industry	第三产业 Tretiary Industry	第一产业 Primary Industry	第二产业 Secondary Industry	第三产业 Tretiary Industry
1952	1683	1511	74	98	89.8	4.4	5.8
1957	1829	1577	111	141	86.2	6.1	7.7
1962	2021	1698	82	241	84.0	4.1	11.9
1965	2172	1796	91	285	82.7	4.2	13.1
1970	2481	2037	150	294	82.1	6.0	11.9
1975	2689	2279	230	180	84.8	8.6	6.7
1978	2807	2262	296	249	80.6	10.5	8.9
1979	2873	2366	290	217	82.4	10.1	7.6
1980	2929	2378	304	247	81.2	10.4	8.4
1981	3039	2470	310	259	81.3	10.2	8.5
1982	3146	2530	315	301	80.4	10.0	9.6
1983	3289	2598	341	350	79.0	10.4	10.6
1984	3346	2578	376	392	77.0	11.2	11.7
1985	3520	2571	523	426	73.0	14.9	12.1
1986	3598	2574	568	456	71.5	15.8	12.7
1987	3782	2596	616	570	68.6	16.3	15.1
1988	3916	2648	659	609	67.6	16.8	15.6
1989	3943	2719	659	565	69.0	16.7	14.3
1990	4086	2833	671	582	69.3	16.4	14.2
1991	4216	2921	689	606	69.3	16.3	14.4
1992	4332	2955	724	653	68.2	16.7	15.1
1993	4400	2910	808	682	66.1	18.4	15.5
1994	4448	2865	864	719	64.4	19.4	16.2
1995	4509	2814	929	766	62.4	20.6	17.0
1996	4638	2822	988	828	60.8	21.3	17.9
1997	4820	2909	1011	900	60.4	21.0	18.7
1998	5000	2947	962	1091	58.9	19.2	21.8
1999	5205	3305	913	987	63.5	17.5	19.0
2000	5572	3564	977	1031	64.0	17.5	18.5
2001	5517	3478	997	1042	63.0	18.1	18.9
2002	5522	3398	1038	1086	61.5	18.8	19.7
2003	5536	3332	1084	1120	60.2	19.6	20.2
2004	5587	3246	1142	1200	58.1	20.4	21.5
2005	5662	3139	1251	1272	55.4	22.1	22.5
2006	5719	3050	1351	1318	53.3	23.6	23.0
2007	5773	2920	1487	1366	50.6	25.8	23.7
2008	5835	2847	1564	1424	48.8	26.8	24.4
2009	5949	2765	1675	1509	46.5	28.2	25.4
2010	5156	2314	1496	1346	44.9	29.0	26.1
2011	5129	2210	1533	1386	43.1	29.9	27.0
2012	5110	2136	1560	1414	41.8	30.5	27.7
2013	5094	2044	1623	1427	40.1	31.9	28.0
2014	5082	1897	1518	1667	37.3	29.9	32.8
2015	5075	1719	1517	1839	33.9	29.9	36.2
2016	5052	1546	1512	1994	30.6	29.9	39.5
2017	5029	1375	1506	2148	27.3	30.0	42.7
2018	4992	1303	1502	2187	26.1	30.1	43.8
2019	4934	1251	1469	2214	25.4	29.8	44.9
2020	4884	1223	1443	2218	25.0	29.5	45.4
2021	4840	1172	1446	2222	24.2	29.9	45.9

4-3 各市就业人员数

Number of Employed Persons by City

单位：万人 (10 000 persons)

地 区 Region	2010年	2011年	2012年	2013年	2014年	2015年	2016年	2017年	2018年	2019年	2020年	2021年
全 省 Total	**5156**	**5129**	**5110**	**5094**	**5082**	**5075**	**5052**	**5029**	**4992**	**4934**	**4884**	**4840**
郑 州 市 Zhengzhou	459.76	465.84	481.22	499.95	525.29	552.84	570.89	589.17	604.38	630.47	669.95	679.45
开 封 市 Kaifeng	258.72	257.87	255.37	252.63	251.26	250.73	248.53	247.11	246.53	244.99	238.00	234.08
洛 阳 市 Luoyang	328.94	325.27	327.87	329.66	329.47	333.39	335.34	328.98	322.28	316.65	316.46	317.21
平 顶 山 市 Pingdingshan	260.53	258.11	249.30	247.90	247.94	239.48	239.18	232.76	230.88	230.54	221.61	220.10
安 阳 市 Anyang	266.55	261.34	259.34	256.21	253.22	256.32	256.17	255.60	252.48	251.66	250.35	246.31
鹤 壁 市 Hebi	81.44	80.50	80.15	79.72	79.25	80.12	79.50	79.54	80.04	80.56	81.12	81.39
新 乡 市 Xinxiang	303.12	297.92	294.74	292.88	292.70	294.39	291.53	292.17	296.45	304.51	305.22	298.84
焦 作 市 Jiaozuo	176.00	173.30	171.30	169.90	169.00	169.30	167.60	165.80	164.00	164.30	160.92	160.82
濮 阳 市 Puyang	198.88	198.24	199.52	198.33	196.02	198.01	195.66	192.72	187.59	181.90	178.59	176.35
许 昌 市 Xuchang	242.80	237.03	233.34	231.26	226.94	226.62	222.56	222.12	223.12	221.00	212.91	212.88
漯 河 市 Luohe	144.82	142.56	139.97	137.77	136.27	136.48	133.62	132.69	131.74	130.62	127.57	127.58
三 门 峡 市 Sanmenxia	134.17	130.72	128.05	125.78	123.76	122.68	118.69	116.61	115.09	113.10	109.78	109.98
南 阳 市 Nanyang	604.90	605.97	594.40	583.32	570.62	547.30	535.65	530.13	517.78	493.30	480.45	473.90
商 丘 市 Shangqiu	406.84	407.00	405.93	403.47	403.17	405.58	403.58	401.31	400.74	398.51	390.43	383.18
信 阳 市 Xinyang	336.53	340.33	342.33	339.84	338.72	338.93	334.24	330.94	327.48	320.63	311.65	307.81
周 口 市 Zhoukou	499.50	502.80	507.40	511.90	508.40	499.70	497.50	488.70	473.70	449.70	438.73	426.16
驻 马 店 市 Zhumadian	417.40	409.38	405.30	399.12	395.83	388.54	387.41	388.22	382.75	365.98	354.39	347.98
济源示范区 Jiyuan	35.12	34.78	34.57	34.34	34.14	34.54	34.34	34.49	35.08	35.50	35.87	35.98

4-4 各市分城乡的就业人员数(2021年底)

Number of Employed Persons in Urban and Rural Areas by City (End of 2021)

单位：万人 (10 000 persons)

地 区 Region	合 计 Total	城 镇 Urban Areas	乡 村 Rural Areas
郑 州 市 Zhengzhou	679.45	528.17	151.28
开 封 市 Kaifeng	234.08	119.84	114.24
洛 阳 市 Luoyang	317.21	194.23	122.98
平 顶 山 市 Pingdingshan	220.10	117.29	102.81
安 阳 市 Anyang	246.31	124.30	122.01
鹤 壁 市 Hebi	81.39	48.35	33.04
新 乡 市 Xinxiang	298.84	165.70	133.14
焦 作 市 Jiaozuo	160.82	93.67	67.15
濮 阳 市 Puyang	176.35	81.54	94.81
许 昌 市 Xuchang	212.88	109.66	103.22
漯 河 市 Luohe	127.58	68.07	59.51
三 门 峡 市 Sanmenxia	109.98	54.43	55.55
南 阳 市 Nanyang	473.90	237.04	236.86
商 丘 市 Shangqiu	383.18	182.17	201.01
信 阳 市 Xinyang	307.81	148.01	159.80
周 口 市 Zhoukou	426.16	176.02	250.14
驻 马 店 市 Zhumadian	347.98	155.27	192.71
济 源 示 范 区 Jiyuan	35.98	23.24	12.74

4-5 各市分三次产业的就业人员数(2021年底)

Number of Employed Persons by Three Strata of Industry and City (End of 2021)

地　区 Region	就业人员(万人) Number of Employed Persons (10 000 persons)	第一产业 Primary Industry	第二产业 Secondary Industry	第三产业 Tretiary Industry	就业人员构成(以从业人员为100) Composition in Percentage (Total=100) 第一产业 Primary Industry	第二产业 Secondary Industry	第三产业 Tretiary Industry
郑　州　市 Zhengzhou	679.45	63.77	194.02	421.66	9.4	28.6	62.1
开　封　市 Kaifeng	234.08	75.52	66.04	92.52	32.3	28.2	39.5
洛　阳　市 Luoyang	317.21	64.57	100.63	152.01	20.4	31.7	47.9
平 顶 山 市 Pingdingshan	220.10	59.97	66.48	93.65	27.2	30.2	42.5
安　阳　市 Anyang	246.31	55.26	85.96	105.09	22.4	34.9	42.7
鹤　壁　市 Hebi	81.39	13.63	29.15	38.61	16.7	35.8	47.4
新　乡　市 Xinxiang	298.84	63.40	100.96	134.48	21.2	33.8	45.0
焦　作　市 Jiaozuo	160.82	22.95	57.85	80.02	14.3	36.0	49.8
濮　阳　市 Puyang	176.35	41.80	64.15	70.40	23.7	36.4	39.9
许　昌　市 Xuchang	212.88	54.65	63.36	94.87	25.7	29.8	44.6
漯　河　市 Luohe	127.58	32.28	39.48	55.82	25.3	30.9	43.8
三 门 峡 市 Sanmenxia	109.98	34.15	26.35	49.48	31.1	24.0	45.0
南　阳　市 Nanyang	473.90	152.50	113.29	208.11	32.2	23.9	43.9
商　丘　市 Shangqiu	383.18	101.85	122.31	159.02	26.6	31.9	41.5
信　阳　市 Xinyang	307.81	101.90	74.38	131.53	33.1	24.2	42.7
周　口　市 Zhoukou	426.16	130.30	135.15	160.71	30.6	31.7	37.7
驻 马 店 市 Zhumadian	347.98	98.77	91.33	157.88	28.4	26.2	45.4
济源示范区 Jiyuan	35.98	4.73	15.11	16.14	13.1	42.0	44.9

4-6 城镇非私营单位就业人员数(2021年底)

Number of Employed Persons in Urban Non-private Units by City (End of 2021)

单位：万人 (10 000 persons)

地 区	Region	合 计 Total	在岗职工 Staff and Workers	#劳务派遣 Labor Dispatching	其他就业人员 Others
全 省	**Total**	**915.37**	**875.04**	**59.00**	**40.33**
郑 州 市	Zhengzhou	219.82	206.47	24.17	13.35
开 封 市	Kaifeng	34.05	32.53	2.61	1.52
洛 阳 市	Luoyang	62.76	60.43	7.73	2.33
平 顶 山 市	Pingdingshan	47.47	45.81	2.20	1.66
安 阳 市	Anyang	45.96	42.94	3.13	3.02
鹤 壁 市	Hebi	14.53	14.12	0.98	0.41
新 乡 市	Xinxiang	45.00	42.23	2.15	2.77
焦 作 市	Jiaozuo	31.47	30.65	1.83	0.82
濮 阳 市	Puyang	32.10	29.83	3.20	2.27
许 昌 市	Xuchang	37.30	35.53	1.11	1.77
漯 河 市	Luohe	22.85	22.51	0.98	0.33
三 门 峡 市	Sanmenxia	19.93	19.07	0.82	0.85
南 阳 市	Nanyang	64.92	62.19	2.20	2.73
商 丘 市	Shangqiu	58.44	57.16	1.23	1.28
信 阳 市	Xinyang	48.26	46.55	1.57	1.72
周 口 市	Zhoukou	58.63	57.07	1.20	1.56
驻 马 店 市	Zhumadian	53.37	52.24	1.10	1.13
济 源 示 范 区	Jiyuan	8.19	7.50	0.64	0.69

4-7 分行业城镇非私营单位就业人员数(2021年底)

单位：万人

地区 Region	合计 Total	农林牧渔业 Agriculture Forestry, Animal Husbandry and Fishery	采矿业 Mining	制造业 Manufacturing	电力、燃气及水的生产和供应业 Production and Supply of Electricity,Gas and Water	建筑业 Construction	批发和零售业 Wholesale and Retail Trade	交通运输仓储及邮政业 Transport, Storage and Post	住宿和餐饮业 Hotels and Catering Services
全　省 Total	**915.37**	**1.73**	**25.55**	**193.22**	**23.84**	**133.60**	**33.66**	**39.28**	**7.45**
郑州市 Zhengzhou	219.82	0.11	2.92	45.42	12.24	34.85	10.30	9.41	3.26
开封市 Kaifeng	34.05	0.06		7.76	0.35	5.43	0.99	0.71	0.23
洛阳市 Luoyang	62.76	0.18	0.90	14.26	1.13	8.07	1.98	1.95	0.59
平顶山市 Pingdingshan	47.47	0.05	8.47	8.67	1.73	3.25	1.24	1.09	0.29
安阳市 Anyang	45.96	0.03	0.18	5.98	0.72	14.04	0.92	1.00	0.25
鹤壁市 Hebi	14.53	0.02	2.18	4.68	0.28	0.94	0.45	0.23	0.09
新乡市 Xinxiang	45.00	0.12	0.05	9.54	0.52	9.96	1.55	0.98	0.26
焦作市 Jiaozuo	31.47	0.02	2.20	8.86	0.39	1.55	0.88	1.00	0.14
濮阳市 Puyang	32.10	0.04	2.90	3.27	1.37	6.23	0.67	0.84	0.13
许昌市 Xuchang	37.30	0.04	0.72	11.78	0.46	1.92	1.39	0.84	0.22
漯河市 Luohe	22.85	0.03		8.32	0.26	1.64	1.42	0.47	0.11
三门峡市 Sanmenxia	19.93	0.04	1.73	3.48	0.62	2.21	0.60	0.44	0.22
南阳市 Nanyang	64.92	0.22	0.95	11.45	1.00	9.51	2.00	2.03	0.42
商丘市 Shangqiu	58.44	0.10	1.91	13.70	0.65	6.00	2.94	2.41	0.29
信阳市 Xinyang	48.26	0.17	0.11	7.89	0.63	9.09	2.05	1.56	0.35
周口市 Zhoukou	58.63	0.20		16.21	0.53	8.15	2.39	1.95	0.21
驻马店市 Zhumadian	53.37	0.31	0.01	9.14	0.86	9.88	1.75	1.69	0.35
济源示范区 Jiyuan	8.19	0.00	0.31	2.82	0.11	0.89	0.13	0.34	0.04

Number of Employed Persons in Urban Non-private Units by Sector (End of 2021)

(10 000 persons)

信息传输、软件和信息技术服务业 Information Transmission, Software and Information Technology	金融业 Financial Intermediation	房地产业 Real Estate	租赁和商务服务业 Leasing and Business Services	科学研究和技术服务业 Scientific Research, and Technical Services	水利、环境和公共设施管理业 Management of Water Conservancy, Environment and Public Facilities	居民服务、修理和其他服务业 Services to Households, Repair and Other Services	教育 Education	卫生和社会工作 Health and Social Service	文化、体育和娱乐业 Culture, Sports and Entertainment	公共管理、社会保障和社会组织 Public Management, Social Security and Social Organization
18.22	**26.45**	**27.49**	**22.88**	**18.37**	**16.18**	**3.30**	**124.92**	**68.87**	**7.27**	**123.08**
9.13	8.61	8.94	8.50	8.82	3.21	0.80	18.66	12.89	2.54	19.23
0.31	0.92	0.86	0.44	0.31	0.68	0.19	4.90	3.81	0.25	5.82
2.43	1.67	2.46	1.13	1.42	0.84	0.16	8.07	5.57	0.54	9.41
0.35	1.75	1.34	0.68	0.51	0.96	0.24	6.10	3.12	0.23	7.41
0.37	1.22	0.90	0.87	0.85	1.21	0.13	6.89	3.51	0.26	6.63
0.19	0.25	0.34	0.22	0.11	0.32	0.02	1.80	1.05	0.14	1.24
0.45	1.19	0.89	1.01	0.52	0.53	0.19	7.12	4.05	0.24	5.83
0.29	0.96	0.48	0.43	0.41	0.55	0.14	4.68	2.66	0.22	5.62
0.30	0.50	0.64	2.24	0.37	0.57	0.08	5.23	2.32	0.21	4.18
1.24	1.12	1.09	0.71	0.59	0.93	0.12	4.79	2.17	0.32	6.86
0.20	0.65	0.48	0.64	0.44	0.45	0.05	3.04	2.12	0.15	2.38
0.25	1.01	0.28	0.21	0.21	0.68	0.03	2.94	1.46	0.16	3.36
0.57	2.05	0.95	1.33	1.23	1.43	0.32	12.23	6.51	0.54	10.16
0.62	0.44	3.10	1.54	0.75	1.01	0.30	8.85	4.70	0.30	8.83
0.46	0.94	1.35	0.99	0.51	0.93	0.15	8.53	3.72	0.35	8.47
0.57	1.31	1.31	0.68	0.48	1.22	0.19	10.62	4.51	0.32	7.79
0.41	1.50	1.94	1.07	0.77	0.47	0.21	9.60	4.32	0.49	8.60
0.06	0.37	0.11	0.21	0.07	0.20		0.84	0.41	0.02	1.26

4-8 各种分组的城镇非私营单位就业人员数(2021年底)

Number of Employed Persons in Urban Non-private Units by Groups (End of 2021)

单位：万人 (10 000 persons)

类别	Type	合计 Total	在岗职工 Staff and Workers	#劳务派遣 Labor Dispatching	其他就业人员 Others	国有单位 State-owned Units	城镇集体单位 Urban Collective-owned Units	其他单位 Units of Other Types of Ownership
总计	**Total**	**915.37**	**875.04**	**59.00**	**40.33**	**353.55**	**19.07**	**542.75**
按执行会计标准类别分组	**by Performing Accounting Standard Category**							
企业	Enterprises	598.95	568.20	46.90	30.75	50.67	10.02	538.26
政府	Government	309.77	300.39	12.05	9.38	300.42	8.33	1.01
按国民经济行业分组	**by Sector**							
农、林、牧、渔业	Agriculture, Forestry, animal Husbandry and Fishery	1.73	1.64	0.01	0.09	1.14	0.06	0.53
采矿业	Mining	25.55	25.27	0.64	0.28	0.30		25.25
制造业	Manufacturing	193.22	191.11	7.78	2.11	2.62	1.58	189.02
电力、热力、燃气及水生产和供应业	Production and Distribution of Electricity, Gas and Water	23.84	23.51	0.76	0.33	14.16	0.13	9.55
建筑业	Construction	133.60	119.20	22.55	14.41	4.44	4.20	124.97
批发和零售业	Wholesale and Retail Trade	33.66	33.14	1.05	0.51	3.77	0.71	29.17
交通运输、仓储和邮政业	Transport, Storage and Post	39.28	38.52	2.93	0.77	8.44	0.67	30.17
住宿和餐饮业	Hotels and Catering Services	7.45	7.26	0.31	0.19	0.89	0.14	6.42
信息传输、软件和信息技术服务业	Information Transmission and Information Technology services	18.22	13.95	1.74	4.26	1.93	0.02	16.27
金融业	Finance	26.45	22.63	0.64	3.82	0.76	0.46	25.24
房地产业	Real estate	27.49	26.68	2.43	0.81	0.79	0.19	26.51
租赁和商务服务业	Leasing and Business Services	22.88	22.12	4.41	0.76	3.61	0.34	18.93
科学研究和技术服务业	Scientific Research and Technical Service	18.37	17.84	0.95	0.53	7.82	0.39	10.15
水利、环境和公共设施管理业	Management of Water Conservancy, Environment	16.18	13.94	1.07	2.24	7.17	0.18	8.83
居民服务、修理和其他服务业	Service to Households, Repair and other Services	3.30	3.13	0.13	0.18	0.98	0.24	2.08
教育	Education	124.92	121.68	1.63	3.24	107.61	6.39	10.92
卫生和社会工作	Health and Social Work	68.87	67.04	1.69	1.84	59.96	2.62	6.29
文化、体育和娱乐业	Culture, Sports and Entertainment	7.27	6.87	0.18	0.40	4.78	0.13	2.37
公共管理、社会保障和社会组织	Public Management, Social Security and Social Organization	123.08	119.50	8.13	3.58	122.37	0.63	0.07

4-9 各种分组的城镇非私营单位女性就业人员数(年底数)

Number of Female Employed Persons in Urban Non-private Units by Groups (Year-end)

单位：万人

项　目	Item	2020	2021
合　计	**Total**	**376.76**	**364.27**
按国民经济行业分	**by Sector**		
农、林、牧、渔业	Agriculture, Forestry, animal Husbandry and Fishery	0.70	0.54
采矿业	Mining	4.69	4.37
制造业	Manufacturing	83.04	76.52
电力、燃气及水的生产和供应业	Production and Distribution of Electricity, Gas and Water	7.12	6.94
建筑业	Construction	19.21	17.43
批发和零售业	Wholesale and Retail Trade	17.81	17.34
交通运输、仓储和邮政业	Transport, Storage and Post	11.42	11.06
住宿和餐饮业	Hotels and Catering Services	4.61	4.46
信息传输、软件和信息技术服务业	Information Transmission and Information Technology services	6.57	6.56
金融业	Finance	14.66	13.86
房地产业	Real estate	11.71	11.23
租赁和商务服务业	Leasing and Business Services	6.74	6.42
科学研究和技术服务业	Scientific Research and Technical Service	6.24	6.34
水利、环境和公共设施管理业	Management of Water Conservancy, Environment	6.23	6.81
居民服务、修理和其他服务业	Service to Households, Repair and other Services	1.47	1.79
教育	Education	85.79	82.26
卫生和社会工作	Health and Social Work	45.54	45.73
文化、体育和娱乐业	Culture, Sports and Entertainment	3.58	3.45
公共管理、社会保障和社会组织	Public Management, Social Security and Social Organization	39.62	41.17
按三次产业分	**by Three Strata of Industry**		
第一产业	Primary Industry	0.70	0.54
第二产业	Secondary Industry	114.07	105.25
第三产业	Tertiary Industry	261.99	258.48
按注册类型分	**by Status of Registration**		
#国有单位	State-owned Units	168.73	172.41
城镇集体单位	Urban Collective Owned Units	8.66	8.60
股份合作单位	Cooperative Units	1.50	1.59
联营单位	Joint Ownership Units	0.61	0.82
有限责任公司	Limited Liability Corporations	128.03	121.71
股份有限公司	Share-holding Corporations Ltd.	29.86	27.43
港澳台商投资单位	Units with Funds from Hong Kong, Macao & Taiwan	14.46	14.33
外商投资单位	Foreign Funded Units	10.14	9.76

4-10 城镇非私营单位就业人员平均工资

Average Wage of Employed Persons in Urban Non-private Units

单位：元 (yuan)

年份 Year	合计 Total	国有单位 State-owned Units	城镇集体单位 Urban Collective-owned Units	股份合作单位 Cooperative Units	联营单位 Joint Ownership Units	有限责任公司 Limited Liability Corporations Units	股份有限公司 Share Holding Corporations	港、澳、台商投资单位 Units with Funds from Hong Kong, Macao and Taiwan	外商投资单位 Foreign Funded Units	其他 Others
1998	5641	6103	4050	4026	5270	6201	5342	6009	8503	2213
1999	6136	6562	4524	5201	3897	6637	5895	6997	7502	4017
2000	6877	7408	4840	5640	5084	6910	7515	9267	7997	5521
2001	7868	8518	5669	5685	5661	7811	8077	9596	9070	5512
2002	9714	9791	6607	7208	6370	9148	10003	10482	9992	7507
2003	10639	11280	7828	9285	8482	10789	11862	12091	13363	8718
2004	11970	12562	8582	9586	9211	12150	13629	14278	14045	9864
2005	14119	14740	10248	11722	10386	14796	14986	14937	15437	10886
2006	16791	17702	12377	13075	12247	17051	17034	17710	17452	14811
2007	20639	22044	15674	17581	13370	19728	21771	20133	21371	17488
2008	24438	26222	16873	21493	17581	24012	24740	23315	25237	18435
2009	26906	28503	18006	26731	20665	25701	29628	25153	27120	22135
2010	29819	31470	20385	29928	25245	28775	32377	27257	29620	25087
2011	33634	35386	24220	32982	32881	33136	34884	31948	32674	28909
2012	37338	39344	27682	36536	33885	36386	38581	36814	36053	31329
2013	38301	42270	33135	41673	34299	34323	41388	42801	36985	32572
2014	42179	46604	37601	49356	38770	38334	44432	46005	39721	37188
2015	45403	49978	41511	52724	46112	41188	47676	50235	42546	45290
2016	49505	56609	45608	60727	53879	43560	53519	52300	46116	45946
2017	55495	65958	51882	69275	59803	47586	59685	55195	49448	52433
2018	63174	73330	57617	77381	96181	53626	69184	57775	61550	58620
2019	67268	76547	57405	88113	58858	58283	78759	60664	63728	68555
2020	70239	80077	59875	84376	64253	61636	81492	62046	70804	54409
2021	74872	82601	64034	89706	63850	66706	88444	65837	76716	61788

注：2013年后工资数据为联网直报平台汇总(下同)。

a) Data in 2013 are collected from network platform (the same as following tables).

4-11 城镇非私营单位职工工资

Wages of Staff and Workers in Urban Non-private Units

年 份 Year	工资总额 (亿元) Total Wages (100 million yuan)	国有单位 State-owned Units	城镇集体单位 Urban Collectiveowned Units	其他单位 Units of Other Types of Ownership	平均工资 (元) Average Wage (yuan)	国有单位 State-owned Units	城镇集体单位 Urban Collectiveowned Units	其他单位 Units of Other Types of Ownership
1978	24.30	20.65	3.64		590	609	496	
1979	27.63	23.60	4.03		644	668	533	
1980	32.93	28.14	4.79		730	759	597	
1981	35.43	30.33	5.09		742	772	604	
1982	37.40	31.82	5.59		754	789	604	
1983	39.19	33.36	5.82		767	805	606	
1984	46.24	37.76	8.47	0.01	866	921	686	809
1985	57.85	47.06	10.76	0.02	1015	1080	804	1014
1986	69.57	56.97	12.57	0.03	1159	1245	882	1079
1987	78.98	64.34	14.58	0.06	1258	1347	974	1559
1988	95.90	78.66	17.18	0.07	1470	1582	1110	1520
1989	108.70	89.48	19.12	0.09	1628	1767	1191	1724
1990	123.86	102.52	21.19	0.15	1825	1997	1288	2128
1991	138.18	113.58	24.33	0.27	1964	2132	1433	2477
1992	165.51	138.38	26.51	0.62	2269	2473	1583	2544
1993	200.82	168.89	28.90	3.03	2646	2860	1821	3097
1994	275.18	229.87	35.66	9.66	3545	3851	2295	4038
1995	347.70	284.17	47.79	15.75	4344	4677	3007	4644
1996	407.43	332.03	54.77	20.63	4924	5265	3485	5197
1997	434.08	336.34	66.05	31.69	5225	5643	3797	5209
1998	431.01	299.76	63.36	67.88	5781	6204	4258	5976
1999	445.61	307.17	62.31	76.13	6194	6594	4639	6384
2000	495.66	338.39	66.44	90.84	6930	7453	4913	7212
2001	553.40	381.92	75.73	95.75	7916	8573	5726	7889
2002	622.42	400.42	80.84	141.15	9174	9864	6664	9335
2003	720.52	436.31	88.51	195.69	10749	11397	7894	11160
2004	801.95	497.47	79.62	224.86	12114	12701	8686	12588
2005	949.97	575.63	90.29	284.05	14282	14877	10383	14852
2006	1152.05	690.58	103.21	358.26	16981	17886	12483	17088
2007	1431.35	849.87	125.01	456.48	20935	22345	15850	20333
2008	1702.22	1008.08	111.75	582.39	24816	26536	17118	24189
2009	1918.14	1066.34	85.52	766.28	27357	28914	18352	26817
2010	2171.69	1200.07	98.62	873.00	30303	31924	20769	29770
2011	2721.42	1390.91	119.85	1210.66	34203	35894	24397	33719
2012	3146.25	1575.98	134.27	1436.00	37958	39948	28103	37145
2013	4048.73	1556.02	149.02	2343.68	38804	42831	33954	36765
2014	4432.94	1667.53	152.34	2613.08	42670	47258	38288	40435
2015	4862.54	1786.62	151.60	2924.32	45920	50662	42058	43633
2016	5365.62	2026.18	144.86	3194.58	50028	57333	46168	46451
2017	5903.60	2313.85	136.91	3452.84	55997	66685	52788	50676
2018	5972.87	2566.64	121.64	3284.59	64148	74649	58339	57824
2019	6189.46	2406.07	103.48	3679.90	68305	78036	58287	63439
2020	6446.97	2709.12	112.96	3624.89	71351	81430	60748	65636
2021	6601.43	2831.90	116.51	3653.02	76261	83940	65036	71578

注：1998年及以后年度工资总额为在岗职工口径，与以前年度不可比。

a) Total wages funds since 1998 were totalized by all employed staff and workers, the data are not comparable with previous years.

4-12 各种分组的城镇非私营单位就业人员平均工资(2021年)

Average Wage of Employed Persons in Urban Npn-private Units by Groups (2021)

单位：元 (yuan)

类别	Type	平均工资 Average Wage	在岗职工 Staff and Workers	#劳务派遣 Labor Dispatching	其他就业人员 Others	国有单位 State-owned Units	集体单位 Collectiveowned Units	其他单位 Units of Other Types of Ownership
总计	**Total**	**74872**	**76261**	**58578**	**45037**	**82601**	**64034**	**70250**
按执行会计标准类别分组	**by Performing Accounting Standard Category**							
企业	Enterprises	71434	72785	63065	46637	85835	55606	70372
政府	Government	82082	83417	41519	40002	82265	75545	81079
按国民经济行业分组	**by Sector**							
农、林、牧、渔业	Agriculture, Forestry, animal Husbandry and Fishery	52304	53167	63062	37560	54515	47842	47892
采矿业	Mining	86525	87126	77086	26717	65822		86779
制造业	Manufacturing	64495	64692	60288	45792	63258	58361	64562
电力、热力、燃气及水生产和供应业	Production and Distribution of Electricity, Gas and Water	100153	100724	56782	57364	109059	79522	87051
建筑业	Construction	61606	62477	65054	54320	55545	50041	62210
批发和零售业	Wholesale and Retail Trade	64891	65354	57357	35779	112396	43050	59114
交通运输、仓储和邮政业	Transport, Storage and Post	87331	88145	70498	46788	70252	47720	92977
住宿和餐饮业	Hotels and Catering Services	45984	46027	47610	44245	44860	40082	46272
信息传输、软件和信息技术服务业	Information Transmission and Information Technology services	91501	106557	75144	40400	100661	52898	90436
金融业	Finance	125279	142812	69056	38113	137749	92528	125492
房地产业	Real estate	69174	70378	47940	33128	67280	50705	69368
租赁和商务服务业	Leasing and Business Services	56702	57208	60768	43415	65277	51095	55224
科学研究和技术服务业	Scientific Research and Technical Service	91438	92549	74515	54964	90010	59790	93756
水利、环境和公共设施管理业	Management of Water Conservancy, Environment	49279	53294	31411	26202	64071	56535	36657
居民服务、修理和其他服务业	Service to Households, Repair and other Services	50254	50904	26875	39004	58729	55717	45457
教育	Education	78468	79563	43998	36802	80442	79236	58673
卫生和社会工作	Health and Social Work	89435	90219	57307	62453	92123	64037	74326
文化、体育和娱乐业	Culture, Sports and Entertainment	75458	77634	51835	40614	74889	42724	78377
公共管理、社会保障和社会组织	Public Management, Social Security and Social Organization	79616	80887	37775	37437	79711	62747	66219

4-13 各市城镇非私营单位就业人员平均工资(2021年)

Average Wage of Employed Persons in Urban Non-private Units by City (2021)

单位：元 (yuan)

地区	Region	平均工资 Average Wages	在岗职工 Staff and Workers	#劳务派遣 Labor Dispatching	其他就业人员 Others
郑州市	Zhengzhou	93191	96365	62038	44838
开封市	Kaifeng	66226	67381	54814	42033
洛阳市	Luoyang	81327	82939	62688	40898
平顶山市	Pingdingshan	67662	68922	53375	36365
安阳市	Anyang	71955	73955	39647	43253
鹤壁市	Hebi	63049	63988	42516	32322
新乡市	Xinxiang	66972	66862	61102	68704
焦作市	Jiaozuo	68223	69236	45122	32529
濮阳市	Puyang	79757	82092	77388	49866
许昌市	Xuchang	69165	70132	62345	45001
漯河市	Luohe	70461	70803	46918	46885
三门峡市	Sanmenxia	75539	77521	60990	33912
南阳市	Nanyang	63727	64850	50300	38205
商丘市	Shangqiu	63102	63359	52942	50005
信阳市	Xinyang	64563	64968	58595	54135
周口市	Zhoukou	58397	58981	45386	37788
驻马店市	Zhumadian	63005	63456	60076	42444
济源示范区	Jiyuan	72490	75652	44104	41025

4-14 分行业城镇非私营单位就业人员平均工资(2021年)

单位：元

地区	Region	合计 Total	农林牧渔业 Agriculture Forestry, Animal Husbandry and Fishery	采矿业 Mining	制造业 Manufacturing	电力、燃气及水的生产和供应业 Production and Supply of Electricity,Gas and Water	建筑业 Construction	批发和零售业 Wholesale and Retail Trade	交通运输仓储及邮政业 Transport, Storage and Post	住宿和餐饮业 Hotels and Catering Services
全省	**Total**	**74872**	**52304**	**86525**	**64495**	**100153**	**61606**	**64891**	**87331**	**45984**
郑州市	Zhengzhou	93191	51004	78262	75871	115323	78055	75854	94575	52273
开封市	Kaifeng	66226	64926		53763	90671	55578	64565	52819	47636
洛阳市	Luoyang	81327	55424	77846	77844	86206	73695	66002	61280	42640
平顶山市	Pingdingshan	67662	50247	79763	57179	102214	51147	73819	45580	39071
安阳市	Anyang	71955	80400	80121	75933	99172	54750	63056	71191	35811
鹤壁市	Hebi	63049	38302	70342	49354	61467	45976	47593	49306	37653
新乡市	Xinxiang	66972	63300	44728	59026	80336	59901	60958	80620	39193
焦作市	Jiaozuo	68223	52563	89263	62729	76642	59269	50953	49637	35519
濮阳市	Puyang	79757	43275	127921	65120	98563	56968	62484	68777	44911
许昌市	Xuchang	69165	52298	109910	68856	50239	54633	65265	61115	45813
漯河市	Luohe	70461	41089		63639	65182	46741	67428	65778	41377
三门峡市	Sanmenxia	75539	57183	93023	58416	93614	66686	68329	76163	40170
南阳市	Nanyang	63727	43787	127372	53447	70611	50827	60398	53927	36491
商丘市	Shangqiu	63102	61775	61721	56823	83647	54518	48349	58459	43907
信阳市	Xinyang	64563	51501	52753	62392	71117	54125	51651	60644	39174
周口市	Zhoukou	58397	46667		47953	71079	52680	59797	57296	41021
驻马店市	Zhumadian	63005	50586	28515	58901	67336	50814	60618	57906	43491
济源示范区	Jiyuan	72490	50132	47023	59173	79659	51273	61297	56479	38146

Average Wage of Employed Persons in Urban Non-private Units by Sector and City (2021)

(yuan)

信息传输、软件和信息技术服务业 Information Transmission, Software and Information Technology Services	金融业 Financial Intermediation	房地产业 Real Estate	租赁和商务服务业 Leasing and Business Services	科学研究和技术服务业 Scientific Research, and Technical Services	水利、环境和公共设施管理业 Management of Water Conservancy, Environment and Public Facilities	居民服务、修理和其他服务业 Services to Households, Repair and Other Services	教育 Education	卫生和社会工作 Health and Social Work	文化、体育和娱乐业 Culture, Sports and Entertainment	公共管理、社会保障和社会组织 Public Management, Social Security and Social Organization
91501	**125279**	**69174**	**56702**	**91438**	**49279**	**50254**	**78468**	**89435**	**75458**	**79616**
83847	182544	84683	60979	112943	62113	59049	109586	126851	104047	107414
72422	99234	70213	38887	59191	32581	51804	86963	77895	56326	70388
121520	114296	53874	53865	102939	53404	49854	81574	99720	58324	86468
74347	93816	47708	41706	67008	46681	32367	72008	76363	63464	63465
106264	106802	67255	41858	69264	49648	48280	83309	75019	61034	92281
90727	100277	49191	56922	52324	33854	35320	81391	75048	49797	87579
119465	106073	69354	43229	57318	53571	45325	75944	82600	68724	63923
93364	123609	57559	48048	80394	37904	26461	70416	62427	57665	73460
103524	90122	64726	90210	93950	51193	56771	74243	93086	76029	87219
78001	103023	67098	61237	57055	37187	57664	70589	65695	67539	73369
89833	82127	68995	45229	72945	46325	31364	86408	84995	70948	91351
82669	69291	55755	64233	88187	61612	65850	85949	80668	64064	83322
86783	92894	52917	39847	63163	40442	55193	67284	81939	52946	69348
86108	93177	72580	54044	55388	43470	49913	68349	79710	52638	68974
95611	107875	58976	46749	66499	46788	42816	67690	83417	57394	69570
92555	89545	54331	43605	49635	44438	41411	63251	80122	49133	64141
97389	86975	63235	49684	66260	59783	64050	64195	73956	63064	72083
85676	68559	60134	31590	85184	53630		114204	84881	79908	107690

4-15　城镇私营单位就业人员平均工资

Average Wage of Employed Persons in Urban Non-private Units

单位：元　　(yuan)

项　　目	Item	2019	2020	2021
从业人员总计	**Total Employed persons**	**43194**	**46733**	**48117**
按国民经济行业分	**By Sector**			
农、林、牧、渔业	Agriculture, Forestry, Animal Husbandry and Fishery	35305	38624	37839
采矿业	Mining	39199	41712	46874
制造业	Manufacturing	42325	46774	49468
电力、燃气及水的生产和供应业	Production and Supply of Electricity, Gas and Water	42889	47071	50884
建筑业	Construction	47650	49583	51766
批发和零售业	Wholesale and Retail Trade	41171	44361	44756
交通运输、仓储和邮政业	Transport, Storage and Post	43009	47500	49407
住宿和餐饮业	Hotels and Catering Services	37370	38195	39982
信息传输、软件和信息服务业	Information Transmission, Software and Information Technology	46679	50772	54125
金融业	Financial Intermediation	37287	68899	73972
房地产业	Real Estate	47397	48095	49860
租赁和商务服务业	Leasing and Business Services	45119	50193	49634
科学研究、技术服务业	Scientific Research and Technical Services	48029	52670	49617
水利、环境和公共设施管理业	Management of Water Conservancy, Environment and Public Facilities	39829	39196	35907
居民服务、修理和其他服务业	Services to Households, Repair and Other Services	39395	39463	40101
教育	Education	41339	41801	43488
卫生和社会工作	Health and Social Work	44777	47810	50325
文化、体育和娱乐业	Culture, Sports and Entertainment	39115	41995	42746

4−16 各市城镇私营单位就业人员平均工资
Average Wage of Empleyed Persons in Urban Non-private Units by City

单位：元 (yuan)

地 区	Region	2010	2015	2019	2020	2021
郑州市	Zhengzhou	18832	33495	51357	56062	55746
开封市	Kaifeng	16049	32628	43304	49046	50231
洛阳市	Luoyang	16363	31613	41828	46186	47611
平顶山市	Pingdingshan	17091	27980	37563	40560	42873
安阳市	Anyang	16226	28357	38297	44978	47763
鹤壁市	Hebi	13023	31292	42646	44135	44305
新乡市	Xinxiang	16014	28837	41373	46784	50669
焦作市	Jiaozuo	14171	31142	37475	40340	43941
濮阳市	Puyang	13536	25077	33664	38337	42740
许昌市	Xuchang	17407	37665	43509	45029	45222
漯河市	Luohe	13692	30565	40562	43152	43954
三门峡市	Sanmenxia	15659	29296	37136	40881	42981
南阳市	Nanyang	14379	27095	39616	40860	42421
商丘市	Shangqiu	13101	31229	44176	49209	50055
信阳市	Xinyang	16510	29744	43135	45391	47149
周口市	Zhoukou	14525	28005	38958	44805	45948
驻马店市	Zhumadian	13968	29342	39150	44535	46466
济源示范区	Jiyuan	15379	30603	45630	48493	49900

主要统计指标解释

就业人员 指在一定年龄以上，有劳动能力，为取得劳动报酬或经营收入而从事一定社会劳动的人员。具体指年满16周岁，为取得报酬或经营利润，在调查周内从事了1小时（含1小时）以上劳动的人员；或由于学习、休假等原因在调查周内暂时处于未工作状态，但有工作单位或场所的人员；或由于临时停工放假、单位不景气放假等原因在调查周内暂时处于未工作状态，但不满三个月的人员。

单位就业人员 指报告期末最后一日24时在本单位工作，并取得工资或其他形式劳动报酬的人员数。该指标为时点指标，不包括最后一日当天及以前已经与单位解除劳动合同关系的人员，是在岗职工、劳务派遣人员及其他就业人员之和。就业人员不包括：

(1)离开本单位仍保留劳动关系，并定期领取生活费的人员；

(2)利用课余时间打工的学生及在本单位实习的各类在校学生；

(3)本单位因劳务外包而使用的人员。

城镇私营就业人员 城镇私营就业人员指在工商管理部门注册登记，其经营地址设在县城关镇(含县城关镇)以上的私营企业就业人员，包括私营企业投资者和雇工。

在岗职工 指在本单位工作且与本单位签订劳动合同，并由单位支付各项工资和社会保险、住房公积金的人员，以及上述人员中由于学习、病伤、产假等原因暂未工作仍由单位支付工资的人员。在岗职工还包括：

(1)应订立劳动合同而未订立劳动合同人员(如使用的农村户籍人员)；

(2)处于试用期人员；

(3)编制外招用的人员；

(4)派往外单位工作，但工资仍由本单位发放的人员(如挂职锻炼、外派工作等情况)。

工资总额 指根据《关于工资总额组成的规定》(1990年1月1日国家统计局发布的一号令)进行修订，本单位在报告期内(季度或年度)直接支付给本单位全部就业人员的劳动报酬总额。包括计时工资、计件工资、奖金、津贴和补贴、加班加点工资、特殊情况下支付的工资，是在岗职工工资总额、劳务派遣人员工资总额和其他就业人员工资总额之和。

工资总额是税前工资，包括单位从个人工资中直接为其代扣或代缴的房费、水费、电费、住房公积金和社会保险基金个人缴纳部分等。

工资总额不论是计入成本的还是不计入成本的，不论是以货币形式支付的还是以实物形式支付的，均应列入工资总额的计算范围。

平均工资 指单位就业人员在一定时期内平均每人所得的货币工资额。它表明一定时期职工工资收入的高低程度，是反映就业人员工资水平的主要指标。计算公式为：

$$平均工资=\frac{报告期实际支付的全部就业人员工资总额}{报告期全部就业人员平均人数}$$

Explanatory Notes on Main Statistical Indicators

Employed Persons refers to persons above a specified age who had labour capacity and performed some social work for compensation or business gains. Specifically, it refers to persons, aged 16 and over, who performed some work for compensation or business gains for one hour or more during the reference period; or persons who do not work for the reasons of study or on holiday, but had work units or sites during the reference period; or persons temporary absence from a job for disorganization or suspension of work, recession, etc, but not exceeding three months during the reference period.

Persons Employed in Various Units refer to the total number of employees who work at his unit and obtain wages or other forms of payment at the end of the reporting period. This indicator is a kind of time point index and it equals to the sum of the number of employed staff and workers, labor dispatch personnel and other employed persons. Employed persons do not include:

1) persons who have left their working units while keeping their labour contract (employment relation) unchanged and receiving regular alimony;

2) students who do part-time jobs in spare time and all kinds of enrolled students who do internship in various units;

3) persons employed due to labor outsourcing;

4) persons who dissolve labor contracts with their units on the last day of reporting period or before.

Persons Employed in Private Enterprise in Urban Areas Persons employed in private enterprises refer to the persons employed in the private enterprises which have been registered at the departments of industrial and commercial administration for which the business operation are situated at a county town (i.e. a town where the county government is located), or at urban areas with administrative hierarchy higher than a county town, including private enterprise investors and employees.

Employed Staff and Workers refer to persons who signed labor contracts with working units and working units would pay wages, social insurance and housing funds for them. Persons who have their work posts but are temporarily absent from work for reasons of study or on sick, injury or maternal leave and still receive wages from their working units are also included. Employed staff and workers also include:

1) Persons who should have signed the labor contracts but not (like people with rural household registration);

2) Employees on probation;

3) Employees beyond the staffing quota;

4) Employees who are sent to other working units but still obtain wages from their original units (situations like on-the-job placement, expatriated assignment, etc.)

1) Employed Staff and Workers do not include: Dispatched personnel who work and are paid directly by the working units; they shall be counted into "labour dispatch personnel" of the working units;

2) Personnel through labor outsourcing, they shall be counted into "employed staff and workers" of the units which contracted them.

Total Wage Bill It is revised according to the "Provision of Composition of Total Wages" (Order No.1 by National Bureau of Statistics on January, 1st, ,1990), total wage bill refers to the total remuneration payment to all employed persons in various units during the reporting period (by quarter or by year), including hourly-paid wages, piece-rate wages, bonuses, allowance and subsidies, overtime wages and wages paid under special circumstances. It equals to the sum of total wages of employed staff and workers, dispatch labors and other employed persons.

Total wage bill is pre-tax wages, including the room charges, utility bills, housing funds and social insurance paid or withheld by employee's units.

Total wage bill, whether or not included in cost, whether or not paid in money or in kind, shall be included in the calculation of total wage.

Average Wage refers to the average per capita wage in money terms during a certain period of time for employed persons. It shows the general level of wage income of staff and worker during a certain period of time, one major indicator to reflect the wage level. It is calculated as follows:

$$\text{Average Wage} = \frac{\text{Total Wage Bill of Employed Persons at Reference Time}}{\text{Average Number of Persons Employed at Reference Time}}$$

固定资产投资

Investment in Fixed Assets

5

◎ 资料整理：呼晓飞

简要说明

一、主要内容

本篇包括固定资产投资的规模、结构和比例关系、资金来源、投资效果及大型项目等资料。

二、统计范围

固定资产投资统计范围包括：城乡计划总投资500万元及500万元以上建设项目投资，房地产开发投资,不包括农户投资。

三、统计口径的变化

自1997年起，除房地产开发投资、农村非农户投资、个人投资及城镇和工矿区私人建房投资外，固定资产投资的统计起点由5万元提高到50万元。自2006年起，非农户固定资产投资统计改为按项目统计，调查方法由抽样调查改为全面统计报表，起点提高到50万元。城镇和工矿区私人建房投资改为按项目统计，起点为50万元。自2011年起，固定资产投资的统计起点由50万元提高到500万元,2010年新口径数据与2011年标准一致；取消“城镇固定资产投资”指标。

四、资料来源

农村农户投资数据来源于农村住户抽样调查，除此以外的固定资产投资统计资料均为全面统计报表，由河南省统计局固定资产投资统计处编辑整理。

Brief Introduction

I. Main Contents

Statistics in this chapter include the size, growth, structure, ratio, financing and results of the investment in fixed assets and major projects.

II. Scope of Statistics

Statistics on the investment in fixed assets cover investments in capital construction projects investment 5 million yuan and over , investments in real estate development. Farm household investment are not included.

III. Changes in Statistical Scope

Since 1997, the cut-off point of projects covered by statistics of investment in fixed assets are raised from an investment of 50,000 yuan to 500,000 yuan, except investment in real estate development, farm household investment, non-farm household investment and private investment in housing construction in urban areas and industrial and mining areas. Since 2006, statistics on investments in fixed assets of rural non-farm households are changed to project-based, the sample survey method changed from Sampling survey to comprehensive statistics, investments in private investment in housing construction in urban areas and industrial and mining areas The cut-off point has been raised to 500,000 yuan. Since 2011, the cut-off point of projects covered by statistics of investment in fixed assets are raised from an investment of 500,000 yuan to 5 million yuan, and the same as New caliber data on 2010Index of investment in fixed assets in unban areas was canceled.

IV. Sources of Data

Data on individual investments in fixed assets in rural areas are collected through sample surveys, Other data on investment in fixed assets are collected by the system of reporting form with complete enumeration, which are provided by the Department of investment in fixed assets of the Henan provincial Bureau of Statistics.

5-1 固定资产投资增速

Growth Rate of Investment in Fixed Assets in the whole Province

单位：% (%)

年 份 Year	固定资产投资 Investment	#工业投资 Industry Investment	#民间投资 Private Investment	#基础设施投资 Infrastructure Investment
1986	11.4		8.4	
1987	12.1		6.4	
1988	30.2		37.7	
1989	-7.3		-13.2	
1990	11.9		24.8	21.6
1991	25.9	31.5		29.6
1992	42.6	15.9	95.9	44.4
1993	58.0	35.9	64.8	95.4
1994	41.8	31.1	47.3	51.8
1995	27.4	26.5	43.9	37.3
1996	23.5	18.7	43.8	29.7
1997	11.1	2.1	26.7	12.9
1998	6.9	-7.6	3.9	16.3
1999	2.5	19.8	6.4	10.1
2000	9.6	10.4	3.6	21.0
2001	11.0	7.5	14.0	14.2
2002	13.6	9.3	21.8	8.1
2003	33.7	58.8	47.1	31.9
2004	38.7	54.5	29.9	27.0
2005	42.8	50.6	68.5	26.5
2006	37.4	39.5	55.8	22.7
2007	37.4	50.9	61.1	3.7
2008	32.4	32.0	40.3	16.4
2009	31.6	29.1	39.9	36.2
2010	22.2	18.2	25.1	19.4
2011	27.0	34.0	29.0	18.1
2012	21.4	21.0	24.8	16.2
2013	22.5	19.1	24.2	18.3
2014	19.2	17.1	23.2	19.1
2015	16.5	10.7	16.6	35.1
2016	13.7	8.9	5.9	29.0
2017	10.4	3.5	9.1	30.4
2018	8.1	2.0	2.9	18.5
2019	8.0	9.7	6.7	16.1
2020	4.3	2.7	2.5	2.2
2021	4.5	11.7	4.4	0.3

5-2 固定资产投资结构

Structure of Investment in Fixed Assets in the whole Province

单位：% (%)

年 份 Year	固定资产投资 Investment	#工业投资 Industry Investment	#民间投资 Private Investment	#基础设施投资 Infrastructure Investment
1985	100.0		21.9	
1986	100.0		21.3	
1987	100.0		20.2	
1988	100.0		21.4	
1989	100.0		20.0	
1990	100.0	63.0	22.3	21.1
1991	100.0	65.8	17.7	21.7
1992	100.0	53.5	24.4	22.0
1993	100.0	46.0	25.4	27.2
1994	100.0	42.6	26.4	29.1
1995	100.0	42.3	29.8	31.4
1996	100.0	40.6	34.7	33.0
1997	100.0	37.3	39.6	33.5
1998	100.0	32.3	38.4	36.5
1999	100.0	37.7	39.9	39.2
2000	100.0	38.0	37.7	43.3
2001	100.0	36.8	38.7	44.5
2002	100.0	35.4	41.5	42.4
2003	100.0	42.0	45.7	41.8
2004	100.0	46.8	42.8	38.3
2005	100.0	49.3	50.5	33.9
2006	100.0	50.1	57.3	30.3
2007	100.0	55.0	67.2	22.8
2008	100.0	54.8	71.2	20.1
2009	100.0	53.8	75.7	20.8
2010	100.0	52.1	77.4	20.3
2011	100.0	53.8	78.6	14.0
2012	100.0	53.6	80.9	13.4
2013	100.0	52.1	81.9	12.9
2014	100.0	51.2	84.7	12.9
2015	100.0	48.7	84.9	15.0
2016	100.0	46.6	79.0	17.0
2017	100.0	43.7	78.1	20.1
2018	100.0	28.5	71.2	22.5
2019	100.0	28.9	70.3	19.8
2020	100.0	28.5	69.0	19.4
2021	100.0	30.5	68.9	18.6

5-3 按行业分固定资产投资增速及比重(2021年)

Growth Rate and Proportion of Investment in Fixed Assets by Registration Status and Sector (2021)

单位：% (%)

指　标	Item	增速 Growth Rate	比重 Proportion
总　计	**Total**	**4.5**	**100.0**
农、林、牧、渔业	**Agriculture, Forestry, animal Husbandry and Fishery**	**-7.9**	**3.7**
农业	Agriculture	-21.8	1.5
林业	Forestry	-11.3	0.5
畜牧业	Animal Husbandry	8.8	1.3
渔业	Fishery	-26.8	0.0
农林牧渔专业及辅助性活动	Services in Support of Agriculture, Forestry, Animal Husbandry and Fishery	27.6	0.3
工业	**Industry**	**11.7**	**30.5**
采矿业	Mining	7.7	1.1
煤炭开采和洗选业	Mining and Washing of Coal	-30.1	0.2
石油和天然气开采业	Extraction of Petroleum and Natural Gas	-2.1	0.1
黑色金属矿采选业	Mining of Ferrous Metal Ores	49.3	
有色金属矿采选业	Mining of Non-ferrous Metal Ores	2.1	0.3
非金属矿采选业	Mining and Processing of Nonmetal Ores	43.2	0.4
开采辅助活动	Support Activities for Mining	37.9	0.1
其他采矿业	Mining of Other Ores		
制造业	Manufacturing	12.7	24.8
农副食品加工业	Processing of Food from Agricultural Products	34.8	1.8
食品制造业	Manufacture of Foods	3.6	0.9
酒、饮料和精制茶制造业	Manufacture of Liquor, Beverevges and Refined Tea	-3.6	0.4
烟草制造业	Manufacture of Tobacco	102.7	
纺织业	Manufacture of Textile	16.2	0.7
纺织服装、服饰业	Manufacture of Textile, Wearing Apparel and Accessories	-17.7	0.5
皮革、毛皮、羽毛及其制品和制鞋业	Manufacture of Leather, Fur, Feather and Its Products, Footwear	-3.5	0.4
木材加工及木、竹、藤、棕、草制品业	Processing of Timbers, Manufacture of Wood, Bamboo, Rattan, Palm, and Straw Products	22.1	0.4
家具制造业	Manufacture of Furniture	14.7	0.6
造纸及纸制品业	Manufacture of Paper and Paper Products	3.0	0.3
印刷和记录媒介复制业	Printing,Reproduction of Recording Media	-27.7	0.1
文教、工美、体育和娱乐用品制造业	Manufacture of Articles for Culture, Arts and Crafts, Sport and Entertainment Activities	-10.7	0.1
石油、煤炭及其他燃料加工业	Petroleum, Coal and other Fuel Processing Industries	71.0	0.4

5-3 续表 1 continued

单位：% (%)

指 标	Item	增速 Growth Rate	比重 Proportion
化学原料及化学制品制造业	Manufacture of Raw Chemical Material and Chemical Products	16.4	1.7
医药制造业	Manufacture of Medicines	34.0	1.2
化学纤维制造业	Manufacture of Chemical Fiber	64.8	0.3
橡胶和塑料制品业	Manufacture of Rubber and Plastic Products	-7.7	0.6
非金属矿物制品业	Manufacture of Non-metallic Mineral Products	13.5	3.6
黑色金属冶炼和压延加工业	Smering and pressing of Ferrous Metals	32.8	0.6
有色金属冶炼及压延加工业	Smelting and Pressing of Non-ferrous Metals	16.4	1.1
金属制品业	Manufacture of Metal Products	3.8	1.2
通用设备制造业	Manufacture of General Purpose Machinery	15.3	1.7
专用设备制造业	Manufacture of Special Purpose Machinery	3.7	1.5
汽车制造业	Manufacture of Automobile	-6.0	0.9
铁路、船舶、航空航天和其他运输设备制造业	Manufacture of Railway, Ship, Aerospace, and other Transport Equipment	-10.1	0.2
电气机械及器材制造业	Manufacture of Electrical Machinery and Equipment	-4.3	1.2
计算机、通信和其他电子设备制造业	Manufacture of Computer, Communication and Other Electronic Equipment	33.8	1.5
仪器仪表制造业	Manufacture of Measuring Instrument and Machinery	111.5	0.2
其他制造业	Manufacture of Others	11.3	0.2
废弃资源综合利用业	Comprehensive Utilization of Waste Resources	-4.1	0.3
金属制品、机械和设备修理业	Repairing of Metal Products, Machinery and Equipment	24.7	0.0
电力、热力、燃气及水的生产和供应业	Production and Distribution of Electricity, Heat, Gas and Water	7.5	4.6
电力、热力生产和供应业	Production and Supply of Electric Power and Heat Power	-2.6	3.0
燃气生产和供应业	Production and Supply of Gas	-7.1	0.5
水的生产和供应业	Production and Supply of Water	73.1	1.0
建筑业	**Construction**	**525.1**	**0.0**
#房屋建筑业	Building Construction	232.7	0.0
批发和零售业	**Wholesale and Retail Trade**	**-15.3**	**1.0**
#批发业	Wholesale	-14.4	0.6
交通运输、仓储和邮政业	**Transport, Storage and Post**	**3.4**	**6.8**
#铁路运输	Transport via Railway	-64.3	0.1
道路运输业	Transport via road	2.0	5.2
装卸搬运和仓储业	Loading, Unloading and Storage	38.5	1.2
邮政业	Post	-45.5	0.0

5-3 续表 2 continued

单位：% (%)

指 标	Item	增速 Growth Rate	比重 Proportion
住宿和餐饮业	**Hotels and Catering Services**	**24.7**	**0.6**
#住宿业	Hotels	16.9	0.5
信息传输、软件和信息技术服务业	**Information Transmission and Information Technology services**	**-15.9**	**0.7**
#电信、广播电视和卫星传输服务业	Telecom, Radio,Television and Satellite Transmission Service	5.3	0.2
互联网和相关服务	Internet and Related Services	3.1	0.2
金融业	**Finance**	**-25.1**	**0.1**
#货币金融服务	Monetary and Financial Services	-2.4	0.0
保险业	Insurance		0.0
房地产业	**Real Estate**	**2.1**	**34.9**
租赁和商务服务业	**Leasing and Business Services**	**6.6**	**1.9**
#商务服务业	Business Service	5.9	1.8
科学研究和技术服务业	**Scientific Research and Technical Service**	**4.2**	**0.6**
#研究和试验发展	Research and Experimental Development	-25.1	0.2
专业技术服务业	Professional Technique Services	-13.3	0.1
水利、环境和公共设施管理业	**Management of Water Conservancy, Environment and Public Facilities**	**0.9**	**12.6**
水利管理业	Management of Water Conservancy	6.2	1.3
生态保护和环境治理业	Ecological Protection and Environmental Management	1.6	1.0
公共设施管理业	Management of Public Facilities	0.3	10.3
居民服务、修理和其他服务业	**Service to Households, Repair and other Services**	**-5.2**	**0.2**
#居民服务业	Service to Households	10.4	0.2
教育	**Education**	**2.0**	**2.2**
卫生和社会工作	**Health and Social Work**	**4.8**	**1.5**
#卫生	Health	14.2	1.2
文化、体育和娱乐业	**Culture, Sports and Entertainment**	**10.2**	**2.3**
#广播、电视、电影和影视录音制作业	Broadcasting,Movies, Television and Audiovisual Activities	-46.2	0.0
文化艺术业	Culture and Art	10.0	0.8
公共管理、社会保障和社会组织	**Public Management,Social welfare and Social Organization**	**68.3**	**0.4**
国家机构	Organ of State	65.5	0.3
社会保障	Social welfare	-15.3	0.0

5-4 各市分行业固定资产投资增速(2021年)

单位：%

地 区 Region	合 计 Total	农 林 牧渔业 Agriculture Forestry, Animal Husbandry and Fishery	工 业 Industry	建筑业 Construction	批发和零售业 Wholesale and Retail Trade	交通运输仓储及邮政业 Transport, Storage and Post	住宿和餐饮业 Hotels and Catering Services	信息传输、软件和信息技术服务业 Information Transmission, Software and Information Technology Services
全 省 Total	**4.5**	**-7.9**	**11.7**	**525.1**	**-15.3**	**3.4**	**24.7**	**-15.9**
郑 州 市 Zhengzhou	-6.2	0.8	-3.5		69.4	-6.1	110.7	-24.1
开 封 市 Kaifeng	13.1	27.3	29.9		39.5	58.1	-0.5	
洛 阳 市 Luoyang	-6.5	-47.3	-12.1		-27.1	-20.9	-13.1	33.7
平 顶 山 市 Pingdingshan	12.5	55.7	11.7		-24.3	13.8	27.6	152.7
安 阳 市 Anyang	12.6	-18.6	17.9		5.5	55.7	-39.8	112.5
鹤 壁 市 Hebi	13.2	-36.2	22.6	36.4	-30.7	56.4	55.7	-78.3
新 乡 市 Xinxiang	12.1	-14.6	23.2		84.0	63.2	318.0	-37.8
焦 作 市 Jiaozuo	8.3	-1.9	2.3		-36.9	26.0	91.0	-44.5
濮 阳 市 Puyang	10.5	-55.4	24.6		-43.6	-2.8		136.3
许 昌 市 Xuchang	7.1	-6.0	20.7		25.2	17.5	8.2	-11.3
漯 河 市 Luohe	13.4	28.9	29.8		-25.0	21.0	-34.6	-87.8
三 门 峡 市 Sanmenxia	10.4	-13.2	25.8		-40.4	0.4	329.7	-14.6
南 阳 市 Nanyang	13.1	-2.2	22.1		-24.7	18.1	-35.4	35.9
商 丘 市 Shangqiu	8.3	70.0	9.3		-48.0	44.5	-40.9	-36.0
信 阳 市 Xinyang	11.6	3.8	19.0		-3.1	-9.4	26.6	23.0
周 口 市 Zhoukou	6.3	-17.9	-6.9		-30.3	-9.2	-33.4	89.6
驻 马 店 市 Zhumadian	12.8	21.8	22.7		28.1	58.2	-27.0	-0.9
济源示范区 Jiyuan	10.0	-40.0	25.9		-79.0	-90.8	-62.3	

Growth Rate of Investment in Fixed Assets by Sector and City (2021)

(%)

金融业 Finance	房地产业 Real Estate	租赁和商务服务业 Leasing and Business Services	科学研究和技术服务业 Scientific Research, and Technical Service	水利、环境和公共设施管理业 Management of Water Conservancy, Environment and Public Facilities	居民服务、修理和其他服务业 Service to Households, Repair and other Services	教育 Education	卫生和社会工作 Health and Social work	文化、体育和娱乐业 Culture, Sports and Entertainment	公共管理、社会保障和社会组织 Public Management, Social Security and Social Organization
-25.1	**2.1**	**6.6**	**4.2**	**0.9**	**-5.2**	**2.0**	**4.8**	**10.2**	**68.3**
-50.6	-9.1	-2.9	22.9	6.7	-70.1	-12.2	3.9	-22.1	141.0
-45.0	8.0	-63.3	-52.4	9.6	-61.9	-26.8	-26.8	-10.4	402.7
1674.7	30.2	-1.2	-51.2	-9.1	103.8	-12.9	-21.7	16.0	-49.9
	13.9	-16.5	96.5	-5.8	45.0	-12.4	-10.9	42.0	-37.2
398.2	9.6	806.2	-83.7	-4.5		22.3	39.7	13.5	-24.5
	1.9	-58.2	-48.1	29.2	-16.1	14.5	71.5	-19.7	35.4
942.7	-1.2	11.2	-46.1	-8.4	437.0	25.9	40.0	74.8	31.2
31.8	15.7	51.9	12.7	8.0	-43.4	34.8	-18.0	-40.6	1223.6
	5.2	221.5	-23.1	-5.1	48.8	52.9	9.1	339.7	237.3
	0.3	25.4	-20.3	0.3	18.4	-15.0	-42.4	-28.8	561.4
	2.1	21.5	-16.1	7.3	-25.1	-62.2	-3.1	-10.4	
	-8.9	18.6	71.5	10.8	2386.2	-13.6	-7.2	33.3	15.7
-11.2	18.4	1.0	11.1	-2.3	0.3	9.3	10.0	60.4	14.8
-47.3	1.1	33.5	-41.1	-18.1	49.3	61.5	168.0	108.9	870.5
-89.0	10.9	-52.6	29.1	8.6	77.5	63.1	38.1	-4.9	-46.1
	23.1	-2.0	246.2	24.1	-73.7	-51.0	-26.8	59.9	12.6
	5.6	4.8	45.2	-5.5	-18.8	24.1	74.9	-53.2	-7.4
	37.6	-10.1	30.3	31.1	2659.3	181.7	53.2	-75.8	-63.5

5-5 各市分行业固定资产投资比重(2021年)

单位：%

地区 Region	合计 Total	农林牧渔业 Agriculture Forestry, Animal Husbandry and Fishery	工业 Industry	建筑业 Construction	批发和零售业 Wholesale and Retail Trade	交通运输仓储及邮政业 Transport, Storage and Post	住宿和餐饮业 Hotels and Catering Services	信息传输、软件和信息技术服务业 Information Transmission, Software and Information Technology Services
全省 Total	**100.0**	**3.7**	**30.5**	**0.0**	**1.0**	**6.8**	**0.6**	**0.7**
郑州市 Zhengzhou	100.0	0.4	12.8	0.0	0.5	8.1	0.1	1.9
开封市 Kaifeng	100.0	6.1	31.9		1.1	3.1	1.0	0.1
洛阳市 Luoyang	100.0	4.0	29.6		0.7	7.9	1.0	0.5
平顶山市 Pingdingshan	100.0	10.7	35.4		1.8	5.0	1.0	0.4
安阳市 Anyang	100.0	2.1	28.5		0.5	3.9	0.4	0.3
鹤壁市 Hebi	100.0	2.5	40.1	0.2	1.5	5.0	1.9	0.1
新乡市 Xinxiang	100.0	1.0	36.7		1.3	6.9	0.8	0.3
焦作市 Jiaozuo	100.0	1.6	39.6		1.5	7.4	1.1	0.9
濮阳市 Puyang	100.0	1.6	33.5		0.9	6.6	0.0	0.5
许昌市 Xuchang	100.0	2.4	39.1		1.6	6.0	0.3	0.4
漯河市 Luohe	100.0	1.0	46.8		1.7	6.2	0.4	0.1
三门峡市 Sanmenxia	100.0	11.0	41.0		1.6	9.4	2.0	0.3
南阳市 Nanyang	100.0	8.0	40.7		2.0	8.1	0.3	0.6
商丘市 Shangqiu	100.0	2.5	39.0		0.6	5.9	0.1	0.2
信阳市 Xinyang	100.0	5.4	26.4		1.1	6.7	1.5	0.4
周口市 Zhoukou	100.0	2.9	30.1		1.2	3.8	0.5	0.3
驻马店市 Zhumadian	100.0	5.3	37.4		0.7	5.8	0.2	0.2
济源示范区 Jiyuan	100.0	2.7	50.1		0.2	0.5	0.1	

Proportion of Investment in Fixed Assets by Sector and City (2021)

(%)

金融业 Finance	房地产业 Real Estate	租赁和商务服务业 Leasing and Business Services	科学研究和技术服务业 Scientific Research, and Technical Service	水利、环境和公共设施管理业 Management of Water Conservancy, Environment and Public Facilities	居民服务、修理和其他服务业 Service to Households, Repair and other Services	教育 Education	卫生和社会工作 Health and Social work	文化、体育和娱乐业 Culture, Sports and Entertainment	公共管理、社会保障和社会组织 Public Management, Social Security and Social Organization
0.1	**34.9**	**1.9**	**0.6**	**12.6**	**0.2**	**2.2**	**1.5**	**2.3**	**0.4**
0.1	58.0	1.6	1.1	10.4	0.1	2.0	0.9	1.1	0.6
0.1	37.8	1.3	0.1	12.2	0.1	1.4	2.0	1.5	0.2
0.1	24.4	3.0	0.5	20.6	0.2	1.6	1.3	4.6	0.1
	22.5	1.4	0.9	12.4	0.2	1.5	1.9	4.8	0.1
0.2	43.6	1.7	0.0	9.3		4.0	1.3	3.2	0.9
	19.8	0.4	0.6	19.7	0.4	2.5	1.8	2.9	0.7
0.1	30.1	4.5	0.2	12.7	0.1	2.8	0.9	1.5	0.2
0.1	24.9	4.2	0.8	10.7	0.1	3.2	1.6	1.2	1.0
	41.2	1.5	0.3	7.9	0.2	2.0	1.2	2.0	0.6
	29.6	2.1	0.3	12.5	0.2	2.1	1.5	1.3	0.5
	28.8	2.4	0.2	8.8	0.1	1.0	0.8	0.2	1.5
	9.5	0.9	0.9	16.9	0.7	1.6	1.2	3.1	0.1
0.1	16.7	1.6	1.0	11.3	0.3	4.5	2.4	1.9	0.3
0.1	33.4	2.2	0.3	8.7	0.5	1.6	2.2	2.6	0.1
0.0	31.8	0.2	0.4	14.0	0.2	4.3	3.2	4.2	0.2
	44.4	1.4	0.6	10.6	0.1	1.0	1.1	1.7	0.4
	34.4	0.7	0.5	11.1	0.0	1.1	1.6	0.8	0.2
	15.1	1.5	0.2	24.3	0.2	1.9	1.2	1.2	0.7

5-6 各市固定资产投资增速(2021年)

Growth Rate of Investment in Fixed Assets by City (2021)

单位：% (%)

地区	Region	固定资产投资 Investment in Fixed Assets	第一产业 Primary Industry	第二产业 Secondary Industry	第三产业 Tertiary Industry
全省	**Total**	**4.5**	**-10.4**	**11.6**	**2.4**
郑州市	Zhengzhou	-6.2	5.3	-3.2	-6.7
开封市	Kaifeng	13.1	19.5	29.9	3.3
洛阳市	Luoyang	-6.5	-49.9	-12.2	1.4
平顶山市	Pingdingshan	12.5	47.1	9.4	9.8
安阳市	Anyang	12.6	-14.0	17.9	11.6
鹤壁市	Hebi	13.2	-31.6	22.7	10.1
新乡市	Xinxiang	12.1	-23.5	23.3	7.0
焦作市	Jiaozuo	8.3	26.3	2.3	12.2
濮阳市	Puyang	10.5	-55.4	25.3	7.3
许昌市	Xuchang	7.1	-7.7	21.2	0.0
漯河市	Luohe	13.4	16.6	29.8	1.8
三门峡市	Sanmenxia	10.4	-12.7	25.1	6.1
南阳市	Nanyang	13.1	-0.7	22.1	9.0
商丘市	Shangqiu	8.3	49.1	9.6	6.8
信阳市	Xinyang	11.6	-3.2	19.0	10.1
周口市	Zhoukou	6.3	-20.2	-6.9	15.2
驻马店市	Zhumadian	12.8	20.9	22.7	6.6
济源示范区	Jiyuan	10.0	-40.5	25.8	0.9

5-7 各市固定资产投资比重(2021年)

Proportion of Investment in Fixed Assets by City (2021)

单位：%　　　　　　　　　　　　　　　　　　　　　　　　　　　　(%)

地区 Region	固定资产投资 Investment in Fixed Assets	第一产业 Primary Industry	第二产业 Secondary Industry	第三产业 Tertiary Industry
全　省 Total	**100.0**	**3.4**	**30.3**	**66.3**
郑 州 市 Zhengzhou	100.0	0.3	12.8	86.9
开 封 市 Kaifeng	100.0	5.3	31.9	62.8
洛 阳 市 Luoyang	100.0	3.7	29.5	66.7
平 顶 山 市 Pingdingshan	100.0	9.9	32.9	57.2
安 阳 市 Anyang	100.0	2.1	28.5	69.4
鹤 壁 市 Hebi	100.0	2.3	40.3	57.4
新 乡 市 Xinxiang	100.0	0.7	36.7	62.6
焦 作 市 Jiaozuo	100.0	1.6	39.6	58.8
濮 阳 市 Puyang	100.0	1.4	33.5	65.1
许 昌 市 Xuchang	100.0	2.0	39.0	59.0
漯 河 市 Luohe	100.0	0.7	46.8	52.4
三 门 峡 市 Sanmenxia	100.0	10.5	40.7	48.8
南 阳 市 Nanyang	100.0	7.5	40.7	51.8
商 丘 市 Shangqiu	100.0	1.6	39.0	59.4
信 阳 市 Xinyang	100.0	4.8	26.4	68.8
周 口 市 Zhoukou	100.0	2.8	30.1	67.1
驻 马 店 市 Zhumadian	100.0	5.0	37.4	57.5
济 源 示 范 区 Jiyuan	100.0	2.4	50.1	47.5

5-8 各市固定资产投资增速(2021年)

Growth Rate of Investment in Fixed Assets by City (2021)

单位：% (%)

地 区 Region	固定资产投资 Investment in Fixed Assets	建筑安装工程 Construction and Installation	设备、工器具购置 Purchase of Equipments and Tools	其他费用 Others
全 省 Total	**4.5**	**10.3**	**-21.6**	**-11.0**
郑 州 市 Zhengzhou	-6.2	-4.3	-21.8	-7.3
开 封 市 Kaifeng	13.1	26.8	16.4	-59.0
洛 阳 市 Luoyang	-6.5	0.3	-52.1	-13.6
平 顶 山 市 Pingdingshan	12.5	19.9	-8.7	-31.3
安 阳 市 Anyang	12.6	25.0	-16.5	-8.2
鹤 壁 市 Hebi	13.2	14.4	-5.9	3.5
新 乡 市 Xinxiang	12.1	18.7	-15.6	-18.3
焦 作 市 Jiaozuo	8.3	10.7	-1.5	7.4
濮 阳 市 Puyang	10.5	26.3	-28.1	-12.7
许 昌 市 Xuchang	7.1	17.0	-37.9	-35.7
漯 河 市 Luohe	13.4	27.1	-49.2	14.1
三 门 峡 市 Sanmenxia	10.4	12.6	26.3	-51.2
南 阳 市 Nanyang	13.1	16.1	-18.2	30.9
商 丘 市 Shangqiu	8.3	11.1	-11.7	1.7
信 阳 市 Xinyang	11.6	11.6	6.3	15.6
周 口 市 Zhoukou	6.3	10.2	-28.9	-8.4
驻 马 店 市 Zhumadian	12.8	29.1	-61.8	-17.8
济 源 示 范 区 Jiyuan	10.0	0.9	31.3	37.9

5-9 固定资产投资增速及结构

Growth Rate and Structure of Investment in Fixed Assets

单位：% (%)

项　目	Item	2020 增 速 Growth Rate	2020 比 重 Proportion	2021 增 速 Growth Rate	2021 比 重 Proportion
总　计	**Total**	**4.3**	**100.0**	**4.5**	**100.0**
#工业投资	Industry Investment	2.7	28.5	11.7	30.5
#基础设施投资	Infrastructure Investment	2.2	19.4	0.3	18.6
#民间投资	Private Investment	2.5	69.0	4.4	68.9
按产业分	by Sector				
第一产业	Primary Industry	11.2	4.0	-10.4	3.4
第二产业	Secondary Industry	2.5	28.4	11.6	30.3
第三产业	Teriary Industry	4.7	67.6	2.4	66.3
按隶属关系分	by Administrative Relationship				
中央项目	Central	-1.9	1.8	15.4	2.0
地方项目	Local	4.4	98.2	4.3	98.0
按建设性质分	by Type of Construction				
#新　建	New Construction	1.5	57.5	6.5	58.6
扩　建	Expansion	-4.1	5.3	-11.5	4.5
改建与技术改造	Reconstruction	58.1	5.3	19.6	6.1
按构成分	by Composition				
建筑安装工程	Construction and Installation	7.7	77.7	10.3	82.0
设备工器具购置	Purchase of Equipments and Tools	-18.8	10.0	-21.6	7.5
其他费用	Others	7.8	12.3	11.0	10.5
本年实际到位资金	Actual Funds	6.5	100.0	10.4	100.0
国家预算资金	State Budgetary	16.0	5.1	16.1	5.4
国内贷款	Domestic Loans	-8.2	7.0	1.1	6.4
债　券	Bond				
利用外资	Foreign Investment	-63.1	0.1	60.5	0.2
自筹资金	Self-raised Funds	6.6	72.0	10.4	72.1
其他资金来源	Others	12.5	15.8	12.0	16.0

5-10 工业主要产业投资增速及结构

Growth Rate and Structure of Investment in Fixed Assets in Major Industries

单位：% (%)

行 业	Sector	2020 增 速 Growth Rate	2020 占工业投资比重 Percentage of Industry Investment	2021 增 速 Growth Rate	2021 占工业投资比重 Percentage of Industry Investment
五大主导产业	**High-growth industries**	**7.2**	**38.6**	**10.4**	**38.2**
装备制造	Electronic Information Industry	9.4	18.5	7.3	17.8
食品制造	Equipment Manufacturing Industry	0.1	9.9	18.4	10.5
新型材料制造	Automobile and Parts Industry	45.0	2.4	-14.8	1.8
电子制造	Food Industry	18.4	4.2	33.8	5.0
汽车制造	Modern Furniture Industry	-9.3	3.7	-6.0	3.1
传统产业	**Traditional Pillar Industries**	**6.7**	**44.6**	**8.3**	**43.2**
冶金工业	Metallurgical Industry	35.4	5.0	23.6	7.4
建材工业	Building Materials Industry	3.0	11.3	21.4	5.4
化学工业	Chemical Industry	1.1	6.7	13.7	11.5
轻纺工业	Textile Industry	-6.4	6.9	4.1	6.4
能源工业	Energy Industry	11.7	14.8	-5.3	12.5
高技术产业（制造业）	**High-tech Industries(Manufacturing)**	**24.3**	**10.1**	**32.1**	**11.9**
高载能工业	**Six Carrying Energy Industrial**	**9.3**	**34.3**	**8.4**	**33.3**
煤炭开采和洗选业	Mining and Washing of Coal	78.2	1.1	-30.1	0.7
化学原料及化学制品制造业	Manufacture of Raw Chemical Material and Chemical Products	3.2	5.4	16.4	5.6
非金属矿物制品业	Manufacture of Non-metallic Mineral Products	2.3	11.6	13.5	11.8
黑色金属冶炼及压延加工业	Smelting and Pressing of Ferrous Metals	141.7	1.5	32.8	1.8
有色金属冶炼及压延加工业	Smelting and Pressing of Non-ferrous Metals	13.3	3.5	16.4	3.6
电力、热力的生产和供应业	Production and Supply of Electric Power and Heat Power	6.6	11.2	-2.6	9.8
工业技术改造投资	**Investment in Industrial Technological Transformation**	**-25.0**	**21.8**	**-0.9**	**19.4**

5-11 能源原材料工业投资增速及结构
Growth Rate and Structure of Energy Raw Material Industry

单位：% (%)

行 业	Sector	2020		2021	
		增 速 Growth Rate	占工业投资比重 Percentage of Industry Investment	增 速 Growth Rate	占工业投资比重 Percentage of Industry Investment
能源原材料工业	**Energy and raw material industrial**	**7.4**	**45.6**	**11.6**	**45.6**
煤炭开采和洗选业	Mining and Washing of Coal	78.2	1.1	-30.1	0.7
石油和天然气开采业	Extraction of Petroleum and Natural Gas	-11.4	0.3	-2.1	0.3
黑色金属矿采选业	Mining of Ferrous Metal Ores	-3.6	0.1	49.3	0.1
有色金属矿采选业	Mining of Non-ferrous Metal Ores	-1.6	0.9	2.1	0.8
非金属矿采选业	Mining of Nonmetal Ores	16.0	1.0	43.2	1.3
石油、煤炭及其他燃料加工业	Petroleum, Coal and other Fuel Processing Industries	-1.6	1.0	71.0	1.5
化学原料和化学制品制造业	Manufacture of Raw Chemical Material and Chemical Products	3.2	5.4	16.4	5.6
橡胶和塑料制品业	Manufacture of Rubber and Plastic	-1.8	2.4	-7.7	2.0
非金属矿物制品业	Manufacture of Non-metallic Mineral Products	2.3	11.6	13.5	11.8
黑色金属冶炼和压延加工业	Smelting and Pressing of Ferrous Metals	141.7	1.5	32.8	1.8
有色金属冶炼和压延加工业	Smelting and Pressing of Non-ferrous Metals	13.3	3.5	16.4	3.6
废弃资源综合利用业	Comprehensive Utilization of Waste Resources	-19.4	1.3	-4.1	1.1
电力、热力生产和供应业	Production and Supply of Electric Power and Heat Power	6.6	11.2	-2.6	9.8
燃气生产和供应业	Production and Distribution of Gas	23.1	2.1	-7.1	1.8
水的生产和供应业	Production and Distribution of Water	8.3	2.2	73.1	3.4

5-12 各市工业固定资产投资增速及比重(2021年)

Growth Rate and Proportion of Investment in Fixed Assets of Industry by City (2021)

单位：% (%)

地区 Region	工业投资比上年同期增长 Growth Rate	采矿业 Mining	制造业 Manufacturing	电力、热力、燃气及水生产和供应业 Electricity, Heat, Gas and Water Production and Supply	工业投资结构 Structure	采矿业 Mining	制造业 Manufacturing	电力、热力、燃气及水生产和供应业 Electricity, Heat, Gas and Water Production and Supply
全　省 Total	**11.7**	**7.7**	**12.7**	**7.5**	**100.0**	**3.7**	**81.4**	**14.9**
郑州市 Zhengzhou	-3.5	-51.2	-2.2	-1.7	100.0	1.4	77.2	21.3
开封市 Kaifeng	29.9		25.6	74.4	100.0		81.5	18.5
洛阳市 Luoyang	-12.1	22.4	-17.8	8.1	100.0	9.1	76.4	14.5
平顶山市 Pingdingshan	11.7	4.8	14.9	5.4	100.0	11.6	69.5	18.9
安阳市 Anyang	17.9	60.9	47.5	-24.4	100.0	0.5	73.1	26.4
鹤壁市 Hebi	22.6	202.3	18.3	27.3	100.0	4.8	86.9	8.3
新乡市 Xinxiang	23.2	43.0	24.7	14.0	100.0	1.3	83.7	14.9
焦作市 Jiaozuo	2.3	-80.9	-0.4	22.3	100.0	0.1	83.6	16.3
濮阳市 Puyang	24.6	-1.7	57.8	-3.8	100.0	3.4	58.2	38.4
许昌市 Xuchang	20.7	-37.1	26.0	8.9	100.0	3.3	89.4	7.3
漯河市 Luohe	29.8		40.6	-39.7	100.0		93.7	6.3
三门峡市 Sanmenxia	25.8	18.7	26.0	33.7	100.0	9.4	82.5	8.2
南阳市 Nanyang	22.1	1.8	28.7	-9.6	100.0	3.0	86.0	11.0
商丘市 Shangqiu	9.3	181.7	3.7	52.3	100.0	1.7	85.5	12.8
信阳市 Xinyang	19.0	34.5	21.8	7.0	100.0	3.8	76.4	19.8
周口市 Zhoukou	-6.9		-9.9	17.9	100.0		86.0	14.0
驻马店市 Zhumadian	22.7	-18.5	22.8	26.5	100.0	0.9	87.2	11.9
济源示范区 Jiyuan	25.9	-83.3	31.1	-2.2	100.0	0.1	90.6	9.2

5-13 分行业农村农户固定资产投资增速及结构(2021年)

Investment in Fixed Assets of Households in Rural Area by Sector (2021)

单位：% (%)

产 业	Sector	增 速 Growth Rate	结 构 Structure
总 计	**Total**	**-11.7**	**100.0**
农、林、牧、渔业	Agriculture, Forestry, Animal Husbandry and Fishery	-7.1	23.0
工业	Industry		
采矿业	Mining		
制造业	Manufacturing	-56.7	3.0
电力、热力、燃气及水的生产和供应业	Production and Distribution of Electricity, Gas and Water	276.9	0.2
建筑业	Construction	371.9	2.8
交通运输、仓储和邮政业	Transport, Storage and Post	15.3	4.4
批发和零售业	Wholesale and Retail Trade	-47.0	1.5
住宿和餐饮业	Hotels and Catering Services	93.2	0.5
房地产业	Real estate	-14.3	65.5
居民服务和其他服务业	Service to Households and Other Services	38.0	1.3

主要统计指标解释

固定资产投资（不含农户） 指城镇和农村各种登记注册类型的企业、事业、行政单位及城镇个体户进行的计划总投资500万元及以上的建设项目投资和房地产开发投资，包括原口径的城镇固定资产投资加上农村企事业组织项目投资，该口径自2011年起开始使用。

民间固定资产投资 指具有集体、私营、个人性质的内资企事业单位以及由其控股（包括绝对控股和相对控股）的企业单位在中华人民共和国境内建造或购置固定资产的投资。

基础设施投资 指为社会生产和生活提供基础性、大众性服务的工程和设施，是社会赖以生存和发展的基本条件。包括以下行业投资：铁路运输业、道路运输业、水上运输业、航空运输业、管道运输业、多式联运和运输代理业、装卸搬运业、邮政业、电信广播电视和卫星传输服务业、互联网和相关服务业、水利管理业、生态保护和环境治理业、公共设施管理业。

实际到位资金 指用于固定资产投资的各种货币资金。包括国家预算资金、国内贷款、利用外资、自筹资金和其他资金。

国家预算资金 国家预算包括一般预算、政府性基金预算、国有资本经营预算和社保基金预算。各类预算中用于固定资产投资的资金全部作为国家预算资金填报，其中一般预算中用于固定资产投资的部分包括基建投资、车购税、灾后恢复重建基金和其他财政投资。各级政府债券也应归入国家预算资金。

国内贷款 指报告期固定资产投资项目单位向银行及非银行金融机构借入用于固定资产投资的各种国内借款，包括银行利用自有资金及吸收存款发放的贷款、上级拨入的国内贷款、国家专项贷款（包括煤代油贷款、劳改煤矿专项贷款等），地方财政专项资金安排的贷款、国内储备贷款、周转贷款等。

利用外资 指报告期收到的境外（包括外国及港澳台地区）资金(包括设备、材料、技术在内)。包括对外借款(外国政府贷款、国际金融组织贷款、出口信贷、外国银行商业贷款、对外发行债券和股票)、外商直接投资、外商其他投资(包括利用外商投资收益在国内进行固定资产再投资活动的资金)。不包括我国自有外汇资金(国家外汇、地方外汇、留成外汇、调济外汇和国内银行自有资金发放的外汇贷款等)。各类外资按报告期的外汇牌价（中间价）折成人民币计算。

自筹资金 指固定资产投资单位在报告期收到的，由各企、事业单位筹集用于固定资产投资的资金，包括各类企事业单位的自有资金和从其他单位筹集的用于固定资产投资的资金，但不包括各类财政性资金、从各类金融机构借入资金和国外资金。

其他资金来源 指在报告期收到的除以上各种资金之外的用于固定资产投资的资金。包括社会集资、个人资金、无偿捐赠的资金及其他单位拨入的资金等。

固定资产投资按国民经济行业分 指根据其从事的社会经济活动性质对各类单位进行的分类。应根据建设项目建成投产后的主要产品种类或主要用途及社会经济活动种类来划分，不能根据项目单位本身的行业类别来划分。如果项目投产后有几种产品，应根据主要产品来确定行业类别。一般情况下，一个建设项目只能属于一种国民经济行业。

固定资产投资按隶属关系分 是按建设单位或企业、事业、行政单位的主管上级机关确定的。

（1）中央 是指中共中央、人大常委会和国务院各部、委、局、总公司以及直属机构直接领导的建设项目和企业、事业、行政单位。这些单位的固定资产投资计划由国务院各部门直接编制和下达，统一组织或委托下级实施。包括有中央垂直管理的部门（如国家统计局各级调查队）和中央直属企业、事业单位（如工商银行、中国电信、中国石油）等。

（2）地方 是由省（自治区、直辖市）、地（区、市、州、盟）、县（区、市、旗）三级政府及业务主管部门直接领导和管理的建设项目、企业、事业、行政单位。地方项目还包括不隶属以上各级政府及主管部门的建设项目和企业、事业单位，如外商投资企业和无主管部门的企业等。

固定资产投资按建设性质分 按整个建设项目情况来确定。建设项目的性质一般分为新建、扩建、改建和技术改造、单纯建造生活设施、迁建、恢复、单纯购置。农户投资不划分建设性质。

（1）新建　指从无到有“平地起家”开始建设的项目。现有企业、事业、行政单位投资的项目一般不属于新建。但如有的单位原有基础很小，经过建设后新增的固定资产价值超过该企业、事业、行政单位原有固定资产价值（原值）三倍以上的，也应作为新建。

（2）扩建　指在厂内或其他地点，为扩大原有产品的生产能力（或效益）或增加新的产品生产能力，而增建的生产车间（或主要工程）、分厂、独立的生产线等项目。行政、事业单位在原单位增建业务性用房（如学校增建教学用房、医院增建门诊部、病房等）也作为扩建。

现有企、事业单位为扩大原有主要产品生产能力或增加新的产品生产能力，增建一个或几个主要生产车间（或主要工程）、分厂，同时进行一些更新改造工程的，也应作为扩建。

（3）改建和技术改造　指现有企业、事业单位对原有设施进行技术改造或更新（包括相应配套的辅助性生产、生活福利设施）的建设项目。改建项目包括企业、事业单位为适应市场变化的需要，而改变企业的主要产品种类（如军工企业转民用产品等）的建设项目；原有产品生产作业线由于各工序（车间）之间能力不平衡，为填平补齐充分发挥原有生产能力而增建但不增加主要产品生产能力的建设项目。技术改造是指企业、事业单位在现有基础上用先进的技术代替落后的技术，用先进的工艺和装备代替落后的工艺和装备，以改变企业落后的技术经济面貌，实现以内涵为主的扩大再生产，达到提高产品质量、促进产品更新换代、节约能源、降低消耗、扩大生产规模、全面提高社会经效益的目的。技术改造具体包括以下内容：机器设备和工具的更新改造；生产工艺改革、节约能源和原材料的改造；厂房建筑和公共设施的改造；保护环境进行的“三废”治理改造；劳动条件和生产环境的改造等。

固定资产投资按构成分

（1）建筑工程　指各种房屋、建筑物的建造工程。这部分投资额必须兴工动料，通过施工活动才能实现，是固定资产投资额的重要组成部分。

（2）安装工程　指各种设备、装置的安装工程。

在安装工程中，不包括被安装设备本身价值。

（3）设备工器具购置　指报告期内购置或自制的，达到固定资产标准的设备、工具、器具的价值。新建单位及扩建单位的新建车间，按照设计或计划要求购置或自制的全部设备、工具、器具，不论是否达到固定资产标准均计入“设备工器具购置”中。

（4）其他费用　指在固定资产建造和购置过程中发生的，除建筑安装工程和设备、工器具购置投资完成额以外的应当分摊计入固定资产投资的费用，不指经营中财务上的其他费用。

Explanatory Notes on Main Statistical Indicators

Investment in Fixed Assets (Excluding Rural Households) refers to the investment in construction projects with a total planned investment of 5 million yuan and over by enterprises of various ownerships, institutions, administrative units and urban self-employed individuals, and the investment in real estate development in both urban and rural areas. Since 2011, it covers the urban investment in fixed assets under the previous statistical coverage plus project investments by rural enterprises and institutions.

Non-governmental Investment in Fixed Assets refers to the investment in the construction or purchase of fixed assets in the territory of the People's Republic of China by domestic-funded enterprises and institutions with collective, private and personal nature and by enterprises and institutions controlled by them (including absolute and relative holding).

Infrastructure Investment refers to projects and facilities that provide basic and popular services for social production and life. It is the basic condition for the survival and development of society. It includes: railway transport, road transport, water transport, air transport, pipeline transport, multimodal transport and transport agent Intermodality and Forwarding Agency, loading and unloading, posts, telecommunications, radio and television and satellite transmission services, Internet and related services, water management industry, ecological protection and environmental governance, public facilities management.

Actual Funds for Investment refer to all kinds of monetary funds used for fixed assets investment. It includes state budget funds, domestic loans, foreign capital utilization, self-raising funds and other funds.

Fund from the State Budget State budget consists of general budget, government fund budget, operation budget of state-owned assets and social security fund budget. Funds for investment in fixed assets from various budgets are reported as fund from the state budget, of which, the general budget utilized on fixed assets investment includes investment on infrastructure construction, vehicle purchase tax, post-disaster restoration and reconstruction funds and other financial investment. Government bonds at all levels should also be included.

Domestic Loans refer to loans of various forms borrowed by investing units from banks and non-bank financial institutions during the reference period for the purpose of investment in fixed assets, including loans issued by banks from their self-owned funds and deposit, loans appropriated by higher responsible authorities, special loans by government (including loan for substituting petroleum with coal, special loans for reform-through-labour coal mines), loans arranged by local government from special funds, domestic reserve loan, and revolving loan, etc.

Foreign Investment refers to overseas (including foreign countries, Hongkong, Macao and Taiwan) funds received during the reference period (covering equipment, materials and technology), including foreign borrowings (loans from foreign governments and international financial institutions, export credit, commercial loans from foreign banks, issue of bonds and stocks overseas), foreign direct investment and other foreign investments (including funds from foreign direct investment income that are reinvested in fixed assets domestically). Excluded from this category is capital in foreign exchanges owned by China (foreign exchanges owned by the central and local governments, foreign exchanges retained by enterprises, foreign exchanges by enterprises through the regulating mechanism, loans in foreign exchanges issued by the Bank of China with its own fund, etc.). In calculating the utilization of foreign capital, foreign currencies are converted into Chinese Renminbi applying the exchange rate (central parity rate) at the end of the reference period.

Self-raised Funds refer to funds for investment in fixed assets received during the reference period by investing units, including investment in fixed assets using own funds of various enterprises and institutions or funds raised from other units other than financial funds, funds borrowed from financial institutions and overseas funds.

Other Funds refer to funds for investment in fixed assets received from sources other than those listed above, including funds raised from individuals and through donations, and funds transferred from other units.

Investment in Fixed Assets by Sector refers to the classification of investment by the nature of social economic activities the investing units are engaged in. The classification of construction projects by sector is determined by the major products or the purpose of the projects when they are put into production or use, and by the nature of their social economic activities, instead of being determined by industrial classification of the project enterprises. The project will be classified according to major product if there are several kinds of products yielded. In general, one project can only be classified into one sector.

Investment in Fixed Assets by Jurisdiction of Management refers to the classification of investment by the competent authorities under which investment is made by construction units, enterprises, institutions or administrative units.

(1) Central investment refers to the investment in projects or by enterprises, institutions or administrative units which are under the direct leadership and management of the State Council and of the national commissions, ministries, agencies and State-owned large corporations. Various ministries and departments of the State Council prepare and implement plans through unified organization or lower-level commissions, which include departments direct under central government (i.e. survey offices at all level of the National Bureau of Statistics) and enterprises and institutions directly under central government (like the Industrial and Commercial Bank of China, China Telecom and China National Petroleum Corporation).

(2) Local investment refers to the investment in projects or by enterprises, institutions or administrative units which are under the direct leadership and management of competent departments and governments at the level of province (autonomous regions and municipalities directly under the Central Government), prefecture （prefectures, cities and leagues） and county (districts, cities and banners). Also included are projects by foreign-invested enterprises and enterprises without competent managing authorities.

Investment in Fixed Assets by Type of Construction Construction projects in general can be classified, by the type of construction, into new construction, expansion, reconstruction and technical transformation, purely construction of living facilities, moving, restoration and purely purchasing. However, investment by type of construction is not applied to investment by real-estate development units and investment by rural households.

(1) New construction in general refers to construction projects, which start from scratch. The existing projects invested by enterprises, institutions and administrative agencies cannot be classified as new construction. In case the size of the existing unit is quite small, and the value of newly added fixed assets is more than three times of the original value, the expansion will be considered as new construction.

(2) Expansion refers to projects of construction of new production workshop, branch factory or independent production line within a factory or in other locations, for the purpose of increasing the production capacity (or improving efficiency) or adding new production capacity. Newly constructed accommodation for the operation of institutions and administrative organizations (such as newly constructed buildings for teaching in schools, buildings for clinics or wards in hospitals, etc.) are also classified as expansion.

Also included in expansion are investments by existing enterprises or institutions in building major production line(s) or branch factory (ies) along with some work on innovation, for the purpose of expanding the production capacity of original products or producing new products.

(3) Reconstruction and technical transformation refers to construction projects by existing enterprises or institutions in innovation or technical transformation of the old facilities (including auxiliary production equipment and welfare facilities). Also considered as reconstruction is the construction of new workshops by the existing enterprises or institutions to change the variety of products to meet the market demand (such as the production of civil products by defence industries), or to bring the designed production capacity into full play through a more balanced production process on production lines. Technical transformation refers to replacement of old technology or equipment by new technology or equipment, in order to expand the reproduction through improvement of technology contents in production, to improve product quality, to promote new products, to save energy, to reduce

consumption, to expand the production scale and to improve overall social-economic efficiency. Contents of technical transformation include: updating of machinery, equipment and tools; reforming production process by using energy or materials saving technology; construction of factory workshops and transformation of public facilities; treatment transformation of "three wastes" (waste gas, waste water and industrial residue) aiming at environmental protection; improvement of working conditions and environment, etc.

Investment in Fixed Assets by Structure

(1) Construction refers to the construction of houses and buildings, also known as work volume of construction. This part of investment can only be achieved through construction activities, it is the major component of the total investment in fixed assets.

(2) Installation refers to the installation of various kinds of equipment and instruments, also known as work volume of installation.

The value of equipment installed itself is not included in the value of installation projects.

(3) Purchase of equipment and instruments refers to the total value of equipment, tools, and instruments purchased or self-produced which come up to the cut-off point for fixed assets during the reference period. Equipment, tools and instruments purchased or self-produced for new workshops by newly established or expanded units are categorized as "purchase of equipment and instruments" no matter whether they come up to the cut-off point for fixed assets.

(4) Other expenses refer to expenses arising during the construction or purchase of fixed assets other than those expenses on construction, installation and purchase of equipment and instruments. Other financial expenses arising in operation are not included.

对外经济贸易

Foreign Trade

6

资料整理：周文瑞

简要说明

一、主要内容

本篇包括河南对外贸易资料，利用外资资料，对外经济合作等资料。

二、统计范围

对外贸易统计的范围是全省各进、出口贸易公司和有进出口经营权的生产企业、外商及港澳台商投资企业、科研机构等辖区内全部有进出口经营权的企业；利用外资统计的范围是辖区内全部外商投资企业、港澳台商投资企业和有外商其他投资的单位；对外经济合作统计范围是经各级商务部门批准的从事对外承包和劳务合作业务并具有法人地位的对外承包劳务企业。对外直接投资统计范围是境内投资主体通过直接投资在境外设立的各类公司型企业和非公司型企业。

三、资料来源

对外贸易、外商投资企业的登记注册情况、对外经济合作和对外直接投资资料采用全面调查方法。对外贸易资料1992年及以后为海关进出口统计数字，由郑州海关提供；利用外资资料中外商投资企业的登记注册情况资料由河南省市场监督管理局提供,其他由河南省商务厅提供；对外经济合作资料和对外直接投资资料由河南省商务厅提供。本篇资料由河南省统计局贸易外经处编辑整理。

Brief Introduction

I. Main Contents

Data in this chapter provide summary data of Henan provincial foreign trade, utilization of foreign capital, economic cooperation with foreign countries.

II. Statistical Scopes

The statistics of foreign trade cover the Henan provincial import and export corporation, the manufacturing enterprises that have right to operate import and export, foreign and Hong Kong, Macao and Taiwan-invested enterprises and scientific research institutions. The statistics of utilization of foreign capital cover the foreign direct investments and other foreign investments, and the basic condition of registration of foreign funded enterprises. The statistics of economic cooperation with foreign countries or territories cover the corporate enterprise engaged in contracted projects and labour services cooperation with foreign countries and has been approved by the department of commerce at various levels. The statistics of foreign direct investment cover overseas corporate and non-corporate enterprises of various forms established by domestic investors through their investment operation.

III. Data Sources

Data on foreign trade, utilization of foreign capital, economic cooperation with foreign countries or territories are calculated through a comprehensive reporting system. Data on foreign trade since 1992 and later are calculated by Zhengzhou Customs. Data on utilization of foreign capital are calculated by the Henan provincial bureau of Commerce, data on registered cases of foreign-invested enterprises are calculated by the administration for market regulation of Henan Province. Data on overseas direct investment and economic cooperation with foreign countries or territories are calculated by the Henan provincial bureau of Commerce. Data in this chapter are provided by the Department of Trade and External Economic Relations of the Henan provincial bureau of Statistics.

6-1 对外经济贸易基本情况

Foreign Trade and Economic Cooperation

指　标	Item	2005	2010	2015	2019	2020	2021
货物进出口总值(亿元)	**Total Value of Imports and Exports (RMB 100 million)**	**626.54**	**1204.40**	**4600.19**	**5711.63**	**6654.80**	**8208.07**
出口总额	Total Exports	413.12	713.13	2684.03	3754.64	4075.00	5024.06
进口总额	Total Imports	213.42	491.27	1916.16	1956.99	2579.90	3184.02
进出口差额	Balance	199.71	221.86	767.86	1797.65	1495.10	1840.04
货物进出口总额(亿美元)	**Total Value of Imports and Exports (USD 100 million)**	**77.36**	**177.92**	**737.81**	**824.45**	**972.05**	**1271.01**
出口总额	Total Exports	51.01	105.34	430.61	541.93	592.96	778.07
进口总额	Total Imports	26.35	72.57	307.19	282.52	379.08	492.94
进出口差额	Balance	24.66	32.77	123.42	259.41	213.88	285.13
外商直接投资合同项目(个)	**Number of Projects for Contracted Foreign Direct Investment (unit)**	**472**	**362**	**272**	**214**	**266**	**341**
实际使用外资额(亿美元)	**Total Amount of Foreign Investment Actually Utilized (USD 100 million)**	**23.52**	**62.47**	**160.86**	**187.27**	**200.65**	**210.73**
#外商直接投资	Foreign Direct Investments	12.30	62.47	160.86	187.27	200.65	210.73
外资企业基本情况	**Registered Foreign-funded Enterprises**						
年末实有企业数(户)	Number of Registered Enterprise in the Year-end (unit)	2877	2459	2154	2629	2415	2580
投资总额(亿美元)	Total Investment (USD 100 million)	206.41	378.66	687.10	1163.07	1114.18	1044.90
注册资本(亿美元)	Registered Capital (USD 100 million)	112.29	205.35	348.16	713.09	779.44	749.54
#外方	Capital from Foreign Investors	75.34	148.66	248.44	507.86	584.08	578.34
对外经济合作(亿美元)	**Economic Cooperation with Foreign Countries & Regions (USD 100 million)**						
合同金额	Contracted Value	6.29	25.26	43.35	44.27	49.65	39.93
完成营业额	Value of Turnover Fulfilled	4.99	23.23	48.32	41.63	34.64	40.68

6-2 进出口总额

Total Value of Imports and Exports

年 份 Year	美元(亿美元) (USD 100 million)				人民币(亿元) (RMB 100 million)			
	进出口总额 Total Imports & Exports	出口总额 Total Exports	进口总额 Total Imports	顺 差 Balance	进出口总额 Total Imports & Exports	出口总额 Total Exports	进口总额 Total Imports	顺 差 Balance
1978	1.18	1.02	0.16	0.86	1.99	1.72	0.27	1.45
1979	1.54	1.34	0.20	1.14	2.39	2.08	0.31	1.77
1980	2.26	2.04	0.22	1.83	3.40	3.07	0.33	2.74
1981	2.85	2.49	0.35	2.14	4.29	3.75	0.53	3.22
1982	2.88	2.55	0.33	2.22	5.44	4.81	0.62	4.19
1983	3.04	2.80	0.25	2.55	6.02	5.54	0.49	5.05
1984	3.82	3.42	0.40	3.01	8.90	7.96	0.94	7.02
1985	4.50	3.67	0.83	2.84	16.74	13.66	3.08	10.58
1986	5.07	4.53	0.54	3.99	18.85	16.84	2.01	14.83
1987	7.47	6.54	0.93	5.61	27.80	24.34	3.46	20.88
1988	8.50	7.51	0.99	6.51	31.61	27.92	3.69	24.23
1989	9.85	8.19	1.66	6.53	33.52	30.47	3.05	27.42
1990	10.04	8.67	1.37	7.30	48.18	41.61	6.57	35.04
1991	12.15	10.43	1.72	8.71	64.39	55.28	9.11	46.17
1992	11.62	8.16	3.46	4.71	63.33	44.49	18.84	25.65
1993	13.14	7.55	5.59	1.97	75.70	43.51	32.19	11.33
1994	16.32	10.22	6.10	4.13	139.86	87.62	52.24	35.39
1995	22.29	13.58	8.72	4.86	186.14	113.36	72.78	40.58
1996	19.69	12.40	7.29	5.11	163.19	102.80	60.40	42.40
1997	18.97	12.87	6.10	6.76	157.26	106.66	50.60	56.06
1998	17.32	11.87	5.45	6.42	143.58	98.38	45.20	53.18
1999	17.50	11.29	6.22	5.07	144.94	93.47	51.46	42.01
2000	22.75	14.93	7.81	7.12	188.36	123.65	64.71	58.95
2001	27.93	17.15	10.77	6.38	231.13	141.99	89.15	52.84
2002	32.04	21.19	10.85	10.34	265.25	175.43	89.82	85.62
2003	47.16	29.80	17.36	12.44	390.52	246.78	143.74	103.04
2004	66.13	41.76	24.37	17.39	547.59	345.78	201.81	143.97
2005	77.36	51.01	26.35	24.66	626.54	413.12	213.42	199.71
2006	97.96	66.35	31.61	34.74	780.91	528.92	251.99	276.94
2007	128.05	83.91	44.13	39.78	980.39	642.48	337.91	304.57
2008	174.79	107.19	67.60	39.58	1223.80	750.47	473.33	277.15
2009	134.38	73.46	60.92	12.55	917.98	501.84	416.14	85.70
2010	177.92	105.34	72.57	32.77	1204.40	713.13	491.27	221.86
2011	326.42	192.40	134.02	58.39	2071.20	1220.83	850.36	370.47
2012	517.50	296.78	220.72	76.05	3260.27	1869.71	1390.56	479.15
2013	599.57	359.87	239.70	120.17	3716.51	2231.21	1485.30	745.91
2014	650.33	393.84	256.49	137.35	3994.36	2418.81	1575.55	843.25
2015	737.81	430.61	307.19	123.42	4600.19	2684.03	1916.16	767.86
2016	712.26	428.34	283.92	144.42	4714.70	2835.34	1879.35	955.99
2017	776.13	470.29	305.84	164.45	5232.79	3171.81	2060.98	1110.84
2018	828.19	537.67	290.52	247.16	5512.71	3578.99	1933.73	1645.26
2019	824.45	541.93	282.52	259.41	5711.63	3754.64	1956.99	1797.65
2020	972.05	592.96	379.08	213.88	6654.80	4075.00	2579.90	1495.10
2021	1271.01	778.07	492.94	285.13	8208.07	5024.06	3184.02	1840.04

注：本表1991年及以前年度为有关部门统计数据，从1992年开始为海关进出口数据。
a) Data before 1991 are obtained from the related Department, and the data since 1992 are obtained from the customs statistics.

6-3 各种分组的进出口总值

Total Value of Imports and Exports by Group

单位：亿元 (RMB 100 million)

项　目	Item	进出口总值 Total Value of Imports and Exports		#出口总值 Exports Trade	
		2020	2021	2020	2021
合　计	**Total**	**6654.80**	**8208.07**	**4075.00**	**5024.06**
按贸易方式分	**By trade system**				
一般贸易	General Trade	2190.90	2748.12	1517.00	1915.53
援助物资	Aid Material		0.08		0.03
加工贸易	Processing Trade	4195.60	5081.48	2493.30	3000.61
#来料加工贸易	Processing Trade with Customer's Materials	16.30	24.04	10.20	13.55
进料加工贸易	Processing Trade with Imported Materials	4179.30	5057.44	2483.10	2987.06
对外承包工程出口	Export of Contracted Projects	11.00	8.81	11.00	8.81
三资企业投资设备进口	Import of Machines Invested by Equrty Joint Venture, Contractual Joint Venture, Wholly Foreign-owned Enterprise	0.20	1.50		
保税物流	Bonded Logistics	226.30	325.26	42.40	70.86
其他	Others	30.80	42.82	11.30	28.22
按注册类型分	**By Registration**				
国有企业	State-owned Enterprises	478.40	650.78	161.70	223.38
外商投资企业	Foreign Investment	4100.70	3795.32	2437.30	2905.86
合作	Cooperative Operation	0.90	0.71	0.40	0.63
合资	Equity Joint Ventures	4019.60	3562.10	2395.80	2854.69
独资	Sole Proprietorship	80.20	232.51	41.10	50.53
民营企业	Private Enterprise	2020.70	3694.35	1422.40	1827.88
其他	Others	55.00	67.62	53.60	66.94

6-4 河南向一些国家(地区)进出口总值

Total Value of Imports and Exports To Related Countries and Regions

单位：亿元 (RMB 100 million)

国家(地区)	Country (Region)	进出口总值 Total Imports & Exports		#出口 Exports	
		2020	2021	2020	2021
合　计	**Total**	**6654.80**	**8208.07**	**4075.00**	**5024.06**
亚洲	**Asia**	**3203.70**	**3871.97**	**1264.50**	**1533.58**
韩国	South Korea	481.90	724.76	121.30	146.27
日本	Japan	331.50	319.91	213.60	179.70
中国	China	203.20	198.02		
台湾省	Taiwan	693.30	835.91	38.10	38.00
越南	Vietnam	465.80	473.78	59.20	89.51
中国香港	Hong Kong, China	208.60	317.46	208.30	313.05
非洲	**Africa**	**182.70**	**215.94**	**133.60**	**172.74**
南非	South Africa	24.80	34.15	19.70	29.05
贝宁	Benin	1.40	1.44	1.40	1.41
欧洲	**Europe**	**1188.30**	**1290.16**	**1033.10**	**1095.68**
荷兰	Holland	312.40	316.30	306.60	311.61
德国	Germany	185.50	169.80	152.90	142.47
英国	United Kingdom	187.00	199.15	178.20	190.93
俄罗斯联邦	Russia	128.10	179.85	91.20	110.34
意大利	Italy	65.00	90.30	56.40	80.49
拉丁美洲	**Latin America**	**445.50**	**621.68**	**179.00**	**213.81**
巴西	Brazil	121.00	104.42	70.50	55.24
墨西哥	Mexico	151.00	201.63	39.80	64.75
智利	Chile	70.30	152.18	15.90	27.71
北美洲	**North America**	**1434.40**	**1957.67**	**1368.90**	**1887.88**
美国	United States	1334.50	1837.28	1284.00	1784.43
加拿大	Canada	99.90	120.39	84.80	103.45
大洋州	**Oceania**	**198.40**	**249.48**	**95.90**	**120.37**
澳大利亚	Australia	187.20	236.40	89.30	113.29
新西兰	New Zealand	9.50	10.29	5.50	5.85

6-5 人民币汇率(年平均价)

Exchange Rate of Renminbi (Annual Average)

单位：元 (yuan)

年 份 Year	100美元 100 US Dollars	100日元 100 Japanese Yen	100港元 100 Hong Kong Dollars	100欧元 100 Euros
1985	293.66	1.2457	37.57	
1986	345.28	2.0694	44.22	
1987	372.21	2.5799	47.74	
1988	372.21	2.9082	47.70	
1989	376.51	2.7360	48.28	
1990	478.32	3.3233	61.39	
1991	532.33	3.9602	68.45	
1992	551.46	4.3608	71.24	
1993	576.20	5.2020	74.41	
1994	861.87	8.4370	111.53	
1995	835.10	8.9225	107.96	
1996	831.42	7.6352	107.51	
1997	828.98	6.8600	107.09	
1998	827.91	6.3488	106.88	
1999	827.83	7.2932	106.66	
2000	827.84	7.6864	106.18	
2001	827.70	6.8075	106.08	
2002	827.70	6.6237	106.07	800.58
2003	827.70	7.1466	106.24	936.13
2004	827.68	7.6552	106.23	1029.00
2005	819.17	7.4484	105.30	1019.53
2006	797.18	6.8570	102.62	1001.90
2007	760.40	6.4632	97.46	1041.75
2008	694.51	6.7427	89.19	1022.27
2009	683.10	7.2986	88.12	952.70
2010	676.95	7.7279	87.13	897.25
2011	645.88	8.1050	82.97	900.11
2012	631.25	7.9037	81.38	810.67
2013	619.32	6.3323	79.85	822.19
2014	614.28	5.8196	79.22	816.51
2015	622.84	5.1543	80.34	691.41
2016	664.23	6.1243	85.58	734.26
2017	675.18	6.0200	88.64	763.03
2018	661.74	5.9890	84.43	780.16
2019	689.85	6.3347	88.05	772.55
2020	689.76	6.4626	88.93	787.55
2021	645.15	5.8735	83.00	762.93

注：数据来源于国家外汇管理局。
a) Data are from State Administration of Foreign Exchange.

6–6 外商和港澳台商直接投资情况

Foreign, Hong Kong, Macao and Taiwan's Direct Investments

单位：万美元 (USD 10 000)

年 份 Year	签订协议(合同) New Signed Agreement		实际利用外资额 Actually Utilized Foreign Value
	个 数 Number of Projects (unit)	金 额 Value	
1985	29	6870	565
1986	14	2724	605
1987	31	12562	467
1988	38	1986	6436
1989	36	1681	4266
1990	50	2107	1049
1991	154	12716	3791
1992	1053	88327	10691
1993	1727	157768	34197
1994	1011	79168	42488
1995	815	86748	47981
1996	478	92166	52566
1997	423	86799	64735
1998	353	57333	61794
1999	264	61832	49527
2000	237	69921	53999
2001	224	62188	35861
2002	290	101964	45165
2003	324	182560	56149
2004	478	205383	87367
2005	472	235176	122960
2006	497	336788	184526
2007	516	483538	306162
2008	364	604146	403266
2009	274	492055	479858
2010	362	578385	624670
2011	355	767752	1008209
2012	363	1172936	1211777
2013	344	1154233	1345659
2014	328	1183590	1492688
2015	272	737323	1608637
2016	196	875349	1699312
2017	210	864691	1722428
2018	217	682233	1790214
2019	214	413554	1872727
2020	266	272853	2006476
2021	341	551227	2107349

6-7 外商和港澳台商在豫直接投资(2021年)

Direct Investment From Foreign, Hong Kong, Macao and Taiwan Businessmen in Henan (2021)

项 目	Item	新签协议 New Signed Agreement 合同个数(个) Number of Contracts (unit)	投资额(万美元) Investments Value (USD 10 000)	实际投资(万美元) Actually Investments (USD 10 000)
总 计	**Total**	**341**	**551227**	**2107349**
按国民经济行业分	**By Sector**			
#农、林、牧、渔业	Agriculture, Forestry, Animal Husbandry and Fishery	5	27181	68887
采矿业	Mining	1	132065	37798
制造业	Manufacturing	48	74127	929298
电力、燃气及水的生产和供应业	Production and Supply of Electricity,Gas and Water	12	45090	283898
建筑业	Construction	2	213	47616
交通运输、仓储及邮政业	Transport, Storage and Post	7	6684	57781
信息传输、计算机服务和软件业	Information Transimission, Computer Services and Software	24	17369	12534
批发和零售业	Wholesale and Retail Trade	64	47142	70406
住宿和餐饮业	Hotels and Catering Sevrices	6	1151	5358
金融业	Financial Intermediation	2	7867	12985
房地产业	Real Estate	12	6063	334023
租赁和商务服务业	Leasing and Business Services	60	74704	121117
科学研究、技术服务和地质勘查业	Scientific Research, Technical Service and Geologic Perambulation	84	76822	50704
水利、环境和公共设施管理业	Management of Water Conservancy, Environment and Public Facilities	2	91	25839
居民服务和其他服务业	Services to Households and Other Services	4	955	9822
教育	Education	1	2	
卫生、社会保障和社会福利业	Health, Social Security and Social Welfare	3	33588	11915
文化、体育和娱乐业	Culture, Sports and Entertainment	4	114	27368
按地区、国别分	**By Country or Region**			
香港	Hong Kong, China	160	447602	1437906
台湾	Taiwan	38	16809	81387
加拿大	Canada	1	15	3594
日本	Japan	5	-2109	43607
英国	United Kingdom	4	2715	63360
美国	America	17	2803	100987
新加坡	Singapore	13	9962	73819
德国	Germany	2	301	45083
韩国	South Korea	8	2403	38174

6−8 各市外商和港澳台商在豫直接投资金额

Direct Investment from Foreign, Hong Kong, Macao and Taiwan in Henan by City

单位：万美元 (USD 10 000)

地区 Region	新签协议(合同)金额 Value of New Signed Agreement (Contract)		实际利用外资 Actually Utilized Foreign Capital	
	2020	2021	2020	2021
全省 Total	**272853**	**551227**	**2006476**	**2107349**
郑州市 Zhengzhou	115032	224485	465851	486330
开封市 Kaifeng	4376	32201	77930	81712
洛阳市 Luoyang	5996	14897	309483	321118
平顶山市 Pingdingshan	5598	49370	54997	58311
安阳市 Anyang	98	28697	58511	62037
鹤壁市 Hebi	7272	11544	93696	102809
新乡市 Xinxiang	17901	22417	131875	139813
焦作市 Jiaozuo	16828	8316	95175	98738
濮阳市 Puyang	10580	9000	73189	78122
许昌市 Xuchang	9514	17586	84467	87106
漯河市 Luohe	19392	9569	112441	117823
三门峡市 Sanmenxia	4209	36107	123674	131154
南阳市 Nanyang	16359	13522	68814	72984
商丘市 Shangqiu	4368	33308	45318	46730
信阳市 Xinyang	7778	12356	61963	66006
周口市 Zhoukou	20150	13259	63061	66421
驻马店市 Zhumadian	5718	12288	46973	49774
济源示范区 Jiyuan	1684	2304	39056	40359

6-9 各市外商和港澳台商投资企业登记注册情况(2021年)

Registration Status of Foreign, Hong Kong, Macao and Taiwan Funded Enterprises by City (2021)

地 区 Region	年末实有企业数(个，含分公司) Real Number of Enterprises by the end of the year (unit, including branch company)	年末实有企业投资总额(万美元) Realized Investment by the end of the year (USD 10 000)	本年登记企业数(个，含分公司) Registered Enterprises in the year (unit, including branch company)	本年注册企业投资总额(万美元) Total Value of Investment by Registered Enterprises This Year (USD 10 000)	累计注销企业数(个) Accumulative Number of Deregistered Enterprises (unit)
全 省 Total	**10305**	**10449033**	**510**	**368205**	**7389**
河南省(省级) Provincial	**174**	**1012307**	**1**		**244**
郑 州 市 Zhengzhou	2628	3830966	229	54152	1884
开 封 市 Kaifeng	477	269651	15	11418	361
洛 阳 市 Luoyang	854	879518	45	17	738
平 顶 山 市 Pingdingshan	406	509632	18	216	324
安 阳 市 Anyang	433	320523	15	28129	342
鹤 壁 市 Hebi	187	192216	12	15171	127
新 乡 市 Xinxiang	640	960217	33	42741	431
焦 作 市 Jiaozuo	421	259833	8	5000	426
濮 阳 市 Puyang	236	88977	8	6293	264
许 昌 市 Xuchang	390	231176	8	217	256
漯 河 市 Luohe	257	204484	15	500	163
三 门 峡 市 Sanmenxia	205	435521	5	156162	237
南 阳 市 Nanyang	751	338324	26	7304	364
商 丘 市 Shangqiu	594	277691	16	1279	328
信 阳 市 Xinyang	568	110451	23	14612	407
周 口 市 Zhoukou	458	194961	12	759	283
驻 马 店 市 Zhumadian	514	290597	20	24235	143
济 源 示 范 区 Jiyuan	112	41989	1		67

6-10 对外国和港澳台地区投资
Investment to Foreign, Hong Kong, Macao and Taiwan

项　目	Item	2010	2015	2019	2020	2021
对外投资项目备案个数	Number of Foreign Investment Projects on Record	62	92	110	92	84
中方新签协议(合同)	Investments of New Agreement (Contract)					
投资额(万美元)	Signed by China (USD 10 000)	53132	232461	143358	123186	136962
年末已建成投产(开业)	Number of Business Completed and					
企业数(个)	Put into Use in the Year-end (unit)	288	561	638	569	595

6-11 对外承包工程和劳务合作
Contracted Projects and Labor Cooperation with Foreign Countries or Regions

指　标	Item	2010	2015	2019	2020	2021
签订合同数(个)	Number of Contracts Signed (unit)	860	151	258	239	155
签订合同金额(亿美元)	Contracted Value (USD 100 million)	25.26	43.35	44.27	49.65	39.93
营业额(亿美元)	Value of Business (USD 100 million)	23.23	48.32	41.63	34.64	40.68
派出人员(人次)	Person Send Abroad (person-time)	32350	70243	28580	9466	13805
年底在外人员(人)	Number of Abroad Person at Year-end (person)	56251	101289	56608	25113	26776

6-12 各市利用省外资金情况

Direct Investment by Other Provinces in Henan by City

单位：亿元 (100 million yuan)

地 区 Region	新签协议(合同)金额 Value of New Signed Agreement (Contract)		实际利用省外资金 Actually utilized Foreign Capital	
	2020	2021	2020	2021
全 省 Total	**23711.0**	**29245.3**	**10327.3**	**10654.9**
郑 州 市 Zhengzhou	1851.7	2094.5	1214.9	1252.4
开 封 市 Kaifeng	1088.3	1427.0	659.3	680.4
洛 阳 市 Luoyang	1257.9	1773.9	866.0	893.0
平 顶 山 市 Pingdingshan	1772.3	1821.5	619.2	638.7
安 阳 市 Anyang	1387.7	2149.3	770.4	795.2
鹤 壁 市 Hebi	1516.8	2143.1	354.8	366.5
新 乡 市 Xinxiang	1365.3	1469.2	724.0	746.9
焦 作 市 Jiaozuo	1746.6	1461.7	702.4	724.7
濮 阳 市 Puyang	536.7	1080.4	263.1	271.9
许 昌 市 Xuchang	1202.1	1478.5	546.2	563.3
漯 河 市 Luohe	1019.8	1115.5	274.2	283.1
三 门 峡 市 Sanmenxia	717.0	882.6	432.2	446.1
南 阳 市 Nanyang	1210.4	3205.6	629.4	649.5
商 丘 市 Shangqiu	2260.6	2507.9	783.6	807.9
信 阳 市 Xinyang	1009.0	798.6	303.3	313.3
周 口 市 Zhoukou	1433.7	1484.8	626.0	645.9
驻 马 店 市 Zhumadian	1739.6	1735.6	326.9	337.6
济 源 示 范 区 Jiyuan	595.5	615.6	231.4	238.5

主要统计指标解释

货物进出口总额　指实际进出我国国境的货物总金额。包括对外贸易实际进出口货物，来料加工装配进出口货物，国家间、联合国及国际组织无偿援助物资和赠送品，华侨、港澳台同胞和外籍华人捐赠品，租赁期满归承租人所有的租赁货物，进料加工进出口货物，边境地方贸易及边境地区小额贸易进出口货物(边民互市贸易除外)，中外合资企业、中外合作经营企业、外商独资经营企业进出口货物和公用物品，到、离岸价格在规定限额以上的进出口货样和广告品(无商业价值、无使用价值和免费提供出口的除外)，从保税仓库提取在中国境内销售的进口货物，以及其他进出口货物。进出口总额用以观察一个国家在对外贸易方面的总规模。我国规定出口货物按离岸价格统计，进口货物按到岸价格统计。

利用外资　指我国各级政府、部门、企业和其他经济组织通过对外借款、吸收外商直接投资以及用其他方式筹措的境外现汇、设备、技术等。

外商直接投资　是指外国投资者在我国境内通过设立外商投资企业、合伙企业、与中方投资者共同进行石油资源的合作勘探开发以及设立外国公司分支机构等方式进行投资。外国投资者可以用现金、实物、无形资产、股权等投资，还可以用从外商投资企业获得的利润进行再投资。

外商其他投资　指除对外借款和外商直接投资以外的各种利用外资的形式。包括企业在境内外股票市场公开发行的以外币计价的股票（目前主要是在香港证券市场发行的H股和在境内证券市场发行的B股）发行价总额，国际租赁进口设备的应付款，补偿贸易中外商提供的进口设备、技术、物料的价款，加工装配贸易中外商提供的进口设备、物料的价款。

对外承包工程　指各对外承包公司以招标议标承包方式承揽的下列业务：⑴承包国外工程建设项目，⑵承包我国对外经援项目，⑶承包我国驻外机构的工程建设项目，⑷承包我国境内利用外资进行建设的工程项目，⑸与外国承包公司合营或联合承包工程项目时我国公司分包部分，⑹对外承包兼营的房屋开发业务。对外承包工程的营业额是以货币表现的本期内完成的对外承包工程的工作量，包括以前年度签订的合同和本年度新签订的合同在报告期内完成的工作量。

对外劳务合作　指以收取工资的形式向业主或承包商提供技术和劳动服务的活动。我国对外承包公司在境外开办的合营企业，中国公司同时又提供劳务的，其劳务部分也纳入劳务合作统计。劳务合作营业额按报告期内向雇主提交的结算数(包括工资、加班费和奖金等)统计。

旅游人数

(1)入境旅游人数：指报告期内来我国观光、度假、探亲访友、就医疗养、购物、参加会议或从事经济、文化、体育、宗教活动的外国人、港澳台同胞等入境游客。统计时，外国人、港澳台同胞每入境一次统计1人次。

(2)出境人数：指中国（大陆）居民因公或因私出境前往其他国家、中国香港特别行政区、澳门特别行政区和台湾省观光、度假、探亲访友、就医疗养、购物、参加会议或从事经济、文化、体育、宗教活动的人数，即出境游客。统计时，按每出境一次统计1人次。

(3)国内旅游人数：指在报告期内在中国（大陆）观光游览、度假、探亲访友、就医疗养、购物、参加会议或从事经济、文化、体育、宗教活动的中国（大陆）居民人数，其出游的目的不是通过所从事的活动谋取报酬。统计时，国内游客按每出游一次统计1人次。

国际旅游(外汇)收入　指入境游客在中国（大陆）境内旅行、游览过程中用于交通、参观游览、住宿、餐饮、购物、娱乐等全部花费。

国内旅游收入　指国内游客在国内旅行、游览过程中用于交通、参观游览、住宿、餐饮、购物、娱乐等全部花费。

星级饭店　指设备、设施、服务符合《旅游饭店星级的划分与评定》(GB/T14308—2010)，通过相关旅游管理部门评定，并取得星级饭店称号的饭店。

Explanatory Notes on Main Statistical Indicators

Total Imports and Exports of Goods refer to the real value of commodities imported into and exported from the boundary of China. They include the actual imports and exports through foreign trade, imported and exported goods under the processing and assembling trades and materials, supplies and gifts as aid given gratis between governments and by the United Nations and other international organizations, and contributions donated by overseas Chinese, compatriots in Hong Kong and Macao and Chinese with foreign citizenship, leasing commodities owned by tenant at the expiration of leasing period, the imported and exported commodities processed with imported materials, commodities trading in border areas(excluding mutual exchange goods), the imported and exported commodities and articles for public use of the Sino-foreign joint ventures, cooperative enterprises and ventures exclusively with foreign own investment. Also included are import or export of samples and advertising goods for whose CIF or FOB value are beyond the permitted ceiling (excluding goods of no trading or use value and free commodities for export), imported goods sold in China from bonded warehouses and other imported or exported goods. The indicator of the total imports and exports at customs can be used to observe the total size of external trade in a country. In accordance with the stipulation of the Chinese government, imports are calculated at CIF, while exports are calculated at FOB.

Utilization of Foreign Capital refers to remittance, equipment and technology financed from abroad, by loans, foreign direct investment and other forms undertaken by the Chinese governments at all levels, by various departments, enterprises and other economic units.

Direct Investment by Foreign Entrepreneurs refers to foreign investment in China through the establishment of foreign invested enterprises, cooperative exploration and development of petroleum resources with domestic investors and the establishment of branch organizations of foreign enterprises. Foreign investment can be made in forms of cash, physical investment, intangible assets and equity, in addition with reinvestment of the foreign enterprises with the profits gained from the investment.

Other Investment by Foreign Entrepreneurs refers to all forms of utilization of foreign capitals other than foreign borrowings and foreign direct investment. It includes the total value of stock shares in foreign currencies issued by enterprises at domestic or foreign stock exchanges (now mainly consisting of H shares issued at Hong Kong Security Market and B shares issued at domestic security markets), rent payable for the imported equipment through international leasing arrangement, cost of imported equipment, technology and materials provided by foreign counterparts in compensation trade and processing and assembly trade.

Contracted Projects with Foreign Countries refer to projects undertaken by Chinese contractors (project contracting companies) through bidding process. They include: (1) overseas civil engineering construction projects financed by foreign investors; (2) overseas projects financed by the Chinese government through its foreign aid programs; (3) construction projects of Chinese diplomatic missions, trade offices and other institutions stationed abroad; (4) construction projects in China financed by foreign investment; (5)sub-contracted projects to be taken by Chinese contractors through a joint umbrella project with foreign contractor's); (6)housing development projects. The business income from international contracted projects is the work volume of contracted projects completed during the reference period, expressed in monetary terms, including completed work on projects signed in previous years.

Service Cooperation with Foreign Countries refers to the activities of providing technology and labor services to employers or contractors in the forms of receiving salaries and wages. Labor services providing by contractual joint ventures of Chinese international contracting corporations should be included in the statistics of service co-operation with foreign countries. The business income of labor service co-operation is the income in the form of wages and salaries, overtime pay, bonuses and other remuneration received from the employers during the reference period.

Number of Tourists

(1) Visitor arrivals refer to the number of foreigners, Chinese compatriots from Hong Kong, Macao and Taiwan Chinese (mainland) who come to China (mainland) for sight-seeing, vacation, visiting relatives, medical treatment, shopping, attending conference, or to engage in economic, cultural, sports and religious activities. In compiling statistics, each time of entering China is counted as one person-time.

(2) Number of Chinese residents going abroad refer to the number of Chinese (mainland) residents going to other countries, Hong Kong Special Administrative region, Macao Special Administrative region and Taiwan for on official or private purposes, for sight-seeing, vacation, visiting relatives, medical treatment, shopping, attending conference, or to engage in economic, cultural, sports and religious activities. In compiling statistics, each time of leaving is counted as one person-time.

(3) Number of domestic tourists refers to the number Of Chinese (mainland) residents who travel within China (mainland) for sight-seeing, vacation, visiting relatives, medical treatment, shopping, attending conference, or to engage in economic, cultural, sports and religious activities. In compiling statistics, each time of traveling is counted as one person-time.

Foreign Exchange Earnings from International Tourism refer to the total expenditure of foreigners, overseas Chinese, Chinese compatriots from Hong Kong, Macao and Taiwan during their stay in the mainland of China on transportation, sighting, accommodation, food, shopping and entertainment.

Income from Domestic Tourism refer to expenditure of domestic tourists on transportation, sighting, accommodation, food, shopping and entertainment while they travel.

Star-rated Hotels refer to hotels rated with stars as assessed by the relevant tourism authorities according to GB/T14308-2010 standard with reference to their infrastructure, facilities and service levels.

能源
Energy

7

◎ 资料整理：杨琳　刘金娜　江艳丽　郭俊锋

简要说明

一、主要内容

本篇包括能源生产、消费及品种构成，能源生产和消费弹性系数、能源加工转换效率、单位能耗、规模以上工业分行业主要能源品种的购进、消费及库存，主要耗能工业企业单位产品能源消耗，水资源消耗和电力消耗等资料。

二、统计范围

本篇统计范围为全社会或规模以上工业法人企业(年主营业收入达到2000万元及以上)。

三、资料来源

本篇数据来自能源平衡表以及规模以上工业企业能源购进、消费、库存统计年报、主要耗能工业企业单位产品能源消费情况表、工业企业用水情况年报。7—19表数据来自省电力公司。

四、关于计算方法与数据修订的说明

1.能源生产与消费弹性系数分别以能源生产、消费增长速度与国内生产总值增长速度相比求得。

2.能源平衡表中，电力折算标准煤系数按平均发电煤耗计算。

3.能源加工转换效率表中，电力折算标准煤系数采用当量值计算，每千瓦小时折0.1229千克标准煤。

4.GDP按可比价格计算。

5.2010年、2015年以来相关数据根据第三、第四次经济普查结果进行修订。

Brief Introduction

I. Main Contents

Data in this chapter cover mainly energy production, consumption, and composition; elasticity ratio of energy production and consumption; efficiency of energy processing and conversion; energy consumption per unit; Purchase, consumption and Stock of enterprises above designated size by sector, Energy consumption per unit of product, consumption of water and electric.

II. Scope of Statistics

The scope of data in this chapter is the whole province, and Industrial enterprises above designated size (annual main business income reaches 20 million yuan and above).

III. Sources of Data

Data in this part comes from the energy balance sheets and annual report on energy purchase, consumption and Stock by industrial enterprises above designated size, energy consumption per unit product of major energy consuming industrial enterprises, and annual report of water consumption of industrial enterprises. The data in table 7-19 are from the electric power of HeNan.

IV. Notes on Coverage and Compilation of Data

(1) The elasticity ratio of energy production is calculated as the quotient of the growth rate of energy production divided by the growth rate of GDP; and the elasticity ratio of energy consumption is calculated as the quotient of the growth rate of energy consumption divided by the growth rate of GDP.

(2) In the energy balance sheet, the coefficient for conversion of electric power into the standard coal equivalent is calculated according to the average consumption of coal for generating electricity.

(3) In the table on the efficiency of energy conversion, the coefficient for the conversion of electric power into the standard coal equivalent is calculated on the basis of the heat value equivalent. One kilowatt is equal to 0.1229 kg SCE.

(4) Gross domestic product are calculated at constant prices.

(5) Data on 2010 and 2015 have been revised according to the results of the third and fourth national economic census.

7-1 一次能源生产总量及构成

Total Production of Primary Energy and Its Composition

年 份 Year	一次能源生产总量 (万吨标准煤) Total Primary Energy Production (10 000 tons of SCE)	占能源生产总量的比重 (%) As Percentage of Total Energy Production (%)			
		原 煤 Coal	原 油 Crude Oil	天然气 Natural Gas	一次电力及其他能源 Primary Electricity and Other Energy
1978	4434	93.7	5.4		0.9
1979	4536	91.9	7.1		1.0
1980	4402	91.3	7.5	0.1	1.1
1981	4760	87.4	11.1	0.5	1.0
1982	4998	85.3	12.8	0.7	1.2
1983	5456	83.8	14.1	0.9	1.2
1984	5981	82.8	15.3	0.9	1.0
1985	6909	81.5	16.4	1.2	0.9
1986	7261	80.3	17.3	1.6	0.8
1987	7361	79.3	18.1	1.9	0.7
1988	7624	78.6	18.3	2.3	0.8
1989	8031	80.0	17.0	2.2	0.8
1990	8071	81.3	15.6	2.3	0.8
1991	7999	81.9	15.2	2.2	0.7
1992	8058	82.8	14.4	2.1	0.7
1993	8037	83.7	13.6	1.9	0.8
1994	8085	85.0	12.1	2.0	0.9
1995	8454	87.5	10.2	1.6	0.7
1996	8757	88.1	9.6	1.6	0.7
1997	8558	87.9	9.8	1.7	0.6
1998	8080	87.4	10.4	2.0	0.2
1999	6947	85.6	11.6	2.5	0.3
2000	6591	83.7	12.2	2.8	1.4
2001	7238	84.0	11.2	2.9	1.9
2002	8321	85.2	9.8	2.8	2.3
2003	10634	88.3	7.4	2.3	2.0
2004	13079	90.4	5.7	1.7	2.2
2005	14522	91.3	5.0	1.8	1.9
2006	15002	91.7	4.7	1.7	2.0
2007	14604	91.8	4.8	1.4	2.0
2008	15487	92.6	4.4	1.2	1.8
2009	17002	93.4	4.0	0.8	1.8
2010	17438	92.4	4.1	0.5	3.0
2011	15786	91.3	4.4	0.4	3.9
2012	12224	90.2	5.6	0.5	3.7
2013	13133	90.6	5.2	0.5	3.7
2014	11796	89.8	5.7	0.6	3.9
2015	11173	89.3	5.3	0.5	4.9
2016	9695	89.0	4.7	0.5	5.9
2017	10254	87.2	3.9	0.4	8.5
2018	9731	84.8	3.8	0.4	11.0
2019	10304	82.3	3.5	0.4	13.8
2020	10403	80.0	3.3	0.4	16.4
2021	9749	73.2	3.4	0.4	23.0

注：电力折算标准煤数根据当年平均发电煤耗计算。

a) The coefficient for conversion of electric power into SCE is calculated on the basis of the data on average coal consunption in generating electric power in the same year.

7-2 能源消费总量及构成

Total Consumption of Energy and Its Composition

年 份 Year	能源消费总量 (万吨标准煤) Total Energy Consumption (10 000 tons of SCE)	占能源消费总量的比重 (%) As Percentage of Total Energy Consumption (%)			
		煤 炭 Coal	石 油 Crude Oil	天然气 Natural Gas	一次电力及其他能源 Primary Electricity and Other Energy
1978	3353	92.3	6.8		0.9
1979	3228	92.1	6.9		1.0
1980	3389	91.6	7.0	0.2	1.2
1981	3612	91.3	6.9	0.6	1.2
1982	3560	91.1	6.5	0.9	1.5
1983	4035	90.9	6.5	1.1	1.5
1984	4474	91.0	6.5	1.2	1.3
1985	4618	89.9	7.0	1.8	1.3
1986	4709	88.3	8.4	2.2	1.1
1987	5006	88.4	8.4	2.2	1.0
1988	5292	87.7	8.8	2.5	1.0
1989	5112	87.7	8.7	2.3	1.3
1990	5206	87.8	8.4	2.6	1.2
1991	5363	88.3	8.5	2.2	1.0
1992	5583	88.4	8.4	2.3	0.9
1993	5862	88.2	8.8	2.0	1.0
1994	6225	87.7	9.0	2.2	1.1
1995	6473	87.6	9.6	1.8	1.0
1996	6654	87.5	9.8	1.7	1.0
1997	6711	87.8	9.6	1.7	0.9
1998	7244	87.6	9.8	1.6	1.0
1999	7380	87.5	9.8	1.7	1.0
2000	7919	87.6	9.6	1.7	1.1
2001	8367	87.0	9.5	1.9	1.6
2002	9005	86.6	9.3	2.0	2.1
2003	10595	86.7	9.4	1.9	2.0
2004	13074	86.6	9.2	2.0	2.2
2005	14625	87.2	8.7	2.2	1.9
2006	16234	87.4	8.0	2.5	2.1
2007	17838	87.7	7.9	2.5	1.9
2008	18976	87.2	8.0	2.6	2.2
2009	19751	87.0	7.9	2.8	2.3
2010	18964	82.8	9.3	3.4	4.5
2011	20462	81.6	10.4	3.6	4.4
2012	20920	80.0	11.5	4.7	3.8
2013	21909	77.2	12.9	4.8	5.2
2014	22890	77.7	12.6	4.5	5.3
2015	22343	76.4	13.3	5.2	5.1
2016	22323	75.4	14.3	5.2	5.0
2017	22162	71.6	14.6	5.8	8.0
2018	22659	69.9	15.3	5.8	9.0
2019	22300	67.4	15.7	6.1	10.7
2020	22752	67.6	15.3	5.9	11.2
2021	23501	63.3	15.7	6.4	14.6

7-3 能源生产弹性系数

Elasticity Ratio of Energy Production

年 份 Year	能源生产比上年增长（%） Growth Rate of Energy Production over Preceding Year (%)	电力生产比上年增长（%） Growth Rate of Electricity Production over Preceding Year (%)	生产总值比上年增长（%） Growth Rate of Gross Domestic Product(GDP) over Preceding Year (%)	能源生产弹性系数 Elasticity Ratio of Energy Production	电力生产弹性系数 Elasticity Ratio of Electricity Production
1980	-3.0		15.4		
1981	8.1	13.6	7.8	1.04	1.74
1982	5.0	4.1	4.3	1.16	0.95
1983	9.2	5.6	23.8	0.39	0.24
1984	9.6	5.8	10.1	0.95	0.57
1985	15.5	5.3	13.5	1.15	0.39
1986	5.1	12.3	4.6	1.11	2.67
1987	1.4	12.0	15.0	0.09	0.80
1988	3.6	0.1	9.8	0.37	0.01
1989	5.3	5.6	7.0	0.76	0.80
1990	0.5	5.4	4.5	0.11	1.20
1991	-0.9	11.3	6.9		1.64
1992	0.7	16.2	13.7	0.05	1.18
1993	-0.3	8.8	15.6		0.56
1994	0.6	10.3	13.5	0.04	0.76
1995	4.6	12.8	14.7	0.31	0.87
1996	3.6	8.5	13.9	0.26	0.61
1997	-2.3	6.2	10.5		0.59
1998	-5.6	0.0	8.8		
1999	-14.0	4.4	8.1		0.54
2000	-5.1	6.6	9.1		0.73
2001	9.8	12.8	8.7	1.13	1.47
2002	15.0	14.4	9.1	1.65	1.58
2003	27.8	12.7	10.9	2.55	1.17
2004	23.0	24.2	12.8	1.80	1.89
2005	11.0	11.3	14.3	0.77	0.79
2006	3.3	12.6	14.5	0.23	0.87
2007	-2.7	19.9	14.6		1.36
2008	6.1	2.2	12.0	0.51	0.18
2009	9.8	4.9	11.0	0.89	0.45
2010	2.6	10.4	12.4	0.21	0.84
2011	-9.5	13.8	12.0		1.15
2012	-22.6	1.9	10.1		0.19
2013	7.4	8.3	9.0	0.82	0.92
2014	-10.2	-4.9	8.9		
2015	-5.3	-4.3	8.4		
2016	-13.2	1.5	8.2		0.18
2017	5.8	4.1	7.8	0.74	0.53
2018	-5.1	10.0	7.6		1.32
2019	5.9	-5.3	6.8	0.87	
2020	1.0	-0.9	1.1	0.91	
2021	-6.3	5.0	6.3		0.79

7-4 能源消费弹性系数

Elasticity Ratio of Energy Consumption

年 份 Year	能源消费比上年增长（%） Growth Rate of Energy Consumption over Preceding Year (%)	电力消费比上年增长（%） Growth Rate of Electricity Consumption over Preceding Year (%)	生产总值比上年增长（%） Growth Rate of Gross Domestic Product(GDP)over Preceding Year (%)	能源消费弹性系数 Elasticity Ratio of Energy Consumption	电力消费弹性系数 Elasticity Ratio of Electricity Consumption
1980	5.0		15.4	0.32	
1981	6.6	5.6	7.8	0.85	0.72
1982	-1.4	32.3	4.3		7.51
1983	13.3	-3.2	23.8	0.56	
1984	10.9	6.5	10.1	1.08	0.64
1985	3.2	5.6	13.5	0.24	0.41
1986	2.0	7.0	4.6	0.43	1.52
1987	6.3	10.6	15.0	0.42	0.71
1988	5.7	12.1	9.8	0.58	1.23
1989	-3.4	9.8	7.0		1.40
1990	1.8	2.2	4.5	0.40	0.49
1991	3.0	9.3	6.9	0.43	1.35
1992	4.1	15.7	13.7	0.30	1.15
1993	5.0	7.5	15.6	0.32	0.48
1994	6.2	8.8	13.5	0.46	0.65
1995	4.0	13.2	14.7	0.27	0.90
1996	2.8	8.3	13.9	0.20	0.60
1997	0.9	6.5	10.5	0.09	0.62
1998	7.9	-0.5	8.8	0.90	
1999	1.9	3.4	8.1	0.23	0.42
2000	7.3	6.8	9.1	0.80	0.75
2001	5.7	12.7	8.7	0.66	1.46
2002	7.6	14.7	9.1	0.84	1.62
2003	17.7	13.7	10.9	1.62	1.26
2004	23.4	22.3	12.8	1.83	1.74
2005	11.9	7.6	14.3	0.83	0.53
2006	11.0	10.6	14.5	0.76	0.73
2007	9.9	21.5	14.6	0.68	1.47
2008	6.4	12.0	12.0	0.53	1.00
2009	4.1	5.6	11.0	0.37	0.51
2010	8.5	13.1	12.4	0.69	1.06
2011	7.9	13.0	12.0	0.66	1.08
2012	2.2	3.3	10.1	0.22	0.33
2013	4.7	5.5	9.0	0.52	0.61
2014	4.5	0.7	8.9	0.51	0.08
2015	1.2	-1.4	8.4	0.14	
2016	-0.1	3.8	8.2		0.46
2017	-0.7	5.9	7.8		0.76
2018	2.2	7.9	7.6	0.29	1.04
2019	-1.6	-1.6	6.8		
2020	2.0	0.8	1.1	1.82	0.73
2021	3.3	7.5	6.3	0.52	1.19

7-5 能源加工转换效率

Efficiency of Energy Conversion

单位：%　　(%)

年 份 Year	总效率 Total Efficiency	发电及供热 Electricity Generation and Heating by Power Stations	炼 焦 Coking	炼 油 Petroleum Refining
1995	59.73	33.58	93.35	96.93
1996	61.21	35.64	91.90	97.71
1997	61.61	36.27	94.79	95.69
1998	67.84	35.41	99.40	99.40
1999	63.57	36.54	95.44	95.44
2000	61.78	36.03	96.71	96.71
2001	61.26	35.49	96.06	96.06
2002	59.47	36.36	98.31	98.31
2003	58.34	34.34	97.90	97.90
2004	58.36	33.45	94.38	94.38
2005	60.97	34.18	96.81	96.81
2006	64.94	36.10	99.08	99.08
2007	66.22	38.10	89.43	99.67
2008	65.96	39.49	91.89	95.43
2009	70.15	39.62	91.97	99.16
2010	72.64	40.85	93.24	87.14
2011	73.74	41.96	91.22	97.01
2012	72.24	41.99	91.62	97.66
2013	73.09	42.61	97.40	96.25
2014	74.30	43.51	96.33	97.88
2015	73.46	43.84	94.32	98.18
2016	75.03	44.60	94.11	98.92
2017	73.79	44.94	93.90	98.80
2018	68.95	45.58	94.62	98.62
2019	69.75	46.33	95.77	98.55
2020	69.59	46.78	95.74	98.41
2021	70.06	47.68	95.64	98.46

7-6 平均每天能源消费量

Average Daily Energy Consumption by Type of Energy

能源品种	Item	1995	2000	2005	2010	2015	2019	2020	2021
合计 （万吨标准煤）	**Total (10 000 tons of SCE)**	**17.73**	**21.70**	**40.07**	**50.94**	**61.21**	**61.10**	**62.33**	**64.39**
原煤 （万吨）	Coal (10 000 tons)	23.33	26.58	55.38	73.33	77.96	60.91	60.94	61.43
焦炭 （万吨）	Coke (10 000 tons)	1.08	1.17	2.72	4.78	3.87	3.92	4.06	4.33
原油 （万吨）	Crude Oil (10 000 tons)	1.10	1.67	1.83	2.29	1.66	2.19	2.44	2.53
汽油 （万吨）	Gasoline (10 000 tons)	0.39	0.33	0.64	0.81	1.87	2.11	2.09	2.13
煤油 （万吨）	Kerosene (10 000 tons)	0.04	0.04	0.04	0.08	0.19	0.25	0.26	0.25
柴油 （万吨）	Diesel Oil (10 000 tons)	0.37	0.42	0.90	1.54	2.36	2.76	2.81	3.07
燃料油 （万吨）	Fuel Oil (10 000 tons)	0.14	0.16	0.21	0.05	0.11	0.03	0.01	0.02
天然气 （亿立方米）	Natural Gas (100 million cu.m)	0.03	0.03	0.06	0.13	0.24	0.29	0.29	0.32
电力 （亿千瓦小时）	Electricity (100 million kwh)	1.57	1.97	3.80	7.00	9.22	9.88	9.87	10.29

7-7 人均生活能源消费量

Average Per Capita Energy Consumption of Households

能源品种	Item	1995	2000	2005	2010	2015	2019	2020	2021
平均每人生活消费	**Annual Per Capita Consumption**								
能源（千克标准煤）	**for Households (kg of SCE)**	**112.97**	**121.27**	**161.29**	**179.79**	**276.33**	**349.17**	**359.68**	**382.65**
煤炭 （千克）	Coal (kg)	119.76	95.36	112.90	53.89	40.00	33.55	32.27	31.94
液化石油气 （千克）	Liquefied Petroleum gas (kg)	0.91	2.18	2.62	3.40	8.19	13.53	13.08	13.92
天然气 （立方米）	Natural Gas (cu.m)	2.63	2.00	5.49	6.45	22.93	34.33	35.71	37.75
热力 （百万千焦）	Heat (million kJ)	0.02	0.09	0.17	0.24	0.59	0.86	0.88	0.90
电力 （千瓦小时）	Electricity (kwh)	46.28	80.05	128.91	288.20	462.40	617.86	653.75	703.57

注：2010年以后使用常住人口计算人均生活能源消费量。
a) Per capita energy consumption is calculated on resident population since 2010.

7-8 规模以上工业企业分品种能源购进、消费及库存(2021年)

Purchase, Consumption, and Stock of Energy in above Designated Size Industrial Enterprises by Catalog (2021)

项 目	Item	年初库存 Stock of Year Beginning	购进量 Purchase Capacity	工业生产消费量 Consump-toin of Industrial Production	年末库存 Stock at Year-end
原煤(万吨)	Coal (10 000tons)	1051.52	19174.27	21496.16	1056.45
洗精煤(用于炼焦，万吨)	Clean Coal (for Coking, 10 000tons)	96.05	1971.01	2046.64	72.06
其他洗煤(万吨)	Other Clean Coal (10 000tons)	13.28	343.89	364.16	9.43
煤制品(万吨)	Coal Products (10 000tons)	1.33	1.09	1.38	0.99
焦炭(万吨)	Coke (10 000tons)	29.34	1179.53	1434.77	23.04
其他焦化产品(万吨)	Other Coking Products (10 000 tons)	2.28	46.99	50.20	3.88
焦炉煤气(亿立方米)	Coking Gas (100 million cu.m)		19.19	38.44	
高炉煤气(亿立方米)	Blast furnace Gas (100 million cu.m)		30.95	452.68	
转炉煤气(亿立方米)	Linz-Donawitz Process Gas (100 million cu.m)		2.32	33.62	
其他煤气(亿立方米)	Other Gas (100 million cu.m)		11.68	30.43	
天然气(亿立方米)	Natural Gas (100 million cu.m)	0.67	59.55	59.38	0.24
液化天然气(万吨)	Liquefied Gas (10 000 tons)	0.16	12.67	12.64	0.09
氢气(亿立方米)	Hydrogenium (100 million cu.m)	0.00	7.29	9.46	0.00
原油(万吨)	Crude Oil (10 000 tons)	20.23	947.87	922.74	52.82
汽油(万吨)	Gasoline (10 000 tons)	0.35	5.46	5.36	0.22
煤油(万吨)	Kerosene (ton)	0.01	0.30	0.30	0.02
柴油(万吨)	Diesel Fuel Oil (10 000 tons)	2.60	33.70	34.47	1.96
燃料油(万吨)	Fuel Oil (10 000 tons)	1.46	1.51	1.02	1.94
液化石油气(万吨)	Liquefied Petroleum Gas (10 000 tons)	1.43	30.45	30.50	1.46
炼厂干气(万吨)	Net Gas of Plant (10 000 tons)		2.09	26.34	
其他石油制品(万吨)	Other Petroleum Products (10 000 tons)	2.00	154.73	171.09	3.16
热力(万百万千焦)	Heat (10 billion kilo-joule)			23023.10	
电力(亿千瓦时)	Power (100 million kwh)		1889.39	1944.46	
其他燃料(万吨标准煤)	Other Fuel (10 000 tons of SCE)	0.00	9.51	9.35	0.00

7-9 规模以上工业企业分行业主要能源消费量(2021年)

行 业	Sector	综合能源消费量(万吨标准煤) Total Energy Consumption (10 000 tons of SCE)
总 计	**Total**	**13111.47**
采矿业	**Mining**	**682.80**
煤炭开采和洗选业	Mining and Washing of Coal	560.09
石油和天然气开采业	Extraction of Petroleum and Natural Gas	58.24
黑色金属矿采选业	Mining and Processing of Ferrous Metal Ores	8.80
有色金属矿采选业	Mining and Processing of Non-ferrous Metal Ores	22.14
非金属矿采选业	Mining and Processing of Nonmetal Ores	6.66
开采辅助活动	Support Activities for Mining	26.86
其他采矿业	Mining of Other Ores	
制造业	**Manufacturing**	**8166.17**
农副食品加工业	Processing of Food from Agricultural Products	113.39
食品制造业	Manufacture of Foods	82.34
酒、饮料和精制茶制造业	Manufacture of Liquor, Beverages and Refined Tea	59.24
烟草制造业	Manufacture of Tobacco	5.80
纺织业	Manufacture of Textile	78.71
纺织服装、服饰业	Manufacture of Textile, Wearing, Apparel and Accessories	10.90
皮革、毛皮、羽毛及其制品和制鞋业	Manufacture of Leather, Fur, Feather and Related Products and Footwear	13.26
木材加工及木、竹、藤、棕、草制品业	Processing of Timbers, Manufacture of Wood, Bamboo, Rattan, Palm, and Straw Products	19.58
家具制造业	Manufacture of Furniture	6.69
造纸及纸制品业	Manufacture of Paper and Paper Products	187.55
印刷和记录媒介复制业	Printing,Reproduction of Recording Media	7.79
文教、工美、体育和娱乐用品制造业	Manufacture for Culture, Education, Arts and Crafts Sport and Entertainment Activities	16.32
石油加工、炼焦及核燃料加工业	Processing of Petroleum, Coking, and Processing of Nucleus Fuel	380.14
化学原料及化学制品制造业	Manufacture of Raw Chemical Materials and Chemical Products	2103.26
医药制造业	Manufacture of Medicines	56.37
化学纤维制造业	Manufacture of Chemical Fibers	59.70
橡胶和塑料制品业	Manufacture of Rubber and Plastics Products	41.98
非金属矿物制品业	Manufacture of Non-metallic Mineral Products	1205.24
黑色金属冶炼和压延加工业	Smelting and Pressing of Ferrous Metals	1937.16
有色金属冶炼及压延加工业	Smelting and Pressing of Non-ferrous Metals	1410.35
金属制品业	Manufacture of Metal Products	109.71
通用设备制造业	Manufacture of General Purpose Machinery	33.38
专业设备制造业	Manufacture of Special Purpose Machinery	46.64
汽车制造业	Manufacture of Automobiles	54.11
铁路、船舶、航空航天和其他运输设备制造业	Manufacture of Railway, Ship, Aerospace, and other Transport Equipments	8.84
电气机械及器材制造业	Manufacture of Electrical Machinery and Apparatus	50.87
计算机、通信和其他电子设备制造业	Manufacture of Computer, Communication and Other Electronic Equipment	49.80
仪器仪表制造业	Manufacture of Measuring Instrument and Machinery	4.18
其他制造业	Others Mannfacture	2.94
废弃资源综合利用业	Utilization of Waste Resources	9.49
金属制品、机械和设备修理业	Repairing Services of Metal Products, Machinery and Equipment	0.42
电力、燃气及水的生产和供应业	**Production and Supply of Electric Pouver Gas and Water**	**4262.50**
电力、热力生产和供应业	Production and Supply of Electric Power and Heat Power	4236.62
燃气生产和供应业	Production and Distribution of Gas	8.42
水的生产和供应业	Production and Distribution of Water	17.47

Consumption of Main Energy in above Designated Size Industrial Enterprises by Sector (2021)

原煤(万吨) Coal (10 000tons)	焦炭(万吨) Coke (10 000tons)	原油(万吨) Crude Oil (10 000tons)	柴油(万吨) Diesel Fuel Oil (10 000tons)	燃料油(万吨) Fuel Oil (10 000tons)	热力(万百万千焦) Heat (10 billion Kilo Joule)	电力(亿千瓦时) Electricity (100 million kwh)
21496.16	**1434.77**	**922.74**	**34.47**	**1.02**	**23023.10**	**1944.46**
6381.34	**0.00**	**7.64**	**18.90**	**0.07**	**530.24**	**110.52**
6366.90			1.25	0.07	79.28	68.75
6.80		7.55	1.48		433.57	13.12
			0.51			4.72
			1.40			15.64
0.00	0.00		0.99			3.92
7.64		0.09	13.26		17.40	4.37
5515.80	**1434.77**	**915.10**	**11.30**	**0.77**	**22415.88**	**1469.33**
53.48			0.17	0.01	620.06	38.89
26.75			0.08		573.92	22.28
33.80			0.12		310.93	11.23
			0.00		29.95	1.63
10.59			0.01	0.01	237.92	51.60
			0.04	0.03	28.94	5.56
7.18			0.05		15.45	4.80
0.04			0.13		59.91	11.11
			0.03			3.40
137.03			0.32	0.01	2107.71	35.13
			0.02		9.37	5.36
			0.02		47.21	10.85
237.09	7.52	915.00	0.40	0.09	1562.21	29.66
2014.26	28.86		0.46	0.02	9833.04	208.92
6.55			0.57	0.02	390.92	20.48
52.52			0.02	0.10	802.65	12.70
10.57		0.10	0.05	0.00	275.58	19.92
858.23	6.82		3.68	0.47	123.54	197.21
379.85	1335.03		1.02			197.76
1681.55	21.65		2.36		5094.88	383.82
4.98	32.04		0.18	0.00	5.31	37.64
			0.09		16.02	23.40
0.01	0.09		0.48		60.07	22.78
	0.00		0.53		3.21	33.23
			0.01		5.29	4.70
0.00			0.21		60.45	32.93
			0.01	0.00	131.14	35.13
			0.01		1.66	3.18
0.99			0.04			1.04
0.36	2.74		0.16		4.42	2.86
			0.02		4.13	0.14
9599.02			**4.28**	**0.18**	**76.98**	**364.61**
9599.02			4.21	0.18	53.40	348.67
			0.01			2.53
			0.05		23.58	13.42

7-10　各市规模以上工业企业分品种主要能源消费量(2021年)

Consumption of Main Energy Sources in above Designated Size Industrial Enterprises by Industrial Sector and City (2021)

地　区　　Region	综合能源消费量(万吨标准煤) Total Energy Consumption (10 000 tons of SCE)	原　煤(万吨) Coal (10 000 tons)	焦　炭(万吨) Coke (10 000 tons)	原　油(万吨) Crude Oil (10 000 tons)	柴　油(万吨) Diesel Fuel Oil (10 000 tons)	燃料油(万吨) Fuel Oil (10 000 tons)	热　力(万百万千焦) Heat (10 billion Kilo Joule)	电　力(亿千瓦时) Electricity (100 million kwh)
全　　省 Total	**13111.47**	**21496.16**	**1434.77**	**922.74**	**34.47**	**1.02**	**23023.10**	**1944.46**
郑　州　市 Zhengzhou	1301.79	1858.79	4.35		3.15	0.42	1479.39	232.86
开　封　市 Kaifeng	416.77	550.59	0.35		0.59		301.00	44.28
洛　阳　市 Luoyang	1282.34	1759.29		672.82	2.81	0.01	1598.73	317.14
平 顶 山 市 Pingdingshan	1018.05	4554.38	119.11		2.51	0.04	2388.37	158.93
安　阳　市 Anyang	1543.60	1050.74	686.30		0.96	0.00	502.45	173.62
鹤　壁　市 Hebi	405.44	984.84			0.54	0.02	703.52	33.21
新　乡　市 Xinxiang	929.66	1239.17	0.53	0.10	0.86	0.10	2257.82	113.84
焦　作　市 Jiaozuo	1041.36	1726.39	1.15		1.10	0.02	3688.92	180.08
濮　阳　市 Puyang	565.67	470.01		219.36	14.19		670.86	57.57
许　昌　市 Xuchang	433.25	1082.66			0.58	0.07	458.02	81.98
漯　河　市 Luohe	339.40	424.22			0.99	0.00	2226.38	41.95
三 门 峡 市 Sanmenxia	642.76	1117.59	0.22		1.62	0.06	3359.76	74.13
南　阳　市 Nanyang	701.37	723.76	125.61	30.46	1.38	0.12	2119.85	121.47
商　丘　市 Shangqiu	763.39	2118.83	131.84		0.57	0.06	383.90	77.17
信　阳　市 Xinyang	419.68	350.82	143.34		0.85		1.22	50.85
周　口　市 Zhoukou	210.94	213.48	27.56		0.71		165.18	46.86
驻 马 店 市 Zhumadian	380.77	505.12	3.02		0.28	0.05	378.95	47.54
济源示范区 Jiyuan	715.23	765.48	191.39		0.78	0.04	338.79	90.96

7-11 各市全社会用电量

Electricity Consumption by City

单位：亿千瓦时 (100 million kwh)

地区 Region	2010	2015	2019	2020	2021
郑州市 Zhengzhou	410.09	500.65	564.63	554.11	595.51
开封市 Kaifeng	59.71	95.59	119.76	112.36	123.99
洛阳市 Luoyang	349.42	382.44	442.23	422.09	452.78
平顶山市 Pingdingshan	131.70	157.17	202.22	204.21	227.82
安阳市 Anyang	164.93	214.53	210.52	215.10	231.52
鹤壁市 Hebi	38.93	52.40	59.81	61.76	62.15
新乡市 Xinxiang	144.02	196.32	261.02	257.40	257.26
焦作市 Jiaozuo	186.31	215.23	243.65	246.39	252.78
濮阳市 Puyang	56.85	90.37	111.60	118.47	126.02
许昌市 Xuchang	76.16	104.53	145.11	151.68	162.85
漯河市 Luohe	41.17	57.87	76.68	77.09	81.47
三门峡市 Sanmenxia	141.72	114.68	116.66	104.49	135.58
南阳市 Nanyang	160.69	180.13	242.98	251.84	282.21
商丘市 Shangqiu	134.34	158.02	177.74	170.01	188.13
信阳市 Xinyang	69.22	95.86	136.21	137.65	142.75
周口市 Zhoukou	53.92	86.56	125.42	135.23	153.45
驻马店市 Zhumadian	66.32	111.44	151.08	149.71	144.90
济源示范区 Jiyuan	59.68	82.12	91.08	95.20	95.78

主要统计指标解释

能源生产总量 指一定时期内全国(地区)一次能源生产量的总和。该指标是观察全国(地区)能源生产水平、规模、构成和发展速度的总量指标。一次能源生产量包括原煤、原油、天然气、水电、核能及其他动力能(如风能、地热能等)发电量，不包括低热值燃料生产量、生物质能、太阳能等的利用和由一次能源加工转换而成的二次能源产量。

能源消费总量 是指一定地域内，国民经济各行业和居民家庭在一定时间消费的各种能源的总和。包括：原煤、原油、天然气、水能、核能、风能、太阳能、地热能、生物质能等一次能源；一次能源通过加工转换产生的洗煤、焦炭、煤气、电力、热力、成品油等二次能源和同时产生的其他产品；其他化石能源、可再生能源和新能源。其中水能、风能、太阳能、地热能、生物质能等可再生能源，是指人们通过一定技术手段获得的，并作为商品能源使用的部分。在核算过程中，一次能源、二次能源消费不能重复计算。能源消费总量分为终端能源消费量、能源加工转换损失量和能源损失量三部分。

（1）终端能源消费量：指一定时期内，生产和生活消费的各种能源在扣除了用于加工转换二次能源消费量和损失量以后的数量。

（2）能源加工转换损失量：指一定时期内，投入加工转换的各种能源数量之和与产出各种能源产品之和的差额。该指标是观察能源在加工转换过程中损失量变化的指标。

（3）能源损失量：指一定时期内，能源在输送、分配、储存过程中发生的损失和由客观原因造成的各种损失量，不包括各种气体能源放空、放散量。

能源生产弹性系数 研究能源生产增长速度与国民经济增长速度之间关系的指标。计算公式为：

能源生产弹性系数=能源生产总量年平均增长速度/国民经济年平均增长速度

国民经济年平均增长速度，可根据不同的目的或需要，用国民生产总值、国内生产总值等指标来计算，本年鉴是采用国内生产总值指标计算的。

电力生产弹性系数 是研究电力生产增长速度与国民经济增长速度之间关系的指标。一般来说，电力的发展应当快于国民经济的发展，也就是说电力应超前发展。计算公式为：

电力生产弹性系数=电力生产量年平均增长速度/国民经济年平均增长速度

能源消费弹性系数 反映能源消费增长速度与国民经济增长速度之间比例关系的指标。计算公式为：

能源消费弹性系数=能源消费量年平均增长速度/国民经济年平均增长速度

电力消费弹性系数 反映电力消费增长速度与国民经济增长速度之间比例关系的指标。计算公式为：

电力消费弹性系数=电力消费量年平均增长速度/国民经济年平均增长速度

能源加工转换效率 指一定时期内能源经过加工、转换后，产出的各种能源产品的数量与同期内投入加工转换的各种能源数量的比率。该指标是观察能源加工转换装置和生产工艺先进与落后、管理水平高低等的重要指标。计算公式为：

能源加工转换效率=能源加工转换产出量/能源加工转换投入量×100%

单位GDP能耗 指一定时期内，一个国家或地区每生产一个单位的生产总值所消耗的能源。计算公式为：

单位GDP能耗=能源消费总量/GDP（可比价）

单位GDP电耗 指一定时期内，一个国家或地区每生产一个单位的国内生产总值所消耗的电力。计算公式为：

单位GDP电耗=全社会用电量/GDP（可比价）

单位工业增加值能耗 指一定时期内，一个国家或地区每生产一个单位的工业增加值所消耗的能源。计算公式为：

单位工业增加值能耗=工业能源消耗量/工业增加值

Explanatory Notes on Main Statistical Indicators

Total Energy Production refers to the total production of primary energy by all energy producing enterprises in the country in a given period of time. It is a comprehensive indicator to show the capacity, scale, composition and development of energy production of the country. The production of primary energy includes that of coal, crude oil, natural gas, hydro-power and electricity generated by nuclear energy and other means such as wind power and geothermal power. However, it excludes the production of fuels of low calorific value, bio-energy, solar energy and the secondary energy converted from the primary energy.

Total Energy Consumption refers to the total consumption of energy of various kinds by the production sectors of the economy and the households in a given period of time. It includes the primary kinds of energy such as coal, crude oil, natural gas, hydro-power, nuclear power, wind power, solar power, geothermal power and bio-energy; the secondary kinds of energy and their products which are transformed from the primary energy such as washed coal, coke, coal gas, electricity, heating, and petroleum products; and other kinds of fossil energy, renewable energy and new energy. The renewable energy, including hydro-power, wind power, solar power, geothermal power and bio-energy, refers to the part attained with some given technical means and used for commercial purpose. Total energy consumption can be divided into three parts: end-use energy consumption, loss during the process of energy conversion, and energy loss.

(1) End-use Energy Consumption: It refers to the total energy consumption by the production sectors and the households in the country (region) in a given period of time. It does not include the consumption during the conversion of primary energy into secondary energy and the loss in the process of energy conversion.

(2) Loss During the Process of Energy Conversion: It refers to the total input of various kinds of energy for conversion, minus the total output of various kinds of energy in the country in a given period of time. It is an indicator to show the loss that occurs during the process of energy conversion.

(3) Energy Loss: It refers to the total of the loss of energy during the course of energy transport, distribution and storage and the loss caused by any objective reason in a given period of time. The loss of various kinds of gas due to gas discharges and stocktaking is not included.

Elasticity Ratio of Energy Production the indicator to show the relationship between the growth rate of energy production and the growth rate of the national economy. The formula is:

Elasticity Ratio of Energy Production = Average Annual Growth Rate of Energy Production / Average Annual Growth Rate of National Economy

The average annual growth rate of the national economy can be shown by the gross national product, gross domestic product and other indicators, depending upon the purposes or needs. The gross domestic product is used in calculation of the ratio in this chapter.

Elasticity Ratio of Electricity Production is an indicator to show the relationship between the growth rate of electricity production and the growth rate of the national economy. Generally speaking, the growth rate of electricity production should be higher than that of the national economy.

Its formula is:

$$\text{Elasticity Ratio of Electricity Production} = \frac{\text{Average Annual Growth Rate of Electricity Production}}{\text{Average Annual Growth Rate of National Economy}}$$

Elasticity Ratio of Energy Consumption the indicator to show the relationship between the growth rate of energy consumption and the growth rate of the national economy. The formula is:

Elasticity Ratio of Energy Consumption = Average Annual Growth Rate of Energy Consumption / Average Annual Growth Rate of National Economy

Elasticity Ratio of Electricity Consumption is an indicator to show the relationship between the growth rate of electricity consumption and the growth rate of the national economy. The formula is:

$$\text{Elasticity Ratio of Electricity Consumption} = \frac{\text{Average Annual Growth Rate of Electricity Consumption}}{\text{Average Annual Growth Rate of National Economy}}$$

Efficiency of Energy Processing and Conversion refers to the ratio of the total output of energy products of various kinds after processing and conversion and the total input of energy of various kinds for processing and conversion in the same reference period. It is an important indicator to show the current conditions of energy processing and conversion equipment, production technique and management. The formula is:

Efficiency of Energy Processing & Conversion = (Output of Energy After Processing & Conversion / Input of Energy for Processing & Conversion)×100%

Energy Consumption per Unit of GDP refers to the energy consumption per unit of gross domestic production in a country or the gross region production in a region in the same reference period.

The formula is:

Energy Consumption per Unit of GDP = Total Energy Consumption / Gross Domestic Production

Electricity Consumption per Unit of GDP refers to the electricity consumption per unit of gross domestic production in a country or the gross region production in a region in the same reference period. The formula is:

Electricity Consumption per Unit of GDP = Total Electricity Consumption / Gross Domestic Production

Energy Consumption per Unit of Industrial Value-added refers to the energy consumption per unit of industrial value-added in a country or region in the same reference period. The formula is:

Energy Consumption per Unit of Industrial Value-added = Total Energy Consumption / Industrial Value-added

财政
Government Finance

8

◎ 资料整理：刘蒙单

简要说明

一、主要内容

本篇包括地方财政收支和预算外资金收支资料。

二、统计口径

2007年起，财政收支科目实施了较大改革，特别是财政支出项目口径变化很大，与往年数据不可比，2015年开始，财政收支指标改为财政一般公共预算收支，财政部门对指标口径进行相应调整。

三、资料来源

资料来源于河南省财政厅的财政总决算，由河南省统计局国民经济核算处编辑整理。

Brief Introduction

I. Main Contents

The data in this chapter present the government revenue and expenditure situation, the extra-budgetary revenue and expenditure.

II. Scope of Statistics

Because of the classifications of revenue and expenditure accounts have been adjusted largely since 2007, especially the government expenditure, the relative data are not compared with data in preceding years.

III. Sources of Data

The data are based on final Henan provincial financial accounts, which are provided by the Department of National Accounts of the Henan provincial Bureau of Statistics.

8-1 一般公共预算收支额

General Public Budget Revenue and Expenditure of the Local Government

单位：亿元 (100 million yuan)

年份 Year	财政总收入 Total Revenue	一般公共预算收入 General Public Budget Revenue of Local Government	#税收收入 Taxes	一般公共预算支出 General Public Budget Expenditure of Local Government	#农林水事务 Agriauture Forestry Water Conservancy Operating	#社会保障和就业 Social Security and Employment	#教科文卫 Culture, Education, Science & Health Care	#科学技术 Technology	#教育 Education	#医疗卫生 Medical Treatment and Public Health
1978		33.73	23.04	27.67	4.20		5.77	0.43		
1979		33.68	23.62	29.86	5.28		7.05	0.53		
1980		31.86	24.86	26.74	4.66		8.31	0.59		
1981		34.23	29.73	25.84	4.25		8.84	0.61		
1982		33.49	30.96	29.81	4.57		9.83	0.67		
1983		36.49	30.69	30.06	4.73		10.45	0.91		
1984		39.26	34.54	36.79	4.86		11.83	1.08		
1985		48.93	44.57	49.51	5.01		13.93	1.16		
1986		54.92	49.71	69.20	5.92		15.78	1.31		
1987		63.15	56.10	65.26	6.90		16.67	1.18		
1988		70.98	65.09	76.22	8.64		19.47	1.35		
1989		80.97	75.50	87.67	10.85		22.76	1.49		
1990		83.59	78.85	89.53	10.74		24.54	1.53		
1991		91.36	84.61	97.88	12.18		26.99	1.70		
1992		104.03	95.41	116.49	13.29		33.22	1.93		
1993		139.20	126.36	147.73	14.34		39.28	2.01		
1994		(171.38)								
		93.35	81.77	169.62	15.09		50.64	2.54		
1995		124.63	103.45	207.28	17.59		58.30	3.24		
1996		162.06	126.63	255.29	21.12		69.49	3.75		
1997		192.63	152.09	290.84	23.47		75.43	4.52		
1998		208.20	160.60	323.63	25.71		82.89	5.05		
1999		223.35	176.12	384.32	28.39		95.57	6.01		
2000		246.47	195.04	445.53	34.19		108.46	6.86		
2001		267.75	226.70	508.58	36.94		131.35	7.25		
2002		296.72	242.24	629.18	44.77		166.56	7.95		
2003		338.05	264.40	716.60	47.92		188.27	9.06		
2004	789.05	428.78	307.12	879.96	65.99		220.81	10.40		
2005	967.16	537.65	365.67	1116.04	82.28		270.22	13.85		
2006	1202.96	679.17	471.80	1440.09	(99.12)		(344.21)	(18.84)		
					111.34		362.82	17.37		
2007	1530.48	862.08	625.02	1870.61	152.51	281.22	523.51	25.23	366.12	98.78
2008	1781.89	1008.90	742.27	2281.61	209.59	330.23	661.40	30.44	444.03	145.47
2009	1921.80	1126.06	821.50	2905.76	361.60	403.62	843.47	35.52	526.14	223.15
2010	2293.70	1381.32	1016.55	3416.14	399.19	461.22	979.24	44.67	609.37	270.21
2011	2851.91	1721.76	1263.10	4248.82	480.48	547.96	1332.75	56.59	857.14	361.48
2012	3282.48	2040.33	1469.57	5006.40	551.73	631.61	1671.77	69.64	1106.51	425.99
2013	3686.81	2415.45	1764.71	5582.31	629.85	731.41	1824.78	80.00	1171.52	492.48
2014	4094.78	2739.26	1951.46	6028.69	661.94	790.87	1976.74	81.25	1201.38	602.95
2015	4426.96	3016.05	2101.17	6799.35	791.63	945.83	2177.38	83.25	1270.99	717.74
2016	4706.96	3153.48	2158.45	7453.74	807.06	1067.40	2315.19	96.10	1343.76	778.01
2017	5238.35	3407.22	2329.31	8215.52	916.81	1160.23	2565.23	137.94	1493.11	836.66
2018	5875.82	3766.02	2656.65	9217.73	1001.08	1298.45	2852.33	155.67	1664.67	928.95
2019	6187.23	4041.89	2841.34	10163.93	1059.70	1457.14	3136.43	211.07	1810.71	986.78
2020	6267.39	4168.84	2764.73	10372.67	1145.40	1575.03	3363.16	254.28	1882.56	1085.39
2021	6611.24	4353.92	2842.56	9784.29	1015.22	1560.44	3256.25	329.25	1786.41	1018.59

注：1. 财政收入1993年以前为分税制前老口径，1994年以后为分税制后新口径，括号内为分税制前老口径。

2. 1994-2006年，财政收支均为地方财政一般预算收支。2007年以后，财政收支项目按新科目列支。2011-2014年财政一般预算收支改称公共财政预算收支，2015年以后为一般公共预算收支口径（括号里为老口径）。

a) Before 1993, government revenue are calculated on old caliber. Data on 1994 and after are calculated on new caliber, and the data in parentheses are calculated on old caliber.

b) From1994 to 2006, financial revenue and expenditure refer to generalpublic budget revenue and expenditure of local government.Data of revenue and expenditure based on new system since 2007.Data of financial general budget revenue and expenditure changed to public financial revenue and expenditure from 2011 to 2014,and changed to general public budget revenue and expenditure since 2015.Data in parentheses are calculated on old caliber.

8-2 各项税收
Taxes

单位：亿元 (100 million yuan)

年 份 Year	一般公共预算收入 General Public Budget Revenue of Local Government	#增值税 Value-added Tax	#企业所得税 Corporate Income Tax	#个人所得税 Individual Income Tax	#城市维护建设税 City Maintenance and Construction Tax
1995	124.63	25.57	18.64	3.44	8.39
1996	162.06	30.00	19.83	4.92	10.13
1997	192.63	32.80	28.43	6.38	11.18
1998	208.20	36.07	22.68	8.84	12.28
1999	223.35	36.72	29.47	10.83	12.69
2000	246.47	42.24	39.60	12.88	13.64
2001	267.75	44.35	60.85	19.25	13.73
2002	296.72	49.25	31.97	17.82	17.24
2003	338.05	57.95	29.14	15.60	20.54
2004	428.78	65.78	38.43	19.32	24.60
2005	537.65	87.97	51.56	22.05	29.18
2006	679.17	105.84	70.21	24.05	35.02
2007	862.08	129.96	103.06	30.26	42.87
2008	1008.90	153.89	116.76	32.30	49.06
2009	1126.06	140.82	114.81	33.33	51.93
2010	1381.32	155.79	136.63	40.29	61.35
2011	1721.76	181.38	185.21	48.38	80.22
2012	2040.33	187.79	209.13	41.41	89.77
2013	2415.45	202.66	235.60	47.63	98.57
2014	2739.26	256.47	261.00	58.01	106.67
2015	3016.05	263.73	281.41	62.03	112.72
2016	3153.48	550.61	297.31	71.75	117.09
2017	3407.22	888.93	332.02	86.31	131.43
2018	3766.02	1007.46	370.23	102.74	152.50
2019	4041.89	1076.10	382.13	77.15	158.92
2020	4168.84	980.69	362.63	82.32	156.69
2021	4353.92	1087.92	363.02	95.46	173.03

8-3 一般公共预算收入
General Public Budget Revenue of the Local Government

单位：亿元 (100 million yuan)

项 目	Item	2020 绝对数 Absolute Value	2020 比重(%) Proportion (%)	2021 绝对数 Absolute Value	2021 比重(%) Proportion (%)
收入合计	**Total Revenue**	**4168.84**	**100.0**	**4353.92**	**100.0**
税收收入	Tax Revenue	2764.73	66.3	2842.56	65.3
增值税	Value-added Tax	980.69	23.5	1087.92	25.0
企业所得税	Corporate Income Tax	362.63	8.7	363.02	8.3
个人所得税	Individual Income Tax	82.32	2.0	95.46	2.2
资源税	Resources Tax	67.06	1.6	77.96	1.8
城市维护建设税	City Maintenance and Construction Tax	156.69	3.8	173.03	4.0
房产税	House Property Tax	82.25	2.0	87.01	2.0
印花税	Stamp Tax	45.98	1.1	50.49	1.2
城镇土地使用税	Urban Land Use Tax	155.12	3.7	135.61	3.1
土地增值税	Land Appreciation Tax	268.61	6.4	216.66	5.0
车船税	Tax on Vehicles and Boat Operation	54.97	1.3	57.94	1.3
耕地占用税	Farm Land Occupation Tax	176.38	4.2	162.07	3.7
契税	Deed Tax	316.86	7.6	320.69	7.4
烟叶税	Tobacco Leaf Tax	5.76	0.1	6.10	0.1
环境保护税	Environment Protection Tax	9.04	0.2	7.93	0.2
其他税收收入	Other Tax Revenue	0.37	0.0	0.65	0.0
非税收入	Non-Tax Revenue	1404.11	33.7	1511.36	34.7
专项收入	Special Program Receipts	409.89	9.8	455.26	10.5
行政事业性收费收入	Charge of Adiministrative and Institutional Units	216.18	5.2	240.02	5.5
罚没收入	Penalty Receipts	167.69	4.0	162.99	3.7
国有资本经营收入	Operating Income from Goverment Capital	77.52	1.9	89.47	2.1
国有资源(资产)有偿使用收入	Income from Use of Stated-owned Resources(Assets)	359.90	8.6	399.99	9.2
其他收入	Other Revenue	172.93	4.1	163.63	3.8

8-4 一般公共预算支出
General Public Budget Expenditure of the Local Government

单位：亿元 (100 million yuan)

项　目	Item	2020 绝对数 Absolute Value	2020 比重(%) Proportion (%)	2021 绝对数 Absolute Value	2021 比重(%) Proportion (%)
本年支出合计	**Total Expenditure**	**10372.67**	**100.0**	**9784.29**	**100.0**
一般公共服务	General Public Service	1061.53	10.2	995.38	10.2
国防	National Defense	7.87	0.1	6.55	0.1
公共安全	Public Security	488.26	4.7	452.58	4.6
教育	Education	1882.56	18.1	1786.41	18.3
科学技术	Science and Technology	254.28	2.5	329.25	3.4
文化旅游体育与传媒	Culture, Tourism, Sport and Media	140.93	1.4	122.01	1.2
社会保障和就业	Social Security and Employment	1575.03	15.2	1560.44	15.9
卫生健康	Health	1085.39	10.5	1018.59	10.4
节能环保	Energy Conservation and Environment Protection	272.63	2.6	210.41	2.2
城乡社区事务	Urban and Rural Community Affairs	1063.83	10.3	978.22	10.0
农林水事务	Agriculture, Forestry and Water Conservancy Operating	1145.40	11.0	1015.22	10.4
交通运输	Transportation	437.31	4.2	332.42	3.4
资源勘探信息等事务	Affairs of Resource Exploration and Information	110.95	1.1	106.62	1.1
商业服务业等事务	Affairs of Commerce and Services	38.07	0.4	29.00	0.3
金融支出	Financial Affairs	32.38	0.3	87.14	0.9
援助其它地区支出	Other Regional Assistance	4.29	0.0	4.03	0.0
自然资源海洋气象等支出	Natural Resources, Marine Meteorology	99.43	1.0	87.95	0.9
住房保障支出	Housing Security	349.43	3.4	273.58	2.8
粮油物资储备支出	Grain and Oil Reserves Management	63.65	0.6	36.43	0.4
灾害防治及应急管理支出	Disaster Prevention and Emergency Management	42.42	0.4	112.95	1.2
债务付息支出	Interest Payment on Debts	166.50	1.6	174.76	1.8
债务发行费用支出	Issuing Debts	1.05	0.0	1.15	0.0
其他支出	Others	49.49	0.5	63.22	0.6

8-5 各级一般公共预算收入(2021年)

General Public Budget Revenue of the Local Government by Rank (2021)

单位：亿元 (100 million yuan)

项　目	Item	合计 Total	省级 Province	市级 City	县市级 County	乡镇级 Town & Township
收入合计	**Total Revenue**	**4353.92**	**198.52**	**1434.05**	**1896.47**	**824.88**
税收收入	Tax Revenue	2842.56	20.01	922.19	1158.49	741.86
增值税	Value-added Tax	1087.92	-39.21	355.17	402.47	369.48
企业所得税	Corporate Income Tax	363.02	50.62	116.95	126.46	68.98
个人所得税	Individual Income Tax	95.46		35.36	43.70	16.40
资源税	Resources Tax	77.96	5.89	12.93	36.42	22.72
城市维护建设税	City Maintenance and Construction Tax	173.03	1.12	78.97	57.10	35.85
房产税	House Property Tax	87.01		30.30	39.35	17.36
印花税	Stamp Tax	50.49		16.75	20.26	13.48
城镇土地使用税	Urban Land Use Tax	135.61		33.67	52.64	49.30
土地增值税	Land Appreciation Tax	216.66		62.75	92.82	61.09
车船税	Tax on Vehicles and Boat Operation	57.94		14.74	28.48	14.71
耕地占用税	Farm Land Occupation Tax	162.07		37.26	93.37	31.44
契税	Deed Tax	320.69		126.15	160.01	34.53
烟叶税	Tobacco Leaf Tax	6.10		0.00	1.18	4.92
环境保护税	Environment Protection Tax	7.93	1.59	0.97	3.82	1.55
其他税收收入	Other Tax Revenue	0.65		0.21	0.40	0.05
非税收入	Non-Tax Revenue	1511.36	178.51	511.86	737.98	83.02
专项收入	Special Program Receipts	455.26	63.80	227.61	158.28	5.57
行政事业性收费收入	Charge of Adiministrative and Institutional Units	240.02	56.53	57.30	121.12	5.07
罚没收入	Penalty Receipts	162.99	26.69	41.69	94.27	0.34
国有资本经营收入	Operating Income from Goverment Capital	89.47		34.74	44.99	9.75
国有资源(资产)有偿使用收入	Income from Use of Stated-owned Resources (Assets)	399.99	26.95	83.47	255.04	34.53
其他收入	Other Revenue	163.63	4.54	67.05	64.28	27.76

8-6 各级一般公共预算支出(2021年)

General Public Budget Expenditure of the Local Government by Rank (2021)

单位：亿元 (100 million yuan)

项目	Item	合计 Total	省级 Province	市级 City	县市级 County	乡镇级 Town & Township
本年支出合计	**Total Expenditure**	**9784.29**	**1375.56**	**2474.53**	**5217.41**	**716.80**
一般公共服务	General Public Service	995.38	64.38	213.57	454.39	263.04
国防	National Defense	6.55	1.72	2.13	2.68	0.02
公共安全	Public Security	452.58	153.28	143.62	154.36	1.33
教育	Education	1786.41	260.90	361.33	1138.72	25.45
科学技术	Science and Technology	329.25	61.26	113.09	123.83	31.06
文化旅游体育与传媒	Culture, Tourism, Sport and Media	122.01	15.73	49.60	50.31	6.37
社会保障和就业	Social Security and Employment	1560.44	448.09	244.83	839.15	28.38
卫生健康	Heaith	1018.59	59.62	275.77	670.47	12.72
节能环保	Energy Conservation and Environment Protection	210.41	10.00	90.85	90.85	18.70
城乡社区事务	Urban and Rural Community Affairs	978.22	0.81	413.64	428.38	135.40
农林水事务	Agriculture, Forestry and Water Conservancy Operating	1015.22	100.08	109.15	652.59	153.40
交通运输	Transportation	332.42	20.53	156.54	152.78	2.56
资源勘探信息等事务	Affairs of Resource Exploration and Information	106.62	9.01	44.96	45.55	7.10
商业服务业等事务	Affairs of Commerce and Services	29.00	0.88	13.90	14.11	0.10
金融支出	Financial Affairs	87.14	63.48	20.67	2.37	0.62
援助其它地区支出	Other Regional Assistance	4.03	1.96	1.39	0.68	
自然资源海洋气象等支出	Natural Resources, Marine Meteorology	87.95	12.18	20.19	53.18	2.40
住房保障支出	Housing Security	273.58	23.13	83.51	155.91	11.03
粮油物资储备支出	Grain and Oil Reserves Management	36.43	17.41	6.15	12.86	0.01
灾害防治及应急管理支出	Disaster Prevention and Emergency Management	112.95	10.25	17.32	72.16	13.22
债务付息支出	Interest Payment on Debts	174.76	38.78	65.11	70.76	0.10
债务发行费用支出	Issuing Debts	1.15	1.15	0.00		
其他支出	Others	63.22	0.95	27.20	31.30	3.77

8-7 各市一般公共预算收入

单位：亿元

年 份 Year	收入合计 Total Revenue	税收收入 Tax Revenue	增值税 Value-added Tax	企业所得税 Corporate Income Tax	个人所得税 Individual Income Tax
2010	1381.32	1016.55	155.79	136.63	40.29
2011	1721.76	1263.10	181.38	185.21	48.38
2012	2040.33	1469.57	187.78	209.13	41.41
2013	2415.45	1764.71	202.66	235.60	47.63
2014	2739.26	1951.46	256.47	261.00	58.01
2015	3016.05	2101.17	263.73	281.41	62.03
2016	3153.48	2158.45	550.61	297.31	71.75
2017	3407.22	2329.31	888.93	332.02	86.31
2018	3766.02	2656.65	1007.46	370.23	102.74
2019	4041.89	2841.34	1076.10	382.13	77.15
2020	4168.84	2764.73	980.69	362.63	82.32
2021	4353.92	2842.56	1087.92	363.02	95.46
郑州市 Zhengzhou	1223.63	833.84	319.52	133.38	42.18
开封市 Kaifeng	179.27	118.90	70.60	8.10	3.61
洛阳市 Luoyang	397.92	257.89	90.68	21.13	7.95
平顶山市 Pingdingshan	203.21	144.82	54.59	9.61	3.60
安阳市 Anyang	200.58	138.35	62.58	15.77	3.66
鹤壁市 Hebi	73.69	44.35	17.02	2.61	1.51
新乡市 Xinxiang	208.28	149.12	60.18	20.39	4.70
焦作市 Jiaozuo	160.72	104.14	38.06	11.54	3.14
濮阳市 Puyang	112.68	77.14	27.87	6.99	2.14
许昌市 Xuchang	189.12	126.82	54.82	11.55	2.63
漯河市 Luohe	114.54	84.49	30.56	9.43	2.69
三门峡市 Sanmenxia	142.44	89.01	42.66	5.57	1.40
南阳市 Nanyang	224.83	155.73	57.63	12.41	5.87
商丘市 Shangqiu	190.13	123.58	45.04	9.10	2.86
信阳市 Xinyang	135.39	93.76	37.41	8.65	2.32
周口市 Zhoukou	158.24	113.76	55.52	8.91	1.72
驻马店市 Zhumadian	181.61	121.96	39.87	9.88	2.47
济源示范区 Jiyuan	59.13	44.87	22.52	7.36	1.00

General Public Budget Revenue of the Local Government by City

(100 million yuan)

城市维护建设税 City Maintenance and Construction Tax	城镇土地使用税 Urban Land Use Tax	契税 Deed Tax	其他各项税收 Other Tax	非税收入 Non-Tax Revenue	#专项收入 Special Program Receipts	#行政事业性收费收入 Charge of Adiministrative and Institutional Units	#国有资本经营收入 Operating Income from Goverment Capital
61.35	48.96	88.98	165.20	364.77	89.04	122.42	60.36
80.22	61.18	98.06	204.39	458.65	90.60	161.33	71.97
89.77	78.15	120.21	217.40	570.77	87.89	199.92	88.48
98.57	102.62	185.29	310.55	650.74	90.25	224.78	90.17
106.67	125.31	142.01	374.66	787.80	101.42	263.90	108.25
112.72	184.74	138.75	398.64	914.88	201.29	238.34	103.28
117.09	184.34	186.95	73.41	995.03	241.07	238.63	92.53
131.43	189.15	208.54	83.79	1077.91	283.27	250.60	77.55
152.50	175.73	246.79	105.15	1109.36	350.07	224.06	45.27
158.92	153.83	274.94	127.60	1200.54	373.49	225.41	66.91
156.69	155.12	316.86	0.37	1404.11	409.89	216.18	77.52
173.03	135.61	320.69	123.12	1511.36	455.26	240.02	89.47
52.47	23.71	101.54	34.31	389.78	232.57	18.88	30.59
6.34	5.03	9.15	3.54	60.37	6.52	14.61	1.58
15.20	12.18	21.71	10.46	140.03	12.13	19.16	9.36
7.33	11.89	22.72	6.34	58.39	16.38	12.76	0.52
11.06	8.91	11.46	6.63	62.23	10.79	11.42	0.10
2.11	5.93	4.78	2.69	29.35	2.92	1.33	0.47
8.08	8.91	19.07	5.63	59.16	15.20	6.67	4.62
5.25	12.77	8.32	4.82	56.57	7.86	3.05	10.16
4.21	5.89	11.25	4.07	35.55	13.12	7.28	1.12
12.51	4.14	11.78	5.61	62.30	18.28	7.29	7.88
5.58	2.67	13.82	2.54	30.05	7.58	4.48	3.60
5.53	2.37	10.99	4.30	53.42	4.18	5.93	6.15
9.28	6.13	17.92	7.14	69.10	8.77	18.98	1.05
5.84	7.45	15.19	6.47	66.55	4.81	9.23	3.59
4.80	2.63	11.85	3.94	41.63	10.99	12.46	1.93
6.55	5.31	13.36	4.86	44.48	7.52	11.29	1.80
6.85	7.20	14.31	5.74	59.65	8.95	17.13	3.46
2.91	2.50	1.49	2.43	14.25	2.90	1.53	1.49

8-8 各市一般公共预算支出

单位：亿元

年 份 Year	支出合计 Payout	#一般公共服务 General Public Service	#公共安全 Public Security	#教 育 Education	#科学技术 Technology	#文化旅游体育与传媒 Culture, Tourism, Sport and Media
2010	3416.14	478.69	189.72	609.37	44.67	54.99
2011	4248.82	559.02	204.80	857.14	56.59	57.54
2012	5006.40	663.07	244.42	1106.51	69.64	69.63
2013	5582.31	733.21	261.22	1171.52	80.00	80.78
2014	6028.69	700.71	274.12	1201.38	81.25	91.16
2015	6799.35	695.32	301.12	1271.00	83.25	105.38
2016	7453.74	750.94	358.41	1343.76	96.10	97.33
2017	8215.52	850.29	417.11	1493.11	137.94	97.52
2018	9217.73	972.55	460.18	1664.67	155.67	103.04
2019	10163.93	1097.40	496.79	1810.71	211.07	127.87
2020	10372.67	1061.53	488.26	1882.56	254.28	140.93
2021	9784.29	995.38	452.58	1786.41	329.25	122.01
郑州市 Zhengzhou	1624.44	136.44	59.75	246.28	84.09	19.33
开封市 Kaifeng	429.47	64.30	14.25	69.65	13.19	7.11
洛阳市 Luoyang	641.71	60.71	23.28	108.78	33.03	14.21
平顶山市 Pingdingshan	336.33	55.52	13.63	60.47	6.88	5.83
安阳市 Anyang	374.28	54.29	16.49	76.84	6.93	4.72
鹤壁市 Hebi	170.26	19.79	4.93	25.58	7.20	3.43
新乡市 Xinxiang	440.31	57.88	17.89	84.04	10.55	6.47
焦作市 Jiaozuo	270.83	30.43	14.02	44.44	5.59	3.92
濮阳市 Puyang	289.84	32.99	10.18	56.54	5.88	3.39
许昌市 Xuchang	325.75	43.95	14.09	66.28	9.26	4.63
漯河市 Luohe	213.53	26.78	7.05	40.09	8.86	2.57
三门峡市 Sanmenxia	250.49	40.26	9.97	45.23	5.43	3.94
南阳市 Nanyang	691.56	69.09	19.33	157.34	14.00	5.26
商丘市 Shangqiu	514.67	53.18	16.48	90.61	11.74	4.71
信阳市 Xinyang	610.53	60.70	19.10	115.96	14.83	5.79
周口市 Zhoukou	666.80	70.50	22.21	125.06	9.74	5.52
驻马店市 Zhumadian	479.51	41.11	14.12	96.61	19.31	4.06
济源示范区 Jiyuan	78.43	13.08	2.53	15.70	1.48	1.37

General Public Budget Expenditure of the Local Government by City

(100 million yuan)

#社会保障和就业 Social Security and Employment	#卫生健康支出 Health	#节能保护 Energy Conservation and Environment Protection	#城乡社区事务 Urban and Rural Community Affairs	#农林水事务 Agriculture, Forestry and Water Conservancy	#交通运输 Transportation	#住房保障 Housing Security
461.22	270.21	96.38	165.30	399.19	173.84	77.25
547.96	361.48	95.60	191.30	480.48	281.21	142.64
631.61	425.99	109.45	237.97	551.73	300.43	185.65
731.41	492.48	111.92	309.12	629.85	346.19	191.11
790.87	602.95	119.95	431.74	661.94	364.86	247.57
945.83	717.74	177.77	645.21	791.63	371.01	242.04
1067.40	778.01	195.72	879.33	807.06	347.97	268.58
1160.23	836.66	241.65	1122.67	916.81	296.17	248.12
1298.45	928.95	358.70	1152.43	1001.08	283.19	359.62
1457.14	986.78	352.29	1381.48	1059.70	383.82	284.71
1575.03	1085.39	272.63	1063.83	1145.40	437.31	349.43
1560.44	1018.59	210.41	978.22	1015.22	332.42	273.58
137.56	117.46	66.13	419.55	75.57	75.00	63.15
61.19	50.79	8.27	47.65	52.69	10.83	12.08
78.48	63.40	16.52	105.77	65.98	26.23	14.07
52.50	39.64	4.39	18.69	33.02	12.81	10.29
50.75	45.25	8.60	35.98	30.47	9.36	11.47
17.43	14.76	1.86	17.92	14.70	9.30	5.50
62.76	50.35	6.85	23.84	50.03	15.46	11.79
45.70	31.99	7.61	24.35	24.94	7.81	8.24
40.42	36.22	6.64	29.72	30.01	11.85	10.47
46.27	34.44	9.21	31.23	31.31	10.43	2.55
26.45	18.10	4.41	25.42	20.15	5.87	7.50
27.72	27.95	7.09	21.73	30.92	7.16	6.43
114.72	93.72	14.99	33.56	98.27	25.93	13.93
78.50	81.17	7.49	39.49	70.99	18.66	19.83
82.89	73.81	11.68	33.06	109.59	23.39	18.65
95.12	95.16	10.96	44.73	96.05	27.68	15.58
84.10	78.54	5.15	18.71	72.11	10.93	16.49
9.80	6.21	2.55	6.03	8.34	3.19	2.41

主要统计指标解释

一般公共预算收入 指国家财政参与社会产品分配所取得的收入，是实现国家职能的财力保证。主要包括税收收入和非税收入。

（1）税收收入：包括国内增值税、国内消费税、进口货物增值税和消费税、出口货物退增值税和消费税、营业税、企业所得税、个人所得税、资源税、城市维护建设税、房产税、印花税、城镇土地使用税、土地增值税、车船税、船舶吨税、车辆购置税、关税、耕地占用税、契税、烟叶税等。

（2）非税收入：包括专项收入、行政事业性收费收入、罚没收入、国有资本经营收入、国有资源（资产）有偿使用收入和其他收入。

一般公共预算支出 指国家财政将筹集起来的资金进行分配使用，以满足经济建设和各项事业的需要。主要包括：

（1）一般公共服务：指政府提供基本公共管理与服务的支出，包括人大事务、政协事务、政府办公厅（室）及相关机构事务、发展与改革事务、统计信息事务、财政事务、税收事务、审计事务、海关事务、人力资源事务、纪检监察事务、人口与计划生育事务、商贸事务、知识产权事务、工商行政管理事务、质量技术监督与检验检疫事务、国土资源事务、海洋管理事务、测绘事务、地震事务、气象事务、民族事务、宗教事务、港澳台侨事务、档案事务、共产党事务、民主党派及工商联事务、群众团体事务、彩票发行事务、国债事务、债券投资、其他一般公共服务支出。

（2）国防：指政府用于国防方面的支出，包括现役部队、预备役部队、民兵、国防科研事业、专项工程、国防动员等方面的支出。

（3）公共安全：指政府维护社会公共安全方面的支出，包括武装警察、公安、国家安全、检察、法院、司法行政、监狱、劳教、国家保密、缉私警察等。

（4）教育：指政府教育事务支出，包括教育管理、学前教育、小学教育、初中教育、普通高中教育、普通高等教育、中专教育、技校教育、职业高中教育、高等职业教育、广播电视教育、留学生教育、特殊教育、干部继续教育、教育机关服务等。

（5）科学技术：指用于科学技术方面的支出，包括科学技术管理事务、基础研究、应用研究、技术研究与开发、科技条件与服务、社会科学、科学技术普及、科技交流与合作等。

（6）文化体育与传媒：指政府在文化、文物、体育、广播影视、新闻出版等方面的支出。

（7）社会保障和就业：指政府在社会保障与就业方面的支出，包括社会保障和就业管理事务、民政管理事务、财政对社会保险基金的补助、补充全国社会保障基金、行政事业单位离退休、企业改革补助、就业补助、抚恤、退役安置、社会福利、残疾人事业、城市居民最低生活保障、其他城镇社会救济、农村社会救济、自然灾害生活救助、红十字事务等。

（8）医疗卫生：指政府在医疗卫生方面的支出，包括医疗卫生管理事务、医疗服务、社区卫生服务、医疗保障、疾病预防控制、卫生监督、妇幼保健、农村卫生、中医药等。

（9）节能环保：指政府节能环保的支出，包括环境保护管理事务、环境监测与监察、污染防治、自然生态保护、天然林保护工程、退耕还林、风沙荒漠治理、退牧还草、已垦草原退耕还草、能源节约利用、污染减排、可再生能源和资源综合利用等支出。

（10）城乡社区事务：指政府城乡社区事务支出，包括城乡社区管理事务、城乡社区规划与管理、城乡社区公共设施、城乡社区住宅、城乡社区环境卫生、建设市场管理与监督等。

（11）农林水事务：指政府农林水事务的支出，包括农业、林业、水利、扶贫、农业综合开发等。

（12）交通运输：指政府交通运输和邮政业方面的支出，包括公路运输、水路运输、铁路运输、民用航空运输、邮政业支出等。

（13）资源勘探电力信息等事务：指政府对资源勘探电力信息等事务支出，包括资源勘探业、制造业、建筑业、电力监管、工业和信息产业监管、安全生产监管、国有资产监管、支持中小企业发展和管理支出等。

（14）商业服务业等事务：指政府对商业服务业等事务的支出，包括商业流通事务、旅游业管理与服务、涉外发展服务支出等。

（15）金融监管等事务：指政府对金融保险业监管等事务方面的支出。

（16）国土资源气象等事务：指政府用于国土资源、海洋、测绘、地震、气象等公益服务事业方面的支出。

（17）住房保障支出：指政府用于住房保障方面的支出。

（18）粮油物资储备事务：指政府用于粮油物资储备事务方面的支出。

（19）国债还本付息支出：指政府在国债还本、付息、发行等方面的支出。

Explanatory Notes on Main Statistical Indicators

General Public Budget Revenue refers to income for the government finance through participating in the distribution of social products. It is the financial guarantee to ensure government functioning. Now it includes Tax Revenue and Non-Tax Revenue:

(1) Tax Revenue: Including Value-added tax, consumption tax, business tax, enterprise income tax, enterprise income tax rebate, personal income tax, resources tax , regulatory taxes on investment in fixed assets, urban maintenance and construction taxes, property taxes, stamp duty, tax on using urban land, land value-added tax, tax on using Vehicles and Ships, tax on using licence, Ship tons of tax, vehicle purchase tax (charges), tax on Slaughtering, banquet tax, customs, agriculture (tobacco) specialty tax, land tax, contract taxes and other tax revenue.

(2) Non-Tax Revenue: Including Special revenue, the Community Chest lottery income, administrative fees income, confiscated income, the state capital operating revenue, compensation income of using state-owned resources (assets), other income.

General Public Budget Expenditure refers to the distribution and use of the funds which the government finance has raised, so as to meet the needs of economic construction and various causes. It includes the following main items:

(1) Commonly Public servings: including affairs of People's Congress, affairs of Committee of People's Political Consultative Conference, the Government Office (room) and related organizations affairs, development and reform Affairs, statistical information Affairs, financial services, revenue Affairs, audit Affairs, customs affairs, personnel affairs, the discipline inspection and supervision Affairs, population and family planning Affairs, commerce and trade Affairs, intellectual property Affairs, administration affairs of industrial and commercial, supervision and administration Affairs of food and drug, quality of technical supervision and inspection and quarantine Affairs, land and natural resources Affairs, marine management Affairs, surveying and mapping Affairs, seismic Affairs, meteorological Affairs, ethical affairs, religion Affairs, Hong Kong, Macao and Taiwan affairs, file Affairs, the Communist Party affairs, other parties and the Federation of Industry and Commerce Services Mass organizations Affairs, Lottery Affairs, Treasury Affairs, bond investment, the other general public Affairs expenditure.

(2) Defense: refers to the government for defense spending, including standing army, the reserve forces and the militia, national defense scientific research career, special engineering, national defense mobilization of expenditure.

(3) National Defense: including Active-duty troops and reserve forces of national defense, national defense mobilization, and other defense expenditure.

(4) Education: including Education and management Affairs, general education, vocational education, adult education, radio and television education, studying abroad education, special education, teacher education and continuing education of cadres, education surcharge and education fund, other educational expenses.

(5) Science and technology: including Science and technology management Affairs, basic research, applied research, technology research and development, conditions and service of science and technology, social science, science and technology popularization , Science and technology exchanges and cooperation, and other science and technology expenditure.

(6) Culture Sport and Medium: including Culture, heritage, sports, radio, television, press, publishing, sports and other cultural and media expenditure.

(7) Social Security and Obtain employment: including Social security and Obtain employment Affairs, civil administration Management Affairs, added the National Social Security Fund, retired from administrative institutions, subsidies for shutdown and bankruptcy enterprises, employment subsidies, pension, placement of retirement, social welfare, handicapped Affairs, the minimum

living guarantee for urban residents, other urban social relief, rural social relief, living relief for natural disaster, the Red Cross Affairs, other social security expenditure and employment expenditure.

(8) Medical Treatment and Public Health: including Medical and health management affairs, medical services, community health services, health ensure, disease prevention and control, sanitation surveillance, health care of female and child, rural sanitation, Chinese traditional medicine, other medical and health expenditure.

(9) Energy conservation and environmental protection: including Environmental management affairs, environmental monitoring and surveillance, pollution control, natural ecological protection, natural forests protection, returning farmland to forests, desertification and sandstorms control, returning farmland to grassland, other environmental protection expenditure.

(10) Urban and Rural Area Community Operating: Including The management of urban and rural communities affairs, planning and management of urban and rural community, public facilities in rural and urban communities, residential of rural and urban communities, sanitation of urban and rural communities, management and supervision of marketable construction, the Government Housing Fund expenditures, expenditures of using land, additional expenditures of urban public utilities, other expenses of urban and rural community affairs.

(11) Farming Forestry and Water Conservancy Operating: including Agriculture, forestry, water conservancy, moving water from north to south, poverty alleviation, agricultural development, and other expenditures of agriculture, forestry, water affairs.

(12) Traffic and Transport: including Highway and waterway transport, rail transport, air transport, and other transport expenses.

(13) Resource exploration of electric power information: Mining, manufacturing, construction, electricity, the information industry, tourism, foreign-related development, grain and oil services, commercial circulation services, material reserves, the financial industry, tobacco affairs, production safety, state-owned assets supervision, the SME affairs, other industrial business Services such as financial expenditures.

(14) Business service and other affairs: refers to the government to business service and other affairs expenses, including commercial distribution affairs, tourism management and service, foreign development service expenditure, etc.

(15) Financial supervision: refers to the government for financial insurance regulatory affairs expenses.

(16) Land and resources weather affairs: refers to the government for land and resources, ocean, surveying and mapping, earthquake, meteorology and so on public service business spending.

(17) Housing security spending: refers to the government for housing safeguard expenses.

(18) Grain and oil materials reserve affairs: refers to the government for cereals and oil materials reserve affairs expenses

(19) National debt repayment of capital and interest expenses: refers to the government in national debt repayment of principal and interest payment and issue of expenditure.

物价
Prices

9

◉ 资料整理：朱娜　拓福星　赵晨夕　王燕　朱毓瑞

简要说明

一、主要内容

本篇包括居民消费价格指数，商品零售价格指数，农业生产资料价格指数，农产品生产价格指数，工业生产者出厂价格指数，工业生产者购进价格指数，固定资产投资价格指数等资料。

二、资料来源

价格指数编制由国家统计局河南调查总队组织实施。由省、市及抽选出的市、县调查队依据国家统计局统一制定的价格统计调查制度向基层采集原始数据汇总后得到。

居民消费、商品零售、农业生产资料价格指数采用抽样调查和重点调查相结合的方法取得，即在全省选择不同经济区域和分布合理的地区，以及有代表性的商品作为样本，对其市场价格进行定期调查，以样本推断总体。由国家统计局河南调查总队消费价格调查处编辑整理。

工业生产者价格调查采用重点调查与典型调查相结合的调查方法。重点调查将全部年主营业务收入2000万元以上的企业列为调查对象，采用主观选样的方法选择调查企业；典型调查是把年主营业务收入2000万元以下的企业作为抽样对象，采用随机抽样的调查方法。由国家统计局河南调查总队生产投资价格调查处编辑整理。

Brief Introduction

I. Main Contents

Data on price indices in this chapter including mainly consumer price indices, retail price indices, price indices for means of agricultural production, producer price indices for farm products, Industrial producers ex-factory price index, industrial producers purchase price index, price indices for investment in fixed assets.

II. Sources of Data

Compilation of statistics on price indices is organized by the Department of Henan Survey organizations, NBS. The survey organizations of the provinces, cities directly under the Central Government and of the selected cities and counties collect data from the grassroots units in accordance with the scheme of price survey system, tabulate them and report them to the higher agencies.

Data for compilation of the consumer price indices, the retail price indices and the producer price indices for farm products in Henan province are collected through a combination of sample surveys and surveys of key units. Areas distributed in different economic regions are selected as the sample areas and representative commodities are selected as the sample commodities. Regular surveys are conducted to collect data on their market prices. Population parameters are inferred on the basis of the sample data. Data of this part are provided by the Department of Henan Survey organizations, NBS.

Industrial producer prices are collected through a combined use of the key units' survey and typical units' survey methods. Key units refer to enterprises which annual sale revenue above 20 million yuan, using the method of subjective selection. Typical units refer to the enterprises which annual sale revenue below 20 million yuan, using the method of sampling survey. Data of this part are provided by the Department of Henan Survey organizations, NBS.

9-1 各种物价总指数
General Price Indices

(上年=100) (preceding year=100)

年 份 Year	居民消费价格总指数 General Consumer Price Index	城 市 Urban Areas	农 村 Rural Areas	商品零售价格总指数 General Retail Price Index	工业生产者出厂价格指数 Producer Price Index for Industrial Products	工业生产者购进价格指数 Purchasing Price Index for Industrial Producers
1978	100.1	100.0	100.1	100.1		
1980	104.6	106.0	103.8	104.9		
1985	104.6	106.5	103.6	105.4		
1990	100.7	100.5	100.9	100.1	105.5	105.5
1991	102.3	105.1	100.0	102.0	104.3	104.4
1992	105.4	107.7	102.9	105.0	106.2	110.0
1993	110.4	110.6	110.3	108.3	118.1	133.0
1994	125.2	127.4	123.5	120.6	124.1	122.0
1995	116.5	116.9	116.3	114.9	115.0	114.1
1996	110.5	109.5	110.9	107.9	104.1	106.0
1997	103.5	102.4	103.9	100.6	100.6	100.6
1998	97.5	97.9	97.1	96.6	95.3	94.8
1999	96.9	96.6	97.1	96.2	95.4	94.3
2000	99.2	99.1	99.2	98.5	104.0	105.1
2001	100.7	100.7	100.7	99.8	100.5	101.9
2002	100.1	99.8	100.6	99.2	98.6	97.6
2003	101.6	101.7	101.4	101.3	105.0	107.8
2004	105.4	105.4	105.4	105.7	110.2	115.7
2005	102.1	102.1	102.1	101.7	106.1	108.3
2006	101.3	101.2	101.5	100.9	104.3	105.3
2007	105.4	105.4	105.5	104.4	105.2	106.4
2008	107.0	106.5	107.9	107.5	112.1	111.9
2009	99.4	98.8	100.4	99.4	94.9	97.1
2010	103.5	103.4	103.8	103.7	107.8	110.2
2011	105.6	105.4	106.1	105.7	107.2	110.1
2012	102.5	102.6	102.4	102.3	99.4	99.2
2013	102.9	102.9	102.9	101.9	98.5	99.3
2014	101.9	102.0	101.6	101.0	98.1	98.4
2015	101.3	101.3	101.2	99.8	95.4	95.4
2016	101.9	101.9	102.0	100.3	99.0	99.2
2017	101.4	101.5	101.2	101.3	106.8	107.3
2018	102.3	102.4	102.0	102.9	103.6	104.0
2019	103.0	102.9	103.1	102.4	100.2	101.2
2020	102.8	102.5	103.3	100.9	99.2	99.4
2021	100.9	101.0	100.8	101.5	107.8	109.5

9-2 各种物价定基指数

Fixed-base Price Indices

(1978年＝100) (1978 year =100)

年 份 Year	居民消费价格总指数 General Consumer Price Index	城 市 Urban Areas	农 村 Rural Areas	商品零售价格总指数 General Retail Price Index	工业生产者出厂价格指数 Producer Price Index for Industrial Products	工业生产者购进价格指数 Purchasing Price Index for Industrial Producers
1978	100.0	100.0	100.0	100.0		
1979	100.4	100.3	100.4	100.4		
1980	105.0	106.3	104.2	105.3		
1981	106.5	108.9	105.0	107.0		
1982	108.0	110.8	106.3	108.6		
1983	109.7	114.0	107.3	110.5		
1984	110.6	116.6	107.4	111.5		
1985	115.7	124.1	111.2	117.5		
1986	122.0	132.6	116.0	123.3		
1987	129.7	142.9	122.2	131.1		
1988	154.9	173.6	144.3	156.9	100.0	100.0
1989	183.9	199.5	176.0	186.3	119.7	130.0
1990	185.1	200.5	177.6	186.5	126.3	137.2
1991	189.4	210.7	177.6	190.2	131.7	143.2
1992	199.6	227.0	182.8	199.7	139.9	157.5
1993	220.4	251.0	201.6	216.3	165.2	209.5
1994	275.9	319.8	249.0	260.8	205.0	255.6
1995	321.4	373.8	289.5	299.7	235.8	291.6
1996	355.2	409.3	321.1	323.4	245.4	309.1
1997	367.6	419.2	333.6	325.0	246.9	310.9
1998	358.4	410.4	323.9	314.0	235.3	294.8
1999	347.3	396.4	314.6	302.0	224.5	278.0
2000	344.6	392.9	312.0	297.5	233.5	292.2
2001	347.0	395.6	314.2	296.9	234.6	297.7
2002	347.3	394.8	316.1	294.5	231.4	290.5
2003	352.9	401.5	320.5	298.4	243.0	313.0
2004	371.9	423.2	337.8	315.4	267.9	362.0
2005	379.7	432.1	344.9	320.7	284.1	392.0
2006	384.7	437.3	350.1	323.6	296.3	412.7
2007	405.5	460.9	369.4	337.8	311.8	439.2
2008	433.9	490.9	398.6	363.1	349.6	491.3
2009	431.3	485.0	400.2	360.9	331.8	477.2
2010	446.4	501.5	415.4	374.3	357.7	525.9
2011	471.4	528.6	440.7	395.6	383.4	579.1
2012	483.2	542.3	451.3	404.7	381.2	574.2
2013	497.2	558.0	464.4	412.4	375.6	570.0
2014	506.7	569.2	471.8	416.5	368.2	560.8
2015	513.3	576.8	477.7	415.5	351.1	534.9
2016	523.1	587.5	487.3	416.9	347.7	530.8
2017	530.4	596.3	493.2	422.3	371.4	569.3
2018	542.6	610.6	503.1	434.5	384.6	592.3
2019	558.9	628.6	518.8	445.1	385.2	599.4
2020	574.3	644.1	537.7	445.2	382.0	595.9
2021	579.5	650.5	542.0	451.9	411.9	652.4

注：工业生产者出厂价格和工业生产者购进价格指数以1988年=100。

a) Producer Price Index for Industrial Products and Purchasing Prices Index for Industrial Products are Calculated as the index on 1988=100.

9-3 居民消费价格指数(2021年)

Consumer Price Indices (2021)

(上年=100) (preceding year=100)

项　目	Item	全省 The Whole Province	城市 Urban Indices	农村 Rural Indices
总 指 数	**General Consumer Price Index**	**100.9**	**101.0**	**100.8**
食品烟酒	**Food、Tobacco and Liquor**	**100.2**	**100.5**	**99.6**
食品	Food	99.7	100.1	98.8
粮食	Grain	101.7	101.9	101.5
食用油	Cooking Oil	106.9	105.7	108.8
菜及食用菌	Vegetables and Edible Fungus	109.4	110.1	107.5
#鲜菜	Fresh Vegetables	110.8	111.8	108.5
畜肉类	Livestock Meat	82.0	83.6	79.0
#猪肉	Pork	68.8	69.5	67.6
禽肉类	Meal and Poultry	99.0	98.0	101.3
水产品	Aquatic Products	114.8	115.7	112.1
蛋类	Eggs	115.4	113.9	118.1
奶类	Milk	100.8	100.7	101.0
干鲜瓜果类	Dried and Fresh Melons and Fruits	102.5	102.5	102.8
#鲜果	Fresh Fruits	103.4	103.3	103.5
茶及饮料	Tea and Beverages	100.6	100.3	101.1
烟酒	Tobacco and Liquor	100.9	100.4	101.9
在外餐饮	Dining Out	101.9	102.0	101.5
衣着	**Clothing**	**99.4**	**99.4**	**99.5**
服装	Garments	99.4	99.3	99.6
衣着材料及配件	Clothing Material	99.7	99.8	99.5
衣着服务费	Other Clothing and accessories	101.3	101.1	101.8
鞋类	Footwear	99.3	99.5	99.0
居住	**Residence**	**100.7**	**100.5**	**101.3**
租赁房房租	Renting	100.3	100.1	101.0
住房保养维修及管理	Maintenance and Management of Housing	103.0	103.3	102.4
水电燃料	Water, Electricity and Fuels	100.7	100.2	101.7
自有住房	Private Housing	100.2	99.9	100.8
生活用品及服务	**Supplies and services**	**100.0**	**100.0**	**100.2**
家具及室内装饰品	Furniture and Decorations	101.2	101.4	100.8
家用器具	Home Appliances	100.6	100.1	101.6
家用纺织品	Home Textile	99.7	99.5	100.1
家庭日用杂品	Daily Use Household Articles	99.2	98.9	99.5
个人护理用品	Personal Article and Service	98.4	98.4	98.1
家庭服务	Household Service	102.9	103.8	99.9
交通和通信	**Transportation and Communication**	**102.8**	**103.0**	**102.5**
交通	Transportation	104.0	104.2	103.6
通信	Communication	99.8	99.6	100.0
教育文化和娱乐	**Education Culture and Recreation**	**103.5**	**103.6**	**103.3**
教育	Education	104.5	105.0	103.6
文化娱乐	Cultural and Recreational Articles	101.3	101.0	102.1
医疗保健	**Health Care**	**100.4**	**100.8**	**99.8**
药品及医疗器具	Medicines and Medical Instrument	100.1	100.8	98.7
医疗服务	Medical Service	100.6	100.8	100.2
其他用品和服务	**Other Articles and Service**	**98.2**	**97.9**	**99.0**
其他用品类	Articles	99.0	98.8	99.5
其他服务类	Service	97.4	97.1	98.5

9-4 分类商品零售价格指数

Retail Price Indices by Category

(上年=100) (preceding year=100)

项 目	Item	2017	2018	2019	2020	2021
商品零售价格总指数	**Retail Price Index of commodities**	**101.3**	**102.9**	**102.4**	**100.9**	**101.5**
食品类	Food	98.3	101.6	107.2	107.9	100.7
饮料、烟酒类	Beverage and Tobacco and Alcohol	101.6	102.6	101.9	101.1	100.9
服装、鞋帽类	Garments Shoes and Hats	101.1	101.0	100.8	98.8	99.5
纺织品类	Textile Product	100.9	100.8	100.3	99.6	99.7
家用电器及音像器材	Household Appliance and Audio-video Material	101.1	100.8	98.3	99.3	101.7
文化办公用品类	Office Supplies	103.2	100.5	103.2	100.9	102.1
日用品类	Articles for Everyday Use	100.7	101.2	100.9	99.9	99.4
体育娱乐用品类	Sport and Entertainment Goods	100.4	101.5	100.8	100.0	100.8
交通、通信用品类	Transportation and Communication Appliances	95.7	102.7	102.1	95.8	99.6
家具类	Furniture	100.8	102.4	101.9	99.8	101.6
化妆品类	Cosmetics	101.3	101.6	101.0	101.0	98.6
金银饰品类	Gold and Sliver Jewellery	103.1	98.3	107.9	118.3	98.8
中西药品及医疗保健用品类	Chinese Traditional Medicine and Western Medicine and Health Product	109.2	105.6	103.9	102.1	100.7
书报杂志及电子出版物类	Books and Newspapers and Magazines and Electronic Publications	102.0	104.1	106.4	101.1	100.6
燃料类	Fuel	111.4	112.0	96.1	91.3	113.1
建筑材料及五金电料类	Architectural and Hardware Material	103.0	102.8	100.9	99.8	101.5

9-5 各市居民消费价格指数(2021年)

Consumer Price Indices by City (2021)

各市数据不含所辖市(县)数据（9-6表同）。

Price Indices of every city(county) exclude the data of city(county) under its administration (the same as table 9-6).

(上年=100) (preceding year=100)

地 区 Region	居民消费价格总指数 Consumer Price Index	食品烟酒 Food, Tobacco, Liquor	衣 着 Clothing	居 住 Residence	生活用品及服务 Living Supplies and Services	交通和通 信 Transportation and Communication	教育文化和娱乐 Education, Culture and Entertainment	医疗保健 Health Care	其他用品和服务 Others
郑 州 市 Zhengzhou	101.1	101.4	100.3	100.5	100.2	102.3	103.5	99.8	94.8
开 封 市 Kaifeng	101.0	100.5	100.3	99.6	100.4	103.5	102.4	101.6	103.0
洛 阳 市 Luoyang	101.1	100.5	97.5	100.7	99.8	103.1	104.6	101.0	99.3
平顶山市 Pingdingshan	101.4	99.1	100.0	100.9	100.7	104.7	106.9	100.0	101.8
安 阳 市 Anyang	101.4	100.2	100.4	100.9	100.0	103.1	103.8	103.6	98.5
鹤 壁 市 Hebi	100.8	102.3	94.5	99.2	100.6	105.3	100.3	101.0	98.5
新 乡 市 Xinxiang	100.5	101.0	98.5	99.6	99.1	102.1	102.6	100.6	95.8
焦 作 市 Jiaozuo	100.8	99.4	99.6	100.3	100.6	102.9	104.1	101.3	99.4
濮 阳 市 Puyang	100.2	98.2	97.3	100.8	98.4	103.8	104.3	100.3	96.0
许 昌 市 Xuchang	101.1	99.9	99.3	100.8	99.2	103.2	104.8	101.5	99.2
漯 河 市 Luohe	100.6	99.5	100.0	100.9	100.1	103.3	101.5	99.8	99.0
三门峡市 Sanmenxia	100.4	99.5	96.6	100.4	99.3	103.3	103.2	100.5	98.8
南 阳 市 Nanyang	101.0	99.7	100.8	99.8	100.1	103.4	105.2	100.7	100.0
商 丘 市 Shangqiu	101.3	102.0	100.5	100.0	100.3	102.8	102.0	101.2	101.3
信 阳 市 Xinyang	100.5	99.5	97.8	100.2	99.1	103.5	103.8	100.1	98.1
周 口 市 Zhoukou	101.3	100.2	100.6	100.7	99.4	103.1	105.0	102.4	98.2
驻马店市 Zhumadian	100.7	100.4	98.3	100.3	99.3	102.4	101.6	102.2	99.8
济源示范区 Jiyuan	102.0	100.1	98.7	103.4	101.2	103.2	103.5	105.0	101.0

9-6 各市商品零售价格指数(2021年)

(上年=100)

地区 Region	商品零售价格总指数 General Index	食品类 Food	饮料烟酒类 Beverage and Tabacco, Liquor	服装鞋帽类 Clothing, Shoes and Hats	纺织品类 Textiles	家用电器及音像器材类 Household Appliance and Audio-video Material	文化办公用品类 Cultural and Office Supplies	日用品类 Articles for Daily Use
郑州市 Zhengzhou	101.3	101.5	100.4	100.3	100.0	99.7	102.2	99.4
开封市 Kaifeng	102.1	100.9	101.3	100.2	102.1	102.3	102.2	99.3
洛阳市 Luoyang	101.8	101.2	99.2	97.4	99.3	101.2	101.2	98.8
平顶山市 Pingdingshan	101.6	98.4	101.6	99.9	101.4	104.5	101.3	99.3
安阳市 Anyang	101.5	100.7	98.9	100.3	98.5	102.4	102.0	99.9
鹤壁市 Hebi	101.7	102.7	101.3	94.9	99.7	102.6	100.8	100.1
新乡市 Xinxiang	101.3	101.4	100.8	98.5	98.0	100.7	102.5	98.7
焦作市 Jiaozuo	101.3	99.9	100.5	99.7	99.6	101.7	102.3	97.7
濮阳市 Puyang	100.5	98.3	98.1	97.3	96.1	102.1	101.5	97.8
许昌市 Xuchang	101.5	100.0	99.9	99.3	100.2	100.9	101.6	99.2
漯河市 Luohe	101.8	99.7	101.3	100.0	101.8	104.6	101.8	99.4
三门峡市 Sanmenxia	100.7	100.6	98.0	96.3	92.6	103.5	101.6	99.8
南阳市 Nanyang	101.7	99.8	102.1	100.8	102.8	103.5	101.7	100.7
商丘市 Shangqiu	102.1	102.7	100.0	100.4	97.5	104.8	104.3	98.7
信阳市 Xinyang	101.4	99.6	101.5	97.8	98.3	102.7	101.0	99.5
周口市 Zhoukou	101.5	100.4	101.0	100.4	99.5	102.4	101.6	99.5
驻马店市 Zhumadian	101.5	100.0	100.3	98.5	99.2	101.4	101.9	99.8
济源示范区 Jiyuan	101.9	100.5	99.1	98.9	98.0	103.6	101.8	99.1

Retail Price Indices by City (2021)

(preceding year=100)

体育娱乐用品类 Sport and Entertainment Goods	交通、通信用品 Traffic and Communi-cation Goods	家具类 Furniture	化妆品类 Cosmetics	金银饰品 Gold、Sliver and Jewellery	中、西药品及医疗保健用品 Chinese Traditional Medicine and Western Medicine and Health Product	书报杂志及电子出版物类 Books& Newspapers、Magazines and E-publication	燃料类 Fuels	建筑材料及五金电料类 Architectural and hardware material
101.0	99.4	103.8	99.6	96.0	100.1	99.8	112.1	100.1
101.7	99.8	98.8	98.4	117.0	100.6	100.2	113.5	101.2
99.5	100.2	103.6	98.0	99.2	103.0	104.7	114.2	101.8
100.2	100.2	98.8	98.0	105.8	99.5	98.9	113.2	105.7
100.1	99.7	100.2	97.6	97.0	102.0	99.9	114.1	98.6
100.2	99.3	102.0	98.8	97.7	102.4	100.5	113.2	100.0
101.0	99.5	100.3	98.7	96.3	98.9	100.2	114.2	99.1
99.0	99.5	104.0	99.2	97.3	99.5	102.0	114.8	99.9
100.1	99.5	100.9	96.0	95.6	101.2	100.6	113.5	101.7
100.0	99.5	97.4	98.9	100.4	104.0	99.1	112.9	103.9
101.2	99.8	101.0	97.5	97.6	100.3	101.6	113.0	105.1
101.7	99.5	97.0	97.5	97.3	100.4	100.1	112.4	99.6
100.3	100.3	99.5	97.6	102.7	100.9	99.5	112.2	100.7
100.0	99.2	100.2	98.4	99.2	102.3	100.7	112.7	100.1
100.8	99.7	96.2	98.5	96.5	100.2	100.2	113.1	108.2
100.6	99.7	100.5	97.3	97.2	99.9	100.3	112.8	102.8
104.2	99.5	98.9	97.9	99.3	102.3	100.3	113.2	103.0
106.8	99.5	110.0	97.5	91.9	105.1	101.5	113.2	100.8

9-7 各市居民消费价格指数(2021年)

Consumer Price Indices by City (2021)

本表数据为全市口径（9-8表同）。

Price Indices of every city refers to the whole city's caliber (the same as table 9-8).

(上年=100) (preceding year=100)

地区 Region	居民消费价格总指数 Consumer Price Index	食品烟酒 Food, Tobacco, Liquor	衣着 Clothing	居住 Residence	生活用品及服务 Living Supplies and Services	交通和通信 Transportation and Communication	教育文化和娱乐 Education, Culture, Entertainment	医疗保健 Health Care	其他用品和服务 Others
郑州市 Zhengzhou	101.1	101.4	100.3	100.5	100.2	102.3	103.5	99.8	94.8
开封市 Kaifeng	101.5	101.8	98.2	101.6	100.7	103.9	101.8	100.6	102.0
洛阳市 Luoyang	100.6	100.2	99.1	100.6	100.2	101.7	101.1	102.6	98.7
平顶山市 Pingdingshan	100.7	101.8	98.6	100.6	99.3	101.7	100.1	99.9	100.9
安阳市 Anyang	101.0	99.6	100.4	99.8	100.8	104.1	102.7	102.8	100.6
鹤壁市 Hebi	101.4	100.3	99.7	100.5	101.6	102.5	102.9	104.3	99.8
新乡市 Xinxiang	100.6	101.1	98.5	100.4	99.5	101.5	101.9	100.7	98.0
焦作市 Jiaozuo	100.6	100.5	99.8	100.3	100.0	102.0	101.0	100.5	99.7
濮阳市 Puyang	101.2	101.8	98.9	101.1	99.5	103.1	100.7	101.9	99.5
许昌市 Xuchang	100.8	100.1	100.2	100.1	100.7	103.0	101.7	100.6	99.4
漯河市 Luohe	100.7	99.5	100.6	100.3	101.5	102.7	102.2	100.0	101.8
三门峡市 Sanmenxia	100.9	100.5	100.0	101.5	100.3	102.0	100.6	101.3	100.4
南阳市 Nanyang	100.8	100.6	99.8	100.5	100.5	101.9	101.3	100.7	100.9
商丘市 Shangqiu	100.7	100.5	99.2	100.4	100.7	102.1	101.3	101.1	100.9
信阳市 Xinyang	100.5	99.3	99.7	100.1	100.0	101.7	102.8	102.1	100.1
周口市 Zhoukou	101.3	101.1	100.6	100.6	100.0	102.9	103.1	102.0	99.5
驻马店市 Zhumadian	100.6	100.2	99.8	100.3	98.7	104.1	101.4	100.0	98.5
济源示范区 Jiyuan	100.7	100.0	98.0	101.6	98.7	101.9	102.6	102.9	100.5

9-8 各市商品零售价格指数(2021年)

Retail Price Indices by City (2021)

(上年=100) (preceding year=100)

地区 Region	商品零售价格总指数 General Index	食品类 Food	饮料烟酒 Beverage, Tobacco, Liquor	服装鞋帽类 Clothing, Shoes and Hats	纺织品类 Textiles	家用电器及音像器材类 Household Appliance and Audio-video Material	文化办公用品类 Cultural and Office supplies	日用品 Articles for Daily Use	体育娱乐用品类 Sport and Entertainment Goods
郑州市 Zhengzhou	101.3	101.5	100.4	100.3	100.0	99.7	102.2	99.4	101.0
开封市 Kaifeng	101.9	102.2	100.5	98.7	100.6	101.3	102.9	100.8	101.6
洛阳市 Luoyang	100.4	100.4	100.7	99.7	102.0	99.6	94.6	99.4	98.1
平顶山市 Pingdingshan	100.7	102.1	100.3	99.1	101.3	99.2	101.5	98.5	99.6
安阳市 Anyang	101.9	100.1	99.5	100.2	99.0	100.8	102.1	103.2	101.5
鹤壁市 Hebi	101.5	101.2	100.2	99.6	100.0	99.9	100.0	100.2	100.2
新乡市 Xinxiang	101.3	101.4	101.6	98.7	99.0	100.0	101.3	99.4	100.6
焦作市 Jiaozuo	101.2	100.8	100.0	99.9	100.0	100.0	100.1	100.0	100.0
濮阳市 Puyang	101.6	102.1	99.8	98.8	100.8	99.7	103.4	99.5	100.0
许昌市 Xuchang	101.6	100.0	100.7	99.8	99.8	100.8	99.2	100.4	99.8
漯河市 Luohe	101.1	99.4	100.0	100.6	100.0	101.7	99.9	100.0	100.0
三门峡市 Sanmenxia	101.8	101.8	100.6	100.3	103.1	100.6	98.9	99.9	99.9
南阳市 Nanyang	101.5	101.9	100.1	99.8	100.2	100.1	100.4	99.9	98.8
商丘市 Shangqiu	101.3	100.8	100.4	99.1	99.1	100.7	99.8	100.6	100.0
信阳市 Xinyang	101.2	99.4	100.7	99.8	99.8	100.1	99.4	99.9	100.0
周口市 Zhoukou	102.1	101.5	102.0	100.7	100.3	101.2	99.9	100.4	100.7
驻马店市 Zhumadian	101.0	98.7	100.5	99.0	98.5	95.8	97.9	104.2	99.0
济源示范区 Jiyuan	101.0	99.1	104.6	97.4	100.0	103.7	105.2	98.0	116.0

9-8 续表 continued

(上年=100) (preceding year=100)

地 区 Region	交通、通信用品 Traffic& Communication Goods	家 具 Furniture	化妆品 Cosmetics	金 银 珠宝类 Gold、Sliver and Jewellery	中、西药品及医疗保健用品 Chinese Traditional Medicine and Western Medicine and Health Product	书报杂志及电子出出版物类 Books& Newspapers、Magazines and E-publication	燃料类 Fuels	建筑材料及五金电料 类 Architectural and Hardware Material
郑 州 市 Zhengzhou	99.4	103.8	99.6	96.0	100.1	99.8	112.1	100.1
开 封 市 Kaifeng	99.7	99.6	100.5	110.3	100.5	100.3	111.3	102.2
洛 阳 市 Luoyang	100.3	101.1	100.1	101.0	102.5	102.6	103.6	99.9
平 顶 山 市 Pingdingshan	98.2	97.4	99.0	100.7	96.2	100.1	108.7	101.2
安 阳 市 Anyang	99.8	100.4	98.5	101.1	101.7	102.1	112.9	104.1
鹤 壁 市 Hebi	98.4	101.6	107.2	98.8	100.4	96.9	109.9	103.0
新 乡 市 Xinxiang	99.1	99.9	99.3	100.3	99.8	100.4	112.6	100.5
焦 作 市 Jiaozuo	99.4	100.0	100.0	98.9	99.4	100.0	113.8	100.1
濮 阳 市 Puyang	99.6	100.8	99.6	99.2	102.4	99.9	111.9	101.0
许 昌 市 Xuchang	99.6	100.4	100.2	98.8	101.9	100.2	113.9	99.9
漯 河 市 Luohe	100.0	105.1	99.9	105.7	100.0	100.8	109.4	101.0
三 门 峡 市 Sanmenxia	99.7	98.8	100.0	100.6	100.2	100.9	110.0	102.1
南 阳 市 Nanyang	99.4	103.5	99.6	102.9	101.0	102.1	110.2	99.9
商 丘 市 Shangqiu	99.7	101.1	100.9	99.2	102.1	103.0	110.9	100.5
信 阳 市 Xinyang	99.4	99.9	100.2	99.8	101.3	101.2	110.5	99.9
周 口 市 Zhoukou	99.9	99.7	99.5	99.8	101.6	100.2	111.9	101.9
驻 马 店 市 Zhumadian	104.0	95.8	100.4	92.4	97.8	100.8	112.2	103.6
济源示范区 Jiyuan	91.9	100.0	111.0	103.8	107.3	99.6	113.2	101.6

9-9 工业生产者出厂价格指数

Producer Price Index for Industrial Products

(上年=100) (preceding year=100)

类　别	Type	2015	2018	2019	2020	2021
总 指 数	**General Index**	**95.4**	**103.6**	**100.2**	**99.2**	**107.8**
按轻、重工业分	**Grouped by Light & Heavy Industry**					
轻工业	Light Industry	99.8	101.3	101.0	101.3	101.6
以农产品为原料	Using Farm Products as Raw Materials	99.6	101.7	101.5	102.4	101.2
以非农产品为原料	Using Non-Farm Products as Raw Materials	100.5	99.9	99.0	97.5	102.4
重工业	Heavy Industry	93.6	104.5	99.8	98.2	110.4
采掘工业	Mining & Quarrying Industry	82.1	106.7	103.1	98.8	131.5
原料工业	Raw Materials Industry	93.4	105.2	98.7	98.3	116.5
加工工业	Manufacturing Industry	96.9	103.9	99.8	98.1	106.2
按部类分	**Grouped by Division**					
生产资料	Means of Production	93.9	104.9	100.0	98.4	111.7
采掘工业	Mining & Quarrying Industry	82.1	106.7	103.1	98.8	131.5
原料工业	Raw Materials Industry	94.1	105.1	98.3	98.0	115.8
加工工业	Manufacturing Industry	96.7	104.6	100.2	98.5	108.3
生活资料	Consumer Goods	100.4	99.9	100.5	101.2	97.8
食品类	Food	100.4	100.6	103.8	105.8	98.7
衣着类	Clothing	100.8	99.7	99.8	99.3	100.0
一般日用品类	Articles for Daily Use	100.1	100.5	99.4	97.9	98.2
耐用消费品类	Durable Consumer Goods	100.0	97.8	93.6	93.4	95.5
按工业部门分	**Grouped by Sector**					
冶金工业	Metallurgical Industry	90.5	105.0	101.0	102.2	121.3
电力工业	Power Industry	96.9	101.4	98.4	100.1	101.2
煤炭及炼焦工业	Coal and Smelt Industry	83.1	112.0	98.1	90.3	139.5
石油工业	Petroleum Industry	77.6	113.1	96.5	83.8	120.2
化学工业	Chemical Industry	96.8	104.7	97.7	97.0	116.1
机械工业	Machine Buiding Industry	99.0	100.7	98.9	98.2	100.7
建筑材料工业	Building Materials Industry	98.9	104.7	104.2	99.1	100.4
森林工业	Timber Industry	100.7	101.7	100.5	100.2	100.0
食品工业	Food Industry	99.9	100.5	103.8	105.9	99.5
纺织工业	Textile Industry	95.9	104.2	99.2	94.3	108.9
缝纫工业	Tailoring Industry	99.5	99.9	99.0	99.4	100.9
皮革工业	Leather Industry	109.3	101.5	101.1	99.4	99.4
造纸工业	Paper Industry	98.8	107.2	93.5	96.5	103.5
文教艺术用品工业	Cultural, Educational & Handicrafts Articles	98.6	102.5	100.2	93.7	88.6
其他工业	Others	99.6	107.6	96.9	93.0	105.6

9-10 工业生产者购进价格指数

Purchasing Price Index for Industrial Producers

(上年=100) (preceding year=100)

类 别	Type	2017	2018	2019	2020	2021
总 指 数	**General Index**	**107.3**	**104.0**	**101.2**	**99.4**	**109.5**
燃料、动力类	Fuels and Motive Power	113.1	106.1	98.2	93.0	125.8
黑色金属材料类	Ferrous Metals Materials	117.4	107.1	105.0	100.7	121.9
#钢材	Steel Products	113.1	106.1	98.9	99.6	120.1
有色金属材料和电线类	Nonferrous Metals Materials and Electric Wire	118.3	104.9	98.1	97.6	116.5
化工原料类	Chemical Raw Materials	107.2	103.9	96.6	93.3	112.0
木材及纸浆类	Logging and Paper Pulp	105.4	106.5	98.4	97.6	105.5
建筑材料及非金属矿类	Building Materials and Nonmetal Minerals	106.6	107.7	111.1	104.7	104.6
其他工业原材料及半成品类	Others Industry Materials & Semi Finished Articles	101.4	101.9	101.1	101.8	101.8
农副产品类	Farm Products	99.4	100.0	102.9	104.4	97.9
纺织原料类	Textile Raw Materials	103.9	99.9	98.3	97.4	110.6

主要统计指标解释

商品零售价格指数 是反映一定时期内城乡商品零售价格变动趋势和程度的相对数。商品零售价格的变动与国家的财政收入、市场供需的平衡、消费与积累的比例关系有关。因此，该指数可以从一个侧面对上述经济活动进行观察和分析。

居民消费价格指数 是反映一定时期内城乡居民所购买的生活消费品价格和服务项目价格变动趋势和程度的相对数，是对城市居民消费价格指数和农村居民消费价格指数进行综合汇总计算的结果。利用居民消费价格指数，可以观察和分析消费品的零售价格和服务价格变动对城乡居民实际生活费支出的影响程度。

城市居民消费价格指数 是反映一定时期内城市居民家庭所购买的生活消费品价格和服务项目价格变动趋势和程度的相对数。通过该指数可以观察和分析消费品的零售价格和服务项目价格变动对城镇居民收入和消费支出的影响。

农村居民消费价格指数 是反映一定时期内农村居民家庭所购买的生活消费品价格和服务项目价格变动趋势和程度的相对数。该指数可以观察农村消费品的零售价格和服务项目价格变动对农村居民收入和生活消费支出的影响。

工业生产者出厂价格指数 是反映工业企业产品第一次出售时的出厂价格总水平的变化趋势和变动幅度。

工业生产者购进价格指数 是反映工业企业作为中间投入产品的材料、燃料、动力购进价格的变化趋势和变动幅度。

Explanatory Notes on Main Statistical Indicators

Retail Price Index reflect the trend and degree of change in retail prices of commodities during a given period. The change in retail prices of commodities is related to government revenue, the equilibrium of market supply and demand, and the ratio of consumption to accumulation. Therefore, the retail price indices are useful from an oblique perspective for observing and analyzing the changes of the above economic activities.

Consumer Price Index reflects the trend and degree of changes in prices of consumer goods and services purchased by urban and rural residents, and is a composite index derived from the urban consumer price index and the rural consumer price index. Consumer price index can be used to analyze the impact of consumer price change on actual expenditure for living cost of urban and rural residents.

Consumer Price Indices of Urban Household reflect the trend and degree of changes in prices of consumer goods and services purchased by urban households during a given period. It can be used to observe and analyze the impact of price changes in consumer goods and services on urban household income and consumption expenditure.

Consumer Price Indices of Rural Household reflect the trend and degree of changes in prices of consumer goods and services purchased by rural households during a given period. It can be used to observe the impact of change in retail prices of consumer goods and service prices on rural household income and consumption expenditure on living.

Producer Price Indices for Industrial Products reflect the trend and degree of changes in general ex-factory prices of all manufactured goods for first sale during a given period.

Purchasing Price Indices for Industrial Producers reflect the change trend and range of the general level of ex factory price when the products of industrial enterprises are sold for the first time.

人民生活
People's Living Conditions

10

资料整理：韩超　左俊勇

简要说明

一、主要内容

本篇资料反映全省人民生活现状及变化情况，包括居民家庭情况、收入、消费等资料，分为全体居民生活、城镇居民生活和农村居民生活三部分。

二、资料来源

从2013年起，国家统计局开展了城乡一体化住户收支与生活状况调查，全省人民生活状况的数据来源于住户收支生活状况调查，该调查采用抽样调查的方法，国家统计局使用统一的抽样框，以省为总体，在对县级调查网点代表性进行评估的基础上，采用分层、多阶段随机抽样方法抽选调查住宅，确定调查户。采用固定样本户连续记帐的调查方式，调查网点实行样本轮换制度，每五年为一个周期，抽中调查小区五年内保持不变，抽中住宅每年轮换一半。省级数据调查网点分布在18个市、43个县的7200余住宅，2014年以后数据根据城乡一体化调查取得，2014年以前数据为老口径，农民收入为纯收入口径，由国家统计局河南调查总队编辑整理。各省辖市、省直管县数据由河南省统计局地方经济社会调查队编辑整理。

Brief Introduction

I. Main Contents

Data in this chapter show the people's living conditions in Henan province, including basic condition, revenue and expenditure of household, consisting of two parts, on the life of urban and rural households respectively.

II. Sources of Data

Since 2013, the national bureau of statistics (NBS) caries out the integration of urban and rural residents income and expenditure survey and living conditions survey. Data on the living condition of the whole province of people come from the data collected through a sample survey on the rural households conducted. The national bureau of statistics using uniform sampling frame collected the data of living condition through a combination of Regular accounting and One-time accounting .This is on the basis of evaluating representative of the county network. The NBS adopts the survey method of charging to an account continuously for fixed sample. Network survey is set through a sample rotation, which is conducted for every five years. The sample remains unchanged for five years, and the sample rotation is half the year. The provincial sample of provincial data included 7200 households from 18 cities and 43 counties 2014 data cannot do compare with the data of antecedent years. Data in this part are provided by the Department of Henan Survey organizations, NBS. Data of the provincial cities and Provincial-controlled division are provided byeconomic and social survey office of Henan Province Bureau of Statistics.

10-1 城乡居民家庭人均收支

Per Capita Income, Expenditure in Urban and Rural Areas

指数以上年为100，按可比价格计算。

Indices of preceding year=100, and indices are calculated at comparable prices.

单位：元 (yuan)

年 份 Year	城镇居民家庭人均 Per Capita Income and Expenditure of Urban Household			农村居民家庭人均 Per Capita Income and Expenditure of Rural Household		
	可支配收入 Disposable Income	可支配收入指数 Disposable Income Index	消费支出 Consumption Expenditure	可支配收入 Disposable Income	可支配收入指数 Disposable Income Index	生活消费支出 Household Expenditure
1978	315		274	105		82
1979	361	114.3	303	134	127.6	
1980	365	108.1	335	161	120.5	136
1981	395	103.1	363	216	133.4	166
1982	429	103.9	382	217	99.7	178
1983	453	101.6	405	272	124.5	196
1984	497	108.8	432	301	110.3	220
1985	601	114.2	557	329	107.0	260
1986	724	113.2	654	334	99.7	292
1987	814	104.9	711	378	110.1	310
1988	946	87.2	897	401	98.2	347
1989	1111	102.2	964	457	102.5	390
1990	1268	113.5	1068	527	105.5	438
1991	1385	103.9	1200	539	102.3	455
1992	1608	107.8	1343	588	104.9	473
1993	1963	110.4	1609	696	109.0	565
1994	2619	104.7	2155	910	103.4	732
1995	3299	107.8	2674	1232	109.5	929
1996	3755	103.9	3009	1579	113.8	1206
1997	4094	106.4	3378	1734	107.4	1271
1998	4219	105.3	3416	1864	106.5	1240
1999	4532	111.2	3498	1948	106.4	1164
2000	4766	106.1	3831	1986	103.9	1316
2001	5267	108.8	4110	2098	104.9	1376
2002	6245	114.2	4505	2216	105.1	1452
2003	6926	109.0	4942	2236	99.6	1509
2004	7705	105.5	5294	2553	108.1	1664
2005	8668	110.2	6038	2871	107.5	1892
2006	9810	111.9	6685	3261	112.1	2229
2007	11477	111.0	7827	3852	112.2	2676
2008	13231	108.3	8837	4454	107.2	3044
2009	14372	109.9	9567	4807	107.5	3388
2010	15930	107.2	10838	5524	111.0	3682
2011	18195	108.4	12336	6604	112.7	4320
2012	20443	109.5	13733	7525	111.3	5032
2013	22398	106.6	14822	8475	109.5	5628
2014	24391	106.8	15726	9416	109.4	6438
2014新口径	23672	106.8	16184	9966	109.4	7277
2015	25576	106.7	17154	10853	107.6	7887
2016	27233	104.5	18088	11697	105.7	8587
2017	29558	106.9	19422	12719	107.5	9212
2018	31874	107.8	20989	13831	108.7	10392
2019	34201	104.3	21972	15164	106.3	11546
2020	34750	99.1	20645	16108	102.8	12201
2021	37095	105.7	23178	17533	108.0	14073

注：1. 1978年-1991年城镇居民可支配收入根据当年生活费收入测算。

2. 2014年以后为实施城乡一体化调查的数据，2013年以前农村居民人均可支配收入为纯收入口径。(以下相关全省的表格相同)

a) Data on disposable income of urban household on 1978-1991 are calculated on basis of income of living to the corresponding year.

b) Data since 2014 are calculated on the basis of investigation of the integration of urban and rural areas. (the same as the following tables about provincial data)

10-2 家庭平均每人收入、支出及结构(2021年)
Per Capita Income and Expenditure and Structure in Households (2021)

项　目	Item	绝对数 (元) Absolute number (yuan)	结　构 (%) Structure (%)
可支配收入	**Disposable Income**	**26811.18**	**100.0**
工资性收入	Laborage	13518.89	50.4
工资	Wages and Salaries	12964.81	48.4
实物福利	Physical Welfare	45.14	0.2
其他	Others	508.95	1.9
经营净收入	Net Business Income	5492.42	20.5
第一产业	Primary Industry	2185.14	8.2
第二产业	Secondary Industry	637.72	2.4
第三产业	Tertiary Industry	2669.56	10.0
财产净收入	Net Income of Properties	1686.23	6.3
转移净收入	Net Income of Transfers	6113.64	22.8
现金可支配收入(未扣除生产费用)	**Cash Disposable Income**	**25214.59**	**100.0**
工资性收入	Laborage	13473.76	53.4
工资	Wages and Salaries	12964.81	51.4
其他	Others	508.95	2.0
经营净收入	Net Business Income	5312.38	21.1
第一产业	Primary Industry	1854.58	7.4
第二产业	Secondary Industry	686.76	2.7
第三产业	Tertiary Industry	2771.04	11.0
财产净收入	Net Income of Properties	683.13	2.7
转移净收入	Net Income of Transfers	5745.32	22.8
消费支出	**Consumption Expenditure**	**18391.33**	**100.0**
食品烟酒	Food, Tobacco and Liquor	5231.47	28.4
衣着	Clothing	1405.18	7.6
居住	Residence	4027.03	21.9
生活用品及服务	Living Supplies and Services	1228.93	6.7
交通通信	Transportation and Communication	2103.63	11.4
教育文化娱乐	Education, Culture and Entertainment	2209.20	12.0
医疗保健	Health Care	1786.83	9.7
其他用品和服务	Others	399.05	2.2
现金消费支出	**Cash Consumption Expenditures**	**15335.67**	**100.0**
食品烟酒	Food, Tobacco and Liquor	5124.45	33.4
衣着	Clothing	1405.05	9.2
居住	Residence	1448.53	9.4
生活用品及服务	Living Supplies and Services	1225.75	8.0
交通通信	Transportation and Communication	2102.89	13.7
教育文化娱乐	Education, Culture and Entertainment	2208.83	14.4
医疗保健	Health Care	1424.47	9.3
其他用品和服务	Others	395.71	2.6

10-3 各市居民家庭人均收支情况(2021年)

Per Capita Income and Expenditure in Urban and Rural Areas by City (2021)

单位：元 (yuan)

地 区 Region	居民家庭人均 Per Capita Residents			城镇居民家庭人均 Per Capita (Urban) Residents			农村居民家庭人均 Per Capita (Rural) Residents		
	可支配收入 Disposable Income	消费支出 Consumption Expenditure	#食品 Food	可支配收入 Disposable Income	消费支出 Consumption Expenditure	#食品 Food	可支配收入 Disposable Income	消费支出 Consumption Expenditure	#食品 Food
郑州市 Zhengzhou	39511	25962	3931	45246	28710	4320	26790	19868	3067
开封市 Kaifeng	24573	19409	2605	34195	26608	3118	16769	13570	2189
洛阳市 Luoyang	30219	21563	3326	42076	28615	4035	17253	13851	2551
平顶山市 Pingdingshan	26869	17275	3782	37042	21274	4487	16919	13364	3092
安阳市 Anyang	27365	16490	3110	37464	20333	3804	18424	13088	2496
鹤壁市 Hebi	29362	17729	3015	35934	21309	3399	21334	13356	2545
新乡市 Xinxiang	27457	18097	3293	36245	22580	3976	18922	13743	2629
焦作市 Jiaozuo	30076	21190	3547	36291	24811	4071	22180	16591	2881
濮阳市 Puyang	24747	15116	2854	35999	19134	3368	16488	12167	2476
许昌市 Xuchang	29028	18558	3386	37196	22583	3771	21462	14831	3030
漯河市 Luohe	27994	18781	4006	36769	24253	5014	19973	13779	3085
三门峡市 Sanmenxia	26908	18658	3371	35150	23676	3966	18297	13416	2748
南阳市 Nanyang	25489	17059	3297	36182	22242	4000	17603	13236	2778
商丘市 Shangqiu	22699	16540	3646	34758	21721	4210	14789	13142	3277
信阳市 Xinyang	23948	16689	3996	33480	21137	4799	16595	13258	3376
周口市 Zhoukou	20773	15360	3168	30826	20765	3541	14141	11795	2922
驻马店市 Zhumadian	22440	17461	3569	33178	24022	4251	15267	13078	3113
济源示范区 Jiyuan	32271	15195	2257	39518	17059	2500	23294	12885	1957

10-4 城镇居民家庭人口及居住情况

Population and Living condition of Urban Households

指　标	Item	2020	2021
人口及就业情况(人)	**Population and Living condition (person)**		
期内住户常住人口数	Number of Resident Population During the Period	3.24	3.32
户均就业人数	Average Number of Employee per household	1.49	1.64
#雇主	Employers	0.00	0.01
公职人员	Civil Servants	0.01	0.04
事业单位人员	Staff of Public Institution	0.02	0.15
国有企业雇员	Staff of State-owned Enterprise	0.00	0.10
住房情况	**Housing condition**		
现住房总建筑面积(平方米/人)	Construction area of Present Housing (sq.m/person)	46.14	44.05
期末自有现住房面积(平方米/人)	Area of Private Housing (sq.m/person)	45.04	42.95
现住房房屋来源结构(%)	Source Structure of Present Housing (%)		
#租赁私房	Leasing Private Housing	2.14	1.62
自建住房	Self-built Housing	35.14	35.44
购买商品房	Purchasing Commercial Housing	42.85	44.69
购买房改住房	Purchasing Housing-reform House	9.83	9.32
购买保障性住房	Purchasing indemnificatory Housing	3.89	2.78
拆迁安置房	Removal Settlement Housing	3.31	3.53
本住户居住空间样式结构(%)	Structure of Residents Living Space Style (%)		
#单栋楼房	Single-span Building	25.90	26.62
单栋平房	Single-span Bungalow	11.0	10.0
四居室及以上单元房	Flat with Four and Over Bedrooms	3.7	4.1
三居室单元房	Flat with Three Bedrooms	35.0	37.7
二居室单元房	Flat with Two Bedrooms	21.6	19.8
住户主要饮用水来源情况结构(%)	Source Structure of Resident Main Drinking Water (%)		
#经过净化处理的自来水	Purificatory Tap water	90.9	94.8
受保护的井水和泉水	Wells and Springs with Protection	7.4	4.7
不受保护的井水和泉水	Wells and Springs without Protection	1.1	0.5
住户厕所类型结构(%)	Structure of Household Toilet Type (%)		
水冲式卫生厕所	Flush Sanitary Toilet	91.5	94.7
水冲式非卫生厕所	Flush Insanitary Toilet	4.6	1.4
卫生旱厕	Sanitary Dry Toilet	1.7	2.1
普通旱厕	General Dry Toilet	1.8	1.7
无厕所	No Toilet	0.4	0.1
住户洗澡设施情况结构(%)	Structure of Resident Shower Facility (%)		
#统一供热水	Unified Hot Water	4.4	4.6
家庭自装热水器	Water Heater Installed by Household	86.3	90.2
无洗澡设施	No Shower Facilities	5.9	2.2
住户主要取暖设备状况结构(%)	Structure of Main Heating Facility (%)		
由市政或小区集中供暖	Unified Heating Supplied by Municipal Administration and Community	28.3	32.1
自行供暖	Self-heating	55.3	61.1
无取暖设备	No Heating Facilities	16.4	6.8

10-5 城镇居民家庭人均收支及结构(2021年)

Per Capita Income, Expenditure and Structure in Urban Areas (2021)

指　标	Item	城镇平均 Average	低收入户 Low Income Households	中低收入户 Lower Middle Income Households
城镇家庭人均可支配收入(元)	**Per Capita Disposable Income of Urban Household (yuan)**	**37095**	**16141**	**25668**
工资性收入	Wage Income	21082	10908	17113
经营净收入	Net Income from Operations	5367	1899	2478
财产净收入	Property Net Income	3275	1318	2304
#出租房屋财产性收入	Income from Renting Room	770	206	572
房屋虚拟租金	Building Virtual Money	2115	1017	1492
转移净收入	Transfer Net Income	7370	2016	3772
城镇家庭人均可支配收入结构(%)	**Structure of Per Capita Disposable Income (%)**			
工资性收入	Wage Income	56.8	67.6	66.7
经营净收入	Net Income from Operations	14.5	11.8	9.7
财产净收入	Net Property Income	8.8	8.2	9.0
转移净收入	Net Transfer Income	19.9	12.5	14.7
家庭人均总支出(元)	**Per Capita Total Expenditure of Households (yuan)**	**29895**	**16990**	**22047**
消费支出	Consumption Expenditure	23178	13625	17576
食品烟酒	Food,Tobacco and Liquor	6438	4182	5335
衣着	Clothing	1789	1066	1372
居住	Residence	5303	2842	3828
生活用品及服务	Living Supplies and Services	1622	786	1019
交通通信	Transportation and Communication	2640	1316	1713
教育文化娱乐	Education, Culture and Entertainment	2761	1976	2437
医疗保健	Health Care	2058	1202	1475
其他用品和服务	Others	567	256	397
生产经营费用支出	Production and Operation Costs	610	386	473
财产性支出	Property Expenditure	120	76	77
转移性支出	Transfer Expenditure	1646	818	1135
部分商业保险支出	Part of Commercial Insurance	520	145	225
购置资产及非经常性转移支出	Purchase of Assets and Non Regular Payments	2818	1523	1854
购置资产支出	Purchase of Assets	965	449	412
非经常性转移支出	Non Regular Payments	1853	1074	1442
借贷性支出	Debit and Credit	1004	417	707
家庭人均总支出结构(%)	**Structure of Per Capita Expenditure of Households (%)**			
消费支出	Consumption Expenditure	77.5	80.2	79.7
生产经营费用支出	Production and Operation Costs	2.0	2.3	2.1
财产性支出	Property Expenditure	0.4	0.4	0.4
转移性支出	Transfer Expenditure	5.5	4.8	5.1
部分商业保险支出	Part of Commercial Insurance	1.7	0.9	1.0
购置资产及非经常性转移支出	Purchase of Assets and Non Regular Payments	9.4	9.0	8.4
借贷性支出	Debit and Credit	3.4	2.5	3.2

10-5 续表 continued

指 标	Item	中等收入户 Middle Income Households	中高收入户 Upper Middle Income Households	高收入户 High Income Households
城镇家庭人均可支配收入(元)	**Per Capita Disposable Income of Urban Household (yuan)**	**34342**	**45451**	**80772**
工资性收入	Wage Income	21394	27868	34648
经营净收入	Net Income from Operations	3383	4145	19102
财产净收入	Property Net Income	3332	3820	7079
#出租房屋财产性收入	Income from Renting Room	778	1011	1661
房屋虚拟租金	Building Virtual Money	2240	2669	3946
转移净收入	Transfer Net Income	6233	9618	19943
城镇家庭人均可支配收入结构(%)	**Structure of Per Capita Disposable Income (%)**			
工资性收入	Wage Income	62.3	61.3	42.9
经营净收入	Net Income from Operations	9.9	9.1	23.6
财产净收入	Net Property Income	9.7	8.4	8.8
转移净收入	Net Transfer Income	18.2	21.2	24.7
家庭人均总支出(元)	**Per Capita Total Expenditure of Households (yuan)**	**29533**	**35959**	**55133**
消费支出	Consumption Expenditure	22967	28301	40739
食品烟酒	Food,Tobacco and Liquor	6341	7579	10415
衣着	Clothing	1805	2141	3106
居住	Residence	5512	6559	9598
生活用品及服务	Living Supplies and Services	1692	2143	3118
交通通信	Transportation and Communication	2422	3547	5311
教育文化娱乐	Education Culture and Entertainment	2952	3104	3826
医疗保健	Health Care	1733	2579	4079
其他用品和服务	Others	511	649	1287
生产经营费用支出	Production and Operation Costs	328	630	1510
财产性支出	Property Expenditure	133	187	156
转移性支出	Transfer Expenditure	1590	2160	3173
部分商业保险支出	Part of commercial insurance	467	399	1752
购置资产及非经常性转移支出	Purchase of Assets and Non Regular Payments	3095	2789	5937
购置资产支出	Purchase of Assets	1358	594	2501
非经常性转移支出	Non Regular Payments	1737	2195	3436
借贷性支出	Debit and Credit	952	1493	1865
家庭人均总支出结构(%)	**Structure of Per Capita Expenditure of Households (%)**			
消费支出	Consumption Expenditure	77.8	78.7	73.9
生产经营费用支出	Production and Operation Costs	1.1	1.8	2.7
财产性支出	Property Expenditure	0.5	0.5	0.3
转移性支出	Transfer Expenditure	5.4	6.0	5.8
部分商业保险支出	Part of Commercial Insurance	1.6	1.1	3.2
购置资产及非经常性转移支出	Purchase of Assets and Non Regular Payments	10.5	7.8	10.8
借贷性支出	Debit and Credit	3.2	4.2	3.4

10–6 城镇居民家庭人均购买生活消费品及服务现金支出(2021年)

Per Capita Cash Expenditure of Urban Households to Purchase Living Goods and Services (2021)

单位：元 (yuan)

指　标	Index	城镇平均 Average	低收入户 Low Income Households	中　低收入户 Lower Middle Income Households	中　等收入户 Middle Income Households	中　高收入户 Upper Middle Income Households	高收入户 High Income Households
购买生活消费品及服务	**Purchasing Living Goods and Services**	**19185.62**	**11474.34**	**14701.09**	**18964.01**	**23516.76**	**31693.49**
食品烟酒	**Food, Cigarettes and Wine**	**6354.73**	**4131.33**	**5271.69**	**6233.04**	**7393.75**	**9769.15**
食品	Food	4011.27	2831.12	3473.89	3994.10	4691.57	5890.92
谷物	Cereal	528.16	394.79	424.94	462.03	545.96	955.57
薯类	Tubers	69.12	58.72	61.45	72.10	75.63	85.19
豆类	Beans	63.30	50.99	58.42	61.58	73.22	80.58
食用油	Edible Oil	120.16	95.55	114.85	118.35	139.63	146.61
蔬菜和食用菌	Vegetables and Edible Fungus	465.87	331.31	399.89	483.10	548.32	655.99
肉类	Meat	1031.55	696.96	903.01	1028.99	1231.96	1518.30
禽类	Poultry	202.23	145.00	181.20	202.07	243.69	275.31
水产品	Aquatic Products	156.97	82.21	117.76	156.53	209.08	272.11
蛋类	Egg	169.34	142.82	162.70	173.09	175.64	208.86
奶类	Milk	366.41	274.91	318.39	383.04	449.36	462.24
干鲜瓜果类	Dried and Fresh Melons and Fruits	497.19	307.12	421.72	515.08	603.42	760.65
糖果糕点类	Sugar and Cake	159.96	108.39	140.06	158.29	193.24	233.97
其他食品	Others	181.01	142.35	169.51	179.88	202.44	235.54
饮料	Beverages	149.27	84.65	120.07	144.42	173.33	272.49
烟	Tobacco	328.12	234.88	273.56	256.75	352.60	620.59
酒类	Liquor	241.14	125.16	197.03	196.76	256.00	530.49
饮食服务	Catering Services	1624.93	865.73	1217.54	1654.89	2006.08	2935.24
衣着	**Dress**	**1788.57**	**1065.50**	**1371.96**	**1804.84**	**2141.46**	**3105.74**
衣类	Clothing	1448.31	837.00	1087.24	1441.67	1737.21	2612.60
鞋类	Footwear	340.26	228.50	284.72	363.17	404.24	493.14
居住	**Residence**	**1836.40**	**880.64**	**1174.86**	**1818.15**	**2362.76**	**3719.38**
租赁房房租	Rental Housing Rent	102.13	21.80	88.47	125.14	116.77	202.33
住房维修及管理	Housing Maintenance and Management	801.36	260.83	308.80	771.09	1159.25	1992.63
水电燃料及其他	Water, Electricity and Fuels	932.91	598.01	777.59	921.93	1086.74	1524.41
生活用品及服务	**Supplies and Services**	**1618.27**	**785.31**	**1016.65**	**1689.28**	**2138.80**	**3108.56**
家具及室内装饰品	Furniture and Interior Decorations	319.43	114.29	140.51	415.23	516.31	547.15
家用器具	Home Appliances	383.25	170.73	248.94	345.20	500.79	827.69
家用纺织品	Home Textiles	139.24	78.07	76.74	155.24	194.12	241.37
家庭日用杂品	Household Articles for Daily Use	302.71	190.03	229.56	290.46	346.09	552.92
个人用品	Personal Items	382.71	202.37	281.16	409.82	507.11	634.82
家庭服务	Household Services	90.93	29.82	39.75	73.33	74.38	304.61
交通通信	**Transportation and Communication**	**2638.59**	**1315.54**	**1712.49**	**2421.19**	**3542.95**	**5307.21**
交通	Transportation	1959.81	892.25	1135.00	1764.37	2714.64	4221.75
通信	Communication	678.79	423.29	577.49	656.82	828.31	1085.46
教育文化娱乐	**Recreation, Education and Cultural Serveces**	**2760.55**	**1975.81**	**2437.22**	**2952.24**	**3103.38**	**3822.34**
教育	Education	2070.53	1662.72	1979.58	2270.79	2219.45	2412.92
文化娱乐	Recreation Durable Consumer	690.03	313.08	457.64	681.45	883.93	1409.42
医疗保健	**Health Care**	**1624.73**	**1201.29**	**1473.59**	**1731.65**	**2569.83**	**3904.00**
医疗器具及药品	Medical Equipment and Drugs	569.17	327.28	414.69	438.42	638.59	1267.96
医疗服务	Medical Services	1055.56	731.60	851.35	973.53	1380.01	1593.71
其他用品和服务	**Others**	**563.76**	**255.25**	**396.49**	**508.07**	**642.97**	**1276.74**

10-7 城镇居民家庭平均每人购买食品数量(2021年)

Food Consumption Per Person of Urban Households (2021)

单位：千克 (kg)

指 标	Indicator	城镇平均 Average	低收入户 Low Income Households	中低收入户 Lower Middle Income Households	中等收入户 Middle Income Households	中高收入户 Upper Middle Income Households	高收入户 High Income Households
面粉	Flour	18.01	16.08	17.74	18.62	18.83	19.74
大米	Rice	18.22	17.23	17.29	18.69	20.38	17.97
食用植物油	Edible Vegetable Oil	8.29	7.14	8.35	8.21	9.50	8.72
鲜菜	Vegetable	104.18	83.41	93.71	106.79	121.18	128.98
猪肉	Pork	19.33	16.01	17.78	19.06	22.26	23.79
牛肉	Beef	2.51	1.47	2.01	2.57	3.32	3.86
羊肉	Mutton	1.93	1.03	1.86	1.87	2.49	2.90
鸡	Chicken	6.80	5.60	6.36	7.01	8.07	7.57
鸭	Duck	0.50	0.41	0.55	0.47	0.53	0.59
鱼类	Fish	4.99	3.40	4.12	5.06	6.84	6.49
虾类	Shrimp	0.94	0.49	0.80	0.87	1.32	1.49
鲜蛋	Fresh Eggs	19.29	17.25	19.11	19.59	19.73	21.90
鲜奶	Fresh Milk	14.18	9.72	12.54	16.22	15.72	19.14
酸奶	Yogurt	4.93	2.94	3.76	5.19	7.32	6.62
奶粉	Milk Powder	0.62	0.61	0.56	0.64	0.76	0.55
鲜瓜果	Fresh Fruit and Melon	72.49	55.52	67.21	75.93	81.60	91.90
坚果类	Nuts	4.57	3.09	4.47	4.60	5.29	6.22
糕点	Cakes	5.97	4.42	5.21	6.14	7.00	8.10
茶叶	Tea	0.18	0.07	0.15	0.18	0.21	0.35
卷烟（盒）	Cigarette	20.94	19.09	19.60	18.10	21.22	29.24
啤酒	Beer	3.50	2.87	3.86	2.94	3.60	4.58
白酒	Liquor	2.38	1.32	1.87	2.14	2.44	5.04
果酒	Wine	0.17	0.03	0.09	0.10	0.30	0.48

10-8 城镇居民家庭平均每百户主要消费品年末拥有量(2021年)

Main Consumer Goods Owned Per 100 Urban Households in the year end (2021)

指　标	Item	城镇平均 Average
家用汽车(辆)	Car (unit)	50.34
摩托车(辆)	Motorcycle (unit)	13.22
助力车(台)	Electric Bicycle (unit)	129.79
洗衣机(台)	Washing Machine (unit)	103.09
电冰箱(柜)(台)	Refrigerator (unit)	100.49
微波炉(台)	Microware Oven (unit)	42.83
彩色电视机(台)	Color TV Set (unit)	116.10
空调(台)	Air Conditioner (unit)	202.34
热水器(台)	Water Heater (unit)	95.87
洗碗机(台)	Dishwasher（unit）	2.44
排油烟机(台)	Exhaust Fan (set)	76.21
固定电话(线)(部)	Telephone (unit)	6.08
移动电话(部)	Mobile Phone (unit)	265.87
#接入互联网(部)	Internet Mobile Phones (unit)	232.42
计算机(台)	Computers (unit)	58.99
#接入互联网(台)	Internet Computers (unit)	50.75
照相机(台)	Camera (unit)	8.31
中高档乐器(架)	Medium and High-Grade Musical Instrument (unit)	5.95
健身器材(台)	Fitness Equipment (unit)	5.61
空气净化器(含新风系统)(台)	Air Cleaner (Including Fresh Air System) (unit)	8.49
吸尘器(台)	Vacuum Cleaner (unit)	9.17

10-9 各市城镇居民家庭平均每人全年可支配收入情况(2021年)
Per Capita Annual Disposable Income of Urban Households by City (2021)

单位：元 (yuan)

地 区 Region	平均可支配收入 Average	低收入户 Low Income Households	中低收入户 Lower Middle Income Households	中等收入户 Middle Income Households	中高收入户 Upper Middle Income Households	高收入户 High Income Households
郑州市 Zhengzhou	45246	20400	33320	43854	58449	96580
开封市 Kaifeng	34195	15847	25173	32677	41115	76576
洛阳市 Luoyang	42076	18802	29444	38408	50256	91305
平顶山市 Pingdingshan	37042	17220	27246	35509	45144	73512
安阳市 Anyang	37464	16441	26082	33979	44187	75162
鹤壁市 Hebi	35934	17301	25992	33728	42525	73949
新乡市 Xinxiang	36245	13928	23352	33441	46340	73229
焦作市 Jiaozuo	36291	18655	26682	32534	42951	73545
濮阳市 Puyang	35999	13603	21966	31057	42675	92511
许昌市 Xuchang	37196	13980	23056	32434	47277	99134
漯河市 Luohe	36769	16569	26618	34820	44048	64070
三门峡市 Sanmenxia	35150	14202	22739	32606	74513	74083
南阳市 Nanyang	36182	16899	27160	34882	43291	71288
商丘市 Shangqiu	34758	12852	21421	30166	41803	78767
信阳市 Xinyang	33480	15629	26499	33044	40722	60831
周口市 Zhoukou	30826	13303	20047	27956	37803	61327
驻马店市 Zhumadian	33178	13931	22698	28746	39878	69792
济源示范区 Jiyuan	39518	14982	22583	28395	37378	96572

10-10 各市城镇居民家庭消费支出情况(2021年)

Per Capita Consumption Expenditure of Urban Households by City (2021)

单位：元 (yuan)

地区	Region	消费支出 Consumption Expenditure	食品烟酒 Food, Tobacco, Liquor	衣着 Clothing	居住 Residence	生活用品及服务 Household Appliances and Service	交通、通信及服务 Transport, and Communi-cations	教育及文化娱乐 Education, Culture and Entertainment	医疗、保健及服务 Health Care and Medical Service	其他商品及服务 Other Goods and Services
郑州市	Zhengzhou	28710	7113	2044	7895	1796	3303	3629	2278	652
开封市	Kaifeng	26608	6005	1362	4070	1445	3910	1820	1901	436
洛阳市	Luoyang	28615	6867	2262	6423	2437	4169	3163	2353	941
平顶山市	Pingdingshan	21274	6508	1762	4301	1485	2259	2143	2302	513
安阳市	Anyang	20333	5508	1651	5449	1372	2089	2531	1199	534
鹤壁市	Hebi	21309	5621	2406	3817	1691	2750	2452	1946	626
新乡市	Xinxiang	22580	5782	1857	4666	1707	3348	2702	2247	511
焦作市	Jiaozuo	24811	6578	2089	4933	1921	2894	3452	2045	900
濮阳市	Puyang	19134	4843	1251	5264	1059	2333	2402	1605	377
许昌市	Xuchang	22583	6245	1743	4786	1854	2886	2431	2075	563
漯河市	Luohe	24253	8189	2469	4246	2065	3235	2423	1139	487
三门峡市	Sanmenxia	23676	6035	2016	4378	1746	3630	2823	2455	594
南阳市	Nanyang	22242	6337	2133	4802	1853	2504	2326	1611	676
商丘市	Shangqiu	21721	6054	2038	4085	1934	2570	2643	1769	627
信阳市	Xinyang	21137	7422	1790	4784	1438	1796	1672	1823	412
周口市	Zhoukou	20765	5509	1628	4644	2217	2746	1890	1592	539
驻马店市	Zhumadian	24022	6072	2012	4551	1935	4360	2530	1953	609
济源示范区	Jiyuan	17059	4278	1168	4193	1327	1869	2610	1212	403

10-11 各市按收入等级分的城镇居民家庭平均每人全年消费支出(2021年)

Per Capita Annual Consumption Expenditure of Urban Households by Level of Income By City (2021)

单位：元 (yuan)

地 区 Region	城镇平均 Average	低收入户 Low Income Households	中低收入户 Lower Middle Income Households	中等收入户 Middle Income Households	中高收入户 Upper Middle Income Households	高收入户 High Income Households
郑州市 Zhengzhou	28710	17464	24550	27071	34221	51745
开封市 Kaifeng	26608	16586	24067	26981	28786	46409
洛阳市 Luoyang	28615	16930	22685	26887	32179	53163
平顶山市 Pingdingshan	21274	14174	16781	18860	28564	34057
安阳市 Anyang	20333	11927	16578	19424	18683	36946
鹤壁市 Hebi	21309	13217	16727	17537	35374	30909
新乡市 Xinxiang	22580	14441	13681	22588	27601	40894
焦作市 Jiaozuo	24811	17159	23229	23623	26826	37828
濮阳市 Puyang	19134	10082	13937	16858	28643	34561
许昌市 Xuchang	22583	13623	16833	21468	28886	42913
漯河市 Luohe	24253	13078	17842	22609	30656	38268
三门峡市 Sanmenxia	23676	10518	16589	21323	27333	45589
南阳市 Nanyang	22242	14447	18938	23750	24103	34562
商丘市 Shangqiu	21721	15302	20962	22912	28564	42865
信阳市 Xinyang	21137	14118	19721	21184	23552	30516
周口市 Zhoukou	20765	10986	16357	17616	27862	34873
驻马店市 Zhumadian	24022	13678	15937	21295	26820	48279
济源示范区 Jiyuan	17059	12370	15415	19183	14811	25475

10-12 各市城镇居民家庭平均每人主要食品消费量(2021年)
Per Capita Consumption of Major Food of Urban Households by City (2021)

单位：千克 (kg)

地 区 Region	粮 食 Grain	食用油 Edible Oil	蔬菜及菜制品 Vegetables	猪牛羊肉 Pork, Beef and Mutton	家 禽 Poultry	水产品 Aquatic Products	蛋类及其制品 Eggs and Related Products	奶和奶制品 Fresh Milk and Dairy products	干鲜瓜果类 Dry Fresh Fruit	糖果糕点类 Sugar	酒 类 Liquor
郑 州 市 Zhengzhou	127.3	6.6	111.3	26.3	8.7	7.6	19.7	21.9	83.6	9.2	5.6
开 封 市 Kaifeng	135.8	7.6	94.8	22.9	7.6	6.0	21.8	14.6	73.2	6.5	8.6
洛 阳 市 Luoyang	135.7	11.1	103.1	25.3	6.2	4.3	19.4	25.0	72.3	8.6	5.7
平 顶 山 市 Pingdingshan	232.6	10.0	173.4	36.2	10.7	7.7	25.5	21.6	98.8	10.8	7.2
安 阳 市 Anyang	160.0	7.7	128.7	23.1	6.2	4.2	21.7	23.0	77.6	8.1	6.7
鹤 壁 市 Hebi	157.3	6.7	104.2	24.7	6.8	4.5	24.7	13.9	79.5	9.0	6.5
新 乡 市 Xinxiang	192.2	6.7	122.5	24.7	8.2	5.6	20.8	19.7	77.8	9.4	5.1
焦 作 市 Jiaozuo	125.3	10.4	92.5	24.4	7.2	3.8	20.3	19.2	65.8	7.5	5.4
濮 阳 市 Puyang	135.8	8.1	109.1	22.1	8.0	5.8	18.1	13.8	73.9	7.0	5.4
许 昌 市 Xuchang	102.9	9.6	82.2	19.1	5.8	3.2	12.4	16.6	70.0	6.7	3.1
漯 河 市 Luohe	190.6	12.2	144.0	37.3	11.7	7.3	25.3	19.8	125.2	15.1	13.1
三 门 峡 市 Sanmenxia	135.8	8.0	109.8	21.0	5.4	3.5	17.5	15.7	77.3	9.9	5.1
南 阳 市 Nanyang	169.2	10.5	111.4	36.2	10.5	6.5	26.1	26.3	61.2	8.8	5.6
商 丘 市 Shangqiu	161.0	8.8	106.6	25.6	11.0	6.8	24.5	16.7	87.5	7.5	5.8
信 阳 市 Xinyang	166.2	13.1	138.4	52.9	18.2	17.9	16.1	14.4	72.0	7.6	13.6
周 口 市 Zhoukou	171.6	9.3	109.9	23.0	18.1	7.4	20.7	15.4	71.6	5.9	6.3
驻 马 店 市 Zhumadian	161.5	7.4	99.1	24.0	13.7	7.7	20.5	21.0	89.3	8.5	6.4
济源示范区 Jiyuan	115.6	4.5	82.4	19.8	6.0	1.7	22.5	24.5	65.9	7.5	2.7

10-13 农民家庭人口，劳动力及居住状况(2021年)

Status of the Peasant Family Population, Labor Force and Housing Conditions (2021)

项　目	Item	全省平均 Average
调查户数(户)	Number of Households Surveyed (household)	3350
调查户常住人口(人)	Number of Residents Surveyed (person)	11548
平均每户中	Average Number of Permanent	
常住人口	Residents Per Household	3.45
整、半劳动力	Average Number of Able-bodied and Semi-abledbodied Laborers Per Household	2.13
劳动力占常住人口比重(%)	Percentage of Laborers to Residents Surveyed (%)	0.62
平均每个劳动力负担人口	Average Number of Persons Supported by a Laborer	1.62
平均每百个常住人口中(人)	Among Per 100 Permanent Residents (person)	
5岁及以下	Age 5 and Below	6.0
6-15岁	Age 6-15	21.4
16-60岁	Age 16-60	57.4
61岁及以上	Age 61 and above	15.2
每百个就业劳动力文化程度(人)	Among Per 100 Laborers (person) (by cultur level)	
未上过学	Illiterate or Semiliterate	3.39
小学	Primary School	19.58
初中	Junior Secondary School	56.38
高中	Senior Secondary School	15.26
大学专科	Specialty	4.17
大学本科	Undergraduate College	1.20
研究生	Graduate Degrees	0.03
每百个就业劳动力从事的主要行业(人)	Among Per 100 Laborers (person)	
第一产业	Primary Industry	45.20
第二产业	Secondary Industry	24.49
第三产业	Tertiary Industry	30.31
居住情况	**Housing condition**	
期末人均住房情况	Per Capita Housing Situation	
住房面积(平方米)	Living Space (sq.m.)	54.91
住房主要建筑材料构成(%)	Construction of Main Building Materials (%)	
#钢筋混凝土	Reinforced Concrete	30.0
砖混材料	Brick mixed material	59.0
砖瓦砖木	Brick tile and brick wood	11.0
住宅外道路路面构成(%)	Construction of the Road Pavement Outside Home (%)	
水泥或柏油路面	Asphalt or Cement Road	83.5
沙石或石板等硬质路面	Rigid Pavement	10.1
其他	Others	6.4
住户主要饮用水来源构成(%)	Construction of Drinking Water for Residents (%)	
#经过净化处理的自来水	After Purification Treatment of Tap Water	80.2
受保护的井水和泉水	Protected Well and Spring Water	18.4
不受保护的井水和泉水	Unprotected Wells and Springs Water	1.1
住户厕所类型构成(%)	Construction of Toilet (%)	
#水冲式卫生厕所	Flush Sanitary Dry Toilet	68.3
水冲式非卫生厕所	Flush Insanitary Dry Toilet	9.8
卫生旱厕	Sanitary Dry Toilet	14.2
普通旱厕	General Dry Toilet	7.6
主要炊用能源构成(%)	Construction of Cooking Energy (%)	
柴草	Straw	6.3
煤炭	Coal	2.7
罐装液化石油气	Canned Liquefied Petroleum Gas	3.5
电	Electricity	81.8

10-14 按收入分组的农民家庭平均每人总收支及结构(2021年)

Per Capita Total Income and Expenditure in Rural Households by Level of Income (2021)

单位：元 (yuan)

项　目	Item	全省平均 Average	低收入户 Low Income Households	中低收入户 Lower Middle Income Households
总收入	**Total Cash Income**	**21154**	**11480**	**14237**
工资性收入	Wage Income	6695	3175	4804
经营性收入	Income from Operations	8759	4773	4587
第一产业	Primary Industry	6185	3643	3678
第二产业	Secondary Industry	616	20	121
第三产业	Tertiary Industry	1957	1110	788
财产性收入	Property Income	275	101	135
转移性收入	Transfer Income	5425	3432	4711
家庭外出从业人员寄回带回收入	Earning from Migrant Workers	3698	2431	3501
农民家庭平均每人总收入构成(%)	**Structure of Peasant Family Per Capita Income (%)**			
总收入	Total Cash Income	100.0	100.0	100.0
工资性收入	Wage Income	31.6	27.7	33.7
经营性收入	Income from Operations	41.4	41.6	32.2
财产性收入	Property Income	1.3	0.9	0.9
转移性收入	Transfer Income	25.6	29.9	33.1
总支出	**Total Expenditure**	**20793**	**17088**	**15965**
消费支出	Consumption Expenditure	14073	11122	11791
生产经营费用支出	Expenditure of Production Business	2899	3427	1432
第一产业	Primary Industry	2337	2445	1363
第二产业	Secondary Industry	167	0	16
第三产业	Tertiary Industry	396	982	54
财产性支出	Property Expenditure	23	17	27
转移性支出	Transfer Expenditure	444	425	374
部分商业保险支出	Expenditure of Commercial Insurance	86	52	64
购置资产及非经常性转移支出	Expenditure of Purchasing Assets and Non-transfer Expenditure	2591	1641	1842
借贷性支出	Expenditure of Debit and Credit	676	402	433
农民家庭平均每人总支出构成(%)	**Structure of Per Capita Total Expenditure of Rural Households (%)**			
总支出	Total Expenditure	100.0	100.0	100.0
消费支出	Consumption Expenditure	67.7	65.1	73.9
生产经营费用支出	Expenditure of Production Business	13.9	20.1	9.0
财产性支出	Property Expenditure	0.1	0.1	0.2
转移性支出	Transfer Expenditure	2.1	2.5	2.3
部分商业保险支出	Expenditure of Commercial Insurance	0.4	0.3	0.4
购置资产及非经常性转移支出	Expenditure of Purchasing Assets and Non-transfer Expenditure	12.5	9.6	11.5
借贷性支出	Expenditure of Debit and Credit	3.3	2.4	2.7

10-14 续表 continued

单位：元 (yuan)

项 目	Item	中等收入户 Middle Income Households	中高收入户 Upper Middle Income Households	高收入户 High Income Households
总收入	**Total Cash Income**	**18625**	**24232**	**43824**
工资性收入	Wage Income	6978	8847	11346
经营性收入	Income from Operations	6108	8528	23705
第一产业	Primary Industry	4777	6143	15024
第二产业	Secondary Industry	202	343	2978
第三产业	Tertiary Industry	1130	2042	5703
财产性收入	Property Income	194	344	738
转移性收入	Transfer Income	5346	6513	8034
家庭外出从业人员寄回带回收入	Income from Migrant Workers	3971	4432	4543
农民家庭平均每人总收入构成(%)	**Structure of Peasant Family Per Capita Income (%)**			
总收入	Total Cash Income	**100.0**	**100.0**	**100.0**
工资性收入	Wage Income	37.5	36.5	25.9
经营性收入	Income from Operations	32.8	35.2	54.1
财产性收入	Property Income	1.0	1.4	1.7
转移性收入	Transfer Income	28.7	26.9	18.3
总支出	**Total Expenditure**	**18893**	**21209**	**34511**
消费支出	Consumption Expenditure	13527	15083	20848
生产经营费用支出	Expenditure of Production Business	1817	2293	6240
第一产业	Primary Industry	1592	2002	4851
第二产业	Secondary Industry	102	52	822
第三产业	Tertiary Industry	123	238	567
财产性支出	Property Expenditure	18	28	25
转移性支出	Transfer Expenditure	418	470	570
部分商业保险支出	Expenditure of Commercial Insurance	52	119	172
购置资产及非经常性转移支出	Expenditure of Purchasing Assets and Non-transfer Expenditure	2503	2536	5116
借贷性支出	Expenditure of Debit and Credit	559	680	1539
农民家庭平均每人总支出构成(%)	**Structure of Per Capita Total Expenditure of Rural Households (%)**			
总支出	Total Expenditure	100.0	100.0	100.0
消费支出	Consumption Expenditure	71.6	71.1	60.4
生产经营费用支出	Expenditure of Production Business	9.6	10.8	18.1
财产性支出	Property Expenditure	0.1	0.1	0.1
转移性支出	Transfer Expenditure	2.2	2.2	1.7
部分商业保险支出	Expenditure of Commercial Insurance	0.3	0.6	0.5
购置资产及非经常性转移支出	Expenditure of Purchasing Assets and Non-transfer Expenditure	13.2	12.0	14.8
借贷性支出	Expenditure of Debit and Credit	3.0	3.2	4.5

10-15 按收入分组的农民家庭平均每人可支配收入及消费性支出(2021年)

Per Capita Disposable Income and Consumption Expenditure of Rural Households by Income Level (2021)

单位：元 (yuan)

项　目	Item	全省平均 Average	低收入户 Low Income Households	中低收入户 Lower Middle Income Households
可支配收入	**Disposable Income**	**17533**	**7312**	**12295**
工资性收入	Wages	6695	3175	4804
经营净收入	Net Business Income	5605	1048	3046
第一产业	Primary Industry	3700	974	2242
第二产业	Secondary Industry	422	3	103
第三产业	Tertiary Industry	1483	71	701
财产净收入	Net Income of Properties	253	83	108
转移净收入	Net Income of Transfers	4980	3006	4337
家庭外出从业人员寄回带回收入	Income from Migrant Workers	3698	2431	3501
生活消费支出	**Living Consumption Expenditure**	**14073**	**11122**	**11791**
食品	Food	4143	3334	3390
衣着	Clothing	1059	848	916
居住	Residence	2876	2380	2297
家庭设备、用品及服务	Household Appliances	875	686	703
交通和通讯	Transport and Communications	1620	1206	1378
文化、教育、娱乐用品及服务	Culture, Education, Recreation and Service	1711	1511	1704
医疗保健	Health Care	1542	991	1217
其他商品和服务	Other Goods and Servies	247	166	186

项　目	Item	中等收入户 Middle Income Households	中高收入户 Uper Middle Income Households	高收入户 High Income Households
可支配收入	**Disposable Income**	**16166**	**21233**	**36483**
工资性收入	Wages	6978	8847	11346
经营净收入	Net Business Income	4084	6028	16960
第一产业	Primary Industry	3094	4031	9908
第二产业	Secondary Industry	65	272	2080
第三产业	Tertiary Industry	925	1725	4971
财产净收入	Net Income of Properties	176	316	713
转移净收入	Net Income of Transfers	4928	6044	7464
家庭外出从业人员寄回带回收入	Income from Migrant Workers	3971	4432	4543
生活消费支出	**Living Consumption Expenditure**	**13527**	**15083**	**20848**
食品	Food	3979	4637	5937
衣着	Clothing	1041	1162	1454
居住	Residence	2733	3044	4349
家庭设备、用品及服务	Household Appliances	911	972	1212
交通和通讯	Transport and Communications	1454	1614	2749
文化、教育、娱乐用品及服务	Culture, Education, Recreation and Service	1767	1821	1804
医疗保健	Health Care	1412	1569	2895
其他商品和服务	Other Goods and Servies	231	264	447

10-16 按收入分组的农民家庭平均每人现金收入及支出(2021年)

Per Capita Cash Income and Expenditure of Rural Households by Income Level (2021)

单位：元 (yuan)

项 目	Item	全省平均 Average	低收入户 Low Income Households	中低收入户 Lower Middle Income Households
现金收入(未扣除生产费用)	**Cash Income (including Product Expenditure)**	**20076**	**11411**	**13628**
现金工资性收入	Cash Income from Wages	6679	3162	4796
现金经营性收入	Cash Income from Business	8003	4819	4154
第一产业	Primary Industry	5429	3688	3246
第二产业	Secondary Industry	616	20	121
第三产业	Tertiary Industry	1957	1110	788
现金财产性收入	Cash Income of Properties	275	101	135
现金转移性收入	Cash Income of Transfers	5119	3330	4544
家庭外出从业人员寄回带回收入	Income Taken back by Employees out Home	3698	2431	3501
现金支出	**Cash Expenditure**	**18564**	**15405**	**14187**
现金消费支出	Cash Expenditure on consumption	11862	9461	10026
生产经营现金费用支出	Cash Expenditure on Business	2881	3406	1420
第一产业	Primary Industry	2318	2424	1350
第二产业	Secondary Industry	167	0	16
第三产业	Tertiary Industry	396	982	54
现金财产性支出	Cash Expenditure of Properties	23	17	27
现金转移性支出	Cash Expenditure of Transfers	444	425	374
部分商业保险支出	Expenditure of Commercial Insurance	86	52	64
购置资产及非经常性转移支出	Expenditure of Purchasing Assets and Non-transfer Expenditure	2591	1641	1842
借贷性支出	Expenditure of Debit and Credit	676	402	433

项 目	Item	中等收入户 Middle Income Households	中高收入户 Upper Middle Income Households	高收入户 High Income Households
现金收入(未扣除生产费用)	**Cash Income (including Product Expenditure)**	**17729**	**22864**	**40795**
现金工资性收入	Cash Income from Wages	6970	8829	11307
现金经营性收入	Cash Income from Business	5433	7473	21626
第一产业	Primary Industry	4102	5088	12945
第二产业	Secondary Industry	202	343	2978
第三产业	Tertiary Industry	1130	2042	5703
现金财产性收入	Cash Income of Properties	194	344	738
现金转移性收入	Cash Income of Transfers	5132	6219	7123
家庭外出从业人员寄回带回收入	Income Taken back by Employees out Home	3971	4432	4543
现金支出	**Cash Expenditure**	**16831**	**18864**	**30820**
现金消费支出	Cash Expenditure on Consumption	11480	12748	17193
生产经营现金费用支出	Cash Expenditure on Business	1802	2283	6205
第一产业	Primary Industry	1577	1992	4816
第二产业	Secondary Industry	102	52	822
第三产业	Tertiary Industry	123	238	567
现金财产性支出	Cash Expenditure of Properties	18	28	25
现金转移性支出	Cash Expenditure of Transfers	418	470	570
部分商业保险支出	Expenditure of Commercial Insurance	52	119	172
购置资产及非经常性转移支出	Expenditure of Purchasing Assets and Non-transfer Expenditure	2503	2536	5116
借贷性支出	Expenditure of Debit and Credit	559	680	1539

10－17　按收入分组的农民家庭主要食品消费量(2021年)

Consumption of Major Food in Rural Households by Income Level (2021)

单位：公斤/人　(kg/person)

项　目	Item	全省平均 Average	低收入户 Low Income Households	中低收入户 Lower Middle Income Households
粮食消费量	Grain Consumption	158.29	145.72	146.39
#小麦	Wheat	109.03	99.36	101.02
稻谷	Rice	27.12	25.71	25.79
玉米	Corn	3.84	4.42	3.22
油脂类消费量	Oil	8.76	6.99	7.67
蔬菜及菜制品消费量	Vegetables	95.76	79.53	85.31
肉类	Meat	23.21	18.79	19.88
禽类	Poultry	8.93	7.46	8.00
水产品	Aquatic Products	4.58	3.51	3.84
蛋类及蛋制品	Eggs and Related Productions	20.07	16.68	18.56
奶和奶制品	Milk and Dairy Products	11.97	9.75	10.44
干鲜瓜果类	Dried and Fresh Melons and Fruits	67.39	54.02	61.33
糖果糕点类	Confectionery	7.35	7.01	6.51
酒	Liquor	5.75	4.46	4.22

项　目	Item	中等收入户 Middle Income Households	中高收入户 Upper Middle Income Households	高收入户 High Income Households
粮食消费量	Grain Consumption	156.06	164.18	188.14
#小麦	Wheat	109.33	112.44	129.15
稻谷	Rice	26.68	27.00	31.62
玉米	Corn	2.78	3.95	5.12
油脂类消费量	Oil	8.88	9.21	12.04
蔬菜及菜制品消费量	Vegetables	89.56	103.64	131.59
肉类	Meat	22.85	26.01	31.17
禽类	Poultry	8.92	9.93	11.13
水产品	Aquatic Products	4.53	5.39	6.20
蛋类及蛋制品	Eggs and Related Productions	19.47	22.02	25.37
奶和奶制品	Milk and Dairy Products	12.61	12.52	15.71
干鲜瓜果类	Dried and Fresh Melons and Fruits	66.14	72.13	90.52
糖果糕点类	Confectionery	7.43	7.64	8.52
酒	Liquor	6.01	6.24	8.70

10-18 农民家庭平均每百户主要耐用消费品及生产性固定资产年末拥有量(2021年)

Main Durable Goods and Productive Fixed Assets Owned Per hundred Rural Households at Year-end by Income Level (2021)

项　目	Item	全省平均 Average
耐用消费品年末拥有量	**Durable Consumer Goods**	
家用汽车(台)	Car (unit)	39.25
摩托车(台)	Motorcycle (unit)	32.36
助力车(台)	Electric Bicycle (unit)	135.91
洗衣机(台)	Washing Machine (unit)	101.82
电冰箱(台)	Refrigerator (unit)	100.96
微波炉(台)	Microwave Oven (unit)	20.81
彩色电视机(台)	Color TV Set (unit)	114.66
空调(台)	Air Conditioner (unit)	135.07
热水器(台)	Water Heater (unit)	83.73
洗碗机(台)	Dishwasher (unit)	1.34
排油烟机(台)	Exhaust Fan (unit)	36.36
固定电话(部)	Telephone (unit)	4.42
移动电话(部)	Mobile Phone (unit)	283.04
#接入互联网	Internet Mobile Phones (unit)	242.48
计算机(台)	Computer (unit)	28.33
#接入互联网	Internet Computer (unit)	23.55
照相机(架)	Camera (unit)	1.85
中高档乐器(件)	Medium and High-Grade Musical Instrument (unit)	0.69
健身器材(套)	Fitness Equipment (unit)	1.55
生产性固定资产数量	**Productive Fixed Assets**	
大中型农用拖拉机(台)	Large and Medium Tractors (unit)	122.18
小型农用拖拉机(台)	Minitype Tractors (unit)	488.09
农用排灌动力机械(台)	Drainage and Irrigation Agricultural Machinery (unit)	65.97
插秧机(台)	Transplanter (unit)	0.48
收割机(台)	Harvesters (unit)	1.22
脱粒机(台)	Thresher (unit)	4.42

10-19 各市农村居民家庭平均每人全年可支配收入按收入来源分组情况(2021年)
Per Capita Annual Disposable Income of Rural Household by Source and City (2021)

单位：元 (yuan)

地区	Region	合计 Total	工资性收入 Net Income from Wages and Salaries	经营净收入 Net Income from Household Operations	财产净收入 Net Income from Properties	转移净收入 Net Income from Transfers
郑州市	Zhengzhou	26790	17073	5818	1455	2444
开封市	Kaifeng	16769	7272	5822	232	3444
洛阳市	Luoyang	17253	9072	3763	411	4008
平顶山市	Pingdingshan	16919	7936	4279	144	4560
安阳市	Anyang	18424	8026	3721	110	6567
鹤壁市	Hebi	21334	13159	5893	119	2163
新乡市	Xinxiang	18922	10287	4915	187	3533
焦作市	Jiaozuo	22180	15202	3984	322	2671
濮阳市	Puyang	16488	9002	2274	187	5025
许昌市	Xuchang	21462	10638	6146	722	3957
漯河市	Luohe	19973	11653	4078	296	3947
三门峡市	Sanmenxia	18297	6549	7889	251	3608
南阳市	Nanyang	17603	5899	6609	191	4904
商丘市	Shangqiu	14789	5769	4257	63	4700
信阳市	Xinyang	16595	6068	5260	127	5141
周口市	Zhoukou	14141	5874	2590	167	5510
驻马店市	Zhumadian	15267	4922	5295	100	4950
济源示范区	Jiyuan	23294	16925	3684	368	2317

10-20 各市农村居民家庭平均每人全年可支配收入分组情况(2021年)

Per Capita Annual Disposable Income of Rural Household by City (2021)

单位：元 (yuan)

地区	Region	低收入户 Low Income Households	中低收入户 Lower Middle Income Households	中等收入户 Middle Income Households	中高收入户 Upper Middle Income Households	高收入户 High Income Households
郑州市	Zhengzhou	12849	20144	26080	33010	58607
开封市	Kaifeng	8553	13289	16566	20463	32105
洛阳市	Luoyang	7782	12492	15949	20868	35030
平顶山市	Pingdingshan	8197	11792	14444	18845	39324
安阳市	Anyang	6882	13118	17213	23160	37961
鹤壁市	Hebi	8882	17144	20591	23472	35438
新乡市	Xinxiang	6818	13421	18035	24738	40735
焦作市	Jiaozuo	12103	16477	21352	26472	42950
濮阳市	Puyang	8956	12321	15041	19682	29524
许昌市	Xuchang	11409	10622	16186	16633	22720
漯河市	Luohe	7804	12358	16642	22402	43805
三门峡市	Sanmenxia	7726	11177	15467	21084	42976
南阳市	Nanyang	7099	12543	16280	21263	39609
商丘市	Shangqiu	6003	9342	12932	18299	33165
信阳市	Xinyang	7918	11485	15039	19369	36984
周口市	Zhoukou	6182	9905	12770	17087	30058
驻马店市	Zhumadian	6545	10522	13709	18316	32428
济源示范区	Jiyuan	11299	17406	22331	27248	42378

10-21 各市农村居民家庭平均每人生活消费总支出(2021年)
Per Capita Consumption Expenditure of Rural Households by City (2021)

单位：元 (yuan)

地区 Region	生活消费支出合计 Consumption Expenditure	食品烟酒 Food, Tobacco, Liquor	衣着 Clothing	居住 Residence	生活用品及服务 Household Appliances and Services	交通、通信及服务 Transport, and Communi-cations	教育及文化娱乐 Education, Culture and Entertainment	医疗、保健及服务 Health Care and Medical Services	其他商品及服务 Other Goods and Services
郑州市 Zhengzhou	19868	5053	1358	4323	1159	3092	2245	2246	392
开封市 Kaifeng	13570	3216	1034	2962	1043	2335	1392	1259	330
洛阳市 Luoyang	13851	3707	1085	3350	1036	1699	1430	1339	205
平顶山市 Pingdingshan	13364	4387	1167	2720	1004	1194	1484	1189	220
安阳市 Anyang	13088	3403	920	3302	836	1597	1607	1038	386
鹤壁市 Hebi	13356	3641	1273	2648	895	1526	1718	1385	270
新乡市 Xinxiang	13743	3707	1119	2780	1028	1699	1574	1437	297
焦作市 Jiaozuo	16591	4563	1325	3469	1289	2014	2091	1408	431
濮阳市 Puyang	12167	3329	918	2803	796	1464	1587	1110	161
许昌市 Xuchang	14831	4623	1093	2862	922	2025	1851	1185	269
漯河市 Luohe	13779	4475	1311	2801	998	1409	1354	1252	179
三门峡市 Sanmenxia	13416	3918	1193	2277	814	1965	1443	1437	369
南阳市 Nanyang	13236	4011	1018	3068	973	1388	1311	1208	258
商丘市 Shangqiu	13142	4231	924	2920	837	1525	1133	1402	168
信阳市 Xinyang	13258	4775	888	2873	841	1210	1461	1049	162
周口市 Zhoukou	11795	3941	962	2539	806	1053	1101	1217	175
驻马店市 Zhumadian	13078	4064	962	2644	904	1530	1452	1299	223
济源示范区 Jiyuan	12885	3667	817	2497	837	2043	1647	1173	205

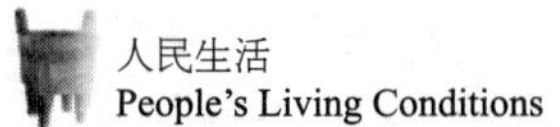

10-22 各市农村居民家庭平均每人生活消费现金支出(2021年)
Per Capita Cash Consumption Expenditure of Rural Households by City (2021)

单位：元 (yuan)

地区 Region	生活消费支出合计 Consumption Expenditure	食品烟酒 Food, Tobacco, Liquor	衣着 Clothing	居住 Residence	生活用品及服务 Household Appliances and Services	交通、通信及服务 Transport, and Communi-cations	教育及文化娱乐 Education, Culture and Entertainment	医疗、保健及服务 Health Care and Medical Services	其他商品及服务 Other Goods and Services
郑州市 Zhengzhou	16123	4876	1358	1287	1158	3091	2245	1720	388
开封市 Kaifeng	11841	3187	1034	1323	1043	2335	1392	1198	330
洛阳市 Luoyang	11643	3471	1085	1641	1031	1699	1430	1103	185
平顶山市 Pingdingshan	11213	4251	1167	913	1003	1194	1484	982	218
安阳市 Anyang	10950	3318	920	1389	820	1597	1607	932	366
鹤壁市 Hebi	11587	3518	1273	1261	883	1526	1718	1139	270
新乡市 Xinxiang	11638	3653	1118	1124	1026	1699	1574	1148	295
焦作市 Jiaozuo	14465	4520	1325	1602	1288	2014	2091	1195	431
濮阳市 Puyang	11011	3317	918	1766	795	1464	1587	1004	161
许昌市 Xuchang	12534	4496	1092	929	922	2025	1851	949	269
漯河市 Luohe	11721	4440	1311	845	998	1409	1354	1185	179
三门峡市 Sanmenxia	11595	3706	1193	893	814	1965	1443	1212	368
南阳市 Nanyang	11023	3830	1018	1254	972	1388	1311	993	258
商丘市 Shangqiu	12831	4135	914	2869	810	1520	1100	1325	158
信阳市 Xinyang	11154	4499	888	1238	841	1210	1459	858	161
周口市 Zhoukou	9778	3896	962	736	806	1053	1101	1049	175
驻马店市 Zhumadian	11215	3921	962	1099	903	1530	1452	1123	223
济源示范区 Jiyuan	11228	3463	817	1132	835	2043	1647	1087	204

10-23 各市农村居民家庭平均每人主要食品消费量(2021年)
Per Capita Consumption of Major Food of Rural Households by City (2021)

单位：千克 (kg)

地 区 Region	粮 食 Grain	食用油 Edible Oil	蔬菜及食用菌 Vegetables	猪牛羊肉 Pork, Beef and Mutton	家 禽 Poultry	水产品 Aquatic Products	蛋类及其制品 Eggs and Related Products	奶和奶制品 Milk and Dairy products	干鲜瓜果 Dry and Fresh Fruits and Melons	糖果糕点 Sugar	酒 类 Liquor
郑 州 市 Zhengzhou	140.4	7.0	97.8	23.2	6.0	3.6	18.3	13.4	83.8	7.2	4.4
开 封 市 Kaifeng	147.5	6.0	95.7	17.2	6.1	4.8	19.4	5.5	56.1	4.3	4.4
洛 阳 市 Luoyang	177.5	9.3	91.0	17.5	3.3	1.6	17.5	13.4	51.1	6.9	4.0
平 顶 山 市 Pingdingshan	211.9	7.7	135.7	23.2	7.2	3.4	19.5	18.5	79.0	10.7	5.2
安 阳 市 Anyang	175.5	7.5	92.6	15.9	5.0	5.9	21.2	10.0	64.9	6.9	5.4
鹤 壁 市 Hebi	166.9	8.1	94.4	16.7	5.3	1.3	20.7	10.5	55.3	8.8	6.3
新 乡 市 Xinxiang	169.3	6.4	90.3	17.7	5.4	2.6	18.1	12.0	67.6	8.9	5.9
焦 作 市 Jiaozuo	138.6	10.5	72.3	19.0	5.8	2.3	18.7	16.4	57.9	6.8	4.7
濮 阳 市 Puyang	164.0	7.9	95.1	17.4	9.4	3.2	21.0	9.1	71.5	7.3	5.1
许 昌 市 Xuchang	145.0	10.6	94.1	19.2	6.7	2.4	16.7	10.3	63.1	6.3	3.5
漯 河 市 Luohe	214.4	9.5	119.3	27.6	9.2	5.1	21.4	8.4	113.8	10.4	4.3
三 门 峡 市 Sanmenxia	189.6	10.8	103.0	18.1	2.8	1.8	15.9	8.9	51.2	7.8	4.8
南 阳 市 Nanyang	166.7	7.5	89.1	24.9	6.4	4.1	20.0	15.0	42.0	7.1	6.5
商 丘 市 Shangqiu	218.0	9.7	101.7	25.0	12.3	5.4	24.2	12.5	85.1	7.3	6.1
信 阳 市 Xinyang	188.3	9.9	100.9	38.6	15.8	13.3	15.0	8.2	63.2	7.6	13.8
周 口 市 Zhoukou	160.3	8.5	90.1	20.8	10.5	6.6	19.8	12.9	64.7	6.8	4.8
驻 马 店 市 Zhumadian	189.5	8.8	83.9	22.0	13.7	6.1	17.1	11.9	65.8	6.8	8.2
济源示范区 Jiyuan	151.0	5.1	66.1	17.8	5.3	0.9	18.6	20.5	44.9	8.9	4.4

10−24 各市农村居民家庭住房情况(2021年)

Housing Conditions of Rural Households by City (2021)

地 区 Region	实际住房按主要建筑材料分的户数占比重(%) Proportion of Real Houses by Main Building Materials (%)			
	#钢筋混凝土 Reinforced Concrete Structure	砖混材料 Brick Mixed Structure	砖瓦砖木 Brick Tile and Wood	其它 Others
郑 州 市 Zhengzhou	47.2	52.3	0.5	0.0
开 封 市 Kaifeng	27.3	67.5	5.2	-
洛 阳 市 Luoyang	19.2	78.2	2.6	0.0
平 顶 山 市 Pingdingshan	25.4	66.2	7.8	0.6
安 阳 市 Anyang	25.4	60.7	13.9	-
鹤 壁 市 Hebi	28.9	61.5	6.3	3.3
新 乡 市 Xinxiang	26.2	65.9	7.8	0.0
焦 作 市 Jiaozuo	23.4	69.2	7.4	-
濮 阳 市 Puyang	12.5	59.5	28.0	0.0
许 昌 市 Xuchang	27.9	70.8	1.3	0.0
漯 河 市 Luohe	30.6	66.6	2.8	0.0
三 门 峡 市 Sanmenxia	13.5	73.7	12.8	-
南 阳 市 Nanyang	41.1	54.6	4.2	0.1
商 丘 市 Shangqiu	17.7	64.5	17.8	-
信 阳 市 Xinyang	54.5	27.9	17.6	-
周 口 市 Zhoukou	46.3	38.1	15.7	-
驻 马 店 市 Zhumadian	27.9	65.8	6.3	-
济 源 示 范 区 Jiyuan	5.7	60.0	34.3	-

主要统计指标解释

期内常住人口数 指居住在一个住宅内，共同分享生活开支或收入的一群人。凡计算为家庭常住人口的成员其全部收支都包括在本家庭中。

户均就业人数 指家庭人口与就业人口之比。

可支配收入 指调查户在调查期内获得的、可用于最终消费支出和储蓄的综合，即调查户可以用来自由支配的收入。可支配收入既包括现金，也包括实物收入。按照收入的来源，可支配收入包含四项，分别为：工资性收入、经营净收入、财产净收入和转移净收入。计算公式为：

可支配收入=工资性收入+经营净收入+财产净收入+转移净收入

总支出 指全部家庭支出。包括消费支出、生产经营费用支出、财产性支出、转移性支出、部分商业保险支出、购置资产及非经常性转移支出、借贷性支出。

消费性支出 指用户用于满足家庭日常生活消费需要的全部支出，包括用于消费品的支出和用于服务性消费的支出。根据用途不同，消费支出可以划分为食品烟酒、衣着、居住、生活用品及服务、交通通讯、教育文化娱乐、医疗保健、其他用品及服务八大类。根据来源不同，消费支出可以划分为现金消费支出、实物消费支出（含自产自用、来自单位、来自政务和其他社会组织）。

收入分组方法 是将所有调查户分别按照全体居民、城镇居民、农村居民，将户人均可支配收入由低到高排队，按20%，20%，20%，20%，20%的比例依次分成：低收入户、中低收入户、中等收入户、中高收入户、高收入户等五组。

Explanatory Notes on Main Statistical Indicators

Number of Usual Population refers to members of households living and sharing living cost and income together. All the income and expenditure of all the members of such households are included in the income and expenditure of the household.

Number of Employee per Household refers to the ratio between number of persons in an urban household and the number of employed persons.

Disposal Income refers to the total income at the disposal of investigation residents which can be used for final consumption and savings in the investigation period. It includes income both in cash and in kind from four categories: income from wages and salaries, net income from household operations, net income from transfers and net income from properties. The following formula is used:

Disposal income = income from wages and salaries+ net income from household operations+ net income from transfers+ net income from properties

Total Expenditure refers to all expenditure of households. It includes consumption expenditure, production and operation expenditure, property expenditure, transfer expenditure, expenditure on commercial insurance, expenditure on purchase of assets and non regular transfer expenditure and expenditure on debit and credit.

Consumption Expenditure refers to total expenditure of households for consumption in daily life, including expenditure on consumer goods and on services. It is classified by usage into eight categories of food; clothing; housing; household appliances and services; health care and medical services; transport and communications; recreation, education and cultural services; and miscellaneous goods and services. It is classified by source of expenditure into expenditure in cash and reality consumption expenditure (including it from produce on their own, from the unit, from government and other social groups).

Methods of Income Group All households in the sample are grouped according to all the residents, urban residents and rural residents, by per capita disposal income of the household, into groups of low income, lower middle income, middle income, upper middle income and high income, each group consisting of 20%，20%，20%，20% and 20% of all households respectively.

城市概况
General Survey of Cities

11

资料整理：靳伟莉　秦红涛　陈琛

简要说明

一、主要内容

本篇反映河南省城市社会经济发展和城市建设的规模及综合水平的资料。城市公用事业概况主要包括：城市建设、供水、供气、供热、市政设施、公共交通、城市绿化、环境卫生等资料。

二、统计范围

包括全省所有设市城市在建成区范围内的城市规划管理、投资、建设或经营管理相关设施的单位。

三、资料来源

省辖市主要经济指标由河南省统计局地方经济社会调查队编辑整理。省辖市和县级市城市公用事业基本情况资料由省住房城乡建设厅和省交通厅提供，由河南省统计局社会与科技处和服务业统计处编辑整理。

Brief Introduction

I. Main Contents

Data in this chapter present the scale and the comprehensive level of Social economic development and urban construction of Henan provincial cities, main include supply of water, gas and heating; municipal infrastructure; public transportation; urban greenery; public transportation and environmental, sanitation.

II. Scope of Statistics

Data in this chapter cover all units under the jurisdiction of cities which are engaged in urban planning and management, investment, construction and operation of relevant facilities.

III. Sources of Data

Data on Districts are provided by economic and social survey office of Henan Province Bureau of Statistics. Data on basic conditions and overall level of urban public facilities in provincial and county city are collected by the Henan provincial bureau of Housing and Urban-Rural development. Data on this chapter are provided by Department of social and scientific and technological of Henan provincial bureau of statistics and Department of Service industry statistical of Henan provincial bureau of statistics.

11-1 城市社会经济主要指标

Major Social and Economic Indicators of Cities

本表价值量指标均按当年价格计算。
Data in value terms in this table are calculated at current prices.

指标	Item	2020	2021
生产总值(亿元)	Gross Domestic Product (100 million yuan)	21991.00	22903.02
第一产业	Primary Industry	699.00	777.47
第二产业	Secondary Industry	8745.00	8812.19
第三产业	Tertiary Industry	12546.00	13313.35
一般公共预算收入(亿元)	Total Revenue of Local Governments (100 million yuan)	2196.08	876.65
一般公共预算支出(亿元)	Total Expenditures of Local Governments (100 million yuan)	3802.37	1295.31
限额以上批发零售业商品销售总额(亿元)	Total Sales of Enterprise above Designated Size in Wholesale and Retail Sale Trades (100 million yuan)	13000.29	15450.56
当年实际使用外资金额(万美元)	Amount of Foreign Capital Actually Vtilized This Year (USD 10 000)		
金融机构住户存款余额(亿元)	Outstanding Amount of Savings Deposit in Urban and Rural Areas (year-end) (100 million yuan)	19688.00	22693.96
在校学生数(万人)	Student Enrollment (10 000 persons)		
普通中学	Number of Regular Secondary Schools	188.90	196.76
普通小学	Number of Primary Schools	273.45	280.11

注：11-1和11-2表中2021年数据为初步上报数据。
a) 2021 datas in table 11-1 and 11-2 are preliminary reported data.

11-2 省辖市市区社会经济主要指标(2021年)

本表价值量指标均按当年价格计算。
Data in value terms in this table are calculated at current prices.

指标	Item	郑州 Zhengzhou	开封 Kaifeng	洛阳 Luoyang	平顶山 Pingdingshan	安阳 Anyang
年底(末)户籍人口(万人)	Total Population (year-end) (10 000 persons)	466.80	172.50	325.71	111.19	124.42
行政区域土地面积(平方公里)	Land Area of Administrative Area (sq.km)					
#建成区面积	Developed Areas	670	141	294	73	92
生产总值(亿元)	Gross Domestic Product (100 million yuan)	7240.94	987.73	3272.00	958.15	940.89
#第二产业	Secondary Industry	2133.50	335.54	1450.00	490.10	467.62
第三产业	Tertiary Industry	5099.63	567.28	1754.00	461.51	457.75
一般公共预算收入(亿元)	Public Financial Revenue of Local Governments (100 million yuan)	312.66	24.44	148.29	27.74	54.37
一般公共预算支出(亿元)	Public Financial Expenditures of Local Governments (100 million yuan)	257.52	68.89	192.93	38.83	65.93
当年实际使用外资金额(万元)	Amount of Foreign Capital Actually Vtilized This Year (10 000 yuan)					
金融机构住户存款余额(亿元)	Outstanding Amount of Savings Deposit (100 million yuan)	7231	1020	2885	.1082	886
在校学生数(万人)	Student Enrollment (10 000 persons)					
中等职业学校	Number of Vocational Secondary Schools	23.39	2.80	5.53	2.15	2.51
普通中学	Number of Regular Secondary Schools	32.09	12.63	18.35	7.53	12.01
小学	Number of Primary Schools	53.95	16.30	27.13	10.52	17.92

注：地方一般公共预算收入和一般公共预算支出的口径范围与2020年有差异。
a) The caliber of Public Financial Revenue of Local Governments and Public Financial Expenditures of Local Governments are different with 2020.

Major Social and Economic Indicators of Districts in Cities Directly Under the Province (2021)

鹤 壁 Hebi	新 乡 Xinxiang	焦 作 Jiaozuo	濮 阳 Puyang	许 昌 Xuchang	漯 河 Luohe	三门峡 Sanmenxia	南 阳 Nanyang	商 丘 Shangqiu	信 阳 Xinyang	周 口 Zhoukou	驻马店 Zhumadian
66.47	111.72	98.05	75.64	135.42	135.37	62.93	205.00	191.99	158.90	214.59	86.72
66	128	118	65	134		61	165		107	115	
508.17	1031.78	750.80	705.61	1047.10	1105.55	601.63	1111.47	661.19	784.11	620.42	575.48
290.10	461.16	306.86	306.98	476.77	488.68	267.13	332.04	228.17	280.42	258.22	238.90
198.44	563.58	436.08	372.09	538.48	543.13	300.16	700.86	327.83	403.11	287.49	301.93
24.73	22.58	46.27	13.22	30.82	23.52	33.00	23.85	25.19	24.76	19.94	21.28
42.47	37.03	42.41	21.57	61.69	65.77	46.70	66.53	72.42	74.60	105.47	34.55
384	931	703	764	826	730	464	1306	953	995	850	684
1.15	2.10	1.31	1.64	2.13	3.13	1.87	4.38	2.55	2.03	2.62	3.72
5.52	8.16	5.58	12.26	8.49	8.67	3.08	19.66	11.62	11.05	12.10	7.96
6.32	12.07	7.84	11.09	12.18	12.49	4.37	24.57	20.07	14.57	18.20	10.52

11-3 城市建设基本情况

Basic Statistics on City Construction

指　标	Item	2010	2015	2019	2020	2021
城市个数(个)	Number of Cities (unit)	38	38	39	39	38
城区面积(平方公里)	Urban Area (sq.km)	4101	4810	5364	5364	5763
建成区面积(平方公里)	Area of Built-up Districts (sq.km)	2014	2503	2944	3040	3235
年底供水综合生产能力(万立方米/日)	General Production Capacity of Tap Water Supply (year-end) (10 000 cu.m/day)	1010	1121	1281	1257	1255
全年供水总量(万立方米)	Total Annual Volume of Water Supply (10 000 cu.m)	179122	196709	221104	217730	231305
#生活用水量	Consumption of Tap Water for Residential Use	76986	87545	123427	123450	107178
平均每人每天生活用水量(升)	Per Capita Daily Consumption of Tap Water for Residential Use (liter)	109.1	111.0	133.9	129.0	141.3
用水普及率(%)	Percentage of Population with Access to Tap Water (%)	91.0	93.1	97.4	98.2	99.3
公共交通标准运营车辆(标台)	Standard Public Vehicles Under Operation (Standard unit)	18912	27355	39149	42290	43002
出租汽车数(辆)	Taxi (unit)		61555	62552	64696	63658
煤气家庭用量(万立方米)	Consumption of Coal Gas for Residential Use (10 000cu.m)	15420	1553	27	24	0
天然气家庭用量(万立方米)	Consumption of Natural Gas for Residential Use (10 000cu.m)	48243	109376	216812	225626	232025
液化石油气家庭用量(吨)	Consumption of Liquefied Petroleum Gas for Residential Use (ton)	201931	179752	151749	138686	133508
燃气普及率(%)	Percentage of Population with Access to Gas (%)	73.4	86.0	97.1	96.8	97.7
集中供热面积(万平方米)	Heated Area (10 000 sq.m)	10737	22375	51600	55995	64003
道路长度(千米)	Length of Roads (km)	9413	12318	15766	16295	17956
道路面积(万平方米)	Area of Roads (10 000sq.m)	21767	29915	39506	41039	44850
排水管道长度(千米)	Length of Sewage Pipelines (km)	14733	20467	27932	29222	31369
建成区绿化覆盖面积(公顷)	Coverage Space of Green Areas Developed (hectare)	73652	94345	120799	127423	134460
建成区绿化覆盖率(%)	Coverage Rate of Green Areas Developed (%)	36.5	37.7	41.0	41.9	41.6
公园个数(个)	Number of Parks (unit)	262	327	523	538	633
公园绿地面积(公顷)	Public Green Areas (hectare)	18361	25201	35361	38664	41318
人均公园绿地面积(平方米)	Per Capita Public Green Area (sq.m)	8.7	10.2	13.6	14.4	15.1
生活垃圾清运量(万吨)	Collection,Transport and Disposal of Consumption Wastes (10 000 tons)	694	892	1134	1130	1108
生活垃圾无害化处理率(%)	Harmless Treatment Rate of Consumption Wastes (%)	82.5	96.0	99.7	99.9	100.0
城市污水排放量(亿吨)	Volume of Consumption Waste Water in Cities (100 million tons)	14.74	19.47	20.73	19.48	25.41
城市污水处理量(亿吨)	Processing Volume of Consumption Waste Water in Cities (100 million tons)	12.91	18.22	20.25	18.93	25.21
城市污水处理厂集中处理率(%)	Concentration Treatment Rate of Consumption Waste Water in Cities (%)		93.1	97.7	98.3	99.2

11-4 城市市政公用设施水平情况(2021年)

Statistics on Level of Public Facilities by City (2021)

地 区 Region	人口密度(人/平方公里) Population Density (person/sq.km)	人均日生活用水量(升) Daily Water Consumption Per Capita (liter)	用水普及率(%) Water Coverage Rate (%)	燃气普及率(%) Gas Coverage Rate (%)	建成区供水管道密度(公里/平方公里) Built-up Areas Density of Water Pipes (km/sq.km)	人均城市道路面积(平方米) Road Surface Area Per Capita (sq.m)	建成区排水管道密度(公里/平方公里) Density of sewers in Built District (km/sq.km)	污水处理率(%) Wastewater Treatment Rate (%)
全 省 Total	**4754**	**141.27**	**99.3**	**97.7**	**8.88**	**16.37**	**9.20**	**99.2**
郑 州 市 Zhengzhou	9434	142.14	100.0	95.1	9.17	10.57	8.33	100.0
巩 义 市 Gongyi	6715	73.70	88.5	97.7	5.49	11.51	7.37	98.8
荥 阳 市 Xingyang	2194	291.41	99.7	87.9	8.92	19.16	8.71	97.2
新 密 市 Xinmi	2708	118.41	100.0	97.0	8.04	17.46	4.89	100.0
新 郑 市 Xinzheng	7738	179.07	98.0	99.9	10.58	16.89	7.88	97.6
登 封 市 Dengfeng	3375	149.20	97.8	99.8	5.93	21.87	5.16	98.0
开 封 市 Kaifeng	5351	168.96	98.2	99.6	15.58	22.09	8.48	97.1
洛 阳 市 Luoyang	7118	167.97	100.0	96.6	8.66	14.09	9.46	100.0
平顶山市 Pingdingshan	3560	155.18	99.5	99.0	14.83	18.52	8.99	99.3
舞 钢 市 Wugang	1818	126.70	99.7	97.7	6.48	20.24	13.44	94.7
汝 州 市 Ruzhou	2511	78.03	100.0	100.0	7.31	18.39	8.23	100.0
安 阳 市 Anyang	4374	195.55	100.0	99.6	9.17	20.98	15.65	100.0
林 州 市 Linzhou	5932	150.72	100.0	99.6	10.70	14.97	9.75	99.5
鹤 壁 市 Hebi	3918	79.62	99.5	99.5	9.44	21.40	9.13	100.0
新 乡 市 Xinxiang	5661	162.33	100.0	99.5	7.74	15.51	7.17	99.0
长 垣 市 Changyuan	7570	92.73	99.1	98.0	11.29	22.59	15.29	99.7
卫 辉 市 Weihui	3676	194.48	99.6	93.5	7.45	11.89	5.95	98.0
辉 县 市 Huixian	1964	178.50	99.2	100.0	15.98	13.01	12.99	97.2
焦 作 市 Jiaozuo	5814	130.08	99.8	99.3	8.65	24.16	10.59	99.0
沁 阳 市 Qinyang	4112	75.03	85.4	95.2	8.86	28.34	11.92	98.1
孟 州 市 Mengzhou	1269	148.13	96.5	96.5	12.65	29.36	18.82	85.3
濮 阳 市 Puyang	4105	173.18	100.0	100.0	14.47	18.35	13.61	98.2
许 昌 市 Xuchang	3312	134.20	99.1	98.9	4.63	32.90	7.07	99.7
禹 州 市 Yuzhou	8083	99.24	97.5	98.9	7.07	17.58	9.32	99.8
长 葛 市 Changge	2639	148.68	97.8	94.8	5.65	22.31	10.46	96.2
漯 河 市 Luohe	5827	166.53	99.5	100.0	2.57	19.14	14.87	100.0
三门峡市 Sanmenxia	7123	100.02	99.4	96.6	5.35	13.42	5.28	99.0
义 马 市 Yima	1321	108.34	99.7	97.0	9.48	21.16	7.45	96.9
灵 宝 市 Lingbao	6434	145.06	100.0	99.7	6.97	17.48	9.02	99.7
南 阳 市 Nanyang	2550	93.68	100.0	100.0	8.72	15.44	10.75	99.5
邓 州 市 Dengzhou	9813	109.10	95.5	96.2	19.32	17.86	15.40	98.2
商 丘 市 Shangqiu	2830	122.37	97.7	98.7	3.99	14.31	3.85	98.5
永 城 市 Yongcheng	5942	115.33	99.5	96.4	7.32	18.22	11.96	97.0
信 阳 市 Xinyang	2532	154.54	100.0	100.0	12.16	14.46	4.28	100.0
周 口 市 Zhoukou	5441	135.20	99.6	99.4	7.32	22.83	12.26	99.7
项 城 市 Xiangcheng	5138	97.93	100.0	100.0	11.48	18.36	13.83	97.4
驻马店市 Zhumadian	3137	186.88	100.0	100.0	6.11	28.58	9.98	100.0
济源示范区 Jiyuan	5092	109.84	100.0	100.0	10.28	15.85	9.15	99.0

11-4 续表 continued

地 区 Region	人均公园绿地面积(平方米) Public Recreational Green Space Per Capita (sq.m)	建成区绿化覆盖率(%) Green Coverage Rate of Built-up District (%)	建成区绿地率(%) Green Space Rate of Built-up District (%)	生活垃圾无害化处理率(%) Consumption Wastes Harmless Treatment Rate (%)	建成区面积(平方公里) Built-up District Area (sq.km)
全 省 Total	**15.1**	**41.6**	**36.5**	**100.0**	**3235**
郑 州 市 Zhengzhou	15.3	41.6	36.7	100.0	670
巩 义 市 Gongyi	15.6	42.9	39.0	100.0	36
荥 阳 市 Xingyang	13.0	33.3	28.6	100.0	38
新 密 市 Xinmi	13.0	38.5	34.3	100.0	34
新 郑 市 Xinzheng	14.9	38.8	33.6	100.0	34
登 封 市 Dengfeng	16.4	49.0	44.9	100.0	30
开 封 市 Kaifeng	15.1	45.5	39.2	100.0	141
洛 阳 市 Luoyang	16.1	44.3	38.7	100.0	294
平 顶 山 市 Pingdingshan	12.8	42.6	38.0	100.0	73
舞 钢 市 Wugang	12.8	41.5	36.9	100.0	17
汝 州 市 Ruzhou	17.9	42.1	36.3	100.0	42
安 阳 市 Anyang	13.2	42.4	37.2	100.0	92
林 州 市 Linzhou	12.0	47.0	41.9	100.0	26
鹤 壁 市 Hebi	20.7	47.3	42.0	100.0	66
新 乡 市 Xinxiang	12.9	42.0	38.9	100.0	128
长 垣 市 Changyuan	12.4	41.1	37.2	100.0	43
卫 辉 市 Weihui	9.4	36.2	30.5	100.0	23
辉 县 市 Huixian	9.5	37.8	33.4	100.0	23
焦 作 市 Jiaozuo	16.8	42.9	37.0	100.0	118
沁 阳 市 Qinyang	9.5	36.4	31.1	100.0	21
孟 州 市 Mengzhou	11.6	44.8	40.1	100.0	17
濮 阳 市 Puyang	14.9	40.8	36.4	100.0	65
许 昌 市 Xuchang	16.1	41.7	36.7	100.0	121
禹 州 市 Yuzhou	12.9	43.1	35.5	100.0	48
长 葛 市 Changge	15.0	40.5	35.1	100.0	28
漯 河 市 Luohe	18.3	42.9	38.1	100.0	68
三 门 峡 市 Sanmenxia	14.2	44.6	40.1	100.0	61
义 马 市 Yima	17.8	45.2	39.8	100.0	19
灵 宝 市 Lingbao	12.6	40.1	35.8	100.0	23
南 阳 市 Nanyang	16.8	44.6	40.5	100.0	165
邓 州 市 Dengzhou	12.9	44.6	41.5	100.0	38
商 丘 市 Shangqiu	14.5	21.5	19.2	100.0	163
永 城 市 Yongcheng	15.1	43.6	37.8	100.0	50
信 阳 市 Xinyang	14.6	45.7	37.2	100.0	107
周 口 市 Zhoukou	15.0	37.8	31.0	100.0	115
项 城 市 Xiangcheng	12.0	39.0	35.2	100.0	37
驻 马 店 市 Zhumadian	17.5	45.9	40.4	100.0	104
济 源 示 范 区 Jiyuan	12.6	43.2	38.5	100.0	57

11-5 城市供、排水情况(2021年)

Basic Statistics on Tap Water Supply and Drainage in Cities (2021)

地区 Region	综合生产能力(万立方米/日) Production Capacity of Tap Water Supply (10 000 cu.m/day)	供水管道长度(公里) Length of Water Supply Pipelines (km)	供水总量(万立方米) Total Volume of Water Supply (10 000 cu.m)	居民家庭用水 Water for use	用水人口(万人) Number of Residents with Access to Tap Water (10 000 person)	污水排放量(万立方米) Volume of Sewage Drainage (10 000 cu.m)
全省 Total	**1255**	**30620**	**231305**	**107178**	**2721.1**	**254096**
郑州市 Zhengzhou	189	6320	47625	26680	719.2	72710
巩义市 Gongyi	7	197	1759	834	33.6	1330
荥阳市 Xingyang	19	591	2658	1425	20.2	4220
新密市 Xinmi	7	277	1643	915	21.2	1417
新郑市 Xinzheng	16	406	1950	1269	26.0	4330
登封市 Dengfeng	11	260	1438	665	19.4	1099
开封市 Kaifeng	64	2195	11194	4457	101.0	10522
洛阳市 Luoyang	131	2547	22935	9994	276.7	20175
平顶山市 Pingdingshan	57	1261	13789	4516	92.1	11752
舞钢市 Wugang	8	148	1504	489	12.3	1079
汝州市 Ruzhou	14	309	1778	860	34.3	2671
安阳市 Anyang	73	839	7614	4027	78.7	6960
林州市 Linzhou	11	286	1603	1030	22.5	1516
鹤壁市 Hebi	33	619	6705	1478	50.9	4697
新乡市 Xinxiang	33	992	9722	4696	79.3	8749
长垣市 Changyuan	7	483	1892	896	32.3	1693
卫辉市 Weihui	15	193	2252	904	16.5	1595
辉县市 Huixian	12	429	1851	1114	22.7	1457
焦作市 Jiaozuo	90	1160	8217	3280	81.3	7177
沁阳市 Qinyang	8	191	602	267	11.9	600
孟州市 Mengzhou	3	228	1054	688	13.9	1250
濮阳市 Puyang	53	941	7008	3032	63.0	6830
许昌市 Xuchang	34	561	5265	2684	62.4	4627
禹州市 Yuzhou	13	374	2263	1456	41.2	2072
长葛市 Changge	16	258	1944	791	19.5	1850
漯河市 Luohe	42	700	7840	2651	61.9	6400
三门峡市 Sanmenxia	22	343	4230	1611	51.7	4099
义马市 Yima	15	193	1763	415	14.7	1555
灵宝市 Lingbao	11	174	2743	758	18.7	2564
南阳市 Nanyang	68	1465	9183	4453	163.4	9050
邓州市 Dengzhou	15	734	2638	1286	37.5	2110
商丘市 Shangqiu	33	718	6556	4221	105.7	16509
永城市 Yongcheng	13	363	3262	1759	48.1	3472
信阳市 Xinyang	26	1304	6094	3097	65.7	5485
周口市 Zhoukou	29	840	7024	3003	73.2	6955
项城市 Xiangcheng	8	467	2878	959	30.8	2335
驻马店市 Zhumadian	24	647	7271	2965	58.0	7227
济源示范区 Jiyuan	25	607	3557	1552	39.7	3956

11-6 城市天然气、石油液化气供应情况(2021年)
Basic Statistics on Supply of Natural Gas and Liquefied Gas in Cities (2021)

地区 Region	天然气 Natural Gas					液化气 Liquefied Gas		
	供气管道长度(公里) Length of Gas Supply Pipelines (km)	供气总量合计(万立方米) Volume of Gas Supply (10 000 cu.m)	#居民家庭 Households	用气人口(万人) Population with Access to Gas (10 000 person)	天然气汽车加气站(座) Natural Gas Station (unite)	供气总量合计(吨) Volume of Gas Supply (ton)	#居民家庭 Households	用气人口(万人) Population with Access to Gas (10 000 person)
全 省 Total	**28420**	**673385**	**232025**	**2337.16**	**215**	**156278**	**133508**	**338.38**
郑州市 Zhengzhou	3207	163155	45912	611.90	14	11285	6305	72.35
巩义市 Gongyi	814	30695	3230	32.50	3	4718	2210	4.51
荥阳市 Xingyang	241	5932	3258	16.00	5	2280	1542	1.81
新密市 Xinmi	452	6238	1691	19.34	2	600	595	1.20
新郑市 Xinzheng	260	11677	3558	21.26	5	3686	1710	5.25
登封市 Dengfeng	454	11348	900	15.80	3	4005	4000	4.00
开封市 Kaifeng	1831	20336	7066	91.50	20	26915	25850	11.00
洛阳市 Luoyang	923	83001	47254	242.17	10	15803	15787	25.03
平顶山市 Pingdingshan	620	12070	6088	91.66	8			
舞钢市 Wugang	98	1061	702	12.08	2			
汝州市 Ruzhou	425	3905	1619	32.50		2000	1270	1.77
安阳市 Anyang	1988	13551	6998	76.75	10	1441	1434	1.67
林州市 Linzhou	581	4082	3542	20.77	1	803	800	1.68
鹤壁市 Hebi	581	9400	3453	48.38	9	1000	995	2.45
新乡市 Xinxiang	2185	25707	10108	76.81	6	1265	1170	2.02
长垣市 Changyuan	335	4464	2361	31.08	5	1980	1977	0.80
卫辉市 Weihui	259	3709	1609	14.92	4	907	906	0.55
辉县市 Huixian	213	8546	4300	21.85	3	415	245	1.02
焦作市 Jiaozuo	1945	37190	6972	80.81				
沁阳市 Qinyang	470	3975	1133	12.31	1	1000	500	1.00
孟州市 Mengzhou	200	2130	2036	13.89	1			
濮阳市 Puyang	473	9360	6025	63.04	20			
许昌市 Xuchang	664	14382	9297	59.91	11	8333	2563	2.31
禹州市 Yuzhou	234	13500	3681	23.75	2	5510	4550	18.01
长葛市 Changge	351	30734	1758	9.90	1	1553	1322	9.00
漯河市 Luohe	425	14659	6519	37.94	9	12736	12721	24.30
三门峡市 Sanmenxia	297	13752	1478	42.50	2	3089	2857	7.73
义马市 Yima	127	1388	423	13.26	1	1005	967	1.09
灵宝市 Lingbao	300	3469	635	16.00	0	600	570	2.60
南阳市 Nanyang	2864	19950	4976	156.65	17	2251	2244	6.74
邓州市 Dengzhou	128	811	731	11.94	4	5104	5042	25.81
商丘市 Shangqiu	889	25992	5294	71.82	10	13651	13545	35.00
永城市 Yongcheng	306	5170	1718	30.26	2	3905	3845	16.32
信阳市 Xinyang	822	15732	5811	48.52	17	8037	6325	17.18
周口市 Zhoukou	1032	10826	8864	54.79	3	5546	5446	18.23
项城市 Xiangcheng	278	2800	2060	22.32	1	2200	2180	8.51
驻马店市 Zhumadian	789	8196	4657	50.59		2135	2035	7.44
济源示范区 Jiyuan	360	20491	4312	39.69	3	520		

11-7 城市道路、园林和绿化情况(2021年)

Basic Statistics on Road, Botanical Garden and Green Coverage Area in Cities (2021)

地区 Region	道路长度(公里) Length of Road (km)	道路面积(万平方米) Road Area (10 000 sq.m)	道路照明灯盏数(盏) Number of Road Lamp (unit)	绿化覆盖面积(公顷) Green Coverage Area (hectare)	#建成区 Built-up Areas	园林绿地面积(公顷) Botanical Garden Areas (hectare)	公园绿地面积(公顷) Public Green Areas (hectare)	公园个数(个) Number of Parks (unit)
全省 Total	**17955.71**	**44850**	**1142835**	**145972**	**134460**	**128190**	**41318**	**633**
郑州市 Zhengzhou	2517.03	7604	129531	30851	27895	26866	10980	237
巩义市 Gongyi	153.18	436	17287	1634	1539	1432	592	3
荥阳市 Xingyang	171.59	388	11800	1287	1281	1147	263	4
新密市 Xinmi	136.20	370	15686	1326	1325	1187	275	5
新郑市 Xinzheng	141.42	448	9415	1333	1332	1156	395	15
登封市 Dengfeng	219.58	434	11755	1703	1480	1466	325	9
开封市 Kaifeng	809.42	2273	45117	7598	6404	6234	1554	15
洛阳市 Luoyang	1238.48	3899	122007	13170	13036	12096	4463	27
平顶山市 Pingdingshan	627.02	1715	66166	3382	3130	2993	1186	16
舞钢市 Wugang	129.49	250	3362	745	703	660	158	2
汝州市 Ruzhou	275.81	630	9601	1795	1780	1537	615	12
安阳市 Anyang	735.90	1651	28507	3985	3878	3466	1043	12
林州市 Linzhou	174.93	337	29766	1292	1217	1128	271	2
鹤壁市 Hebi	546.36	1094	23226	3281	3096	2908	1059	14
新乡市 Xinxiang	569.47	1230	35682	5385	5383	4988	1021	17
长垣市 Changyuan	380.17	735	18276	1829	1757	1602	405	9
卫辉市 Weihui	97.93	197	8559	840	830	710	155	2
辉县市 Huixian	129.43	298	9254	872	861	770	217	10
焦作市 Jiaozuo	993.46	1966	28192	5060	5051	4355	1365	16
沁阳市 Qinyang	185.18	396	8654	781	765	668	133	5
孟州市 Mengzhou	119.00	423	12230	767	761	684	167	4
濮阳市 Puyang	473.87	1157	36743	2743	2652	2573	941	10
许昌市 Xuchang	623.18	2070	47562	5215	5050	4643	1011	9
禹州市 Yuzhou	376.41	742	25880	2335	2063	1815	546	4
长葛市 Changge	204.28	445	10581	1162	1146	1006	299	3
漯河市 Luohe	566.12	1192	30768	3384	2939	2836	1142	13
三门峡市 Sanmenxia	332.60	698	32433	2796	2731	2511	738	11
义马市 Yima	143.30	313	5497	875	844	762	264	4
灵宝市 Lingbao	125.39	326	7613	943	927	835	236	4
南阳市 Nanyang	1453.30	2523	40132	9693	7351	9010	2750	22
邓州市 Dengzhou	265.27	701	22456	1932	1696	1760	506	6
商丘市 Shangqiu	570.31	1548	55865	3551	3499	3142	1569	43
永城市 Yongcheng	368.77	880	15609	2346	2162	1965	731	11
信阳市 Xinyang	453.42	950	35138	6179	4893	5178	961	7
周口市 Zhoukou	599.60	1677	49893	5047	4336	4346	1098	28
项城市 Xiangcheng	302.20	566	8987	1539	1461	1347	370	3
驻马店市 Zhumadian	496.34	1658	50500	4762	4750	4186	1015	9
济源示范区 Jiyuan	250.30	630	23105	2557	2457	2220	500	10

11-8 城市市容环境卫生情况(2021年)
Basic Statistics on Urban Sanitation in Cities (2021)

地 区 Region	排水管道长度(公里) Length of Drainage Pipelines (km)	污水处理总量(万立方米) Volume of Sewage Treatment (10 000 cu.m)	道路清扫保洁面积(万平方米) Road Area Under Cleaning Program (10 000 sq.m)	生活垃圾 Living Garbage 清运量(万吨) Volume of Disposal (10 000 tons)	无害化处理量(万吨) Volume of Harmless Treatment (10 000 tons)	公共厕所(座) Number of Public Lavatories (unit)	市容环卫专用车辆设备总数(辆) Number of Special Vehicles for Enviromental Sanitation (unit)
全 省 Total	**31369**	**252085**	**50624**	**1107.83**	**1107.83**	**12273**	**19357**
郑 州 市 Zhengzhou	5579	72710	9922	258.84	258.84	2527	7869
巩 义 市 Gongyi	264	1314	635	13.23	13.23	67	159
荥 阳 市 Xingyang	404	4100	620	17.94	17.94	60	194
新 密 市 Xinmi	172	1417	550	11.32	11.32	126	174
新 郑 市 Xinzheng	286	4225	505	8.61	8.61	158	219
登 封 市 Dengfeng	323	1077	455	12.41	12.41	61	165
开 封 市 Kaifeng	1239	10217	2184	44.79	44.79	982	599
洛 阳 市 Luoyang	2789	20176	4818	92.33	92.33	1100	1364
平 顶 山 市 Pingdingshan	756	11671	1287	32.15	32.15	400	555
舞 钢 市 Wugang	227	1022	198	5.56	5.56	78	58
汝 州 市 Ruzhou	372	2671	871	11.08	11.08	91	177
安 阳 市 Anyang	1432	6960	2140	34.87	34.87	468	360
林 州 市 Linzhou	274	1509	499	8.98	8.98	97	75
鹤 壁 市 Hebi	691	4697	1432	17.05	17.05	223	395
新 乡 市 Xinxiang	1103	8662	1745	26.04	26.04	539	714
长 垣 市 Changyuan	665	1687	1098	13.40	13.40	55	100
卫 辉 市 Weihui	143	1563	295	7.90	7.90	6	167
辉 县 市 Huixian	296	1416	290	15.07	15.07	54	100
焦 作 市 Jiaozuo	1276	7106	1671	35.68	35.68	179	347
沁 阳 市 Qinyang	251	588	550	5.84	5.84	43	96
孟 州 市 Mengzhou	359	1066	480	5.19	5.19	34	36
濮 阳 市 Puyang	914	6708	1157	38.20	38.20	154	300
许 昌 市 Xuchang	1030	4612	2045	37.16	37.16	614	428
禹 州 市 Yuzhou	558	2068	700	13.31	13.31	80	114
长 葛 市 Changge	296	1780	495	10.92	10.92	57	50
漯 河 市 Luohe	1067	6400	1436	38.82	38.82	442	158
三 门 峡 市 Sanmenxia	331	4058	638	16.00	16.00	212	99
义 马 市 Yima	139	1506	330	4.39	4.39	54	74
灵 宝 市 Lingbao	211	2555	481	9.20	9.20	71	75
南 阳 市 Nanyang	1885	9007	2450	50.21	50.21	730	680
邓 州 市 Dengzhou	600	2072	710	16.60	16.60	150	236
商 丘 市 Shangqiu	714	16261	2173	42.34	42.34	647	1393
永 城 市 Yongcheng	659	3369	970	17.53	17.53	136	119
信 阳 市 Xinyang	463	5485	895	40.53	40.53	428	252
周 口 市 Zhoukou	1407	6933	1489	32.11	32.11	381	314
项 城 市 Xiangcheng	597	2273	591	11.46	11.46	108	147
驻 马 店 市 Zhumadian	1033	7227	1229	33.54	33.54	427	578
济 源 示 范 区 Jiyuan	562	3916	589	17.25	17.25	234	417

主要统计指标解释

城区面积 包括：市本级（1）街道办事处所辖地域；（2）城市公共设施、居住设施和市政公用设施等连接到的其他镇（乡）地域；（3）常住人口在3000人以上独立的工矿区、开发区、科研单位、大专院校等特殊区域。

建成区面积 城市行政区内实际已成片开发建设、市政公用设施和公共设施基本具备的区域。对核心城市，它包括集中连片的部分以及分散的若干个已经成片建设起来，市政公用设施和公共设施基本具备的地区；对一城多镇来说，它包括由几个连片开发建设起来的，市政公用设施和公共设施基本具备的地区组成。因此建成区范围，一般是指建成区外轮廓线所能包括的地区，也就是这个城市实际建设用地所达到的范围。

供水总量 指报告期供水企业（单位）供出的全部水量。包括有效供水量和漏损水量。

有效供水量指水厂将水供出厂外后，各类用户实际使用到的水量。包括售水量和免费供水量。

城市燃气 指符合《城镇燃气设计规范》的规定，供城市生产和生活作燃料使用的天然气、人工煤气和液化石油气等气体能源的统称。

供气总量 指报告期燃气企业（单位）向用户供应的燃气数量。包括销售量和损失量

集中供热面积 指从一个或多个热源通过热网向城市的热用户供给生产和生活热能，供热企业（单位）向城市各类房屋建筑物、构筑物及其附属设施供热的全部建筑面积。

道路长度 指道路长度和与道路相通的桥梁、隧道的长度，按车行道中心线计算。

道路面积 指道路实际铺装面积和与道路相通的广场、桥梁、隧道的铺装面积（统计时，将人行道面积单独统计）。

人行道面积按道路两侧面积相加计算，包括步行街和广场，不含人车混行的道路。

排水管道长度 指所有排水总管、干管、支管、检查井及连接井进出口等长度之和。计算时应按单管计算，即在同一条街道上如有两条或两条以上并排的排水管道时，应按每条排水管道的长度相加计算。

污水排放总量 指生活污水、工业废水的排放总量，包括从排水管道和排水沟（渠）排出的污水量。

污水处理量 指污水处理厂（或污水处理装置）实际处理的污水量。包括物理处理量、生物处理量和化学处理量。

其中处理本市（县）外，指污水处理厂作为区域设施，不仅处理本市（县）的污水，还处理本市（县）以外其他市、县或乡镇等的污水。这部分污水处理量单独统计，并在计算本市（县）的污水处理率时扣除。

公园绿地面积 城市中向公众开放的、以游憩为主要功能，有一定的游憩设施和服务设施，同时兼有健全生态、美化景观、防灾减灾等综合作用的绿化用地。它是城市建设用地、城市绿地系统和城市市政公用设施的重要组成部分。

生活垃圾清运量 指报告期内收集和运送到各生活垃圾处理厂(场)和生活垃圾最终消纳点的生活垃圾数量。生活垃圾指城市日常生活或为城市日常生活提供服务的活动中产生的固体废物以及法律行政规定的视为城市生活垃圾的固体废物。包括：居民生活垃圾、商业垃圾、集市贸易市场垃圾、街道清扫垃圾、公共场所垃圾和机关、学校、厂矿等单位的生活垃圾。

生活垃圾处理量 指报告期内简易处理场和各种生活垃圾无害化处理场（厂）处理生活垃圾总量。生活垃圾简易处理量指生活垃圾简易处理场所处理的生活垃圾总量。生活垃圾无害化处理量指生活垃圾无害化处理场（厂）所处理的生活垃圾总量。

Explanatory Notes on Main Statistical Indicators

City Area include three parts:(1), area under the jurisdiction of the street agency;(2), urban public facilities, residential facilities and municipal public facilities connected to other towns area, (3) Independent industrial and mining district, development area, scientific research units, colleges and other special areas with over 3000 resident population.

Area of Built Districts refers to the Urban area that already development and construction and have public facilities. Core cities include focused even dispersion of parts, as well as several have film build up, the urban areas of basic public infrastructure and public facilities; on more than one city, town, it included several continuous development and construction, municipal and public facilities and public areas with basic facilities. Scope of the built-up area, generally refer to the built-up areas can include outer contour line, which is achieved by the actual construction of the city's range.

Volume of Water Supply refers to the total volume of water supplied by water-works (units) during the reference period, including both the effective water supply and loss during the water supply.

Available water supply refers to all kinds of users actually use water volume after water plant form water factory. Includes water sale and free water.

City gas refers to supply to urban for production and daily life, such as natural gas, manufactured gas and LPG gas energy collectively.

Volume of gas supply refers to Volume of gas supply for household by gas enterprises in reference period. Including sales and the amount of loss.

Central heating Area refers to supply to user Production and life heat energy us heat net from one or more Means from one or more sources of heat, all heat area of urban housing buildings, structures and their ancillary equipment by Heating enterprise (units).

Road length refers to the length of roads with paved surface including bridges and tunnels connected with roads. Length of the roads is measured by the central lines for vehicles for paved roads.

Road area refers to actual pavement area and with a road paving of squares, bridges, tunnels area (statistics, sidewalk area separate statistics). The sidewalk area are calculated on add of both sides area, including walking Street and square, does not contain mixed line of road vehicles and pedestrians.

Length of Urban Sewage Pipes refers to the total length of general drainage, trunks, branch and inspection wells, connection wells, inlets and outlets, etc. if there are two or more than two side-by-side in a street pipes, length of pipes should be Calculated by adding length.

Volume of waste water discharge refers to Sewage and industrial waste water, include sewer and drain (drainage) discharge of waste water.

Treatment capacity Sewage treatment plant (or sewage treatment plant) the actual amount of sewage treatment. Including physical treatment, biological treatment and chemical treatment. Which deal with the city (County), sewage treatment plants as a regional facility, not only dealing with the city (County) of sewage, also deals with the city (County), such as cities, counties or towns other than water. This portion of the amount of sewage to individual statistics and in the calculation of the city (County) when the sewage treatment rate of deduction.

Park Green Area refers to green areas open to the public for amusement and rest with the facilities of amusement, rest and services. Its function includes perfecting ecology, beautifying landscape, and preventing and reducing disaster. Park green areas include comprehensive park, community park, topic park, belt-shaped park and green area nearby street. Total areas of comprehensive park, topic park and belt-shaped is the area of park.

Consumption Wastes Transported refers to volume of consumption wastes collected and transported to disposal factories or sites. Consumption wastes are solid wastes produced from urban households or from service activities for urban households, and solid wastes regarded by laws and regulations as urban consumption wastes, including those from households, commercial activities, markets, cleaning of streets, public sites, offices, schools, factories, mining units and other sources.

Volume of consumption Wastes treatment refers to Volume of consumption Wastes Simple processing and consumption wastes treated in the reporting period.

农业
Agriculture

12

资料整理：郑宝卫 郑洁 王明龙 刘辉龙

简要说明

一、主要内容

本篇包括我省农业生产和农村经济的基本情况，内容主要包括耕地、农业机械拥有量、农林牧渔业增加值、农作物播种面积、主要农产品及畜禽产品产量、水利设施与除涝治水等方面的统计资料。

二、统计范围

统计范围包括农村各种经济组织和农户经营的农林牧渔业生产活动；各种专业性农、林、牧、渔场的农业生产活动；国家各级机关、团体、学校、部队进行的农业生产活动；集体所有制的乡、镇、村办农场的农业生产活动；以及工矿企业经营的农、林、牧、渔业生产活动。

根据第三次全国农业普查结果，按照国际惯例，对2007年以后农业、畜牧业及农林牧渔业总产值增加值等数据进行了修订。具体修订情况见相关表的标注。2010年以后的农业、林业增加值数据是按照国家统计局制定的新《统计用产品分类目录》进行了调整。

三、资料来源

全省粮食作物播种面积及产量由国家统计局河南调查总队农业调查处编辑整理；市级粮食作物播种面积及产量由河南省地方经济社会调查队产量处编辑整理；农村基本情况、农林牧渔业增加值、经济作物播种面积及产量等由河南省统计局农业农村处编辑整理；畜牧业生产情况由国家统计局河南调查总队农村调查处编辑整理；林业生产情况、渔业生产情况、耕地面积、灌溉、水库和除涝、治水资料，农业机械拥有情况及农机化作业情况、农村基层组织情况等由河南省统计局农业农村处根据河南省林业局、河南省农业农村厅水产局、河南省自然资源厅、河南省水利厅、河南省农业机械技术中心等部门提供的资料编辑整理。

Brief Introduction

I. Main Contents

The data in this chapter show the basic conditions of agricultural production and rural economy, including mainly cultivated number of rural employed persons, land, quantity of agricultural machinery, value-added of agriculture, forestry, animal husbandry and fishery, sown areas of farm crops, output of major products and livestock, facilities of water conservancy and efforts to eliminate water-logging and combat alkalinity, productive fixed assets owned by rural households.

II. Scope of Statistics

Statistics on agriculture cover in agriculture statistics are production activities in agriculture, forestry, animal husbandry and fishery undertaken by rural economic units of various types and by rural households; production activities of farms specializing in agriculture, forestry, animal husbandry and fishery; production activities in agriculture undertaken by government agencies, institutions, schools and military units; production activities in agriculture undertaken by collective farms run by townships and villages; and production activities in agriculture, forestry, animal husbandry and fishery undertaken by manufacturing and mining enterprises.

Data on value-added of agriculture, forestry, animal husbandry and fishery and production of agriculture and animal husbandry in 2006 have been reflected basis on the second agricultural census. Data on value-added of agriculture and forestry since 2010 are adjusted according to the new classified catalogue of statistics product which formulated by NBS.

III. Sources of Data

The sown area and yield of grain crops in the whole province are edited and sorted out by the agricultural investigation department of Henan survey team of National Bureau of statistics; the sown area and output of municipal grain crops are edited and sorted out by the production department of Henan local economic and social investigation team; the basic rural information, added value of agriculture, forestry, animal husbandry and fishery, planting area and yield of economic crops are edited and sorted out by agricultural and rural Department of Henan Provincial Bureau of statistics; animal husbandry The situation of agricultural production is compiled and arranged by the rural investigation department of Henan investigation team of National Bureau of statistics the data of for estry production, fishery production, cultivated land area, irrigation, reservoir and waterlogging control, agricultural machinery ownership and agricultural mechanization, rural grass-roots organizations, etc.are compiled and sorted out by the agricultural and rural Department of Henan Provincial Bureau of statistics according to the forestry of Henan Province Materials provided by Industry Bureau, Fishery Bureau of Henan agricultural and rural department, natural resources department of Henan Province, water resources department of Henan Province, agricultural machinery technology center of Henan Province.

12-1 农林牧渔业总产值

Gross Output Value of Agriculture, Forestry, Animal Husbandry and Fishery

本表数据为当年价。

Data in this table are calculated at current prices.

单位：亿元 (100 million yuan)

地 区 Region	农林牧渔业 Agriculture, Forestry, Animal Husbandry and Fishery	农 业 Agriculture	林 业 Forestry	牧 业 Animal Husbandry	渔 业 Fishery	农林牧渔专业及辅助性活动 Service for Agriculture, Forestry, Animal Husbandry and Fishery and Auxiliary
1978	95.38	81.74	2.58	10.87	0.19	
1980	134.62	113.17	3.88	17.28	0.29	
1985	241.54	188.79	10.29	41.19	1.27	
1990	502.01	372.19	20.77	105.17	3.88	
1995	1304.25	865.82	38.32	391.08	9.03	
2000	1981.54	1264.29	56.18	641.56	19.51	
2005	3309.70	1790.37	83.92	1251.65	35.26	148.50
2010	5619.70	3504.07	115.29	1733.07	66.30	200.96
2011	6055.54	3553.25	127.32	2088.14	66.33	220.50
2012	6473.70	3897.46	140.85	2120.56	77.59	237.23
2013	6938.24	4126.25	152.35	2313.49	82.50	263.65
2014	7244.34	4399.17	152.40	2307.23	91.07	294.47
2015	7299.58	4503.71	134.28	2229.01	105.20	327.38
2016	7405.42	4459.29	121.28	2355.99	107.27	361.59
2017	7562.53	4552.68	128.88	2368.92	107.79	404.26
2018	7757.94	4825.97	136.98	2210.88	119.28	464.83
2019	8541.77	5408.59	140.76	2316.50	118.16	557.76
2020	9956.35	6244.84	126.69	2855.83	117.63	611.36
2021	10501.20	6564.83	134.08	2942.06	143.41	716.82
郑州市 Zhengzhou	278.58	159.19	7.00	84.61	13.41	14.37
开封市 Kaifeng	725.18	473.47	5.55	188.37	9.27	48.52
洛阳市 Luoyang	498.66	316.83	11.02	116.23	6.38	48.22
平顶山市 Pingdingshan	417.43	208.83	8.68	168.24	4.41	27.28
安阳市 Anyang	442.03	313.91	2.14	100.00	1.07	24.90
鹤壁市 Hebi	140.64	42.59	2.45	82.60	1.62	11.38
新乡市 Xinxiang	501.06	288.16	3.10	177.19	5.97	26.63
焦作市 Jiaozuo	269.82	163.70	2.48	69.68	0.80	33.15
濮阳市 Puyang	456.22	270.85	4.72	130.90	4.12	45.63
许昌市 Xuchang	339.51	197.90	3.00	100.88	1.51	36.22
漯河市 Luohe	273.05	152.74	0.48	108.42	2.68	8.73
三门峡市 Sanmenxia	273.03	211.38	5.17	50.18	1.80	4.50
南阳市 Nanyang	1305.97	905.68	29.47	316.47	14.25	40.10
商丘市 Shangqiu	1062.79	722.27	10.72	277.47	6.29	46.04
信阳市 Xinyang	1183.39	740.16	23.94	237.41	45.83	136.05
周口市 Zhoukou	1215.15	792.50	4.79	328.06	5.62	84.18
驻马店市 Zhumadian	1073.91	586.72	8.31	383.50	15.77	79.61
济源示范区 Jiyuan	44.79	17.94	1.07	21.84	2.62	1.31

12-2 农林牧渔业总产值指数(上年=100)

Gross Output Value and Related Indices of Agriculture, Forestry, Animal Husbandry and Fishery (Preceding year=100)

本表数据按可比价格计算。
Data in this table are calculated at comparable prices.

地区 Region	农林牧渔业 Agriculture, Forestry, Animal Husbandry and Fishery	农业 Agriculture	林业 Forestry	牧业 Animal Husbandry	渔业 Fishery	农林牧渔专业及辅助性活动 Service for Agriculture, Forestry, Animal Husbandry and Fishery and Auxiliary
1978	109.6	110.2	109.7	105.3	100.7	
1980	105.0	106.4	117.9	93.7	114.0	
1985	104.3	98.8	119.3	143.6	130.5	
1990	107.8	107.0	105.0	111.9	119.8	
1995	117.6	113.3	106.1	128.5	115.3	
2000	105.4	104.2	105.6	107.2	112.1	
2005	107.5	107.7	104.7	107.6	122.5	104.0
2010	104.6	104.3	104.5	105.0	107.5	105.0
2011	103.8	104.3	107.1	102.2	107.2	105.5
2012	104.5	104.2	104.9	104.6	105.8	106.0
2013	104.4	104.1	107.0	104.1	106.5	108.9
2014	104.2	103.9	104.8	104.1	107.8	109.5
2015	104.6	105.6	101.7	102.2	110.5	109.7
2016	104.5	105.3	105.1	102.2	106.1	109.7
2017	104.5	105.0	106.3	102.5	106.4	109.9
2018	103.9	103.6	107.4	102.4	106.0	115.0
2019	103.0	105.2	105.9	94.8	109.9	111.7
2020	102.7	103.1	109.8	99.9	101.9	107.5
2021	107.0	101.0	104.2	120.4	106.7	108.4
郑州市 Zhengzhou	103.1	95.6	108.8	125.5	97.8	109.4
开封市 Kaifeng	107.0	101.8	100.5	119.6	107.6	103.3
洛阳市 Luoyang	107.1	102.7	105.0	120.8	108.6	102.5
平顶山市 Pingdingshan	108.0	107.0	109.7	109.2	109.6	109.2
安阳市 Anyang	104.2	96.4	99.3	126.4	97.3	106.1
鹤壁市 Hebi	98.3	82.3	105.7	108.8	105.5	109.0
新乡市 Xinxiang	103.4	91.6	90.7	126.6	98.5	108.4
焦作市 Jiaozuo	103.5	100.5	92.3	111.6	104.1	105.0
濮阳市 Puyang	108.0	100.9	110.0	122.0	113.6	109.2
许昌市 Xuchang	107.0	101.6	108.0	114.3	107.6	109.8
漯河市 Luohe	109.0	99.0	20.3	122.1	149.5	109.4
三门峡市 Sanmenxia	108.0	105.1	108.7	119.4	103.9	109.3
南阳市 Nanyang	108.3	106.4	104.2	114.3	106.9	109.5
商丘市 Shangqiu	107.6	105.9	106.0	111.4	106.0	109.7
信阳市 Xinyang	107.7	105.0	105.9	116.0	107.6	109.9
周口市 Zhoukou	107.5	102.0	126.8	119.0	107.9	110.3
驻马店市 Zhumadian	108.1	101.8	107.5	116.7	104.8	110.7
济源示范区 Jiyuan	107.1	105.3	55.6	112.0	101.3	109.5

12-3 河南省十大优势特色农业产值

Output Value of Ten Dominant Characteristic Agriculture in Henan Province

本表按当年价格计算。
Data in this table are calculated at current prices.

品 种	Kind	产值（亿元） Output Value (100 million yuan)		占农林牧渔业的比重（%） Proportion (%)	
		2020	2021	2020	2021
优势特色农业	Dominant Characteristic Agriculture	5627.07	6063.35	56.5	57.7
小麦	Wheat	861.34	943.11	8.7	9.0
花生	Peanut	373.17	339.98	3.7	3.2
草畜	Grass Livestocks	617.57	672.28	6.2	6.4
牛的饲养	Cattles	325.65	329.48	3.3	3.1
羊的饲养	Sheep and Goats	214.83	252.64	2.2	2.4
奶产品	Milk Product	77.09	90.17	0.8	0.9
林果	Timber and Fruit	561.84	675.53	5.6	6.4
食用坚果	Edible Nuts	42.97	26.19	0.4	0.2
园林水果	Garden Fruit	518.87	649.34	5.2	6.2
蔬菜	Vegetables	1933.11	2048.66	19.4	19.5
花卉	Flowers and Plants	28.08	34.92	0.3	0.3
茶叶	Tea	269.91	285.16	2.7	2.7
食用菌	Edible Fungi	430.05	456.61	4.3	4.3
中草药材	Chinese Herbs	434.36	463.69	4.4	4.4
水产	Aquatic Products	117.63	143.41	1.2	1.4

12-4 农业生产条件

Conditions of Agriculture

年 份 Year	耕地面积 (千公顷) Area of Cultivated land (1 000 hectares)	农用机械总动力 (万千瓦) Total Power of Agricultural Machinery (10 000 kw)	灌溉面积 (千公顷) Irrigated Area (1 000 hectares)	化肥施用折纯量 (万吨) Consumption of Chemical Fertilizer by 100% Effective Component (10 000 tons)	农村用电量 (亿千瓦小时) Electricity Consumption in Rural Areas (100 million kwh)	农用柴油使用量 (万吨) Diesel Oil Use for Agriculture (10 000 tons)	农药使用量 (万吨) Consumption of Chemical Pesticides (10 000 tons)	农用塑料薄膜使用量 (万吨) Plastic Film Use for Agriculture (10 000 tons)	地膜覆盖面积 (千公顷) Mulch Area (1 000hectare)
1978	7157.30	974.40	3722.67	52.54	13.25				
1979	7138.70	1079.30	3636.00	60.05	14.59				
1980	7128.10	1178.00	3536.23	72.52	17.23				
1981	7121.30	1262.10	3388.00	81.90	20.85				
1982	7109.30	1356.30	3265.33	105.50	22.76				
1983	7100.70	1405.90	3210.00	130.67	23.50				
1984	7079.30	1507.00	3278.67	140.16	25.83				
1985	7033.20	1590.00	3189.97	143.58	28.33				
1986	6998.90	1737.90	3212.71	148.73	33.30				
1987	6972.60	1865.90	3250.07	135.58	37.29				
1988	6956.40	2004.20	3358.76	150.57	40.81				
1989	6944.40	2153.40	3438.00	184.25	45.20				
1990	6933.20	2264.00	3550.09	213.18	46.93		3.31	2.75	
1991	6920.00	2330.40	3676.59	239.74	52.06		3.88	3.15	
1992	6887.80	2424.40	3779.72	251.13	59.58		4.76	3.45	
1993	6871.00	2624.00	3868.33	288.21	61.10		5.44	3.84	
1994	6830.00	2780.50	3931.30	292.47	70.54		6.53	4.87	
1995	6805.80	3115.40	4044.19	322.21	85.07		7.56	5.32	
1996	6786.30	4256.40	4191.05	345.33	103.66		8.33	6.17	
1997	6773.40	4337.90	4333.06	355.31	118.27		8.49	6.95	
1998	6834.00	4764.40	4513.86	382.80	121.21		9.10	7.49	
1999	6825.90	5342.90	4648.78	399.85	122.54		9.61	7.94	
2000	6875.25	5780.60	4725.31	420.71	125.80	79.56	9.55	9.19	651.10
2001	6907.30	6078.70	4766.00	441.73	134.61	83.51	9.85	9.41	738.22
2002	7262.80	6548.20	4802.36	468.83	141.36	85.10	10.20	9.86	797.30
2003	7187.20	6953.20	4792.22	467.89	144.59	84.58	9.87	9.88	823.38
2004	7177.50	7521.10	4829.10	493.16	157.69	86.86	10.12	10.16	871.71
2005	7201.20	7934.20	4864.12	518.14	172.15	89.79	10.51	10.84	887.01
2006	7202.40	8309.10	4918.80	540.43	188.82	93.04	11.16	11.84	923.91
2007	7201.90	8718.70	4955.84	569.68	223.43	96.40	11.80	12.66	957.71
2008	7202.20	9429.30	4989.20	601.68	237.36	99.20	11.91	13.07	960.38
2009	8192.01	9817.90	5033.03	628.67	257.76	104.20	12.14	14.14	1002.25
2010	8177.45	10195.88	5080.96	655.15	269.41	107.90	12.49	14.70	1032.13
2011	8161.90	10515.79	5150.44	673.71	281.82	107.92	12.87	15.16	1028.34
2012	8156.76	10872.73	5205.63	684.43	290.03	111.07	12.83	15.52	1050.86
2013	8140.71	11149.96	4969.11	696.37	305.42	113.40	13.01	16.78	1072.89
2014	8126.06	11476.81	5101.74	705.75	313.23	116.00	12.99	16.35	1076.68
2015	8105.93	11710.08	5333.90	716.09	321.01	114.70	12.87	16.20	1032.10
2016	8111.01	9858.82	5360.30	715.03	317.23	112.40	12.71	16.31	1019.29
2017	8112.28	10038.32	5389.79	706.70	328.82	108.80	12.07	15.73	984.36
2018	8158.29	10204.46	5408.31	692.79	330.59	103.92	11.36	15.28	1005.12
2019	7514.07	10356.97	5452.93	666.72	353.83	100.08	10.72	15.08	995.34
2020	7488.15	10463.71	5586.93	647.98	373.17	97.37	10.24	15.17	927.56
2021		10650.20	5681.94	624.66	451.43	95.30	9.74	14.04	806.40

注：1. 2008年及以前年份耕地面积为年底常用耕地面积，2009年数据为第二次全省土地调查数据，2010年以后数据已按2009年数据口径进行了调整。

2. 灌溉面积2013年及以前年份的数据为农田有效灌溉面积。(下表同)

3. 农用机械总动力2016年以后数据不再包含农用运输车和三轮运输车（下表同）。

4. 2019年耕地面积数据为第三次全省土地调查数据。

5. 2021年农村用电量数据从中国电力企业联合会取得。

a) Data on area of cultivated land of 2008and before were cultivated land area at year-end, data in 2009 are from the second provincial land survey, and data since 2010 were adjusted by 2009's caliber.

b) The irrigated area before 2013 refer to the effective irrigation area of farmland (The same as following tables).

c) Data on total power of agricultural machinery exclude the number of agricultural vehicles and three wheeled transport vehicles since 2016 (The same as following tables).

d) The date of area of cultivated land in 2019 was from the third provincial land survey data.

e) The data of electrcity consumption in rural area in 2021 was obtained from the China Electricity Council.

12-5 各市农业机械和农产品加工机械年末拥有量(2021年)

Number of Agricultural Machinery and Machinery for Processing Farm Products at Year-end by City (2021)

地区	Region	农业机械总动力(万千瓦) Total Power of Agricultural Machinery (10 000 kw)	农用大中型拖拉机(混合台)(台) Large and Medium-sized Tractors (unit)	大中型拖拉机配套农具(部) Number of Large and Medium-sized Tractor Towing Farm Machinery (unit)	节水灌溉机械(万套) Water-saving Irrigation Machinery (10 000 units)
1980		1178.00	59666	74100	
1990		2263.99	49288	65700	
2000		5780.60	66200	118700	
2010		10195.94	274400	642600	17.37
2011		10515.79	310700	732000	17.98
2012		10872.73	338500	802200	19.73
2013		11149.96	357800	849900	20.81
2014		11476.81	378100	896100	21.30
2015		11710.08	402300	948300	21.56
2016		9858.82	432700	1007400	21.83
2017		10038.32	458549	1051961	21.91
2018		10204.46	347150	631862	22.71
2019		10356.97	373074	654206	23.04
2020		10463.71	397203	663345	22.98
2021		10650.20	418337	660899	23.15
郑州市	Zhengzhou	434.27	15094	18178	1.18
开封市	Kaifeng	603.20	25299	44709	3.24
洛阳市	Luoyang	532.02	11444	13853	1.71
平顶山市	Pingdingshan	424.28	22286	27028	0.63
安阳市	Anyang	503.14	18849	28194	0.10
鹤壁市	Hebi	240.98	6424	8927	0.15
新乡市	Xinxiang	795.67	23776	47927	0.39
焦作市	Jiaozuo	257.79	16520	20902	0.06
濮阳市	Puyang	398.43	13798	25660	0.52
许昌市	Xuchang	401.64	13350	21141	0.06
漯河市	Luohe	266.69	10451	20841	0.30
三门峡市	Sanmenxia	122.50	3482	5481	0.45
南阳市	Nanyang	1467.46	62499	89078	2.34
商丘市	Shangqiu	913.25	40113	72365	2.41
信阳市	Xinyang	721.05	38220	38386	0.41
周口市	Zhoukou	1026.69	44160	62644	1.59
驻马店市	Zhumadian	1468.94	49260	112788	7.60
济源示范区	Jiyuan	72.21	3312	2797	0.00

注：从2018年开始，农用大中型拖拉机统计标准由14.7千瓦及以上提高到22.1千瓦及以上。

a) In the annual report from the Provincial Agricultural Machinery Bureau in 2018, the standard of medium-sized agricultural tractors has been adjusted from ⩾ 14.7kw to ⩾ 22.1kw.

12-5 续表 contiuned

地 区 Region	饲草料加工机械（台(套)）Composite Feed Processing Machinery (units)	农产品初加工动力机械 Agricultural Products Primary Processing Power Machinery（万台）(10 000 units)	（万千瓦）(10 000 kw)	农产品初加工作业机械（万台）Agricultural Products Primary Processing Machine (10 000 units)
1980	113800	32.86	223.80	
1990	99200	53.09	355.10	
2000	115300	67.76	466.80	43.18
2010	169200	80.24	582.70	50.82
2011	180700	81.63	582.91	52.14
2012	182500	82.71	594.05	54.47
2013	184400	83.19	598.77	55.72
2014	186400	84.36	605.37	56.95
2015	187100	85.57	611.00	57.59
2016	187400	85.45	609.41	57.68
2017	188383	85.54	610.06	57.86
2018	183010	85.21	608.67	56.97
2019	185829	85.48	609.58	57.12
2020	188082	85.58	616.20	57.14
2021	188338	85.76	621.38	57.04
郑州市 Zhengzhou	7618	4.43	40.36	2.65
开封市 Kaifeng	11759	5.41	37.82	3.00
洛阳市 Luoyang	11033	7.53	54.61	4.53
平顶山市 Pingdingshan	11266	3.79	25.11	2.67
安阳市 Anyang	5103	3.49	23.16	2.34
鹤壁市 Hebi	1467	1.03	6.50	0.60
新乡市 Xinxiang	17158	5.68	42.77	2.62
焦作市 Jiaozuo	5277	1.75	11.34	1.08
濮阳市 Puyang	5297	2.29	19.68	1.85
许昌市 Xuchang	16197	4.86	30.15	2.21
漯河市 Luohe	576	1.39	10.42	0.75
三门峡市 Sanmenxia	5241	1.88	12.52	0.94
南阳市 Nanyang	16237	10.72	79.88	5.86
商丘市 Shangqiu	22792	9.10	68.64	4.52
信阳市 Xinyang	6122	8.52	54.66	9.23
周口市 Zhoukou	17479	6.72	49.20	7.06
驻马店市 Zhumadian	25552	6.85	51.88	4.80
济源示范区 Jiyuan	2164	0.33	2.67	0.32

12-6 各市农田水利情况

Condition of Irrigation and Conservancy Project by City

单位：千公顷 (1 000 hectares)

地区	Region	灌溉面积 Irrigated Area	#耕地灌溉面积 Irrigated Area of Cultivated Land	农业用水量（亿立方米） Agricultural Water Consumption (100million cu.m)
2000		4785.59	4725.31	
2005		4941.21	4864.12	
2010		5172.01	5080.96	
2011				
2012		5026.93	4922.72	
2013		5088.50	4969.11	
2014		5521.62	5101.74	
2015		5333.90	5210.64	
2016		5360.28	5244.49	
2017		5389.79	5273.63	
2018		5408.31	5288.69	
2019		5452.93	5328.94	
2020		5586.93	5463.07	
2021		5681.94	5534.16	114.99
郑州市	Zhengzhou	201.94	189.77	3.61
开封市	Kaifeng	370.03	349.79	7.94
洛阳市	Luoyang	156.03	146.52	4.46
平顶山市	Pingdingshan	232.67	224.97	3.76
安阳市	Anyang	317.58	299.02	7.73
鹤壁市	Hebi	93.12	89.81	1.90
新乡市	Xinxiang	365.06	363.34	13.43
焦作市	Jiaozuo	183.98	173.70	7.26
濮阳市	Puyang	237.94	227.49	6.53
许昌市	Xuchang	247.47	247.13	3.36
漯河市	Luohe	148.57	148.57	2.52
三门峡市	Sanmenxia	63.26	58.95	1.80
南阳市	Nanyang	516.07	503.86	15.05
商丘市	Shangqiu	643.30	626.14	8.01
信阳市	Xinyang	571.76	557.59	9.07
周口市	Zhoukou	644.97	644.10	12.10
驻马店市	Zhumadian	663.04	660.72	5.54
济源示范区	Jiyuan	25.16	22.70	0.95

注：农业用水量数据来源于2021年河南省水资源公报。农业用水量包括农田灌溉用水、林牧渔业灌溉用水和牲畜用水，输水损失包括在内。

a) The data of agricultural water consumption comes from the water resources bulletin of Henan Province in 2021. Agricultural water consumption includes farmland irrigation water, forestry, animal husbandry and fishery irrigation water and livestock water. Including water transmission loss.

12－7 各市农用物资消耗情况(2021年)
Consumption of Agricultural Materials by City (2021)

单位：吨 (ton)

地区 Region	农用化肥使用折纯量 Consumption of Chemical Fertilizer by 100% Effective Component	#氮肥 Nitrogenous Fertilizer	#磷肥 Phosphate Fertilizer	#钾肥 Potash Fertilizer	农用塑料薄膜使用量 Plastic Film Use for Agriculture	农用柴油使用量 Diesel Oil Use for Agriculture	农药使用量 Consumption of Chemical Pesticides
郑州市 Zhengzhou	169573	42470	22058	12427	4774	35099	2552
开封市 Kaifeng	315433	109177	56655	31157	11717	48164	4181
洛阳市 Luoyang	224369	62051	29413	21543	4456	43238	3741
平顶山市 Pingdingshan	324591	84734	28305	19076	3043	53152	2854
安阳市 Anyang	391964	107743	36747	23912	18757	39341	5050
鹤壁市 Hebi	66924	21663	9120	3257	908	10238	851
新乡市 Xinxiang	419713	113096	42483	19888	3276	67368	7673
焦作市 Jiaozuo	183921	43926	18775	6041	1850	32102	3419
濮阳市 Puyang	267680	79336	30813	19205	4333	24940	2740
许昌市 Xuchang	197240	49496	22305	12343	3156	25159	2935
漯河市 Luohe	168066	31525	10829	8512	2651	24281	2134
三门峡市 Sanmenxia	78288	19594	8442	9332	2961	17914	2189
南阳市 Nanyang	722971	212311	119128	76422	24219	139422	13046
商丘市 Shangqiu	683625	132877	88113	65251	10926	60769	8508
信阳市 Xinyang	436171	200299	70601	33805	13205	68599	9707
周口市 Zhoukou	861979	269290	131224	80566	18356	155827	18229
驻马店市 Zhumadian	710747	139454	79231	61656	11342	98853	7187
济源示范区 Jiyuan	23344	7330	4626	2804	423	8532	437

12-8 水库、灌区和除涝治水情况

Reservoirs, Irrigation, Flood Prevention, Water and Soil Conservation

指 标	Item	2000	2010	2015	2019	2020	2021
年底水库数(座)	**Number of Reservoirs at Year-end (unit)**	**2396**	**2350**	**2653**	**2510**	**2510**	**2506**
大型水库(1亿立方米以上)	Large Reservoirs (100 million and over cu.m)	21	21	25	27	27	27
中型水库(1千万至1亿立方米)	Medium-sized Reservoirs (10 million - 100 million cu.m)	102	108	121	121	121	121
小型水库(10万至1千万立方米)	Small Reservoirs (100 thousand -10 million cu.m)	2273	2221	2507	2362	2362	2358
塘坝数量(座)	Small Reservoirs (in a hilly area, unit)		277838	160097	164680	164898	165136
窖池数量(座)	Pits (unit)			277873	274406	274410	274417
年底灌区数(处)	Number of Irrigation Areas at Year-end (unit)	171	191	664	668	665	657
规模以上灌区渠道长度(公里)	Irrigation Channel Length Above Designated Size (km)		2075	2454	2686	2686	2371
除涝面积(千公顷)	Flooded or Waterlogged Area Under Control (1 000 hectares)	1848.11	1973.30	2074.64	2149.32	2167.10	2191.05
堤防长度(公里)	Total Length of Dikes (km)	15758	16313	19531	20075	20323	20716
达标堤防长度(公里)	Standards Length of Dikes (km)		6440	10617	11162	11383	11919
堤防保护耕地面积(千公顷)	Area of Protected Land by Dikes (1 000 hectares)	3260	3388	3524	3548	3585	3551

12-9 各市水库和除涝治水情况(2021年)

Reservoirs, Flood Prevention, Water and Soil Conservation by City (2021)

地 区 Region	水库数量 (座) Reservoir (unit)	塘坝数量 (座) Spoilage (unit)	机电井数量 (眼) Motor-pumped Well (unit)	年底灌区数 (处) Number of Irrigation Areas at Year-end (unit)	除涝面积 (千公顷) Flooded or Waterlogged Area Under Control (1 000 hectares)
郑州市 Zhengzhou	134	627	49199	43	35
开封市 Kaifeng	1		92230	4	156
洛阳市 Luoyang	152	697	17554	60	7
平顶山市 Pingdingshan	163	1205	50751	31	69
安阳市 Anyang	54	1061	71030	10	94
鹤壁市 Hebi	14	220	26750	41	33
新乡市 Xinxiang	30	711	95263	26	170
焦作市 Jiaozuo	28	151	44939	17	68
濮阳市 Puyang			63239	23	89
许昌市 Xuchang	24	98	72681	11	89
漯河市 Luohe			51791	3	102
三门峡市 Sanmenxia	88	148	4920	40	
南阳市 Nanyang	509	19995	100838	72	180
商丘市 Shangqiu	15		178606	9	206
信阳市 Xinyang	1115	131320	17040	169	107
周口市 Zhoukou			168641	18	411
驻马店市 Zhumadian	160	8434	149528	73	368
济源示范区 Jiyuan	19	469	3845	7	8

12-10 农业生产情况

Agriculture Production

年份 Year	播种面积(千公顷) Total Sown Area (1 000hectares)	#粮食 Grain	#棉花 Cotton	#油料 Oil- bearing Crops	粮食产量(万吨) Grain Output (10 000tons)	#小麦 Wheat	棉花产量(万吨) Cotton (10 000tons)	油料产量(万吨) Oil- bearing Crops (10 000tons)	园林水果产量(万吨) Garden Fruits (10 000tons)
1978	10966.70	9123.30	612.00	465.33	2097.40	868.18	22.42	24.16	47.11
1979	10917.00	9066.70	555.33	632.67	2134.50	969.00	19.84	36.87	52.37
1980	10788.20	8858.90	626.67	710.00	2148.68	890.37	40.62	46.20	43.55
1981	11013.00	9029.30	641.33	744.67	2314.50	1083.50	35.50	55.99	52.30
1982	11076.00	8923.30	754.00	709.33	2217.10	1220.10	32.04	44.16	46.63
1983	11326.70	9286.70	794.00	607.33	2904.00	1455.75	63.24	51.52	58.67
1984	11432.70	8996.70	1162.00	579.33	2893.50	1653.00	86.89	52.50	41.01
1985	11685.30	9029.30	814.30	793.70	2710.53	1528.23	54.73	96.18	53.33
1986	11819.50	9372.20	619.33	921.33	2545.67	1567.90	39.86	98.99	61.23
1987	11952.90	9365.20	717.33	977.33	2948.41	1626.00	57.00	136.57	77.84
1988	11930.20	9053.80	916.03	952.84	2663.00	1520.95	63.71	96.17	74.81
1989	11999.40	9262.00	836.15	915.43	3149.44	1695.13	52.72	118.48	76.75
1990	11889.70	9316.10	823.00	876.40	3303.66	1639.86	67.61	152.29	63.92
1991	12001.90	9040.40	1193.20	896.00	3010.30	1554.28	94.77	127.62	63.67
1992	11936.30	8804.70	1247.90	908.60	3109.61	1650.67	65.85	133.63	87.79
1993	12068.00	8969.00	974.00	1075.00	3639.21	1922.13	66.01	204.50	125.12
1994	12087.70	8810.90	966.70	1242.00	3253.80	1798.42	62.81	225.00	170.54
1995	12136.80	8810.00	1000.10	1271.50	3466.50	1754.18	77.00	298.00	211.66
1996	12257.40	8965.30	933.30	1181.10	3839.90	2026.76	73.57	278.46	247.26
1997	12276.74	8879.90	868.30	1208.50	3894.66	2372.35	79.00	276.66	269.26
1998	12567.05	9101.98	800.00	1235.90	4009.61	2073.53	72.84	312.13	312.60
1999	12659.90	9032.30	733.30	1316.10	4253.25	2291.46	70.73	349.25	349.42
2000	13136.91	9029.60	779.33	1492.54	4101.50	2235.95	70.38	392.55	364.73
2001	13127.70	8822.79	858.20	1443.97	4119.88	2299.71	82.77	362.49	399.12
2002	13359.80	8975.10	793.10	1537.00	4209.98	2248.39	76.49	420.68	427.01
2003	13684.40	8923.30	926.67	1569.90	3569.47	2292.50	37.67	309.91	430.38
2004	13805.69	8970.07	951.80	1554.96	4260.00	2480.93	66.67	408.75	507.07
2005	13922.60	9153.40	781.47	1605.80	4582.00	2577.69	67.70	449.60	555.69
2006	13995.39	9455.80	748.20	1489.10	5112.30	2936.50	81.00	460.07	591.78
2007	14381.42	9528.52	653.16	1464.65	5252.92	2958.31	69.98	478.27	663.80
2008	14473.45	9746.87	527.62	1452.62	5405.80	3036.20	56.66	493.48	714.77
2009	14322.07	9890.62	436.53	1442.27	5506.87	3092.20	42.03	514.34	756.98
2010	14320.79	10027.00	354.23	1431.68	5581.82	3121.00	33.89	515.66	797.50
2011	14373.33	10244.43	280.57	1413.60	5733.92	3144.90	27.04	501.69	835.56
2012	14386.89	10434.56	169.40	1378.05	5898.38	3223.07	16.95	530.38	872.91
2013	14586.50	10697.43	114.96	1361.87	6023.80	3266.33	11.68	542.13	891.25
2014	14731.54	10944.97	88.11	1339.01	6133.60	3385.20	8.44	531.41	899.36
2015	14879.73	11126.30	64.34	1311.84	6470.22	3526.90	6.77	538.99	919.68
2016	14902.72	11219.55	50.03	1302.35	6498.01	3618.62	4.88	549.82	927.12
2017	14732.53	10915.13	40.00	1397.49	6524.25	3705.21	4.40	586.95	931.98
2018	14769.06	10906.08	36.68	1461.40	6648.91	3602.85	3.79	631.03	907.39
2019	14676.43	10734.54	33.80	1533.93	6695.36	3741.77	2.71	645.45	950.74
2020	14741.61	10738.80	16.20	1597.53	6825.80	3753.13	1.77	672.57	1001.82
2021	14705.13	10772.31	11.50	1604.37	6544.20	3802.86	1.40	657.28	995.85

注：依据第三次全国农业普查结果，对2007-2016年农业生产数据进行了修订（以下相关表格同）。

a) According to the results of the Third National Agricultural Census, the data of production from 2007 to 2016 were revised (the same as other tables).

12-11 农作物播种面积

单位：千公顷

地 区 Region	播种面积总计 Total	粮食作物 Grain	夏粮 Summer Harvest	秋粮 Autumn Harvest	谷物 Cereal	#稻谷 Rice	#小麦 Wheat	#玉米 Corn	豆类 Beans	大豆 Soybean
2012	14386.89	10434.56	5494.66	4939.90	9717.68	621.77	5468.80	3564.70	487.79	448.04
2013	14586.50	10697.43	5543.70	5153.72	10014.77	610.97	5517.98	3823.60	460.80	424.01
2014	14731.54	10944.97	5606.83	5338.14	10270.37	614.65	5581.24	4009.42	413.25	381.90
2015	14879.73	11126.30	5648.60	5477.70	10498.94	616.35	5623.14	4189.91	370.35	343.56
2016	14902.72	11219.55	5730.24	5489.31	10608.13	614.09	5704.91	4210.46	366.40	341.06
2017	14732.53	10915.13	5741.31	5173.82	10412.61	615.03	5714.64	3998.94	389.85	345.17
2018	14769.06	10906.08	5770.11	5135.97	10367.18	620.41	5739.85	3918.96	424.00	385.55
2019	14676.43	10734.54	5718.65	5015.89	10193.87	616.60	5706.65	3801.33	428.00	394.67
2020	14741.61	10738.80	5676.28	5062.52	10168.26	617.07	5673.67	3818.01	406.13	375.17
2021	14705.13	10772.31	5695.56	5076.75	10193.12	595.30	5690.74	3865.78	355.24	330.49
郑州市 Zhengzhou	373.04	279.88	136.09	143.78	265.92	0.17	136.09	127.87	4.22	3.31
开封市 Kaifeng	869.77	527.09	304.08	223.02	495.97	5.27	302.67	187.67	12.00	11.63
洛阳市 Luoyang	662.74	495.46	232.07	263.39	443.79	1.24	232.07	196.55	19.90	14.41
平顶山市 Pingdingshan	557.88	446.06	220.76	225.30	419.26	1.09	220.57	197.36	13.82	12.71
安阳市 Anyang	716.64	561.01	290.63	270.38	548.38	0.01	290.63	251.56	4.01	3.52
鹤壁市 Hebi	197.02	170.70	90.07	80.62	169.28		90.07	78.21	0.37	0.14
新乡市 Xinxiang	878.29	722.27	387.76	334.51	706.34	8.67	387.76	309.27	9.62	9.23
焦作市 Jiaozuo	348.65	280.75	150.01	130.73	277.61	0.71	150.01	126.39	1.97	1.96
濮阳市 Puyang	518.60	431.01	231.60	199.41	402.56	17.57	231.60	153.27	22.74	22.62
许昌市 Xuchang	540.13	450.05	230.49	219.56	387.16		230.49	153.59	41.57	41.55
漯河市 Luohe	370.49	274.81	147.25	127.56	240.13		147.25	92.88	29.58	29.58
三门峡市 Sanmenxia	260.15	163.93	75.17	88.75	137.04		75.17	60.27	19.39	14.67
南阳市 Nanyang	2024.20	1306.79	729.21	577.59	1237.46	32.85	728.37	467.86	33.74	27.25
商丘市 Shangqiu	1466.41	1098.87	605.65	493.22	1052.24		605.58	445.71	35.74	34.98
信阳市 Xinyang	1187.70	839.64	312.80	526.84	829.01	500.00	312.80	15.62	4.40	3.61
周口市 Zhoukou	1843.81	1376.58	734.66	641.92	1278.97	0.14	734.61	542.82	75.76	73.65
驻马店市 Zhumadian	1835.27	1303.32	793.41	509.91	1259.91	27.54	793.16	438.83	25.07	24.36
济源示范区 Jiyuan	54.33	44.09	21.82	22.26	42.08	0.04	21.82	20.05	1.34	1.31

Total Sown Areas of Farm Crops

(1 000 hectares)

经济作物 Cash Crops	油料 Oilbearing Crops	#花生 Peanuts	#油菜籽 Rapeseeds	棉花 Cotton	麻类 Fiber Crops	糖料 Sugar Crops	烟叶 Fluecured Tobacco	中草药材 Chinese Herbs	蔬菜及食用菌 Vegetables and Edible Fungus	瓜果 Melon and Fruit	花卉 Flowers and Plants
3952.33	1378.05	999.67	250.98	169.40	6.61	3.23	125.42	122.73	1676.77	308.05	106.01
3889.08	1361.87	1016.70	228.58	114.96	6.54	3.11	137.15	121.20	1682.96	309.75	105.59
3786.58	1339.01	1023.57	207.70	88.11	4.68	2.94	123.80	118.80	1654.84	297.05	115.06
3753.43	1311.84	1023.96	186.58	64.34	4.56	2.60	114.27	113.58	1671.03	292.69	71.11
3683.17	1302.35	1051.03	162.19	50.03	4.11	2.42	109.21	99.81	1682.12	312.36	86.35
3817.40	1397.49	1151.93	155.69	40.00	3.29	2.31	103.95	112.19	1736.14	318.24	147.56
3862.98	1461.40	1203.18	145.02	36.68	3.00	2.03	94.88	132.44	1721.09	307.69	92.18
3941.88	1533.93	1223.11	171.51	33.80	2.82	1.62	86.50	153.59	1732.94	308.60	123.56
4002.81	1597.53	1261.84	176.99	16.20	1.59	1.51	80.52	159.52	1753.78	301.06	119.75
3932.82	1604.37	1292.93	189.89	11.50	1.35	1.41	76.38	159.55	1758.07	283.43	115.50
93.16	31.07	25.09	4.78	0.36		0.00	0.02	0.85	54.49	6.07	2.03
342.68	108.97	106.50	2.03	3.03		0.04		0.42	179.90	48.61	1.24
167.28	42.12	28.18	10.06	1.70		0.00	18.16	26.71	67.09	7.27	5.53
111.82	46.13	34.10	9.85	0.29		0.01	9.61	2.18	47.64	5.56	0.74
155.63	52.49	46.12	4.61	1.34				1.26	88.03	12.34	0.80
26.33	13.85	12.70	0.69	0.34				0.64	11.03	0.23	1.46
156.02	77.78	73.85	3.61	0.50				6.58	64.41	3.92	2.51
67.91	25.22	24.77	0.37	0.14		0.00		8.58	31.47	2.46	0.17
87.59	20.47	19.92	0.48	0.31		0.00		3.68	56.03	5.91	0.76
90.08	21.64	14.29	6.71	0.35		0.01	9.66	13.47	42.22	2.74	41.25
95.68	16.92	13.87	2.09	0.05		0.01	3.54	0.19	64.24	10.75	0.71
96.22	13.35	4.60	4.62	0.01		0.00	16.23	29.78	32.85	3.39	0.07
717.41	396.81	324.37	27.71	0.13		0.06	13.13	27.16	252.95	23.29	14.08
367.54	80.31	72.64	7.05	0.99		0.09	0.30	6.90	229.08	49.64	1.10
348.06	172.19	81.31	83.12	0.71	1.35	0.82	0.34	5.50	140.03	19.29	33.09
467.22	116.79	88.98	5.46	1.09		0.32	0.84	16.57	267.22	63.41	1.58
531.95	367.43	320.97	16.62	0.01		0.06	4.08	8.24	124.35	18.44	7.31
10.25	0.83	0.67	0.04	0.13			0.49	0.84	5.03	0.10	1.05

12-12 主要农产品产量

单位：万吨

地 区 Region	粮 食 Grain	夏 粮 Summer Harvest	秋 粮 Autumn Harvest	谷 物 Cereal	#稻谷 Rice	#小麦 Wheat	#玉米 Corn	豆 类 Beans	#大豆 Soybean
2012	5898.38	3231.72	2666.65	5720.95	472.80	3223.07	2011.38	78.97	74.81
2013	6023.80	3275.08	2748.72	5859.83	463.16	3266.33	2116.47	72.87	69.34
2014	6133.60	3395.20	2738.39	5989.56	500.53	3385.20	2088.89	54.00	51.52
2015	6470.22	3537.70	2932.52	6331.75	499.88	3526.90	2288.50	48.84	46.75
2016	6498.01	3628.32	2869.69	6360.41	508.29	3618.62	2216.29	49.00	46.90
2017	6524.25	3715.98	2808.27	6382.89	485.25	3705.21	2170.14	53.36	50.36
2018	6648.91	3613.70	3035.21	6483.41	501.41	3602.85	2351.38	101.70	95.57
2019	6695.36	3745.40	2949.96	6528.85	512.50	3741.77	2247.37	102.00	98.21
2020	6825.80	3753.75	3072.05	6631.76	513.71	3753.13	2342.37	97.87	93.42
2021	6544.20	3804.50	2739.70	6333.05	479.69	3802.86	2033.93	78.25	74.21
郑 州 市 Zhengzhou	135.29	70.63	64.66	128.48	0.10	70.63	57.25	0.71	0.59
开 封 市 Kaifeng	305.99	197.69	108.30	293.98	3.36	197.14	93.34	2.32	2.26
洛 阳 市 Luoyang	241.02	122.57	118.45	219.43	0.68	122.56	90.45	4.18	3.19
平 顶 山 市 Pingdingshan	227.91	121.96	105.95	217.66	0.63	121.92	95.03	3.19	3.02
安 阳 市 Anyang	335.71	211.26	124.45	330.80	0.01	211.26	118.32	0.82	0.75
鹤 壁 市 Hebi	89.92	69.41	20.51	89.47		69.41	19.88	0.04	0.02
新 乡 市 Xinxiang	431.14	280.73	150.41	426.02	4.36	280.73	140.76	1.81	1.74
焦 作 市 Jiaozuo	187.49	117.35	70.14	186.24	0.47	117.35	68.27	0.41	0.41
濮 阳 市 Puyang	289.73	171.63	118.10	279.94	12.12	171.63	96.14	5.40	5.37
许 昌 市 Xuchang	289.66	171.17	118.49	267.52		171.17	95.07	9.08	9.08
漯 河 市 Luohe	188.00	113.23	74.77	178.13		113.23	64.90	7.09	7.09
三 门 峡 市 Sanmenxia	73.06	35.97	37.09	65.18		35.97	28.65	3.45	2.80
南 阳 市 Nanyang	713.33	431.57	281.76	680.43	23.77	431.37	220.45	7.36	6.23
商 丘 市 Shangqiu	705.72	453.41	252.31	688.14		453.39	234.14	10.05	9.87
信 阳 市 Xinyang	577.30	150.78	426.52	573.04	413.14	150.78	8.86	0.68	0.60
周 口 市 Zhoukou	923.72	554.05	369.67	895.90	0.08	554.02	341.25	16.02	15.67
驻 马 店 市 Zhumadian	805.67	517.18	288.49	789.90	20.94	517.12	251.65	5.34	5.21
济源示范区 Jiyuan	23.54	13.17	10.37	22.79	0.03	13.17	9.52	0.30	0.29

Output of Major Farm Products

(10 000 tons)

油料 Oil-bearing Crops	#花生 Peanuts	#油菜籽 Rapeseeds	棉花 Cotton	麻类 Fiber Crops	糖料 Sugar Crops	烟叶(未加工) Flue-cured Tobacco	中草药材 Chinese Herbs	蔬菜及食用菌 Vegetables and Edible Fungus	瓜果 Melon and Fruit
530.38	453.73	57.86	16.95	3.67	21.89	30.68		6839.94	1515.71
542.13	469.19	55.35	11.68	3.65	22.28	34.65		6745.29	1534.13
531.41	466.09	49.69	8.44	2.87	20.74	29.99		6848.11	1468.76
538.99	477.12	46.21	6.77	2.87	17.88	28.85		6970.99	1519.94
549.82	494.27	40.90	4.88	2.71	16.67	28.26	122.63	7238.18	1613.93
586.95	529.81	42.08	4.40	2.24	16.24	26.70	144.01	7530.22	1670.46
631.03	572.44	38.97	3.79	2.12	15.39	25.31	155.31	7260.67	1585.37
645.45	576.72	44.25	2.71	1.94	11.93	22.76	164.74	7368.74	1638.92
672.57	594.93	45.95	1.77	0.67	10.69	21.02	175.68	7612.39	1561.61
657.28	588.21	49.44	1.40	0.60	9.83	19.31	167.92	7607.15	1459.49
10.65	9.72	0.79	0.02		0.00	0.01	0.20	194.56	23.66
47.65	47.02	0.55	0.39		0.25		0.14	844.48	250.07
13.82	10.64	2.53	0.24		0.00	4.85	8.77	278.31	22.56
15.33	12.65	2.34	0.04		0.09	2.40	2.02	231.01	23.70
18.65	17.72	0.61	0.12				0.53	472.08	74.15
4.62	4.48	0.12	0.02				1.00	38.27	0.82
31.58	30.72	0.82	0.06				1.07	299.10	19.57
9.82	9.72	0.09	0.02		0.00		28.92	178.06	13.40
7.78	7.66	0.11	0.03		0.01		1.27	266.27	24.70
7.41	5.53	1.79	0.04		0.06	2.33	11.47	149.88	8.98
6.99	6.35	0.53	0.00		0.04	0.62	0.06	203.47	45.21
3.81	1.68	1.17	0.00		0.03	4.01	7.19	127.17	10.54
177.38	161.39	8.17	0.02		0.58	3.61	65.70	1174.27	127.51
38.43	36.37	1.95	0.11		0.63	0.10	3.65	1090.67	297.06
56.42	33.53	21.91	0.08	0.60	5.51	0.09	2.54	440.41	75.63
47.39	42.08	1.55	0.19		2.20	0.24	25.51	1092.07	339.85
159.22	150.64	4.41	0.00		0.41	0.96	7.47	504.54	101.75
0.33	0.30	0.01	0.02			0.09	0.39	22.52	0.32

12-13 蔬菜瓜果播种面积

单位：千公顷

地 区	Region	蔬菜及食用菌 Vegetables and Edible fungus	叶菜类 Leaf Vegetables	白菜类 Chinese Cabbage	甘蓝类 Cabbages	块根、块茎类 Root and Stem Tuber for Vegetable	瓜菜类 Melons for Vegetable
	2012	1676.77	190.67	188.28	51.70	218.62	175.49
	2013	1682.96	192.98	185.59	52.01	225.45	175.36
	2014	1654.84	192.68	185.36	48.41	226.78	175.44
	2015	1671.03	208.00	198.79	42.75	190.65	212.17
	2016	1682.12	225.90	150.10	42.17	175.49	208.66
	2017	1736.14	237.67	150.58	42.90	174.26	208.14
	2018	1721.09	239.03	157.11	41.24	184.57	200.61
	2019	1732.94	255.43	160.33	44.73	192.13	203.21
	2020	1753.78	268.82	153.57	44.62	186.77	205.05
	2021	1758.07	273.89	154.44	43.98	186.54	202.65
郑 州 市	Zhengzhou	54.49	10.37	3.89	1.37	3.46	4.23
开 封 市	Kaifeng	179.90	19.27	14.27	5.22	27.01	12.44
洛 阳 市	Luoyang	67.09	13.69	5.94	1.22	9.15	6.30
平 顶 山 市	Pingdingshan	47.64	9.23	4.90	1.17	6.08	4.36
安 阳 市	Anyang	88.03	12.09	7.88	1.61	5.61	10.53
鹤 壁 市	Hebi	11.03	2.11	1.19	0.39	1.09	1.57
新 乡 市	Xinxiang	64.41	12.86	11.91	0.54	4.57	7.77
焦 作 市	Jiaozuo	31.47	4.97	4.11	1.03	3.81	5.62
濮 阳 市	Puyang	56.03	7.48	5.46	0.90	3.55	8.02
许 昌 市	Xuchang	42.22	7.09	5.11	0.42	6.09	3.27
漯 河 市	Luohe	64.24	12.52	4.19	0.69	5.02	7.66
三 门 峡 市	Sanmenxia	32.85	4.08	2.55	1.72	5.34	3.48
南 阳 市	Nanyang	252.95	36.12	23.15	11.56	37.77	22.70
商 丘 市	Shangqiu	229.08	30.17	18.82	3.67	15.76	24.87
信 阳 市	Xinyang	140.03	25.74	13.66	4.63	16.68	17.44
周 口 市	Zhoukou	267.22	44.83	16.47	5.03	20.44	42.78
驻 马 店 市	Zhumadian	124.35	20.99	10.33	2.76	14.69	18.91
济 源 示 范 区	Jiyuan	5.03	0.28	0.64	0.05	0.44	0.69

Total Sown Areas of Vegetables and Fruits

(1000 hectare)

菜用豆类 Legume for Vegetable	茄果菜类 Eggplant and Fruit for Vegetable	葱蒜类 Shallot and Garlic for Vegetable	水生菜类 Aquicolous Vegetable	其他蔬菜 Other Vegetables	瓜果类 Melon and Fruit	西瓜 Watermelon	甜瓜 Honey-dew Melon	草莓 Strawberry
126.87	273.52	222.91	31.50	197.21	308.05	256.67	46.28	4.94
124.69	327.35	224.06	30.94	144.52	309.75	258.45	45.88	5.23
126.39	321.08	213.85	30.24	134.61	297.05	248.15	43.51	5.20
135.38	346.40	208.32	24.55	104.01	292.69	241.45	44.78	6.40
143.65	387.74	217.45	25.58	105.38	312.36	257.03	47.63	7.71
145.08	398.50	235.63	26.54	116.82	318.24	260.86	48.12	9.25
139.49	385.75	232.65	25.41	115.24	307.69	251.08	46.49	9.76
127.09	388.58	241.15	23.72	96.57	308.60	250.11	45.97	10.34
121.96	394.59	257.01	20.76	100.63	301.06	244.62	43.54	9.86
118.26	396.43	261.84	20.37	99.66	283.43	228.81	41.35	10.59
3.39	5.83	20.42	0.19	1.34	6.07	4.61	0.16	1.17
8.52	26.55	59.28	1.82	5.53	48.61	44.60	3.87	0.10
5.75	14.96	8.35	0.02	1.72	7.27	4.72	1.01	1.04
3.50	8.88	5.18	0.24	4.10	5.56	4.43	0.83	0.30
5.41	32.83	9.31	0.08	2.70	12.34	4.19	7.90	0.08
0.71	2.25	0.74	0.00	0.98	0.23	0.15	0.03	0.05
3.43	12.64	5.74	0.33	4.62	3.92	2.86	0.88	0.11
2.90	4.40	4.30	0.22	0.11	2.46	2.20	0.16	0.08
3.57	13.85	6.68	1.65	4.86	5.91	3.92	1.35	0.57
2.39	13.74	2.51	0.34	1.27	2.74	2.27	0.35	0.09
2.14	19.46	5.87	0.04	6.65	10.75	7.30	2.26	0.90
2.18	9.69	2.30	0.33	1.17	3.39	2.92	0.36	0.10
18.74	38.54	32.98	8.06	23.33	23.29	17.95	4.62	0.58
8.16	75.19	40.86	0.61	10.97	49.64	45.36	1.71	1.78
15.31	19.14	11.01	4.06	12.35	19.29	14.42	2.73	1.76
23.16	74.38	28.41	1.58	10.15	63.41	51.39	10.67	1.30
8.58	22.31	17.47	0.79	7.52	18.44	15.47	2.45	0.53
0.42	1.79	0.43	0.01	0.28	0.10	0.06	0.01	0.03

12-14 蔬菜及食用菌、瓜果产量

单位：万吨

地 区 Region	蔬菜及食用菌 Vegetables and Edible Fungus	叶菜类 Leaf Vegetables	白菜类 Chinese Cabbage	甘蓝类 Cabbages	块根、块茎类 Root and Stem Tuber for Vegetable	瓜菜类 Melons for Vegetable
2012	6839.94	778.42	888.40	233.85	1019.10	824.08
2013	6745.29	782.09	932.95	241.10	1065.19	821.63
2014	6848.11	784.62	975.49	228.56	1096.56	855.04
2015	6970.99	795.78	983.75	205.66	925.79	989.86
2016	7238.18	924.53	828.76	205.96	906.71	1040.30
2017	7530.22	961.76	842.08	212.09	901.12	1059.34
2018	7260.67	944.40	812.72	198.26	900.80	996.04
2019	7368.74	971.76	833.93	211.50	907.23	1021.79
2020	7612.39	1016.34	811.24	213.76	881.08	1082.78
2021	7607.15	1026.21	806.62	208.98	903.13	1068.60
郑州市 Zhengzhou	194.56	34.44	20.06	6.34	15.81	19.40
开封市 Kaifeng	844.48	85.48	86.42	23.90	147.66	70.71
洛阳市 Luoyang	278.31	54.35	33.23	5.20	35.08	29.89
平顶山市 Pingdingshan	231.01	35.33	28.14	6.70	34.42	25.33
安阳市 Anyang	472.08	54.42	47.56	9.39	33.81	83.03
鹤壁市 Hebi	38.27	4.65	8.28	1.09	4.12	5.58
新乡市 Xinxiang	299.10	43.30	56.37	2.36	21.99	44.77
焦作市 Jiaozuo	178.06	23.25	24.64	5.50	23.54	37.89
濮阳市 Puyang	266.27	31.23	29.56	4.95	18.88	41.40
许昌市 Xuchang	149.88	19.61	25.02	2.06	29.21	15.93
漯河市 Luohe	203.47	38.50	21.91	1.86	25.82	29.95
三门峡市 Sanmenxia	127.17	11.47	11.30	9.40	21.93	18.58
南阳市 Nanyang	1174.27	132.55	122.44	62.94	188.17	127.49
商丘市 Shangqiu	1090.67	126.23	107.66	19.77	79.10	143.05
信阳市 Xinyang	440.41	70.08	54.08	15.59	59.99	66.32
周口市 Zhoukou	1092.07	187.73	77.32	20.35	84.54	234.10
驻马店市 Zhumadian	504.54	72.32	48.74	11.41	76.60	71.61
济源示范区 Jiyuan	22.52	1.27	3.90	0.17	2.47	3.57

Output of Vegetables, Edible Fungis and Fruits

(10 000tons)

菜用豆类 Legume for Vegetable	茄果菜类 Eggplant and Fruit for Vegetable	葱蒜类 Shallot and Garlic for Vegetable	水生菜类 Aquicolous Vegetable	其他蔬菜 Others	食用菌 Edible Fungus	瓜果类 Melon and Fruit	西瓜 Watermelon	甜瓜 Honey-dew Melon	草莓 Strawberry
477.60	1018.63	863.76	134.91	460.53	140.66	1515.71	1328.94	172.12	14.64
468.03	1039.70	841.00	129.39	267.33	156.86	1534.13	1342.89	176.67	14.58
480.37	1063.11	810.84	123.69	263.11	166.71	1468.76	1285.42	169.34	14.00
515.61	1235.79	751.66	100.38	288.95	177.76	1519.94	1349.91	152.37	17.66
540.75	1386.27	815.87	105.96	304.27	178.79	1613.93	1402.18	191.70	20.05
560.80	1461.41	914.54	107.86	328.35	180.86	1670.46	1447.01	201.38	22.08
519.05	1406.77	888.41	103.27	325.70	165.26	1585.37	1364.32	196.99	22.68
464.67	1427.54	925.95	96.06	334.40	173.91	1638.92	1417.17	187.29	25.70
447.74	1533.74	1026.11	86.56	335.55	177.48	1561.61	1348.82	178.67	26.15
432.13	1513.77	1062.99	84.01	322.53	178.16	1459.49	1256.46	166.88	27.81
11.65	22.80	57.25	0.78	5.48	0.56	23.66	19.28	0.44	3.58
32.43	117.03	242.08	9.32	25.21	4.23	250.07	236.38	13.19	0.32
17.72	54.88	30.36	0.06	7.31	10.24	22.56	16.45	2.38	2.31
13.96	36.89	20.26	0.99	17.07	11.92	23.70	20.53	2.44	0.72
22.02	150.30	52.40	0.47	12.91	5.77	74.15	27.72	45.60	0.20
1.84	8.28	2.17	0.01	1.90	0.35	0.82	0.67	0.07	0.08
10.94	68.67	21.67	0.91	15.81	12.32	19.57	14.66	4.36	0.31
12.31	25.98	22.02	1.03	0.40	1.51	13.40	12.40	0.72	0.24
14.32	58.48	23.76	5.67	18.39	19.63	24.70	17.89	4.94	1.64
8.54	33.75	9.39	1.42	4.64	0.32	8.98	7.48	1.26	0.23
6.72	45.20	18.63	0.18	13.31	1.38	45.21	33.80	6.77	3.42
6.60	24.90	8.51	1.83	3.03	9.64	10.54	9.54	0.76	0.23
87.27	151.80	165.29	39.24	67.73	29.36	127.51	112.38	13.76	1.15
36.24	326.85	189.49	2.88	40.21	19.19	297.06	281.76	6.78	5.69
43.51	56.69	28.26	10.04	28.96	6.88	75.63	61.03	9.44	4.24
79.59	242.29	116.40	6.12	34.80	8.84	339.85	293.12	44.61	2.09
25.24	82.44	53.19	3.05	25.01	34.92	101.75	91.14	9.32	1.29
1.23	6.56	1.87	0.01	0.36	1.11	0.32	0.22	0.03	0.07

12−15 各市茶园、果园面积

Area of Tea Garden and Orchard

单位：千公顷 (1 000 hectares)

地 区 Region	茶园面积 Tea Garden	果园面积 Orchard	#苹果园 Apple Orchards	#梨园 Pears Orchards	#葡萄园 Grapes Orchards	#柑橘园 Orange Orchards	#猕猴桃园 Chinese Goosebeery Orchards	#桃园 Peach Orchards
2012	87.63	467.96	179.73	52.12	29.69	10.99	10.24	76.42
2013	97.69	477.19	177.67	52.48	32.50	11.54	10.30	76.57
2014	105.47	460.05	173.09	53.15	34.07	11.75	10.82	70.20
2015	114.00	457.47	171.48	54.94	36.41	11.60	10.99	74.04
2016	118.29	449.55	157.84	54.81	38.05	11.60	11.16	78.87
2017	115.76	442.67	147.39	55.49	36.94	11.74	11.34	82.42
2018	115.67	434.07	129.06	63.36	39.04	8.53	12.00	88.23
2019	114.64	432.28	119.29	65.53	41.99	4.47	13.33	90.34
2020	113.00	452.21	117.65	66.60	41.38	4.36	13.80	112.66
2021	115.78	404.22	105.53	64.04	37.54	4.41	13.67	93.48
郑 州 市 Zhengzhou		16.21	1.54	1.01	1.97		0.03	2.21
开 封 市 Kaifeng		17.57	7.96	1.38	1.52		0.04	5.22
洛 阳 市 Luoyang		36.88	14.61	3.62	3.07		0.45	6.04
平 顶 山 市 Pingdingshan	0.01	16.13	0.75	3.55	2.35	0.00	0.13	4.39
安 阳 市 Anyang		19.16	4.73	1.82	0.89		0.01	4.33
鹤 壁 市 Hebi		2.25	0.26	0.18	0.04		0.00	1.19
新 乡 市 Xinxiang		13.35	3.13	1.33	1.12		0.02	5.90
焦 作 市 Jiaozuo		5.65	1.00	0.61	0.54		0.05	2.37
濮 阳 市 Puyang		8.76	3.72	1.68	0.37	0.00	0.08	1.44
许 昌 市 Xuchang		4.46	0.86	0.41	0.75		0.02	0.89
漯 河 市 Luohe		3.36	0.09	0.66	1.44		0.20	0.73
三 门 峡 市 Sanmenxia		65.49	45.98	2.12	2.91		0.18	5.20
南 阳 市 Nanyang	6.52	84.84	3.55	13.89	4.21	4.19	11.76	21.66
商 丘 市 Shangqiu		45.79	14.82	14.00	5.65	0.00	0.05	9.37
信 阳 市 Xinyang	106.03	21.45	0.07	4.48	5.06	0.20	0.50	8.25
周 口 市 Zhoukou		19.55	2.19	5.41	2.84		0.02	5.01
驻 马 店 市 Zhumadian	3.21	21.69	0.05	7.65	2.73	0.02	0.10	8.88
济源示范区 Jiyuan	0.01	1.63	0.24	0.22	0.08		0.01	0.42

12-16 茶叶、园林水果及食用坚果产量

Output of Tea, Garden Fruit and Edible Nuts

单位：万吨 (10 000tons)

地区 Region	茶叶 Tea	园林水果 Garden Fruit	#苹果 Apple	#梨 Pear	#葡萄 Grape	#枣 Jujube	#柿 Persimmon	#桃 Peach	柑橘 Orange	食用坚果 Edible Nuts	核桃 Walnut	板栗 Chinese Chiestnut
2012	5.14	872.91	438.99	104.82	55.33	40.78	54.41	110.33	4.04	33.06	10.97	22.09
2013	5.59	891.25	445.86	108.24	55.83	41.77	54.81	109.79	4.81	37.45	8.30	12.23
2014	6.11	899.36	444.83	113.52	58.57	35.85	54.53	112.83	4.67	38.40	10.70	17.70
2015	6.49	919.68	453.19	115.53	64.00	32.63	52.19	118.89	4.94	46.50	16.59	28.36
2016	6.86	927.12	442.42	118.27	68.54	33.00	51.14	127.26	4.79	47.82	18.04	28.10
2017	6.40	931.98	434.53	121.84	70.29	29.91	50.87	133.58	4.91	49.95	19.10	29.56
2018	6.34	907.39	402.74	122.86	76.96	25.23	48.39	141.42	3.91	48.59	20.34	28.22
2019	6.53	950.74	408.79	137.43	83.22	18.30	46.39	154.60	4.63	49.49	21.51	27.88
2020	7.10	1001.82	407.57	138.16	88.10	16.28	43.73	193.01	4.71	49.58	22.53	26.95
2021	7.50	995.85	405.12	139.63	86.04	14.89	42.72	193.05	4.80	48.59	21.86	26.63
郑州市 Zhengzhou		22.13	2.55	2.03	3.76	2.73	0.51	3.97		3.43	3.43	0.00
开封市 Kaifeng		48.80	21.31	3.83	4.25	0.41	1.30	16.38		0.11	0.11	
洛阳市 Luoyang		88.93	45.33	7.60	9.49	0.69	5.93	12.40		5.46	4.96	0.49
平顶山市 Pingdingshan	0.00	27.44	0.85	4.75	9.18	0.13	1.34	6.92		2.22	1.66	0.56
安阳市 Anyang		42.78	14.42	5.38	2.45	4.10	1.53	12.49		0.48	0.47	0.01
鹤壁市 Hebi		2.78	0.61	0.51	0.12	0.02	0.17	1.20		0.10	0.10	0.00
新乡市 Xinxiang		34.38	5.81	3.69	1.89	0.25	0.60	21.17		0.26	0.26	
焦作市 Jiaozuo		15.10	2.68	2.25	1.62	0.12	0.93	6.34		0.50	0.49	0.00
濮阳市 Puyang		29.31	14.73	5.99	1.39	0.63	0.39	4.74	0.00	0.37	0.37	
许昌市 Xuchang		7.49	1.48	1.17	1.79	0.12	0.45	2.04		0.74	0.74	
漯河市 Luohe		9.73	0.21	1.84	5.08	0.02	0.06	2.05		0.02	0.02	
三门峡市 Sanmenxia		268.27	206.30	7.72	9.10	2.84	16.58	18.74		5.98	5.27	0.67
南阳市 Nanyang	0.35	121.31	1.71	14.98	3.28	0.46	4.04	23.11	4.64	6.84	2.94	3.88
商丘市 Shangqiu		183.28	80.08	56.58	19.49	0.51	1.67	20.78		0.08	0.07	
信阳市 Xinyang	7.04	16.77	0.03	3.93	3.05	0.19	0.72	7.90	0.16	14.78	0.01	14.75
周口市 Zhoukou		50.65	6.17	9.51	6.58	1.37	5.98	20.41		0.02	0.02	
驻马店市 Zhumadian	0.12	23.17	0.06	7.02	3.30	0.29	0.22	11.55	0.00	6.36	0.09	6.27
济源示范区 Jiyuan	0.00	3.53	0.78	0.87	0.19	0.00	0.28	0.86		0.86	0.86	

12-17 各市林业生产情况(2021年)

单位：千公顷

地 区 Region	当年造林面积 CurrentNew Forest Area	#人工造林 By Manpower	飞播造林 Afforestation by Aerial Seeding	封山育林 Closing Hillsides for Afforestation	其中：无林地和疏林地封山育林 without Forest Land and Sparse Forest Land
全 省 Total	**180.28**	**113.59**	**32.38**	**19.44**	**19.44**
郑 州 市 Zhengzhou	2.13	2.13			
开 封 市 Kaifeng	8.81	8.72			
洛 阳 市 Luoyang	24.85	7.25	15.56	2.04	2.04
平 顶 山 市 Pingdingshan	6.70	6.70			
安 阳 市 Anyang	6.33	6.04		0.29	0.29
鹤 壁 市 Hebi	5.52	4.65	0.67		
新 乡 市 Xinxiang	5.26	2.25	2.00	0.11	0.11
焦 作 市 Jiaozuo	3.35	1.55	1.70	0.11	0.11
濮 阳 市 Puyang	1.68	1.68			
许 昌 市 Xuchang	2.83	2.83			
漯 河 市 Luohe	0.41	0.41			
三 门 峡 市 Sanmenxia	21.86	10.63	6.67	2.61	2.61
南 阳 市 Nanyang	31.60	16.00	4.12	5.78	5.78
商 丘 市 Shangqiu	2.69	2.69			
信 阳 市 Xinyang	40.62	28.73		5.89	5.89
周 口 市 Zhoukou	2.21	2.21			
驻 马 店 市 Zhumadian	9.66	7.30		2.36	2.36
济源示范区 Jiyuan	3.77	1.84	1.67	0.27	0.27

Conditions of Forestry Production by City (2021)

(1 000 hectares)

退化林修复 Restoration of Degraded Forest	用材林 Timber Forest	经济林 Economic Forest	防护林 Shelter Forest	森林抚育面积 Area of Tending Woods	木材产量(万立方米) Wood (10 000 Cubic metres)	大径竹产量(万根) Bamboo Wood (10 000 pieces)
14.87	**29.61**	**22.99**	**111.77**	**211.06**	**273.01**	**104.66**
	0.07	0.05	2.00	5.11	3.90	
0.09	3.21	0.66	4.85	3.23	18.69	
	0.52	0.08	24.25	18.60	14.04	
	1.49	2.06	3.15	10.46	8.70	
	2.25	0.03	4.06	5.49	5.89	
0.21	0.40	0.90	4.02	2.61	1.31	
0.91	1.61	0.07	2.68	6.20	14.34	
	0.42	0.11	2.82	4.57	9.28	
	0.69	0.13	0.86	3.56	1.86	
	0.30	0.65	1.16	7.65	7.96	
	0.11	0.01	0.29	1.40	9.96	
1.95	0.64	0.76	18.51	22.31	6.61	
5.71	4.03	1.53	20.34	80.00	19.56	
	0.26	0.49	1.94	5.44	17.54	
6.01	9.69	14.54	10.06	18.21	35.60	104.66
	1.86		0.35	1.90	41.34	
	2.08	0.68	6.90	13.67	51.84	
		0.23	3.54	0.67	4.60	

12-18 牧渔业产量

Output of Animal Husbandry and Fishery

年 份 Year	肉类产量（万吨）Total Output of Meat (10 000 tons)	#猪肉 Pork	#牛肉 Beef	#羊肉 Mutton	#禽肉 Poultry	大牲畜年底头数（万头）Large Animals at Year-end (10 000 heads)	#役畜 Draught Animals	猪年底头数（万头）Hogs (10 000 heads)	禽蛋产量（万吨）Poultry Eggs (10 000 tons)	奶类产量（万吨）Output of Milk (10 000 tons)	水产品产量（万吨）Total Aquatic Products (10 000 tons)
1978	45.64	42.20				515.03	401.70	1724.90			2.47
1979	55.14	50.00				521.50	400.40	1592.30			2.30
1980	55.03	49.45	0.69	2.88	1.90	541.99	423.75	1474.24	15.86	2.20	2.91
1981	51.58	44.30	0.60	3.36		607.00	498.90	1386.50	16.31		3.00
1982	54.26	47.60	0.52	3.46		671.50	542.10	1310.70	16.75		3.25
1983	51.33	43.70	0.88	3.41		704.70	562.20	1195.70	21.41		3.78
1984	58.59	49.60	1.83	3.31		794.70	615.70	1327.00	31.38		4.89
1985	71.83	61.08	3.01	3.38	4.10	886.35	664.55	1621.74	37.15	4.50	6.37
1986	79.42	65.00	5.50	3.70		957.44	708.10	1539.41	37.32		6.61
1987	86.63	66.10	8.90	5.00		1000.82	738.44	1404.72	43.55		7.62
1988	103.75	76.87	12.24	6.48		1069.20	779.57	1586.18	50.43		9.39
1989	121.53	88.11	15.26	7.89		1111.56	794.04	1680.22	53.62		9.83
1990	134.86	97.45	18.16	8.05	9.40	1116.33	798.30	1750.32	59.58	7.40	10.48
1991	157.95	108.73	24.82	7.76		1102.10	782.25	1820.80	73.81		10.77
1992	171.66	119.23	25.67	7.96		1135.50	794.90	1959.70	79.29		11.55
1993	203.51	137.60	32.64	9.90	19.30	1211.00	843.00	2085.00	95.58	7.50	13.83
1994	253.31	165.81	44.00	12.57	25.70	1329.18	919.79	2325.17	125.28	8.90	15.84
1995	333.00	210.37	64.39	21.10	31.00	1420.45	985.76	2667.72	140.01	9.80	18.09
1996	347.72	225.63	59.45	21.72	34.10	1089.14	783.00	2229.67	154.54	9.70	20.51
1997	403.00	256.12	64.88	25.23	49.30	1420.87	857.03	2931.91	201.40	10.60	23.88
1998	461.63	297.86	76.71	28.00	50.76	1416.84	803.70	3439.66	229.34	12.30	27.02
1999	485.11	313.95	82.21	29.96	51.47	1448.42	530.60	3556.43	251.82	15.90	28.83
2000	517.00	337.88	83.00	32.00	55.00	1445.73	482.84	3787.69	270.00	20.20	32.17
2001	540.65	343.77	89.23	34.51	63.90	1435.93	479.53	3672.07	286.00	30.00	31.46
2002	570.01	366.49	89.20	37.85	66.40	1409.78	437.03	3800.00	302.00	39.00	36.22
2003	603.55	386.00	93.00	42.00	74.00	1469.45	430.00	3917.80	326.20	52.60	38.95
2004	643.00	412.37	98.33	44.06	79.55	1491.19	427.00	4152.87	347.40	78.90	42.70
2005	689.00	441.20	102.75	47.38	87.51	1508.80	412.90	4439.00	375.30	108.50	51.68
2006	584.60	391.30	82.00	23.80	76.60	1114.26	410.12	3953.30	329.50	142.26	40.98
2007	545.87	338.88	75.28	24.82	84.58	985.75	387.21	4184.00	333.14	149.82	45.68
2008	573.35	366.84	70.70	25.51	91.52	910.09	337.42	4458.81	363.82	201.86	50.58
2009	591.61	389.18	64.75	24.46	96.88	814.97	369.30	4524.05	370.74	203.56	53.77
2010	608.96	407.72	58.67	23.35	101.32	719.19	296.16	4540.55	372.29	207.04	57.86
2011	604.28	405.67	53.14	22.54	105.59	619.07	243.38	4560.84	370.13	214.85	65.47
2012	632.84	431.57	47.80	22.07	114.60	537.56	211.21	4577.45	379.00	220.85	71.72
2013	648.97	452.99	43.89	21.66	113.48	487.16	200.09	4415.68	380.58	219.07	85.01
2014	662.02	476.63	41.02	21.80	108.34	447.59	192.82	4407.38	370.81	227.28	91.76
2015	647.22	466.45	37.84	21.81	108.97	411.70	183.71	4361.95	372.30	233.66	102.37
2016	625.94	449.04	34.87	21.85	110.05	353.67	167.47	4268.82	379.56	223.30	94.76
2017	655.84	466.90	35.04	26.10	118.97	376.09	108.50	4390.00	401.18	212.87	94.67
2018	669.41	479.04	34.80	26.90	121.94	377.01	107.96	4337.15	413.61	208.90	98.38
2019	560.06	344.43	36.22	28.11	145.24	388.27	92.21	3170.46	442.42	208.55	99.08
2020	544.05	324.80	36.71	28.64	148.05	394.88	85.00	3886.98	449.42	214.72	98.05
2021	646.81	426.78	35.53	28.87	149.98	403.11	72.48	4392.29	446.42	216.82	94.32

12-19 畜禽产品年末存栏数量及产量

Number of Livestock and Output of Livestock Products at Year-end

单位：万头、万只 (10 000 heads)

指　标	Item	2019	2020	2021
年底存栏总头数	**Number of Livestock at Year-end**			
#大牲畜	Large Livestock	388.27	394.88	403.11
#从事农事劳役	Draught Animals	92.21	85.00	72.48
牛	Cow	385.13	391.68	400.30
#肉牛	Cattle	257.32	270.04	289.34
#乳牛	Dairy	35.60	36.64	38.48
马	Horse	0.72	0.75	0.45
驴	Donkey	2.11	2.18	2.27
骡	Mule	0.30	0.27	0.11
猪	Pig	3170.46	3886.98	4392.29
羊	Sheep	1898.81	1965.12	2012.29
山羊	Goat	1896.09	1672.50	1710.55
绵羊	Sheep	405.02	292.63	301.74
家禽	Poultry	69601.71	70436.65	72172.92
猪牛羊出栏头(只)数	**Slaughtered Fattened Hogs, Cattle and Sheep**			
肉猪	Hogs	4502.10	4311.12	5802.77
肉用牛	Cattle	238.43	241.25	235.94
肉用羊	Sheep and Goats	2301.11	2342.65	2359.05
肉用禽	Poultry	108816.02	110828.12	112158.06
肉类总产量(万吨)	**Total Output of Meat (10 000 tons)**	**560.06**	**544.05**	**646.81**
#猪肉	Pork	344.43	324.80	426.78
牛肉	Beef	36.22	36.71	35.53
羊肉	Mutton	28.11	28.64	28.87
禽肉	Meat of Poultry	145.24	148.05	149.98
兔肉	Rabbit	4.20	3.77	3.60
其他畜产品产量	**Others Output of Livestock Products**			
奶类总产量(万吨)	Output of Milk (10 000 tons)	208.55	214.72	216.82
牛奶	Cow Milk	204.07	210.05	212.15
羊奶	Sheep Milk	4.47	4.67	4.67
羊毛总产量(吨)	Output of Wool (ton)	6447	6632	5115
山羊粗毛	Goat Wool	2467	2864	1765
绵羊毛	Sheep Wool	3649	3768	3118
羊绒产量(吨)	Cashmere (ton)	331	371	233
蜂蜜产量(吨)	Honey (ton)	61093	68914	65206
禽蛋产量(万吨)	Poultry Eggs (10 000 tons)	442	449	446
蚕茧产量(吨)	Output of Silkworm Cocoons (ton)	11543	11746	5282
#桑蚕茧	Mulberry Silkworm Cocoons	6006	6173	2923
柞蚕茧	Tussore Silkworm Cocoons	5537	5573	2360

12-20 各市牲畜饲养情况(2021年底)

Number of Livestock by City (End of 2021)

地 区 Region	牛 (万头) Cattles (10 000 heads)	马 (头) Horses (head)	驴 (头) Donkeys (head)	骡 (头) Mules (head)	猪年底头数 (万头) Hogs (year-end) (10 000 heads)	羊年底只数 (万只) Sheep and Goats (year-end) (10 000 heads)	家 禽 (万只) Poultry (10 000 heads)	兔 (万只) Rabbits (10 000 heads)
郑 州 市 Zhengzhou	5.49	46	797		65.73	30.61	1370.11	19.61
开 封 市 Kaifeng	33.05	73	4172		292.59	180.53	4045.45	40.24
洛 阳 市 Luoyang	30.28	108	775	161	148.40	82.26	3101.00	108.44
平 顶 山 市 Pingdingshan	20.08	863	2093	435	250.57	130.70	2382.72	18.97
安 阳 市 Anyang	5.29	207	430	108	178.70	59.23	3859.81	11.09
鹤 壁 市 Hebi	2.03	78	80	96	80.44	33.27	2507.38	1.76
新 乡 市 Xinxiang	17.67	36	1106	13	228.82	69.43	3693.72	26.90
焦 作 市 Jiaozuo	8.43	55	66		77.21	32.71	1450.80	42.13
濮 阳 市 Puyang	5.24	47	3293	31	118.09	68.81	8240.22	18.52
许 昌 市 Xuchang	10.13		487		209.45	61.26	1887.13	26.42
漯 河 市 Luohe	3.40				196.41	23.67	3825.63	4.93
三 门 峡 市 Sanmenxia	18.03				75.93	43.12	781.80	0.49
南 阳 市 Nanyang	78.90	661	1235		608.75	295.30	5905.29	26.84
商 丘 市 Shangqiu	38.42	160	314		316.74	302.30	8381.04	65.71
信 阳 市 Xinyang	15.15				265.32	83.46	6297.10	50.07
周 口 市 Zhoukou	29.18	379	1774	208	549.90	311.97	9096.67	142.78
驻 马 店 市 Zhumadian	76.17	1738	6050		700.29	190.63	5107.77	342.76
济源示范区 Jiyuan	3.36				28.93	13.03	239.28	12.70

12−21 各市畜产品产量(2021年)

Output of Livestock Products by City (2021)

地区 Region	猪牛羊出栏头(只)数 Slaughtered Fattened Hogs, Cattle, Sheep and Goats			猪肉产量(万吨) Output of Pork	蜂蜜(吨) Honey	禽蛋(万吨) Poultry Eggs	绵羊毛(吨) Sheep Wool		山羊粗毛(吨) Goat Wool
	猪(万头) Hogs (10 000 heads)	牛(万头) Cattle (10 000 heads)	羊(万只) Sheep and Goats (10 000 units)	(10 000 tons)	(ton)	(10 000 ton)	(ton)	#细羊毛 Fine Wool	(ton)
郑州市 Zhengzhou	89.77	4.28	28.36	6.61	179.86	11.88	14.21	10.16	0.90
开封市 Kaifeng	372.63	15.68	205.82	27.27	2043.12	34.48	424.33	8.62	7.31
洛阳市 Luoyang	186.53	15.67	79.78	14.27	1740.23	17.70	277.57	112.02	497.52
平顶山市 Pingdingshan	320.87	13.75	152.45	23.55	1639.91	17.68	404.87	21.94	44.35
安阳市 Anyang	218.35	2.78	71.33	16.55	80.94	18.65	183.57	1.60	3.27
鹤壁市 Hebi	122.29	1.16	27.94	9.06	6.19	15.04	47.23	25.65	45.96
新乡市 Xinxiang	346.83	8.23	93.21	25.21	96.73	28.87	169.24	45.15	62.97
焦作市 Jiaozuo	110.50	6.14	34.59	8.18	120.58	13.23	312.79	0.39	0.00
濮阳市 Puyang	131.83	4.18	116.70	10.01	0.40	27.19	588.40	3.63	6.86
许昌市 Xuchang	279.12	7.30	80.70	20.63	1031.00	17.12	20.63		
漯河市 Luohe	306.66	2.24	26.72	22.63	14.47	17.05			
三门峡市 Sanmenxia	103.36	7.22	42.98	7.58	2810.15	5.68	296.29	31.33	209.00
南阳市 Nanyang	738.47	48.96	346.98	53.99	27035.67	37.36	259.68	10.59	533.66
商丘市 Shangqiu	445.30	23.38	368.22	32.66	221.56	55.74			
信阳市 Xinyang	335.58	8.74	85.80	24.45	6269.91	40.22			
周口市 Zhoukou	713.82	16.34	354.00	51.83	67.07	50.18	21.38	12.75	
驻马店市 Zhumadian	938.76	48.35	236.41	69.19	21784.66	35.51	94.38	86.77	352.90
济源示范区 Jiyuan	42.08	1.55	7.05	3.13	63.69	2.83	3.28	0.09	

主要统计指标解释

农林牧渔业总产值　指以货币表现的农、林、牧、渔业全部产品和对农林牧渔业生产活动进行的各种支持性服务活动的价值总量，它反映一定时期内农林牧渔业生产总规模和总成果。1957 年以前的农林牧渔业总产值中包括了厩肥和农民自给性手工业（如农民自制衣服、鞋、袜，自己从事粮食初步加工等）。1958 年及以后，林业中增加了村及村以下竹木采伐产值；牧业中取消了厩肥产值；副业中取消了农民自给性手工业产值，增加了村及村以下办的工业产值； 渔业中增加了海洋捕捞水产品产值。1980 年及以后，在副业中增加了农民家庭兼营工业商品部分的产值。从 1984 年起村及村以下工业产值划归工业。从 1993 年起取消副业，将野生动物的捕猎划入牧业，野生植物采集和农民家庭兼营商品性工业划归农业。从 2003 年起，执行新的国民经济行业分类标准，农林牧渔业总产值中包括了农林牧渔服务业产值，2018 年以后农林牧渔服务业产值改称农林牧渔专业及辅助性活动产值。林业中增加了森林采运业产值。农业中取消了家庭兼营商品性工业产值，将野生林产品的采集划归林业。第一、二、三次农业普查以后，根据农业普查结果，对农业、畜牧业、渔业年报数据和农业、畜牧业、渔业产值进行了修订。2010 年执行《统计用产品分类目录》， 对 2009 年的农业、林业产值做了相应调整。

农林牧渔业总产值的计算方法通常是按农、林、牧、渔业产品及其副产品的产量分别乘以各自单位产品价格求得；少数生产周期较长，当年没有产品或产品产量不易统计的，则采用间接方法匡算其产值；然后将四业产品产值及农林牧渔专业及辅助性活动产值相加即为农林牧渔业总产值。

粮食产量　指农业生产经营者日历年度内生产的全部粮食数量。按收获季节包括夏收粮食、早稻和秋收粮食，按作物品种包括谷物、薯类和豆类。其产量计算方法：谷物按脱粒后的原粮计算，豆类按去豆荚后的干豆计算；薯类（包括甘薯和马铃薯，不包括芋头和木薯）1963 年以前按每 4 公斤鲜薯折 1 公斤粮食计算，从 1964 年开始改为按 5 公斤鲜薯折 1 公斤粮食计算。城市郊区作为蔬菜的薯类（如马铃薯等）按鲜品计算，并且不作粮食统计。1989 年以前全国粮食产量数据主要靠全面报表取得，1989 年开始使用抽样调查数据。

棉花产量　指全社会的产量。包括春播棉和夏播棉。产量按皮棉计算。不包括木棉。

油料产量　指全部油料作物的生产量。包括花生、油菜籽、芝麻、向日葵籽、胡麻籽（亚麻籽）和其他油料。不包括大豆、木本油料和野生油料。花生以带壳干花生计算。

水产品产量　指渔业（捕捞和养殖）生产活动的最终有效成果，包括全部海水和淡水鱼类、甲壳类（虾、蟹）、贝类、头足类、藻类和其他类渔业产品的最终产量。水产品产量是通过各级水产和统计部门逐级上报取得数据。1995 年及以前，贝类中牡蛎按鲜肉计算；蚶、蛤、蛏按 5 斤鲜品折 1 斤计算。1996 年以后则统一按鲜品计算。

猪、牛、羊肉产量　指当年出栏并已屠宰、除去头蹄下水后带骨肉（即胴体重）的重量。

期初(末)畜禽存栏头(只)数　指报告期初（末）农村各种合作经济组织和国营农场、农民个人、机关、团体、学校、工矿企业、部队等单位以及城镇居民饲养的大牲畜、猪、羊、家禽等畜禽的存栏数。

常用耕地　是指耕地总资源中专门种植农作物并经常进行耕种、能够正常收获的土地。包括当年实际耕种的熟地；弃耕、休闲不满三年，随时可以复耕的地；开荒利用三年以上的地。不包括临时种植农作物的坡度在 25 度以上的陡坡地；在河套、湖畔、库区临时开发的成片或零星土地；也不包括已列为国家和省（区、市）退耕计划但临时耕种的土地。

农作物播种面积　指农业生产经营者应在日历年度内收获农作物在全部土地（耕地或非耕地）上的播种或移植面积。凡是本年内收获的农作物，无论是本年还是上年播种，都算为播种面积，但不包括本年播种，下年收获的农作物面积。

有效灌溉面积　指具有一定的水源，地块比较平整，灌溉工程或设备已经配套，在一般年景下当年能够进行正常灌溉的耕地面积。

农用化肥施用量　指本年内实际用于农业生产的化肥数量，包括氮肥、磷肥、钾肥和复合肥。化肥施用量要求按折纯量计算数量。折纯量是指把氮肥、磷肥、钾肥分别按含氮、含五氧化二磷、含氧化钾的百分之一百成份进行折算后的数量。复合肥按其所含主要成分折算。

农业机械总动力 指全部农业机械动力的额定功率之和。农业机械是指用于种植业、畜牧业、渔业、农产品初加工、农用运输和农田基本建设等活动的机械及设备。农机总动力按使用能源不同分为以下四部分：

柴油发动机动力：指全部柴油发动机额定功率之和；

汽油发动机动力：指全部汽油发动机额定功率之和；

电动机动力：指全部电动机（含潜水电泵的电动机）额定功率之和；

其他机械动力：指采用柴油、汽油、电力之外的其他能源，如水力、风力、煤炭、太阳能等动力机械功率之和。

Explanatory Notes on Main Statistical Indicators

Gross Output Value of Agriculture, Forestry, Animal Husbandry and Fishery refers to the total value of products of agriculture, forestry, animal husbandry and fishery, and total value of services in support of agriculture, forestry, animal husbandry and fishery activities. It reflects the total scale and results of agricultural production during a given period. Prior to 1957, China' s gross agricultural output value included barnyard manure and handicraft products for self-consumption (clothes, shoes, stockings, and initial grain processing undertaken by peasants). Since 1958, cutting and felling of bamboo and trees by villages and other cooperative organizations under villages have been included in forestry; value of barnyard manure has been excluded from animal husbandry; self consumed handicrafts have not been included from sideline occupations, while the output value of industries run by villages and cooperative organizations under village has been included in sideline occupations; and the output value of fish catches by motor fishing boats has been added to fishery. Since 1980, the value of handicraft products made for sale by individuals in households has been added to sideline occupations. Since 1984, industries run by villages and under villages have been included in the sector of industry. Since 1993, the subdivision of sideline occupations has been cancelled, and the hunting of wild animals has been classified into animal husbandry, and the gathering of wild plants and commodity industry run by rural household have been included in farming. A new industrial classification of economic activities was introduced in 2003. Under the new classification, value of services to agriculture, forestry, animal husbandry and fishery is included in the gross output value of agriculture. In 2018, the output value of agriculture, forestry, animal husbandry and fishery services was renamed the output value of professional and auxiliary activities in support of agriculture, forestry, animal husbandry and fishery, value of wood felling and transport is included in forestry, value of industrial output by rural households is not included in agriculture. According to the result of the first, second, third Agriculture Census, efforts were made to adjust the annual reports of animal husbandry and fishery output and the output value of agriculture, animal husbandry and fishery output to make the figures from the annual reports consistent with the census data. "The Classification of Products for Statistical Purposes" implemented in 2010 made relevant revision on the output value of agriculture and forestry in 2009.

Gross output value of agriculture is obtained by multiplying the output of each product or by-product by its price, resulting in the output value of each single item. For a small number of products, annual output of which is not available or difficult to get due to the long production (growing) process involved, the output value is estimated through an indirect approach. The sum of output values of all products of agriculture, forestry, animal husbandry and fishery and professional and auxiliary activities in support of agriculture, forestry, animal husbandry and fishery is then equal to the gross output value of agriculture.

Grain Output refers to the total output of grains produced by agricultural producers within a calendar year. It includes summer grain, early rice and autumn grain if classified by harvest seasons; it covers cereal, tubers and beans if classified by type of crops. Output of cereal should be limited to husked grain only. Output of beans refers to dry beans without pods. The output of tubers (sweet potatoes and potatoes, not including taros and cassava) are converted into that of grain at the ratio 4:1, i.e. 4 kilograms of fresh tubers were equivalent to 1 kilogram of grain up to 1963. Since 1964 the ratio for conversion has been 5:1. Tubers supplied as vegetables (such as potatoes) in cities and suburbs are calculated as fresh vegetables and their output is not included in the output of grain. Data on grain production before 1989 were obtained through the Comprehensive Statistical Reporting System. Since 1989, data from sample surveys are used.

Cotton Output refers to cotton production in the whole country including cotton planted in spring and in autumn. Output is measured as the weight of ginned cotton. Ceiba is not included.

Output of Oil-bearing Crops refers to the total production of oil-bearing crops of various kinds, including peanuts (dry, in shell), rapeseeds, sesame, sunflower seeds, flax seeds, and other oil-bearing crops. Soybeans, oil-bearing woody plants, and wild oil-bearing crops are not included.

Output of Aquatic Products refers to final output actually yielded from fishing production (fishery and breeding), including all output of marine and freshwater fish, crustaceans (shrimps, crabs), shellfish, cephalopod, seaweed and other fishery products. Data on output of aquatic products are reported by aquatic product and statistical agencies level by level. Before 1995, among the shellfish, oyster was counted as fresh meat; 5 kilograms of ark shell, clams and frogs are equivalent to 1 kilogram of fresh aquatic products; they have all been counted as fresh aquatic products since 1996.

Output of Pork, Beef, and Mutton refers to the meat of slaughtered hogs, cattle, sheep and goats with head, feet, and offal taken away.

Number of Livestock or Poultry in Stock at Beginning (or End) refers to the total number of large animals, pigs, sheep, fowls, etc. raised by rural cooperative organizations, state farms, rural individuals, government agencies, schools, industrial and mining enterprises, army, and urban residents at the beginning (or end) of the reference period.

Regularly Cultivated Land refers to farmland among the total land resources which is exclusively used for farming and is under regular cultivation with harvest in normal years. Included are currently cultivated land, land that has been abandoned or put in idle for less than 3 years and could be re-used for cultivation at any time, and new-claimed land that has been put into cultivation for more than 3 years. Excluded under this category are steep slope land over 25 degrees under temporary cultivation, land (large or small plots) that is claimed along river bends, lake sides or banks of reservoirs, as well as land that has been designated under the "Green for Grain" programs of the state and provincial governments but is still temporarily under cultivation.

Sown Area of Crops refers to area of all land (cultivated or non-cultivated area) sown or transplanted with crops that are harvested within the calendar year by agricultural producers. All crops harvested within the year are counted as sown area, regardless of being sown in this year or the previous year. Crops sown this year but will be harvested in the coming year are excluded.

Irrigated Area refers to areas that are effectively irrigated, i.e. level land, which has water source and complete sets of irrigation facilities to lift and move adequate water for irrigation purpose under normal conditions.

Consumption of Chemical Fertilizers in Agriculture refers to the quantity of chemical fertilizers applied in agriculture in the year, including nitrogenous fertilizer, phosphate fertilizer, potash fertilizer, and compound fertilizer. The consumption of chemical fertilizers is required in calculation to convert the gross weight into weight containing 100% effective component (e.g. 100% nitrogen content in nitrogenous fertilizer, 100% phosphorous-pent oxide contents in phosphate fertilizer, 100% potassium oxide contents in potash fertilizer). Compound fertilizer is converted with its major component.

Total Power of Agricultural Machinery refers to the total rated capacity of all agricultural machinery. Agricultural machinery refers to the machineries and equipments which are used for activities of planting, animal husbandry, fishery, primary processing of agricultural products, agricultural transport and infrastructure construction of farmland. Total power of agricultural machinery is grouped into four parts according to the energy used:

Diesel engine power refers to the total rated capacity of all diesel engines.

Gasoline engine power refers to the total rated capacity of all gasoline engines.

Motor power refers to the total rated capacity of all motors (include submersible pump motors).

Other mechanical powers refer to the total mechanical capacity of the sources of energy besides diesel, gasoline and motor power, such as hydro power, wind power, coal and solar energy.

工业
Industry

13

资料整理：张静　刘佳　冀寒阳

简要说明

一、主要内容

本篇包括河南省规模以上工业企业单位数，工业增加值指数，工业主要产品产量和主要经济效益指标；规模以下工业单位数、工业增加值指数及从业人员情况。

二、统计范围

工业统计调查范围为河南省全部工业法人企业和个体工业单位。1997年以前，我国工业的统计范围按隶属关系划分，分为乡及乡以上独立核算工业企业和非独立核算生产单位、村办工业、城镇合作工业、农村合作工业、城镇个体工业、农村个体工业六大部分，（其中，1984年以前不包括农村的村及村以下办工业）。1998年起，年起，工业统计调查对象范围的界定由按隶属关系划分，改变为按企业规模划分，分为“规模以上工业”和“规模以下工业”。规模以上工业是指全部国有及年主营业务收入在500万元及以上非国有工业企业，规模以下工业是指年主营业务收入在500万元及以上非国有工业企业及个体工业。2006年年报起，规模以上工业统计范围由全部国有及年主营业务收入在500万元以上非国有工业企业改为年主营业务收入在500万元及以上的工业法人企业，相应改变规模以下工业的调查范围为年主营业务收入在500万元以下的工业企业及个体工业。从2011年定报起，规模以上工业统计范围调整为年主营业务收入在2000万元及以上的工业法人企业，相应改变规模以下工业的调查范围为年主营业务收入在2000万元以下的工业企业及个体工业。

三、资料来源

年主营业务收入2000万元及以上的工业法人企业实行全数调查，由河南省统计局工业处整理提供；年主营业务收入2000万元及以上的工业企业实行目录抽样调查，个体工业经营户实行整群抽样调查，省级数据由国家统计局河南调查总队整理提供，省级以下数据由河南省统计局工业处提供；能源类产品产量由河南省统计局能源统计处提供。

四、数据使用注意事项

2018年规模以上工业企业利润总额、营业收入等财务指标和工业产品产量数据与上年公布的数据存在不可比因素，其主要原因是：（一）根据统计制度，每年定期对规模以上工业企业调查范围进行调整。每年有部分企业达到规模标准纳入调查范围，也有部分企业因规模变小而退出调查范围，还有新建投产企业、破产、注（吊）销企业等变化。（二）加强统计执法，对统计执法检查中发现的不符合规模以上工业统计要求的企业进行了清理，对相关基数依规进行了修正。（三）加强数据质量管理，剔除跨地区、跨行业重复统计数据。根据国家统计局最新开展的企业组织结构调查情况，对企业集团（公司）跨地区、跨行业重复计算进行了剔重。（四）“营改增”政策实施后，服务业企业改交增值税且税率较低，工业企业逐步将内部非工业生产经营活动剥离，转向服务业，使工业企业财务数据有所减小。

Brief Introduction

I. Main Contents

Data on this chapter including number of industrial enterprises, value-added of industrial enterprises, output, beneficial indicators of industrial enterprises above designated size , unit, value-added and employed persons of industrial enterprises below designated size and individual.

II. Scope of Statistics

The scopes of industrial statistics are all corporate and individual industrial enterprises. Before 1997, the scopes of industrial statistics include six parts, as enterprises above township, Village-run enterprises, cooperative industry in cities and towns, rural cooperative industry, urban individual industrial, individual industries in rural areas. From 1998 to 2005, the scope of the industrial statistical investigation was divided into " industrial enterprises above designated size " and "below designated size ". Industrial enterprises above designated size refers to all State-owned industrial enterprises and non-State-owned industrial enterprises with revenue from principal business over 5 million yuan, and industrial enterprises above designated size refers to non-State-owned industrial enterprises with revenue from principal business below 5 million yuan and individual enterprises. From 2006 to 2010, the industrial enterprises above designated size refers to all industrial enterprises with revenue from principal business over 5 million yuan, and the industrial enterprises below designated size refers to all industrial enterprises with revenue from principal business below 5 million yuan and individual. Since 2011, the industrial enterprises above designated size refers to all industrial enterprises with revenue from principal business over 20 million yuan, and the industrial enterprises below designated size refers to all industrial enterprises with revenue from principal business below 20 million yuan and individual industry.

III. Sources of Data

Data on industrial enterprises with principal business revenue above 5 million yuan are collected through a combination of full survey, which are provided by the Department of Industrial of the Henan provincial bureau of Statistics. Data on industrial enterprises with principal business revenue below 5 million yuan are collected through a combination of sample survey directory, data on individual household are collected through a combination of cluster sample survey. Provincial data are provided by the Department of Henan Survey organizations. The following data at the provincial levelare provided by the Department of Industrial of the Henan provincial bureau of Statistics. Data on output of energy product are provided by the Department of Energy of the Henan provincial bureau of Statistics.

IV. Data Usage Notes

Data of 2018 of main indicators of industrial enterprises above designated size nationwide are not comparable with the data of previous year, the reasons are as following: (1) According to the statistical system, the investigation scope of industrial enterprises above designated size should be adjusted regularly every year. Every year, some enterprises meet the scale criteria to be included in the scope of investigation, some enterprises withdraw from the scope of investigation because of the smaller scale, and there are other changes: new enterprises, bankruptcy, annotation (cancellation) enterprises, etc. (2)Strengthening of statistical law enforcement, cleaning up enterprises found in the inspection of statistical law enforcement that do not meet the standard of industrial statistics above designated size, and amending the relevant cardinality in accordance with regulations. (3) Strengthening data quality management and eliminating duplicated statistical data across regions and across industries. According to the latest survey of organizational structure of enterprises carried out by the National Bureau of Statistics, the repeated calculation of enterprise groups (companies) across regions and industries is weighed.(4)After the implementation of the program to replace the business tax with a value-added tax, the value-added tax was paid by the service enterprises and the tax rate was lower. The industrial enterprises gradually stripped off the internal non-industrial production and operation activities and turned to the service industry, which reduced the financial data of the industrial enterprises.

13-1 各种分组的规模以上工业增加值指数

Indices of Value-added

(上年=100) (preceding year=100)

项　目	Item	2005	2010	2015	2018	2019	2020	2021
指　数	**Indices**	**123.3**	**119.0**	**108.6**	**107.2**	**107.8**	**100.4**	**106.3**
按注册类型分	**By Registration status**							
内资企业	Domestic Funded	124.0	119.8	108.5	107.2	108.1	100.0	105.0
国有	State-owned	109.5	115.5	98.6	114.8	109.9	102.5	109.5
集体	Collective-owned	128.8	115.9	105.4	83.0	80.9	72.4	100.6
股份合作	Cooperative	130.3	122.2	111.1	89.4	111.7	45.5	105.0
联营	Joint Ownership	120.7	101.9	73.5	105.7	103.8	111.5	107.0
有限责任公司	Limited Liability Corporations	119.9	120.5	110.6	107.5	103.4	105.6	104.3
股份有限公司	Share-holding Corporation Ltd	115.8	116.7	102.2	108.4	108.7	104.2	100.5
私营	Private	148.5	121.6	108.6	105.5	110.3	98.2	105.3
其他	Others	164.1	129.0	108.4	109.5	107.7	98.5	142.3
港澳台商投资	Enterprises with Funds from Hong Kong, Macao and Taiwan	110.8	117.4	116.0	106.5	109.9	113.4	127.5
外商投资	Foreign Funded	115.2	118.0	100.8	108.2	98.4	93.5	99.0
按控股类型分	**By Controlling Type**							
# 国有控股	State-holding		113.6	97.9	108.2	104.7	105.0	102.3
集体控股	Collective-holding		117.9	101.2	101.0	92.3	88.2	107.1
私人控股	Private-holding		121.5	110.9	106.4	109.1	99.4	106.5
港澳台控股	Hong Kong, Macao and Taiwan-holding		117.4	116.4	106.6	110.9	113.8	130.7
外商控股	Foreign-holding		110.7	100.5	102.2	100.3	88.1	96.5
按所有制分	**By Proprietorial System**							
公有制	Public-owned	114.0	115.3	98.6	107.6	104.2	104.3	102.5
非公有制	Non-Public-owned	137.0	121.8	111.0	107.1	109.0	99.7	107.4
按轻重工业分	**Grouped by Light & Heavy Industry**							
轻工业	Enterprises of Light Industry	128.8	120.0	108.1	106.0	107.3	99.8	112.2
重工业	Enterprises of Heavy Industry	121.0	118.8	108.9	108.5	108.1	100.7	103.0
按企业规模分	**Grouped by Size of Enterprises**							
大型企业	Large Enterprises	114.3	116.3	106.7	109.0	107.5	103.5	104.9
中型企业	Medium-sized Enterprises	112.5	118.7	108.6	106.4	101.1	97.5	107.5
小型企业	Small Enterprises	138.0	122.4	111.6	104.0	109.3	103.0	108.1
微型企业	Micro-enterprises			68.9	123.3	115.8	84.1	88.3

13-2 规模以上工业企业主要指标(2021年)

单位：亿元

行 业	Sector	单位数(个) Number of Enterprises (unit)	平均从业人员(万人) Average Employees (10 000 persons)
总 计	**Total**	**21697**	**441.73**
按轻重工业分	**Grouped by Light & Heavy Industry**		
轻工业	Enterprises of Light Industry	8072	163.09
重工业	Heavy Industry	13625	278.64
按企业规模分	**Grouped by Size of Enterprises**		
大型企业	Large Enterprises	477	169.72
中型企业	Medium-sized Enterprises	2225	114.38
小型企业	Small Enterprises	15737	140.21
微型企业	Micro-enterprises	3258	17.41
按所有制分	**By Proprietorial System**		
公有制	Public-owned	1213	93.29
非公有制	Non-Public-owned	20484	348.44
按行业分	**By Sector**		
煤炭开采和洗选业	Mining and Washing of Coal	198	24.99
石油和天然气开采业	Extraction of Petroleum and Natural Gas	3	2.94
黑色金属矿采选业	Mining of Ferrous Metal Ores	22	0.42
有色金属矿采选业	Mining of Non-ferrous Metal Ores	115	2.01
非金属矿采选业	Mining and Processing of Nonmetal Ores	188	1.62
开采辅助活动	Support Activities for Mining	6	0.95
其他采矿业	Mining of Other Ores		
农副食品加工业	Processing of Food from Agricultural Products	1448	27.06
食品制造业	Manufacture of Foods	758	18.87
酒、饮料和精制茶制造业	Manufacture of Liquor, Beverages and Refined Tea	318	6.68
烟草制品业	Manufacture of Tobacco	13	1.40
纺织业	Manufacture of Textile	770	17.67
纺织服装服饰业	Manufacture of Textile,Wearing Apparel and Accessories	672	17.83
皮革、毛皮、羽毛及其制品和制鞋业	Manufacture of Leather, Fur, Feather and Its Products, Footwear	548	11.52
木材加工及木、竹、藤、棕、草制品业	Processing of Timbers, Manufacture of Wood, Bamboo, Rattan, Palm, and Straw Products	769	7.20
家具制造业	Manufacture of Furniture	413	5.54
造纸及纸制品业	Manufacture of Paper and Paper Products	316	5.56
印刷和记录媒介的复制业	Printing, Reproduction of Recording Media	259	3.26
文教、工美、体育和娱乐用品制造业	Manufacture of Articles for Culture, Education, Arts and Crafts, Sport and Entertainment Activities	618	9.55
石油加工、炼焦及核燃料加工业	Processing of Petroleum ,Coking, Processing of Nucleus Fuel	108	3.06
化学原料及化学制品制造业	Manufacture of Raw Chemical Material and Chemical Products	1119	18.25
医药制造业	Manufacture of Medicines	504	12.42
化学纤维制造业	Manufacture of Chemical Fiber	41	1.77
橡胶和塑料制品业	Manufacture of Rubber and Plastic	650	9.31
非金属矿物制品业	Manufacture of Non-metallic Mineral Products	4062	40.26
黑色金属冶炼及压延加工业	Smelting and Pressing of Ferrous Metals	205	10.09
有色金属冶炼及压延加工业	Smelting and Pressing of Non-ferrous Metals	609	16.42
金属制品业	Manufacture of Metal Products	1084	14.84
通用设备制造业	Manufacture of General Purpose Machinery	1240	19.64
专用设备制造业	Manufacture of Special Purpose Machinery	1133	18.64
汽车制造业	Manufacture of Automobile	654	14.75
铁路、船舶、航空航天和其他运输设备制造业	Manufacture of Railway, Ship, Aerospace, and other Transport Equipments	180	4.94
电气机械及器材制造业	Manufacture of Electrical Machinery and Apparatus	952	17.26
计算机、通信和其他电子设备制造业	Manufacture of Computer , Communication and Other Electronic Equipment	371	44.36
仪器仪表制造业	Manufacture of Measuring Instrument and Machinery	259	4.92
其他制造业	Manufacture of Others	103	2.51
废弃资源综合利用业	Utilization of Waste Resources	127	1.25
金属制品、机械和设备修理业	Repair Service of Metal Products, Machinery and Equipment	24	0.63
电力、热力的生产和供应业	Production and Supply of Electric Power and Heat Power	491	15.13
燃气生产和供应业	Production and Supply of Gas	171	2.49
水的生产和供应业	Production and Supply of Water	176	3.70

Main Indicators of Industrial Enterprises above Designated Size by Sector (2021)

(100 million yuan)

增加值指数 (%) Indices (%)	资产总计 Total Assets	流动资产合计 Total Current Assets	负债合计 Total Liabilities	营业收入 Business Revenue	营业成本 Business Cost	利润总额 Total Profits
106.3	**58079.97**	**27871.27**	**33307.08**	**57263.51**	**49785.24**	**2933.52**
112.2	12510.25	6009.42	5406.56	15123.45	12565.23	1106.44
103.0	45569.72	21861.85	27900.52	42140.06	37220.01	1827.08
104.9	26187.37	13300.11	16194.81	26461.23	23210.74	1239.86
107.5	13513.93	5938.78	7670.26	12270.58	10544.02	699.04
108.1	15950.58	7628.68	8086.17	17106.62	14803.41	904.32
88.3	2428.09	1003.71	1355.84	1425.09	1227.07	90.29
102.5	20623.26	8364.08	13818.16	13731.26	11741.46	343.45
107.4	37456.70	19507.19	19488.92	43532.25	38043.79	2590.06
90.3	2940.53	1128.35	2031.09	1358.14	1049.52	104.52
103.2	326.19	53.30	288.72	111.23	129.59	-51.85
161.8	115.50	64.20	49.87	69.69	48.96	12.85
87.2	432.38	158.43	293.05	227.45	169.37	24.70
103.0	863.22	258.85	354.01	188.24	143.66	18.99
92.5	123.84	66.40	118.04	114.40	104.72	0.86
114.8	2553.46	1109.34	1196.75	3740.88	3386.33	229.58
104.9	1345.06	673.61	618.73	1586.16	1365.36	104.34
101.5	610.83	319.15	300.87	730.00	555.98	69.98
108.3	488.19	386.61	157.75	565.70	155.55	42.14
101.1	979.12	428.92	442.84	1356.81	1183.74	97.83
107.0	618.97	224.78	182.19	877.43	744.24	66.97
102.8	633.36	227.43	178.71	747.85	638.32	60.83
126.5	359.86	155.26	115.11	598.89	519.41	43.07
116.4	319.37	108.04	96.77	438.84	353.44	43.54
106.6	421.10	215.58	310.88	484.26	433.14	13.30
124.1	229.02	117.51	98.11	287.26	246.52	15.92
104.8	783.09	444.70	246.45	670.53	581.79	41.74
99.4	1085.08	534.04	844.93	1352.72	1156.24	37.40
99.3	3918.16	1730.55	2406.58	3262.59	2685.23	245.25
115.5	1349.65	655.06	582.97	1215.25	865.28	138.34
127.5	408.79	175.64	210.22	308.71	262.72	45.29
107.5	708.95	321.82	278.98	780.43	660.82	55.20
107.5	4997.08	2553.57	2466.72	4474.19	3729.56	299.01
96.3	2349.41	1177.42	1536.37	3634.88	3344.71	106.34
105.4	4632.84	2248.72	2922.03	5875.82	5228.28	310.52
112.1	1302.91	683.54	560.79	1674.01	1454.24	89.18
100.1	2002.87	1247.83	987.84	1910.70	1599.71	121.60
103.5	2356.33	1428.59	1218.78	1908.74	1560.21	130.05
101.6	1955.27	1082.46	1185.99	2119.02	1852.71	105.49
96.4	461.38	268.68	207.73	370.97	309.56	26.95
110.4	2259.61	1273.41	1215.03	2251.42	1930.20	125.61
124.0	4511.15	3722.66	3157.94	7039.31	6742.46	185.58
105.2	445.95	277.25	175.03	404.61	330.14	37.69
106.2	202.96	113.38	74.17	156.67	130.90	11.42
131.1	149.68	83.25	75.40	383.94	367.69	10.69
127.3	59.64	43.37	35.40	48.31	40.56	2.36
102.4	7116.72	1494.30	5124.68	3140.85	3092.23	-158.52
111.6	835.87	397.22	520.76	591.85	481.36	48.81
105.3	826.59	218.06	438.76	204.78	150.80	19.92

13-3 规模以上国有控股工业企业主要指标(2021年)

单位：亿元

行 业	Sector	单位数（个）Number of Enterprises (unit)	平均从业人员（万人）Average Employees (10 000 persons)
总 计	**Total**	**999**	**86.70**
按轻重工业分	**Grouped by Light & Heavy Industry**		
轻工业	Enterprises of Light Industry	124	8.47
重工业	Heavy Industry	875	78.23
按企业规模分	**Grouped by Size of Enterprises**		
大型企业	Large Enterprises	142	65.57
中型企业	Medium-sized Enterprises	244	14.08
小型企业	Small Enterprises	497	6.63
微型企业	Micro-enterprises	116	0.43
按行业分	**By Sector**		
煤炭开采和洗选业	Mining and Washing of Coal	62	22.33
石油和天然气开采业	Extraction of Petroleum and Natural Gas	2	2.91
黑色金属矿采选业	Mining of Ferrous Metal Ores	2	0.12
有色金属矿采选业	Mining of Non-ferrous Metal Ores	24	0.95
非金属矿采选业	Mining and Processing of Nonmetal Ores	25	0.37
开采辅助活动	Support Activities for Mining	2	0.90
其他采矿业	Mining of Other Ores		
农副食品加工业	Processing of Food from Agricultural Products	23	1.18
食品制造业	Manufacture of Foods	14	0.79
酒、饮料和精制茶制造业	Manufacture of Liquor, Beverages and Refined Tea	7	0.22
烟草制品业	Manufacture of Tobacco	12	1.38
纺织业	Manufacture of Textile	7	1.00
纺织服装服饰业	Manufacture of Textile,Wearing Apparel and Accessories	12	0.23
皮革、毛皮、羽毛及其制品和制鞋业	Manufacture of Leather, Fur, Feather and Its Products, Footwear	2	0.15
木材加工及木、竹、藤、棕、草制品业	Processing of Timbers, Manufacture of Wood, Bamboo, Rattan, Palm, and Straw Products	1	
家具制造业	Manufacture of Furniture		
造纸及纸制品业	Manufacture of Paper and Paper Products	4	0.28
印刷和记录媒介的复制业	Printing, Reproduction of Recording Media	9	0.23
文教、工美、体育和娱乐用品制造业	Manufacture of Articles for Culture, Education, Arts and Crafts, Sport and Entertainment Activities	3	0.06
石油加工、炼焦及核燃料加工业	Processing of Petroleum ,Coking, Processing of Nucleus Fuel	11	1.05
化学原料及化学制品制造业	Manufacture of Raw Chemical Material and Chemical Products	58	4.10
医药制造业	Manufacture of Medicines	11	0.73
化学纤维制造业	Manufacture of Chemical Fiber	5	1.38
橡胶和塑料制品业	Manufacture of Rubber and Plastic	8	1.03
非金属矿物制品业	Manufacture of Non-metallic Mineral Products	101	3.12
黑色金属冶炼及压延加工业	Smelting and Pressing of Ferrous Metals	8	2.91
有色金属冶炼及压延加工业	Smelting and Pressing of Non-ferrous Metals	44	5.76
金属制品业	Manufacture of Metal Products	22	0.61
通用设备制造业	Manufacture of General Purpose Machinery	37	2.46
专用设备制造业	Manufacture of Special Purpose Machinery	43	3.84
汽车制造业	Manufacture of Automobile	21	1.33
铁路、船舶、航空航天和其他运输设备制造业	Manufacture of Railway, Ship, Aerospace, and other Transport Equipments	13	1.56
电气机械及器材制造业	Manufacture of Electrical Machinery and Apparatws	31	2.17
计算机、通信和其他电子设备制造业	Manufacture of Computer , Communication and Other Electronic Equipment	16	3.11
仪器仪表制造业	Manufacture of Measuring Instrument and Machinery	14	0.82
其他制造业	Manufacture of Others	2	1.01
废弃资源综合利用业	Utilization of Waste Resources	5	0.07
金属制品、机械和设备修理业	Repair Service of Metal Products, Machinery and Equipment	3	0.28
电力、热力的生产和供应业	Production and Supply of Electric Power and Heat Power	220	13.11
燃气生产和供应业	Production and Supply of Gas	31	0.45
水的生产和供应业	Production and Supply of Water	84	2.71

Main Indicators of State-holding Industrial Enterprises above Designated Size (2021)

(100 million yuan)

增加值指数 (%) Indices (%)	资产总计 Total Assets	流动资产合计 Total Current Assets	负债合计 Total Liabilities	营业收入 Business Revenue	营业成本 Business Cost	利润总额 Total Profits
102.3	**19966.83**	**8026.35**	**13436.79**	**13089.47**	**11191.80**	**310.66**
108.4	1520.04	902.42	786.33	1464.55	934.65	103.83
101.5	18446.79	7123.92	12650.46	11624.92	10257.15	206.83
101.1	12743.48	5328.91	8449.47	9441.43	8010.27	275.61
108.9	3854.59	1515.67	2834.95	2127.92	1845.81	-1.63
104.8	2795.49	1034.67	1797.27	1435.67	1277.28	22.94
116.6	573.26	147.09	355.10	84.45	58.44	13.74
85.6	2660.84	1003.64	1866.47	1051.49	785.48	87.22
104.7	323.24	50.79	287.68	109.68	128.16	-51.91
161.9	42.77	16.92	5.45	35.71	24.45	8.19
69.4	198.91	55.86	139.75	79.20	50.07	13.42
110.8	79.63	42.53	50.99	41.28	33.15	2.65
92.4	116.88	62.64	114.25	109.85	101.00	0.87
105.5	129.74	75.64	100.52	166.09	156.51	4.20
98.0	89.12	52.04	71.46	64.26	50.91	7.42
157.8	38.56	23.86	27.70	32.21	28.22	0.80
108.3	486.07	384.83	156.89	562.32	152.79	41.96
113.6	127.65	72.50	72.25	105.88	93.54	3.41
121.9	11.79	6.83	3.38	9.42	5.34	1.18
77.9	11.84	8.42	4.76	7.42	6.10	1.17
2.1				0.44	0.33	
100.0						
101.6	39.56	14.99	35.75	40.88	35.83	-0.71
125.9	28.40	16.99	11.66	18.90	15.12	0.98
47.1	3.19	1.84	2.08	6.31	5.87	0.05
105.2	475.70	235.54	405.32	669.90	539.46	14.48
108.9	1592.66	695.33	1213.59	1144.40	938.36	53.38
105.4	98.70	35.53	45.51	94.38	75.26	0.55
133.9	362.71	156.05	190.64	275.99	234.21	43.52
88.9	93.39	57.30	59.01	71.91	64.80	-1.24
105.4	837.97	314.18	418.61	363.66	275.05	34.58
107.1	986.41	479.58	688.51	999.51	912.85	30.63
101.0	1508.27	775.09	996.95	1780.39	1640.69	26.80
110.3	90.04	55.62	62.91	153.46	139.72	1.57
114.4	469.26	302.76	306.22	247.46	203.78	13.27
103.8	1084.46	674.61	652.36	651.02	534.31	41.77
104.3	263.53	126.66	227.91	425.65	393.30	12.92
108.8	201.81	138.96	123.20	140.35	113.97	8.80
93.9	846.26	439.91	540.54	338.81	296.98	15.47
150.7	504.40	362.12	257.06	251.47	195.00	23.16
94.3	128.29	96.65	58.31	99.02	84.08	5.05
122.0	154.15	95.59	62.40	73.46	57.77	5.83
102.8	18.71	13.18	9.18	43.89	43.45	0.84
128.4	29.17	20.50	19.86	19.60	17.02	0.07
108.4	5131.22	873.48	3756.76	2581.83	2581.83	-155.05
108.8	128.75	34.90	100.15	93.21	82.52	4.80
102.3	572.80	152.49	290.74	128.77	94.53	8.56

13-4 规模以上公有制工业企业主要指标(2021年)

单位：亿元

行 业	Sector	单位数（个）Number of Enterprises (unit)	平均从业人员（万人）Average Employees (10 000 persons)
总 计	**Total**	**1213**	**93.29**
按轻重工业分	**Grouped by Light & Heavy Industry**		
轻工业	Enterprises of Light Industry	193	11.60
重工业	Heavy Industry	1020	81.69
按企业规模分	**Grouped by Size of Enterprises**		
大型企业	Large Enterprises	154	68.24
中型企业	Medium-sized Enterprises	288	16.21
小型企业	Small Enterprises	620	7.90
微型企业	Micro-enterprises	151	0.94
按行业分	**By Sector**		
煤炭开采和洗选业	Mining and Washing of Coal	67	22.84
石油和天然气开采业	Extraction of Petroleum and Natural Gas	2	2.91
黑色金属矿采选业	Mining of Ferrous Metal Ores	2	0.12
有色金属矿采选业	Mining of Non-ferrous Metal Ores	25	0.96
非金属矿采选业	Mining and Processing of Nonmetal Ores	26	0.38
开采辅助活动	Support Activities for Mining	2	0.90
其他采矿业	Mining of Other Ores		
农副食品加工业	Processing of Food from Agricultural Products	32	1.83
食品制造业	Manufacture of Foods	21	1.67
酒、饮料和精制茶制造业	Manufacture of Liguor, Beverages and refined tea	12	0.42
烟草制品业	Manufacture of Tobacco	13	1.40
纺织业	Manufacture of Textile	12	1.17
纺织服装服饰业	Manufacture of Textile,Wearing Apparel and Accessories	14	0.28
皮革、毛皮、羽毛及其制品和制鞋业	Manufacture of Leather, Fur, Feather and Its Products, Footwear	5	0.17
木材加工及木、竹、藤、棕、草制品业	Processing of Timbers, Manufacture of Wood, Bamboo, Rattan, Palm, and Straw Products	1	
家具制造业	Manufacture of Furniture		
造纸及纸制品业	Manufacture of Paper and Paper Products	10	0.78
印刷和记录媒介的复制业	Printing, Reproduction of Recording Media	21	0.44
文教、工美、体育和娱乐用品制造业	Manufacture of Articles for Culture, Education, Arts and Crafts, Sport and Entertainment Activities	5	0.16
石油加工、炼焦及核燃料加工业	Processing of Petroleum ,Coking, Processing of Nucleus Fuel	13	1.09
化学原料及化学制品制造业	Manufacture of Raw Chemical Material and Chemical Products	76	4.32
医药制造业	Manufacture of Medicines	21	0.98
化学纤维制造业	Manufacture of Chemical Fiber	5	1.38
橡胶和塑料制品业	Manufacture of Rubber and Plastic	14	1.07
非金属矿物制品业	Manufacture of Non-metallic Mineral Products	125	3.40
黑色金属冶炼及压延加工业	Smelting and Pressing of Ferrous Metals	9	2.92
有色金属冶炼及压延加工业	Smelting and Pressing of Non-ferrous Metals	47	5.88
金属制品业	Manufacture of Metal Products	40	0.91
通用设备制造业	Manufacture of General Purpose Machinery	46	2.63
专用设备制造业	Manufacture of Special Purpose Machinery	61	4.21
汽车制造业	Manufacture of Automobile	30	1.72
铁路、船舶、航空航天和其他运输设备制造业	Manufacture of Railway, Ship, Aerospace, and other Transport Equipments	18	1.66
电气机械及器材制造业	Manufacture of Electrical Machinery and Apparatus	38	2.31
计算机、通信和其他电子设备制造业	Manufacture of Computer , Communication and Other Electronic Equipment	18	3.38
仪器仪表制造业	Manufacture of Measuring Instrument and Machinery	14	0.82
其他制造业	Manufacture of Others	2	1.01
废弃资源综合利用业	Utilization of Waste Resources	6	0.24
金属制品、机械和设备修理业	Repair Service of Metal Products, Machinery and Equipment	6	0.31
电力、热力的生产和供应业	Production and Supply of Electric Power and Heat Power	231	13.18
燃气生产和供应业	Production and Supply of Gas	33	0.46
水的生产和供应业	Production and Supply of Water	90	2.98

Main Indicators of Public-owned Industrial Enterprises above Designated Size (2021)

(100 million yuan)

增加值指数 (%) Indices (%)	资产总计 Total Assets	流动资产合计 Total Current Assets	负债合计 Total Liabilities	营业收入 Business Revenue	营业成本 Business Cost	利润总额 Total Profits
102.5	**20623.26**	**8364.08**	**13818.16**	**13731.26**	**11741.46**	**343.45**
108.6	1744.01	1012.62	899.12	1716.99	1144.47	122.89
101.5	18879.25	7351.46	12919.04	12014.27	10596.98	220.56
101.3	13001.83	5464.08	8599.54	9743.73	8269.56	293.29
108.9	4015.77	1609.65	2923.22	2272.82	1968.56	5.35
104.0	2983.45	1126.10	1902.36	1597.20	1416.12	28.91
116.5	622.22	164.25	393.04	117.51	87.21	15.89
85.9	2719.14	1030.36	1893.63	1076.04	805.32	88.84
104.7	323.24	50.79	287.68	109.68	128.16	-51.91
161.9	42.77	16.92	5.45	35.71	24.45	8.19
70.8	200.14	56.63	140.25	80.41	50.59	13.97
105.1	80.65	43.28	51.62	44.19	35.63	2.60
92.4	116.88	62.64	114.25	109.85	101.00	0.87
109.4	162.39	93.71	111.75	275.29	248.25	14.59
100.1	142.16	83.72	109.94	107.53	87.04	10.04
124.6	55.60	28.16	31.85	47.01	41.59	1.88
108.3	488.19	386.61	157.75	565.70	155.55	42.14
111.4	153.17	84.25	83.49	116.76	102.53	4.29
116.5	31.11	7.26	3.68	11.94	7.47	1.36
80.5	12.13	8.60	4.97	8.40	7.01	1.22
8.8				0.44	0.33	
100.0						
110.4	64.19	26.38	55.30	69.56	60.28	1.01
117.5	44.72	29.10	19.40	35.83	28.52	1.77
69.2	5.94	3.27	2.61	8.85	7.85	0.42
105.2	493.53	241.49	420.48	682.88	552.26	13.78
108.4	1619.51	712.77	1223.81	1189.98	978.67	56.53
104.3	122.57	47.76	59.59	106.14	82.66	1.15
133.9	362.71	156.05	190.64	275.99	234.21	43.52
88.7	97.01	59.69	61.65	75.32	67.77	-1.10
105.5	866.66	333.38	431.06	395.10	300.20	35.92
106.4	987.51	480.16	688.53	1002.60	915.66	30.82
100.5	1557.05	794.49	1031.14	1861.03	1715.84	27.18
104.4	107.98	68.73	76.03	171.46	154.61	1.08
114.3	479.70	310.28	312.73	253.99	209.29	13.57
102.8	1109.64	690.54	666.32	675.84	555.50	42.70
104.1	302.32	150.06	247.95	471.50	433.56	13.75
108.8	206.53	143.04	125.17	145.27	117.96	9.21
93.9	872.24	463.56	565.58	352.77	309.13	15.40
147.4	537.93	385.88	278.10	288.79	227.30	25.01
94.7	128.29	96.65	58.31	99.02	84.08	5.05
122.0	154.15	95.59	62.40	73.46	57.77	5.83
99.3	25.39	15.89	16.14	50.99	49.77	0.86
128.6	30.16	21.37	20.41	20.87	18.19	0.09
108.7	5177.69	886.64	3792.75	2595.64	2594.08	-153.80
110.9	134.39	36.44	102.93	97.74	86.75	4.82
104.5	607.87	161.91	312.80	141.70	104.61	10.81

13-5 分行业规模以上私营工业企业主要指标(2021年)

单位：亿元

行 业	Sector	单位数(个) Number of Enterprises (unit)	平均从业人员(万人) Average Employees (10 000 persons)
总 计	**Total**	**17407**	**232.96**
按轻重工业分	**Grouped by Light & Heavy Industry**		
轻工业	Enterprises of Light Industry	6723	109.10
重工业	Heavy Industry	10684	123.86
按企业规模分	**Grouped by Size of Enterprises**		
大型企业	Large Enterprises	170	39.23
中型企业	Medium-sized Enterprises	1436	69.85
小型企业	Small Enterprises	13061	110.64
微型企业	Micro-enterprises	2740	13.24
按行业分	**By Sector**		
煤炭开采和洗选业	Mining and Washing of Coal	100	0.95
石油和天然气开采业	Extraction of Petroleum and Natural Gas	1	0.03
黑色金属矿采选业	Mining of Ferrous Metal Ores	17	0.19
有色金属矿采选业	Mining of Non-ferrous Metal Ores	60	0.53
非金属矿采选业	Mining and Processing of Nonmetal Ores	131	0.96
开采辅助活动	Support Activities for Mining	4	0.05
其他采矿业	Mining of Other Ores		
农副食品加工业	Processing of Food from Agricultural Products	1127	15.92
食品制造业	Manufacture of Foods	609	10.13
酒、饮料和精制茶制造业	Manufacture of Liquor, Beverages and refined tea	232	3.56
烟草制品业	Manufacture of Tobacco		
纺织业	Manufacture of Textile	698	14.62
纺织服装服饰业	Manufacture of Textile,Wearing Apparel and Accessories	580	13.99
皮革、毛皮、羽毛及其制品和制鞋业	Manufacture of Leather, Fur, Feather and Its Products, Footwear	501	9.19
木材加工及木、竹、藤、棕、草制品业	Processing of Timbers, Manufacture of Wood, Bamboo, Rattan, Palm, and Straw Products	738	6.54
家具制造业	Manufacture of Furniture	344	4.64
造纸及纸制品业	Manufacture of Paper and Paper Products	274	3.90
印刷和记录媒介的复制业	Printing, Reproduction of Recording Media	209	2.26
文教、工美、体育和娱乐用品制造业	Manufacture of Articles for Culture, Education, Arts and Crafts, Sport and Entertainment Activities	573	7.60
石油加工、炼焦及核燃料加工业	Processing of Petroleum ,Coking, Processing of Nucleus Fuel	75	0.95
化学原料及化学制品制造业	Manufacture of Raw Chemical Material and Chemical Products	860	10.19
医药制造业	Manufacture of Medicines	359	6.01
化学纤维制造业	Manufacture of Chemical Fiber	28	0.27
橡胶和塑料制品业	Manufacture of Rubber and Plastic	570	6.96
非金属矿物制品业	Manufacture of Non-metallic Mineral Products	3514	29.97
黑色金属冶炼及压延加工业	Smelting and Pressing of Ferrous Metals	170	4.56
有色金属冶炼及压延加工业	Smelting and Pressing of Non-ferrous Metals	481	6.29
金属制品业	Manufacture of Metal Products	932	11.95
通用设备制造业	Manufacture of General Purpose Machinery	1056	14.08
专用设备制造业	Manufacture of Special Purpose Machinery	903	10.84
汽车制造业	Manufacture of Automobile	478	8.19
铁路、船舶、航空航天和其他运输设备制造业	Manufacture of Railway, Ship, Aerospace, and other Transport Equipments	132	2.42
电气机械及器材制造业	Manufacture of Electrical Machinery and Apparatws	770	9.33
计算机、通信和其他电子设备制造业	Manufacture of Computer, Communication and Other Electronic Equipment	266	8.85
仪器仪表制造业	Manufacture of Measuring Instrument and Machinery	205	3.30
其他制造业	Manufacture of Others	93	1.24
废弃资源综合利用业	Utilization of Waste Resources	100	0.82
金属制品、机械和设备修理业	Repair Service of Metal Products, Machinery and Equipment	9	0.10
电力、热力的生产和供应业	Production and Supply of Electric Power and Heat Power	104	0.73
燃气生产和供应业	Production and Supply of Gas	59	0.48
水的生产和供应业	Production and Supply of Water	45	0.37

Main Indicators of Private Industrial Enterprises above Designated Size (2021)

(100 million yuan)

增加值指数 (%) Indices (%)	资产总计 Total Assets	流动资产合计 Total Current Assets	负债合计 Total Liabilities	营业收入 Business Revenue	营业成本 Business Cost	利润总额 Total Profits
105.3	**19427.67**	**9582.42**	**8773.12**	**24655.78**	**21263.22**	**1536.65**
108.1	6880.42	2982.04	2692.00	8904.19	7655.79	624.10
103.6	12547.25	6600.37	6081.12	15751.58	13607.44	912.55
103.8	4492.59	2369.87	2218.85	4873.28	4172.69	307.32
106.7	4383.87	1907.10	1869.10	6302.37	5430.41	450.17
107.2	9361.71	4712.01	4080.52	12451.76	10751.94	732.66
71.7	1189.50	593.44	604.66	1028.36	908.19	46.50
107.8	123.90	62.40	62.22	234.14	205.71	13.28
57.1	2.95	2.52	1.03	1.55	1.43	0.06
171.8	43.16	20.71	30.62	18.70	12.50	2.61
98.3	82.45	24.53	41.36	47.37	38.93	2.70
91.6	168.69	52.91	47.25	104.15	81.19	10.81
94.8	6.96	3.76	3.79	4.56	3.72	-0.02
115.0	1373.20	586.01	670.48	1927.88	1729.09	104.48
103.1	600.28	235.19	221.85	779.50	673.02	51.62
88.9	232.88	105.60	113.03	280.00	217.92	22.43
100.0						
100.1	703.13	285.13	298.77	1116.18	972.32	87.68
101.7	515.09	181.60	152.41	733.33	622.82	58.05
106.7	514.04	195.98	154.83	618.86	528.97	50.11
127.0	311.16	127.12	98.53	549.61	476.78	40.86
115.8	269.08	88.80	74.22	386.46	308.28	42.14
103.3	239.20	119.98	130.07	349.34	313.54	14.63
132.0	126.28	53.12	48.02	192.76	167.25	10.90
106.5	677.89	371.06	198.11	599.31	522.39	37.41
85.0	197.24	91.23	156.98	250.72	230.65	2.14
102.0	1439.38	587.48	716.11	1305.07	1099.08	96.96
115.9	488.16	203.75	191.19	526.54	419.10	48.35
101.3	20.06	9.60	5.76	20.23	17.74	1.28
104.2	449.99	201.85	162.63	567.86	482.42	42.26
107.6	2826.18	1550.88	1292.43	3271.52	2781.89	210.55
92.2	780.72	417.48	528.75	1412.65	1303.14	35.37
107.9	794.45	510.36	478.43	2167.12	1931.25	89.24
109.9	934.71	478.52	357.83	1359.45	1172.96	81.75
95.5	1217.37	718.18	501.86	1364.06	1151.13	87.04
100.8	906.35	500.06	379.30	918.25	746.22	65.83
109.5	886.66	482.47	438.88	904.65	770.49	57.04
92.0	125.32	56.86	45.69	147.22	126.28	10.91
110.8	747.97	455.86	318.26	1034.46	884.25	62.93
118.0	484.55	292.17	195.23	549.84	464.41	41.10
103.3	178.06	107.02	63.79	249.54	210.91	22.21
102.3	44.95	15.31	9.37	78.20	68.46	5.65
133.5	84.66	51.69	47.39	272.79	262.16	9.04
120.5	12.86	9.80	5.64	11.83	9.37	1.32
60.9	573.04	214.43	392.42	178.95	157.31	5.48
109.5	151.69	83.54	99.30	84.31	70.41	4.74
102.7	92.97	27.48	39.29	36.81	27.75	5.69

13-6 规模以上工业主要产业单位数及增加值(2021年)

Main indicators of Industrial Enterprises above Designated Size (2021)

行 业	Sector	单位数 (个) Number of Enterprises (unit)	增加值占规模以上工业比重(%) Proportion of Added Value on Industry (%)	增加值指 数 (上年=100) Indices of Value-Added of Industry (Preceding year=100)
五大主导产业	**High-growth industries**	**7757**	**46.1**	**109.6**
装备产业	Electronic Information Industry	3949	12.6	105.1
食品产业	Equipment Manufacturing Industry	2489	13.7	109.1
新材料产业	Automobile and Parts Industry	367	8.7	108.7
电子信息产业	Food Industry	330	7.6	124.0
汽车及零部件产业	Modern Furniture Industry	622	3.5	101.6
传统产业	**Traditional Pillar Industries**	**8901**	**48.4**	**102.1**
冶金工业	Metallurgical Industry	774	12.1	102.4
建材工业	Building Materials Industry	3616	7.9	106.9
化学工业	Chemical Industry	1246	8.7	101.4
轻纺工业	Textile Industry	2503	6.7	102.7
能源工业	Energy Industry	762	13.1	99.0
战略性新兴产业	**Strategic Emerging Industries**	**4078**	**24.0**	**114.2**
高耗能行业	**Carrying Energy Industries**	**6161**	**38.3**	**102.1**
煤炭开采和洗选业	Mining and Washing of Coal	201	5.1	90.3
化学原料及化学制品制造业	Manufacture of Chemical Raw Material and Chemical Products	1053	6.3	99.3
非金属矿物制品业	Manufacture of Non-metallic Mineral Products	3725	8.2	107.5
黑色金属冶炼及压延加工业	Manufacture and Processing of Ferrous Metals	206	4.2	96.3
有色金属冶炼及压延加工业	Manufacture and Processing of Non-ferrous Metals	568	7.9	105.4
电力、热力的生产和供应业	Production and Supply of Electric Power and Heat Power	408	6.7	102.4
高技术制造业	**High Technology Industries**	**1243**	**12.0**	**120.0**
医药制造业	Manufacture of Medicines	476	2.7	115.5
航空、航天器及设备制造业	Manufacture of Aviation, Spacecraft, and Equipment	16	0.0	119.7
电子及通信设备制造业	Manufacture of Electronic and Communication Equipment	378	7.8	123.5
计算机及办公设备制造业	Manufacture of Computer and Office Equipment	35	0.2	130.8
医疗仪器设备及仪器仪表制造业	Manufacture of Medical Equipment and Instruments	322	1.2	111.0
信息化学品制造业	Manufacture of Information Chemicals	16	0.1	108.2
能源原材料工业	**Energy and Raw Material Industries**	**6884**	**44.1**	**102.0**
消费品制造业	**Manufacture of Consumer Goods**	**6347**	**26.1**	**108.4**

13-7 规模以上能源原材料工业增加值结构

Struction of Added value on Energy and Raw Material Industries Above Designated Size

行　　业	Sector	2018	2019	2020	2021
能源原材料工业占规模以上	**Proportion in Value-added of Industry Enterprises**				
工业增加值比重(%)	**Above Designated Size (%)**	**40.3**	**40.9**	**41.0**	**44.1**
煤炭开采和洗选业	Mining and Washing of Coal	4.9	5.0	4.4	5.1
石油和天然气开采业	Extraction of Petroleum and Natural Gas	0.6	0.3	0.2	0.3
黑色金属矿采选业	Mining of Ferrous Metal Ores	0.2	0.1	0.1	0.2
有色金属矿采选业	Mining of Non-ferrous Metal Ores	0.7	1.1	1.1	1.1
非金属矿采选业	Mining and Processing of Nonmetal Ores	0.5	0.5	0.5	0.5
石油加工、炼焦和核燃料加工业	Processing of Petroleum, Coking, Processing of Nucleus Fuel	2.8	2.3	1.8	2.1
化学原料和化学制品制造业	Manufacture of Raw Chemical Material and Chemical Products	5.7	5.5	5.4	6.3
非金属矿物制品业	Manufacture of Non-metallic Mineral Products	8.6	9.1	9.0	8.2
黑色金属冶炼和压延加工业	Manufacture and Processing of Ferrous Metals	4.1	4.4	4.4	4.2
有色金属冶炼和压延加工业	Manufacture and Processing of Non-ferrous Metals	5.2	5.5	6.5	7.9
电力、热力生产和供应业	Production and Supply of Electric Power and Heat Power	6.1	5.7	6.2	6.7
燃气生产和供应业	Production and Supply of Gas	0.6	0.9	1.0	1.0
水的生产和供应业	Production and Supply of Water	0.4	0.5	0.6	0.6

注：2021年调整能源原材料工业统计口径，不再包含橡胶制品业、废弃资源综合利用业，同时按照新的统计口径对历史数据进行调整。

a) In 2021, the statistical caliber of the energy and raw materials industry adjusted,no longer include the rubber products industry and the comprehensive utilization of waste resources industry. Meanwhile, the historical data were adjusted according to the new statistical caliber.

13-8 各市规模以上工业企业主要财务指标(2021年)

Main Financial Indicators of Industrial Enterprises above Designated Size by City (2021)

单位：亿元 (100 million yuan)

地 区 Region	单位数(个) Number of Enterprises (unit)	平均从业人员(万人) Average Employees (10 000 persons)	资产总计 Total Assets	流动资产合计 Total Current Assets	负债合计 Total Liabilities	营业收入 Business Revenue	营业成本 Business Cost	利润总额 Total Profits	增加值指数(上年=100) Indices of Value-Added (Preceding year=100)
全 省 Total	**21697**	**441.73**	**58079.97**	**27871.27**	**33307.08**	**57263.51**	**49785.24**	**2933.52**	**106.3**
郑 州 市 Zhengzhou	2534	68.90	11764.04	7277.80	7703.58	12603.30	11296.06	427.50	110.4
开 封 市 Kaifeng	1111	19.63	1825.79	775.35	952.90	1725.11	1471.76	115.36	108.7
洛 阳 市 Luoyang	1790	33.73	6596.48	3199.12	3995.13	5276.28	4421.41	318.24	101.3
平 顶 山 市 Pingdingshan	942	25.78	4596.05	1905.57	2789.10	3278.75	2846.67	203.38	109.4
安 阳 市 Anyang	869	14.22	2653.62	1236.88	1918.77	2630.08	2322.48	78.03	102.8
鹤 壁 市 Hebi	444	11.47	1383.21	506.26	911.53	867.38	760.86	20.68	106.7
新 乡 市 Xinxiang	1636	26.88	3292.46	1783.02	2003.83	2983.53	2585.16	137.95	108.3
焦 作 市 Jiaozuo	907	17.85	2771.46	1343.55	1592.12	2362.61	2018.35	125.33	104.1
濮 阳 市 Puyang	666	10.67	1534.39	653.62	1102.98	1295.44	1200.07	-29.39	110.0
许 昌 市 Xuchang	1709	30.16	4215.17	1896.97	1739.38	4824.14	4108.20	289.55	106.6
漯 河 市 Luohe	659	12.51	1165.28	519.48	616.92	1642.73	1429.19	131.42	108.0
三 门 峡 市 Sanmenxia	428	7.57	2015.78	908.44	1326.68	1666.86	1480.41	62.27	110.9
南 阳 市 Nanyang	1667	26.86	3334.11	1629.58	1878.74	2550.81	2140.09	127.82	110.5
商 丘 市 Shangqiu	1823	39.07	2566.19	992.68	1254.93	3542.21	3084.43	237.85	103.7
信 阳 市 Xinyang	1393	25.03	1727.87	598.41	786.85	2285.03	1988.30	131.61	109.1
周 口 市 Zhoukou	1608	43.36	2982.58	1067.12	980.01	3934.76	3322.86	365.52	107.8
驻 马 店 市 Zhumadian	1274	20.79	2132.62	756.70	882.53	1897.34	1559.56	120.21	105.3
济源示范区 Jiyuan	237	7.24	1522.87	820.71	871.10	1897.15	1749.40	70.19	107.0

13-9 各市规模以上国有控股工业企业主要财务指标(2021年)

Main Financial Indicators of State-holding Industrial Enterprises above Designated Size by City (2021)

单位：亿元 (100 million yuan)

地区 Region	平均从业人员(万人) Average Employees (10 000 persons)	资产总计 Total Assets	流动资产合计 Total Current Assets	负债合计 Total Liabilities	营业收入 Business Revenue	营业成本 Business Cost	利润总额 Total Profits	增加值指数(上年=100) Indices of Value-Added (Preceding year=100)
全省 Total	**86.70**	**19966.83**	**8026.35**	**13436.79**	**13089.47**	**11191.80**	**310.66**	**102.3**
郑州市 Zhengzhou	10.55	3596.40	1438.52	2292.99	1900.86	1497.57	70.32	104.9
开封市 Kaifeng	1.45	556.46	163.89	359.65	242.41	204.59	8.41	107.0
洛阳市 Luoyang	13.46	3041.64	1423.53	1906.72	2209.47	1847.57	71.56	102.0
平顶山市 Pingdingshan	14.58	2809.18	1158.92	1879.71	1914.29	1669.17	122.82	98.3
安阳市 Anyang	4.50	1208.11	432.25	897.79	974.01	834.63	28.30	105.5
鹤壁市 Hebi	2.67	605.31	161.08	546.93	184.74	162.13	-9.79	92.7
新乡市 Xinxiang	5.09	1048.70	428.64	719.05	669.80	600.46	15.27	112.5
焦作市 Jiaozuo	3.72	752.91	264.89	481.36	499.68	450.59	2.27	93.1
濮阳市 Puyang	4.70	715.83	201.02	596.15	426.38	412.37	-51.94	103.0
许昌市 Xuchang	4.72	976.52	505.19	580.88	769.87	601.16	38.72	106.1
漯河市 Luohe	0.68	169.82	65.72	128.84	119.88	89.25	-1.65	108.8
三门峡市 Sanmenxia	3.71	1103.88	482.92	740.15	933.37	852.20	-0.49	115.4
南阳市 Nanyang	6.09	1014.68	437.33	674.84	627.82	544.01	5.11	109.9
商丘市 Shangqiu	5.06	821.96	333.08	607.45	427.78	351.46	15.71	105.2
信阳市 Xinyang	2.15	279.12	95.85	215.28	259.07	245.46	-0.55	103.9
周口市 Zhoukou	0.72	196.90	28.22	145.66	99.93	93.95	-0.13	109.9
驻马店市 Zhumadian	1.54	501.61	179.37	332.86	304.98	228.30	0.15	97.8
济源示范区 Jiyuan	1.28	567.80	225.91	330.51	525.14	506.91	-3.44	96.6

13-10 各市规模以上公有制工业企业主要财务指标(2021年)

Main Financial Indicators of Public-owned Industrial Enterprises above Designated Size by City (2021)

单位：亿元 (100 million yuan)

地 区 Region	平均从业人员(万人) Average Employees (10 000 persons)	资产总计 Total Assets	流动资产合计 Total Current Assets	负债合计 Total Liabilities	营业收入 Business Revenue	营业成本 Business Cost	利润总额 Total Profits	增加值指数(上年=100) Indices of Value-Added (Preceding year=100)
全 省 Total	**93.29**	**20623.26**	**8364.08**	**13818.16**	**13731.26**	**11741.46**	**343.45**	**103.1**
郑 州 市 Zhengzhou	11.39	3676.10	1483.56	2341.42	2004.42	1585.59	77.23	104.9
开 封 市 Kaifeng	1.65	565.04	168.39	361.86	263.16	223.45	9.82	107.1
洛 阳 市 Luoyang	14.28	3171.50	1484.52	1981.95	2379.82	1999.88	77.46	102.4
平 顶 山 市 Pingdingshan	15.12	2881.73	1183.76	1936.08	1963.11	1713.58	123.71	98.5
安 阳 市 Anyang	4.56	1211.30	434.60	900.43	977.78	837.60	28.32	105.6
鹤 壁 市 Hebi	3.13	655.70	189.10	573.81	232.33	203.62	-8.08	94.5
新 乡 市 Xinxiang	5.76	1094.51	452.59	754.30	714.68	638.70	15.83	112.3
焦 作 市 Jiaozuo	4.02	778.06	285.63	498.11	515.29	463.28	2.88	93.4
濮 阳 市 Puyang	4.72	722.81	203.99	601.13	430.41	416.18	-51.95	103.5
许 昌 市 Xuchang	4.89	995.78	514.60	587.86	790.55	618.81	40.19	105.6
漯 河 市 Luohe	1.81	228.33	105.21	168.03	186.13	140.43	4.15	107.2
三 门 峡 市 Sanmenxia	3.77	1111.18	486.59	744.71	939.89	857.07	0.48	115.4
南 阳 市 Nanyang	6.34	1042.45	454.69	685.55	648.27	557.74	7.90	109.6
商 丘 市 Shangqiu	5.23	826.23	335.37	609.25	432.26	355.24	15.68	105.3
信 阳 市 Xinyang	2.25	282.27	96.98	216.30	266.64	252.54	-0.29	103.9
周 口 市 Zhoukou	1.13	256.67	52.54	171.40	125.08	116.32	1.15	105.1
驻 马 店 市 Zhumadian	1.61	505.50	179.82	334.93	310.95	233.80	0.05	97.8
济 源 示 范 区 Jiyuan	1.61	618.09	252.13	351.04	550.50	527.63	-1.08	96.5

13-11 各市规模以上私营工业企业主要财务指标(2021年)

Main Financial Indicators of Private Industrial Enterprises above Designated Size by City (2021)

单位：亿元 (100 million yuan)

地区 Region	平均从业人员(万人) Average Employees (10 000persons)	资产总计 Total Assets	流动资产合计 Total Current Assets	负债合计 Total Liabilities	营业收入 Business Revenue	营业成本 Business Cost	利润总额 Total Profits	增加值指数(上年=100) Indices of Value-Added (Preceding year=100)
全省 Total	**232.96**	**19427.67**	**9582.42**	**8773.12**	**24655.78**	**21263.22**	**1536.65**	**106.2**
郑州市 Zhengzhou	17.72	2356.27	1573.82	1296.94	2648.49	2195.38	141.51	106.5
开封市 Kaifeng	13.40	764.12	344.74	288.21	1043.05	888.00	87.12	106.2
洛阳市 Luoyang	13.95	1385.72	825.63	752.63	1692.01	1453.42	96.98	96.3
平顶山市 Pingdingshan	7.06	564.42	276.87	257.25	836.15	718.97	57.02	120.8
安阳市 Anyang	7.08	998.78	568.63	747.54	1139.04	1037.29	15.64	94.5
鹤壁市 Hebi	6.52	484.25	202.26	244.65	500.34	441.06	22.54	113.3
新乡市 Xinxiang	15.93	1454.84	880.96	854.92	1667.32	1461.95	69.11	103.8
焦作市 Jiaozuo	9.31	1134.33	638.18	584.94	1079.46	922.00	58.39	109.3
濮阳市 Puyang	3.75	417.88	239.02	247.85	515.45	473.77	11.47	116.6
许昌市 Xuchang	19.42	2247.61	915.34	655.85	2942.57	2537.33	205.89	107.0
漯河市 Luohe	5.36	269.09	150.40	125.96	561.31	496.88	28.60	94.5
三门峡市 Sanmenxia	2.39	288.62	149.02	156.71	317.86	267.29	14.74	105.2
南阳市 Nanyang	14.91	1430.17	729.42	745.26	1256.95	1058.11	71.79	113.7
商丘市 Shangqiu	28.35	1325.98	530.75	454.49	2579.45	2259.71	187.86	103.8
信阳市 Xinyang	18.41	990.97	309.01	357.65	1437.58	1251.34	99.02	109.3
周口市 Zhoukou	31.60	1942.71	676.05	551.47	2840.07	2414.95	262.04	107.6
驻马店市 Zhumadian	14.20	1010.98	307.94	249.88	1006.21	848.21	79.41	101.1
济源示范区 Jiyuan	3.61	360.94	264.37	200.93	592.50	537.58	27.52	118.2

13-12 分行业规模以上工业企业主要经济效益指标(2021年)

行 业	Sector	总资产贡献率 (%) Ratio of Total Assets to Industrial Output Value (%)
总 计	**Total**	**8.7**
按轻重工业分	**Grouped by Light & Heavy Industry**	
轻工业	Light Industry	14.4
重工业	Heavy Industry	7.1
按企业规模分	**Grouped by Size of Enterprises**	
大型企业	Large Enterprises	9.0
中型企业	Medium-sized Enterprises	8.3
小型企业	Small Enterprises	8.8
微型企业	Micro-enterprises	5.5
按所有制分	**By Proprietorial System**	
公有制	Public-owned	7.0
非公有制	Non-Public-owned	9.6
按行业分	**Grouped by Sectors**	
煤炭开采和洗选业	Mining and Washing of Coal	8.3
石油和天然气开采业	Extraction of Petroleum and Natural Gas	-11.9
黑色金属矿采选业	Mining of Ferrous Metal Ores	15.3
有色金属矿采选业	Mining of Non-ferrous Metal Ores	11.2
非金属矿采选业	Mining and Processing of Nonmetal Ores	3.4
开采辅助活动	Support Activities for Mining	4.0
其他采矿业	Mining of Other Ores	
农副食品加工业	Processing of Food from Agricultural Products	10.8
食品制造业	Manufacture of Foods	10.5
酒、饮料和精制茶制造业	Manufacture of Liquor, Beverages and Refined Tea	17.0
烟草制品业	Manufacture of Tobacco	79.6
纺织业	Manufacture of Textile	12.6
纺织服装服饰业	Manufacture of Textile,Wearing Apparel and Accessories	13.6
皮革、毛皮、羽毛及其制品和制鞋业	Manufacture of Leather, Fur, Feather and Its Products, Footwear	12.3
木材加工及木、竹、藤、棕、草制品业	Processing of Timbers, Manufacture of Wood, Bamboo, Rattan, Palm, and Straw Products	15.4
家具制造业	Manufacture of Furniture	17.1
造纸及纸制品业	Manufacture of Paper and Paper Products	7.4
印刷和记录媒介的复制业	Printing, Reproduction of Recording Media	9.9
文教、工美、体育和娱乐用品制造业	Manufacture of Articles for Culture, Education, Arts and Crafts, Sport and Entertainment Activities	7.4
石油加工、炼焦及核燃料加工业	Processing of Petroleum ,Coking, Processing of Nucleus Fuel	15.0
化学原料及化学制品制造业	Manufacture of Raw Chemical Material and Chemical Products	9.6
医药制造业	Manufacture of Medicines	13.9
化学纤维制造业	Manufacture of Chemical Fiber	13.3
橡胶和塑料制品业	Manufacture of Rubber and Plastic	10.3
非金属矿物制品业	Manufacture of Non-metallic Mineral Products	9.3
黑色金属冶炼及压延加工业	Smelting and Pressing of Ferrous Metals	7.7
有色金属冶炼及压延加工业	Smelting and Pressing of Non-ferrous Metals	10.4
金属制品业	Manufacture of Metal Products	9.9
通用设备制造业	Manufacture of General Purpose Machinery	9.0
专用设备制造业	Manufacture of Special Purpose Machinery	8.0
汽车制造业	Manufacture of Automobile	7.9
铁路、船舶、航空航天和其他运输设备制造业	Manufacture of Railway, Ship, Aerospace, and other Transport Equipments	7.5
电气机械及器材制造业	Manufacture of Electrical Machinery and Apparatus	8.6
计算机、通信和其他电子设备制造业	Manufacture of Computer , Communication and Other Electronic Equipment	4.9
仪器仪表制造业	Manufacture of Measuring Instrument and Machinery	10.5
其他制造业	Manufacture of Others	7.2
废弃资源综合利用业	Utilization of Waste Resources	28.8
金属制品、机械和设备修理业	Repair Service of Metal Products, Machinery and Equipment	7.8
电力、热力的生产和供应业	Production and Supply of Electric Power and Heat Power	0.4
燃气生产和供应业	Production and Supply of Gas	7.0
水的生产和供应业	Production and Supply of Water	5.0

Main Economic Efficiency Indicators of Industrial Enterprises above Designated Size by Sector (2021)

成本费用利润率 (%) Ratio of Profits to Industrial Cost (%)	资产负债率 (%) Assets-Liability Ratio (%)	产品销售率 (%) Products Sales Rate (%)
5.5	**57.4**	**98.0**
8.1	43.2	98.0
4.6	61.2	98.0
5.0	61.8	97.6
6.1	56.8	98.4
5.6	50.7	98.2
6.8	55.8	98.6
2.7	67.0	98.0
6.3	52.0	98.0
8.7	69.1	99.3
-32.7	88.5	98.7
23.2	43.2	95.3
12.7	67.8	97.7
11.5	41.0	97.4
0.8	95.3	100.0
6.5	46.9	98.2
7.0	46.0	97.8
10.9	49.3	96.2
19.1	32.3	99.1
7.8	45.2	97.5
8.3	29.4	98.1
8.9	28.2	97.8
7.8	32.0	98.2
11.2	30.3	98.8
2.8	73.8	94.8
5.9	42.8	98.1
6.7	31.5	97.3
3.1	77.9	100.0
8.3	61.4	96.2
12.8	43.2	96.1
16.2	51.4	97.0
7.7	39.4	99.2
7.2	49.4	99.2
3.0	65.4	98.1
5.7	63.1	98.2
5.7	43.0	98.2
6.8	49.3	96.6
7.3	51.7	95.7
5.2	60.7	97.1
7.8	45.0	97.5
5.9	53.8	97.1
2.7	70.0	98.9
10.1	39.3	98.1
7.9	36.5	98.1
2.8	50.4	98.8
5.1	59.4	101.0
-4.8	72.0	99.7
9.3	62.3	99.6
10.8	53.1	97.8

13-13 分行业规模以上国有控股工业企业主要经济效益指标(2021年)

Main Economic Efficiency Indicators of State-holding Industrial Enterprises above Designated Size by Sector (2021)

行 业	Sector	总资产贡献率(%) Ratio of Total Assets to Industrial Output Value (%)	成本费用利润率(%) Ratio of Profits to Industrial Cost (%)	资产负债率(%) Assets-Liability Ratio (%)
总 计	**Total**	**7.0**	**2.5**	**67.3**
按轻重工业分	**Grouped by Light & Heavy Industry**			
轻工业	Enterprises of Light Industry	31.3	9.7	51.7
重工业	Heavy Industry	5.0	1.9	68.6
按企业规模分	**Grouped by Size of Enterprises**			
大型企业	Large Enterprises	8.6	3.2	66.3
中型企业	Medium-sized Enterprises	4.2	-0.1	73.6
小型企业	Small Enterprises	3.8	1.6	64.3
微型企业	Micro-enterprises	3.5	19.7	61.9
按行业分	**By Sector**			
煤炭开采和洗选业	Mining and Washing of Coal	8.1	9.6	70.2
石油和天然气开采业	Extraction of Petroleum and Natural Gas	-12.1	-33.0	89.0
黑色金属矿采选业	Mining of Ferrous Metal Ores	24.8	30.3	12.7
有色金属矿采选业	Mining of Non-ferrous Metal Ores	11.5	21.8	70.3
非金属矿采选业	Mining and Processing of Nonmetal Ores	6.4	7.1	64.0
开采辅助活动	Support Activities for Mining	4.1	0.8	97.8
其他采矿业	Mining of Other Ores			
农副食品加工业	Processing of Food from Agricultural Products	3.9	2.6	77.5
食品制造业	Manufacture of Foods	10.9	12.9	80.2
酒、饮料和精制茶制造业	Manufacture of Liquor, Beverages and Refined Tea	6.9	2.6	71.8
烟草制品业	Manufacture of Tobacco	79.9	19.2	32.3
纺织业	Manufacture of Textile	5.8	3.3	56.6
纺织服装服饰业	Manufacture of Textile,Wearing Apparel and Accessories	16.4	14.7	28.7
皮革、毛皮、羽毛及其制品和制鞋业	Manufacture of Leather, Fur, Feather and Its Products, Footwear	10.2	16.9	40.2
木材加工及木、竹、藤、棕、草制品业	Processing of Timbers, Manufacture of Wood, Bamboo, Rattan, Palm, and Straw Products		0.0	
家具制造业	Manufacture of Furniture			
造纸及纸制品业	Manufacture of Paper and Paper Products	4.3	-1.7	90.4
印刷和记录媒介的复制业	Printing, Reproduction of Recording Media	6.1	5.4	41.1
文教、工美、体育和娱乐用品制造业	Manufacture of Articles for Culture, Education, Arts and Crafts, Sport and Entertainment Activities	4.8	0.9	65.3
石油加工、炼焦及核燃料加工业	Processing of Petroleum, Coking, Processing of Nucleus Fuel	25.1	2.6	85.2
化学原料及化学制品制造业	Manufacture of Raw Chemical Material and Chemical Products	8.0	5.1	76.2
医药制造业	Manufacture of Medicines	4.0	0.6	46.1
化学纤维制造业	Manufacture of Chemical Fiber	14.3	17.5	52.6
橡胶和塑料制品业	Manufacture of Rubber and Plastic	0.0	-1.7	63.2
非金属矿物制品业	Manufacture of Non-metallic Mineral Products	7.0	10.7	50.0
黑色金属冶炼及压延加工业	Smelting and Pressing of Ferrous Metals	6.1	3.2	69.8
有色金属冶炼及压延加工业	Smelting and Pressing of Non-ferrous Metals	6.3	1.6	66.1
金属制品业	Manufacture of Metal Products	3.9	1.0	69.9
通用设备制造业	Manufacture of General Purpose Machinery	5.4	5.6	65.3
专用设备制造业	Manufacture of Special Purpose Machinery	5.9	6.8	60.2
汽车制造业	Manufacture of Automobile	8.6	3.2	86.5
铁路、船舶、航空航天和其他运输设备制造业	Manufacture of Railway, Ship, Aerospace, and other Transport Equipments	5.9	6.7	61.1
电气机械及器材制造业	Manufacture of Electrical Machinery and Apparatus	3.3	4.7	63.9
计算机、通信和其他电子设备制造业	Manufacture of Computer, Communication and Other Electronic Equipment	5.5	9.9	51.0
仪器仪表制造业	Manufacture of Measuring Instrument and Machinery	4.9	5.3	45.5
其他制造业	Manufacture of Others	4.8	8.7	40.5
废弃资源综合利用业	Utilization of Waste Resources	32.6	1.9	49.1
金属制品、机械和设备修理业	Repair Service of Metal Products, Machinery and Equipment	3.7	0.4	68.1
电力、热力的生产和供应业	Production and Supply of Electric Power and Heat Power	0.0	-5.7	73.2
燃气生产和供应业	Production and Supply of Gas	5.5	5.4	77.8
水的生产和供应业	Production and Supply of Water	4.1	7.2	50.8

13-14 分行业规模以上公有制工业企业主要经济效益指标(2021年)

Main Economic Efficiency Indicators of Public-owned Industrial Enterprises above Designated Size by Sector (2021)

行业	Sector	总资产贡献率(%) Ratio of Total Assets to Industrial Output Value (%)	成本费用利润率(%) Ratio of Profits to Industrial Cost (%)	资产负债率(%) Assets-Liability Ratio (%)
总计	**Total**	**7.0**	**2.7**	**67.0**
按轻重工业分	**Grouped by Light & Heavy Industry**			
轻工业	Enterprises of Light Industry	28.8	9.4	51.6
重工业	Heavy Industry	5.0	1.9	68.4
按企业规模分	**Grouped by Size of Enterprises**			
大型企业	Large Enterprises	8.7	3.3	66.1
中型企业	Medium-sized Enterprises	4.4	0.2	72.8
小型企业	Small Enterprises	3.9	1.9	63.8
微型企业	Micro-enterprises	3.7	15.8	63.2
按行业分	**By Sector**			
煤炭开采和洗选业	Mining and Washing of Coal	8.0	9.5	69.6
石油和天然气开采业	Extraction of Petroleum and Natural Gas	-12.1	-33.0	89.0
黑色金属矿采选业	Mining of Ferrous Metal Ores	24.8	30.3	12.7
有色金属矿采选业	Mining of Non-ferrous Metal Ores	11.7	22.4	70.1
非金属矿采选业	Mining and Processing of Nonmetal Ores	6.6	6.5	64.0
开采辅助活动	Support Activities for Mining	4.1	0.8	97.8
其他采矿业	Mining of Other Ores			
农副食品加工业	Processing of Food from Agricultural Products	10.8	5.6	68.8
食品制造业	Manufacture of Foods	10.0	10.2	77.3
酒、饮料和精制茶制造业	Manufacture of Liquor, Beverages and Refined Tea	8.0	4.3	57.3
烟草制品业	Manufacture of Tobacco	79.6	19.1	32.3
纺织业	Manufacture of Textile	5.7	3.8	54.5
纺织服装服饰业	Manufacture of Textile,Wearing Apparel and Accessories	7.1	13.1	11.8
皮革、毛皮、羽毛及其制品和制鞋业	Manufacture of Leather, Fur, Feather and Its Products, Footwear	10.5	15.6	41.0
木材加工及木、竹、藤、棕、草制品业	Processing of Timbers, Manufacture of Wood, Bamboo, Rattan, Palm, and Straw Products			
家具制造业	Manufacture of Furniture			
造纸及纸制品业	Manufacture of Paper and Paper Products	7.0	1.5	86.2
印刷和记录媒介的复制业	Printing, Reproduction of Recording Media	7.5	5.2	43.4
文教、工美、体育和娱乐用品制造业	Manufacture of Articles for Culture, Education, Arts and Crafts, Sport and Entertainment Activities	11.4	5.0	44.0
石油加工、炼焦及核燃料加工业	Processing of Petroleum, Coking, Processing of Nucleus Fuel	24.1	2.4	85.2
化学原料及化学制品制造业	Manufacture of Raw Chemical Material and Chemical Products	8.1	5.2	75.6
医药制造业	Manufacture of Medicines	4.0	1.1	48.6
化学纤维制造业	Manufacture of Chemical Fiber	14.3	17.5	52.6
橡胶和塑料制品业	Manufacture of Rubber and Plastic	0.1	-1.5	63.5
非金属矿物制品业	Manufacture of Non-metallic Mineral Products	7.1	10.2	49.7
黑色金属冶炼及压延加工业	Smelting and Pressing of Ferrous Metals	6.1	3.2	69.7
有色金属冶炼及压延加工业	Smelting and Pressing of Non-ferrous Metals	6.2	1.5	66.2
金属制品业	Manufacture of Metal Products	3.4	0.6	70.4
通用设备制造业	Manufacture of General Purpose Machinery	5.4	5.6	65.2
专用设备制造业	Manufacture of Special Purpose Machinery	5.9	6.7	60.1
汽车制造业	Manufacture of Automobile	8.1	3.0	82.0
铁路、船舶、航空航天和其他运输设备制造业	Manufacture of Railway, Ship, Aerospace, and other Transport Equipments	6.0	6.8	60.6
电气机械及器材制造业	Manufacture of Electrical Machinery and Apparatus	3.3	4.5	64.8
计算机、通信和其他电子设备制造业	Manufacture of Computer, Communication and Other Electronic Equipment	5.6	9.3	51.7
仪器仪表制造业	Manufacture of Measuring Instrument and Machinery	4.9	5.3	45.5
其他制造业	Manufacture of others	4.8	8.7	40.5
废弃资源综合利用业	Utilization of Waste Resources	25.4	1.7	63.6
金属制品、机械和设备修理业	Repair Service of Metal Products, Machinery and Equipment	4.0	0.4	67.7
电力、热力的生产和供应业	Production and Supply of Electric Power and Heat Power	0.0	-5.6	73.3
燃气生产和供应业	Production and Supply of Gas	5.5	5.2	76.6
水的生产和供应业	Production and Supply of Water	4.3	8.3	51.5

13-15 分行业规模以上私营工业企业主要经济效益指标(2021年)

Main Economic Efficiency Indicators of Private Industrial Enterprises above Designated Size by Sector (2021)

行 业	Sector	总资产贡献率(%) Ratio of Total Assets to Industrial Output Value (%)	成本费用利润率(%) Ratio of Profits to Industrial Cost (%)	资产负债率(%) Assets-Liability Ratio (%)
总 计	**Total**	**11.0**	**6.7**	**45.2**
按轻重工业分	**Grouped by Light & Heavy Industry**			
轻工业	Enterprises of Light Industry	11.8	7.6	39.1
重工业	Heavy Industry	10.5	6.2	48.5
按企业规模分	**Grouped by Size of Enterprises**			
大型企业	Large Enterprises	9.2	6.8	49.4
中型企业	Medium-sized Enterprises	13.4	7.7	42.6
小型企业	Small Enterprises	11.3	6.3	43.6
微型企业	Micro-enterprises	5.8	4.8	50.8
按行业分	**By Sector**			
煤炭开采和洗选业	Mining and Washing of Coal	14.8	6.1	50.2
石油和天然气开采业	Extraction of Petroleum and Natural Gas	4.7	4.1	35.0
黑色金属矿采选业	Mining of Ferrous Metal Ores	11.5	17.1	71.0
有色金属矿采选业	Mining of Non-ferrous Metal Ores	7.3	6.3	50.2
非金属矿采选业	Mining and Processing of Nonmetal Ores	9.0	11.7	28.0
开采辅助活动	Support Activities for Mining	2.9	-0.4	54.5
其他采矿业	Mining of Other Ores			
农副食品加工业	Processing of Food from Agricultural Products	9.3	5.8	48.8
食品制造业	Manufacture of Foods	11.3	7.1	37.0
酒、饮料和精制茶制造业	Manufacture of Liquor, Beverages and Refined Tea	15.0	9.1	48.5
烟草制品业	Manufacture of Tobacco			
纺织业	Manufacture of Textile	15.0	8.6	42.5
纺织服装服饰业	Manufacture of Textile,Wearing Apparel and Accessories	13.9	8.7	29.6
皮革、毛皮、羽毛及其制品和制鞋业	Manufacture of Leather, Fur, Feather and Its Products, Footwear	12.6	8.9	30.1
木材加工及木、竹、藤、棕、草制品业	Processing of Timbers, Manufacture of Wood, Bamboo, Rattan, Palm, and Straw Products	16.6	8.1	31.7
家具制造业	Manufacture of Furniture	19.3	12.4	27.6
造纸及纸制品业	Manufacture of Paper and Paper Products	10.3	4.4	54.4
印刷和记录媒介的复制业	Printing, Reproduction of Recording Media	11.5	6.0	38.0
文教、工美、体育和娱乐用品制造业	Manufacture of Articles for Culture, Education, Arts and Crafts, Sport and Entertainment Activities	7.6	6.7	29.2
石油加工、炼焦及核燃料加工业	Processing of Petroleum, Coking, Processing of Nucleus Fuel	2.8	0.9	79.6
化学原料及化学制品制造业	Manufacture of Raw Chemical Material and Chemical Products	9.1	8.0	49.8
医药制造业	Manufacture of Medicines	13.3	10.1	39.2
化学纤维制造业	Manufacture of Chemical Fiber	7.9	6.7	28.7
橡胶和塑料制品业	Manufacture of Rubber and Plastic	12.3	8.1	36.1
非金属矿物制品业	Manufacture of Non-metallic Mineral Products	10.8	6.9	45.7
黑色金属冶炼及压延加工业	Smelting and Pressing of Ferrous Metals	7.4	2.6	67.7
有色金属冶炼及压延加工业	Smelting and Pressing of Non-ferrous Metals	17.5	4.5	60.2
金属制品业	Manufacture of Metal Products	12.2	6.4	38.3
通用设备制造业	Manufacture of General Purpose Machinery	10.1	6.8	41.2
专用设备制造业	Manufacture of Special Purpose Machinery	10.4	7.8	41.9
汽车制造业	Manufacture of Automobile	8.4	6.6	49.5
铁路、船舶、航空航天和其他运输设备制造业	Manufacture of Railway, Ship, Aerospace, and other Transport Equipments	10.9	8.1	36.5
电气机械及器材制造业	Manufacture of Electrical Machinery and Apparatus	12.5	6.5	42.6
计算机、通信和其他电子设备制造业	Manufacture of Computer, Communication and Other Electronic Equipment	9.7	8.1	40.3
仪器仪表制造业	Manufacture of Measuring Instrument and Machinery	15.4	9.7	35.8
其他制造业	Manufacture of Others	15.9	7.8	20.8
废弃资源综合利用业	Utilization of Waste Resources	36.8	3.4	56.0
金属制品、机械和设备修理业	Repair Service of Metal products, Machinery and Equipment	13.8	12.6	43.8
电力、热力的生产和供应业	Production and Supply of Electric Power and Heat Power	2.0	3.2	68.5
燃气生产和供应业	Production and Supply of Gas	4.4	6.0	65.5
水的生产和供应业	Production and Supply of Water	8.6	18.3	42.3

13-16 各市规模以上工业企业主要经济效益指标(2021年)

Main Economic Efficiency Indicators of Industrial Enterprises above Designated Size by City (2021)

地 区 Region	总资产贡献率 (%) Ratio of Total Assets to Industrial Output Value (%)	成本费用利润率 (%) Ratio of Profits to Industrial Cost (%)	资产负债率 (%) Assets-Liability Ratio (%)	产品销售率 (%) Products Sales Rate (%)
全 省 Total	**8.7**	**5.5**	**57.4**	**98.0**
郑 州 市 Zhengzhou	7.3	3.6	65.5	98.3
开 封 市 Kaifeng	9.2	7.2	52.2	98.5
洛 阳 市 Luoyang	9.3	6.6	60.6	97.3
平 顶 山 市 Pingdingshan	7.5	6.6	60.7	98.6
安 阳 市 Anyang	7.3	3.1	72.3	99.0
鹤 壁 市 Hebi	4.2	2.5	65.9	98.4
新 乡 市 Xinxiang	7.0	4.8	60.9	97.5
焦 作 市 Jiaozuo	7.5	5.7	57.5	99.3
濮 阳 市 Puyang	1.3	-2.3	71.9	96.5
许 昌 市 Xuchang	12.2	6.5	41.3	98.8
漯 河 市 Luohe	16.8	8.6	52.9	97.7
三 门 峡 市 Sanmenxia	6.3	3.9	65.8	99.9
南 阳 市 Nanyang	7.2	5.3	56.4	96.5
商 丘 市 Shangqiu	12.6	7.3	48.9	98.0
信 阳 市 Xinyang	10.6	6.2	45.5	97.6
周 口 市 Zhoukou	15.3	10.3	32.9	98.1
驻 马 店 市 Zhumadian	8.7	7.1	41.4	98.7
济 源 示 范 区 Jiyuan	8.4	3.8	57.2	93.6

13-17 各市规模以上国有控股工业企业主要经济效益指标(2021年)

Main Economic Efficiency Indicators of State-holding Industrial Enterprises above Designated Size by City (2021)

地 区 Region	总资产贡献率 (%) Ratio of Total Assets to Industrial Output Value (%)	成本费用利润率 (%) Ratio of Profits to Industrial Cost (%)	资产负债率 (%) Assets-Liability Ratio (%)
全 省 Total	**7.0**	**2.5**	**67.3**
郑 州 市 Zhengzhou	9.2	4.2	63.8
开 封 市 Kaifeng	5.0	3.7	64.6
洛 阳 市 Luoyang	8.7	3.5	62.7
平 顶 山 市 Pingdingshan	7.9	6.9	66.9
安 阳 市 Anyang	8.4	3.1	74.3
鹤 壁 市 Hebi	2.4	-5.2	90.4
新 乡 市 Xinxiang	4.2	2.4	68.6
焦 作 市 Jiaozuo	3.7	0.5	63.9
濮 阳 市 Puyang	-3.6	-11.2	83.3
许 昌 市 Xuchang	15.8	5.8	59.5
漯 河 市 Luohe	16.0	-1.6	75.9
三 门 峡 市 Sanmenxia	3.4	-0.1	67.1
南 阳 市 Nanyang	4.9	0.9	66.5
商 丘 市 Shangqiu	6.9	3.9	73.9
信 阳 市 Xinyang	2.7	-0.2	77.1
周 口 市 Zhoukou	2.7	-0.1	74.0
驻 马 店 市 Zhumadian	5.2	0.1	66.4
济 源 示 范 区 Jiyuan	3.6	-0.7	58.2

13-18 各市规模以上公有制工业企业主要经济效益指标(2021年)

Main Economic Efficiency Indicators of Public-owned Industrial Enterprises above Designated Size by City (2021)

地区 Region	总资产贡献率 (%) Ratio of Total Assets to Industrial Output Value (%)	成本费用利润率 (%) Ratio of Profits to Industrial Cost (%)	资产负债率 (%) Assets-Liability Ratio (%)
全省 Total	**7.0**	**2.7**	**67.0**
郑州市 Zhengzhou	9.3	4.4	63.7
开封市 Kaifeng	5.2	3.9	64.0
洛阳市 Luoyang	8.6	3.5	62.5
平顶山市 Pingdingshan	7.8	6.7	67.2
安阳市 Anyang	8.4	3.1	74.3
鹤壁市 Hebi	2.6	-3.4	87.5
新乡市 Xinxiang	4.2	2.3	68.9
焦作市 Jiaozuo	3.7	0.6	64.0
濮阳市 Puyang	-3.6	-11.1	83.2
许昌市 Xuchang	15.7	5.9	59.0
漯河市 Luohe	15.3	2.6	73.6
三门峡市 Sanmenxia	3.5	0.1	67.0
南阳市 Nanyang	5.2	1.3	65.8
商丘市 Shangqiu	6.9	3.9	73.7
信阳市 Xinyang	2.8	-0.1	76.6
周口市 Zhoukou	3.0	0.9	66.8
驻马店市 Zhumadian	5.3	0.0	66.3
济源示范区 Jiyuan	3.9	-0.2	56.8

13-19 各市规模以上私营工业企业主要经济效益指标(2021年)

Main Economic Efficiency Indicators of Private Industrial Enterprises above Designated Size by City (2021)

地 区 Region	总资产贡献率 (%) Ratio of Total Assets to Industrial Output Value (%)	成本费用利润率 (%) Ratio of Profits to Industrial Cost (%)	资产负债率 (%) Assets-Liability Ratio (%)
全 省 Total	**11.0**	**6.7**	**45.2**
郑 州 市 Zhengzhou	9.4	5.8	55.0
开 封 市 Kaifeng	14.4	9.1	37.7
洛 阳 市 Luoyang	10.2	6.1	54.3
平 顶 山 市 Pingdingshan	14.1	7.4	45.6
安 阳 市 Anyang	4.2	1.4	74.9
鹤 壁 市 Hebi	6.8	4.8	50.5
新 乡 市 Xinxiang	7.8	4.3	58.8
焦 作 市 Jiaozuo	7.9	5.7	51.6
濮 阳 市 Puyang	4.9	2.3	59.3
许 昌 市 Xuchang	12.2	7.6	29.2
漯 河 市 Luohe	15.9	5.4	46.8
三 门 峡 市 Sanmenxia	9.6	4.9	54.3
南 阳 市 Nanyang	7.8	6.1	52.1
商 丘 市 Shangqiu	17.0	7.9	34.3
信 阳 市 Xinyang	13.0	7.4	36.1
周 口 市 Zhoukou	16.6	10.2	28.4
驻 马 店 市 Zhumadian	10.2	8.6	24.7
济 源 示 范 区 Jiyuan	11.5	4.9	55.7

13-20 各市主要工业产品产量(2021年)
Output of Major Industrial Products by City (2021)

地区 Region	化学纤维(万吨) Chemical Fiber (ton)	纱(万吨) Yarn (10 000tons)	布(万米) Cloth (10 000 m)	服装(万件) Garments (10 000sets)	卷烟(亿支) Cigarettes (100 million rolls)	饮料酒(万千升) Alcoholic Beverages (10 000 000 litre)
全省 Total	**79.19**	**329.23**	**170279.80**	**75818.42**	**1569.19**	**227.79**
郑州市 Zhengzhou		0.19	1018.00	1948.18		53.95
开封市 Kaifeng		47.19		4158.49		2.00
洛阳市 Luoyang	29.02	1.01	3215.00	256.07		22.82
平顶山市 Pingdingshan	12.72	14.36	2301.16	468.44		3.68
安阳市 Anyang		6.69	3563.70	2055.10		1.99
鹤壁市 Hebi	1.10	2.10	1810.61	1652.66		0.19
新乡市 Xinxiang	21.00	28.20	518.00	1656.02		33.81
焦作市 Jiaozuo	0.45	2.63	1801.93	839.00		7.27
濮阳市 Puyang		1.12		1301.53		0.00
许昌市 Xuchang	0.13	11.32	26484.86	1672.87		0.50
漯河市 Luohe	0.00	0.62		91.00		0.96
三门峡市 Sanmenxia		0.37		175.27		1.53
南阳市 Nanyang		55.20	39232.00	1868.63		15.87
商丘市 Shangqiu	10.62	83.00	17850.05	22178.79		39.19
信阳市 Xinyang		7.29	39061.00	2556.95		15.75
周口市 Zhoukou	1.07	64.29	33423.49	24864.93		16.96
驻马店市 Zhumadian		3.41		8074.49		11.33
济源示范区 Jiyuan		0.26				

13-20 续表 1 contiuned

地 区 Region	液体乳 (万吨) Liquid Milk (10 000 tons)	熟肉制品 (万吨) Raise Meat Products (10 000 tons)	速冻米面食品 (万吨) Quick-frozen Rice and Wheat Flour foods (10 000 tons)	机制纸及纸板 (万吨) Machinemade Paper and Paperboard (10 000 tons)	塑料制品 (万吨) Plastic Products (10 000 tons)	原煤 (万吨) Coal (10 000 tons)	焦炭 (万吨) Synthetic Detergents (10 000 tons)	十种有色金属 (万吨) Ten Kinds of Nonferrous Metals (10 000 tons)
全 省 Total	**193.08**	**335.13**	**247.76**	**369.21**	**209.64**	**9335.50**	**1514.93**	**423.55**
郑 州 市 Zhengzhou	32.78	16.42	143.83	29.34	12.56	1244.06		22.92
开 封 市 Kaifeng		0.57	0.95	0.31	9.77			0.61
洛 阳 市 Luoyang	1.49				22.67	642.16	36.36	131.76
平顶山市 Pingdingshan	7.16	0.10		21.58	2.62	3000.95	500.70	0.02
安 阳 市 Anyang		2.04	1.50	1.06	4.89	203.55	671.01	12.09
鹤 壁 市 Hebi		3.42	4.77	24.95	12.67	362.58		0.16
新 乡 市 Xinxiang	6.54	3.46	9.06	129.00	29.12	498.62		3.55
焦 作 市 Jiaozuo	49.48	0.51		45.27	7.23	229.32		28.85
濮 阳 市 Puyang		3.38	1.55	31.60	9.03			
许 昌 市 Xuchang				13.30	3.33	837.52	159.64	
漯 河 市 Luohe	1.55	288.44	0.99	9.47	8.53			
三门峡市 Sanmenxia					0.56	953.64		55.65
南 阳 市 Nanyang	2.69	1.60	0.70	23.75	7.16			0.39
商 丘 市 Shangqiu	65.84	1.22	69.49	2.09	6.76	1272.56		
信 阳 市 Xinyang		2.56			0.76			
周 口 市 Zhoukou	1.22	6.46	11.05	7.57	67.66			1.03
驻马店市 Zhumadian	8.51	3.40	3.57	29.91	4.10	38.05		
济源示范区 Jiyuan	15.81	1.57	0.31		0.22	52.50	147.23	166.52

13-20 续表 2 contiuned

地　区 Region	发电量（亿千瓦小时） Electricity (100 million kwh)	生　铁（万吨） Pig Iron (10 000 tons)	粗　钢（万吨） Steel (10 000 tons)	钢材（万吨） Steel Products (10 000 tons)	硫　酸（万吨） Sulfuric Acid (10 000 tons)	烧　碱（万吨） Caustic Soda (10 000 tons)	原　铝（万吨） Aluminum (10 000 tons)
全　　省 Total	**2813.13**	**2746.75**	**3316.10**	**4335.97**	**510.92**	**184.95**	**169.50**
郑 州 市 Zhengzhou	347.25		64.84	141.49			22.92
开 封 市 Kaifeng	56.89			7.77		14.28	
洛 阳 市 Luoyang	392.42		1.65	3.11	32.48		118.15
平 顶 山 市 Pingdingshan	192.00	271.57	319.56	439.42		47.50	
安 阳 市 Anyang	183.68	1468.33	1491.32	1760.37	11.27		
鹤 壁 市 Hebi	126.15			2.09	9.07		
新 乡 市 Xinxiang	185.90			10.51			
焦 作 市 Jiaozuo	242.88			132.98	51.51	67.52	28.43
濮 阳 市 Puyang	96.11			0.00			
许 昌 市 Xuchang	88.03			387.23			
漯 河 市 Luohe	34.00					10.51	
三 门 峡 市 Sanmenxia	189.07				219.31		
南 阳 市 Nanyang	145.30	243.69	271.72	274.85		5.56	
商 丘 市 Shangqiu	143.55		386.74	393.19			
信 阳 市 Xinyang	68.06	330.03	363.07	356.51			
周 口 市 Zhoukou	60.55	53.11	26.21	19.69			
驻 马 店 市 Zhumadian	69.45			2.27			
济源示范区 Jiyuan	191.85	380.02	390.98	404.48	187.28	39.58	

13-20 续表 3 contiuned

地 区 Region	合成氨 (万吨) Synthetic Ammonia (10 000 tons)	农用化肥(折纯量) (万吨) Synthetic Ammonia (10 000 tons)	化学农药(原药) (吨) Chemical Pesticide (ton)	人造板 (万立方米) Artificial Board (10 000 cu.m)	水 泥 (万吨) Cement (10 000 tons)	平板玻璃 (万重量箱) Plate Glass (10 000 weight cases)	小型拖拉机 (台) Small Tractors (unit)
全 省 Total	**355.65**	**350.17**	**100625.39**	**1316.46**	**11347.43**	**1972.21**	**15406**
郑 州 市 Zhengzhou			5056.12	0.37	1372.85		
开 封 市 Kaifeng	136.38	38.92	29811.00	187.29	55.91		3992
洛 阳 市 Luoyang				4.50	579.97	1072.42	
平 顶 山 市 Pingdingshan					1237.24		
安 阳 市 Anyang		43.57	1993.00	4.05	632.13		
鹤 壁 市 Hebi				1.46	295.64		
新 乡 市 Xinxiang	82.52	75.61	3140.93	58.04	2019.68		3500
焦 作 市 Jiaozuo	25.22	39.56	5264.03	12.09	630.65		
濮 阳 市 Puyang	33.51	26.51	22384.51	40.23	84.73		
许 昌 市 Xuchang		4.57		260.83	1139.70		7914
漯 河 市 Luohe		19.49		151.03	82.72		
三 门 峡 市 Sanmenxia	3.73	0.10			609.86		
南 阳 市 Nanyang			12.80	17.12	1031.58		
商 丘 市 Shangqiu		3.61	2383.00	230.35	172.96	898.42	
信 阳 市 Xinyang				140.55	588.44	0.48	
周 口 市 Zhoukou		9.92	30580.00	64.84	127.95		
驻 马 店 市 Zhumadian	74.30	41.53		143.73	572.25	0.89	
济源示范区 Jiyuan		46.78			113.15		

主要统计指标解释

工业 指从事自然资源的开采，对采掘品和农产品进行加工和再加工的物质生产部门。具体包括：(1)对自然资源的开采，如采矿、晒盐等(但不包括禽兽捕猎和水产捕捞)；(2)对农副产品的加工、再加工，如粮油加工、食品加工、缫丝、纺织、制革等；(3)对采掘品的加工、再加工，如炼铁、炼钢、化工生产、石油加工、机器制造、木材加工等，以及电力、自来水、煤气的生产和供应等；(4)对工业品的修理、翻新，如机器设备的修理、交通运输工具(如汽车)的修理等。

工业统计调查单位为工业法人单位。

工业法人单位指从事工业生产经营活动的法人单位。工业法人单位应同时具备以下条件：①依法成立，有自己的名称、组织机构和场所，能够独立承担民事责任；②独立拥有（或授权）使用资产，承担负债，有权与其他单位签订合同；③具有包括资产负债表在内的帐户，或者能够根据需要编制帐户。

国有及国有控股企业 指国有企业加上国有控股企业。国有企业(即原全民所有制工业或国营工业)指企业全部资产归国家所有，并按《中华人民共和国企业法人登记管理条例》规定登记注册的非公司制的经济组织。包括国有企业、国有独资公司和国有联营企业。1957 年以前的公私合营和私营工业，后均改造为国营工业，1992 年改为国有工业，这部分工业的资料不单独分列时，均包括在国有企业内。国有控股企业是对混合所有制经济的企业进行的“国有控股”分类。它是指这些企业的全部资产中国有资产(股份)相对其他所有者中的任何一个所有者占资(股)最多的企业。该分组反映了国有经济控股情况。

本篇涉及的其他企业登记注册类型的解释详见综合篇。

轻工业 指主要提供生活消费品和制作手工工具的工业。按其所使用的原料不同，可分为两大类：(1)以农产品为原料的轻工业，是指直接或间接以农产品为基本原料的轻工业。主要包括食品制造、饮料制造、烟草加工、纺织、缝纫、皮革和毛皮制作、造纸以及印刷等工业；(2)以非农产品为原料的轻工业，是指以工业品为原料的轻工业。主要包括文教体育用品、化学药品制造、合成纤维制造、日用化学制品、日用玻璃制品、日用金属制品、手工工具制造、医疗器械制造、文化和办公用机械制造等工业。

重工业 指为国民经济各部门提供物质技术基础的主要生产资料的工业。按其生产性质和产品用途，可以分为下列三类：(1)采掘(伐)工业，是指对自然资源的开采，包括石油开采、煤炭开采、金属矿开采、非金属矿开采等工业；(2)原材料工业，指向国民经济各部门提供基本材料、动力和燃料的工业。包括金属冶炼及加工、炼焦及焦炭、化学、化工原料、水泥、人造板以及电力、石油和煤炭加工等工业；(3)加工工业，是指对工业原材料进行再加工制造的工业。包括装备国民经济各部门的机械设备制造工业、金属结构、水泥制品等工业，以及为农业提供的生产资料如化肥、农药等工业。

根据上述划分原则，修理业中以重工业产品为修理作业对象的划为重工业，反之划为轻工业。

资产总计 指企业过去的交易或者事项形成的、由企业拥有或者控制的、预期会给企业带来经济利益的资源。资产一般按流动性分为流动资产和非流动资产。其中流动资产可分为货币资金、交易性金融资产、应收票据、应收账款、预付款项、其他应收款、存货等；非流动资产可分为长期股权投资、固定资产、无形资产及其他非流动资产等。根据会计“资产负债表”中“资产总计”项目的期末余额数填报。

流动资产合计 资产满足以下条件之一应归为流动资产：(1）预计在一个正常营业周期中变现、出售或耗用，主要包括存货、应收账款等；(2）主要为交易目的而持有；(3）预计在资产负债表日起一年内（含一年）变现；(4）自资产负债日起一年内，交换其他资产或清偿负债的能力不受限制的现金或现金等价物。包括货币资金、应收票据、应收账款、存货等项目。根据会计“资产负债表”中“流动资产合计”项目的期末余额数填报。

固定资产原价 指固定资产的成本，包括企业在购置、自行建造、安装、改建、扩建、技术改造某项固定资产时所发生的全部支出总额。根据会计“固定资产”科目的期末借方余额填报。

累计折旧 指企业在报告期末提取的历年固定资产折旧累计数。根据会计“累计折旧”科目的期末贷方余额填报。

负债合计 指企业过去的交易或者事项形成的，预期会导致经济利益流出企业的现时义务。负债一般按偿还期长短分为流动负债和非流动负债。根据会计“资产负债表”中“负债合计”项目的期末余额数填报。

流动负债合计 负债满足下列条件之一的应归为流动负债：（1）预计在一个正常营业周期中清偿；（2）主要为交易目的而持有；（3）自资产负债表日起一年内到期应予清偿；（4）企业无权自主地将清偿推迟至资产负债表日后一年以上。包括短期借款、应付票据、应付账款、应付职工薪酬、应交税费等项目。根据会计“资产负债表”中“流动负债合计”项目的期末余额数填报。

所有者权益合计 指企业资产扣除负债后由所有者享有的剩余权益。公司的所有者权益又称股东权益。包括实收资本、资本公积、盈余公积、未分配利润等。根据会计“资产负债表”中“所有者权益合计”项目的期末余额数填报。

应收账款 指企业因销售商品、提供劳务等经营活动所形成的债权，包括应向客户收取的货款、增值税款和为客户代垫的运杂费等。来源于会计“资产负债表”中“应收账款”项目的期末余额数。

存货 指企业在日常活动中持有以备出售的产成品或商品、处在生产过程中的在产品、在生产过程或提供劳务过程中耗用的材料或物料等，通常包括原材料、在产品、半成品、产成品、商品以及周转材料等。来源于会计“资产负债表”中“存货”项目的期末余额数。

产成品 指企业已经完成全部生产过程并验收入库，可以按照合同规定的条件送交订货单位，或者可以作为商品对外销售的产品。来源于会计“产成品”科目的借方余额。

营业收入 指企业经营主要业务和其他业务所确认的收入总额。营业收入包括“主营业务收入”和“其他业务收入”。来源于会计“利润表”中“营业收入”项目的本年累计数。

营业成本 指企业经营主要业务和其他业务所发生的成本总额。包括企业（单位）在报告期内从事销售商品、提供劳务等日常活动发生的各种耗费。包括“主营业务成本”和“其他业务成本”。来源于会计“利润表”中“营业成本”项目的本年累计数。

利润总额 指企业在一定会计期间的经营成果，是生产经营过程中各种收入扣除各种耗费后的盈余，反映企业在报告期内实现的盈亏总额。根据会计“利润表”中“利润总额”项目的本期金额数填报。

应交增值税 指企业按税法规定，从事货物销售或提供加工、修理修配劳务等增加货物价值的活动本期应交纳的税金。计算公式为：

应交增值税=销项税额−（进项税额−进项税额转出）−出口抵减内销产品应纳税额−减免税款+出口退税

进项税额指企业在报告期内购入货物或接受应税劳务而支付的、准予从销项税额中抵扣的增值税额。

销项税额指企业在报告期内销售货物或提供应税劳务应收取的增值税额。

总资产贡献率 反映企业全部资产的获利能力，是企业经营业绩和管理水平的集中体现，是评价和考核企业盈利能力的核心指标。计算公式为：

$$\text{总资产贡献率(\%)}=\frac{\text{利润总额}+\text{税金总额}+\text{利息支出}}{\text{平均资产总额}}\times 100\%$$

公式中：税金总额为主营业务税金及附加与应交增值税之和；平均资产总额为期初期末资产之和的算术平均值。

资产负债率 该指标既反映企业经营风险的大小，也反映企业利用债权人提供的资金从事经营活动的能力。计算公式为：

$$\text{资产负债率(\%)}=\frac{\text{负债总额}}{\text{资产总额}}\times 100\%$$

资产与负债均为报告期期末数。

产品销售率 该指标反映工业产品已实现销售的程度，是分析工业产销衔接情况，研究工业产品满足社会需求的指标。计算公式为：

$$\text{产品销售率(\%)}=\frac{\text{工业销售产值}}{\text{工业总产值}}\times 100\%$$

Explanatory Notes on Main Statistical Indicators

Industry refers to the material production sector which is engaged in the extraction of natural resources and processing and reprocessing of minerals and agricultural products, including (1) extraction of natural resources, such as mining, salt production (but not including hunting and fishing); (2) processing and reprocessing of farm and sideline produces, such as rice husking, flour milling, wine making, oil pressing, silk reeling, spinning and weaving, and leather making; (3) manufacture of industrial products, such as steel making, iron smelting, chemicals manufacturing, petroleum processing, machine building, timber processing; water and gas production and electricity generation and supply; (4)repairing of industrial products such as the repairing of machinery and means of transport (including cars).

In industrial surveys, the units of enquiry are industrial corporate units.

Industrial corporate units refer to corporate units engaging in industrial production and operation activities, which meet the following requirements: (1) They are established legally, having their own names, organizations, location, and are able to take civil liability independently; (2) They possess (or are authorized to use) assets independently, assume liabilities and are entitled to sign contracts with other units; (3) They have accounts including the balance sheets or can compile the accounts according to the need.

State-owned and State-holding Enterprises refer to state-owned enterprises plus State-holding enterprises. State-owned enterprises (originally known as State-run enterprises with ownership by the whole society) are non-corporate economic entities registered in accordance with the Regulation of the People's Republic of China on the Management of Registration of Legal Enterprises, where all assets are owned by the State. Included in this category are State-owned enterprises, State-funded corporations and State-owned joint-operation enterprises. Joint State-private industries and private industries, which existed before 1957, were transformed into state-run industries since 1957, and into State-owned industries after 1992. Statistics on those enterprises are included in the State-owned industries instead of being grouped them separately. State-holding enterprises are a sub-classification of enterprises with mixed ownership, referring to enterprises where the percentage of State assets (or shares by the State) is larger than any other single share holder of the same enterprise. This sub-classification illustrates the control of the State over a particular industry.

For explanation of enterprises of other types of registration covered in this chapter, please refer to General Survey.

Light Industry refers to the industry that produces consumer goods and hand tools. It consists of two categories, depending on the materials used:

(1) Industries using farm products as raw materials. These are the branches of light industry which directly or indirectly use farm products as basic raw materials, including the manufacture of food and beverages, tobacco processing, textile, clothing, fur and leather manufacturing, paper making, printing, etc.

(2) Industries using non-farm products as raw materials. These are the branches of light industry which use manufactured goods as raw materials, including the manufacture of cultural, educational articles and sports goods, chemicals, synthetic fibre, chemical products for daily use, glass products for daily use, metal products for daily use, hand tools, medical apparatus and instruments, and the manufacture of cultural and office machinery.

Heavy Industry refers to the industry which produces capital goods, and provides various sectors of the national economy with necessary material and technical basis for production. It consists of the following three branches according to the purpose of production or the use of products:

(1) Mining, quarrying and logging industry, which refers to the industry that extracts natural resources, including extraction of

petroleum, coal, metal and non-metal ores.

(2) Raw materials industry refers to the industry that provides various sectors of the national economy with raw materials, fuels and power. It includes smelting and processing of metals, coking and coke chemistry, chemical materials and building materials such as cement, plywood, and power, petroleum refining and coal dressing.

(3) Manufacturing industry which refers to the industry that processes raw materials. It includes machine-building industries which equip sectors of the national economy; industries producing metal structure and cement products; and industries producing means of agricultural production, such as chemical fertilizers and pesticides.

In accordance with the above principles of classification, the repairing trades, which are engaged primarily in repairing products of heavy industry, are classified as heavy industry while those which are engaged in repairing products of light industry are classified as light industry.

Total Assets refer to all resources that are owned or controlled by enterprises through previous trades or transactions with expectation of making economic profits. Classified by the degree of liquidity, total assets include current assets, and non-current assets. Current assets can be classified into monetary assets, trading financial assets, notes receivable, accounts receivable, advanced payments, other prepaid money and inventories. Non-current assets can be divided into long-term equity investment, fixed assets, intangible assets and other non-current assets. Data on this indicator can be obtained by the year-end figures of total assets in the Assets and Liability Table of accounting records of enterprises.

Total Current Assets refer to the assets that meet one of the following requirements: (1) expected to be cashed, sold or used in a normal operation cycle, mainly including inventory and accounts receivable; (2) be owned for trading purpose mainly; (3) expected to be cashed in one year (including one year) from the day of the Assets and Liability Table; (4) unlimited cash or cash equivalents that can be exchanged with other assets or being capable of settling debts during one year since the day of Assets and Liability Table. Included are monetary assets, notes receivable, accounts receivable and inventories. Data on this indicator can be obtained by the year-end figures of total current assets in the Assets and Liability Table of the accounting records of enterprises.

Original Value of Fixed Assets refers to the cost of fixed assets, or the total expenditure of an enterprise spent on certain fixed assets, through purchase, construction, installation, transformation, expansion or technical upgrading. It is reported according to the year-end debit balance of fixed assets of accounting records.

Accumulated Depreciation refers to the accumulated figure of fixed assets depreciation over the past years that are extracted by the enterprise at the end of the reference period. It is reported according to the year-end credit balance of accumulated depreciation of accounting records.

Total Liabilities refer to payable liabilities of enterprises that accumulated from previous trades or transactions with expectation of economic profits leaking out. In terms of payment, it can be divided into liquid liabilities and long-term liabilities. Data on this item is obtained from the year-end figures on total liabilities from the Assets and Liability Table of the accounting record of the enterprises.

Total Liquid Liabilities refer to the liabilities that meet one of the following requirements: (1) expected to be repaid in a normal operation cycle; (2) be owned for trading purpose mainly; (3) expected to be repaid in one year from the day of the Assets and Liability Table; (4) enterprise has no right to postpone the settlement of which over a year from the day of the Assets and Liability Table. Included are short-term loans, notes payable, accounts payable, employee compensations, taxes and expenses due. Data on this indicator can be obtained by the year-end figures of total liquid liabilities in the Assets and Liability Table of the accounting records of enterprises.

Total Equity refers to the residual ownership of enterprise investors by deducting total liabilities from the total assets, including the paid-in capital, accumulation of capital, operating surplus and non-distributed profits. Data are obtained from the year-end figures on “total equity” from the Assets and Liability Table of the accounting record of enterprise.

Accounts Receivable refers to creditor's rights formed by business activities such as selling goods, providing labor, which include payment for goods that should be charged to the customer, value-added tax and advance freight for the clients. It comes from the ending balance of accounts receivable in balance sheet.

Inventories refers to finished goods or commodities held in preparation for sale in enterprises’ daily activities, goods in the production process, material or the physical materials consumed in the production process or in the process of providing labor, usually include raw materials, goods in the production process, semi-finished products, finished products, goods and materials in flow. It comes from the ending balance of inventory in balance sheet.

Finished Goods refers to the products that the enterprises have completed all of the production process and accepted and put in storage, and can be sent to the ordering units in accordance with the contract stipulations, or can be on sale. It come from the debit balance of Finished Products of accounting.

Business Revenue refers to the total revenue recognized by an enterprise in its principal business and other business operations. Business revenue includes " revenue from principal Business" and " revenue from other business". It comes from this year’ s cumulative report of "business revenue" items from the "income statement".

Business Cost refers to the total cost incurred by an enterprise in its principal business and other business operations. It includes various expenditures incurred by enterprises (units) in their daily activities of selling goods and providing labour services during the reporting period. It includes "Cost of principal business" and "Cost of other business". It comes from this year’ s cumulative report of "operating cost" items from the "income statement".

Total Profits refers to the operation results in a certain accounting period, and it is the balance of various incomes minus various spendings in the course of operation, reflecting the total profits and losses of enterprises in reference period. Data are obtained from the amount of “total profits” in the “profit table” of the accounting record of enterprise.

Value-added Tax Payable refers to the payable tax of enterprises which engaged in selling of goods or providing services that bring added value to the goods, such as processing, repairing, fitting and other activities should be paid according to Tax Law. The formula is as follows:

Value-added Tax Payable = tax on sales-(tax on purchase-transferred tax on purchase)-exports deduct tax payable on domestic sales-tax relief+the export tax rebate.

Tax on Purchase refers to the value-added tax payable by enterprises that purchase goods or receiving taxable services during the reference period and this part of the tax is allowed to be deducted from the tax on sales.

Tax on Sales refers to the value-added tax chargeable by enterprises that sell goods or provide taxable services during the reference period.

Ratio of Profits, Taxes and Interests to Average Assets reflects the profit-making capability of all assets of the enterprise and is a key indicator manifesting the performance and management and evaluating the profit-making potential of the enterprise. It is calculated as follows.

$$\text{Ratio of Profits, Taxes and Interests to Average Assets (\%)} = \frac{\text{total profits} + \text{total taxes} + \text{interest payment}}{\text{average assets}} \times 100\%$$

In the above formula, total taxes is the sum of tax and extra charges on the principal business and value-added tax payable; and average assets is the arithmetic mean of the sum of beginning assets and ending assets.

Ratio of Debts to Assets reflects both the operation risk and the capability of the enterprise in making use of the capital from the creditors. It is calculated as follows:

$$\text{Ratio of Debts to Assets (\%)} = \frac{\text{total debts}}{\text{total assets}} \times 100\%$$

Both assets and debts are figures at the end of the reference period.

Sales Ratio of Products is an indicator reflecting the actual sale of industrial products, analyzing the production-selling and supply-demand relations. It is calculated as:

$$\text{Sales Ratio of Products (\%)} = \frac{\text{value of industrial sales}}{\text{gross industrial output value (current prices)}} \times 100\%$$

建筑业
Construction

14

◉ 资料整理：周晓燕

简要说明

一、主要内容

本篇反映河南省建筑业企业的基本情况和经营情况。包括企业个数、从业人员数、建筑业总产值、房屋建筑面积、资产、利润、税金、劳动生产率等资料。

二、统计范围

从2002年起，由原具有建筑业资质等级四级及四级以上的独立核算建筑业企业，调整为具有建筑业资质的独立核算企业。

三、资料来源

建筑业资料采取全面调查的方法，由河南省统计局固定资产投资处编辑整理。

Brief Introduction

I. Main Contents

Data in this chapter show the general and operation situation of the construction industry in Henan provincial. They cover the situation of production and management of the construction enterprises, including the number of enterprises; number of employed persons; gross output value of the construction industry; floor space of buildings under construction; profits and taxes ; and labour productivity etc.

II. Scope of Statistics

Starting from 2002 the scope of construction statistics has been adjusted to include all the construction enterprises of various types of ownership with qualification certificates and independent accounting systems, replacing the previous criteria that required construction enterprises of various types of ownership to have qualification certificates at or above Class 4 with independent accounting systems.

III. Sources of Data

Data on construction enterprises are collected in accordance with the Reporting Form System of Construction Statistics, which are provided by Department of investment in fixed assets of the Henan provincial Bureau of Statistics.

14－1 建筑业企业主要统计指标

Main Indicators on Construction Enterprises

年份 Year	单位数 (个) Number of Enterprise (unit)	建筑业总产值 (亿元) Gross Output Value of Construction (100 million yuan)	从业人员 (万人) Number of Employed Person (10 000persons)	房屋建筑面积(万平方米) Floor Spece of Buildings (10 000 sq.m) 施工 Under Construction	竣工 Completed	资产 (亿元) Asset (100 million yuan)	利润 (亿元) Profit (100 million yuan)	税金 (亿元) Tax (100 million yuan)	劳动生产率(按总产值计算) (元/人.年) Overall Labor Productivity by Total Output (yuan/person.year)
1978									
1979									
1980									
1981									
1982									
1983	249	13.30		1050.00	608.40		0.90	0.26	4749
1984	264	19.53		1177.00	647.10		1.10	0.38	5762
1985	375	26.09		1287.70	607.90		1.39	0.58	7435
1986	383	29.20		1324.70	659.70		1.09	0.45	7991
1987	412	31.56		1482.90	731.30		1.16	0.68	8429
1988	442	36.81		1829.20	674.90		1.10	0.91	9720
1989	403	39.26		1355.50	594.60		0.64	0.95	10759
1990	393	41.05		1264.50	609.70		1.02	1.14	11985
1991	493	53.91		1614.72	701.61		0.98	1.67	13098
1992	511	70.33		1934.10	878.60		1.27	2.04	16060
1993	979	101.26		2476.25	1015.03	108.10	1.10	2.74	19549
1994	1332	145.52		2966.28	1322.53	147.44	1.47	3.99	24100
1995	1384	182.07		3386.46	1533.55	186.59	2.07	5.18	27121
1996	2278	271.56		5335.91	2726.45	255.43	4.02	8.32	27910
1997	1975	294.69		4984.41	2447.91	274.48	2.60	8.63	31485
1998	2027	304.96	93.79	5061.35	2418.40	305.48	2.11	9.23	35619
1999	1936	316.99	79.77	5016.55	2584.82	324.54	3.72	9.51	40279
2000	1983	357.34	79.90	5308.29	2629.33	356.53	3.09	11.76	45237
2001	1824	452.49	84.01	6295.47	3146.07	437.70	5.86	14.40	52002
2002	1926	536.73	92.65	7118.44	3630.82	562.05	7.53	16.93	57930
2003	1905	634.52	93.44	8026.07	3433.59	656.32	9.40	20.36	65943
2004	2556	817.13	107.66	9086.52	4186.89	828.57	19.05	27.65	83239
2005	2842	1066.15	125.03	10813.15	4787.12	926.11	25.55	37.01	83308
2006	2834	1530.95	141.37	14472.92	6530.01	1130.11	37.10	50.78	108464
2007	3110	2151.72	176.43	19015.67	9177.80	1484.90	57.43	74.30	123272
2008	3894	2824.06	197.86	21966.53	10289.20	1898.06	92.92	98.71	140560
2009	4146	3596.49	224.34	24596.04	11994.23	2386.99	118.67	129.09	162702
2010	4341	4400.61	235.00	28677.13	13156.03	2856.03	161.65	162.31	183639
2011	4511	5279.36	228.91	33282.01	15146.83	3562.79	200.09	185.44	224132
2012	4738	6009.08	227.12	38328.73	16397.59	4159.13	232.86	210.94	287736
2013	5149	7003.20	237.19	43408.63	18179.14	4981.35	312.47	257.48	277186
2014	5129	7911.89	240.89	48825.35	19818.32	5812.88	321.89	275.37	307264
2015	5142	8047.65	238.83	53132.48	18026.91	5759.66	322.38	273.37	287604
2016	5710	8807.99	261.06	55784.03	19425.80	7135.13	440.61	347.82	322917
2017	6358	10086.58	276.01	55694.68	20226.02	8111.68	477.13	404.68	354856
2018	6732	11360.52	292.08	63789.69	20624.12	9876.33	535.71	505.50	373130
2019	7304	12701.68	296.92	64256.07	20736.33	10238.79	589.14	484.42	403962
2020	7413	13122.55	287.67	65956.92	19412.39	11343.52	544.87	454.17	423340
2021	8158	14192.01	288.09	67394.01	18988.63	12274.14	538.42	416.57	460820

注：本表不包括劳务分包企业(下同)。
a) Construction Enterprises in this table exclude work subcontractors enterprises (the same as following tables).

14−2 建筑业企业主要经济指标

Main Economic Indicators on Construction Enterprises

指　标	Item	2015	2019	2020	2021
企业单位数（个）	Number of Construction Enterprises (unit)	5142	7304	7413	8158
从业人员（万人）	Number of Employed Persons (10 000 persons)	238.83	296.92	287.67	288.09
固定资产原价（亿元）	Original Value of Fixed Assets (100 million yuan)	1031.21	1241.21	1252.43	1261.68
自有施工机械设备年末总台数	Total Number of Machinery and Equipment				
（万台）	Owned (10 000 sets)	64.77	65.75	59.83	53.65
自有施工机械设备年末净值	Net Value of Machinery and Equipment				
（亿元）	Owned (100 million yuan)	317.51	306.66	305.62	264.10
自有施工机械设备年末总功率	Total Power of Machinery and Equipment				
（万千瓦）	Owned (10 000 kw)	1651.00	1430.49	1427.47	1280.77
建筑业总产值（亿元）	Gross Output Value of Construction (100 million yuan)	8047.65	12700.97	13122.55	14192.01
全员劳动生产率	Overall Labor Productivity				
按总产值计算（元/人）	In Terms of Gross Output Value (yuan/person)	287604.00	403962.46	423340.00	460819.91
房屋建筑施工面积（万平方米）	Floor Space of Buildings under Construction (10 000 sq.m)	53132.48	64256.07	65956.92	67394.01
房屋建筑竣工面积（万平方米）	Floor Space of Buildings Completed (10 000 sq.m)	18026.91	20736.33	19412.39	18988.63
技术装备率（元/期末人数）	Value of Machines per Laborer (yuan/person)	13294.34	10328.05	10624.27	9167.10
动力装备率（千瓦/期末人数）	Power of Machines per Laborer (kw/person)	6.91	4.82	4.96	4.45
主营业务收入（亿元）	Revenue from Principal Business (100 million yuan)	7398.20	10923.33	11139.59	11594.68
主营业务成本（亿元）	Costs of Principal Business (100 million yuan)	6401.10	9682.63	9957.88	10376.03
主营业务税金及附加（亿元）	Taxes and Extra Charges on Pincipal Business				
	Accounts (100 million yuan)	251.89	172.10	153.32	129.37
本年固定资产折旧（亿元）	Depreciation of Fixed Assets (100 million yuan)	65.90	105.10	94.52	73.04
应付职工薪酬（亿元）	Wages Payable (100 million yuan)	849.73	2080.89	2069.86	2136.45
利润总额（亿元）	Total Profits (100 million yuan)	322.38	589.14	544.87	538.42
税金总额（亿元）	Total Tax (100 million yuan)	273.37	484.42	454.17	416.57
产值利润率（%）	Ratio of Profit to Gross Output Value (%)	4.0	4.6	4.2	3.8
产值利税率（%）	Ratio of Pre-tax Profit to Gross Output Value (%)	7.4	8.5	7.6	6.7

14−3 建筑业企业房屋建筑竣工面积及竣工价值(2021年)

Floor space and Value of Building completed of Construction Enterprises (2021)

指 标	Item	竣工面积(万平方米) Floor space Completed (10 000 sq.m)	竣工价值(亿元) Value of Floor Space Completed (10 million yuan)
竣工房屋	**Buildings Completed**	**18988.63**	**3027.98**
住宅房屋	Residential Building	13844.06	2080.18
商业及服务用房屋	Buildings for Commercial and Service	1269.01	273.54
商厦房屋(批发和零售用房)	Malls Housing	283.16	147.88
宾馆用房屋(住宿用房)	Hotel	153.71	20.69
餐饮用房屋(餐饮用房)	Dining	30.01	4.99
商务会展用房屋	Commercial Exhibition	74.99	13.99
其他商业及服务用房屋(居民服务业用房)	Others (Residents Service)	727.13	85.99
办公用房屋	Official Building	787.75	136.59
科研、教育、医疗用房屋	Buildings for Scientific Research, Education and Public Health and Medical	1073.76	196.09
科学研究用房屋	Buildings for Scientific Research	25.76	3.76
教育用房屋	Buildings for Education	842.30	151.91
医疗用房屋(卫生医疗用房)	Buildings for Public Health and Medical	205.69	40.42
文化、体育、娱乐用房屋	Buildings for Culture and Sports and Amusement	201.40	30.37
厂房及建筑物	Workshop and Buildings	1222.87	198.30
#厂房	Workshop	652.33	87.36
仓库	Buildings for Other Uses	134.82	19.42
其他未列明的房屋建筑物	Others	454.97	93.49

14-4 建筑业企业生产情况(2021年)

指标	Item	合计 Total	内资 Domestic Funded	港澳台商投资 Funded from Hong Kong, Macao and Taiwan
企业个数(个)	Number of Enterprises (unit)	8158	8148	2
签订的合同额(亿元)	Contract Value Signed (100 million yuan)	29706.03	29653.27	4.49
上年结转合同额	Value from Contracts Signed in Last Year	12541.07	12504.70	3.83
本年新签合同额	Value from New Contracts Signed in this Year	17164.96	17148.56	0.66
承包工程完成情况(亿元)	Conditions Finished of Contracted Projects (100 million yuan)			
直接从建设单位承揽	Contracted Directly from Investors			
工程完成的产值	Output Value of Finished Projects	13883.91	13862.96	1.22
自行完成施工产值	Output Value of Own-completed Buildings	13733.39	13712.44	1.22
分包出去工程的产值	Output Value of Projects Subcontracted	150.52	150.52	
从建设单位以外承揽	Contracted From Non-investors			
工程完成的产值	Output Value of Finished Projects	458.62	442.55	
建筑业总产值(亿元)	Gross Output Value of Construction (100 million yuan)	14192.01	14155.00	1.22
建筑工程	Construction	12347.98	12319.78	0.52
安装工程	Installation	1302.81	1295.14	
其他	Others	541.23	540.08	0.70
#装配式建筑工程产值	Output Value of Prefabricated Construction Project	189.64	189.64	
#装修装饰	Building Decoration	434.47	434.37	
#在外省完成的产值	Output Value Completed in other Provinces	3222.70	3195.51	
建筑业竣工产值(亿元)	Output Value of Buildings Completed (100 million yuan)	6154.10	6130.86	
从业人员(万人)	Number of Persons Engaged (10 000 persons)	288.09	287.82	0.05
#工程技术人员	Engineering	37.79	37.75	0.00
直接从事生产经营活动的平均人数(万人)	Annual Average people Directly Engaged in Production and Business Operation Activities (10 000 persons)	307.97	307.68	0.06
全员劳动生产率	Overall Labor Productivity			
按总产值计算(元/人)	In Terms of Gross Output Value (yuan/person)	460820	460056	215092
房屋建筑施工面积(万平方米)	Floor Space of Buildings Under Construction (10 000 sq.m)	67394.01	67393.36	
#本年新开工	Beginning Projects This Year	22669.41	22669.41	
房屋建筑竣工面积(万平方米)	Floor Space of Buildings Completed (10 000 sq.m)	18988.63	18988.63	
房屋竣工率(%)	Rate of Floor Space of Buildings Completed (%)	28.18	28.18	
自有施工机械设备年末总台数(台)	Number of Machinery and Equipment Owned (set)	536470	536432	

Main Indicators on Construction Enterprises (2021)

外商投资 Foreign Funded	#国有控股 State-holding	#集体控股 Collective-holding	#私人控股 Private-holding	房屋建筑业 Floor Space Construction	土木工程建筑业 Civil Engineering Construction	建筑安装业 Building Installation	建筑装饰和其他建筑业 Building Decoration and Others
8	362	153	7569	3556	2306	759	1537
48.27	14892.59	795.58	13325.80	17335.13	9704.00	1346.75	1320.15
32.53	7351.55	263.64	4696.84	7565.93	4228.43	438.84	307.87
15.74	7541.04	531.94	8628.96	9769.20	5475.57	907.91	1012.28
19.73	4414.67	615.56	8555.20	7594.04	4517.45	873.22	899.20
19.73	4403.77	607.09	8432.13	7520.72	4480.00	847.54	885.13
	10.90	8.47	123.07	73.31	37.45	25.68	14.07
16.07	123.38	12.15	292.70	161.01	153.73	62.50	81.39
35.80	4527.16	619.24	8724.83	7681.73	4633.73	910.03	966.51
27.68	4072.55	516.38	7496.75	7027.39	4086.99	496.37	737.22
7.67	374.00	73.05	813.88	395.87	402.71	341.98	162.26
0.45	80.60	29.81	414.20	258.47	144.03	71.68	67.04
	49.07	8.66	131.81	130.84	37.52	12.39	8.89
0.10	109.24	4.39	315.65	187.36	22.91	12.64	211.56
27.19	2212.29	17.35	924.04	1394.48	1464.83	226.20	137.19
23.24	1594.81	272.30	4177.87	3956.33	1508.33	326.80	362.64
0.22	61.23	11.94	207.78	182.39	71.18	15.25	19.27
0.04	8.06	1.84	26.90	21.90	10.57	2.67	2.65
0.24	64.53	11.97	224.03	194.02	77.08	16.38	20.49
1514341	701590	517207	389454	395925	601161	555463	471695
0.65	20670.51	4190.87	41859.45	58330.53	6389.35	1479.35	1194.78
	4765.15	1222.44	16413.35	19417.96	2308.18	549.47	393.80
	2423.46	943.58	15399.77	16925.61	1279.26	430.12	353.64
	11.72	22.52	36.79	29.02	20.02	29.08	29.60
38	91228	24599	413337	351144	120236	24718	40372

14-5 建筑业企业主要财务指标(2021年)

单位：亿元

指标	Item	合计 Total	内资 Domestic Funded	港澳台商投资 Funded from Hong Kong, Macao and Taiwan	外商投资 Foreign Funded
资产总计	Total Assets	12274.14	12212.53	9.46	52.15
流动资产合计	Total Circulating Funds	9890.12	9834.66	9.29	46.17
#应收工程款	Accounts Receivable	2567.80	2545.07		22.73
存货	Stock	1504.06	1494.31	5.37	4.38
固定资产原价	Original Value of Fixed Assets	1261.68	1255.65	0.16	5.88
累计折旧	Total Depreciation Drawn Accumulated	537.71	536.38	0.01	1.32
#本年折旧	Draw Depreciation This Year	73.04	72.84	0.00	0.19
在建工程	Under Construction Project	173.58	172.70		0.88
流动负债合计	Liquid Liabilities	7507.43	7470.48	8.17	28.77
#应付账款	Accounts payable	2519.81	2497.99	6.20	15.62
非流动负债合计	Non-current liabilities	407.76	401.31	0.01	6.44
负债合计	Total Liabilities	8262.32	8218.88	8.18	35.25
所有者权益合计	Owners, Equity	4011.82	3993.65	1.28	16.89
#实收资本	Paid-in Capitals	2322.59	2317.29	0.46	4.83
个人资本	Individual	539.84	539.16		0.68
营业收入	Business Revenue	11706.84	11682.41	1.22	23.21
#主营业务收入	Revenue from Principal Business	11594.68	11570.29	1.22	23.17
营业成本	Operating costs	10517.82	10498.18	1.10	18.55
#主营业务成本	Cost of Principle Business	10376.03	10356.44	1.10	18.49
营业税金及附加	Business tax and extra	136.00	135.92	0.01	0.08
#主营业务税金及附加	Main business taxes and add	129.37	129.28	0.01	0.08
其他业务利润	Other Profit from Business	11.39	11.39		-0.01
销售费用	Sales expenses	53.00	52.86		0.14
管理费用	Management Expenses	367.08	366.12	0.10	0.85
研发费用	R&D Expenses	119.26	118.61		0.65
财务费用	Financial Expenses	94.85	94.84	0.00	0.02
#利息收入	Income of Interest	7.69	7.65	0.00	0.04
营业利润	Profits of Business	536.93	533.81	0.01	3.11
利润总额	Total Profits	538.42	535.19	0.02	3.21
利税总额	Total Pre-tax Profits	954.99	950.97	0.13	3.89
应付职工薪酬	Wages Payable	2136.45	2131.17	0.55	4.73
亏损企业个数(个)	Number of Loss-Making Enterprises (unit)	1183	1182		1
应交增值税	VAT Payable	287.20	286.50	0.10	0.60

Main Financial Indicators on Construction Enterprises by Registration Status (2021)

(100 million yuan)

#国有控股 State-holding	#集体控股 Collective-holding	#私人控股 Private-holding	房屋建筑业 Floor Space Construction	土木工程建筑业 Civil Engineering Construction	建筑安装业 Building Installation	建筑装饰和其他建筑业 Building Decoration and Others
4831.29	448.88	6937.20	6263.75	4416.49	787.14	806.76
3796.94	345.33	5697.08	5122.26	3418.54	675.84	673.48
829.08	89.45	1626.68	1324.77	862.57	179.17	201.29
321.21	109.42	1064.69	901.67	474.08	72.61	55.70
439.26	80.89	735.74	507.12	600.49	78.50	75.57
205.66	34.69	296.16	194.06	273.33	36.39	33.93
23.85	5.01	44.00	30.09	32.15	5.27	5.53
42.33	5.86	125.26	75.61	73.53	15.51	8.93
3513.83	284.54	3675.99	3949.93	2683.18	480.74	393.59
1249.10	151.42	1097.65	1234.61	929.39	195.06	160.75
249.52	16.63	135.16	157.36	238.30	4.16	7.94
3814.29	318.67	4089.81	4274.84	3028.23	513.87	445.38
1017.00	130.21	2847.40	1988.91	1388.27	273.26	361.38
544.39	64.86	1708.84	1149.19	781.25	162.44	229.70
5.21	9.12	525.42	301.82	150.05	37.50	50.47
3959.42	532.63	7195.23	6166.91	3916.71	780.97	842.26
3934.73	520.67	7119.77	6122.58	3881.02	760.36	830.72
3646.84	456.45	6399.16	5554.34	3513.89	698.70	750.89
3609.07	443.83	6307.80	5495.59	3466.26	673.04	741.14
22.80	14.89	98.23	81.28	38.76	4.84	11.12
21.62	14.26	93.41	77.24	36.61	4.61	10.91
5.88	1.86	3.65	5.00	4.69	1.36	0.34
6.83	5.28	40.87	21.63	20.19	6.26	4.92
87.33	33.17	246.01	159.22	132.35	40.82	34.69
84.42	0.55	33.83	57.81	46.80	9.12	5.54
34.15	3.50	57.19	53.85	31.25	3.38	6.38
6.49	0.30	0.88	5.02	2.68	0.23	-0.23
106.07	28.03	399.79	288.68	176.52	31.99	39.74
107.78	28.03	399.42	288.52	177.40	32.51	39.98
180.35	56.86	713.82	536.37	288.97	52.54	77.10
755.32	107.54	1269.26	1347.27	515.14	144.15	129.90
69	21	1092	459	287	141	296
50.95	14.58	220.98	170.62	74.96	15.41	26.21

14-6 各市建筑业企业总产值

Total Output Value of Construction by City

单位：亿元 (100 million yuan)

地 区 Region	2000	2005	2010	2015	2019	2020	2021
全 省 Total	**357.34**	**1066.15**	**4400.61**	**8047.65**	**12700.97**	**13122.55**	**14192.01**
郑 州 市 Zhengzhou	105.93	299.39	1352.33	2715.91	4729.49	4953.86	5423.37
开 封 市 Kaifeng	10.77	35.16	105.80	212.85	428.35	436.96	505.82
洛 阳 市 Luoyang	50.18	168.54	877.67	1255.70	1123.28	1220.85	1329.48
平 顶 山 市 Pingdingshan	15.48	31.18	88.66	120.66	203.96	216.33	229.31
安 阳 市 Anyang	28.68	71.78	319.14	678.74	1017.36	1078.34	1111.32
鹤 壁 市 Hebi	3.65	6.34	34.25	61.08	89.70	93.58	98.27
新 乡 市 Xinxiang	26.84	79.44	238.71	443.91	809.08	848.55	907.61
焦 作 市 Jiaozuo	9.31	36.26	87.51	96.70	106.86	108.92	123.87
濮 阳 市 Puyang	23.45	46.84	138.98	228.38	298.51	315.87	325.94
许 昌 市 Xuchang	9.69	21.28	85.04	127.98	200.00	203.19	221.89
漯 河 市 Luohe	3.73	10.10	35.29	49.93	82.31	83.22	95.15
三 门 峡 市 Sanmenxia	7.55	26.25	82.44	117.05	232.64	246.81	259.12
南 阳 市 Nanyang	21.29	75.70	197.79	328.76	530.64	504.81	583.20
商 丘 市 Shangqiu	9.42	43.76	170.41	362.93	658.38	628.53	536.47
信 阳 市 Xinyang	14.78	43.34	207.15	428.70	650.95	646.61	710.87
周 口 市 Zhoukou	9.73	40.60	184.06	361.95	624.77	554.49	611.79
驻 马 店 市 Zhumadian	6.09	23.14	175.48	425.19	853.27	916.99	1055.12
济 源 示 范 区 Jiyuan	0.78	7.08	19.88	31.23	61.42	64.63	63.43

14-7 各市建筑业企业利税总额

Total Pre-Tax Profits of Construction Enterprises by City

单位：亿元 (100 million yuan)

地 区 Region	2000	2005	2010	2015	2019	2020	2021
全 省 Total	**14.85**	**62.55**	**323.96**	**595.76**	**1074.24**	**999.04**	**954.99**
郑州市 Zhengzhou	3.54	13.67	98.12	180.17	241.22	242.13	197.45
开封市 Kaifeng	0.36	1.81	6.96	17.25	39.26	32.17	26.38
洛阳市 Luoyang	0.64	9.61	43.56	58.24	55.88	49.31	39.41
平顶山市 Pingdingshan	0.60	1.94	6.02	10.81	14.78	14.74	13.72
安阳市 Anyang	1.52	2.94	16.83	41.79	89.39	93.20	92.20
鹤壁市 Hebi	0.13	0.16	2.03	3.62	10.09	8.21	6.49
新乡市 Xinxiang	1.53	5.63	28.27	30.82	101.15	79.77	82.09
焦作市 Jiaozuo	0.27	1.76	5.99	7.46	34.06	6.95	7.02
濮阳市 Puyang	1.18	2.46	9.48	15.39	24.42	21.47	21.85
许昌市 Xuchang	0.68	0.84	5.41	16.18	13.41	16.70	11.46
漯河市 Luohe	0.24	0.51	3.07	5.28	4.79	5.11	5.52
三门峡市 Sanmenxia	0.26	1.24	7.16	14.42	18.99	18.81	19.07
南阳市 Nanyang	1.02	4.58	21.65	23.29	55.65	47.18	63.68
商丘市 Shangqiu	0.86	3.31	13.67	26.59	76.34	67.90	64.50
信阳市 Xinyang	0.72	4.45	19.78	32.03	67.92	68.30	85.15
周口市 Zhoukou	0.93	3.90	19.62	36.27	83.44	82.21	78.08
驻马店市 Zhumadian	0.36	3.03	14.95	31.74	138.87	140.58	137.06
济源示范区 Jiyuan	0.02	0.69	1.38	3.05	4.58	4.29	3.88

14-8 各市建筑业企业利润总额

Total Profits of Construction Enterprises by City

单位：亿元 (100 million yuan)

地 区 Region	2000	2005	2010	2015	2019	2020	2021
全 省 Total	**3.09**	**25.55**	**161.65**	**322.38**	**589.54**	**544.87**	**538.42**
郑州市 Zhengzhou	0.35	4.09	49.01	93.19	136.98	134.62	114.87
开封市 Kaifeng	0.04	0.70	3.39	10.02	23.07	19.14	12.11
洛阳市 Luoyang	-0.80	3.95	15.99	21.59	31.44	26.73	18.65
平顶山市 Pingdingshan	0.05	0.78	2.91	6.20	7.53	8.39	6.82
安阳市 Anyang	0.14	0.61	7.37	21.51	39.23	47.40	43.97
鹤壁市 Hebi	-0.01	-0.04	0.87	1.81	5.89	5.01	2.77
新乡市 Xinxiang	0.45	2.34	17.98	19.39	68.43	50.62	49.73
焦作市 Jiaozuo	0.01	0.62	2.84	3.98	29.96	3.50	2.78
濮阳市 Puyang	0.53	1.17	4.66	7.86	11.97	11.20	11.04
许昌市 Xuchang	0.43	0.26	2.77	9.57	8.70	12.78	5.81
漯河市 Luohe	0.15	0.24	1.27	2.88	2.52	2.94	2.90
三门峡市 Sanmenxia	0.07	0.29	4.05	8.95	11.17	12.40	10.77
南阳市 Nanyang	0.33	2.03	9.54	12.04	26.25	22.94	35.64
商丘市 Shangqiu	0.51	1.74	8.29	16.03	37.85	33.30	40.26
信阳市 Xinyang	0.27	2.44	10.19	17.41	37.76	38.71	46.93
周口市 Zhoukou	0.48	2.31	11.92	21.83	49.64	48.95	53.52
驻马店市 Zhumadian	0.09	1.50	7.85	18.26	58.89	64.01	78.12
济源示范区 Jiyuan	0.00	0.51	0.74	1.70	2.24	2.24	1.72

14-9 各市建筑业企业主要指标(2021年)

地 区 Region	企业个数 (个) Number of Enterprises (unit)	从业人员 (万人) Number of Empleyed Persons (10 000 person)	直接从事生产经营活动的平均人数 (万人) Annual Average People Directly Engaged in Production and Business Operation Activities(10 000 person)	签定的合同额 (亿元) Value of Signed Contract (100 million yuan)
全 省 Total	**8158**	**288.09**	**307.97**	**29706.03**
郑 州 市 Zhengzhou	1911	85.93	90.93	16248.29
开 封 市 Kaifeng	358	12.09	13.09	800.08
洛 阳 市 Luoyang	650	25.54	23.96	2462.05
平 顶 山 市 Pingdingshan	362	5.42	5.32	423.71
安 阳 市 Anyang	557	34.85	38.13	1794.87
鹤 壁 市 Hebi	202	1.93	2.73	182.28
新 乡 市 Xinxiang	763	20.32	20.82	1236.35
焦 作 市 Jiaozuo	267	3.13	3.37	249.41
濮 阳 市 Puyang	308	10.52	12.51	474.23
许 昌 市 Xuchang	221	3.61	4.31	372.14
漯 河 市 Luohe	99	2.03	2.30	119.97
三 门 峡 市 Sanmenxia	171	3.53	3.66	786.88
南 阳 市 Nanyang	519	15.72	16.48	794.14
商 丘 市 Shangqiu	317	11.05	11.87	933.16
信 阳 市 Xinyang	357	18.88	21.89	794.44
周 口 市 Zhoukou	455	13.50	14.02	718.78
驻 马 店 市 Zhumadian	537	18.69	20.90	1235.73
济 源 示 范 区 Jiyuan	104	1.37	1.68	79.52

Main Indicators of Construction Enterprises by City (2021)

总产值 (亿元) Gross Output Value (100 million yuan)	竣工产值 (亿元) Output Value of Buildings Completed (100 million yuan)	房屋建筑施工面积 (万平方米) Floor Space of Buildings Under Construction (10 000 sq.m)	房屋建筑竣工面积 (万平方米) Floor Space of Buildings Completed (10 000 sq.m)	自有施工机械设备年末净值 (亿元) Net Value of Machinery and Equipment Owned (100 million yuan)
14192.01	**6154.10**	**67394.01**	**18988.63**	**264.10**
5423.37	1919.01	35055.52	5412.70	82.59
505.82	283.32	2819.19	794.15	6.62
1329.48	388.28	4917.46	929.24	17.43
229.31	105.75	717.46	301.91	4.98
1111.32	596.66	6025.48	2962.54	22.49
98.27	41.00	539.47	202.32	1.61
907.61	418.62	2263.01	1227.90	24.23
123.87	67.97	644.46	193.02	2.32
325.94	213.94	667.57	273.74	9.81
221.89	71.71	1112.20	228.44	1.90
95.15	48.06	516.36	193.76	2.10
259.12	207.10	1062.20	299.63	15.08
583.20	314.44	2452.90	1001.93	11.69
536.47	294.36	1665.11	1144.67	8.14
710.87	389.83	2680.03	1768.36	15.05
611.79	409.42	1714.41	882.96	18.77
1055.12	363.78	2364.59	1118.97	17.59
63.43	20.85	176.59	52.40	1.69

14-10 各市建筑业企业个数(2021年)

单位：个

地区 Region	企业个数 Number of Enterprises	内资 Domestic Funded	港澳台商投资 Funded from Hong Kong, Macao and Taiwan	外商投资 Foreign Funded
全省 Total	**8158**	**8148**	**2**	**8**
郑州市 Zhengzhou	1911	1908	1	2
开封市 Kaifeng	358	357		1
洛阳市 Luoyang	650	650		
平顶山市 Pingdingshan	362	362		
安阳市 Anyang	557	556		1
鹤壁市 Hebi	202	202		
新乡市 Xinxiang	763	761		2
焦作市 Jiaozuo	267	266		1
濮阳市 Puyang	308	308		
许昌市 Xuchang	221	221		
漯河市 Luohe	99	99		
三门峡市 Sanmenxia	171	171		
南阳市 Nanyang	519	519		
商丘市 Shangqiu	317	316		1
信阳市 Xinyang	357	357		
周口市 Zhoukou	455	455		
驻马店市 Zhumadian	537	536	1	
济源示范区 Jiyuan	104	104		

Number of Construction Enterprises by City (2021)

(unit)

#国有控股 State-holding	#集体控股 Collective-holding	#私人控股 Private-holding	房屋建筑业 Floor Space Construction	土木工程建筑业 Civil Engineering Construction	建筑安装业 Building Installation	建筑装饰和其他建筑业 Building Decoration and Others
362	**153**	**7569**	**3556**	**2306**	**759**	**1537**
98	25	1779	495	507	343	566
12	7	338	189	106	32	31
25	16	599	288	142	70	150
21	10	328	165	117	22	58
12	7	532	415	92	31	19
5	2	194	127	53	9	13
19	7	731	302	190	48	223
11	3	249	118	67	21	61
11	1	290	111	120	32	45
6	5	208	103	67	25	26
2	5	89	48	25	5	21
20	3	146	55	86	9	21
44	12	463	230	175	33	81
20	9	286	166	88	11	52
26	14	313	165	114	22	56
5	14	433	201	167	17	70
21	12	492	327	155	20	35
4	1	99	51	35	9	9

14-11 各市建筑业企业总产值(2021年)

单位：亿元

地 区 Region	总产值 Gross Output Value	内 资 Domestic Funded	港澳台商投资 Funded from Hong Kong, Macao and Taiwan	外商投资 Foreign Funded
全 省 Total	**14192.01**	**14155.00**	**1.22**	**35.80**
郑 州 市 Zhengzhou	5423.37	5397.77	0.52	25.08
开 封 市 Kaifeng	505.82	505.72		0.10
洛 阳 市 Luoyang	1329.48	1329.48		
平 顶 山 市 Pingdingshan	229.31	229.31		
安 阳 市 Anyang	1111.32	1108.07		3.25
鹤 壁 市 Hebi	98.27	98.27		
新 乡 市 Xinxiang	907.61	905.82		1.79
焦 作 市 Jiaozuo	123.87	119.26		4.61
濮 阳 市 Puyang	325.94	325.94		
许 昌 市 Xuchang	221.89	221.89		
漯 河 市 Luohe	95.15	95.15		
三 门 峡 市 Sanmenxia	259.12	259.12		
南 阳 市 Nanyang	583.20	583.20		
商 丘 市 Shangqiu	536.47	535.50		0.97
信 阳 市 Xinyang	710.87	710.87		
周 口 市 Zhoukou	611.79	611.79		
驻 马 店 市 Zhumadian	1055.12	1054.43	0.70	
济 源 示 范 区 Jiyuan	63.43	63.43		

Total Output Value of Construction Enterprises by City (2021)

(100 million yuan)

#国有控股 State-holding	#集体控股 Collective-holding	#私人控股 Private-holding	房屋建筑业 Floor Space Construction	土木工程建筑业 Civil Engineering Construction	建筑安装业 Building Installation	建筑装饰和其他建筑业 Building Decoration and Others
4527.16	**619.24**	**8724.83**	**7681.73**	**4633.73**	**910.03**	**966.51**
2964.13	162.33	2172.99	2791.18	1926.62	413.65	291.93
137.20	31.11	337.42	326.31	74.63	13.58	91.31
497.82	37.13	758.48	517.69	570.36	221.04	20.39
73.16	10.88	139.79	143.89	74.85	7.13	3.44
36.11	9.60	1023.05	997.54	86.31	23.06	4.40
7.56	0.46	86.46	62.94	30.82	2.93	1.58
36.60	13.34	851.14	397.66	194.68	68.40	246.86
17.22	22.85	78.47	65.69	36.02	8.26	13.89
69.03	0.03	237.07	105.38	166.49	36.09	17.97
2.92	14.02	204.59	116.94	86.61	15.86	2.47
6.48	10.84	72.84	63.81	20.20	2.92	8.23
173.27	3.18	82.03	38.67	213.50	2.58	4.38
115.63	46.41	421.16	334.76	198.14	37.84	12.46
141.11	27.75	363.80	305.55	192.86	5.19	32.86
91.98	50.06	556.72	457.53	189.54	22.47	41.32
6.85	89.67	512.91	348.12	216.21	19.35	28.11
146.42	87.25	768.46	574.42	330.32	6.85	143.54
3.68	2.30	57.45	33.65	25.58	2.83	1.37

14-12 各市建筑业企业资产总计(2021年)

单位：亿元

地区 Region	资产合计 Total Assets	内资 Domestic Funded	港澳台商投资 Funded from Hong Kong, Macao and Taiwan	外商投资 Foreign Funded
全省 Total	**12274.14**	**12212.53**	**9.46**	**52.15**
郑州市 Zhengzhou	5293.38	5254.54	9.09	29.75
开封市 Kaifeng	417.00	416.82		0.17
洛阳市 Luoyang	971.13	971.13		
平顶山市 Pingdingshan	351.81	351.81		
安阳市 Anyang	1058.76	1054.71		4.05
鹤壁市 Hebi	140.76	140.76		
新乡市 Xinxiang	746.56	738.85		7.71
焦作市 Jiaozuo	156.39	148.51		7.88
濮阳市 Puyang	478.16	478.16		
许昌市 Xuchang	274.22	274.22		
漯河市 Luohe	93.41	93.41		
三门峡市 Sanmenxia	434.72	434.72		
南阳市 Nanyang	441.95	441.95		
商丘市 Shangqiu	482.61	480.02		2.59
信阳市 Xinyang	257.87	257.87		
周口市 Zhoukou	276.10	276.10		
驻马店市 Zhumadian	330.57	330.21	0.37	
济源示范区 Jiyuan	68.73	68.73		

Total Assets of Construction Enterprises by City (2021)

(100 million yuan)

#国有控股 State-holding	#集体控股 Collective-holding	#私人控股 Private-holding	房屋建筑业 Floor Space Construction	土木工程建筑业 Civil Engineering Construction	建筑安装业 Building Installation	建筑装饰和其他建筑业 Building Decoration and Others
4831.29	**448.88**	**6937.20**	**6263.75**	**4416.49**	**787.14**	**806.76**
2817.25	163.13	2274.96	2797.23	1819.94	393.55	282.67
203.36	18.63	194.83	238.68	69.89	26.12	82.31
342.40	45.91	582.82	398.31	441.86	103.67	27.29
204.27	11.86	135.68	213.83	119.87	8.55	9.57
67.85	13.28	977.63	941.40	90.15	17.28	9.92
13.49	4.85	122.42	64.81	70.80	3.07	2.07
93.18	7.85	637.82	260.44	225.00	49.38	211.75
25.62	34.45	88.45	72.05	54.06	14.37	15.91
170.03	9.18	298.95	235.66	172.44	47.18	22.87
15.89	12.78	245.55	113.65	137.14	19.19	4.23
5.48	8.37	79.56	49.02	24.51	4.97	14.92
355.59	6.31	72.82	47.40	379.87	2.75	4.70
83.47	36.82	321.66	241.22	135.92	53.89	10.92
307.80	21.75	150.46	127.48	312.73	3.00	39.40
44.43	14.93	198.50	124.01	80.47	24.33	29.06
10.09	20.17	245.85	124.07	121.79	6.20	24.05
60.83	16.05	253.33	187.02	124.97	5.68	12.89
10.27	2.56	55.90	27.47	35.08	3.96	2.22

14-13 各市建筑业企业负债合计(2021年)

单位：亿元

地区 Region	负债合计 Total Liabilities	内资 Domestic Funded	港澳台商投资 Funded from Hong Kong, Macao and Taiwan	外商投资 Foreign Funded
全省 Total	**8262.32**	**8218.88**	**8.18**	**35.25**
郑州市 Zhengzhou	3920.84	3893.96	8.11	18.77
开封市 Kaifeng	293.12	293.03		0.09
洛阳市 Luoyang	707.29	707.29		
平顶山市 Pingdingshan	228.17	228.17		
安阳市 Anyang	654.25	650.53		3.72
鹤壁市 Hebi	103.38	103.38		
新乡市 Xinxiang	389.74	384.09		5.65
焦作市 Jiaozuo	96.35	90.12		6.23
濮阳市 Puyang	299.25	299.25		
许昌市 Xuchang	166.57	166.57		
漯河市 Luohe	63.01	63.01		
三门峡市 Sanmenxia	308.85	308.85		
南阳市 Nanyang	266.12	266.12		
商丘市 Shangqiu	317.65	316.85		0.80
信阳市 Xinyang	138.34	138.34		
周口市 Zhoukou	116.11	116.11		
驻马店市 Zhumadian	151.85	151.78	0.07	
济源示范区 Jiyuan	41.43	41.43		

Total Liabilities of Construction Enterprises by City (2021)

(100 million yuan)

#国有控股 State-holding	#集体控股 Collective-holding	#私人控股 Private-holding	房屋建筑业 Floor Space Construction	土木工程建筑业 Civil Engineering Construction	建筑安装业 Building Installation	建筑装饰和其他建筑业 Building Decoration and Others
3814.29	**318.67**	**4089.81**	**4274.84**	**3028.23**	**513.87**	**445.38**
2300.00	127.44	1466.69	2131.56	1371.84	249.81	167.63
175.56	14.04	103.43	173.91	36.11	20.53	62.56
282.08	33.45	391.76	289.32	324.59	79.48	13.90
145.06	8.33	74.78	138.49	80.08	4.76	4.85
40.16	7.08	607.01	585.64	51.43	11.72	5.45
13.03	3.53	86.83	39.89	61.93	1.16	0.41
84.34	4.99	294.76	160.91	122.83	23.70	82.30
16.86	27.86	45.39	50.12	30.84	7.41	7.98
111.53	5.23	182.48	146.77	110.06	32.83	9.59
13.52	8.03	145.02	77.48	75.70	11.21	2.17
3.70	4.49	54.82	31.89	15.37	2.09	13.66
264.53	4.07	40.25	32.23	272.72	1.36	2.55
56.91	29.31	179.90	143.25	77.84	40.31	4.72
226.13	14.22	76.50	66.84	223.35	1.72	25.74
27.48	9.04	101.81	57.91	41.53	19.14	19.76
4.01	12.51	99.59	48.61	47.89	2.71	16.90
40.42	3.66	107.70	86.84	58.73	2.24	4.04
8.97	1.40	31.07	13.17	25.39	1.70	1.17

14-14 各市建筑业企业主营业务收入(2021年)

单位：亿元

地区 Region	主营业务收入 Revenue from Main Business	内资 Domestic Funded	港澳台商投资 Funded from Hong Kong, Macao and Taiwan	外商投资 Foreign Funded
全省 Total	**11594.68**	**11570.29**	**1.22**	**23.17**
郑州市 Zhengzhou	4258.04	4247.12	0.52	10.41
开封市 Kaifeng	378.52	378.42		0.10
洛阳市 Luoyang	843.00	843.00		
平顶山市 Pingdingshan	184.09	184.09		
安阳市 Anyang	1038.54	1033.76		4.77
鹤壁市 Hebi	92.34	92.34		
新乡市 Xinxiang	802.95	801.62		1.33
焦作市 Jiaozuo	122.96	117.37		5.58
濮阳市 Puyang	281.60	281.60		
许昌市 Xuchang	179.38	179.38		
漯河市 Luohe	70.84	70.84		
三门峡市 Sanmenxia	318.29	318.29		
南阳市 Nanyang	501.44	501.44		
商丘市 Shangqiu	478.51	477.54		0.97
信阳市 Xinyang	584.40	584.40		
周口市 Zhoukou	526.30	526.30		
驻马店市 Zhumadian	883.67	882.98	0.70	
济源示范区 Jiyuan	49.80	49.80		

Revenue from Principal Business of Construction Enterprises by City (2021)

(100 million yuan)

#国有控股 State-holding	#集体控股 Collective-holding	#私人控股 Private-holding	房屋建筑业 Floor Space Construction	土木工程建筑业 Civil Engineering Construction	建筑安装业 Building Installation	建筑装饰和其他建筑业 Building Decoration and Others
3934.73	**520.67**	**7119.77**	**6122.58**	**3881.02**	**760.36**	**830.72**
2501.76	116.66	1628.79	2085.99	1615.68	355.93	200.45
134.92	18.65	224.86	215.91	64.76	13.55	84.31
353.11	29.88	460.01	334.41	327.73	161.20	19.67
72.45	8.56	103.08	109.28	67.18	4.98	2.65
35.07	6.85	996.62	926.76	77.69	27.50	6.59
14.35	4.09	73.91	49.30	38.92	2.98	1.14
25.79	13.33	762.49	341.69	158.46	48.18	254.62
15.09	20.15	82.14	60.14	39.56	9.60	13.65
51.81	7.09	222.71	94.93	136.23	32.52	17.93
28.23	14.06	137.08	84.29	76.59	15.75	2.75
1.95	9.38	59.50	46.85	13.34	2.09	8.56
250.18	2.64	65.48	31.54	281.58	2.57	2.60
110.35	35.11	355.98	288.88	166.06	35.00	11.50
119.14	23.79	334.61	279.25	169.85	4.07	25.34
87.41	45.23	451.76	368.90	159.77	21.38	34.35
7.56	76.65	442.10	293.07	194.79	14.34	24.10
121.31	86.26	675.40	486.03	273.01	5.69	118.95
4.26	2.30	43.24	25.38	19.82	3.04	1.57

14-15 各市建筑业企业利润总额(2021年)

单位：亿元

地 区 Region	利润总额 Total Profits	内 资 Domestic Funded	港澳台商投资 Funded from Hong Kong, Macao and Taiwan	外商投资 Foreign Funded
全　　省 Total	**538.42**	**535.19**	**0.02**	**3.21**
郑　州　市 Zhengzhou	114.87	112.88	0.01	1.97
开　封　市 Kaifeng	12.11	12.08		0.03
洛　阳　市 Luoyang	18.65	18.65		
平 顶 山 市 Pingdingshan	6.82	6.82		
安　阳　市 Anyang	43.97	43.93		0.04
鹤　壁　市 Hebi	2.77	2.77		
新　乡　市 Xinxiang	49.73	49.17		0.56
焦　作　市 Jiaozuo	2.78	2.60		0.17
濮　阳　市 Puyang	11.04	11.04		
许　昌　市 Xuchang	5.81	5.81		
漯　河　市 Luohe	2.90	2.90		
三 门 峡 市 Sanmenxia	10.77	10.77		
南　阳　市 Nanyang	35.64	35.64		
商　丘　市 Shangqiu	40.26	39.82		0.44
信　阳　市 Xinyang	46.93	46.93		
周　口　市 Zhoukou	53.52	53.52		
驻 马 店 市 Zhumadian	78.12	78.11		
济源示范区 Jiyuan	1.72	1.72		

Total Profits of Construction Enterprises by City (2021)

(100 million yuan)

#国有控股 State-holding	#集体控股 Collective-holding	#私人控股 Private-holding	房屋建筑业 Floor Space Construction	土木工程建筑业 Civil Engineering Construction	建筑安装业 Building Installation	建筑装饰和其他建筑业 Building Decoration and Others
107.78	**28.03**	**399.42**	**288.52**	**177.40**	**32.51**	**39.98**
55.02	4.19	53.68	54.16	40.23	14.81	5.66
2.36	0.42	9.30	6.20	3.62	-0.14	2.43
5.66	1.38	11.62	8.20	8.64	1.03	0.79
2.40	0.28	4.14	3.18	3.35	0.40	-0.11
0.15	0.44	43.39	40.32	3.17	0.56	-0.07
-0.73	0.05	3.45	2.89	-0.27	0.10	0.05
-0.63	0.79	49.01	19.52	9.35	6.31	14.55
0.36	0.39	1.85	0.99	1.14	0.44	0.20
0.73	0.23	10.07	3.86	4.65	1.03	1.51
0.27	0.44	5.11	2.51	2.71	0.41	0.19
0.01	0.29	2.61	1.93	0.71	0.01	0.26
9.08	0.20	1.50	0.32	10.12	0.14	0.19
12.51	2.00	21.14	12.61	17.19	3.94	1.91
5.17	1.45	33.20	21.85	17.20	0.06	1.16
4.96	2.67	39.29	29.26	12.99	1.67	3.01
0.21	7.61	45.70	35.61	15.03	1.18	1.70
10.21	5.04	62.86	44.28	26.95	0.39	6.50
0.05	0.17	1.50	0.84	0.62	0.21	0.05

14-16 各市建筑业企业利税总额(2021年)

单位：亿元

地 区 Region	利税总额 Total Pre-tax Profits	内 资 Domestic Funded	港澳台商投资 Funded from Hong Kong, Macao and Taiwan	外商投资 Foreign Funded
全 省 Total	**954.99**	**950.97**	**0.13**	**3.89**
郑 州 市 Zhengzhou	197.45	195.03	0.02	2.40
开 封 市 Kaifeng	26.38	26.35		0.03
洛 阳 市 Luoyang	39.41	39.41		
平 顶 山 市 Pingdingshan	13.72	13.72		
安 阳 市 Anyang	92.20	92.15		0.05
鹤 壁 市 Hebi	6.49	6.49		
新 乡 市 Xinxiang	82.09	81.50		0.59
焦 作 市 Jiaozuo	7.02	6.67		0.35
濮 阳 市 Puyang	21.85	21.85		
许 昌 市 Xuchang	11.46	11.46		
漯 河 市 Luohe	5.52	5.52		
三 门 峡 市 Sanmenxia	19.07	19.07		
南 阳 市 Nanyang	63.68	63.68		
商 丘 市 Shangqiu	64.50	64.03		0.48
信 阳 市 Xinyang	85.15	85.15		
周 口 市 Zhoukou	78.08	78.08		
驻 马 店 市 Zhumadian	137.06	136.95	0.11	
济 源 示 范 区 Jiyuan	3.88	3.88		

Total Pre-tax Profits of Construction Enterprises by City (2021)

(100 million yuan)

#国有控股 State-holding	#集体控股 Collective-holding	#私人控股 Private-holding	房屋建筑业 Floor Space Construction	土木工程建筑业 Civil Engineering Construction	建筑安装业 Building Installation	建筑装饰和其他建筑业 Building Decoration and Others
180.35	**56.86**	**713.82**	**536.37**	**288.97**	**52.54**	**77.10**
81.24	8.12	105.68	97.65	65.28	21.79	12.71
5.79	1.04	19.52	15.06	6.80	0.30	4.23
9.97	2.16	27.28	20.37	14.59	3.02	1.42
5.08	0.90	7.73	7.50	5.70	0.54	-0.02
1.29	0.67	90.24	84.01	6.38	1.64	0.17
-0.11	0.17	6.43	4.79	1.32	0.27	0.11
0.08	1.41	80.00	31.24	14.94	8.36	27.56
0.87	0.85	4.95	2.76	2.70	0.75	0.81
1.89	0.55	19.41	8.24	9.12	2.36	2.13
0.54	1.31	9.61	5.71	4.38	1.12	0.25
0.07	0.61	4.83	3.82	1.20	0.06	0.44
14.27	0.35	4.45	1.90	16.60	0.23	0.33
21.47	3.40	38.82	27.83	27.70	5.27	2.89
8.13	3.09	52.81	39.78	22.15	0.31	2.26
10.38	5.84	68.92	54.51	22.91	3.21	4.52
0.48	10.94	66.65	51.14	21.88	2.27	2.79
18.64	15.21	103.11	78.19	43.74	0.73	14.40
0.27	0.25	3.37	1.87	1.58	0.32	0.11

主要统计指标解释

建筑业统计单位　指从事房屋、构筑物建造和设备安装活动的法人企业。建筑业法人企业应具有建筑业资质并能够独立核算，同时还应具备以下条件：① 依法成立，有自己的名称、组织机构和场所，能够承担民事责任；②独立拥有和使用资产，承担负债，有权与其他单位签订合同；③独立核算盈亏，能够编制资产负债表。

建筑业总产值　是以货币形式表现的建筑业企业在一定时期内生产的建筑业产品和提供的服务的总和。建筑业总产值包括：

（1）建筑工程产值：指列入建筑工程预算内的各种工程价值。

（2）安装工程产值：指设备安装工程价值，不包括被安装设备本身的价值。

（3）其他产值：建筑业总产值中除建筑工程、安装工程以外的产值。包括房屋构筑物修理产值、非标准设备制造产值、总包企业向分包企业收取的管理费以及不能明确划分的施工活动所完成的产值。

a. 房屋构筑物修理产值：指房屋和构筑物修理所完成的产值，但不包括被修理房屋、构筑物本身价值和生产设备的修理产值。

b. 非标准设备制造产值：指加工制造没有定型的非标准生产设备的加工费和原材料价值（如化工厂、炼油厂用的各种罐、槽，矿井生产统一使用的各种漏斗、三角槽、阀门等）以及附属加工厂为本企业承建工程制作的非标准设备的价值。

房屋建筑施工面积　指在报告期内施工的全部房屋建筑面积，包括本期新开工的房屋面积、上期施工跨入本期继续施工的房屋面积、上期停缓建在本期恢复施工的房屋面积、本期竣工的房屋面积及本期施工后又停缓建的房屋面积。

房屋建筑竣工面积　指在报告期内房屋建筑按照设计要求全部完工，达到了住人和使用条件，经验收鉴定合格，正式移交使用单位的房屋建筑面积。

Explanatory Notes on Main Statistical Indicators

Statistical Unit in Construction refers to corporate enterprise engaged in the construction of buildings and structures and in the installation of equipment. A corporate construction enterprise should have the qualification of the construction industry and be able to conduct independent accounting,and also should meet the following 3 requirements: ①being set up in line with relevant legal basis, having its full name, organization and location, and capable of taking civil liabilities; ②independently possessing and using its assets and assuming its liabilities, and entitled to sign contracts with other institutions; and ③ making independent accounts of its profits and losses, and capable of compiling its own balance sheet

Gross Output Value of Construction refers to total of construction products and services, expressed in money terms, produced or rendered by construction and installation enterprises during a given period of time. It includes:

(1) Output value of construction projects: the value of projects covered by the project budgets;

(2) Output value of installation projects: the value of the installation of equipment, (excluding the value of the equipment to be installed);

(3) Other output values: the output value of construction industry apart from that of construction projects and installation projects. It includes: output value of repair of buildings and structures; output value of non-standard equipment manufacturing; overhead expenses received by contracted enterprises from the sub-contracted enterprises and the completed output value of construction activities for which there is no clear definition.

a. Output value of repair of buildings and structures: the value created through the repairs of buildings or structures. It does not include the value of buildings or structures being repaired and the value of the repair of production equipment;

b. Output value of manufactured non-standard equipment: the value of non-standard production equipment, including raw materials and manufacturing cost, made for the construction project (i.e., chemical plant; kettles or tanks used by refineries; various fillers, triangle tanks, valves used by mines). It also includes the output value of equipment manufactured by subsidiary workshops.

Floor Space of Buildings Under Construction refers to floor space of buildings under construction during the reference period, including newly started buildings, buildings started earlier and continued during the reference period, and buildings suspended earlier but restarted during the reference period, buildings completed during the reference period, and buildings under construction and then suspended during the reference period.

Floor Space of Buildings Completed refers to the floor space of buildings that are completed in the reference period in accordance with the requirements of the design, up to the standard for putting them into use, and have been checked and accepted by concerned departments as qualified ones.

Total Number of Machinery and Equipment Owned by the End of Year refers to the number of machines and equipment owned by the enterprises, and listed as the fixed assets of the enterprises by the end of the year, including machinery and equipment for construction, production and transportation.

Total Power of Machinery and Equipment Owned by the End of Year refers to the total power of machinery and equipment owned by the enterprises, and listed as the fixed assets of the enterprises by the end of the year, including machinery and equipment for construction, production and transportation. The power of the machinery is calculated on basis of the designed or verified capacity, covering the power of the machinery/equipment and the separate power equipment serving the machinery/equipment (such as electric motors), but excluding welders, transformers and boilers. The unit used for the calculation of power is kilowatt, with horsepower converted to kilowatt by 1 horsepower＝0.735 kilowatt.

Income from Settlement of Projects refers to the income received by the construction enterprise from the contracted project through settlement procedures, and other charges of Operating income in addition to the value of the project, such as temporary facility fee, labour insurance premium, moving cost of construction equipment, as well as various types of claims to the contract.

Profit from Settlement of Projects refers to profit realized through settled projects. It is calculated with the following formula:

Profit from Settlement of Projects＝Income from Settlement of Projects－Settled Cost－Settled Taxes and Other Cost －Operating expenses

房地产业

Real Estate

15

资料整理：贾云静

简要说明

一、本篇资料的主要内容及统计范围

本篇资料通过对一定时期内房地产开发企业开发经营活动的数量方面的描述，反映报告期内房地产开发企业土地开发和购置情况、投资总规模及完成情况、实际到位资金情况、房屋建筑面积和造价情况、房屋新开工面积情况、商品房销售情况以及资产负债和经营情况。

本篇资料的统计范围包括全部有开发经营活动的房地产开发经营业法人单位。

二、本篇的资料来源及统计调查方法

本篇统计资料是根据《房地产开发统计报表制度》进行搜集和加工整理而得，全部数据采用全面调查的统计方法。本篇资料由河南省统计局固定资产投资统计处编辑整理。

Brief Introduction

I. Main Contents and Scope

Statistics in this chapter describe activities made by real estate development companies during a given period of time, and reflect the development and purchase of land, size of investment and its progressing, funds actually available, floor space and cost of housing constructed, floor space of new housing starts, sales of commercial housing, assets and liabilities, and operation status of real estate developers during the reference period.

Data in this chapter covers all legal entities with development and operating activities engaged in real estate development.

II. Sources of Data

Data in this chapter are collected and compiled with the Statistical Reports Program on Real Estate Development, which has a full coverage of all companies.Data in this chapter are provided by the Department of investment in fixed assets of Henan provincial Bureau of Statistics.

15-1 房地产开发企业主要指标

Main Indicators of Enterprises for Real Estate Development

年 份 Year	企业个数 (个) Number of Enterprises (unit)	本年完成投资额 (亿元) Investment Completed This Year (100 million yuan)	#住 宅 Residential Buildings	房屋建筑面积竣工率 (%) Rate of Floor Space of Buildings Completed (%)	商 品 房销售面积 (万平方米) Floor Space of Commercialized Buildings Sold (10 000 sq.m)	#住 宅 Residential Buildings	商品房销售额 (亿元) Total Sale of Commercialized Buildings (100 million yuan)	#住 宅 Residential Buildings
1990		3.43						
1991		4.07		42.2	83.16		2.99	
1992		8.78		35.1	103.36		4.83	
1993		25.27		31.2	100.20		6.41	
1994	896	49.61	35.22	39.3	225.04	198.19	16.43	9.58
1995	880	62.56	39.38	64.0	660.29	484.53	26.14	20.86
1996	731	54.84	30.49	37.1	255.82	215.27	22.75	18.55
1997	509	51.75	27.15	35.5	220.49	201.65	20.26	17.69
1998	655	58.10	32.09	33.3	279.61	262.94	27.32	24.70
1999	677	70.41	42.94	33.2	297.10	275.28	30.37	26.41
2000	1020	77.87	50.37	36.0	509.21	438.41	64.18	50.51
2001	938	102.84	75.87	32.6	529.21	483.77	65.59	56.55
2002	1108	138.36	101.31	35.9	639.94	584.74	88.29	75.50
2003	1430	185.56	135.10	31.3	862.71	795.78	120.75	103.60
2004	1774	258.82	174.81	28.8	1055.37	948.61	165.91	136.76
2005	1906	388.52	271.62	28.0	1724.82	1539.60	322.01	255.37
2006	2100	581.95	432.64	24.0	2409.33	2190.99	484.72	403.72
2007	2586	837.11	639.08	26.4	3928.04	3569.18	885.16	742.83
2008	4146	1206.71	970.86	21.8	3191.98	2943.36	746.46	629.40
2009	3798	1553.76	1235.21	21.2	4336.90	4019.26	1156.22	1005.21
2010	4176	2114.08	1685.21	21.7	5452.23	5092.49	1658.79	1454.57
2011	4963	2626.54	2021.19	21.8	6275.16	5725.12	2196.81	1788.04
2012	5316	3035.29	2203.06	19.9	5968.49	5455.50	2286.67	1915.57
2013	5438	3843.76	2827.09	16.6	7310.21	6561.41	3074.14	2516.26
2014	5662	4375.71	3289.20	18.8	7879.67	7009.09	3440.58	2739.71
2015	6158	4818.93	3529.15	13.1	8556.34	7645.84	3945.55	3300.33
2016	6687	6179.13	4558.07	13.3	11306.27	10137.13	5612.90	4839.03
2017	7205	7090.25	5330.80	12.4	13313.89	11707.26	7129.40	5897.68
2018	7536	7015.47	5387.62	12.2	13990.50	12482.88	8055.30	6903.79
2019	7930	7464.59	6055.37	11.4	14277.55	12981.63	9009.98	8016.93
2020	8052	7782.29	6453.00	9.3	14100.66	12831.18	9364.36	8402.53
2021	8252	7874.35	6696.09	10.9	13277.19	12258.83	8657.71	7892.03

注：商品房销售面积、销售额2005年开始采用新口径，与以前不可比，新口径包括期房销售和现房销售(下同)。

a) Figures on Floor Space and Sales of selling House are Accounted in New Caliber in 2005, So they are different from former years. New Caliber Include marketable housing and futures marketable housing (the same as following tables).

15-2 各市房地产开发企业(单位)个数(2021年)

Number of Enterprises for Real Estate Development by City (2021)

单位：个 (unit)

年份 Year	企业个数 Number of Enterprises	#国有控股 State-holding	集体控股 Collective-holding	私人控股 Private-holding	港澳台商控股 Hong Kong, Macao and Taiwan-holding	外商控股 Foreign-holding
2010	4176	209	167	3511	63	61
2015	6158	249	123	5125	50	29
2016	6687	266	117	5565	50	23
2017	7205	298	112	6000	51	20
2018	7536	321	95	6263	54	19
2019	7930	338	81	6737	57	21
2020	8052	357	55	7064	43	24
2021	8252	426	94	7666	42	24
郑州市 Zhengzhou	1515	181	30	1278	16	10
开封市 Kaifeng	291	12		275	2	2
洛阳市 Luoyang	621	24	10	578	7	2
平顶山市 Pingdingshan	563	17	6	535	2	3
安阳市 Anyang	336	9	2	323	2	
鹤壁市 Hebi	159	7	1	150		1
新乡市 Xinxiang	629	26	8	588	6	1
焦作市 Jiaozuo	261	13	5	241		2
濮阳市 Puyang	217	11	2	204		
许昌市 Xuchang	455	15	8	432		
漯河市 Luohe	230	15	4	209	1	1
三门峡市 Sanmenxia	184	15	1	167	1	
南阳市 Nanyang	539	18	6	514	1	
商丘市 Shangqiu	542	16	3	522		1
信阳市 Xinyang	635	22	5	606	1	1
周口市 Zhoukou	427	12	1	414		
驻马店市 Zhumadian	580	10	2	566	2	
济源示范区 Jiyuan	68	3		64	1	

15-3 各市房地产开发企业从业人员(2021年)

Number of Employed Persons in Enterprises for Real Estate Development (2021)

单位：人 (person)

年份 Year	从业人数 Number of Employed Persons	#国有控股 State-holding	集体控股 Collective-holding	私人控股 Private-holding	港澳台商控股 Hong Kong, Macao and Taiwan-holding	外商控股 Foreign-holding
2010	100350	6352	4257	81719	1694	2491
2015	192193	8026	5476	154686	1590	1300
2016	211588	8679	4990	171281	1810	762
2017	222085	10542	4759	179848	1988	636
2018	249944	11582	3664	204471	2043	664
2019	276088	11683	3041	232770	1877	671
2020	267833	11727	1732	234253	1490	849
2021	246853	13683	2731	228342	1458	639
郑州市 Zhengzhou	42712	6263	646	34727	787	289
开封市 Kaifeng	10891	276		10409	42	164
洛阳市 Luoyang	14569	782	174	13354	202	57
平顶山市 Pingdingshan	12323	1049	85	11134	20	35
安阳市 Anyang	8149	259	61	7752	77	
鹤壁市 Hebi	4438	235	216	3977		10
新乡市 Xinxiang	11743	477	141	10956	164	5
焦作市 Jiaozuo	5869	248	47	5572		2
濮阳市 Puyang	5687	151	50	5486		
许昌市 Xuchang	9574	336	229	9009		
漯河市 Luohe	5574	382	188	4948	35	21
三门峡市 Sanmenxia	4230	441	11	3763	15	
南阳市 Nanyang	13200	519	367	12305	9	
商丘市 Shangqiu	40623	931	107	39585		
信阳市 Xinyang	19867	624	252	18920	15	56
周口市 Zhoukou	15326	312	108	14906		
驻马店市 Zhumadian	20889	338	49	20414	88	
济源示范区 Jiyuan	1189	60		1125	4	

15-4 房地产开发投资额

Completed Investment in Real Estate Development

单位：亿元 (100 million yuan)

项　　目	Item	2005	2010	2015	2019	2020	2021
投资总额	**Total Investment**	**388.52**	**2114.08**	**4818.93**	**7464.59**	**7782.29**	**7874.35**
#国有控股	State-holding		100.87	404.77	775.66	714.70	842.22
#集体控股	Collective-holding		153.07	89.93	91.60	61.66	129.74
#私人控股	Private-holding		1618.75	3361.14	5346.82	5792.85	6843.20
#港澳台商控股	Hong Kong, Macao and Taiwan-holding		46.97	81.75	90.48	36.61	27.52
#外商控股	Foreign-holding		59.62	27.68	26.18	61.60	31.67
按构成分	**By Composition**						
建筑、安装工程	Construction and Installation	283.87	1657.06	4125.78	5434.31	5734.27	6051.31
设备、工器具购置	Purchase of Equipment and Instruments	2.84	25.34	117.27	104.21	58.64	48.00
其他费用	Others	101.81	431.68	575.88	1926.07	1989.37	1775.03
#土地购置费	Total Value of Land Purchased	74.81	293.23	362.68	1626.67	1726.40	1565.84
按工程用途分	**By Use of Projects**						
住宅	Residential Buildings	271.62	1685.21	3529.15	6055.37	6453.00	6696.09
#144平方米以上	Over 144 sq.m		253.23	429.98	989.10	872.04	850.52
#90平方米以下	Under 90 sq.m		422.33	1272.26	1538.31	1449.33	1219.29
办公楼	Office Buildings	14.05	56.74	218.54	256.39	208.50	183.84
商业营业用房	Houses for Bussiness Use	67.79	192.77	694.23	658.63	639.29	553.70
其他	Others	35.06	179.36	377.00	494.20	481.49	440.71
新增固定资产	**Newly Increased Fixed Assets**	**189.47**	**861.63**	**1717.29**	**2020.29**	**1718.23**	**2288.81**
本年实际到位资金	**Actual Funds for Investment**	**388.52**	**2114.08**	**5076.92**	**7918.28**	**8059.09**	**8212.68**
国内贷款	Domestic Loans	60.75	209.37	475.69	659.20	559.78	547.92
利用外资	Foreign Investment	2.10	1.51	3.22	0.72	0.40	
自筹资金	Self-raising Funds	180.91	1144.53	2956.20	4635.67	4644.18	4632.80
其他资金	Others	144.76	758.67	1641.82	2622.69	2854.73	3031.96

15-5 房地产开发企业(单位)建设房屋建筑面积和造价

Floor Space and Cost of Buildings Developed by Enterprises for Real Estate Development

年 份 Year	施工房屋面积(万平方米) Floor Space Under Construction (10 000 sq.m)	#本年房屋新开工面积(万平方米) Floor Space of Buildings Started in this Year (10 000 sq.m)	竣工房屋面积(万平方米) Floor Space Completed (10 000 sq.m)	房屋建筑面积竣工率(%) Rate of Floor Space of Buildings Completed (%)	竣工房屋价值(亿元) Value of Buildings Completed (100 million yuan)	竣工房屋造价(元/平方米) Cost of Buildings Completed (yuan/sq.m)
1997	1042.19		370.26	35.5	32.10	867
1998	1175.96		392.03	33.3	28.41	725
1999	1339.60	577.94	444.87	33.2	34.05	765
2000	1657.53	786.94	597.21	36.0	40.49	678
2001	1976.84	969.56	644.40	32.6	45.74	710
2002	2484.01	1155.71	892.32	35.9	67.83	760
2003	3210.26	1486.47	1005.52	31.3	86.33	859
2004	3940.64	1879.23	1135.32	28.8	100.94	889
2005	4902.98	2150.58	1370.94	28.0	144.72	1056
2006	7017.17	3330.88	1681.42	24.0	184.87	1099
2007	10550.90	5078.38	2785.48	26.4	326.78	1173
2008	13906.18	5551.26	3026.04	21.8	403.95	1335
2009	16074.35	7115.63	3400.98	21.2	434.30	1277
2010	20393.98	8610.57	4426.94	21.7	630.25	1424
2011	25343.32	9890.83	5527.42	21.8	923.85	1671
2012	29559.36	10515.11	5870.54	19.9	1059.08	1804
2013	35979.33	12465.09	5965.87	16.6	1117.83	1874
2014	38857.60	10586.54	7324.34	18.8	1417.52	1935
2015	40994.40	10974.12	5390.32	13.1	1079.75	2003
2016	47359.55	14669.72	6299.44	13.3	1260.41	2001
2017	49942.29	13628.78	6201.71	12.4	1270.17	2048
2018	54685.56	14677.65	6655.23	12.2	1413.25	2124
2019	57567.10	15836.53	6571.21	11.4	1583.17	2409
2020	58438.21	14114.24	5412.77	9.3	1345.73	2486
2021	62688.17	13652.89	6841.90	10.9	1803.30	2636
郑州市 Zhengzhou	20503.04	3169.03	2193.13	10.7	740.92	3378
开封市 Kaifeng	2094.99	442.77	61.91	3.0	12.63	2039
洛阳市 Luoyang	5665.14	990.59	592.89	10.5	148.63	2507
平顶山市 Pingdingshan	2801.66	547.16	90.29	3.2	25.12	2782
安阳市 Anyang	3188.45	704.25	275.74	8.6	69.52	2521
鹤壁市 Hebi	904.94	271.14	41.41	4.6	9.00	2174
新乡市 Xinxiang	2835.94	726.00	319.22	11.3	76.37	2392
焦作市 Jiaozuo	1045.94	295.06	69.88	6.7	20.49	2931
濮阳市 Puyang	2263.19	635.30	296.80	13.1	66.29	2233
许昌市 Xuchang	3247.91	639.13	257.46	7.9	82.20	3193
漯河市 Luohe	1452.13	270.69	79.87	5.5	23.87	2988
三门峡市 Sanmenxia	1362.95	261.71	117.27	8.6	33.45	2852
南阳市 Nanyang	3292.66	801.63	264.27	8.0	67.28	2546
商丘市 Shangqiu	3293.33	986.51	397.05	12.1	93.11	2345
信阳市 Xinyang	2737.22	1044.53	582.12	21.3	99.86	1716
周口市 Zhoukou	2114.22	854.29	662.31	31.3	128.17	1935
驻马店市 Zhumadian	3563.70	943.34	531.63	14.9	102.68	1931
济源示范区 Jiyuan	320.76	69.76	8.63	2.7	3.72	4313

15-6 各市房地产开发投资情况(2021年)

Development and Investment Completed for Real Estate by City (2021)

单位：亿元 (100 million yuan)

地区 Region	投资总额 Total Investment	住宅 Residential Buildings	#90平方米以下 Under 90 sq.m	#144平方米以上 Over 144sq.m	办公楼 Office Buildings	商业营业用房 Houses for Business Use	其他 Other
全省 Total	**7874.35**	**6696.09**	**1219.29**	**850.52**	**183.84**	**553.70**	**440.71**
郑州市 Zhengzhou	3088.88	2544.96	801.19	370.24	137.71	175.13	231.08
开封市 Kaifeng	334.68	295.85	49.82	37.34	2.65	25.93	10.25
洛阳市 Luoyang	565.98	459.53	76.21	57.54	12.51	53.74	40.20
平顶山市 Pingdingshan	173.78	149.12	7.71	21.75	1.05	14.63	8.98
安阳市 Anyang	234.40	204.42	1.73	29.15	2.71	10.04	17.23
鹤壁市 Hebi	91.70	79.78	8.14	7.26	0.86	7.39	3.68
新乡市 Xinxiang	370.91	344.60	23.67	43.03	4.74	16.04	5.52
焦作市 Jiaozuo	122.98	108.87	3.58	8.67	1.84	7.31	4.96
濮阳市 Puyang	263.02	229.65	7.88	33.49	2.38	15.55	15.44
许昌市 Xuchang	348.39	316.51	28.65	41.71	0.40	15.00	16.48
漯河市 Luohe	170.73	151.87	8.92	16.55	3.33	10.11	5.41
三门峡市 Sanmenxia	128.36	107.86	14.81	9.91	2.24	10.13	8.13
南阳市 Nanyang	272.96	237.01	25.51	32.44	1.71	22.56	11.68
商丘市 Shangqiu	397.37	353.99	31.54	50.26	0.47	31.54	11.37
信阳市 Xinyang	433.08	366.35	40.94	44.13	4.03	38.02	24.68
周口市 Zhoukou	428.15	363.80	67.75	18.20	3.53	52.43	8.39
驻马店市 Zhumadian	415.23	352.91	20.95	22.36	1.56	46.81	13.96
济源示范区 Jiyuan	33.72	29.00	0.30	6.48	0.12	1.34	3.27

15－7 各市房地产开发企业实际到位资金(2021年)

Actual Funds in Place of Enterprises for Real Estate Development (2021)

单位：亿元 (100 million yuan)

地区 Region	合计 Total	国内贷款 Domestic Loans	利用外资 Foreign Investment	自筹资金 Self-raising Funds	其他资金来源 Others
全省 Total	**8212.68**	**547.92**		**4632.80**	**3031.96**
郑州市 Zhengzhou	3068.96	315.39		1538.41	1215.15
开封市 Kaifeng	325.44	7.46		225.07	92.92
洛阳市 Luoyang	684.86	35.60		319.27	329.98
平顶山市 Pingdingshan	217.13	8.57		83.67	124.89
安阳市 Anyang	282.13	3.94		131.63	146.56
鹤壁市 Hebi	95.77	0.28		56.58	38.90
新乡市 Xinxiang	395.64	14.16		272.01	109.46
焦作市 Jiaozuo	136.77	1.26		89.96	45.55
濮阳市 Puyang	297.25	10.72		156.89	129.65
许昌市 Xuchang	369.92	11.48		163.13	195.31
漯河市 Luohe	176.23	5.69		96.94	73.60
三门峡市 Sanmenxia	120.98	11.45		73.90	35.63
南阳市 Nanyang	318.96	14.54		164.17	140.25
商丘市 Shangqiu	416.55	15.46		326.76	74.34
信阳市 Xinyang	437.64	36.50		306.26	94.87
周口市 Zhoukou	438.88	31.19		339.29	68.40
驻马店市 Zhumadian	395.55	24.21		273.53	97.81
济源示范区 Jiyuan	34.01			15.33	18.68

15-8 各市房地产开发施工房屋面积(2021年)

Floor Space of Buildings under Construction by City (2021)

单位：万平方米 (10 000 sq.m)

地区 Region	施工房屋面积 Floor Space of Buildings under Construction	住宅 Residential Buildings	#90平方米以下 Under 90 sq.m	#144平方米以上 Over 144 sq.m	办公楼 Office Buildings	商业营业用房 Houses for Business Use	其他 Others
全省 Total	**62688.17**	**48580.05**	**7595.57**	**6357.48**	**1856.89**	**5260.70**	**6990.54**
郑州市 Zhengzhou	20503.04	14002.29	4283.15	1912.92	1422.31	1629.69	3448.74
开封市 Kaifeng	2094.99	1731.97	236.47	210.87	17.44	205.28	140.30
洛阳市 Luoyang	5665.14	4229.03	595.31	558.69	103.27	500.21	832.64
平顶山市 Pingdingshan	2801.66	2204.60	313.77	281.23	29.31	280.87	286.89
安阳市 Anyang	3188.45	2615.80	34.03	367.92	66.81	169.78	336.06
鹤壁市 Hebi	904.94	797.75	48.13	26.40	6.16	63.49	37.54
新乡市 Xinxiang	2835.94	2474.73	175.01	433.21	26.67	172.51	162.03
焦作市 Jiaozuo	1045.94	923.02	41.66	95.10	5.80	73.63	43.50
濮阳市 Puyang	2263.19	1935.86	78.06	209.63	17.53	141.62	168.19
许昌市 Xuchang	3247.91	2777.01	213.39	305.24	10.32	179.20	281.38
漯河市 Luohe	1452.13	1289.88	144.63	160.60	24.56	84.60	53.09
三门峡市 Sanmenxia	1362.95	1087.95	137.26	170.05	11.91	134.18	128.91
南阳市 Nanyang	3292.66	2742.66	301.56	387.80	43.70	310.00	196.31
商丘市 Shangqiu	3293.33	2849.28	390.22	465.97	1.75	329.51	112.80
信阳市 Xinyang	2737.22	2157.80	184.36	287.13	16.28	321.17	241.98
周口市 Zhoukou	2114.22	1720.95	124.36	147.63	23.29	245.28	124.70
驻马店市 Zhumadian	3563.70	2771.54	290.96	245.30	25.11	406.38	360.68
济源示范区 Jiyuan	320.76	267.95	3.22	91.77	4.69	13.31	34.81

15-9 各市房地产开发竣工房屋面积(2021年)
Floor Space of Buildings Completed by City (2021)

单位：万平方米 (10 000 sq.m)

地区 Region	竣工房屋面积 Floor Space of Buildings Completed	住宅 Residential Buildings	#90平方米以下 Under 90 sq.m	#144平方米以上 Over 144 sq.m	办公楼 Office Buildings	商业营业用房 Houses for Business Use	其他 Others
全　　省 Total	**6841.90**	**5374.78**	**954.69**	**753.52**	**171.65**	**593.83**	**701.65**
郑　州　市 Zhengzhou	2193.13	1520.31	585.04	211.48	126.27	215.67	330.89
开　封　市 Kaifeng	61.91	47.60	1.43	4.28	0.11	13.18	1.03
洛　阳　市 Luoyang	592.89	438.34	71.26	84.93	22.12	36.62	95.82
平顶山市 Pingdingshan	90.29	61.88	6.45	13.58	1.51	13.79	13.12
安　阳　市 Anyang	275.74	210.34	1.78	31.02	8.42	22.31	34.66
鹤　壁　市 Hebi	41.41	36.55	10.51	0.53	0.29	0.89	3.68
新　乡　市 Xinxiang	319.22	295.99	18.60	43.08	0.09	19.07	4.07
焦　作　市 Jiaozuo	69.88	60.79	0.90	8.10		1.77	7.33
濮　阳　市 Puyang	296.80	234.30	6.03	34.11	0.56	18.98	42.95
许　昌　市 Xuchang	257.46	230.25	18.37	16.35	1.01	9.28	16.92
漯　河　市 Luohe	79.87	70.44		2.15		8.32	1.11
三门峡市 Sanmenxia	117.27	96.95	20.02	19.88	5.18	10.72	4.42
南　阳　市 Nanyang	264.27	238.46	19.22	70.89	0.03	20.75	5.03
商　丘　市 Shangqiu	397.05	333.27	33.19	49.78		44.95	18.84
信　阳　市 Xinyang	582.12	482.97	53.15	60.86	4.25	43.28	51.62
周　口　市 Zhoukou	662.31	558.15	65.14	91.43	1.69	77.47	25.00
驻马店市 Zhumadian	531.63	449.80	43.60	11.07	0.12	36.60	45.11
济源示范区 Jiyuan	8.63	8.40				0.18	0.05

15-10 各市房地产开发竣工房屋价值(2021年)
Value of Buildings Completed by City (2021)

单位：亿元 (100 million yuan)

地区 Region	竣工房屋价值 Value of Buildings Completed	住宅 Residential Buildings	#90平方米以下 Under 90 sq.m	#144平方米以上 Over 144 sq.m	办公楼 Office Buildings	商业营业用房 Houses for Business Use	其他 Others
全省 Total	**1803.30**	**1407.39**	**259.79**	**190.34**	**49.22**	**166.18**	**180.52**
郑州市 Zhengzhou	740.92	525.62	182.43	63.55	37.89	76.05	101.37
开封市 Kaifeng	12.63	8.90	0.40	1.03	0.02	3.49	0.22
洛阳市 Luoyang	148.63	111.25	15.04	20.61	5.15	11.02	21.20
平顶山市 Pingdingshan	25.12	15.82	1.54	3.10	0.32	5.35	3.63
安阳市 Anyang	69.52	53.45	0.44	7.58	2.24	5.88	7.95
鹤壁市 Hebi	9.00	8.16	2.29	0.14	0.07	0.20	0.58
新乡市 Xinxiang	76.37	70.05	5.75	10.67	0.04	5.74	0.54
焦作市 Jiaozuo	20.49	18.05	0.27	3.26		0.54	1.90
濮阳市 Puyang	66.29	50.57	1.42	8.90	0.16	4.38	11.17
许昌市 Xuchang	82.20	75.33	4.25	5.69	0.32	2.87	3.68
漯河市 Luohe	23.87	21.99		0.92		1.43	0.44
三门峡市 Sanmenxia	33.45	26.72	5.02	5.99	1.56	3.82	1.36
南阳市 Nanyang	67.28	60.73	3.43	15.37	0.01	5.37	1.17
商丘市 Shangqiu	93.11	77.36	7.62	11.77		11.50	4.26
信阳市 Xinyang	99.86	82.82	8.69	10.15	1.10	7.31	8.64
周口市 Zhoukou	128.17	109.80	12.95	19.38	0.32	14.27	3.78
驻马店市 Zhumadian	102.68	87.18	8.28	2.23	0.02	6.85	8.62
济源示范区 Jiyuan	3.72	3.62				0.09	0.02

15-11 房地产开发企业土地购置和房屋销售情况

Land Space Purchase and Selling of Enterprises for Real Estate Development

指　标	Item	2005	2010	2015	2019	2020	2021
本年购置土地面积	**Land Space Purchased This year**						
（万平方米）	**(10 000sq.m)**	**2015.82**	**2864.32**	**951.41**	**858.15**	**831.27**	**631.20**
本年待开发的土地面积	**Land Space Pending Development**						
（万平方米）	**This year(10 000sq.m)**	**763.50**	**1209.47**	**1627.82**	**2731.03**	**2390.02**	**2553.39**
商品房销售额	**Total Sales of Commercialized**						
（亿元）	**Buildings Sold (100 million yuan)**	**322.01**	**1658.79**	**3945.55**	**9009.98**	**9364.36**	**8657.71**
现房销售额	Sale of marketable housing	128.95	438.82	1038.88	1329.85	1197.15	1065.43
期房销售额	Sale of futures marketable housing	193.06	1219.97	2906.67	7680.13	8167.21	7592.28
商品住宅	Commercially Residential Buildings	255.37	1454.57	3300.33	8016.93	8402.53	7892.03
#90平方米以下	Under 90 sq.m		400.76	850.73	1511.00	1342.70	995.54
144平方米以上	Over 144 sq.m		301.59	551.39	1197.22	1305.14	1082.44
办公楼	Office Buildings	7.60	50.31	123.18	226.77	181.23	96.04
商业营业用房	Houses for Bussiness Use	58.32	137.09	457.80	663.59	636.64	548.06
其他房屋	Others	0.72	16.82	64.24	102.69	143.95	121.58
商品房销售面积	**Sold Area of Commercialized**						
（万平方米）	**Buildings Sold (10 000 sq.m)**	**1724.82**	**5452.23**	**8556.34**	**14277.55**	**14100.66**	**13277.19**
现房销售面积	Sale Space of marketable housing	791.21	1910.83	2811.98	2896.42	2333.78	2046.73
期房销售面积	Sale Space of futures marketable housing	933.61	3541.40	5744.37	11381.13	11766.88	11230.46
商品住宅	Commercially Residential Buildings	1539.60	5092.49	7645.84	12981.63	12831.18	12258.83
#90平方米以下	Under 90 sq.m		1106.32	1811.42	2168.05	1839.63	1386.33
144平方米以上	Over 144 sq.m		941.14	1084.55	1533.06	1594.63	1351.28
办公楼	Office Buildings	24.86	60.79	149.50	217.12	163.81	92.20
商业营业用房	Houses for Bussiness Use	154.91	246.44	639.18	881.89	853.02	690.37
其他房屋	Others	5.45	52.51	121.82	196.92	252.65	235.78
商品房待售面积	**Area of commercialized Buildings**						
（万平方米）	**for Sale (10 000 sq.m)**	**307.30**	**1161.14**	**3606.83**	**2529.37**	**2628.52**	**2766.98**

15-12 各市房地产开发商品房屋销售面积(2021年)
Floor Space of Commercialized Buildings Sold by City (2021)

单位：万平方米 (10 000sq.m)

地 区 Region	商品房屋销售面积 Floor Space of Commercialized Buildings Sold	现 房 Marketable Housing	期 房 Futures Marketable Housing	住 宅 Residential Buildings	#90平方米以下 Under 90 sq.m	#144平方米以上 Over 144sq.m	办公楼 Office Buildings	商业营业用房 Houses for Business Use	其 他 Others
全 省 Total	**13277.19**	**2046.73**	**11230.46**	**12258.83**	**1386.33**	**1351.28**	**92.20**	**690.37**	**235.78**
郑 州 市 Zhengzhou	2699.38	614.99	2084.39	2480.01	735.70	280.58	52.36	135.54	31.47
开 封 市 Kaifeng	542.38	8.70	533.68	522.51	37.86	44.69	0.11	18.59	1.18
洛 阳 市 Luoyang	1015.85	39.30	976.56	910.80	111.07	124.70	12.20	47.39	45.48
平 顶 山 市 Pingdingshan	492.40	17.66	474.74	457.89	18.27	62.84	1.34	26.69	6.48
安 阳 市 Anyang	590.77	14.20	576.57	573.87	1.30	62.69	2.17	11.07	3.66
鹤 壁 市 Hebi	207.62	21.01	186.60	195.84	15.81	13.39	0.95	9.72	1.10
新 乡 市 Xinxiang	735.17	69.59	665.58	707.64	26.18	88.18	3.47	19.44	4.62
焦 作 市 Jiaozuo	219.70	6.44	213.26	212.22	6.04	19.54	1.61	5.43	0.43
濮 阳 市 Puyang	555.89	10.14	545.75	522.92	7.27	54.55		28.97	3.99
许 昌 市 Xuchang	623.02	8.97	614.06	601.62	31.95	66.30	1.03	9.38	10.99
漯 河 市 Luohe	407.58	6.89	400.69	387.66	8.72	20.59	4.99	10.35	4.59
三 门 峡 市 Sanmenxia	315.98	21.74	294.24	298.63	25.63	42.93	0.14	9.35	7.86
南 阳 市 Nanyang	831.85	64.98	766.87	759.17	93.92	118.55	2.72	44.37	25.59
商 丘 市 Shangqiu	1056.69	179.22	877.47	970.76	44.85	105.24		76.52	9.41
信 阳 市 Xinyang	1096.94	419.04	677.89	981.71	87.91	153.75	1.01	90.38	23.84
周 口 市 Zhoukou	842.69	283.23	559.46	732.90	82.00	32.21	5.78	93.82	10.19
驻 马 店 市 Zhumadian	984.49	260.62	723.86	886.86	51.68	44.53	2.26	51.92	43.44
济源示范区 Jiyuan	58.79		58.79	55.83	0.18	16.05	0.05	1.45	1.45

15-13 各市房地产开发商品房屋销售额(2021年)

Total Sales of Commercialized Buildings Commercial Houses by City (2021)

单位：亿元 (100 million yuan)

地区 Region	商品房屋销售额 Total Sales of Commercialized Buildings	现房 Marketable Housing	期房 Futures Marketable Housing	住宅 Residential Buildings	#90平方米以下 Under 90 sq.m	#144平方米以上 Over 144sq.m	办公楼 Office Buildings	商业营业用房 Houses for Business Use	其他 Others
全省 Total	**8657.71**	**1065.43**	**7592.28**	**7892.03**	**995.54**	**1082.44**	**96.04**	**548.06**	**121.58**
郑州市 Zhengzhou	2608.58	317.00	2291.59	2397.02	604.95	419.95	66.64	120.71	24.21
开封市 Kaifeng	317.80	3.81	313.98	302.30	19.81	25.08	0.04	14.85	0.61
洛阳市 Luoyang	768.78	30.74	738.04	685.01	99.65	107.04	12.22	46.28	25.26
平顶山市 Pingdingshan	265.37	9.22	256.15	234.81	9.30	35.03	0.59	25.74	4.23
安阳市 Anyang	326.81	5.98	320.83	315.34	0.63	37.65	1.15	9.83	0.49
鹤壁市 Hebi	123.59	12.51	111.08	113.73	9.56	7.50	0.59	9.07	0.19
新乡市 Xinxiang	432.04	31.62	400.42	413.05	15.89	52.78	2.21	14.94	1.84
焦作市 Jiaozuo	119.51	3.82	115.70	113.54	3.33	10.26	1.33	4.38	0.26
濮阳市 Puyang	313.07	5.34	307.73	287.39	3.93	34.51		24.73	0.96
许昌市 Xuchang	349.42	7.19	342.23	336.75	16.17	44.59	0.61	7.37	4.68
漯河市 Luohe	218.45	3.05	215.41	205.83	4.96	13.90	3.74	7.97	0.91
三门峡市 Sanmenxia	134.45	9.75	124.70	125.27	10.21	20.94	0.07	6.55	2.56
南阳市 Nanyang	463.22	29.81	433.41	416.02	51.74	66.29	2.40	31.65	13.15
商丘市 Shangqiu	595.59	94.31	501.27	534.46	27.04	67.38		54.88	6.25
信阳市 Xinyang	614.36	210.76	403.60	539.33	48.83	87.12	0.71	62.24	12.09
周口市 Zhoukou	456.09	164.68	291.41	376.08	44.87	17.64	2.20	72.66	5.15
驻马店市 Zhumadian	510.08	125.82	384.26	457.36	24.56	23.91	1.49	32.88	18.34
济源示范区 Jiyuan	40.48		40.48	38.74	0.11	10.87	0.03	1.32	0.39

15-14 房地产开发企业(单位)财务状况

Financial Conditions of Enterprises for Real Estate Development

单位：亿元 (100 million yuan)

年 份 Year	实收资本合计 Total Capital Hold	资产总计 Total Assets	累计折旧 Total Depreciation	#本年折旧 Depriciation This Year	负债总计 Total Liabilities	所有者权益 Owners' Equity	资产负债率(%) Ratio of Liabilities to Assets (%)
1995		176.48	1.43	0.53	128.00	48.48	72.5
1996	55.18	180.77	2.65	0.76	138.80	41.97	76.8
1997	40.67	174.01	1.99	0.76	144.75	29.26	83.2
1998	50.55	228.04	3.08	0.86	191.09	36.95	83.8
1999	51.05	217.38	3.64	1.00	175.32	42.05	80.7
2000	81.78	301.88	5.67	1.22	233.80	68.08	77.4
2005	231.89	978.49	14.36	2.93	681.65	296.85	69.7
2006	301.42	1275.76	18.61	4.84	897.17	378.58	70.3
2007	443.26	1965.95	23.01	4.55	1373.29	592.66	69.9
2008	663.74	2696.43	30.45	7.32	1787.37	909.06	66.3
2009	736.45	3362.09	37.90	8.06	2281.25	1080.84	67.9
2010	850.87	4524.38	49.32	11.41	3268.56	1255.82	72.2
2011	1122.21	6516.87	58.50	13.67	4859.42	1657.45	74.6
2012	1302.10	8641.29	68.80	14.42	6634.72	2006.57	76.8
2013	1760.65	11859.78	94.61	22.85	9263.15	2596.63	78.1
2014	1817.62	14977.93	99.81	25.05	11959.99	3017.94	79.8
2015	2151.37	18262.64	113.59	31.52	14583.93	3678.71	79.9
2016	2290.02	22536.68	136.65	33.39	18440.36	4096.32	81.8
2017	2618.39	27591.98	148.39	32.04	23067.68	4524.30	83.6
2018	2995.48	33708.58	188.03	44.12	27940.46	5768.11	82.9
2019	3231.69	38590.85	202.51	43.71	32547.24	6043.61	84.3
2020	3561.70	43829.99	218.77	40.28	37750.95	6079.04	86.1
2021	3829.89	47025.53	222.03	39.09	40193.06	6832.47	85.5
郑州市 Zhengzhou	1843.97	24327.40	92.25	12.00	20781.68	3545.72	85.4
开封市 Kaifeng	122.00	1261.30	4.14	0.80	1083.36	177.94	85.9
洛阳市 Luoyang	335.10	3898.77	23.68	3.80	3362.92	535.85	86.3
平顶山市 Pingdingshan	162.82	1391.88	9.69	1.42	1250.03	141.85	89.8
安阳市 Anyang	91.91	1551.84	5.92	0.83	1432.27	119.57	92.3
鹤壁市 Hebi	48.00	538.66	2.89	0.87	485.16	53.50	90.1
新乡市 Xinxiang	153.89	2023.02	9.90	1.98	1746.92	276.11	86.4
焦作市 Jiaozuo	61.00	795.46	2.98	0.59	712.02	83.44	89.5
濮阳市 Puyang	69.61	1075.82	2.91	0.98	923.57	152.25	85.8
许昌市 Xuchang	122.91	1995.05	8.72	1.80	1827.73	167.32	91.6
漯河市 Luohe	56.81	855.06	1.83	0.45	766.71	88.36	89.7
三门峡市 Sanmenxia	50.42	535.10	1.71	0.43	456.86	78.23	85.4
南阳市 Nanyang	170.36	1643.12	7.22	1.56	1414.90	228.22	86.1
商丘市 Shangqiu	152.47	1652.98	16.99	4.37	1217.00	435.98	73.6
信阳市 Xinyang	118.05	1311.89	10.87	1.85	1125.87	186.02	85.8
周口市 Zhoukou	104.67	967.93	10.21	3.08	695.36	272.58	71.8
驻马店市 Zhumadian	144.82	997.08	7.93	1.99	732.38	264.71	73.5
济源示范区 Jiyuan	21.09	203.17	2.19	0.29	178.34	24.83	87.8

15-15 房地产开发企业(单位)经营状况

Operating Statistics on Enterprises for Real Estate Development

单位：亿元 (100 million yuan)

年份 Year	主营业务收入 Revenue from Principal Business	土地转让收入 Land Transferred	商品房屋销售收入 Commercialized Buildings Sold	房屋出租收入 Houses Leased	其他收入 Others	税金及附加 Taxes and other Charges	利润总额 Total Profits
1995	29.62	1.21	26.14	0.66	1.60		
1996	25.52	0.55	23.39	0.30	1.28	1.16	-2.50
1997	25.37	0.52	21.96	1.50	1.39	1.08	-2.58
1998	35.13	1.32	28.10	1.24	4.47	1.50	-2.42
1999	37.21	0.54	30.50	0.88	5.29	1.38	-3.20
2000	59.00	0.51	54.02	0.20	4.28	2.52	-3.16
2005	281.11	6.17	267.50	1.15	6.28	16.06	17.63
2006	397.94	2.41	388.72	2.33	4.48	25.85	27.36
2007	609.03	4.59	593.90	1.42	9.12	43.85	63.22
2008	704.66	5.36	677.21	2.92	19.16	48.18	69.41
2009	893.32	6.31	872.19	1.30	13.51	64.53	101.50
2010	1200.56	3.74	1167.64	13.74	15.44	89.55	132.89
2011	1386.52	4.57	1340.04	20.32	21.60	108.04	158.39
2012	1570.94	7.72	1513.36	21.00	28.87	137.86	181.79
2013	2625.42	17.53	2511.12	52.97	43.80	217.40	393.09
2014	2529.22	6.79	2424.74	73.68	24.02	213.37	305.63
2015	2839.59	8.37	2749.98	48.03	33.21	253.60	332.29
2016	3678.44	32.18	3546.81	37.44	62.02	253.92	348.06
2017	3894.88	22.76	3684.55	30.32	157.25	230.07	426.55
2018	5043.35	41.12	4771.26	32.73	198.23	234.86	780.57
2019	5458.19	33.13	5181.40	33.52	210.13	258.83	770.06
2020	5324.38	37.35	4972.78	44.46	269.80	213.31	610.28
2021	5380.82	9.07	5070.20	40.79	260.76	214.82	427.89
郑州市 Zhengzhou	1734.98	0.23	1502.00	22.45	210.30	79.62	73.86
开封市 Kaifeng	167.37	0.46	163.85	0.09	2.98	6.06	13.72
洛阳市 Luoyang	393.65	0.04	386.54	2.76	4.31	24.74	43.25
平顶山市 Pingdingshan	158.03	1.78	154.53	0.52	1.20	5.55	-5.71
安阳市 Anyang	219.42		217.52	0.11	1.79	9.37	13.87
鹤壁市 Hebi	85.32	0.25	83.76	0.12	1.18	2.47	8.18
新乡市 Xinxiang	215.97	2.82	207.28	0.39	5.48	8.60	8.53
焦作市 Jiaozuo	93.91		93.53	0.13	0.24	3.12	-2.81
濮阳市 Puyang	149.09	1.19	147.41	0.04	0.45	6.11	4.68
许昌市 Xuchang	192.24	0.01	190.37	0.20	1.66	6.99	-6.92
漯河市 Luohe	140.67		134.35	3.03	3.29	4.12	15.03
三门峡市 Sanmenxia	58.10	0.02	57.24	0.17	0.68	1.75	3.46
南阳市 Nanyang	227.60	0.66	222.46	0.44	4.04	7.62	19.91
商丘市 Shangqiu	475.48	0.15	455.47	9.23	10.63	15.96	68.34
信阳市 Xinyang	316.96	0.05	311.00	0.38	5.54	12.39	53.56
周口市 Zhoukou	333.60	0.13	329.98	0.24	3.24	5.41	52.82
驻马店市 Zhumadian	383.32	1.14	378.34	0.42	3.42	13.28	56.24
济源示范区 Jiyuan	35.12	0.15	34.57	0.08	0.32	1.67	7.87

注：税金及附加2010年及以前为主营业务税金及附加口径，2011年以来为税金及附加口径。

a) Taxes and other charges are taxes and other charges on principal business in 2010 and before. Since 2011, the caliber were taxes and other charges.

主要统计指标解释

本年土地购置面积 指房地产开发企业本年通过各种方式获得土地使用权的土地面积。

待开发土地面积 指房地产开发企业经有关部门批准，通过各种方式获得土地使用权，但尚未开工建设的土地面积。

计划总投资 指房地产开发企业在建的建设工程按照总体设计（或按设计概算或预算）规定的内容全部建成计划需要的总投资。

自开始建设累计完成投资 指房地产开发企业在建的房屋建设工程或正在开发的土地开发工程从开始建设到本年末止累计完成的全部投资。

房地产开发投资 指房地产开发企业本年完成的全部投资额。具体指各种登记注册类型的房地产开发法人单位统一开发的住宅、厂房、仓库、饭店、宾馆、度假村、写字楼、办公楼等房屋建筑物，配套的服务设施，土地开发工程（如道路、给水、排水、供电、供热、通讯、平整场地等基础设施工程）和土地购置的投资；不包括单纯的土地开发和交易活动。

土地购置费 指房地产开发企业通过各种方式取得土地使用权而支付的费用。土地购置费按实际发生计入投资，分期付款的应分期计入。项目分期开发的，只计入与本期项目有关的土地购置费。前期支付的土地购置费，项目纳入统计后计入。

本年实际到位资金 指房地产开发企业本年实际到位，用于在建项目投资的各种货币资金。包括国内贷款、利用外资、自筹资金和其他资金。

房屋施工面积 指房地产开发企业本年施工的全部房屋建筑面积。包括本年新开工的房屋建筑面积、上年跨入本年继续施工的房屋建筑面积、上年停缓建在本年恢复施工的房屋建筑面积、本年竣工的房屋建筑面积以及本年施工后又停缓建的房屋建筑面积。多层建筑应填各层建筑面积之和。

房屋新开工面积 指房地产开发企业本年新开工建设的房屋建筑面积，以单位工程为核算对象。不包括在上年开工跨入本年继续施工的房屋建筑面积和上年停缓建而在本年恢复施工的房屋建筑面积。房屋的开工应以房屋正式开始破土刨槽（地基处理或打永久桩）的日期为准。房屋新开工面积指整栋房屋的全部建筑面积，不能分割计算。

房屋竣工面积 指房地产开发企业本年按照设计要求已全部完工，达到住人和使用条件，经验收鉴定合格或达到竣工验收标准，可正式移交使用的各栋房屋建筑面积的总和。

商品房销售面积 指房地产开发企业本年出售商品房屋的合同总面积（即双方签署的正式买卖合同中所确定的建筑面积）。

商品房销售额 指房地产开发企业本年出售商品房屋的合同总价款（即双方签署的正式买卖合同中所确定的合同总价）。该指标与商品房销售面积同口径。

Explanatory Notes on Main Statistical Indicators

Land Space Purchased in the Year refers to the area of land with its use rights already obtained in this year by real estate development companies.

Land Space Pending Development refers to the area of land with its use rights already approved by authorities and obtained by real estate development companies but the land development not yet starts.

Total Investment Planned refers to the total amount required for the completion of the activities according to the planned design or budget for the project under construction by real estate development companies.

Accumulative Investment Actually Completed Since Starting of Construction refers to all the investment accomplished by real estate development companies in the construction of building or the development of land from the beginning to the end of the year.

Investment in Real Estate Development refers to the total investment completed by the real estate development enterprise this year. Specifically, it refers to the investment in housing and buildings, supporting service facilities, land development projects (such as road, water supply, drainage, power supply, heat supply, communication, site leveling and other infrastructure projects) and land purchase uniformly developed by various registered real estate development legal entities; It does not include simple land development and trading activities.

Value of Land Purchased refers to the cost paid by the real estate development enterprise to obtain the land use right through various ways. The land purchase cost shall be included in the investment according to the actual occurrence, and the installment payment shall be included in the installment. If the project is developed by stages, only the land purchase cost related to the current project will be included. The land purchase cost paid in the early stage is included in the statistics of the project.

Total Actual Funds in Place This Year refer to various monetary funds actually paid in this year by real estate development enterprises for investment in projects under construction. Including domestic loans, utilization of foreign capital, self raised funds and other funds.

Floor Space of Buildings under Construction refers to the total space area of the buildings under construction in the year by real estate development companies. It includes buildings started in the year, continued from the previous year, suspended in earlier years but restarted in the year, completed in the year, and started in the year but suspended in the year as well. The floor space of a multi-storied building should be the sum of floor space of all the stories.

Floor Space of Buildings Started This Year refers to the total floor space area of the buildings started in the year by real estate development companies. It excludes the buildings started in previous years and continued in the year, and the buildings suspended in previous years but restarted in the year. The start of a construction is defined by the date of ground breaking or pile driving. The floor space of the building includes that of the entire building.

Floor Space of Buildings Completed refers to the total floor space area of the buildings completed in the year by real estate development companies, which meet the requirements as designed, reach the criteria set for people to live in or use, have passed the acceptance checks, and are ready for delivery or use.

Area of Commercialized Housing Sold refers to total contracted area of commercialized housing (i.e. area of floor space as designated in the formal contracts signed by both sides) sold by real estate development companies during the reference time.

Value of Commercialized Housing Sold refers to the total contracted value (i.e. value of sales/purchase for selling/purchase of commercialized housing as designated in the contract signed by both sides) received from the sales of the buildings by real estate development companies during the reference time. This indicator has the same coverage as the area of commercialized housing sold.

批发和零售业、住宿和餐饮业

Wholesale and Retail Sale trades,Hotels and Catering Services

16

资料整理：徐慧　宋怡霖

简要说明

一、主要内容

本篇包括河南省商品市场状况和批发零售业、住宿餐饮业经营情况以及主要财务状况。

二、统计范围

辖区内批发零售业和住宿餐饮业企业（单位）、个体经营户、连锁经营企业和亿元商品交易市场。

社会消费品零售总额不包括农业生产资料、居民购买住房；不包括各种经济类型的制造业法人企业、产业活动单位和个体工业直接售给城乡居民（包括本企业职工）和社会集团的商品；不包括农民在田间地头出售的农产品。

限额以上批发和零售业、住宿和餐饮业企业统计限额标准：批发业，年主营业务收入2000万元及以上;零售业，年主营业务收入500万元及以上;住宿业，年主营业务收入200万元及以上;餐饮业，年主营业务收入200万元及以上。

三、资料来源

达到限额以上标准的批发和零售业、住宿和餐饮业企业、个体经营户和其他行业附营的产业活动单位经营性指标和财务指标以及连锁经营企业、亿元商品交易市场采用全面调查的方法取得资料；限额以下批发零售企业采用抽样调查方法取得资料，限额以下住宿和餐饮业企业采用全面调查方法取得资料；批发零售和住宿餐饮业个体经营户资料采用抽样调查方法取得。由省统计局贸易外经处编辑整理。

企业信息化及电子商务情况，由河南省统计局地方经济社会调查队编辑整理。

Brief Introduction

I. Main Contents

Data in this chapter include the conditions of commodity market and wholesale and retail trades, hotels and catering services in Henan province.

II. Scope of Statistics

Wholesale and retail , accommodation catering enterprises (units), individual, chain business enterprises and one hundred million yuan commodity trading market.

Total retail sales of consumer goods do not include means of agricultural production; purchase of housing by residents; and do not include commodities that various types of corporate enterprise, industrial activity units and individual industrial directly sale to residents and social groups; and do not include agricultural products that sold by farmers in the fields.

Criteria for wholesale and retail sale trades, hotels and catering services above designated size are as follows: wholesale trade, having main business income over 20 million yuan; retail trade, having main business income over 5 million yuan; hotels, having main business income over 2 million yuan; catering services, having main business income over 2 million yuan.

III. Sources of Data

Data on business index and financial indicators of wholesale and retail trades, hotels and catering services enterprises, individual, Industrial activity unit above designated size, Chain group, trading market above one hundred million yuan are collected through comprehensive reporting form system. Data on enterprises and individual enterprises below the designated size are collected by sample surveys. Data in this chapter are provided by the Department of Trade and External Economic Relations of the Henan provincial bureau of Statistics.

Data on enterprise informatization and e-commerce are provided by economic and social survey office of Henan Province Bureau of Statistics.

16-1 社会消费品零售总额

Total Retail Sale of Consumer Goods

单位：亿元 (100 million yuan)

年 份 Year	社会消费品零售总额 Total Retail Sales of Consumer Goods	#批发和零售业 Wholesale and Retail Trades	住宿和餐饮业 Hotels and Catering Services	城 镇 Urban	乡 村 Rural
1978	71.79				
1980	96.04				
1985	180.59				
1990	314.31	300.50	13.81	244.31	70.00
1991	368.92	352.39	16.53	290.23	78.69
1992	470.30	447.23	23.07	373.33	96.97
1993	577.52	548.95	28.57	462.82	114.70
1994	788.97	739.65	49.32	629.42	159.55
1995	955.58	884.95	70.63	755.93	199.64
1996	1191.13	1098.33	92.80	933.55	257.58
1997	1422.11	1284.41	137.71	1126.35	295.77
1998	1558.75	1418.50	140.26	1231.71	327.04
1999	1682.22	1532.29	149.93	1329.38	352.85
2000	1858.46	1687.86	170.61	1468.33	390.14
2001	2057.80	1858.34	199.47	1628.17	429.63
2002	2275.39	2036.23	239.16	1808.58	466.81
2003	2518.19	2245.95	272.24	2010.11	508.07
2004	2923.73	2621.52	302.21	2363.63	560.11
2005	3362.58	3011.77	350.80	2738.23	624.35
2006	3908.68	3467.77	440.91	3203.99	704.69
2007	4658.58	4086.67	571.90	3842.56	816.01
2008	5772.92	5050.87	722.05	4783.79	989.13
2009	6689.09	5884.81	804.28	5551.18	1137.91
2010	7922.66	6972.81	949.86	6602.68	1319.98
2011	9337.22	8223.04	1114.18	7786.36	1550.87
2012	10767.69	9484.15	1283.54	8971.78	1795.91
2013	12243.51	10806.41	1437.09	10172.35	2071.16
2014	13777.41	12172.61	1604.80	11412.70	2364.72
2015	15475.80	13670.39	1805.40	12784.75	2691.05
2016	17274.50	15261.47	2013.03	14247.07	3027.43
2017	19289.11	17040.56	2248.55	15892.34	3396.77
2018	21267.96	18778.81	2489.14	17500.93	3767.02
2019	23476.13	20699.86	2776.26	19297.91	4178.21
2020	22502.77	20203.52	2299.25	18471.41	4031.36
2021	24381.70	21768.30	2613.40	20189.77	4191.93

注：1993年以后数据已根据河南省第四次全国经济普查结果修订。
a) The data since 1993 have been revised according to the results of the fourth national economic census in Henan Province.

16–2 各市社会消费品零售总额(2021年)

Total Retail Sale of Consumer Goods by City (2021)

单位：亿元 (100 million yuan)

地　区	Region	社会消费品零售总额 Total Retail Sales of Consumer Goods	批发和零售业 Wholesale and Retail Sale Trade	住宿和餐饮业 Hotels and Catering Services	城　镇 Urban Area	乡　村 Urual Area
全　省	**Total**	**24381.70**	**21768.30**	**2613.40**	**20189.77**	**4191.93**
郑州市	Zhengzhou	5389.21	4453.09	936.12	4870.61	518.60
开封市	Kaifeng	1112.52	967.26	145.26	885.92	226.60
洛阳市	Luoyang	2291.16	1959.16	332.00	1987.02	304.14
平顶山市	Pingdingshan	1100.84	889.06	211.77	895.97	204.86
安阳市	Anyang	907.96	789.46	118.50	724.05	183.91
鹤壁市	Hebi	318.03	262.97	55.06	300.31	17.72
新乡市	Xinxiang	1056.63	930.81	125.82	944.21	112.42
焦作市	Jiaozuo	863.30	727.18	136.12	715.44	147.85
濮阳市	Puyang	722.59	599.32	123.27	497.03	225.56
许昌市	Xuchang	1331.01	1071.28	259.73	1043.62	287.39
漯河市	Luohe	716.51	609.14	107.37	577.51	139.00
三门峡市	Sanmenxia	535.13	462.41	72.72	440.69	94.45
南阳市	Nanyang	2196.27	1827.71	368.56	1711.38	484.90
商丘市	Shangqiu	1489.50	1228.03	261.47	1081.66	407.84
信阳市	Xinyang	1252.85	874.33	378.52	1014.09	238.76
周口市	Zhoukou	1804.75	1406.33	398.42	1491.55	313.20
驻马店市	Zhumadian	1096.00	938.47	157.54	781.20	314.81
济源示范区	Jiyuan	197.46	157.34	40.11	190.04	7.42

16-3 限额以上批发和零售业法人基本情况(2021年)

Basic Conditions of Corporation in Wholesale and Retail Trades above Designated Size (2021)

指标名称	Item	法人企业 (个) Corporate Enterprises (unit)	从业人员期末人数 (人) Persons Employed (person)	法人属产业活动单位数 (个) Establish -ments Units (unit)	#批发和零售业 Wholesale and Retail Trades
总 计	**Total**	**14216**	**566864**	**16552**	**16380**
批发业	**Wholesale Trades**	**6392**	**205304**	**2615**	**2547**
按国民经济行业分	By Sector				
农、林、牧产品	Agricalturel, Forestry and Livestock Products	410	10711	100	91
食品、饮料及烟草制品	Food, Beverages, Tobaccos	587	46660	415	386
纺织、服装及家庭用品	Textiles, Wearing Apparel and Household Articles	286	12329	43	41
文化、体育用品及器材	Culture, Sports Supplies and Equipment	135	5669	62	62
医药及医疗器材	Medicine and the Medical Equipment	646	41562	1149	1145
矿产品、建材及化工产品	Mineral Products, Building Materials and Chemical Products	3185	56241	731	720
机械设备、五金产品及电子产品	Machinery Hardware and Electronic Products	918	24975	91	84
贸易经纪与代理	Trade Brokers and Agents	21	529		
其他	Others	204	6628	24	18
按登记注册类型分	By Registration				
内资企业	Domestic-Funded Enterprises	6367	203746	2599	2532
港澳台商投资企业	Enterprises With Investment from Hong Kong, Macao and Taiwan	13	578	3	3
外商投资企业	Enterprises With Foreign Investment	12	980	13	12
按控股情况分	By Controlling Type				
国有控股	State-holding	337	46422	1817	1777
集体控股	Collective-holding	47	4751	23	20
私人控股	Private-holding	5983	152817	759	735
港澳台商控股	Hong Kong, Macao and Taiwan-holding	11	178	3	3
外商控股	Foreign-holding	13	1102	13	12
其他	Others	1	34		
按经营形式分	By Management Style				
独立门店	Independent Store	4306	129519	1662	1622
连锁总店	Head Office of Chain Store	13	2121	384	384
连锁直营店	Chain Direct-sale Store	4	1088	38	38
连锁加盟店	Chain Franchisee Store	1	26	3	3
其他	Others	2068	72550	528	500

16-3 续表 continued

指标名称	Item	法人企业 (个) Corporate Enterprises (unit)	从业人员期末人数 (人) Persons Employed (person)	法人属产业活动单位数 (个) Establish -ments Units (unit)	#批发和零售业 Wholesale and Retail Trades
零售业	**Retail trades**	**7824**	**361560**	**13937**	**13833**
按国民经济行业分	By Sector				
综合	Comprehensive	1193	116448	1600	1586
食品、饮料及烟草制品	Food, Beverages, Tobaccos	634	17925	626	602
纺织、服装及日用品	Textiles, Wearing Apparel and Household Articles	321	13642	250	248
文化、体育用品及器材	Culture, Sports supplies and Equipment	351	17059	546	534
医药及医疗器材	Medicine and Medical Equipment	362	44172	8228	8221
汽车、摩托车、燃料及零配件	Automobile, Motorcycle, Fuel and Spare Parts	3070	101897	1966	1955
家用电器及电子产品	Household Appliances and Electronic Products	1088	24950	503	494
五金、家具及室内装饰材料	Hardware, Furniture and Indoor Decoration Materials	446	9134	5	5
货摊、无店铺及其他	Non-store and Others	359	16333	213	188
按登记注册类型分	By Registration				
内资企业	Domestic-Funded Enterprises	7767	343047	13193	13091
港澳台商投资企业	Enterprises With Investment from Hong Kong, Macao and Taiwan	26	13819	243	241
外商投资企业	Enterprises With Foreign Investment	31	4694	501	501
按控股情况分	By Controlling Type				
国有控股	State-holding	251	26528	2383	2358
集体控股	Collective-holding	60	2773	37	37
私人控股	Private-holding	7462	314837	10896	10819
港澳台商控股	Hong Kong, Macao and Taiwan-holding	21	13245	241	239
外商控股	Foreign-holding	30	4177	380	380
其他	Others				
按经营形式分	By Management Style				
独立门店	Independent Store	6957	258315	5837	5775
连锁总店	Head Office of Chain Store	177	61042	6072	6052
连锁直营店	Chain Direct-sale Store	56	6310	844	831
连锁加盟店	Chain Franchisee Store	16	539	30	30
其他	Others	618	35354	1154	1145
按零售业态分	By Retail Formats				
有店铺零售	Store Retailing	7616	349723	13931	13829
无店铺零售	Non-store Retailing	208	11837	6	4

16-4 限额以上住宿和餐饮业法人基本情况(2021年)

Basic Conditions of Corporation of Hotels and Catering Services above Designated Size (2021)

指标名称	Item	法人企业 (个) Corporate Enterprises (unit)	从业人员期末人数 (人) Persons Employed (person)	法人属产业活动单位数 (个) Establish -ments Units (unit)	#住宿和餐饮业 Wholesale and Retail Trades
总　计	**Total**	**2979**	**135804**	**687**	**672**
住宿业	**Hotels**	**1646**	**79156**	**94**	**87**
按国民经济行业分	By sector				
旅游饭店	Tourist hotel	635	44716	45	43
一般旅馆	Fonda	921	31005	45	40
其他住宿业	Others	71	2943	4	4
按登记注册类型分	By Registration				
内资企业	Domestic-Funded Enterprises	1630	77349	87	81
国有企业	State-owned	62	6742	11	8
集体企业	Collective-owned	21	975		
股份合作企业	Cooperative	1	116		
联营企业	Joint Ownership				
有限责任公司	Limited Liability Corporations	232	17539	22	22
股份有限公司	Share-holding Corporation Ltd	9	651		
私营企业	Private	1304	51291	54	51
其他企业	Other	1	35		
港澳台商投资企业	Enterprises With Investment from Hong Kong, Macao and Taiwan	12	1299	4	4
外商投资企业	Enterprises With Foreign Investment	4	508	3	2
按控股情况分	By Controlling Type				
国有控股	State-holding	108	11906	15	12
集体控股	Collective-holding	41	2541	2	2
私人控股	Private-holding	1486	63673	74	71
港澳台商控股	Hong Kong, Macao and Taiwan-holding	7	549		
外商控股	Foreign-holding	4	487	3	2
其他	Others				
按经营形式分	By Management Style				
独立门店	Independent Store	1462	71066	84	78
连锁总店	Head Office of Chain Store	4	176	2	2
连锁直营店	Chain Direct-sale Store	11	565		
连锁加盟店	Chain Franchisee Store	79	1749		
其他	Others	90	5600	8	7
按星级分	By Star Level				
五星	Five-star	32	6094	6	6
四星	Four-star	125	11662	7	7
三星	Three-star	195	12022	5	4
二星	Two-star	41	1968	5	4
一星	One-star	9	278		
其他	Others	1244	47132	71	66

16-4 续表 continued

指标名称	Item	法人企业 (个) Corporate Enterprises (unit)	从业人员期末人数 (人) Persons Employed (person)	法人属产业活动单位数 (个) Establish -ments Units (unit)	#住宿和餐饮业 Wholesale and Retail Trades
餐饮业	**Catering Services**	**1333**	**56648**	**593**	**585**
按国民经济行业分	By sector				
正餐服务	Dinner	1186	47353	329	324
快餐服务	Snack	61	5240	209	207
饮料及冷饮服务	Drinks and Cold drinks	17	409	49	48
其他餐饮业	Others	20	419	2	2
按登记注册类型分	By Registration				
内资企业	Domestic-Funded Enterprises	1328	53275	406	400
国有企业	State-owned	7	392		
集体企业	Collective-owned				
股份合作企业	Cooperative	1	38		
联营企业	Joint Ownership				
有限责任公司	Limited Liability Corporations	142	12126	105	103
股份有限公司	Share-holding Corporation Ltd	1	142		
私营企业	Private	1177	40577	301	297
其他企业	Other				
港澳台商投资企业	Enterprises With Investment from Hong Kong, Macao and Taiwan	2	79	3	3
外商投资企业	Enterprises With Foreign Investment	3	3294	184	182
按控股情况分	By Controlling Type				
国有控股	State-holding	22	1809	7	7
集体控股	Collective-holding	2	71		
私人控股	Private-holding	1304	51395	399	393
港澳台商控股	Hong Kong, Macao and Taiwan-holding	2	79	3	3
外商控股	Foreign-holding	3	3294	184	182
其他	Others				
按经营形式分	By Management Style				
独立门店	Independent Store	1196	41610	173	172
连锁总店	Head Office of Chain Store	15	7067	297	295
连锁直营店	Chain Direct-sale Store	22	1251	78	75
连锁加盟店	Chain Franchisee Store	7	585		
其他	Others	93	6135	45	43

16-5 限额以上批发和零售企业(单位)商品购销存总额(2021年)

Total Purchases, Sales and Inventory above Designated Size of Wholesale and Retail Trades (2021)

单位：万元 (10 000yuan)

指标	Iterm	商品购进额 Purchases	#进口 Imports	商品销售额 Total Sales
总计	**Total**	**192309250**	**2744689**	**213153240**
批发业	**Wholesale Trades**	**143850196**	**1921020**	**156246955**
按国民经济行业分	By sector			
农、林、牧产品	Farming, forestry, animal husbandry products	7250789	146178	7878544
食品、饮料及烟草制品	Food, drinks and tobacco products	15977489	392176	20443243
纺织、服装及家庭用品	Textile, clothing and household items	3611340	33274	4066495
文化、体育用品及器材	Cultural and sports supplies and equipment	3053698	5638	2952119
医药及医疗器材	Pharmaceutical and medical equipment	15882307	181431	17955980
矿产品、建材及化工产品	Minerals, building materials and chemical products	80566022	1122678	84148126
机械设备、五金产品及电子产品	Mechanical equipment, metal products and electronic products	13891253	39593	14784465
贸易经纪与代理	Trade brokers and agents	384826		394134
其他批发业	Others	3232471	52	3623850
按登记注册类型分	By Registration status			
内资企业	Domestic Funded Enterprises	143103690	1778042	155072995
国有企业	State-owned	9600396	4638	13636730
集体企业	Collective-owned	1880152		1941644
股份合作企业	Cooperative	2419		2360
联营企业	Joint Ownership	252414		245347
有限责任公司	Limited Liability Corporations	58115988	843892	61612282
股份有限公司	Share-holding Corporation Ltd	6340987		5613095
私营企业	Private	66849647	929512	71952337
其他企业	Other	61686		69201
港澳台商投资企业	Enterprises with Funds from Hong Kong, Macao and Taiwan	420326	4582	547971
外商投资企业	Foreign Funded	326180	138396	625988
个体经营	Individual			
按控股情况分	By Controlling Type			
#国有控股	State-ownedand State-holding	50091232	649157	54948151
零售业	**Retail Trades**	**48459054**	**823669**	**56906285**
按国民经济行业分	By sector			
综合零售	Comprehensive retail	7606668	7597	9842053
食品、饮料及烟草制品	Food, drinks and tobacco products	1713171	3264	2090438
纺织、服装及日用品	Textile, clothing and household items	1072160	4270	1380158
文化、体育用品及器材	Cultural and sports supplies and equipment	1423505	21	1571042
医药及医疗器材	Pharmaceutical and medical equipment	2285730	9498	2886672
汽车、摩托车、燃料及零配件	Automobiles, motorcycles, fuel and spare parts	28159952	763815	32087721
家用电器及电子产品	Household appliances and electronic products	3291677	7198	3651593
五金、家具及室内装饰材料	Hardware, furniture and interior decoration materials	805193		978350
货摊、无店铺及其他	Booth and others	2100998	28008	2418257
按登记注册类型分	By Registration status			
内资企业	Domestic Funded Enterprises	45272972	800316	52058883
国有企业	State-owned	530464		617940
集体企业	Collective-owned	46102		54585
股份合作企业	Cooperative	1297		2918
联营企业	Joint Ownership			
有限责任公司	Limited Liability Corporations	13725249	508590	15906312
股份有限公司	Share-holding Corporation Ltd	3115415	4204	4071538
私营企业	Private	27840758	287522	31390267
其他企业	Other	13688		15324
港澳台商投资企业	Enterprises with Funds from Hong Kong, Macao and Taiwan	2179069	17075	3109991
外商投资企业	Foreign Funded	1007014	6278	1737410
个体经营	Individual			
按控股情况分	By Controlling Type			
#国有控股	State-ownedand State-holding	5902049	42655	7334455

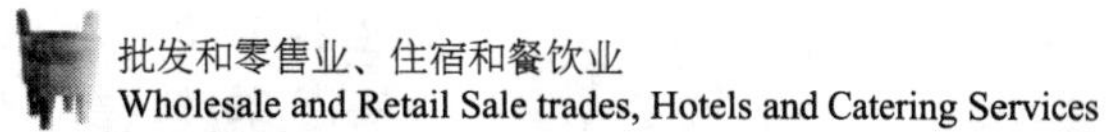

16−5 续表 continued

单位：万元 (10 000yuan)

指 标	Iterm	批发额 Wholesale Trade	#出口 Imports	零售额 Retail Trade	年末商品库存额 Inventory (year-end)
总 计	**Total**	**151432369**	**1808610**	**59887863**	**11591037**
批发业	**Wholesale Trades**	**149060497**	**1802667**	**5382278**	**7400275**
按国民经济行业分	By sector				
农、林、牧产品	Farming, forestry, animal husbandry products	7653950	199395	174135	1576341
食品、饮料及烟草制品	Food, drinks and tobacco products	19628997	88051	709803	997632
纺织、服装及家庭用品	Textile, clothing and household items	3744452	387627	209494	368475
文化、体育用品及器材	Cultural and sports supplies and equipment	2768137	76003	121163	410354
医药及医疗器材	Pharmaceutical and medical equipment	17364967	10102	501137	1235055
矿产品、建材及化工产品	Minerals, building materials and chemical products	79851715	563447	3007988	2035410
机械设备、五金产品及电子产品	Mechanical equipment, metal products and electronic products	14140388	271345	609993	728955
贸易经纪与代理	Trade brokers and agents	389479	52111	986	1792
其他批发业	Others	3518412	154588	47579	46261
按登记注册类型分	By Registration status				
内资企业	Domestic Funded Enterprises	148281032	1741753	4995722	7347891
国有企业	State-owned	13315232		316079	1284372
集体企业	Collective-owned	1941644			3117
股份合作企业	Cooperative	2360			166
联营企业	Joint Ownership	245347			
有限责任公司	Limited Liability Corporations	60044151	523384	1224492	2492646
股份有限公司	Share-holding Corporation Ltd	4778206	37900	806371	258401
私营企业	Private	67926956	1180469	2638739	3308509
其他企业	Other	27137		10041	681
港澳台商投资企业	Enterprises with Funds from Hong Kong, Macao and Taiwan	407659	15850	132382	3659
外商投资企业	Foreign Funded	371806	45065	254174	48725
个体经营	Individual				
按控股情况分	By Controlling Type				
#国有控股	State-ownedand State-holding	52844664	159963	1871774	2815215
零售业	**Retail Trades**	**2371871**	**5943**	**54505585**	**4190762**
按国民经济行业分	By sector				
综合零售	Comprehensive retail	75887		9765769	624291
食品、饮料及烟草制品	Food, drinks and tobacco products	156225	604	1933077	214906
纺织、服装及日用品	Textile, clothing and household items	40768	2107	1327994	112079
文化、体育用品及器材	Cultural and sports supplies and equipment	112932		1457553	190541
医药及医疗器材	Pharmaceutical and medical equipment	296195		2588397	348621
汽车、摩托车、燃料及零配件	Automobiles, motorcycles, fuel and spare parts	1292631	181	30791051	2247095
家用电器及电子产品	Household appliances and electronic products	197033		3454372	298379
五金、家具及室内装饰材料	Hardware, furniture and interior decoration materials	61364		908427	68035
货摊、无店铺及其他	Booth and others	138837	3052	2278947	86816
按登记注册类型分	By Registration status				
内资企业	Domestic Funded Enterprises	2154151	5943	49876355	4014771
国有企业	State-owned	113225		504715	44620
集体企业	Collective-owned	483		53887	6082
股份合作企业	Cooperative	421		2497	293
联营企业	Joint Ownership				
有限责任公司	Limited Liability Corporations	512930	2060	15393382	1140768
股份有限公司	Share-holding Corporation Ltd	530931		3540607	294509
私营企业	Private	996162	3883	30365943	2527772
其他企业	Other			15324	728
港澳台商投资企业	Enterprises with Funds from Hong Kong, Macao and Taiwan	18694		3091297	105391
外商投资企业	Foreign Funded	199027		1537932	70600
个体经营	Individual				
按控股情况分	By Controlling Type				
#国有控股	State-ownedand State-holding	981083		6353372	427512

16-6 各市限额以上批发和零售企业(单位)商品购、销、存总额(2021年)

Total Purchases, Sales and Inventory of Enterprises above Designated Size of Wholesale and Retail Trades by City (2021)

单位：亿元 (100 million yuan)

地区 Region	商品购进额 Purchases	商品销售额 Total Sales	批发额 Wholesale Trade	零售额 Retail Trade	年末商品库存额 Inventory (year-end)
郑州市 Zhengzhou	8241.55	8835.42	6657.46	2152.93	488.19
开封市 Kaifeng	293.53	338.02	203.31	128.76	13.27
洛阳市 Luoyang	1851.96	2067.97	1446.33	536.87	84.90
平顶山市 Pingdingshan	837.40	925.15	723.66	197.83	25.18
安阳市 Anyang	854.11	941.95	798.43	143.03	41.63
鹤壁市 Hebi	309.58	354.97	296.05	58.83	13.56
新乡市 Xinxiang	687.05	771.21	502.53	266.41	59.93
焦作市 Jiaozuo	597.15	668.97	547.54	117.07	33.25
濮阳市 Puyang	366.40	394.53	251.34	142.42	24.43
许昌市 Xuchang	414.16	490.50	259.34	219.49	32.59
漯河市 Luohe	686.89	749.09	529.91	217.62	24.74
三门峡市 Sanmenxia	344.05	421.55	318.23	101.68	18.43
南阳市 Nanyang	1087.77	1182.57	816.57	360.41	78.16
商丘市 Shangqiu	864.47	1024.17	563.25	438.79	51.82
信阳市 Xinyang	420.38	499.18	196.18	298.30	29.98
周口市 Zhoukou	575.50	732.55	364.87	361.65	109.67
驻马店市 Zhumadian	373.39	469.70	250.96	218.60	23.00
济源示范区 Jiyuan	425.58	447.82	417.27	28.10	6.37

16−7 限额以上住宿和餐饮业企业(单位)经营情况(2021年)

Management of Enterprises above Designated Size of Star-rated Hotels and Catering Services (2021)

单位：万元 (10 000 yuan)

指标名称	Item	营业额 Total Business Revenue	客房收入 Guest room Revenue	餐费收入 Meal Revenue	商品销售额 Total Retail Sales of Consumer Goods	其他收入 Other Revenue
总 计	**Total**	**2644279**	**802076**	**1648440**	**65546**	**128217**
住宿业	**Hotels**	**1380636**	**749260**	**493010**	**39747**	**98620**
按国民经济行业分	By sector					
旅游饭店	Tourist hotel	734246	356061	291916	14937	71333
一般旅馆	General hotel	593825	365097	180961	23604	24163
其他住宿业	Others	43525	24473	15130	1116	2806
按登记注册类型分	By Registration					
内资企业	Domestic-Funded Enterprises	1338530	732416	474233	37818	94062
国有企业	State-owned	90217	34035	41485	2960	11738
集体企业	Collective-owned	15801	6404	6860	178	2358
股份合作企业	Cooperative	1107	457	626	6	19
联营企业	Joint Ownership					
有限责任公司	Limited Liability Corporations	304443	142140	119176	7327	35800
股份有限公司	Share-holding Corporation Ltd	10084	4877	3871	37	1300
私营企业	Private	916285	544014	302114	27311	42847
其他企业	Other	592	490	102		
港澳台商投资企业	Enterprises With Investment from Hong Kong, Macao and Taiwan	35471	13212	16109	1729	4421
外商投资企业	Enterprises With Foreign Investment	6635	3632	2667	199	137
个体经营	Individual					
按控股情况分	By Controlling Type					
#国有控股	State-holding	170976	66902	71181	4110	28783
按经营形式分	By Management Style					
独立门店	Independent store	1213531	648875	443199	30031	91427
连锁总店	Head office of Chain Store	7612	2043	4588	30	950
连锁直营店	Chain Direct-sale Store	8816	5648	2427	39	702
连锁加盟店	Chain Franchisee Store	33760	30763	1879	389	729
其他	Others	116918	61931	40917	9258	4812
按星级分	By Star Level					
五星	Five-star	108270	44739	47891	2567	13073
四星	Four-star	173640	77306	77819	2342	16172
三星	Three-star	189811	88409	81404	5785	14214
二星	Two-star	24460	11007	11617	296	1541
一星	One-star	2960	2539	374	34	13
其他	Others	881495	525261	273905	28723	53607

16-7 续表 continued

单位：万元 (10 000 yuan)

指标名称	Item	营业额 Total Business Revenue	客房收入 Guest room Revenue	餐费收入 Meal Revenue	商品销售额 Total Retail Sales of Consumer Goods	其他收入 Other Revenue
餐饮业	**Catering Services**	**1263643**	**52816**	**1155430**	**25799**	**29597**
按国民经济行业分	By sector					
正餐服务	Dinner	1013372	52552	919643	22664	18513
快餐服务	Snack	149925	264	138728	2406	8527
饮料及冷饮服务	Drinks and cold drinks	10097		10097		
其他餐饮业	Others	10431		10044	319	68
按登记注册类型分	By Registration					
内资企业	Domestic-Funded Enterprises	1153885	52816	1054138	25746	21185
国有企业	State-owned	7149	2226	4811		112
集体企业	Collective-owned					
股份合作企业	Cooperative	370		370		
联营企业	Joint Ownership					
有限责任公司	Limited Liability Corporations	303501	7628	289550	3039	3285
股份有限公司	Share-holding Corporation Ltd	3617		2163	1454	
私营企业	Private	839249	42962	757244	21254	17789
其他企业	Other					
港澳台商投资企业	Enterprises With Investment from Hong Kong, Macao and Taiwan	2021		1987	34	
外商投资企业	Enterprises With Foreign Investment	107737		99306	19	8412
个体经营	Individual					
按控股情况分	By Controlling Type					
#国有控股	State-holding	42358	4715	33500	1765	2378
按经营形式分	By Management Style					
独立门店	Independent store	888182	49657	798988	21688	17849
连锁总店	Head office of Chain Store	166809		158378	19	8412
连锁直营店	Chain Direct-sale Store	54105	480	53453	126	46
连锁加盟店	Chain Franchisee Store	10580		10244	257	79
其他	Others	143968	2679	134368	3710	3211

16-8 各市限额以上住宿和餐饮企业(单位)经营情况(2021年)

Operation Conditions of Enterprises above Designated Size of Star-rated Hotels and Catering Services by City (2021)

单位：万元 (10 000 yuan)

地 区	Region	营业额 Total Business Revenue	客房收入 Guest Room Revenue	餐费收入 From Meals	商品销售额 Total Retail Sales of Consumer Goods	其他收入 Other Revenue
郑州市	Zhengzhou	1017642	227344	691285	18173	80840
开封市	Kaifeng	111388	43513	63175	2248	2452
洛阳市	Luoyang	217954	63855	142367	4802	6929
平顶山市	Pingdingshan	72987	25641	43583	1755	2008
安阳市	Anyang	46192	17633	26347	232	1980
鹤壁市	Hebi	18916	7461	10744	189	521
新乡市	Xinxiang	65087	26569	35249	843	2426
焦作市	Jiaozuo	28678	13234	14552	185	707
濮阳市	Puyang	31247	12164	17130	281	1671
许昌市	Xuchang	107958	35123	64384	2624	5828
漯河市	Luohe	38195	15208	20255	145	2587
三门峡市	Sanmenxia	56802	21821	30723	1381	2877
南阳市	Nanyang	206049	72589	123424	5662	4375
商丘市	Shangqiu	136693	47712	72928	14079	1975
信阳市	Xinyang	156880	54603	93776	1764	6738
周口市	Zhoukou	185626	67283	108788	8667	889
驻马店市	Zhumadian	133246	44850	82919	2411	3067
济源示范区	Jiyuan	12740	5472	6810	108	350

16-9 各市限额以上住宿企业(单位)经营情况(2021年)

Operation Conditions of Star-rated Hotels above Designated Sized by City (2021)

单位：万元 (10 000 yuan)

地区	Region	营业额 Total Business Revenue	客房收入 Guest Room Revenue	餐费收入 From Meals	商品销售额 Total Retail Sales of Consumer Goods	其他收入 other Revenue
郑州市	Zhengzhou	411608	218394	122808	12458	57947
开封市	Kaifeng	71063	42024	25401	1490	2147
洛阳市	Luoyang	123076	61022	53767	1537	6750
平顶山市	Pingdingshan	39211	24816	12496	655	1244
安阳市	Anyang	30029	17633	10223	208	1965
鹤壁市	Hebi	13954	7281	6018	134	521
新乡市	Xinxiang	42414	24768	14790	497	2359
焦作市	Jiaozuo	17693	10738	6236	43	675
濮阳市	Puyang	19458	10809	6863	140	1645
许昌市	Xuchang	67777	33386	28099	1019	5273
漯河市	Luohe	20674	12520	7423	54	678
三门峡市	Sanmenxia	41830	21390	16527	1127	2786
南阳市	Nanyang	111520	61482	43378	3077	3583
商丘市	Shangqiu	75567	43801	20612	10033	1121
信阳市	Xinyang	103100	50279	45224	1031	6566
周口市	Zhoukou	105727	61920	37973	5054	780
驻马店市	Zhumadian	74361	41525	29523	1083	2230
济源示范区	Jiyuan	11575	5472	5646	108	350

16-10 各市限额以上餐饮企业(单位)经营情况(2021年)

Operation Conditions of Catering Services above Designated Size by City (2021)

单位：万元 (10 000 yuan)

地 区	Region	营业额 Total Business Revenue	客房收入 Guest Room Revenue	餐费收入 From Meals	商品销售额 Total Retail Sales of Consumer Goods	其他收入 other Revenue
郑州市	Zhengzhou	606034	8950	568477	5714	22893
开封市	Kaifeng	40325	1489	37774	758	305
洛阳市	Luoyang	94878	2833	88600	3266	179
平顶山市	Pingdingshan	33776	825	31087	1099	764
安阳市	Anyang	16163		16124	25	15
鹤壁市	Hebi	4962	180	4726	56	0
新乡市	Xinxiang	22673	1802	20459	346	67
焦作市	Jiaozuo	10985	2496	8316	141	32
濮阳市	Puyang	11788	1355	10267	141	26
许昌市	Xuchang	40181	1737	36285	1605	555
漯河市	Luohe	17521	2688	12832	91	1910
三门峡市	Sanmenxia	14971	431	14197	254	90
南阳市	Nanyang	94529	11106	80046	2585	792
商丘市	Shangqiu	61127	3911	52316	4046	854
信阳市	Xinyang	53781	4324	48552	733	172
周口市	Zhoukou	79899	5364	70814	3612	109
驻马店市	Zhumadian	58885	3324	53396	1328	837
济源示范区	Jiyuan	1164		1164		

16-11 限额以上批发和零售、住宿和餐饮法人企业主要财务指标(2021年)

Main Financial Indicators of Enterprises in Wholesale and Retail Trades, Hotels and Catering Services above Designated Size (2021)

单位：万元 (10 000 yuan)

指标	Item	批发业 Wholesale	零售业 Retail Sale	住宿业 Hotels	餐饮业 Catering Services
期末资产负债	**Assets and Liability (year-end)**				
流动资产合计	Current Assets	54865751	17732118	1797895	537456
应收帐款	Accounts Receivable	14713406	2643229	196783	76094
存货	Inventory	7125879	4253616	81694	45927
固定资产原价	Original Value of Fixed Assets	4565754	5679634	2368744	540163
累计折旧	Accumulated Depreciation	1495137	1884862	970807	164240
本年折旧	Depreciation of Deducted This Year	212286	338928	101045	23006
固定资产净额	Net Fixed Assets	1972679	2365395	1072226	237434
在建工程	Project under Construction	524879	219918	161015	62535
无形资产	Intangible Assets	546496	787238	196404	15071
土地使用权	Land Use Right	356457	491940	100246	5008
资产总计	Total Assets	65367980	25544897	4318817	1213469
流动负债合计	Total Flow liabilities	43119866	15823709	2070383	553973
应付账款	Accounts Payable	10285388	1000622	238408	79063
负债合计	Total Liabilities	46202874	18311209	3053781	737102
所有者权益合计	Total Creditors'Equity	18360174	7743620	1165901	456837
实收资本	Actual Capital	10115448	8898010	1142507	321452
损益及分配	**Profit and Loss Apportionment**				
营业收入	Business Income	141080415	51291959	1338297	1222318
主营业务收入	Revenue from Principle Busintss	138572713	49339632	1269073	1175679
营业成本	Operating Costs	131251101	44461986	684163	708248
营业税金及附加	Sales Tax and Extra Changes	1529836	215685	20637	9500
其他业务利润	Other Profits	174448	341224	11771	8269
销售费用	Selling Expenses	2933891	2925161	298263	302010
管理费用	Management Expenses	1990750	1611278	357416	145924
研发费用	R&D Expenses	28378	9282	914	524
财务费用	Financial Expenses	543236	352133	61633	17361
利息收入	Interest Income	165208	20350	1619	295
利息费用	Intrest Expenses	453417	129442	32015	5380
投资收益	Investment Income	137415	32396	4539	285
营业利润	Operating Profit	2693511	1497037	-76105	41211
营业外收入	Non-operating Income	223732	78601	15674	6345
营业外支出	Non-business Expenses	75877	58280	8086	4412
利润总额	Total Profit	2841936	1517334	-67779	42968
应交所得税	Payable Income Tax	578433	242829	6645	7264
人工成本及增值税	**Labor cost and value added tax**				
应付职工薪酬	Wages Payable	1651058	1733578	322863	222640
应交增值税	VAT payable	1456214	577337	24575	12825

16-12 各市限额以上批发和零售法人企业主要财务指标(2021年)

Main Financial Indicators of Enterprises in Wholesale and Retail Trades above Designated Size by City (2021)

单位：万元 (10 000 yuan)

地区 Region	流动资产合计 Circulating Funds	#存货 Inventory	固定资产原价 Fixed Asset	资产总计 Original Values of Fixed Asset	所有者权益 Owners' Equity	营业收入 Business Income	营业成本 Operating Costs
郑州市 Zhengzhou	32006845	4455905	2646089	38969872	10871043	78175970	72639067
开封市 Kaifeng	841777	178887	321856	1293056	586041	3099142	2651326
洛阳市 Luoyang	6930632	816246	652049	7885427	1669455	18752459	17548463
平顶山市 Pingdingshan	3235362	247784	419908	3809761	865700	8338540	7791905
安阳市 Anyang	3445133	409167	357533	4045248	679124	8596569	8129515
鹤壁市 Hebi	676001	134199	259199	1068650	277025	3193119	3035664
新乡市 Xinxiang	2699370	574485	389030	3251556	1018359	7067519	6338569
焦作市 Jiaozuo	2001985	340137	297076	2281628	537242	6002765	5479886
濮阳市 Puyang	1435999	260764	226517	1749538	467451	3674163	3372480
许昌市 Xuchang	1720118	337071	527587	2477321	854840	4404442	3777057
漯河市 Luohe	1392274	212369	194276	1754238	566176	7102506	6538768
三门峡市 Sanmenxia	1352129	248891	328729	1973641	638309	3771925	3343618
南阳市 Nanyang	5360966	863193	831837	6717550	1769178	10830450	9661539
商丘市 Shangqiu	2724096	524466	729632	3850319	1427128	9443107	8179717
信阳市 Xinyang	1468710	313899	731906	2369432	1046705	4722987	3826023
周口市 Zhoukou	2582595	1132552	685173	3657868	1375293	6910970	5816059
驻马店市 Zhumadian	2005650	264091	542278	2710913	1067706	4195626	3638653
济源示范区 Jiyuan	718229	65392	104715	1046860	387022	4090115	3944777

16-12 续表 continued

单位：万元 (10 000 yuan)

地 区 Region	营业税金及附加 Sales Tax and Extra Changes	销售费用 Selling Expenses	管理费用 Management Expenses	财务费用 Financial Expenses	营业利润 Operating Profits	利润总额 Total Profits	本年应缴增值税 VAT Payable
郑州市 Zhengzhou	338387	2362509	1205907	367492	1282282	1313474	572400
开封市 Kaifeng	67989	122701	88723	17808	137019	140539	39806
洛阳市 Luoyang	109879	463236	263318	67277	230951	238549	125030
平顶山市 Pingdingshan	75507	190635	124810	37052	109362	109613	62720
安阳市 Anyang	73914	153429	108292	28920	105281	106230	85093
鹤壁市 Hebi	26957	52139	37801	14099	20477	57924	54400
新乡市 Xinxiang	77755	291674	147066	40845	174391	169625	79567
焦作市 Jiaozuo	53337	208331	100627	18794	147249	160997	107866
濮阳市 Puyang	46300	103620	78469	14579	49524	52855	34065
许昌市 Xuchang	76370	210246	148463	27897	138404	142214	76842
漯河市 Luohe	52497	226495	89501	21353	157841	165793	143553
三门峡市 Sanmenxia	55726	156518	81722	21958	55469	78778	112238
南阳市 Nanyang	168411	354163	233220	60751	309942	313802	109699
商丘市 Shangqiu	147694	240548	364323	41995	473528	472721	149032
信阳市 Xinyang	110754	311645	148924	33165	242229	243365	78027
周口市 Zhoukou	147008	227271	225580	48362	375238	385186	114294
驻马店市 Zhumadian	101209	137230	129932	17930	137222	160080	69461
济源示范区 Jiyuan	15830	46661	25350	15094	44142	47528	19458

16-13 各市限额以上住宿和餐饮法人企业主要财务指标(2021年)

Main Economic Indicators of Enterprises in Hotels and Catering Services above Designated Size by City (2021)

单位：万元 (10 000 yuan)

地区	Region	流动资产合计 Circulating Funds	#存货 Inventory	固定资产原价 Original Values of Fixed Asset	资产总计 Total Assets	所有者权益 Owners' Equity	#实收资本 Paid-in Capital	营业收入 Business Income
郑州市	Zhengzhou	923735	40213	939876	1818323	312733	437873	980694
开封市	Kaifeng	137909	6006	170335	318506	152681	152026	108149
洛阳市	Luoyang	252977	10801	256290	568820	136602	152102	208295
平顶山市	Pingdingshan	87400	4251	138994	241497	127116	152604	67204
安阳市	Anyang	32767	2202	120244	133961	85104	40454	44573
鹤壁市	Hebi	15902	1018	12769	26689	6853	3024	18597
新乡市	Xinxiang	92277	3779	69129	179123	25236	48202	64857
焦作市	Jiaozuo	35156	1653	40397	80563	10326	18011	28732
濮阳市	Puyang	36476	1681	102352	155616	51551	21176	34377
许昌市	Xuchang	98379	5899	151359	275341	64097	68288	104509
漯河市	Luohe	28903	2021	21480	57698	23884	6729	37239
三门峡市	Sanmenxia	33865	4067	114604	152857	3350	25730	55840
南阳市	Nanyang	115233	9340	213763	389967	129387	79519	198068
商丘市	Shangqiu	56066	4305	67001	129342	47776	32886	135767
信阳市	Xinyang	131721	10447	199191	382261	170339	82621	155030
周口市	Zhoukou	76779	5818	121178	205906	105440	63225	177451
驻马店市	Zhumadian	119590	13398	156885	293535	128824	71309	128653
济源示范区	Jiyuan	60218	723	13059	122281	41437	8180	12581

16-13 续表 continued

单位：万元 (10 000 yuan)

地 区 Region	营业成本 Operating Costs	营业税金及附加 Sales Tax and Extra Changes	销售费用 Selling Expenses	管理费用 Management Expenses	财务费用 Financial Expenses	营业利润 Operating Profits	利润总额 Total Profits
郑州市 Zhengzhou	453615	6931	348299	241449	19882	-76631	-74049
开封市 Kaifeng	58299	1503	19470	16776	4811	11570	13453
洛阳市 Luoyang	124161	2433	45590	39196	9262	-12669	-10601
平顶山市 Pingdingshan	37479	1163	14648	13975	1466	-1476	-1103
安阳市 Anyang	23537	466	11469	14429	594	-5712	-5702
鹤壁市 Hebi	12041	177	3261	2779	250	-277	48
新乡市 Xinxiang	34102	812	15071	14337	2693	-2491	-3297
焦作市 Jiaozuo	13581	130	6064	10758	1532	-4015	-3433
濮阳市 Puyang	17745	245	9549	10224	6429	-10520	-10177
许昌市 Xuchang	60121	1900	14660	22499	4429	-1189	-1209
漯河市 Luohe	25942	312	5009	4329	558	916	1058
三门峡市 Sanmenxia	29511	681	13693	12154	2749	-3852	-2993
南阳市 Nanyang	129174	3570	22377	20230	6912	14350	15420
商丘市 Shangqiu	84966	2546	14008	17819	4012	13304	13377
信阳市 Xinyang	91409	2237	20509	22637	4319	13909	13914
周口市 Zhoukou	110855	2745	14324	18553	5617	24655	24940
驻马店市 Zhumadian	78919	2019	19412	17167	2894	7377	7668
济源示范区 Jiyuan	6954	271	2861	4029	585	-2147	-2125

16−14 各种分组的连锁企业单位数(2021年)

Number of Chain Enterprise By variety of Group (2021)

单位：个 (unit)

指标名称	Item	连锁总店 Head Offices of Chain Store	连锁门店数 Number of Chain Stores	直营店 Under Direct Management	加盟店 Through License Arrangement
批发和零售业	**Wholesale and Retail**	**104**	**7645**	**6963**	**682**
按登记注册类型分	By Status of Registration				
内资企业	Domestic Funded Enterprises	102	7273	6591	682
国有企业	State-owned	8	185	185	
集体企业	Collective-owned				
有限责任公司	Limited Liability Corporations	48	4105	3842	263
股份有限公司	Share-holding Corporation Ltd	19	1376	1253	123
私营企业	Private	27	1607	1311	296
私营独资企业	Proprietorship				
私营合伙企业	Partnership				
私营有限责任公司	Limited Liability Corporations	27	1607	1311	296
私营股份有限公司	Share-holding Corporation Ltd				
其他企业	Others				
港、澳、台商投资企业	Enterprises with Funds from Hong Kong, Macao and Taiwan	2	372	372	
外商投资企业	Foreign Funded				
按国民经济行业分	By Sector				
批发业	Wholesale Trades	12	866	866	
食品、饮料及烟草制品批发	Food, drink and tobacco products wholesale				
矿产品、建材及化工产品批发	Minerals, building materials and chemical products wholesale	11	864	864	
机械设备、五金产品及电子产品批发	Mechanical equipment, metal products and electronic products wholesale	1	2	2	
零售业	Retail Trades	92	6779	6097	682
综合零售	Comprehensive retail	35	1267	1222	45
食品、饮料及烟草制品专门零售	Food, drink and tobacco retail	1	10	10	
纺织、服装及日用品专门零售	Special retail textile, clothing and daily necessities	1	50	50	
文化、体育用品及器材专门零售	Cultural and sports supplies and equipment retail	5	26	26	
医药及医疗器材专门零售	Pharmaceutical and medical equipment	32	4561	4074	487
汽车、摩托车、燃料及零配件专门零售	Automobiles, motorcycles, fuel and spare parts	8	713	590	123
家用电器及电子产品专门零售	Household appliances and electronic products retail	10	152	125	27
按业态分	By Format				
便利店	Neighbourhood Market	2	157	154	3
超市	Supermarker	18	404	362	42
大型超市	large supermarket	8	471	471	
百货店	Department Store	4	46	46	
专业店	Professional Shop	62	6260	5623	637
#加油站	Gas station	19	1577	1454	123
专卖店	Regie Shop	5	166	166	
住宿和餐饮业	**Hotels and Catering**	**12**	**311**	**310**	**1**
按登记注册类型分	By Status of Registration				
内资企业	Domestic Funded Enterprises	10	131	130	1
有限责任公司	Limited Liability Corporations	2	91	91	
私营企业	Private	8	40	39	1
私营独资企业	proprietorship	1	2	2	
私营有限责任公司	Limited Liability Corporations	7	38	37	1
港、澳、台商投资企业	Enterprises with Funds from Hong Kong, Macao and Taiwan				
外商投资企业	Foreign Funded	2	180	180	
按国民经济行业分	By Sector				
住宿业	Hotels	1	2	2	
旅游饭店	Tourist hotel				
一般旅馆	General hotel				
其他住宿业	Others	1	2	2	
餐饮业	Catering Services	11	309	308	1
正餐服务	Restaurant	8	44	43	1
快餐服务	Fast food	3	265	265	
小吃服务	Snack				

16-15 各种分组的连锁企业基本情况(2021年)

Basic Conditions of Chain Enterprise By variety of Group (2021)

指标名称	Item	营业面积(平方米) Operational Area(sq.m)	从业人数(人) Employed Persons(person)	商品销售总额(万元) Total Sale Value (10 000yuan)	零售额(万元) Retail Sale (10 000yuan)
批发和零售业	**Wholesale and Retail**	**5673767**	**64286**	**9387441**	**8174424**
按登记注册类型分	By Status of Registration				
内资企业	Domestic Funded Enterprises	4692001	57739	7783372	6570356
国有企业	State-owned	196048	1632	406086	373531
集体企业	Collective-owned				
有限责任公司	Limited Liability Corporations	2095417	38366	3210755	2590354
股份有限公司	Share-holding Corporation Ltd	2012217	8055	3610647	3133030
私营企业	Private	388319	9686	555884	473442
私营独资企业	Proprietorship				
私营合伙企业	Partnership				
私营有限责任公司	Limited Liability Corporations	388319	9686	555884	473442
私营股份有限公司	Share-holding Corporation Ltd				
其他企业	Others				
港、澳、台商投资企业	Enterprises with Funds from Hong Kong, Macao and Taiwan	981766	6547	1604069	1604069
外商投资企业	Foreign Funded				
按国民经济行业分	By Sector				
批发业	Wholesale Trades	1623047	4264	2158437	1564808
食品、饮料及烟草制品批发	Food, drink and tobacco products wholesale				
矿产品、建材及化工产品批发	Minerals, building materials and chemical wholesale products	1621547	4202	2140064	1556805
机械设备、五金产品及电子产品批发	Mechanical equipment, metal products and electronic products wholesale	1500	62	18373	8003
零售业	Retail Trades	4050720	60022	7229004	6609617
综合零售	Comprehensive retail	2485399	34643	3748173	3492870
食品、饮料及烟草制品专门零售	Food, drink and tobacco retail	857	52	3013	3013
纺织、服装及日用品专门零售	Special retail textile, clothing and daily necessities	6000	21	26340	26340
文化、体育用品及器材专门零售	Cultural and sports supplies and equipment retail	17110	672	36938	36938
医药及医疗器材专门零售	Pharmaceutical and medical equipment	657999	19806	843420	834077
汽车、摩托车、燃料及零配件专门零售	Automobiles, motorcycles, fuel and spare parts	517010	2899	1892439	1767787
家用电器及电子产品专门零售	Household appliances and electronic products retail	366345	1929	678680	448591
按业态分	By Format				
便利店	Neighbourhood Market	36278	731	34623	34623
超市	Supermarker	592598	9581	697032	590575
大型超市	large supermarket	1484318	19489	2705833	2556987
百货店	Department Store	349305	3828	260893	260893
专业店	Professional Shop	3091834	29076	5496773	4539406
#加油站	Gas station	2138557	7101	4032504	3324592
专卖店	Regie Shop	35959	725	81175	81175
住宿和餐饮业	**Hotels and Catering**	**90177**	**6942**		
按登记注册类型分	By Status of Registration				
内资企业	Domestic Funded Enterprises	47374	3703		
有限责任公司	Limited Liability Corporations	27900	2991		
私营企业	Private	19474	712		
私营独资企业	proprietorship	420	45		
私营有限责任公司	Limited Liability Corporations	19054	667		
港、澳、台商投资企业	Enterprises with Funds from Hong Kong, Macao and Taiwan				
外商投资企业	Foreign Funded	42803	3239		
按国民经济行业分	By Sector				
住宿业	Hotels		11		
旅游饭店	Tourist hotel				
一般旅馆	General hotel				
其他住宿业	Others		11		
餐饮业	Catering Services	90177	6931		
正餐服务	Restaurant	21874	737		
快餐服务	Fast food	68303	6194		
小吃服务	Snack				

16-16 连锁企业商品购进和配送情况(2021年)

Conditions of Purchase and Delivery of Chain Enterprise (2021)

单位：万元 (10 000 yuan)

指标名称	Item	商品购进总额 Total Purchases	统一配送商品购进额 Centralized Pruchase and Delivery	自有配送中心配送商品购进额 Self Centralized Purchase Delivery	非自有配送中心配送商品购进额 Non-self Centralized Purchase and Delivery
批发和零售业	**Wholesale and Retail**	**7052118**	**3689182**	**1952969**	**471773**
按登记注册类型分	By Status of Registration				
内资企业	Domestic Funded Enterprises	6037260	3542123	1952969	324714
国有企业	State-owned	395086	89138	16868	187
集体企业	Collective-owned				
有限责任公司	Limited Liability Corporations	2711913	2285586	1454683	260556
股份有限公司	Share-holding Corporation Ltd	2457733	828375	431674	
私营企业	Private	472529	339025	49745	63971
私营独资企业	Proprietorship				
私营合伙企业	Partnership				
私营有限责任公司	Limited Liability Corporations	472529	339025	49745	63971
私营股份有限公司	Share-holding Corporation Ltd				
其他企业	Others				
港、澳、台商投资企业	Enterprises with Funds from Hong Kong, Macao and Taiwan	1014858	147059		147059
外商投资企业	Foreign Funded				
按国民经济行业分	By Sector				
批发业	Wholesale Trades	1539389	405071	280177	
食品、饮料及烟草制品批发	Food, drink and tobacco products wholesale				
矿产品、建材及化工产品批发	Minerals, building materials and chemical products wholesale	1521767	387449	280177	
机械设备、五金产品及电子产品批发	Mechanical equipment, metal products and electronic products wholesale	17622	17622		
零售业	Retail Trades	5512729	3284111	1672792	471773
综合零售	Comprehensive retail	3011300	1685429	982961	213345
食品、饮料及烟草制品专门零售	Food, drink and tobacco retail	2505			
纺织、服装及日用品专门零售	Special retail textile, clothing and daily necessities	19234	19234		
文化、体育用品及器材专门零售	Cultural and sports supplies and equipment retail	31249	21101	12440	
医药及医疗器材专门零售	Pharmaceutical and medical equipment	582300	571445	103635	258429
汽车、摩托车、燃料及零配件专门零售	Automobiles, motorcycles, fuel and spare parts	1189798	502823	149973	
家用电器及电子产品专门零售	Household appliances and electronic products retail	676344	484079	423784	
按业态分	By Format				
便利店	Neighbourhood Market	34885	34885	5904	
超市	Supermarker	613122	413325	10494	2908
大型超市	large supermarket	2125800	1100918	928302	147246
百货店	Department Store	191251	90059	27375	60071
专业店	Professional Shop	3912321	1881398	886640	258429
其中：加油站	Gas station	2711565	890272	430150	
专卖店	Regie Shop	75042	69226		
住宿和餐饮业	**Hotels and Catering**	**49510**	**36026**		**11**
按登记注册类型分	By Status of Registration				
内资企业	Domestic Funded Enterprises	21339	7855		11
有限责任公司	Limited Liability Corporations	13276	97		
私营企业	Private	8063	7758		11
私营独资企业	proprietorship	167			
私营有限责任公司	Limited Liability Corporations	7896	7758		11
港、澳、台商投资企业	Enterprises with Funds from Hong Kong, Macao and Taiwan				
外商投资企业	Foreign Funded	28171	28171		
按国民经济行业分	By Sector				
住宿业	Hotels	11	11		11
旅游饭店	Tourist hotel				
一般旅馆	General hotel				
其他住宿业	Others	11	11		11
餐饮业	Catering Services	49498	36014		
正餐服务	Restaurant	8148	7844		
快餐服务	Fast food	41350	28171		
小吃服务	Snack				

16-17 各种分组的住宿餐饮业连锁企业主要指标(2021年)

Main Indicators of Chain Hotels and Catering Services Enterprise By variety of Group (2021)

指标名称	Item	客房数(间) Number of Rooms (unit)	床位数(个) Number of Beds (unit)	餐位数(位) Numbers of Seats in Restaurant (unit)	营业额(万元) Bussiness revinue (10 000 yuan)	餐费收入(万元) From Meals (10 000 yuan)
总 计	**Total**	**230**	**380**	**41573**	**148145**	**147821**
按登记注册类型分	By Status of Registration					
内资企业	Domestic Funded Enterprises	230	380	28152	54770	54447
有限责任公司	Limited Liability Corporations			23150	36484	36484
私营企业	Private	230	380	5002	18286	17963
私营独资企业	proprietorship			82	382	382
私营有限责任公司	Limited Liability Corporations	230	380	4920	17905	17581
港、澳、台商投资企业	Enterprises with Funds from Hong Kong, Macao and Taiwan					
外商投资企业	Foreign Funded			13421	93374	93374
按国民经济行业分	By Sector					
住宿业	Hotels	230	380		324	
旅游饭店	Tourist hotel					
一般旅馆	General hotel					
其他住宿业	Others	230	380		324	
餐饮业	Catering Services			41573	147821	147821
正餐服务	Restaurant			5542	18826	18826
快餐服务	Fast food			36031	128995	128995
小吃服务	Snack					

16-18 亿元以上商品交易市场情况

Statistics on Commodity Exchange Market of Turnover above 100 million yuan

类别	Type	2020		2021	
		摊位数量(个) Number of Booths (unit)	成交额(亿元) Total Turnover (100 million yuan)	摊位数量(个) Number of Booths (unit)	成交额(亿元) Total Turnover (100 million yuan)
总计	**Total**	**103458**	**3095.22**	**96349**	**3248.21**
粮油、食品类	Food	31079	1802.44	29280	1873.43
#粮油类	Grain, Edible Oil, Fruits, Vegetables	3968	320.73	3950	394.71
肉禽蛋类	Meat, Poultry and Eggs	2791	120.73	2789	136.84
水产品类	Aquatic Products	4777	384.54	4313	424.58
蔬菜类	Vegetables	8779	436.96	8397	370.76
干鲜果品类	Dried and Fresh Melons and Fruits	5419	391.02	5904	398.13
饮料类	Beverages	2665	102.26	2678	133.77
烟酒类	Tobacco and Liquor	1410	24.50	1379	28.65
服装、鞋帽、针纺织品类	Garments, Footwears, Hats, Kintwear and Textiles	28533	266.10	25686	248.36
服装类	Clothing	17164	152.57	15033	131.81
鞋帽类	Shoes and Hats	6586	88.83	5996	86.79
针纺织品类	Knitwear and Textiles	4783	24.70	4657	29.75
化妆品类	Cosmetics	848	9.07	855	9.20
金银珠宝类	Gold, Silver and Fewelry	303	5.59	302	5.70
日用品类	Articles for Daily Use	7115	22.03	7356	23.72
其中：可穿戴智能设备	Childern toys	548	2.66	536	2.81
五金、电料类	Hardware and Electrical Materials	5050	30.20	4961	29.78
体育、娱乐用品类	Sports & Recreation Articles	455	5.69	558	6.12
书报杂志类	Newspapers and Magazines	29	0.12	26	0.12
电子出版物及音像制品类	E-journals and Video Products	33	0.63	32	0.56
家用电器和音像器材类	Household Appliances and Video Appliances	1867	12.37	1836	13.08
中西药品类	Traditional Chinese and Western Medicines	518	24.16	464	20.44
#西药类	Western Medicines	62	0.42	66	0.45
中草药及中成药类	Traditional Chinese l Medicines	442	23.69	392	19.72
文化办公用品类	Cultural and Official Appliances	2538	59.93	2849	174.02
家具类	Furniture	1770	27.63	1393	23.83
通讯器材类	Communication Appliances	449	7.70	551	10.38
煤炭及制品类	Coal and Related Products				
木材及制品类	Wood and Wooden Products				
石油及制品类	Petroleum and Related Products				
化工材料及制品类	Chemical Materials and Related Products	580	2.22	557	2.27
#化肥类	Fertilizers	66	1.10	36	0.70
金属材料类	Metals Materials	2199	407.81	2019	365.77
建筑及装潢材料类	Building and Decoration Materials	8446	127.78	7615	127.92
机电产品及设备类	Mechanical & Electrical Products	1511	9.49	1598	9.83
#农机类	Agricultural Machineries	5	0.00	4	0.00
汽车类	Automobiles	311	91.79	325	93.46
种子饲料类	Seeds and Feedstuff	67	0.29	69	0.59
棉麻类	Cotton and Hemp	5	0.00	3	0.00
其他类	Others	5677	55.41	3957	47.20

16-19 各市亿元以上商品交易市场情况

Statistics on Commodity Exchange Market of Turnover above 100 million yuan by City

地区	Region	2020		2021	
		摊位数量（个）Number of Booths (unit)	成交额（亿元）Total Turnover (100 million yuan)	摊位数量（个）Number of Booths (unit)	成交额（亿元）Total Turnover (100 million yuan)
郑州市	Zhengzhou	34635	1250.73	33384	1410.93
开封市	Kaifeng	1590	11.55	1602	11.48
洛阳市	Luoyang	7754	245.46	7359	250.55
平顶山市	Pingdingshan	1282	22.78	180	5.77
安阳市	Anyang	508	9.31	495	8.32
鹤壁市	Hebi	450	22.00	283	21.00
新乡市	Xinxiang	5239	64.01	4881	72.66
焦作市	Jiaozuo	1709	11.23	1597	11.98
濮阳市	Puyang				
许昌市	Xuchang	2324	322.55	1666	314.06
漯河市	Luohe	4505	20.20	4505	18.08
三门峡市	Sanmenxia	65	6.21	65	6.52
南阳市	Nanyang	9408	198.49	6584	160.67
商丘市	Shangqiu	13622	534.53	13393	550.15
信阳市	Xinyang	5833	26.68	5852	28.01
周口市	Zhoukou	5871	222.44	6132	244.47
驻马店市	Zhumadian	5682	106.92	5759	115.81
济源示范区	Jiyuan	2981	20.12	2612	17.76

16-20 按行业分企业信息化及电子商务情况(2021)

Informationization and E-commerce Situation by Sector (2021)

行业	Sector	企业个数(个) Number of Enterprises (unit)	期末使用计算机数(台) Number of Computers in Use at Year-end (set)	每百人使用计算机数(台) Number of Computers in Use Per 100 People (unit)	企业拥有网站数(个) Number of Websites Owned by Enterprises (unit)
总计	**Total**	**60582**	**1864398**	**22**	**23912**
采矿业	Mining	468	68147	21	149
制造业	Manufacturing	19002	564308	15	10782
电力、热力、燃气及水生产和供应业	Production and Supply of Electricity, Gas and Water	801	83590	38	322
建筑业	Construction	8374	238820	13	2733
批发和零售业	Wholesale and Retail Trade	13240	219983	40	3304
交通运输、仓储和邮政业	Transport, Storage and Post	2141	71077	22	556
住宿和餐饮业	Hotels and Catering Services	2784	32058	24	694
信息传输、软件和信息技术	Information Transmission, Software and Information Technology	729	184980	96	589
房地产业	Real Estate	7926	127282	36	2502
租赁和商务服务业	Leasing and Business Services	1573	40271	17	603
科学研究和技术服务业	Scientific Research and Technical Services	1020	97711	77	611
水利、环境和公共设施管理业	Management of Water Conservancy, Environment and Public Facilities	423	9204	7	193
居民服务、修理和其他服务业	Services to Households, Repair and Other Services	495	3814	8	120
教育	Education	639	67752	73	298
卫生和社会工作	Health and Social Service	446	39815	53	269
文化、体育和娱乐业	Culture, Sports and Entertainment	521	15586	48	187

注：有电子商务交易活动的企业是指通过互联网开展电子商务销售或电子商务采购的企业(下表同)。

a) Enterprises with e-commerce transaction activities refer to enterprises that carry out e-commerce sales or e-commerce procurement through the Internet (the same as the table below).

16−20 续表 continued

行业	Sector	每百家企业拥有网站数(个) Number of Websites Owned Per 100 Enterprises (unit)	有电子商务交易活动 E-commerce Transactions 企业数(个) Number of Enterprises (unit)	比重(%) Proportion (%)	电子商务销售额(亿元) Sales of E-commerce (100 million yuan)	电子商务采购额(亿元) Purchase Amount of E-commerce (100 million yuan)
总　计	**Total**	**40**	**4295**	**7.1**	**5088.48**	**3524.79**
采矿业	Mining	32	17	3.6	31.80	41.29
制造业	Manufacturing	57	1331	7.0	2209.36	1209.11
电力、热力、燃气及水生产和供应业	Production and Supply of Electricity, Gas and Water	40	34	4.2	2.22	6.10
建筑业	Construction	33	260	3.1	0.24	219.02
批发和零售业	Wholesale and Retail Trade	25	1180	8.9	2067.99	1850.93
交通运输、仓储和邮政业	Transport, Storage and Post	26	84	3.9	92.32	57.09
住宿和餐饮业	Hotels and Catering Services	25	702	25.2	22.35	0.47
信息传输、软件和信息技术	Information Transmission, Software and Information Technology	81	168	23.0	375.81	35.83
房地产业	Real Estate	32	183	2.3	3.00	0.82
租赁和商务服务业	Leasing and Business Services	38	84	5.3	266.25	84.61
科学研究和技术服务业	Scientific Research and Technical Services	60	71	7.0	6.80	19.06
水利、环境和公共设施管理业	Management of Water Conservancy, Environment and Public Facilities	46	51	12.1	3.82	0.13
居民服务、修理和其他服务业	Services to Households, Repair and Other Services	24	23	4.6	0.15	0.11
教育	Education	47	15	2.3	1.13	0.03
卫生和社会工作	Health and Social Service	60	15	3.4	0.01	0.09
文化、体育和娱乐业	Culture, Sports and Entertainment	36	77	14.8	5.23	0.08

16-21 按地区分企业信息化及电子商务情况(2021)

Informationization and E-commerce Situation by Region (2021)

地 区 Region	企业个数(个) Number of Enterprises (unit)	期末使用计算机数(台) Number of Computers in Use at Year-end (set)	每百人使用计算机数(台) Number of Computers in Use Per 100 People (unit)	企业拥有网站数(个) Number of Websites Owned by Enterprises (unit)	每百家企业拥有网站数(个) Number of Websites Owned Per 100 Enterprises (unit)	有电子商务交易活动 E-commerce Transactions		电子商务销售额(亿元) Sales of E-commerce (100 million yuan)	电子商务采购额(亿元) Purchase Amount of E-commerce (100 million yuan)
						企业数(个) Number of Enterprises (unit)	比重(%) Proportion (%)		
全 省 Total	**60582**	**1864398**	**22**	**23912**	**40**	**4295**	**7.1**	**5088.48**	**3524.79**
郑 州 市 Zhengzhou	11968	729973	36	7364	62	1498	12.5	2112.22	1775.91
开 封 市 Kaifeng	2571	49995	15	954	37	143	5.6	74.72	38.27
洛 阳 市 Luoyang	4720	192741	35	1947	41	307	6.5	411.25	297.19
平 顶 山 市 Pingdingshan	2792	74939	21	803	29	164	5.9	132.05	102.32
安 阳 市 Anyang	2580	66908	15	928	36	147	5.7	103.84	41.88
鹤 壁 市 Hebi	1161	36956	23	458	39	68	5.9	68.26	45.41
新 乡 市 Xinxiang	4025	108129	23	1912	48	262	6.5	137.33	47.26
焦 作 市 Jiaozuo	2259	64902	24	849	38	133	5.9	321.30	146.36
濮 阳 市 Puyang	1791	60888	25	699	39	114	6.4	86.99	54.65
许 昌 市 Xuchang	3242	64728	16	907	28	216	6.7	96.74	48.77
漯 河 市 Luohe	1369	30039	17	457	33	89	6.5	504.02	434.12
三 门 峡 市 Sanmenxia	1424	39165	26	387	27	123	8.6	287.04	79.73
南 阳 市 Nanyang	4713	94615	19	1539	33	283	6.0	154.56	112.01
商 丘 市 Shangqiu	3971	63557	10	1140	29	153	3.9	171.64	75.49
信 阳 市 Xinyang	4050	61717	12	1186	29	265	6.5	121.65	54.57
周 口 市 Zhoukou	3876	54140	8	1132	29	109	2.8	134.54	60.74
驻 马 店 市 Zhumadian	3429	51291	12	994	29	177	5.2	151.62	51.06
济 源 示 范 区 Jiyuan	641	19715	21	256	40	44	6.9	18.73	59.06

主要统计指标解释

社会消费品零售总额 指企业（单位、个体户）通过交易直接售给个人、社会集团非生产、非经营用的实物商品金额，以及提供餐饮服务所取得的收入金额。个人包括城乡居民和入境人员，社会集团包括机关、社会团体、部队、学校、企事业单位、居委会或村委会等。

批发业 指向其他批发或零售单位（含个体经营者）及其他企事业单位、机关团体等批量销售生活用品、生产资料的活动，以及从事进出口贸易和贸易经纪与代理的活动，包括拥有货物所有权，并以本单位(公司)的名义进行交易活动，也包括不拥有货物的所有权，收取佣金的商品代理、商品代售活动；还包括各类商品批发市场中固定摊位的批发活动，以及以销售为目的的收购活动。

零售业 指百货商店、超级市场、专门零售商店、品牌专卖店、售货摊等主要面向最终消费者（如居民等）的销售活动，以互联网、邮政、电话、售货机等方式的销售活动，还包括在同一地点，后面加工生产，前面销售的店铺（如面包房）；谷物、种子、饲料、牲畜、矿产品、生产用原料、化工原料、农用化工产品、机械设备（乘用车、计算机及通信设备除外）等生产资料的销售不作为零售活动；多数零售商对其销售的货物拥有所有权，但有些则是充当委托人的代理人，进行委托销售或以收取佣金的方式进行销售。

批发和零售业商品购进、销售、库存额 指各种登记注册类型的批发和零售业企业(单位)以本企业（单位）为总体的，从国内、国外市场购进的商品总价，销售和出口的商品总价，库存的商品总价等情况。该指标可以反映商品流转过程中商品的购进、销售、库存之间的比例关系和存在的问题。

商品购进额 指从本企业以外的单位和个人购进（包括从国外直接进口）作为转卖或加工后转卖的商品金额（含增值税）。商品购进包括：（1）从工农业生产者、批发和零售业、住宿和餐饮业、出版社或报社的出版发行部门和其他服务业等企事业单位和个体经营户购进的商品；（2）从机关、社会团体购进的商品；（3）从海关、市场管理部门购进的缉私和没收的商品；（4）从居民收购的废旧商品等。不包括：（1）企业为本单位自身经营用，不是作为转卖而购进的商品，如材料物资、包装物、低值易耗品、办公用品等；（2）未通过买卖行为而收入的商品，如接受其他部门移交的商品、借入的商品、收入代其他单位保管的商品、其他单位赠送的样品、加工回收的成品等；（3）经本单位介绍，由买卖双方直接结算，本单位只收取手续费的业务；（4）销售退回和买方拒付货款的商品；（5）商品溢余；（6）期货交易商品。

商品销售额 指对本单位以外的单位和个人出售的商品金额（包括售给本单位消费用的商品，含增值税）。商品销售包括（1）售给城乡居民和社会集团消费用的商品；（2）售给农业、工业、建筑业、服务业等国民经济各行业用于生产、经营用的商品，包括售予批发和零售业作为转卖或加工后转卖的商品；（3）对国（境）外直接出口的商品。不包括：（1）未通过买卖行为付出的商品，如随机构变动移交给其他企业单位的商品、借出的商品、归还受其他单位委托代保管的商品、付出的加工原料和赠送给其他单位的样品等；（2）经本单位介绍，由买卖双方直接结算，本单位只收取手续费的业务；（3）购货退回的商品；（4）商品损耗和损失；（5）出售本单位自用的废旧物资。

商品库存额 对于批发和零售业法人单位和个体经营户，是指报告期末取得所有权的全部商品金额（含增值税）；对于批发和零售业产业活动单位，是指报告期末实际在库且归属法人具有所有权的全部商品金额（含增值税）。库存商品包括：(1)存放在本单位（如门市部、批发站、采购站、经营处）的仓库、货场、货柜和货架中的商品；(2)挑选、整理、包装中的商品；(3)已记入购进而尚未运到本单位的商品，即发货单或银行承兑凭证已到而货未到的商品；(4)寄放他处的商品，如因购货方拒绝付款而暂时存在购货方的商品；(5)委托其他单位代销（未作销售或调出）尚未售出的商品；(6)代其他单位购进尚未交付的商品。不包括：所有权不属于本单位的商品；委托外单位加工的商品；外贸企业代理其他单位从国外进口，尚未付给订货单位的商品；代国家储备部门保管的商品。

连锁总店（总部） 指负责连锁企业资源（商号、商誉、经营模式、服务标准、管理模式等等）的开发、配置、控制或使用等功能的企业核心管理机构。连锁经营是指经营同类商品或服务，使用统一商号的若干店铺，在同一总店（总部）的管理下，采取统一采购或特许经营等方式，实现规模效益的组织形式，包括直营连锁、特许连锁和自愿连锁三种形式。其中，直营连锁是指连锁店铺由连锁公司全资或控股开设，在总部的直接控制下，开展统一经营的连锁经营形式；特许连锁是指拥有注册商标、企业标志、专利、专有技术等经营资源的企业（特许人），以合同形式将其拥有的经营资源许可其他经营者（被特许人）使用，被特许人按合同约定在统一的经营模式下开展经营，并向特许人支付特许经营费用的连锁经营形式；自愿连锁是指若干个店铺或企业自愿组合起来，在不改变各自资产所有权关系的情况下，以同一个品牌形象面对消费者，以共同进货为纽带开展的连锁经营形式。

亿元以上商品交易市场　指年成交额在亿元及以上的商品交易市场。商品交易市场是指经有关部门和组织批准设立，有固定场所、设施，有经营管理部门和监管人员，若干市场经营者入内，常年或实际开业三个月以上，集中、公开、独立地进行生活消费品、生产资料等现货商品交易以及提供相关服务的交易场所，包括各类消费品市场、生产资料市场等。

住宿业　指为旅行者提供短期留宿场所的活动，有些单位只提供住宿，也有些单位提供住宿、饮食、商务、娱乐一体的服务，不包括主要按月或按年长期出租房屋住所的活动。

餐饮业　指通过即时制作加工、商业销售和服务性劳动等，向消费者提供食品和消费场所及设施的服务。

营业额　指住宿和餐饮业单位在经营活动中因提供服务或销售商品等取得的收入。包括：客房收入、餐费收入、商品销售额（含增值税）和其他收入。其中，客房收入指住宿和餐饮业单位在经营活动中因提供住宿服务取得的收入。餐费收入指本单位为顾客提供就餐服务取得的收入，包括：经烹饪、调制加工后出售的各种食品，如主食、炒菜、凉拌菜等的收入。

Explanatory Notes on Main Statistical Indicators

Total Retail Sales of Consumer Goods refer to the amount obtained by enterprises (units, self-employed individuals) through direct sales of non-production and non-business physical commodity to individuals, social institutions, and revenue from providing catering services. Individuals include rural and urban households, population from abroad, social institutions include government agencies, social organizations, military units, schools, institutions, neighbourhood (village) committees.

Wholesale Trade refers to the activities of selling wholesale commodities for daily use and capital goods to enterprises of wholesale and retail trades (including self-employed individuals) and other enterprises, institutions and government organs and organizations, and the activities of engaging in import and export and acting as a trade agent. The wholesaler may have the ownership of the commodities for wholesale and trade in the name of its own (a company), and the wholesaler can act as commission agent or commodity broker without the ownership of commodities. Also included are the wholesale activities at the fixed stalls in wholesale market and the acquisition for sales purpose.

Retail Trade refers to the activities of department store, supermarket, franchised store, brand store, retail stall and on-the-spot-making-selling store selling commodities to the final consumers (residents) by any means including internet, post, telephone, sales machine. It also includes shops with sales and production localted in the same places (such as bakeries). Retail trade excludes the activities of sales of capital goods such as grain, seed, feed, livestock, mineral products, raw material for production, industrial chemicals, chemical products for agricultural use, machine and equipment (excluding vehicles, computers and communication equipment). Most retailers have the ownership of commodities to sell, but some are acting as agents or brokers to make transactions for a commission.

Purchase, Sales and Stock of Commodities by Wholesale and Retail Trades refer to the total volume of commodities purchased, total volume of sales and exports, and the stock of commodities by wholesale and retail enterprises (establishments) of different status of registration from domestic and overseas markets. This indicator reflects the relationship among purchase, sales and stock of commodities in the circulation of goods and reveals the existing problems.

Total Purchases of Commodities refer to the total value of purchases of commodities by enterprises (establishments) from other establishments or individuals (including direct import from abroad) for the purpose of re-selling, either with or without further processing of the commodities purchased. The commodities include: (1) commodities purchased from agricultural and industrial producer, wholesaler, retailer, publishing house and other enterprises, institutions and individual operators of service business; (2) commodities purchased from institutions and government departments; (3) confiscated goods purchased from the customs authorities or market management agencies; (4) second-hand goods and wastes purchased from residents; The commodities exclude (1) commodities purchased by enterprises (establishments) for use in their own business operation, commodities obtained without buying or selling procedures such as materials, consumable goods of low value, office appliance, etc. (2) received goods without trading, such as goods handed over from others, borrowed goods, preserved goods for others, donated goods from others, processed and retrieved goods, etc. (3) goods of direct settlement between buyer and seller with handling fees introduced by others, (4) goods returned or refused to pay by the buyer, (5) excessive goods, (6) futures trading commodities.

Total Sales of Commodities refer to value of commodities sold by the establishments to other establishments and individuals (including goods sold for self consumption, including the value-added tax). The commodities include: (1) commodities sold to urban and rural residents and social groups for their consumption; (2) commodities sold to establishments in all industries for their production and operation, including agriculture, industry, construction, and catering services including commodities sold to wholesale and retail establishments for re-selling, with or without further processing; and (3) commodities for direct export to abroad. Excluded are (1) extended commodities without trading, such as goods handed over to other enterprises and institutions because of the change of organizations, lent goods, returned goods preserved for others, extended processing materials and samples donated to others, (2) goods of direct settlement between buyer and seller with handling fees introduced by others, (3) goods returned after purchase, (4) damaged and spoiled goods, (5) waste and used goods of self use,

Total Stock of Commodities For the legal entities and self-employed individuals engaged in wholesale and retail trade, it refers to total value (including VAT) of commodities possessed at the end of the reference period; and for wholesale and retail establishments, it refers to the value (including VAT) of all commodities actually in stock and owned by their legal persons at the end of reference period. The commodities in stock includes: (1) commodities located in storage, garages, counters, and shelves of operating places of wholesale and retail trades (such as sale stores, wholesale centres, procurement stations and operating offices); (2) commodities in the process of being selected, sorted, and packed; (3) commodities not arrived but recorded as purchase in the account, i.e. commodities not arrived but payment receipts for the commodities from the sellers or the banks arrived; (4) commodities deposited in other places rather than places mentioned above, for instance: commodities in the hold of purchasers temporarily due to the refusal of payment; (5) commodities entrusted to other units to sell but not sold yet; (6) commodities purchased for other units but not delivered yet. Commodities not included as stock are those not owned by the enterprises (units), commodities on commission for processing, imported commodities of agency of foreign trade enterprise but not yet delivered to ordering units and finally those put in stock on behalf of the state reserves units.

Chain Head Stores (headquarter) refer to the core leading stores responsible for development, allocation, administration and utilization of resources (name of stores, brand of stores, operation model, service standard, management way, etc.) of chain stores. Chain stores refers to the stores engaged in providing homogeneous commodities or services, with the central leadership of head store (headquarters) and guided by common policies, conduct centralized purchase and distributed selling of commodities, in order to gain better efficiency through standardized operation. The chain stores include regular chain stores, franchise chain stores and voluntary chain stores.

Regular Chain store refers to chain stores that are invested or controlled by the headquarters. They operate under direct and unified management from the headquarters.

Franchise chain store refers to the chain stores (franchisees) which are franchised with operation resources such as trade marks, names, patent and operation know-how by the franchisors in form of contract and pay the operation fees to the franchisors.

Voluntary chain store refers to the stores operate jointly on the voluntary bases while maintaining their status of independent legal entities with full ownership of their assets. They sell goods of same brand from same channel of resource to the consumers.

Large Commodity Markets with Transaction Value over 100 Million Yuan refers to the commodity markets with an annual transaction at and above 100 million. The commodity market refers to the markets approved and managed by related departments, where there are fixed sites, facilities, managers and administration offices, where there are a certain number of traders to operate for three month and above or all the year, where the commodities including the articles for daily consumption and capital goods and services are traded in a centralized, independent and open way. Such market includes markets of daily goods and market of capital goods, etc.

Hotel Services refer to the accommodation services provided to visitors. Some units may provide only accommodation while others provide a combination of accommodation, meals, business services and/or recreational facilities. It excludes activities related to the provision of long-term primary residences in facilities such as apartments typically leased on a monthly or annual basis.

Catering Services refer to the activities of providing foods, serving locations and facilities to customers through instant processing, commercial sales and service-type labor.

Business Revenue refers to revenue of hotels and catering services received from providing services or selling commodities through business activities, including income from hotels, from catering services, from selling of commodities (including VAT) and from other services. Income from hotels refers to income of hotels and catering services by providing lodging services through business activities. Income from catering services refers to income from providing catering services, including selling of cooked or prepared foods, such as staple food, cooked dishes, or cold dishes.

金融业
Financial Intermediation

17

资料整理：刘蒙单

简要说明

一、主要内容

本篇包括金融机构、证券业、保险业和国债发行情况资料。

二、资料来源

金融机构和国债发行情况资料来源于中国人民银行郑州中心支行。证券业资料来源于河南证监局。保险业资料来源于河南银保监局。本篇资料由河南省统计局国民经济核算处编辑整理。

Brief Introduction

I. Main Contents

Data in this chapter including four aspects: the financial activities of the financial institutions; the situations of the securities industry; the situation regarding the insurance business and the situation regarding the issuance of treasury bonds.

II. Sources of Data

Data on financial institutions and issuance of treasury bonds are calculated from The People's Bank of China, Zhengzhou Central Sub-branch. Data on securities industry are calculated from China Securities Regulatory Commission, Henan Office. Data on insurance business are calculated from China Banking and Insurance Regulatory Commission, Henan Office. Data on this chapter are provided of Department of National Accounts of the Henan provincial Bureau of Statistics.

17-1 金融机构和保险业主要指标

Main Indicators of Financial Institutions and Insurance

单位：亿元 (100 million yuan)

年 份 Year	金融机构人民币存款年底余额 Total Saving Deposit Balance	金融机构人民币贷款年底余额 Total Loan Balance	#短期 Short-term	#中长期 Medium-term & Long-term	保险公司保费收入 Premium Income of Insarance Companies	保险公司赔款及给付 Claim & Payment of Insarance Companies
1978	45.71	99.99				
1979	52.00	108.14				
1980	57.77	125.01				
1981	68.45	146.42				
1982	74.08	153.73				
1983	88.10	174.83				
1984	136.84	229.88				
1985	146.42	284.91				
1986	184.66	350.21				
1987	231.71	392.32				
1988	270.67	447.99				
1989	329.01	511.90				
1990	593.96	773.04			6.57	3.18
1991	754.03	945.90			8.47	4.49
1992	936.04	1127.26			13.65	5.46
1993	1143.66	1366.98			18.48	7.55
1994	1602.95	1704.82			21.03	11.89
1995	2131.69	2170.17			25.57	11.47
1996	2707.65	2665.41			26.87	15.23
1997	3271.76	3320.89			34.84	16.02
1998	3772.51	3878.53			44.92	17.78
1999	4198.10	4179.51			47.89	15.83
2000	4753.41	4356.94	3114.58	1057.50	55.77	17.30
2001	5530.16	4885.73	3336.16	1447.99	69.57	21.85
2002	6451.59	5553.58	3673.39	1702.63	126.22	22.68
2003	7618.03	6422.66	4025.08	2138.16	162.98	27.53
2004	8631.79	7092.31	4200.53	2487.19	202.05	33.84
2005	10003.96	7434.53	4088.16	2736.63	213.55	38.16
2006	11492.55	8567.33	4731.54	3259.90	252.31	50.98
2007	12576.42	9545.48	5213.08	3800.96	323.56	100.88
2008	15255.42	10368.05	5180.84	4302.41	518.92	128.77
2009	19175.06	13437.43	6016.17	6066.05	565.39	148.23
2010	23148.83	15871.32	6995.81	7806.31	793.28	153.91
2011	26646.15	17506.24	8273.66	8690.17	839.82	171.14
2012	31970.43	20301.72	9977.52	9608.35	841.13	199.55
2013	37591.70	23511.41	11823.35	11029.60	916.52	279.75
2014	41374.91	27228.27	12801.98	13625.90	1036.08	324.03
2015	47629.91	31432.62	13763.71	16416.30	1248.76	447.71
2016	53977.62	36501.17	14253.21	20570.22	1555.15	548.03
2017	59068.66	41743.31	14528.69	25748.37	2020.07	625.86
2018	63867.63	47834.76	15267.62	30454.25	2262.85	654.75
2019	69508.66	55659.00	16672.11	36230.33	2430.84	668.59
2020	76446.19	62866.68	17689.36	42093.88	2506.00	720.11
2021	82430.22	69444.62	18318.02	47331.73	2360.03	891.01

注：各项存款、贷款年底余额1989年及以前为国家银行口径，1990年以后为金融机构口径。

a) The balance of Deposits and loans before 1998 are measured by statistics of state-owned banks, otherwise, after 1990, they are evaluated by data from financial institutions.

17−2 金融机构人民币存贷款情况

Deposits and Loans of Financial Institutions

单位：亿元 (100 million yuan)

项 目	Item	2020	2021
各项存款	**Deposits**	**76446.19**	**82430.22**
境内存款	Domestic Savings	76411.54	82392.55
住户存款	Household Savings	46042.52	51767.01
非金融企业存款	Non-financial Corporate Deposits	17493.82	17235.14
机关团体存款	Institutional Group Deposits	8703.23	9166.65
财政性存款	Fiscal Deposit	708.49	586.93
非银行业金融机构存款	Non-banking Financial Institutions Deposits	3463.48	3636.82
境外存款	Overseas Deposits	34.65	37.67
各项贷款	**Loans**	**62866.68**	**69444.62**
境内贷款	Domestic Loans	62863.86	69442.63
住户贷款	Households Loans	26090.31	29120.01
短期贷款	Short-term Loans	4860.88	5397.64
中长期贷款	Medium and Long-term Loans	21229.43	23722.38
企（事）业单位贷款	Enterprises (Institutions) Loans	36769.54	40322.62
非银行业金融机构贷款	Non-banking Financial Institutions Loans	4.00	
境外贷款	Foreign Loans	2.82	1.99

17−3 各类银行人民币存贷款情况(2021年)

Deposits and Loans of Financial Institutions (2021)

单位：亿元 (100 million yuan)

项 目	Item	大型银行 Large Banks	中小型银行 Small and Medium Banks	区域性中小型银行 Urban Commercial Banks	农村信用社 Rural Credit Cooperatives
各项存款	**Deposits**	**39920.83**	**10713.45**	**27629.28**	**3192.12**
境内存款	Domestic Savings	39897.33	10700.17	27628.44	3192.12
个人存款	Individual Deposit	27633.20	2252.00	18925.43	2955.09
单位存款	Unit Deposit	11274.11	7113.01	7334.05	237.03
国库定期存款	Treasury deposit				
非存款类金融机构存款	Financial Institutions Deposits	990.02	1335.17	1368.96	
境外存款	Overseas Deposits	23.50	13.29	0.84	
各项贷款	**Loans**	**32920.53**	**14033.05**	**20070.86**	**1798.05**
境内贷款	Domestic Loans	32920.07	14031.57	20070.83	1798.05
短期贷款	Short-term Loans	5380.64	4528.11	7964.32	594.02
#个人贷款及透支	Personal Loans and Overdrafts	1977.50	556.60	2549.51	313.11
#个人消费贷款	Personal Consumption Loans	1113.83	351.46	764.58	79.03
单位贷款及透支	Unit Loans and Overdrafts	3403.15	3971.51	4962.40	280.91
中长期贷款	Medium-term & Long-term Loans	26553.62	8650.58	10733.14	1204.03
个人贷款	Personal Loan	13760.25	4087.94	5240.50	632.89
#个人消费贷款	Personal Consumption Loans	13243.58	3554.99	3456.87	335.64
单位贷款	Unit Loans	12793.37	4562.65	5492.60	571.14
票据融资	Bill Financing	816.63	840.39	1276.68	
融资租赁	Financing Lease				
各项垫款	Advance Payment	169.17	12.49	96.69	
境外贷款	Foreign Loans	0.47	1.48	0.02	

17-4 各市金融机构贷款年底余额

Loans of Financial Institutions by City

单位：亿元 (100 million yuan)

地 区	Region	2020	#短期 Short-term	#中长期 Medium-term & Long-term	2021	#短期 Short-term	#中长期 Medium-term & Long-term
郑州市	Zhengzhou	28439.38	5744.19	21401.13	31366.47	6152.46	23584.77
开封市	Kaifeng	1942.99	546.26	1342.23	2170.21	561.99	1501.40
洛阳市	Luoyang	5489.13	1958.45	2867.68	5965.12	1897.01	3361.57
平顶山市	Pingdingshan	2346.45	1006.75	1096.69	2626.98	1017.94	1299.61
安阳市	Anyang	1929.79	535.92	1263.73	2259.24	579.24	1480.09
鹤壁市	Hebi	704.43	285.68	413.43	811.70	283.94	517.21
新乡市	Xinxiang	2344.01	721.25	1554.78	2680.49	785.62	1787.57
焦作市	Jiaozuo	1729.36	565.44	1039.40	1806.44	602.58	1077.38
濮阳市	Puyang	1252.41	315.17	902.83	1451.54	392.42	1025.86
许昌市	Xuchang	2232.30	857.28	1305.74	2460.50	833.19	1511.26
漯河市	Luohe	1052.89	367.41	644.97	1139.55	387.72	712.70
三门峡市	Sanmenxia	924.96	393.94	501.92	975.12	386.37	538.23
南阳市	Nanyang	3002.34	1199.69	1671.10	3324.83	1229.24	1933.32
商丘市	Shangqiu	2272.31	860.04	1369.40	2433.37	825.56	1562.38
信阳市	Xinyang	2055.32	672.98	1359.42	2227.04	645.78	1561.85
周口市	Zhoukou	1754.69	517.58	1214.29	2008.36	546.74	1435.79
驻马店市	Zhumadian	2244.75	818.86	1413.23	2425.03	822.02	1597.06
济源示范区	Jiyuan	349.80	166.73	149.14	426.68	187.37	188.90

17-5 个人贷款总额

Total Amount of Personal Loans

单位：亿元 (100 million yuan)

指 标	Indicators	2020	2021
个人贷款总额	**Total Amount of Personal Loans**	**19998.85**	**22301.53**
个人消费贷款	Personal Consumption Loan	19998.85	22301.53
#个人住房贷款	Housing Mortgage Loan	16792.01	18692.34
汽车消费贷款	Car Consumption Loan	32.49	45.07
个人住房贷款占个人消费贷款额比重(%)	**Percentage of Housing Mortgage Loan in Personal Consumption Loan (%)**	**84.0**	**83.8**

注：本表数据不含公积金贷款。
a) Data in this table do not include provident fund loans.

17–6 各市证券交易额

Stock Turnover by City

单位：亿元 (100 million yuan)

地 区	Region	2020	2021
全 省	**Total**	**107330**	**122646**
郑 州 市	Zhengzhou	61224	70520
开 封 市	Kaifeng	1963	2166
洛 阳 市	Luoyang	9083	10158
平 顶 山 市	Pingdingshan	3405	3590
安 阳 市	Anyang	2508	2903
鹤 壁 市	Hebi	729	791
新 乡 市	Xinxiang	4313	4801
焦 作 市	Jiaozuo	2734	3239
濮 阳 市	Puyang	1625	1687
许 昌 市	Xuchang	3595	4223
漯 河 市	Luohe	1432	1517
三 门 峡 市	Sanmenxia	1327	1435
南 阳 市	Nanyang	4252	4925
商 丘 市	Shangqiu	2169	2701
信 阳 市	Xinyang	2613	2834
周 口 市	Zhoukou	1796	2108
驻 马 店 市	Zhumadian	2121	2530
济 源 示 范 区	Jiyuan	441	517

17-7 各市国债发行情况

Issuance of National Debt by City

单位：万元 (10 000yuan)

地　区	Region	2020	2021
全　省	**Total**	**317024**	**493283**
郑州市	Zhengzhou	115118	145939
开封市	Kaifeng	9176	14630
洛阳市	Luoyang	29355	46112
平顶山市	Pingdingshan	9251	11540
安阳市	Anyang	11799	19879
鹤壁市	Hebi	1651	5128
新乡市	Xinxiang	22022	37590
焦作市	Jiaozuo	16393	31923
濮阳市	Puyang	25201	38496
许昌市	Xuchang	5488	14186
漯河市	Luohe	2434	5116
三门峡市	Sanmenxia	9930	18088
南阳市	Nanyang	17466	32046
商丘市	Shangqiu	7568	11132
信阳市	Xinyang	4220	7395
周口市	Zhoukou	14700	28994
驻马店市	Zhumadian	10987	18198
济源示范区	Jiyuan	4265	6891

17-8 证券市场情况

Basic Statistics on Securities Market

指　标	Item	2020	2021
年末河南上市公司数量(家)	Number of Listed Companies in Henan at the Year-end (unit)	134	147
年末发行股票(只)	Number of Listed Stocks at the Year-end (unit)	136	148
发行A股	A Shares	87	98
#新发行	Issued in this Year	7	11
发行境外股票	Overseas stock	47	50
#新发行	Issued in this Year	4	2
截止年末募集资金总额(亿元)	Capital Avaliable at the end year (100 million yuan)	4894.97	5095.70
本年首次发行、再融资募集资金(亿元)	Capital Avaliable from First Issued and Refinancing (100 million yuan)	344.56	200.73
#A股	A Shares	320.36	187.86
年末A股上市公司	Total Market Value of Circulation Stock of Companies		
流通股市价总值(亿元)	Listed in A Share Market at the Year-end (100 million yuan)	10880.67	11959.48
股票成交量(亿元)	Total Stock Turnover (100 million yuan)	77592.81	86414.59
债券成交量金额(亿元)	Bonds Turnover (100 million yuan)	2458.13	3285.65
投资者开户数(万户)	Total Investors (10 000 households)	1071.54	1192.57
#机构	Institutions	0.91	1.04
个人	Individuals	1070.63	1191.53
证券营业部个数(个)	Number of Business Departments of Security Companies (unit)	407	406
#外省证券公司设本省	Number of Local Business Departments		
营业部	of Security Companies from Other Provinces	320	320

17-9 河南A股股票发行情况(1993-2021年)

Issuance of A Shares (1993-2021)

股票名称 Name of Stocks	证券代码 Code of Stocks	发行(上市)日期 Issue or the Listing date	发行数量(万股) Total Issued Volume (10 000 shares)	发行价格(元/股) Issued Prices (yuan/share)	发行总市值(万元) Issued Aggregate Market Value (10 000yuan)	募集资金净额(万元) Net Capitalization Collected (10 000yuan)
中原环保	000544.SZ	1993/12/08	4500	3.50	15750	15075
神马股份	600810.SH	1994/01/06	4950	4.68	23166	23166
洛阳玻璃	600876.SH	1995/10/31	5000	5.03	25150	23900
焦作万方	000612.SZ	1996/09/26	3201	6.80	21767	21127
东方银星	600753.SH	1996/09/27	2000	5.18	10360	9760
*ST思 达	000676.SZ	1996/12/24	1250	5.20	6500	6000
大地传媒	000719.SZ	1997/03/31	1478			
许继电气	000400.SZ	1997/04/18	5000	9.24	46200	44700
银鸽投资	600069.SH	1997/04/30	4000	4.62	18480	17810
宇通客车	600066.SH	1997/05/08	3500	9.75	34125	33075
郑州煤电	600121.SH	1998/01/07	8000	5.50	44000	42520
豫能控股	001896.SZ	1998/01/22	8000	3.36	26880	25920
莲花味精	600186.SH	1998/08/25	10000	7.01	70100	68000
黄河旋风	600172.SH	1998/11/26	4000	6.40	25600	24721
双汇发展	000895.SZ	1998/12/10	5000	6.24	31200	30046
同力水泥	000885.SZ	1999/03/19	6000	7.08	42480	40980
安彩高科	600207.SH	1999/07/14	18000	7.20	129600	127623
神火股份	000933.SZ	1999/08/31	7000	7.50	52500	51170
新乡化纤	000949.SZ	1999/10/21	7500	7.80	58500	56752
太龙药业	600222.SH	1999/11/05	3500	6.52	22820	21823
羚锐制药	600285.SH	2000/10/18	4000	8.30	33200	32030
天方药业	600253.SH	2000/12/27	6000	7.75	46500	44820
平高电气	600312.SH	2001/02/21	6000	12.45	74700	72787
安阳钢铁	600569.SH	2001/08/20	27500	6.80	187000	182925
中孚实业	600595.SH	2002/06/26	5000	8.30	41500	39939
豫光金铅	600531.SH	2002/07/30	4500	7.34	33030	31502
瑞 贝 卡	600439.SH	2003/07/10	2400	10.40	24960	23956
中原高速	600020.SH	2003/08/08	28000	6.36	178080	172754
大有能源	600403.SH	2003/10/09	3000	6.67	20010	19078
风神股份	600469.SH	2003/10/21	7500	4.30	32250	30533
华兰生物	002007.SZ	2004/06/25	2200	15.74	34628	32985
轴研科技	002046.SZ	2005/05/26	2500	6.39	15975	14784
平煤股份	601666.SH	2006/11/23	37000	8.16	301920	294892
新野纺织	002087.SZ	2006/11/30	8000	5.19	41520	38821
恒星科技	002132.SZ	2007/04/27	4100	8.00	32800	30200
中航光电	002179.SZ	2007/11/01	3000	16.19	48570	46231
利达光电	002189.SZ	2007/12/03	5000	5.1	25500	23512
三全食品	002216.SZ	2008/02/20	2350	21.59	50737	48864
濮耐股份	002225.SZ	2008/04/25	6000	4.79	28740	27012
辉煌科技	002296.SZ	2009/09/29	1550	25.00	38750	37004
汉威电子	300007.SZ	2009/10/30	1500	27.00	40500	37364
华英农业	002321.SZ	2009/12/16	3700	16.98	62826	58884
森源电气	002358.SZ	2010/02/10	2200	26.00	57200	54715
豫金刚石	300064.SZ	2010/03/26	3800	21.32	81016	74502
远东传动	002406.SZ	2010/05/18	4700	26.60	125020	121490
多 氟 多	002407.SZ	2010/05/18	2700	39.39	106353	99085
中原特钢	002423.SZ	2010/06/03	7900	9.00	71100	67383
新大新材	300080.SZ	2010/06/25	3500	43.40	151900	148008
中原内配	002448.SZ	2010/07/16	2350	21.80	51230	47275

17-9 续表 continued

股票名称 Name of Stocks	证券代码 Code of Stocks	发行(上市)日期 Issue or the Listing date	发行数量(万股) Total Issued Volume (10 000 shares)	发行价格(元/股) Issued Prices (yuan/share)	发行总市值(万元) Issued Aggregate Market Value (10 000yuan)	募集资金净额(万元) Net Capitalization Collected (10 000yuan)
郑 煤 机	601717.SH	2010/08/03	14000	20.00	280000	270040
新 开 源	300109.SZ	2010/08/25	900	30.00	27000	24805
雏鹰农牧	002477.SZ	2010/09/15	3350	35.00	117250	108623
林州重机	002535.SZ	2011/01/11	5120	25.00	128000	120520
西泵股份	002536.SZ	2011/01/11	2400	36.00	86400	81749
四 方 达	300179.SZ	2011/02/15	2000	24.75	49500	46312
通达股份	002560.SZ	2011/03/03	2000	28.80	57600	53389
好 想 你	002582.SZ	2011/05/20	1860	46.00	85560	81478
佰 利 联	002601.SZ	2011/07/15	2400	55.00	132000	125818
新 开 普	300248.SZ	2011/07/29	1120	30.00	33600	29903
北玻股份	002613.SZ	2011/08/30	6700	13.50	90450	82145
新天科技	300259.SZ	2011/08/31	1900	21.90	41610	38732
隆华节能	300263.SZ	2011/09/16	2000	33.00	66000	61074
明泰铝业	601677.SH	2011/09/19	6000	20.00	120000	113549
中信重工	601608.SH	2012/07/06	68500	4.67	319895	308557
一拖股份	601038.SH	2012/08/08	15000	5.40	81000	77373
洛阳钼业	603993.SH	2012/10/09	20000	3.00	60000	55815
牧原股份	002714.SZ	2014/01/17	6050	24.07	72210	66782
清 水 源	300437.SZ	2015/04/23	1670	10.53	17585	15230
普 莱 柯	603566.SH	2015/05/18	4000	15.52	62080	55988
科迪乳业	002770.SZ	2015/06/30	6840	6.85	46854	40698
濮阳惠成	300481.SZ	2015/06/30	2000	9.13	18260	14599
光力科技	300480.SZ	2015/07/02	2300	7.28	16744	13938
思维列控	603508.SH	2015/12/24	4000	33.56	134240	127427
安图生物	603658.SH	2016/09/01	4200	14.58	61236	57453
中原证券	601375.SH	2017/01/03	70000	4.00	280000	266981
三晖电气	002857.SZ	2017/03/23	2000	10.26	20520	17647
森霸股份	300701.SZ	2017/09/15	2000	13.14	26280	23617
设 研 院	300732.SZ	2017/12/12	1800	41.42	74556	68872
建龙微纳	688357.SH	2019/12/04	1446	43.28	62583	56992
天迈科技	300807.SZ	2019/12/19	1700	17.68	30056	26069
金丹科技	300829.SZ	2020/04/22	2830	22.53	63760	54168
捷安高科	300845.SZ	2020/07/03	2309	17.63	40708	34017
新强联	300850.SZ	2020/07/13	2650	19.66	52099	44235
仕佳光子	688313.SH	2020/08/12	4600	10.82	49772	44490
开普检测	003008.SZ	2020/09/23	2000	30.42	60840	55567
仲景食品	300908.SZ	2020/11/23	2500	39.74	99350	91275
瑞丰新材	300910.SZ	2020/11/27	3750	30.26	113475	104183
蓝天燃气	605368.SH	2021/01/29	6550	14.96	97988	86694
翔宇医疗	688626.SH	2021/03/31	4000	28.82	115280	104966
百川畅银	300614.SZ	2021/05/25	4011	9.19	36861	32779
金冠电气	688517.SH	2021/06/18	3403	7.71	26235	19580
千味央厨	001215.SZ	2021/09/06	2128	15.71	33431	28212
力量钻石	301071.SZ	2021/09/24	1509	20.62	31122	27373
拓新药业	301089.SZ	2021/10/27	3150	19.11	60197	54327
恒拓开源	834415.BJ	2021/11/15	3856	7.03	27108	24172
利通科技	832225.BJ	2021/11/15	1580	6.6	10427	9267
同心传动	833454.BJ	2021/11/15	2875	3.95	11356	10270
凯旺科技	301182.SZ	2021/12/23	2396	27.12	64980	58033

注：1. 2007年及以前为发行日期，2008年起为上市日期。
2. 恒拓开源于2020年7月27日挂牌新三板精选层，2021年11月15日北交所开市后，由精选层公司平移成为北交所上市公司。利通科技于2021年2月25日挂牌新三板精选层，2021年11月15日北交所开市后，由精选层公司平移成为北交所上市公司。

a) Data before 2007 is issue date, and Since 2008 is listing date.

b) Forever opensource software Inc. was listed on the new third board select layer on July 27, 2020. After the opening of the Beijing stock exchange on November 15, 2021, it moved from a select layer company to a listed company on the Beijing stock exchange. On February 25, 2021, Litong technology was listed in the select layer of the new third board. After the opening of the Beijing stock exchange on November 15, 2021, it was translated from a select layer company to a listed company of the Beijing stock exchange.

17-10 保险业务情况

Main Indicators of Insurance Business

单位：亿元 (100 million yuan)

项　目	Item	2020	2021
保费收入	**Premium Income**	**2506.00**	**2360.03**
财产保险	Property Insurance	570.56	549.72
#机动车辆险	Motor Vehicle Insurance	417.71	398.51
企业财产险	Enterprise Property Insurance	9.62	9.84
家庭财产险	Family Property Insurance	4.03	4.97
人身保险	Personal Insurance	1935.44	1810.31
寿险	Life Insurance	1367.90	1264.25
健康险	Health Insurance	514.58	493.79
意外伤害险	Accident Insurance	52.97	52.26
赔款及给付	**Claim and Payment**	**720.11**	**891.01**
财产保险	Property Insurance	329.92	494.20
#机动车辆险	Motor Vehicle Insurance	246.96	350.88
企业财产险	Enterprise Property Insurance	4.58	35.01
家庭财产险	Family Property Insurance	0.85	4.67
人身保险	Personal Insurance	390.20	396.82
寿险	Life Insurance	206.88	196.71
健康险	Health Insurance	169.69	185.13
意外伤害险	Accident Insurance	13.63	14.98

17-11 各市国内保险业务主要指标(2021年)

Main Indicators of Domestic Insurance Business by City (2021)

单位：亿元 (100 million yuan)

地区 Region	保费收入 Premium Income	财产保险 Property Insurance	#机动车辆险 Motor Vehicle Insurance	#企业财产险 Enterprise Property Insurance	#家庭财产险 Family Property Insurance	人身保险 Personal Insurance	寿险 Life Insurance	健康险 Health Insurance	意外伤害险 Accident Insurance
全省 Total	**2360.03**	**549.72**	**398.51**	**9.84**	**4.97**	**1810.31**	**1264.25**	**493.79**	**52.26**
省本级 Provincial Level	**35.27**	**0.00**	**0.00**	**0.00**	**0.00**	**35.26**	**0.21**	**35.02**	**0.03**
郑州市 Zhengzhou	729.15	170.80	124.44	5.92	0.98	558.35	396.75	143.31	18.30
开封市 Kaifeng	78.87	19.07	12.82	0.18	0.58	59.80	36.89	20.72	2.19
洛阳市 Luoyang	159.58	32.98	25.58	0.44	0.26	126.60	96.59	26.87	3.14
平顶山市 Pingdingshan	86.33	20.49	15.28	0.26	0.20	65.85	48.32	15.50	2.03
安阳市 Anyang	94.78	24.84	19.06	0.27	0.59	69.94	52.48	15.61	1.84
鹤壁市 Hebi	25.58	7.04	5.62	0.09	0.06	18.54	13.26	4.63	0.65
新乡市 Xinxiang	128.22	26.72	20.46	0.38	0.17	101.50	76.44	21.84	3.22
焦作市 Jiaozuo	98.54	20.18	16.21	0.33	0.07	78.35	53.69	22.94	1.73
濮阳市 Puyang	84.00	18.67	14.65	0.28	0.07	65.32	45.27	17.98	2.07
许昌市 Xuchang	86.37	19.06	15.29	0.19	0.10	67.31	49.77	15.59	1.95
漯河市 Luohe	56.19	11.74	8.01	0.09	0.05	44.44	32.07	11.32	1.05
三门峡市 Sanmenxia	41.37	9.75	6.45	0.07	0.07	31.62	23.16	7.64	0.83
南阳市 Nanyang	191.84	40.85	26.63	0.43	0.25	150.99	99.88	47.87	3.24
商丘市 Shangqiu	122.28	34.72	25.66	0.35	0.25	87.56	59.67	25.15	2.73
信阳市 Xinyang	102.09	24.48	17.32	0.14	0.20	77.61	59.74	15.74	2.13
周口市 Zhoukou	117.36	35.67	24.15	0.13	0.35	81.69	58.12	21.33	2.25
驻马店市 Zhumadian	101.71	28.16	17.46	0.14	0.69	73.55	51.73	19.39	2.43
济源示范区 Jiyuan	20.51	4.49	3.43	0.15	0.02	16.02	10.20	5.37	0.45

地区 Region	赔款及给付 Claim and Payment	财产保险 Property Insurance	#机动车辆险 Motor Vehicle Insurance	#企业财产险 Enterprise Property Insurance	#家庭财产险 Family Property Insurance	人身保险 Personal Insurance	寿险 Life Insurance	健康险 Health Insurance	意外伤害险 Accident Insurance
全省 Total	**891.01**	**494.20**	**350.88**	**35.01**	**4.67**	**396.82**	**196.71**	**185.13**	**14.98**
省本级 Provincial Level	**26.95**	**1.12**	**0.90**	**0.02**	**0.02**	**25.83**	**0.02**	**25.80**	**0.02**
郑州市 Zhengzhou	318.83	208.80	140.92	24.83	1.24	110.03	49.04	55.20	5.79
开封市 Kaifeng	32.05	15.32	10.50	0.06	0.14	16.73	6.99	9.23	0.52
洛阳市 Luoyang	45.85	21.46	16.87	0.31	0.08	24.39	17.12	6.41	0.86
平顶山市 Pingdingshan	30.55	14.08	11.30	0.19	0.19	16.47	9.31	6.61	0.55
安阳市 Anyang	34.85	18.87	14.32	0.94	0.30	15.98	10.40	4.74	0.84
鹤壁市 Hebi	11.02	6.49	4.66	0.16	0.12	4.53	3.13	1.23	0.17
新乡市 Xinxiang	50.28	32.01	20.96	5.43	1.65	18.26	9.75	7.49	1.03
焦作市 Jiaozuo	32.82	14.38	11.66	0.30	0.06	18.44	10.02	7.94	0.48
濮阳市 Puyang	29.72	13.55	11.44	0.22	0.02	16.17	9.75	5.93	0.48
许昌市 Xuchang	29.75	15.33	11.86	0.85	0.05	14.41	9.26	4.59	0.56
漯河市 Luohe	18.90	8.72	5.66	0.43	0.01	10.18	6.28	3.68	0.23
三门峡市 Sanmenxia	14.41	6.26	4.32	0.07	0.01	8.16	5.03	2.76	0.37
南阳市 Nanyang	58.86	27.32	19.44	0.34	0.06	31.54	15.16	15.54	0.83
商丘市 Shangqiu	43.05	23.87	18.82	0.51	0.08	19.18	8.32	10.18	0.69
信阳市 Xinyang	29.44	17.02	13.40	0.08	0.02	12.42	7.69	4.47	0.26
周口市 Zhoukou	41.58	26.37	18.62	0.06	0.27	15.20	8.35	6.31	0.54
驻马店市 Zhumadian	35.87	20.07	12.92	0.10	0.33	15.79	9.72	5.47	0.61
济源示范区 Jiyuan	6.23	3.13	2.31	0.10	0.02	3.10	1.37	1.57	0.16

主要统计指标解释

信贷资金 指金融机构以信用方式积聚和分配的货币资金。金融机构信贷资金的来源有各项存款、金融债券、对国际金融机构负债、流通中现金、其他项目等；信贷资金的运用有各项贷款、有价证券及投资、黄金占款、外汇买卖、财政借款及在国际金融机构中的资产等。

存款 指企业、机关、团体或居民把货币资金存入银行或其他信贷机构保管，可随时或按约定时间支取款项，并取得一定利息的一种信用活动形式。根据存款对象或性质的不同可划分为住户存款、非金融企业存款、政府存款、非银行业金融机构存款等科目。它是银行信贷资金的主要来源。

贷款 指银行或其他信贷机构根据资金必须归还的原则，按一定利率，为企业、个人等提供资金的一种信用活动形式。我国银行贷款分为短期贷款、中长期贷款、融资租赁、票据融资、各项垫款、境外贷款等。

保险公司 在中国境内的、经过保险监督管理部门批准设立，并依法登记注册的各类商业保险公司。

保险金额 指保险人承担赔偿或者给付保险金责任的最高限额。

证券 由债券购买者承购的或因销售产品而拥有的，可在金融市场上交易并代表一定债权的书面证明。包括政府债券、金融债券、企业债券、商业票据、股票、支付固定收入但不提供法人企业残余价值分享权的优先股等。

股票 指股票购买者及直接投资者对其投资企业净资产所拥有的权益。股票是股份公司签发的证明股东投资并按其所持股份享有权益和承担义务的权益性证券。

保费 指投保人为取得保险人在约定范围内所承担赔偿责任而支付给保险人的费用。

赔款 指保险人根据保险合同的规定，向被保险人支付的赔偿保险责任损失的金额。

给付 包括死伤医疗给付和满期给付。死伤医疗给付是指保险人根据人寿保险及长期健康保险合同的规定，因被保险人在保险期内发生保险责任范围内的保险事故支付给被保险人(或受益人)的金额。满期给付是指被保险人生存期满，保险人按人寿保险合同规定支付给被保险人的满期保险金额。

Explanatory Notes on Main Statistical Indicators

Credit Funds refer to the monetary funds accumulated and distributed in the means of credit by the financial institutions. The sources of credit funds include various deposits, financial bonds, liabilities to international financial institutions, currency in circulation, other items. The uses of credit funds include loans, securities and investment, position for bullion purchase, foreign exchange trading, advances to treasury, and assets with international financial institutions.

Deposit is a form of credit by which enterprises, institutions, organizations or households can put money into banks and other credit institutions for safekeeping and interest earning and can withdraw anytime or at appointed time.l. According to different depositors, deposits are divided into household deposits, non financial enterprise deposits, government deposits, non banking financial institutions deposits. Deposits are major sources of the credit funds of banks.

Loan is a form of credit by which banks and other credit institutions provide funds at certain interest rate to enterprises and individuals in the light of the principle of unconditional repayment. Loans from Chinese banks include short-term loan, medium-term and long-term loans, financial lease, bill financing, various money advanced, foreign loans.

Insurance Companies refer to commercial insurance companies of various forms registered by law and established in China with the approval of insurance regulatory agencies.

Amount Insured refers to the maximum that the insurant will get for the claim of the case insured.

Securities refer to written certificates representing creditors' rights, purchased by bond holders or owned by selling products, which can be transacted at the financial markets. They include government bonds, financial bonds, corporation bonds, commercial drafts, stocks, preferential stocks that provide fixed income without the right to share the residual value of corporations, etc.

Stocks refer to the rights by stockholders and direct investors on the net assets of corporations they invested in. Stocks refer to negotiable securities on creditor's rights, issued by stock companies certifying the investment by stockholders and their rights and duties depending on their stocks.

Premium is the fee paid by the insurant to the insurer to obtain the obligation of compensation from the insurance within the agreed terms.

Settled Claim is the compensation paid by the insurer to the insurant in accordance with the insurance contract.

Payment includes payment for death, injury or medical treatment and payment at maturity. Payment for death, injury or medical treatment refers to the money paid to the insurant (or the beneficiary) in accordance with the life or health insurance contract when the insurant encounters accidents within the insured period covered in the contract. Payment at maturity refers to the payment to the insurant in accordance with the life insurance contract at the end of the insured period.

其他服务业
Other Service

18

资料整理：陈哲

简要说明

一、主要内容

本篇主要包括河南省规模以上服务业企业单位数、从业人数、营业收入、营业利润、应付职工薪酬等主要财务指标。

二、统计范围

辖区内年营业收入2000万元及以上服务业法人单位。包括交通运输、仓储和邮政业，信息传输、软件和信息技术服务业，水利、环境和公共设施管理业三个门类和卫生行业大类。

辖区内年营业收入1000万元及以上服务业法人单位。包括租赁和商务服务业，科学研究和技术服务业，教育三个门类，以及物业管理、房地产中介服务、房地产租赁经营和其他房地产业四个行业小类。

辖区内年营业收入500万元及以上服务业法人单位。主要包括居民服务、修理和其他服务业，文化、体育和娱乐业两个门类，以及社会工作行业小类。

三、资料来源

规模以上服务业法人企业实行全数调查，由河南省统计局服务业统计处整理提供。

Brief Introduction

I. Main Contents

Data on this chapter including number of Services enterprises above designated size, employment, main financial indicators of operating income, operating profit, employee compensation and so on in Henan.

II. Scope of Statistics

The Services enterprises with revenue from principal business over 20 million yuan includes: transportation, storage and post, Information transfer, software and Information technology services, management of water conservancy, environment and public facilities, sanitation.

The Services enterprises with revenue from principal business over 10 million yuan includes:leasing and business services, scientific research and technical services, education, property management, real estate intermediary,real estate leasing operationand other real estate.

The Services enterprises with revenue from principal business over 5 million yuan includes: resident services, repairing and other services, culture, sports and entertainment, social work.

III. Sources of Data

Data on services enterprises above designated size are collected through a combination of full survey, which are provided by the Department of Services industry of the Henan provincial bureau of Statistics.

18-1 历年来规模以上服务业主要指标

Main Indicators of Enterprises Above Designated size in Service Industry

年 份 Year	单位数 （个） Number of Enterprises (unit)	营业收入 （亿元） Business Revenue (100 million yuan)	营业利润 （亿元） Business Profit (100 million yuan)	应交增值税 （亿元） VTA Payable (100 million yuan)	从业人员 （人） Number of Employed Persons (person)
2012	2002	2657.27	75.64	14.53	640952
2013	3381	3271.97	296.29	23.64	728632
2014	5630	3975.77	337.55	59.56	955157
2015	7419	4659.57	416.92	82.85	1133796
2016	9161	4813.99	502.20	116.17	1303468
2017	9198	5440.06	718.72	114.76	1339755
2018	8538	5970.65	808.21	133.11	1318902
2019	8733	6706.99	790.98	137.79	1432403
2020	8909	6788.62	661.69	147.26	1496162
2021	9130	7657.36	593.01	152.66	1548231

18–2 规模以上服务业企业主要财务指标(2021年)

Main indictors of Enterprises Above Designated size in Service Industry (2021)

单位：亿元 (100 million yuan)

指标	indictor	单位数(个) Number of Enterprises (unit)	资产总计 Total Assets	所有者权益 Owner's Equity	营业收入 Revenue	营业成本 Cost of Operation
总 计	**Total**	**9130**	**34560.98**	**14835.88**	**7657.36**	**6013.13**
交通运输、仓储和邮政业	Traffic, Transport, Storage and Post	2269	16589.49	7314.91	3130.05	2712.03
信息传输、软件和信息技术服务业	Information Transfer, Software and Information Technology Services	770	2052.14	879.42	1395.20	985.50
房地产业(不含房地产开发经营)	Realty Industry	683	1191.59	363.75	257.00	168.53
租赁和商务服务业	Tenancy and Business Services	1644	7212.04	3210.92	1147.73	923.64
科学研究和技术服务业	Scientific Research and Technical Service	1051	1107.75	535.07	813.56	594.61
水利、环境和公共设施管理业	Management of Water Conservancy, Environment and Public Facilities	450	5135.59	2026.77	223.53	139.31
居民服务、修理和其他服务业	Resident Services, Repair and other Services	534	94.64	45.99	102.22	72.27
教育	Education	672	330.03	149.56	194.84	126.77
卫生和社会工作	Health and Social Work	471	384.25	112.16	247.78	194.18
文化、体育和娱乐业	Culture, Sports and Entertainment	586	463.45	197.31	145.45	96.27

指标	indictor	营业税金及附加 Business tax and Extra Charges	营业利润 Total Profits	应付职工薪酬 Wages Payable	应交增值税 Value Added Tax Payable	从业人员平均人数(人) Average Employees (person)
总 计	**Total**	**54.28**	**593.01**	**1364.79**	**152.66**	**1548231**
交通运输、仓储和邮政业	Traffic, Transport, Storage and Post	16.19	122.24	503.70	52.74	440140
信息传输、软件和信息技术服务业	Information Transfer, Software and Information Technology Services	5.77	184.76	225.84	29.28	196522
房地产业(不含房地产开发经营)	Realty Industry	5.42	35.08	63.11	9.60	114616
租赁和商务服务业	Tenancy and Business Services	10.47	73.87	225.80	22.57	279494
科学研究和技术服务业	Scientific Research and Technical Service	5.36	88.12	141.90	23.86	127060
水利、环境和公共设施管理业	Management of Water Conservancy, Environment and Public Facilities	3.52	35.26	44.10	6.63	136102
居民服务、修理和其他服务业	Resident Services, Repair and other Services	1.52	14.21	20.67	2.05	53974
教育	Education	1.92	22.97	56.21	2.06	90734
卫生和社会工作	Health and Social Work	0.75	6.95	57.59	1.09	76787
文化、体育和娱乐业	Culture, Sports and Entertainment	3.37	9.55	25.87	2.79	32802

18-3 各市规模以上服务业企业单位数(2021年)

Number of Enterprises Above Designated size in Service Industry by Sector and City (2021)

单位：个 (unit)

地 区 Region	合 计 Total	交通运输、仓储及邮政业 Transport, Storage and Post	信息传输、软件和信息技术服务业 Information Tansmission, Software and Information Technology Services	房地产业(不含房地产开发经营) Realty Industry	租赁和商务服务业 Leasing and Business Services
全 省 Total	**9130**	**2269**	**770**	**683**	**1644**
郑 州 市 Zhengzhou	2533	354	438	292	583
开 封 市 Kaifeng	345	81	22	21	68
洛 阳 市 Luoyang	582	122	37	73	94
平 顶 山 市 Pingdingshan	431	100	15	37	70
安 阳 市 Anyang	234	98	12	7	45
鹤 壁 市 Hebi	130	39	14	7	25
新 乡 市 Xinxiang	309	77	18	18	67
焦 作 市 Jiaozuo	295	151	11	19	31
濮 阳 市 Puyang	226	88	10	18	39
许 昌 市 Xuchang	498	107	30	33	62
漯 河 市 Luohe	128	72	11	3	19
三 门 峡 市 Sanmenxia	180	63	7	6	26
南 阳 市 Nanyang	655	224	24	41	92
商 丘 市 Shangqiu	626	180	47	33	151
信 阳 市 Xinyang	626	131	18	33	90
周 口 市 Zhoukou	710	183	39	23	86
驻 马 店 市 Zhumadian	527	151	13	18	81
济 源 示 范 区 Jiyuan	95	48	4	1	15

18-3 续表 continued

单位：个 (unit)

地 区 Region	科学研究和技术服务业 Scientific Research, and Technical Service	水利、环境和公共设施管理业 Management of Water Conservancy, Environment and Public Facilities	居民服务、修理和其他服务业 Resident Services, Repair and other services	教 育 Education	卫 生 和 社会工作 Health and Social Work	文化、体育和娱乐业 Culture, Sports and Entertainment
全 省 Total	**1051**	**450**	**534**	**672**	**471**	**586**
郑 州 市 Zhengzhou	517	78	61	42	68	100
开 封 市 Kaifeng	28	18	37	35	8	27
洛 阳 市 Luoyang	89	28	32	20	30	57
平 顶 山 市 Pingdingshan	43	28	35	41	19	43
安 阳 市 Anyang	16	20	6	18	8	4
鹤 壁 市 Hebi	10	7	3	13	9	3
新 乡 市 Xinxiang	21	23	15	39	11	20
焦 作 市 Jiaozuo	21	16	15	14	11	6
濮 阳 市 Puyang	14	6	13	17	13	8
许 昌 市 Xuchang	52	45	38	62	23	46
漯 河 市 Luohe	7	7	4	2		3
三 门 峡 市 Sanmenxia	12	11	11	5	18	21
南 阳 市 Nanyang	42	37	59	53	45	38
商 丘 市 Shangqiu	51	19	46	34	15	50
信 阳 市 Xinyang	49	63	55	50	59	78
周 口 市 Zhoukou	48	16	53	148	77	37
驻 马 店 市 Zhumadian	26	21	50	75	52	40
济 源 示 范 区 Jiyuan	5	7	1	4	5	5

18-4 各市规模以上服务业企业营业收入(2021年)

Business Revenue of Enterprises Above Designated size in Service Industry by Sector and City (2021)

单位：亿元 (100 million yuan)

地区 Region	合计 Total	交通运输、仓储及邮政业 Transport, Storage and Post	信息传输、软件和信息技术服务业 Information Transmission, Software and Information Technology Services	房地产业(不含房地产开发经营) Realty Industry	租赁和商务服务业 Leasing and Business Services
全 省 Total	**7657.36**	**3130.05**	**1395.20**	**257.00**	**1147.73**
郑州市 Zhengzhou	3988.08	1804.76	618.36	179.09	650.26
开封市 Kaifeng	192.88	59.62	40.93	4.01	36.31
洛阳市 Luoyang	507.93	73.84	154.18	18.76	37.86
平顶山市 Pingdingshan	214.99	91.29	36.79	5.16	29.39
安阳市 Anyang	152.49	70.75	40.10	1.08	15.15
鹤壁市 Hebi	65.40	25.05	13.63	0.20	17.25
新乡市 Xinxiang	189.98	52.72	52.24	2.36	47.38
焦作市 Jiaozuo	150.63	86.25	28.63	1.74	12.75
濮阳市 Puyang	163.05	54.88	30.51	2.12	41.94
许昌市 Xuchang	310.76	80.87	51.89	9.59	56.74
漯河市 Luohe	111.08	67.39	22.19	0.65	14.51
三门峡市 Sanmenxia	92.37	31.68	18.97	0.54	19.36
南阳市 Nanyang	304.53	143.32	62.30	5.97	24.14
商丘市 Shangqiu	286.81	127.05	59.72	7.05	42.18
信阳市 Xinyang	287.60	119.25	47.00	7.73	24.60
周口市 Zhoukou	347.60	118.44	64.29	5.73	33.60
驻马店市 Zhumadian	248.58	97.20	47.84	1.97	39.85
济源示范区 Jiyuan	42.61	25.70	5.62	3.24	4.46

18-4 续表 continued

单位：亿元 (100 million yuan)

地区 Region	科学研究和技术服务业 Scientific Research, and Technical Service	水利、环境和公共设施管理业 Management of Water Conservancy, Environment and Public Facilities	居民服务、修理和其他服务业 Resident Services, Repair and other Services	教育 Education	卫生和社会工作 Health and Social Work	文化、体育和娱乐业 Culture, Sports and Entertainment
全 省 Total	**813.56**	**223.53**	**102.22**	**194.84**	**247.78**	**145.45**
郑州市 Zhengzhou	494.67	80.38	23.21	33.43	41.22	62.69
开封市 Kaifeng	11.13	9.84	8.22	9.60	6.71	6.52
洛阳市 Luoyang	179.56	9.15	3.81	7.35	17.06	6.35
平顶山市 Pingdingshan	12.80	14.69	4.02	9.04	5.74	6.06
安阳市 Anyang	6.81	9.52	0.55	4.32	3.85	0.35
鹤壁市 Hebi	2.47	1.67	0.26	2.50	1.96	0.42
新乡市 Xinxiang	5.00	9.90	1.20	8.42	9.43	1.34
焦作市 Jiaozuo	5.39	5.11	1.05	3.36	6.14	0.22
濮阳市 Puyang	5.05	1.18	0.97	3.82	22.05	0.53
许昌市 Xuchang	24.48	21.72	14.55	21.22	9.02	20.68
漯河市 Luohe	1.34	2.25	2.29	0.24		0.21
三门峡市 Sanmenxia	3.87	2.34	0.44	0.47	12.32	2.38
南阳市 Nanyang	16.73	8.21	6.47	11.78	20.17	5.43
商丘市 Shangqiu	11.53	8.85	7.41	9.85	8.43	4.74
信阳市 Xinyang	11.18	24.77	9.27	12.17	23.16	8.48
周口市 Zhoukou	14.27	7.24	10.81	42.92	41.75	8.56
驻马店市 Zhumadian	6.44	5.36	7.35	14.13	18.25	10.19
济源示范区 Jiyuan	0.82	1.36	0.34	0.23	0.54	0.30

18-5 各市规模以上服务业企业营业利润(2021年)

Profit of Enterprises Above Designated size in Service Industry by Sector and City (2021)

单位：亿元 (100 million yuan)

地 区 Region	合 计 Total	交通运输、仓储及邮政业 Transport, Storage and Post	信息传输、软件和信息技术服务业 Information Transmission, Software and Information Technology Services	房地产业(不含房地产开发经营) Realty Industry	租赁和商务服务业 Leasing and Business Services
全 省 Total	**593.01**	**122.24**	**184.76**	**35.08**	**73.87**
郑 州 市 Zhengzhou	239.14	63.82	48.01	25.89	24.23
开 封 市 Kaifeng	30.21	7.10	7.57	0.43	5.03
洛 阳 市 Luoyang	6.63	-8.29	7.61	1.19	-4.69
平 顶 山 市 Pingdingshan	19.07	4.30	7.34	0.53	2.45
安 阳 市 Anyang	7.73	-0.81	6.82	0.05	0.27
鹤 壁 市 Hebi	-8.64	-0.61	-0.63	0.01	0.15
新 乡 市 Xinxiang	14.41	-1.25	10.91	0.00	4.20
焦 作 市 Jiaozuo	2.96	1.24	4.86	0.01	-1.08
濮 阳 市 Puyang	6.13	-0.17	6.08	0.53	0.44
许 昌 市 Xuchang	55.75	13.21	10.13	1.50	15.01
漯 河 市 Luohe	6.33	-0.01	3.65	-0.04	2.38
三 门 峡 市 Sanmenxia	1.09	-1.38	1.50	-0.01	0.16
南 阳 市 Nanyang	34.41	4.04	15.36	0.61	2.15
商 丘 市 Shangqiu	43.99	10.79	14.38	1.54	9.59
信 阳 市 Xinyang	37.98	7.90	12.31	1.01	3.90
周 口 市 Zhoukou	60.35	14.62	17.37	0.86	4.50
驻 马 店 市 Zhumadian	33.66	6.89	11.05	0.39	5.11
济 源 示 范 区 Jiyuan	1.81	0.84	0.44	0.58	0.06

18-5 续表 continued

单位：亿元 (100 million yuan)

地 区 Region	科学研究和技术服务业 Scientific Research, and Technical Service	水利、环境和公共设施管理业 Management of Water Conservancy, Environment and Public Facilities	居民服务、修理和其他服务业 Resident Services, Repair and other Services	教 育 Education	卫 生 和 社会工作 Health and Social Work	文化、体育和娱乐业 Culture, Sports and Entertainment
全 省 Total	**88.12**	**35.26**	**14.21**	**22.97**	**6.95**	**9.55**
郑 州 市 Zhengzhou	53.68	23.65	0.81	-1.86	0.83	0.07
开 封 市 Kaifeng	2.39	2.10	1.96	2.16	0.76	0.70
洛 阳 市 Luoyang	12.92	1.15	0.20	0.38	-2.74	-1.12
平 顶 山 市 Pingdingshan	1.17	1.80	0.45	0.32	0.16	0.56
安 阳 市 Anyang	0.44	1.45	-0.10	0.09	-0.30	-0.19
鹤 壁 市 Hebi	-0.04	-7.62	0.05	0.06	0.04	-0.06
新 乡 市 Xinxiang	-0.04	-0.32	0.02	0.46	0.58	-0.15
焦 作 市 Jiaozuo	0.46	-1.04	0.02	-1.29	-0.11	-0.13
濮 阳 市 Puyang	-0.09	0.16	0.03	0.22	-0.15	-0.91
许 昌 市 Xuchang	5.02	1.81	2.66	4.22	-0.23	2.41
漯 河 市 Luohe	0.05	0.28	0.00	0.01		0.01
三 门 峡 市 Sanmenxia	0.29	0.19	0.05	-0.02	-0.01	0.33
南 阳 市 Nanyang	5.09	2.75	1.07	2.28	0.20	0.86
商 丘 市 Shangqiu	1.87	1.79	1.70	0.75	0.72	0.86
信 阳 市 Xinyang	1.86	4.05	1.71	1.68	2.13	1.43
周 口 市 Zhoukou	2.30	2.34	2.25	10.30	4.17	1.65
驻 马 店 市 Zhumadian	0.62	1.05	1.32	3.20	0.85	3.19
济 源 示 范 区 Jiyuan	0.12	-0.33	0.00	0.01	0.05	0.03

18-6 各市规模以上服务业企业应付职工薪酬(2021年)

Wages Payable of Enterprises Above Designated size in Service Industry by Sector and City (2021)

单位：亿元 (100 million yuan)

地区 Region	合计 Total	交通运输、仓储及邮政业 Transport, storage and post	信息传输、软件和信息技术服务业 Information Transmission, Software and Information Technology Services	房地产业(不含房地产开发经营) Realty Industry	租赁和商务服务业 Leasing and Business Services
全 省 Total	**1364.79**	**503.70**	**225.84**	**63.11**	**225.80**
郑 州 市 Zhengzhou	833.51	364.72	102.39	42.91	147.56
开 封 市 Kaifeng	18.99	4.40	2.75	0.60	3.87
洛 阳 市 Luoyang	104.16	14.30	48.70	6.42	6.54
平 顶 山 市 Pingdingshan	27.90	6.20	4.74	1.67	4.67
安 阳 市 Anyang	24.47	9.82	4.76	0.56	2.95
鹤 壁 市 Hebi	7.36	1.66	1.61	0.07	1.55
新 乡 市 Xinxiang	30.22	4.29	7.01	0.54	8.75
焦 作 市 Jiaozuo	22.22	9.70	3.21	0.82	1.56
濮 阳 市 Puyang	40.43	5.97	3.46	0.70	19.96
许 昌 市 Xuchang	32.26	6.59	8.97	1.86	3.47
漯 河 市 Luohe	10.18	3.90	2.70	0.14	2.19
三 门 峡 市 Sanmenxia	15.61	4.28	3.12	0.31	0.89
南 阳 市 Nanyang	42.82	15.44	7.86	1.78	4.56
商 丘 市 Shangqiu	38.90	14.10	6.65	1.92	5.79
信 阳 市 Xinyang	35.41	11.17	5.64	1.18	3.89
周 口 市 Zhoukou	48.32	18.37	6.48	1.10	3.18
驻 马 店 市 Zhumadian	27.76	7.06	5.33	0.52	3.67
济 源 示 范 区 Jiyuan	4.29	1.72	0.48	0.00	0.72

18-6 续表 continued

单位：亿元 (100 million yuan)

地区 Region	科学研究和技术服务业 Scientific Research, and Technical Service	水利、环境和公共设施管理业 Management of Water Conservancy, Environment and Public Facilities	居民服务、修理和其他服务业 Resident Services, Repair and other Services	教育 Education	卫生和社会工作 Health and Social Work	文化、体育和娱乐业 Culture, Sports and Entertainment
全省 Total	**141.90**	**44.10**	**20.67**	**56.21**	**57.59**	**25.87**
郑州市 Zhengzhou	104.75	15.00	11.43	16.63	11.76	16.36
开封市 Kaifeng	0.90	2.30	0.44	1.39	1.69	0.66
洛阳市 Luoyang	15.74	1.46	0.61	3.38	5.14	1.86
平顶山市 Pingdingshan	2.20	2.53	0.64	3.04	1.38	0.83
安阳市 Anyang	1.86	1.99	0.14	1.57	0.72	0.09
鹤壁市 Hebi	0.26	0.38	0.06	1.07	0.54	0.16
新乡市 Xinxiang	1.22	1.45	0.38	3.75	2.52	0.32
焦作市 Jiaozuo	1.45	2.04	0.44	1.37	1.57	0.06
濮阳市 Puyang	1.31	0.57	0.30	1.50	6.45	0.20
许昌市 Xuchang	2.15	3.09	0.96	2.34	2.05	0.79
漯河市 Luohe	0.36	0.81	0.03	0.03		0.02
三门峡市 Sanmenxia	1.52	0.89	0.07	0.36	3.88	0.29
南阳市 Nanyang	3.09	2.47	0.69	3.29	3.25	0.39
商丘市 Shangqiu	1.43	1.70	1.22	3.12	2.32	0.65
信阳市 Xinyang	1.38	3.80	1.44	2.47	3.32	1.12
周口市 Zhoukou	1.26	1.69	1.07	7.45	6.79	0.92
驻马店市 Zhumadian	0.85	1.21	0.70	3.32	3.98	1.12
济源示范区 Jiyuan	0.17	0.72	0.06	0.13	0.23	0.05

18-7 各市规模以上服务业企业平均从业人员人数(2021年)

Number of Everage Employed Persons of Enterprises Above Designated size in Service Industry by Sector and City (2021)

单位：人 (person)

地 区 Region	合 计 Total	交通运输、仓储及邮政业 Transport, Storage and Post	信息传输、软件和信息技术服务业 Information Transmission, Software and Information Technology Services	房地产业(不含房地产开发经营) Realty Industry	租赁和商务服务业 Leasing and Business Services
全 省 Total	**1548231**	**440140**	**196522**	**114616**	**279494**
郑 州 市 Zhengzhou	695192	222726	102043	63983	130138
开 封 市 Kaifeng	40331	8223	3230	1239	11197
洛 阳 市 Luoyang	102321	18653	28006	14187	9629
平 顶 山 市 Pingdingshan	51551	11950	2982	5906	10142
安 阳 市 Anyang	38224	9445	2788	1601	7361
鹤 壁 市 Hebi	11494	2637	1233	550	2194
新 乡 市 Xinxiang	47470	6363	5357	1157	16545
焦 作 市 Jiaozuo	43312	19821	2999	1524	3671
濮 阳 市 Puyang	48066	7798	2553	1821	23061
许 昌 市 Xuchang	59355	9160	12096	4082	6540
漯 河 市 Luohe	15804	4964	1723	547	5224
三 门 峡 市 Sanmenxia	20506	5702	2383	912	2255
南 阳 市 Nanyang	78878	24058	4705	5243	12118
商 丘 市 Shangqiu	71624	26597	6755	3651	13508
信 阳 市 Xinyang	71517	18815	5111	3146	9181
周 口 市 Zhoukou	88001	22877	8549	3725	6439
驻 马 店 市 Zhumadian	55635	16590	3573	1336	8022
济 源 示 范 区 Jiyuan	8950	3761	436	6	2269

18-7 续表 continued

单位：人 (person)

地 区 Region	科学研究和技术服务业 Scientific Research, and Technical Service	水利、环境和公共设施管理业 Management of Water Conservancy, Environment and Public Facilities	居民服务、修理和其他服务业 Resident Services, Repair and other Services	教 育 Education	卫生和社会工作 Health and Social Work	文化、体育和娱乐业 Culture, Sports and Enterta-inment
全 省 Total	**127060**	**136102**	**53974**	**90734**	**76787**	**32802**
郑 州 市 Zhengzhou	79717	29617	29135	12906	12201	12726
开 封 市 Kaifeng	1421	8114	978	2557	2213	1159
洛 阳 市 Luoyang	13164	3726	1295	4009	6873	2779
平 顶 山 市 Pingdingshan	2837	6439	2484	5290	2113	1408
安 阳 市 Anyang	3881	8195	265	3264	1170	254
鹤 壁 市 Hebi	398	1386	182	1772	930	212
新 乡 市 Xinxiang	1542	4466	1304	7123	2900	713
焦 作 市 Jiaozuo	2033	5956	1761	2838	2537	172
濮 阳 市 Puyang	1253	2877	537	3143	4662	361
许 昌 市 Xuchang	3666	12499	1800	4249	3501	1762
漯 河 市 Luohe	414	2733	65	105		29
三 门 峡 市 Sanmenxia	1440	3460	211	511	2902	730
南 阳 市 Nanyang	4386	11574	1974	7160	6405	1255
商 丘 市 Shangqiu	3228	4207	3223	5639	3439	1377
信 阳 市 Xinyang	2922	12576	4005	5768	6990	3003
周 口 市 Zhoukou	2904	10888	3095	16067	11344	2113
驻 马 店 市 Zhumadian	1613	5977	1607	8116	6217	2584
济 源 示 范 区 Jiyuan	241	1412	53	217	390	165

运输和邮电

Transport, Postal and Telecommunication Services

19

资料整理：陈琛

简要说明

一、主要内容

本篇反映河南省交通运输业和邮政、通信、软件业发展的基本情况。交通运输业资料主要包括：主要运输方式的线路里程、运输设备拥有量、货物运输量和旅客运输量。邮政、通信业资料主要包括：全省邮政局(所)及邮路情况，邮政设备拥有量，邮政业务完成情况，邮政通信业发展水平等资料。

二、统计范围

铁路包括国家铁路、合资铁路、地方铁路。公路里程包括全省范围内所有国道、省道、县道、乡道(含村道)、专用公路。民用车辆拥有量包括辖区内全部登记注册民用车辆。公路、水路运输量统计范围是在全省交通运输主管部门办理营运证的从事公路、水路客、货运输的营业性的车辆和船舶所完成的运输量。邮电通信包括省邮政管理局、省邮政公司、省通信管理局及所有从事邮电通信运营的企业。

三、资料来源

铁路资料由郑州铁路局、武汉铁路局、登封铁路公司提供；公路资料由省交通运输厅提供；民用车辆资料由省公安厅、省农机局和各省辖市统计局提供。民航资料由郑州新郑国际机场、南方航空公司河南分公司提供；邮政业资料由河南省邮政管理局、省邮政公司和省通信管理局提供。由河南省统计局服务业统计处编辑整理。

Brief Introduction

I. Main Contents

Data in this chapter present the development of transportation, post, telecommunication and software in Henan province. Data on traffic and transport include the length of the routes of main transportation, the possession of transport equipment, the condition of technological quality, freight traffic and passenger traffic accomplished. Data on post and telecommunication cover mainly the situation of post offices and postal routes; telephone lines, telegraph lines and the possession of post facilities; business volume of postal services achieved; and the level of development of postal services.

II. Scope of Statistics

Data on railway transportation including National railway, joint-venture and local railways. The length of highways refer to the road of the national, provincial, county, town and dedicated lanes. Data on the possession of civil motor vehicles include all registered vehicles. Data on passenger traffic and freight traffic by highways, the statistical scope encompasses all the enterprises, institutional units and individuals (including joint-households) engaged in highway freight or passenger transport business. The data on civil aviation transport cover the civil enterprises that set up base in Henan. The data on post cover the Henan provincial bureau of post, Henan provincial postal company, Henan provincial bureau of communications authority and all enterprises for post.

III. Sources of Data

Data on railway transportation are calculated from Henan provincial operation bureau of local railways, Zhengzhou Railway Administration, Wuhan Railway Administration. Data on highway transportation are calculated from Henan provincial bureau of transportation. Data on civilian vehicles are calculated from Henan provincial bureau of public safety, Henan provincial bureau of agricultural machinery and municipal Henan provincial bureau of statistics. Data on civil aviation are calculated from Xinzheng international airport and Henan Branch of China Southern airlines. Data on postal services come from the Henan provincial bureau of post, Henan provincial post company and Henan provincial communications authority. Data in this chapter are provided by the Department of Services industry of the Henan provincial bureau of Statistics.

19-1 交通运输基本情况

Basic Conditions of Transport

年 份 Year	铁路营业里程 (公里) Length of Railways in Operation (km)	公路里程 (公里) Length of Highways (km)	#高速公路 Expressway	通航里程 (公里) Length of Navigable Inland Waterways (km)	民用汽车拥有量 (万辆) Possession of Civil Motor Vehicles (10 000 units)	#私人汽车 Private Vehicles
1949	1224	3909		2312	0.04	
1952	1225	5766		2916	0.11	
1957	1318	14945		3837	0.33	
1962	1690	17876		2537	1.05	
1965	1823	19907		3389	1.10	
1970	2792	22320		2072	1.71	
1975	3113	26934		2268	3.80	
1978	3212	31549		2202	6.30	
1979	3216	36155		1352	7.35	
1980	3192	36423		1361	8.51	
1981	3460	36478		1419	10.13	
1982	3401	36912		1110	11.28	
1983	3305	37196		1110	12.21	
1984	3342	37704		1110	14.10	
1985	3248	38840		1110	17.82	
1986	3344	39286		1110	18.42	3.29
1987	3409	39713		1110	21.60	3.72
1988	3358	40622		1110	24.92	5.87
1989	3546	41170		1110	28.61	6.97
1990	3536	43150		1110	30.79	7.65
1991	3384	44199		1110	33.38	8.12
1992	3486	45049		1105	34.32	8.46
1993	3456	46487		1105	38.40	7.04
1994	3350	47704	81	1104	45.23	12.45
1995	3382	49707	230	1104	46.93	12.18
1996	3426	50907	294	1104	51.41	14.98
1997	3428	55016	416	1104	60.35	19.41
1998	3461	57172	465	1104	68.09	22.01
1999	3354	60330	465	1104	76.59	29.93
2000	3354	64453	505	1104	84.73	34.93
2001	3319	69041	1077	1587	92.46	39.24
2002	3347	71741	1231	1587	105.82	50.41
2003	3410	73831	1418	1208	119.75	57.20
2004	3752	75718	1759	1381	130.97	64.10
2005	4000	79506	2678	1439	206.01	132.16
2006	3988	236351	3439	1439	252.94	169.91
2007	3989	238676	4556	1439	292.69	209.22
2008	3989	240645	4841	1439	338.44	248.77
2009	3898	242314	4861	1439	404.53	305.49
2010	4224	245089	5016	1439	484.89	377.32
2011	4203	247587	5196	1439	582.14	463.08
2012	4822	249649	5830	1439	645.92	529.67
2013	4822	249831	5859	1439	746.90	628.22
2014	5108	249857	5859	1439	896.02	774.37
2015	5205	250584	6305	1589	1342.13	866.76
2016	5466	267441	6448	1589	1481.66	1010.01
2017	5470	267805	6523	1589	1286.02	1166.82
2018	5460	268589	6600	1589	1459.24	1327.36
2019	6080	269832	6967	1675	1620.60	1480.08
2020	6134	270271	7100	1725	1759.17	1609.65
2021	6134	271570	7190	1725	1890.61	1736.96

注：1. 2006年起，公路里程包括村道(以下相关表同)。
2. 高速公路通车里程数据为交通部反馈数据(以下相关表同)。

a) Length of ways include county ways since 2006 (the same as following tables).

b) The data of length of expressways are from the Ministry of Communications (the same as following tables).

19–2 旅客和货物运输量

Passenger and Freight Traffic

年 份 Year	客运量 (万人) Passenger Traffic (10000 persons)	#铁路 Railway	#公路 Highway	#水运 Waterway	货运量 (万吨) Freight Traffic (10000 tons)	#铁路 Railway	#公路 Highway	#水运 Waterway
1978	11145	4319	6781	45	18176	6722	11321	133
1979	12784	4513	8218	53	17533	6693	10728	112
1980	15092	4860	10151	81	17047	6758	10183	106
1981	17559	4752	12724	83	16403	6614	9705	84
1982	20129	4680	15373	76	19847	6934	12794	119
1983	23050	5060	17907	82	21579	7142	14308	129
1984	25985	5474	20412	97	23908	7456	16296	155
1985	36576	5723	30729	121	35642	8101	27340	201
1986	43590	5659	37822	105	36436	8420	27799	217
1987	46140	5524	40510	100	39539	8632	30670	237
1988	54667	6073	48421	168	38357	8772	29282	303
1989	52328	5476	46634	211	38245	9089	28811	345
1990	53567	4429	48977	150	38111	9038	28818	255
1991	53846	4223	49494	119	39923	9193	30486	244
1992	58096	4271	53703	106	44018	9343	34404	271
1993	61285	4602	56511	146	47347	9811	37182	354
1994	62686	4563	57996	81	50988	9974	40428	395
1995	61964	4288	57522	82	53582	10373	42692	324
1996	66490	3818	62464	129	55920	10594	44800	382
1997	69863	3843	65786	152	56113	9996	45542	433
1998	74182	4133	69917	55	58150	9416	48250	342
1999	78009	4366	73493	76	59218	9657	49208	352
2000	83912	4727	79017	91	60678	10172	50133	372
2001	85412	4980	80259	95	65191	11196	53596	398
2002	90334	5085	85078	86	68397	12148	55743	505
2003	81323	4864	76301	63	69689	12925	56100	663
2004	91013	5695	85016	84	73796	14732	58147	915
2005	98099	5842	91920	97	78827	14806	62684	1334
2006	108060	6313	101345	105	86608	15190	69898	1516
2007	122557	6585	115460	160	101410	16010	83537	1858
2008	(139290)	7476	(131291)	(167)	(116889)	16226	(98433)	(2226)
	130436	7476	122414	190	138392	16226	118198	3964
2009	144666	7724	136278	206	169643	13856	151343	4439
2010	167804	8399	158630	255	202470	14224	183291	4950
2011	193882	8952	184213	268	240965	14312	220122	6527
2012	208094	9628	197785	250	272240	12779	251772	7685
2013	(225738)	11160	(213900)	(261)	(304369)	12762	(282970)	(8632)
	137571	11160	125450	255	184669	12762	162040	9854
2014	141780	12400	128279	254	200626	11577	179680	9350
2015	(146066)	13068	(131788)	280	(211854)	9802	(191572)	10459
	126812	13068	112535	280	192715	9802	172431	10459
2016	122342	14525	106415	288	205385	9562	184255	11545
2017	116574	16178	98753	347	229458	9406	207066	12879
2018	112611	17095	93707	331	259461	10012	235183	14240
2019	111458	18278	91281	306	(281221)	10502	(253457)	17236
	111458	18278	91281	306	218647	10502	190883	17236
2020	58873	11176	46322	172	219072	10259	193631	15150
2021	51273	12586	37388	203	254624	10602	226447	17541

注：2008年客货运输量为公路水路运输量专项调查数据，2013年、2015年客货运输量按交通部新统计方法测算，2019年货运量按交通部道路货物运输量专项调查数据测算，括号内均为原口径数据。

a) Data on passenger and freight traffic in 2008 are calculated on basis of Highway and waterway traffic special investigation,Data on passenger and freight traffic in 2013 and 2015 are calculated on new statistical methods of the Ministry of Communications, Data on freight traffic in 2019 are calculated on basis of freight traffic special investigation of the Ministry of Communications,and data in the brackets are original data.

19－3 旅客和货物周转量

Passenger-Kilometers and Freight Ton-Kilometers

年 份 Year	旅 客 周转量 (亿人公里) Passenger-Kilometers (100 million passenger-km)	#铁路 Railways	#公路 Highways	货 物 周转量 (亿吨公里) Freight Ton-Kilometers (100 million ton-km)	#铁路 Railways	#公路 Highways
1949	6.46	6.45	0.01	16.53	16.00	0.21
1952	15.62	15.26	0.36	39.12	36.56	0.88
1957	33.23	30.85	2.33	112.68	106.68	3.13
1962	90.02	82.01	7.98	131.21	125.02	4.08
1965	46.46	37.79	8.65	227.88	219.56	6.07
1970	80.54	64.74	15.66	332.55	322.03	8.74
1975	105.23	82.18	22.90	390.77	372.64	16.29
1978	123.22	92.62	30.47	508.41	484.79	21.57
1979	140.25	105.73	34.37	529.00	507.56	19.77
1980	163.98	122.40	41.35	547.65	525.31	21.01
1981	176.99	126.76	49.98	563.45	537.75	24.45
1982	195.70	135.60	59.87	617.77	578.55	37.41
1983	226.31	155.09	70.96	674.22	624.37	47.86
1984	253.11	171.10	81.71	702.70	643.53	55.88
1985	323.50	209.77	113.36	838.22	728.25	105.72
1986	358.20	228.54	129.34	881.90	777.12	99.73
1987	400.06	249.01	150.75	1020.81	880.94	133.83
1988	484.77	290.16	194.24	1079.26	932.37	139.64
1989	488.56	280.00	208.16	1157.63	1007.00	142.70
1990	423.46	229.90	193.10	1169.44	1001.79	160.66
1991	459.53	249.52	209.64	1199.31	1022.17	170.03
1992	511.40	275.46	235.56	1302.34	1085.18	209.03
1993	538.45	295.85	242.15	1337.03	1099.61	227.37
1994	566.29	305.35	260.74	1432.97	1164.43	258.41
1995	573.85	304.66	262.11	1538.82	1233.74	295.18
1996	584.25	285.72	289.65	1603.52	1263.13	326.16
1997	620.28	296.80	314.26	1547.18	1179.62	352.74
1998	640.16	310.79	320.93	1452.74	1083.35	355.48
1999	689.89	339.15	342.56	1432.08	1058.12	363.56
2000	740.98	378.80	353.78	1476.51	1101.74	363.94
2001	779.93	401.77	369.41	1573.28	1185.36	375.78
2002	820.83	421.00	390.00	1649.22	1234.77	398.87
2003	822.92	462.10	350.02	1891.73	1463.20	405.20
2004	963.09	542.00	395.40	2107.26	1650.00	422.02
2005	1000.70	535.43	437.84	2282.60	1759.77	467.00
2006	1113.77	586.88	492.72	2415.89	1810.80	538.76
2007	1264.10	620.68	601.81	2729.30	1962.93	681.85
2008	(1444.29)	667.32	(734.96)	(2969.81)	1985.84	(848.22)
	1517.33	667.32	808.32	5215.84	1985.84	2995.15
2009	1645.18	675.48	914.80	6146.09	1955.36	3927.08
2010	1840.64	747.20	1031.18	7141.82	1980.23	4860.63
2011	2033.68	766.45	1211.28	8471.07	2120.10	5949.04
2012	2144.50	779.57	1309.58	9436.42	2088.97	6863.01
2013	(2328.12)	853.38	(1417.54)	(10357.41)	2096.81	(7702.95)
	1661.89	853.38	712.39	7205.05	2096.81	4488.01
2014	1858.89	895.65	844.86	7367.09	1926.50	4822.37
2015	(1941.88)	910.24	(898.08)	(7582.38)	1666.02	(5208.16)
	1787.70	910.24	743.91	6916.89	1666.02	4542.67
2016	1857.17	938.30	760.57	7336.28	1685.89	4838.53
2017	1945.20	1029.09	736.62	8165.54	1899.81	5341.67
2018	1979.25	1061.11	711.19	8934.35	2014.91	5893.92
2019	2012.66	1091.34	699.03	(9742.43)	2079.80	(6446.46)
	2012.66	1091.34	699.03	8595.74	2079.80	5299.76
2020	1074.96	591.31	314.20	8690.52	2012.14	5572.59
2021	1104.76	669.06	293.73	10439.88	2144.91	7026.33

注：2008年客货周转量为公路水路运输量专项调查数据，2013年、2015年客货周转量按交通部新统计方法测算，2019年货物周转量按交通部道路货物运输量专项调查数据测算,括号内均为原口径数据。

a) Data on passenger-kilometers and freight ton-kilometers in 2008 are calculated on basis of Highway and waterway traffic special investigation, and data in 2013 and 2015 are calculated on new statistical methods of the Ministry of Communications, Data on freight ton-kilometers in 2019 are calculated on basis of freight traffic special investigation of the Ministry of Communicationsand data in the brackets are original data.

19−4 铁路、公路、内河通车通航里程(年底数)

Length of Railways, Highways and Navigable Inland Waterways (Year-end)

单位：公里 (km)

指 标	Item	2017	2018	2019	2020	2021
铁 路	**Length of Railways**	**5470**	**5460**	**6080**	**6134**	**6134**
#电气化	Electrified Railways	2301	2299	2299	2299	2301
#高铁	High-speed Rail	1308	1308	1915	1998	1998
中央铁路	National Railways	4663	4653	5273	5318	5318
地方铁路	Local Railways	807	807	807	816	816
公 路	**Length of Highways**	**267805**	**268589**	**269832**	**270271**	**271570**
#高级、次高级路面	Senior and Second-senior	223406	237604	243121	254004	265025
#高速公路	Expressways	6523	6600	6967	7100	7190
内 河	**Length of Navigable Inland Waterways**	**1589**	**1589**	**1675**	**1725**	**1725**

注：铁路通车里程为正线里程；铁路电气化里程为郑州铁路局全局数据。
a) Length of railways refers to trunk lines.Length of electrified railways refers to data of Zhengzhou Railway Administration.

19−5 交通运输工具拥有量(年底数)

Possession of Means of Transportation (Year-end)

指 标	Item	2017	2018	2019	2020	2021
铁路	**Railways**					
国家铁路	National Railways					
内燃机车(台)	Diesel Locomotives (unit)	212	219	221	225	221
电力机车(台)	Electric Locomotives (unit)	1043	1113	1241	1278	1268
客车(辆)	Passenger Coaches (unit)	2868	2071	1996	1996	1893
公路	**Highways**					
载货汽车(辆)	Trucks (unit)	1446283	1622244	1768531	1900524	1997983
#重型	Heavy	485683	547636	577577	599280	568125
中型	Middle	42177	41727	39725	29286	20340
轻型	Light	916549	1031574	1150378	1271429	1343305
载客汽车(辆)	Buses and Cars (unit)	11246977	12816534	14284766	15539621	16825718
#大型	Large	75192	78307	79243	77824	72495
中型	Middle	37898	37516	36459	34673	32154
小型	Small	11005065	12570471	14040709	15303068	16603345
内河	**Inland Rivers**					
机动船(艘)	Motor Vessels (unit)	5302	5153	5153	4797	5095
驳船(艘)	Barges (unit)	303	316	314	314	314

19-6 各市公路线路里程(2021年底)

Length of Highways by City (End of 2021)

单位：公里 (km)

地区	Region	总计 Total	等级公路 Expressway and Class Ⅰ to Ⅳ Highways	高速 Express-way	一级 First Class	二级 Second Class	三级 Third Class	四级 Fourth Class
全省	**Total**	**271570**	**264606**	**7190**	**4862**	**30086**	**21177**	**201291**
郑州市	Zhengzhou	13732	13510	631	723	2055	1591	8510
开封市	Kaifeng	9520	8951	462	106	1263	267	6853
洛阳市	Luoyang	19887	19795	583	255	2321	2077	14558
平顶山市	Pingdingshan	14819	14737	478	283	2027	1012	10937
安阳市	Anyang	13037	12576	291	334	1677	1316	8958
鹤壁市	Hebi	4653	4533	77	129	370	399	3557
新乡市	Xinxiang	13549	13242	269	238	2366	1225	9144
焦作市	Jiaozuo	8037	7833	240	264	1721	879	4730
濮阳市	Puyang	7009	6949	231	293	1220	604	4602
许昌市	Xuchang	10095	9822	281	275	1485	679	7101
漯河市	Luohe	5554	5531	126	80	585	529	4212
三门峡市	Sanmenxia	10268	9986	357	220	1158	1124	7127
南阳市	Nanyang	40244	39269	832	366	3478	3354	31239
商丘市	Shangqiu	24864	23177	510	288	1953	1357	19068
信阳市	Xinyang	27196	27051	592	147	2200	2040	22072
周口市	Zhoukou	24177	23636	511	296	1720	1282	19827
驻马店市	Zhumadian	22192	21292	584	471	1896	1052	17289
济源示范区	Jiyuan	2735	2716	134	93	589	391	1508

19-6 续表 continued

单位：公里 (km)

地 区 Region	等外公路 Highways Below Class Ⅳ	有铺装路面里程 Paved Highway	沥青混凝土 Bitumen	水泥混凝土 Concrete	简易铺装路面里程 Simply Paved Highway	未铺装路面里程 Unpaved Highway
全 省 Total	**6963**	**253514**	**57736**	**195779**	**11510**	**6545**
郑 州 市 Zhengzhou	222	12978	4990	7988	532	222
开 封 市 Kaifeng	569	8854	3978	4876	86	580
洛 阳 市 Luoyang	92	19756	4024	15732	35	96
平 顶 山 市 Pingdingshan	82	14708	3106	11602	22	90
安 阳 市 Anyang	462	11648	2717	8931	928	462
鹤 壁 市 Hebi	120	4158	828	3330	373	121
新 乡 市 Xinxiang	307	12764	3666	9098	470	315
焦 作 市 Jiaozuo	204	7487	2506	4980	347	204
濮 阳 市 Puyang	60	6914	2138	4776	35	60
许 昌 市 Xuchang	274	9290	2348	6942	526	279
漯 河 市 Luohe	23	5309	794	4515	222	23
三 门 峡 市 Sanmenxia	282	9974	2543	7431	10	285
南 阳 市 Nanyang	975	38256	7837	30419	737	1251
商 丘 市 Shangqiu	1688	21847	4292	17555	2088	930
信 阳 市 Xinyang	145	26665	2549	24115	368	163
周 口 市 Zhoukou	540	19713	4366	15347	3922	542
驻 马 店 市 Zhumadian	900	20577	4021	16556	713	902
济 源 示 范 区 Jiyuan	19	2617	1032	1585	99	19

19—7 各种民用车辆拥有量(2021年底)

Possession of Civil Vehicles (End of 2021)

单位：辆 (unit)

指 标	Item	总 计 Total	营 运 Commerial	非营运 Non-commerial	#进口 Imports	#私人 Private-owned	#新注册 Newly-registered	报 废 Abandoned
合 计	**Total**	**24250052**	**1556210**	**19264343**	**482671**	**19019533**	**1830018**	**154487**
汽车	Vehicles	18906093	1186172	17654759	468403	17369611	1683100	117714
载客汽车	Passenger Vehicles	16825718	186049	16574507	466548	16042773	1417352	70234
大型	Large	72495	55933	9669	369	363	3295	5220
中型	Medium	32154	9306	9612	647	2708	912	1893
小型	Small	16603345	120732	16437580	461997	15924826	1413126	60413
微型	Minicar	117724	78	117646	3535	114876	19	2708
#轿车	Saloon Cars	10370098	117870	10211991	175644	9975078	872255	33589
载货汽车	Trucks	1997983	996067	1001916	1759	1288120	255870	46139
重型	Heavy	568125	552039	16086	502	64466	95853	28209
中型	Medium	20340	13007	7333	8	8890	2851	4572
轻型	Light	1343305	406774	936531	1248	1151447	154049	12729
微型	Mini	364	48	316	1	317	27	69
三轮	Tricycle	37888	12271	25617		36871	3090	273
低速货车	Low-speed Truck	27961	11928	16033		26129		287
专项作业车	Special Operation Vehicle	82392	4056	78336	96	38718	9878	1341
重型	Heavy	49907	2931	46976	73	26449	6482	495
中型	Medium	15106	550	14556	15	5349	1324	274
轻型	Light	17317	574	16743	8	6889	2072	570
微型	Mini	62	1	61		31		2
电车	Buses	117	117					
摩托车	Motorcycle	1650305	45161	1605143	14226	1627736	122235	36194
普通	Standard	1642175	45156	1597018	14226	1620181	120491	36144
轻便	Light	8130	5	8125		7555	1744	50
拖拉机	Tractors	3364336						
挂车	Trailer	329155	324760	4395	42	22186	24683	579
其他类型车	Others	46		46				

注：1. 拖拉机数据来源于农机管理局，其他数据来源于公安厅。

2. 全省"营运"、"非营运"、"进口"、"私人"、"新注册"和"报废"车辆分类中不包括"拖拉机"分类数据。

a) Data of Tractor was calculated from the Administration of agricultural machinery,data of cars and other vehicles was calculated from Provincial public security department.

b) In addition to the total, other index data in Penn column does not include the tractor.

19-8 各市民用车辆拥有量(2021年底)

Possession of Civil Vehicles by City (End of 2021)

单位：辆 (unit)

地区 Region	民用汽车 Civil Vehicles	载客汽车 Passenger Vehicles	#大型 Large	#轿车 Sedan	载货汽车 Trucks	#重型 Heavy
全省 Total	**18906093**	**16825718**	**72495**	**10370098**	**1997983**	**568125**
郑州市 Zhengzhou	4341943	4069403	15692	2457347	251676	84838
开封市 Kaifeng	756903	672752	2966	414812	81740	14401
洛阳市 Luoyang	1404372	1268894	5752	779779	129496	30731
平顶山市 Pingdingshan	836382	740457	3665	404794	92514	20594
安阳市 Anyang	1031691	926638	3426	630982	100795	35593
鹤壁市 Hebi	329054	291701	1826	198479	35837	13536
新乡市 Xinxiang	1234805	1087939	4080	712074	141803	38745
焦作市 Jiaozuo	685477	582299	2460	390172	100287	54676
濮阳市 Puyang	819037	721508	2492	480187	93407	28011
许昌市 Xuchang	810070	722201	3033	442008	84780	20598
漯河市 Luohe	442284	385187	1560	252595	55719	19867
三门峡市 Sanmenxia	379671	341448	1704	208008	36156	10074
南阳市 Nanyang	1378471	1206002	5135	700086	166021	38933
商丘市 Shangqiu	1323155	1127465	6934	735080	191127	48358
信阳市 Xinyang	820565	712277	3628	404686	104957	13896
周口市 Zhoukou	1187428	993988	4228	567377	187345	56466
驻马店市 Zhumadian	913028	783129	2703	456755	126372	31026
济源示范区 Jiyuan	188635	170034	735	124875	17604	7782

地区 Region	专项作业车 Special Operation Vehicle	#新注册 Newly-registered	摩托车 Motors	挂车 Trailer	拖拉机 Tractors	机动车驾驶员(万人) Number of Motor Drivers (10 000 Person)	#汽车 Automobile Drivers
全省 Total	**82392**	**1683100**	**1650305**	**329155**	**3364336**	**3323**	**3222**
郑州市 Zhengzhou	20864	413053	82152	26141	105430	495	493
开封市 Kaifeng	2411	60199	37485	7686	191021	149	148
洛阳市 Luoyang	5982	119193	160436	15621	182633	241	232
平顶山市 Pingdingshan	3411	66427	112531	12612	119371	157	152
安阳市 Anyang	4258	76046	38624	25966	136485	162	158
鹤壁市 Hebi	1516	24230	19234	9254	82356	59	58
新乡市 Xinxiang	5063	104829	86500	21782	178884	238	235
焦作市 Jiaozuo	2891	58032	70222	46409	54893	138	135
濮阳市 Puyang	4122	64573	38119	17207	69944	138	136
许昌市 Xuchang	3089	59337	37023	10262	46776	130	126
漯河市 Luohe	1378	43361	29977	11303	88111	76	75
三门峡市 Sanmenxia	2067	29353	140681	6139	45203	73	67
南阳市 Nanyang	6448	125281	259363	22827	726028	317	292
商丘市 Shangqiu	4563	118490	72662	31643	187758	265	261
信阳市 Xinyang	3331	84363	190796	2848	231889	174	161
周口市 Zhoukou	6095	124681	100515	39776	318944	286	278
驻马店市 Zhumadian	3527	96785	163672	15410	590922	197	185
济源示范区 Jiyuan	997	12985	10211	6269	7688	29	29

19-9 各市私人车辆拥有量(2021年底)

Possession of Private Vehicles by City (End of 2021)

单位：辆 (unit)

地区	Region	民用汽车 Civil Vehicles	载客汽车 Passenger Vehicles	载货汽车 Trucks	专项作业车 Special Operation Vehicles	摩托车 Motors	#普通 Bicycle Motor
全省	**Total**	**17369611**	**16042773**	**1288120**	**38718**	**1627736**	**1620181**
郑州市	Zhengzhou	3925329	3800603	115827	8899	78793	78485
开封市	Kaifeng	708318	647663	60182	473	36589	36467
洛阳市	Luoyang	1293324	1203763	86414	3147	157677	154975
平顶山市	Pingdingshan	777487	709558	66235	1694	111610	110919
安阳市	Anyang	951923	890255	59774	1894	36994	36793
鹤壁市	Hebi	302937	279029	23236	672	18869	18835
新乡市	Xinxiang	1152127	1045318	104172	2637	85129	84210
焦作市	Jiaozuo	598343	555995	41039	1309	69158	68716
濮阳市	Puyang	754096	694704	57892	1500	37401	37249
许昌市	Xuchang	754430	695121	57886	1423	34024	33966
漯河市	Luohe	402856	371508	30722	626	29717	29664
三门峡市	Sanmenxia	349716	325887	23016	813	139918	139079
南阳市	Nanyang	1280410	1165700	111592	3118	257899	257686
商丘市	Shangqiu	1232624	1093631	136148	2845	71361	71317
信阳市	Xinyang	773454	682971	88820	1663	190121	190002
周口市	Zhoukou	1095007	963073	128049	3885	99704	99281
驻马店市	Zhumadian	844445	755138	87661	1646	162821	162739
济源示范区	Jiyuan	172781	162852	9455	474	9951	9798

19-10 客货运量及周转量

Passenger and Freight Traffic, Turnover Volume

指　　标	Item	2010	2015	2019	2020	2021
运输量	**Traffic Volume**					
客运量(万人)	Passenger Traffic (10 000 persons)	167804	146066	111458	58873	51273
#铁路	Railways	8399	13068	18278	11176	12586
国家铁路	National Railways	8392	13068	18278	11176	12586
地方铁路	Local Railways	7				
公路	Highways	158630	112535	91281	46322	37388
水运	Waterways	255	280	306	172	203
货运量(万吨)	Freight Traffic (10 000 tons)	202470	211854	218647	219072	254624
#铁路	Railways	14224	9802	10502	10259	10602
国家铁路	National Railways	13292	9482	10231	10077	10360
地方铁路	Local Railways	931	321	270	182	241
公路	Highways	183291	172431	190883	193631	226447
水运	Waterways	4950	10459	17236	15150	17541
周转量	**Turnover Volume**					
旅客周转量(百万人公里)	Passenger-Kilometers (million person-km)	184064	194188	201266	107496	110476
#铁路	Railways	74720	91024	109134	59131	66906
国家铁路	National Railways	74715	91024	109134	59131	66906
地方铁路	Local Railways	5				
公路	Highways	103118	74391	69903	31420	29373
水运	Waterways	60	54	66	34	43
货物周转量(百万吨公里)	Freight Ton-Kilometers (million ton-km)	714182	758238	859574	869052	1043988
#铁路	Railways	198023	166602	207980	201214	214491
国家铁路	National Railways	197118	166447	207857	201135	214376
地方铁路	Local Railways	905	156	123	79	115
公路	Highways	486063	454267	529976	557259	702633
水运	Waterways	30028	70529	121233	110112	126370

注：2015年起，受地方铁路改制影响，地方铁路数据仅包含登封铁路公司。
a) Data of Locomotives only refers to Dengfeng railway company since 2015.

19−11 各市公路客货运输量(2021年)

Passenger and Freight Traffic of Highway by City (2021)

地 区 Region	客运量（万人） Passenger Traffic (10 000 persons)	旅客周转量（亿人公里） Passenger- Kilometers (100 million person-km)	货运量（万吨） Freight Traffic (10 000 tons)	货物周转量（亿吨公里） Freight Ton- Kilometers (100 million ton-km)
全 省 Total	**37388**	**293.73**	**226447**	**7026.33**
郑 州 市 Zhengzhou	3942	36.90	21722	631.46
开 封 市 Kaifeng	1609	7.65	5681	151.35
洛 阳 市 Luoyang	3226	21.66	21195	514.41
平 顶 山 市 Pingdingshan	1623	7.02	11532	270.69
安 阳 市 Anyang	1666	10.37	17845	629.48
鹤 壁 市 Hebi	428	1.77	6071	213.14
新 乡 市 Xinxiang	2453	15.75	15235	480.19
焦 作 市 Jiaozuo	772	2.77	14295	568.32
濮 阳 市 Puyang	885	8.50	6265	284.70
许 昌 市 Xuchang	917	10.00	11896	217.07
漯 河 市 Luohe	1195	6.47	7919	299.98
三 门 峡 市 Sanmenxia	1444	17.21	4578	236.11
南 阳 市 Nanyang	3520	29.96	24849	731.68
商 丘 市 Shangqiu	2468	15.84	13488	497.54
信 阳 市 Xinyang	2603	29.25	5234	102.02
周 口 市 Zhoukou	3745	34.89	19294	789.21
驻 马 店 市 Zhumadian	4482	35.95	14498	296.82
济 源 示 范 区 Jiyuan	410	1.78	4851	112.17

19-12 铁路主要站客货发送量(2021年)

Number of Passengers and Volume of Freight Dispatched from Principal Railway Stations (2021)

车站名称	Name	旅客发送量 (万人) Number of Passengers Dispatched (10 000 persons)	车站名称	Name	货物发送量 (万吨) Volume of Freight Dispatched (10 000 tons)
郑　　州	Zhengzhou	1819.21	郑 州 北	Zhengzhoubei	5.20
郑 州 东	Zhengzhoudong	3099.01	新　　密	Xinmi	23.11
巩　　义	Gongyi	46.10	上　　街	Shangjie	92.13
开　　封	Kaifeng	186.78	新　　郑	Xinzheng	230.63
兰　　考	Lankao	80.40	开　　封	Kaifeng	102.68
洛　　阳	Luoyang	333.73	洛 阳 东	Luoyangdong	27.29
洛阳龙门	Luoyang Longmen	562.51	巩　　义	Gongyi	69.62
偃　　师	Yanshi	16.24	宝　　丰	Baofeng	307.32
安　　阳	Anyang	182.26	安　　阳	Anyang	53.99
新　　乡	Xinxiang	206.07	鹤 壁 北	Hebibei	106.48
焦　　作	Jiaozuo	198.50	新　　乡	Xinxiang	73.92
许　　昌	Xuchang	106.79	焦 作 北	Jiaozuobei	68.30
三 门 峡	Sanmenxia	62.72	许　　昌	Xuchang	21.84
三门峡南	Sanmenxianan	129.99	三 门 峡	Sanmenxia	94.17
灵　　宝	Lingbao	27.62	三门峡西	Sanmenxiaxi	203.80
南　　阳	Nanyang	213.50	南　　阳	Nanyang	3.10
商　　丘	Shangqiu	628.52	商　　丘	Shangqiu	39.25
商 丘 南	Shangqiunan	73.45	商 丘 北	Shangqiubei	17.92
民　　权	Minquan	70.22	济　　源	Jiyuan	227.28

注：本表为郑州铁路局辖区内主要站数据。
a) Data in this table are from Principal stations of Zhengzhou Railways Administration.

19－13 铁路分货类运输量

Freight Traffic of Railway by Category

货类	Type of Freight	2020		2021	
		运输量 (万吨) Traffic Volume (10 000 tons)	货物周转量 (万吨公里) Freight Ton-Kilometers (10 000 ton-km)	运输量 (万吨) Traffic Volume (10 000 tons)	货物周转量 (万吨公里) Freight Ton-Kilometers (10 000 ton-km)
煤	Coal	31267	8784120	33961	9659252
石油	Petroleum	1542	315593	1457	283891
焦炭	Coke	3596	1053737	3037	913267
金属矿石	Metal Ores	7091	1913797	7291	1858790
钢铁及有色金属	Steel and Iron,	3252	1025776	3833	1138619
非金属矿石	Nonmetal Ores	1631	444847	1390	329011
磷矿石	Phosphorus Ores	158	59089	161	67810
矿建材料	Mineral Building Materials	719	181628	464	118271
水泥	Cement	32	4185	22	3334
木材	Timber	233	77975	235	68873
粮食	Grain	3527	984381	3420	786059
棉花	Cotton	288	124901	222	97047
化肥和农药	Chemical Fertilizers and Pesticides	2362	784047	2275	726991
盐	Salt	6	2395	18	9881
化工品	Chemical Products	1694	620167	1771	657332
工业机械	Industry Machinery	539	161830	556	162149
电子电气	Electronic and Electric	20	8383	14	5279
金属制品	Metal Products	78	24950	60	18546
农业机具	Agriculture Implements	0	5	0	6
鲜活易腐货物	Fresh, Live and Perishable Goods	26	6551	22	6020
农副土特产品	Agriculture Products	19	5722	16	4462
饮食烟草	Diet and Tobaccos	252	83311	328	95237
纺织品	Textile Products	43	17259	56	21793
文教用品	Cultural and Educational Products	110	47353	120	47405
医药品	Medicine Products	21	5727	26	5585
零担	Fragmentary Freight	0	5	0	1
集装箱	Container	6889	2352651	9088	2907792

注：铁路为郑州铁路局全局数。

a) Freight Traffic of railway refers to data of Zhengzhou Railways Administration, highway refers to data of transportation department.

19-14 铁路运输主要技术经济指标

Major Economic and Technical Indicators of Railway Transport

指　　标	Item	2015	2019	2020	2021
货运机车日产量	Average Daily Ton-kilometers of Freight				
（万吨公里）	Locomotives (10 000 ton-kms)	115	114	119	117
内燃机车	Diesel Locomotives	20	21	20	19
电力机车	Electric Locomotives	118	115	122	120
货运机车平均牵引总重量（吨）	Average Total Tonnage of Freight Locomotives (ton)	3460	3398	2663	2665
内燃机车	Diesel Locomotives	1873	1881	2029	1932
电力机车	Electric Locomotives	3475	3408	2667	2670
客运机车日车公里（公里）	Daily Distance per Passenger Locomotive (km)	814	805	1685	1863
货运机车日车公里（公里）	Daily Distance per Freight Locomotive (km)	448	463	487	476
内燃机车万吨公里耗油	Oil Consumption of Diesel Locomotive				
（公斤）	Per 10 000 tons.km (kg)	129.9	134.1	131.1	145.2
电力机车万吨公里耗电	Electricity Consumption of Electric				
（千瓦小时）	Locomotive Per 10 000 tons.km (kwh)	107.1	105.8	127.7	132.5
旅客列车技术速度（公里/小时）	Technical Speed of Passenger Trains (km/hr)	88.4	88.6	91.0	91.7
旅客列车旅行速度（公里/小时）	Traveling Speed of Passenger Trains (km/hr)	77.1	78.5	81.5	82.2
货物列车技术速度（公里/小时）	Technical Speed of Freight Trains (km/hr)	48.9	49.4	49.9	49.1
货物列车旅行速度（公里/小时）	Running Speed of Freight Trains (km/hr)	33.7	38.1	39.4	39.0
货物列车运行正点率（%）	Punctuality Rate of Freight Trains in Running (%)	93.8	95.1	95.3	95.6
货物列车出发正点率（%）	Punctuality Rate of Freight Trains at Departure (%)	93.5	95.4	95.0	95.4
货车周转时间(天)	Trunning Around Time of Freight Cars (day)	1.8	1.4	1.4	1.3
货车一次作业时间（小时）	Handling Time of Freight Cars (hour)	29.5	24.5	23.9	23.9
货车中转停留时间（小时）	Transfer Waiting Time Per Freight Car (hour)	4.9	4.0	4.1	3.8

注：本表数据来源于郑州铁路局。
a) Data in this chapter are from Zhengzhou Railways Administration.

19-15 民航基本情况
Main Indicators of Civil Aviation

指　　标	Item	2015	2018	2019	2020	2021
航线条数(条)	Number of Civil Aviation Routes (unit)	61	70	77	73	63
#国际	International Routes	11	9	7	6	0
国内	Domestic Routes	47	60	69	66	63
地区	Regional Routes	3	1	1	1	0
航线里程(公里)	Length of Civil Aviation Routes (km)	71597	91575	127636	113626	116099
#国际	International Routes	10777	13223	21991	12024	0
国内	Domestic Routes	55781	76739	103929	99882	116099
地区	Regional Routes	5039	1613	1716	1720	0
飞行架次	Number of Flight	41782	48144	47509	35180	31120
#国际	International Routes	2786	2414	2654	308	0
国内	Domestic Routes	37345	45046	44141	34810	31120
地区	Regional Routes	1651	684	714	62	0
民用机场数(个)	Number of Civil Airports (unit)	3	4	4	4	4
#可降737以上机型	Airports Serving Boeing 737 and above	3	3	4	4	4
民用飞机架数(架)	Number of Civil Aircraft (unit)	26	31	30	30	30
通航国家和地区(个)	Navigable Country and Region (unit)	5	5	6	5	0
#通航城市	Navigable City	10	7	7	6	0
客货吞吐量	Passenger and Cargo throughput					
旅客吞吐量(万人)	Passenger throughput (10 000 persons)	1860.69	2955.74	3184.70	2405.84	2191.72
货邮吞吐量(万吨)	Cargo throughput (10 000 tons)	40.58	51.73	52.42	64.10	70.65

注：民用机场数和客货吞吐量为全省数据，其他指标数据为中国南方航空河南航空有限公司数据修正后数据，2018年航线里程(国际)为修正后数据。

a) Data of Civil Airports and Passenger and Cargo throughput refer to the whole province, and other data come from China southern airlines co., LTD., henan branch. Data on length of civil aviation routes are revised since 2018.

19-16 邮政行业基本情况及邮政水平(年底数)
Basic Conditions and Level of Post Services (Year-end)

指　　标	Item	2015	2018	2019	2020	2021
局所网络	Offices and Network					
邮政局所(处)	Number of Post Offices (unit)	2595	2626	2625	2625	2686
邮路总长度(公里)	Length of Postal Routes (km)	74234	412682	591371	642149	620636
#汽车邮路总长度	Automobile Postal Route	70167	112308	120572	153837	158342
铁路邮路总长度	Railway Postal Route	3508	3499	4301	4874	9454
农村投递线路总长度(公里)	Rural Delivery Routes(km)	194476	191463	182441	181017	204378
邮政行业业务总量(万元)	Business Volume of Post (10 000 yuan)	1637756	4367143	5904545	8296456	5452354
函件(万件)	Number of Letters (10 000 pcs)	12011	10722	9533	5880	3130
包裹(万件)	Number of Parcels (10 000 pcs)	198	120	111	110	103
快递(万件)	Pieces of Express Mail Services (10 000 pcs)	51450	152632	211093	310005	435553
报刊期发数(万份)	Issue of Newspapers and Magazines (10 000 copies)	980	870	836	864	794
集邮业务(万枚)	Collecting Stamps (10 000 units)	6766	6648	3883	3400	3032
邮政水平	Level of Post Services					
平均每一邮电局所服务面积(平方公里)	Average Area Served by Every Post Office (sq.km)	64	64	64	64	62
平均每一邮电局所服务人口(万人)	Average People Served by Every Post Office (10 000 persons)	3.6	3.6	3.8	3.8	3.8
平均每人发函件数(件)	Average Number of Letters Mailed per Capita (piece)	1.2	1.1	1.0	0.6	0.3
平均每百人订有报刊数(份)	Average Number of Newspaper and Magazine Subscribed per 100 Persons (piece)	10.4	9.2	8.0	8.6	7.9

19-17 邮电通信行业基本情况

年份 Year	邮电业务总量(万元) Business Volume of Postal and Telecommunications Services (10 000 yuan)	#邮政行业业务总量 Business Volume of Postal Services	函件(万件) Number of Letters (10 000 pcs)	包裹(万件) Package (10 000 pcs)	快递业务量(万件) Pieces of Express Mail Services (10 000 pcs)
1978	(5450)7120		11629		
1979	7540		12783		
1980	8062		14230		
1981	8390		14823		
1982	8666		14726		
1983	9024		15144		
1984	9647		16974		
1985	11057		20304		
1986	11977		21055		
1987	14675		24020		
1988	19182		25368		
1989	22805		23345		
1990	(27872)48983		22032		
1991	59324		17335		
1992	80685		17795		
1993	122245		20260		
1994	188902		21963		
1995	302583		21958	648	
1996	461609		22470	648	225
1997	643107		19164	489	173
1998	1035556		18799	489	197
1999	1384139		19452	509	296
2000	(1869359)1300586	117999	21408	499	423
2001	1740235	210508	29260	492	539
2002	2201977	236549	29532	482	761
2003	3035707	264200	35938	486	945
2004	4359263	282726	26470	433	1105
2005	5565060	318093	24471	415	1163
2006	7214687	365236	23030	405	1136
2007	9331635	412016	21515	367	1248
2008	11241309	470421	22147	315	1497
2009	12968686	548800	19786	271	1788
2010	(15077061)5359762	(897962)607027	24704	253	(1793)5765
2011	5958822	627996	32396	264	8378
2012	6613588	691594	17516	283	12503
2013	7949251	924593	17570	295	19444
2014	10110624	1165358	15828	264	29484
2015	13172754	1637756	12011	198	51450
2016	(20658962)9860822	2332232	9496	160	83875
2017	18160442	3327145	11865	153	107378
2018	43837204	4367143	10722	120	152632
2019	65892361	5904545	9533	111	211093
2020	89854663	8296456	5880	110	310005
2021	15313565	5452354	3130	103	435553

注：1. 邮政行业业务总量2021年按2020年不变价计算，2017-2020年按2015年不变价计算，2010-2016年按2010年不变价计算，2000-2009年按2000年不变价格计算，1990-1999年按1990年不变价格计算，1978-1989年按1980年不变价格计算。括号内为上个时期不变价数据。
2. 2007年起，局用交换机容量包含接入网设备容量。
3. 2010年起快递为全社会快递业务量，括号内为原口径数据。
4. 2010年起，国际互联网用户含手机上网用户。
5. 2020年电话普及率是通过河南第七次全国人口普查结果计算所得。

Basic Conditions of Postal and Telecommunication Services

订销报刊期发数(万份) Subscription and Issue of Newspapers and Magazines (10 000 pcs)	集邮业务(万枚) Stamps for Collection (10 000 units)	固定电话用户(万户) Subscribers of Fixed Telephone (10 000 subscribers)	移动电话用户(万户) Subscribers of Mobile Telephone (10 000 subscribers)	长途光缆线路长度(公里) Length of Optical Cable Lines (km)	电话普及率(含移动)(部/百人) Popularization Rate of Telephone (sets/100 persons)	国际互联网用户(万户) Number of Subscribers of Internet Services (10 000 subscribers)
		12.05			0.17	
		12.40			0.17	
		12.96			0.18	
		13.12			0.18	
		13.37			0.18	
		13.25			0.17	
		14.33			0.19	
		15.67			0.20	
		16.75			0.21	
		14.00			0.17	
		16.10			0.20	
		18.92			0.23	
		22.76			0.27	
		27.31			0.31	
		36.65			0.42	
		55.70			0.63	
		89.31			0.99	
		135.74			1.50	
		205.71	23.87		2.51	
	2295	292.55	48.02		3.70	
	1045	442.76	118.64		6.05	
	13581	773.51	173.04		8.68	
	13614	912.10	310.30		12.95	67.52
	12352	1096.09	503.03	18029	16.79	185.66
	10441	1180.31	531.00	20658	17.86	208.42
880	9159	1370.86	1072.57	26650	25.72	245.81
768	10500	1625.03	1392.31	32644	31.14	269.17
686	8769	1863.48	1814.81	33093	37.90	274.28
707	7038	2027.50	2351.20	33536	44.90	326.87
759	6883	1940.47	2914.54	34927	49.50	403.26
846	7100	1562.44	3498.89	35718	51.20	494.38
809	6064	1463.89	4016.84	36127	55.10	625.49
803	8158	1432.00	4449.72	36446	59.00	3043.42
1062	7090	1340.39	5061.69	30519	68.07	3857.20
1010	7585	1288.90	5787.70	30271	75.38	5098.00
951	6138	1224.38	7200.22	30296	89.60	5657.14
1029	5338	1143.04	7712.93	31430	94.10	5672.06
980	6766	1009.66	7975.06	33578	95.22	6626.93
1032	7129	798.60	7889.01	32533	91.14	8145.49
883	6758	735.04	8553.36	34589	97.40	9670.83
870	6648	689.57	9354.14	37905	111.27	11199.61
836	3883	757.84	9841.08	35017	121.27	11016.79
864	3400	667.22	10051.38	35898	109.34	11839.65
794	3032	677.54	10352.62	39280	111.01	12642.40

a) The Business Volume of Postal and Telecommunication Services on 2021 are calculated at 2020 constant prices. 2017 to 2020 are calculated at 2015 constant prices.2010~2016 are 1978~1989 are calculated at 1980 constant prices. Data in bracket are calculated at last period constant prices. calculated at 2010 constant prices.2000~2009 are calculated at 2000 constant prices. 1990~1999 are calculated at 1990 constant prices.

b) Data on capacity of local telephone exchanges include network equipment since 2007.

c) Data of pieces of express mail refer to the whole social since 2010, data in the brakfets are original data.

d) Data on Subscribers of Internet Services include Mobile Internet since 2010.

e) The popularization rate of telephone in 2020 is calculated from the results of the seventh national census in Henan.

19−18 通信行业基本情况及通信水平(年底数)

Basic Conditions and Level of Telecommunication Services (Year-end)

指 标	Item	2019	2020	2021
通信网络	**Network of Telecommunication**			
电信业务总量(亿元)	Business Volume of Telecommunication Services (100 million yuan)	5998.78	8156.78	994.71
移动电话用户期末数(万户)	Number of Mobile Telephones Subscribers at Year-end (10 000 subscribers)	9841	10051	10352.62
4G移动电话用户（万户）	4G Mobile Phone Users (10 000 subscribers)	8067.40	8282.07	6878.08
5G移动电话用户（万户）	5G Mobile Phone Users (10 000 subscribers)	19.28	1958.36	2259.45
固定电话用户(万户)	Number of Local Telephone Subscribers of at Year-end (10 000 subscribers)	758	667	678
国际互联网用户(万户)	Number of Subscribers of Internet Service (10 000 Subscribers)	11016.79	11839.65	12642.40
IPTV（网络电视）用户(万户)	IPTV Users (10 000 Subscribers)	1775.25	1868.03	1923.40
物联网终端用户(万户)	Internet of Things End Users (10 000 Subscribers)	7043.21	6655.65	7369.78
电信主要通信能力	**Major Capacity of Telecommunication Services**			
移动电话交换机容量(万户)	Capacity of Mobile Telephone Exchanges (10 000 subscribers)	14005	14094	15762
长途光缆线路长度(公里)	Length of Optical Cable Lines (km)	35017	35898	39280
移动电话基站数（万个）	Number of Mobile Phone Base Stations (10 000 units)	43	49	53
固定互联网宽带接入端口（万个）	Fixed Internet Broadband Access Terminal (10 000 units)	4753	4935	5631
通信水平	**Level of Telecommunication**			
固定电话普及率(部/百人)	Popularization Rate of Telephone (sets/100 persons)	7.9	6.7	6.8
移动电话普及率(部/百人)	Popularization Rate of Mobile Telephone (sets/100 persons)	113.4	102.6	104.2
已通固定电话的乡(镇)比重(%)	Percentage of Townships with Telephone (%)	100	100	100
移动电话(GSM)网络覆盖县(市)	Number of County(city) Covered by GSM (unit)	109	109	109
移动电话(CDMA)网络覆盖县(市)	Number of County(city) Covered by CDMA (unit)	109	109	109
移动电话漫游国家和地区(个)	Number of country (Territory) Roamed through Mobile Telephone (unit)	245	245	245
数据通信网覆盖地(市)	Number of Region(city) Covered by Data Traffic (unit)	18	18	18

注：2020年固定电话普及率和移动电话普及率是通过河南第七次全国人口普查结果计算所得。2021年电信业务总量按2020年不变价格计算。

a) The popularization rate of telephone and mobile telephone in 2020 are calculated from the results of the seventh national census in Henan. Business volume of telecommunication services on 2021 are calculated at 2020 canstant price.

19-19 各市邮政网和业务量(2021年)

Network and Business Volume of Post by City (2021)

地 区 Region	邮政局所 (处) Number of Post Offices (unit)	邮路总长度 (公里) Length of Postal Routes (km)	农村投递线路总长度 (公里) Rural Delivery Routes (km)	邮政行业业务总量 (亿元) Business Volume of Post (100 million yuan)	函件 (万件) Number of Letters (10 000 pcs)
全 省 Total	**2686**	**620636**	**204378**	**545.24**	**3130.03**
郑 州 市 Zhengzhou	261	530954	16004	167.05	1776.95
开 封 市 Kaifeng	118	3471	8648	18.06	30.41
洛 阳 市 Luoyang	216	16647	16439	33.86	104.78
平 顶 山 市 Pingdingshan	137	3211	8680	13.02	52.10
安 阳 市 Anyang	129	3901	11246	22.74	52.18
鹤 壁 市 Hebi	31	529	2980	4.20	11.49
新 乡 市 Xinxiang	173	5434	13889	31.29	151.36
焦 作 市 Jiaozuo	119	3245	8930	27.45	24.05
濮 阳 市 Puyang	101	1664	7009	14.05	131.50
许 昌 市 Xuchang	104	3230	7756	16.31	126.57
漯 河 市 Luohe	62	1851	3866	22.63	12.47
三 门 峡 市 Sanmenxia	84	2378	6622	6.16	192.44
南 阳 市 Nanyang	275	6379	31304	39.62	89.47
商 丘 市 Shangqiu	209	10051	14129	53.02	179.58
信 阳 市 Xinyang	227	10857	14948	20.42	14.82
周 口 市 Zhoukou	211	4342	17244	24.29	87.02
驻 马 店 市 Zhumadian	203	10272	12192	28.82	79.91
济源示范区 Jiyuan	26	2220	2492	2.24	12.93

地 区 Region	包裹 (万件) Package (10 000 pcs)	快递业务量 (万件) Business Volume of Express Delivery (10 000 pcs)	快递业务收入 (亿元) Pieces of Express Mail Services (100 million yuan)	订销报刊期发数 (万份) Subscription and Issue of Newspapers and Magazines (10 000 pcs)	集邮业务 (万枚) Collecting Stamps (10 000 units)
全 省 Total	**103.34**	**435553**	**319.17**	**794**	**3032**
郑 州 市 Zhengzhou	20.25	154844	124.40	102	672
开 封 市 Kaifeng	4.50	14315	9.97	45	109
洛 阳 市 Luoyang	10.60	28375	17.61	55	355
平 顶 山 市 Pingdingshan	1.47	6289	5.80	36	148
安 阳 市 Anyang	4.15	15309	7.21	42	145
鹤 壁 市 Hebi	0.54	3070	2.37	15	51
新 乡 市 Xinxiang	9.32	17333	16.20	67	210
焦 作 市 Jiaozuo	3.34	29699	17.28	47	237
濮 阳 市 Puyang	7.73	9030	5.59	30	66
许 昌 市 Xuchang	4.20	13029	10.19	30	75
漯 河 市 Luohe	2.83	20916	13.19	18	30
三 门 峡 市 Sanmenxia	0.23	3088	3.20	30	79
南 阳 市 Nanyang	4.02	27517	18.97	98	203
商 丘 市 Shangqiu	16.74	51827	23.69	36	75
信 阳 市 Xinyang	0.72	7468	7.30	45	101
周 口 市 Zhoukou	6.78	12955	10.79	47	217
驻 马 店 市 Zhumadian	3.94	19053	24.27	42	232
济源示范区 Jiyuan	1.98	1436	1.15	10	28

注：本表全省合计包括郑州邮区中心局数据。
a) Data of Total include Data of Center situation in Zhengzhou postal district.

19−20 各市电信网和业务量(2021年)

地区	Region	移动电话交换机容量(万户) Capacity of Mobile Telephone Exchanges (10 000 subscribers)	电信业务总量(亿元) Business Volume of Telecommunications (100 million yuan)	(固定)互联网宽带接入端口数(万个) Fixed Internet Broadband Access Terminal (10 000 units)	移动电话通话时长(万分钟) Length of Calls of Mobile Telephone (10 000 minutes)
全省	**Total**	**15762**	**994.71**	**5631**	**28490472**
郑州市	Zhengzhou	2950	211.01	792	4691648
开封市	Kaifeng	803	40.83	269	1233357
洛阳市	Luoyang	931	78.20	500	2096881
平顶山市	Pingdingshan	649	42.23	257	1332939
安阳市	Anyang	839	51.71	387	1578477
鹤壁市	Hebi	258	15.80	94	517854
新乡市	Xinxiang	954	61.74	381	1941344
焦作市	Jiaozuo	609	36.55	244	1114096
濮阳市	Puyang	646	36.80	180	1183401
许昌市	Xuchang	626	37.86	245	1179655
漯河市	Luohe	465	22.81	129	668005
三门峡市	Sanmenxia	371	21.62	142	639237
南阳市	Nanyang	1316	75.22	462	2519607
商丘市	Shangqiu	1160	67.25	459	2106814
信阳市	Xinyang	856	51.55	331	1508952
周口市	Zhoukou	1236	68.90	399	2122334
驻马店市	Zhumadian	924	57.54	304	1788784
济源示范区	Jiyuan	170	9.09	57	267086

注：移动电话交换机容量分地市数据为中国移动、中国联通、中国电信三家公司按比例分配。
a) The capacity of mobile telephone exchanges is distributed by the three companies of China Mobile, China Unicom and China Telecom.

Network of Telecommunications and Business Volume by City (2021)

移动电话用户(万户) Number of Mobile Telephone Subscribers (10 000 subscribers)	4G电话用户(万户) Fourth Generation Telephone Subscribers (10 000 subscribers)	移动短信业务量(亿条) SMS Business (100 million piece)	固定电话用户(万户) Fixed Telephone Subscribers (10 000 subscribers)	家庭宽带接入用户(万户) Household Broadband Subscribers (10 000 subscribers)	国际互联网用户(万户) International Internet Service Subscribers (10 000 subscribers)
10352.62	**6878.08**	**1214.67**	**677.54**	**3100.43**	**12642.40**
1761.99	1154.12	278.20	142.55	493.47	2169.31
458.24	305.18	48.28	27.94	136.26	554.52
768.97	513.86	108.61	64.38	246.57	968.68
495.29	337.33	64.82	28.50	147.40	605.95
574.58	390.79	60.74	45.72	172.11	700.34
169.25	114.91	18.40	10.04	48.13	206.26
654.57	440.51	80.07	40.12	196.96	803.82
382.76	259.21	49.02	24.08	121.03	480.42
395.11	258.00	38.24	23.78	121.19	479.00
440.72	297.48	54.03	34.92	126.70	532.65
254.49	168.98	25.33	13.18	72.82	303.60
222.69	153.29	34.42	17.15	73.09	281.04
905.05	608.63	87.06	55.08	262.09	1083.68
764.58	498.65	65.88	47.30	224.80	922.43
579.43	375.89	63.12	36.23	183.65	705.43
772.14	509.22	67.11	25.99	248.84	940.10
670.16	435.68	62.35	33.15	200.85	802.84
82.60	56.32	9.03	7.44	24.46	102.39

主要统计指标解释

铁路营业里程 又称营业长度，指投入客货运输营业或临时营业的线路长度。

铁路电气化里程 指具备了电力机车牵引条件，并已交付运营的线路里程。

公路里程 指报告期末公路的实际长度。统计范围：包括城间、城乡间、乡（村）间能行驶汽车的公共道路，公路通过城镇街道的里程，公路桥梁长度、隧道长度、渡口宽度。不包括城市街道里程，断头路里程，农（林）业生产用道路里程，工（矿）企业等内部道路里程。统计原则：按已竣工验收或交付使用的实际里程计算；两条或多条公路共同经由同一路段的重复里程，只计算一次。

内河航道里程 指在一定时期内，能通航运输船舶及排筏的天然河流、湖泊水库、运河及通航渠道的长度。包括全年季节性通航累计三个月以上的航道，不包括仅供零散流放竹、木排的河道。两省以河为界的航道里程，双方均按一半计算，以免重复。该指标可以反映内河水运网的规模、水平和发展情况。

民用航空航线里程 指统计期间内全部民用航空航线的航线总长度。航线长度指民用航空航线的计费距离。计算航线里程可按重复和不重复两种方法，前者是指各航线长度相加的总和；后者则要扣除各航线之间相同航段重复计算的部分。

货（客）运量 指在一定时期内，各种运输工具实际运送的货物（旅客）数量。它是反映运输业为国民经济和人民生活服务的数量指标，也是制定和检查运输生产计划、研究运输发展规模和速度的重要指标。货运按吨计算，客运按人计算。货物不论运输距离长短、货物类别，均按实际重量统计。旅客不论行程远近或票价多少，均按一人一次客运量统计；半价票、小孩票也按一人统计。

货物（旅客）周转量 指在一定时期内，由各种运输工具运送的货物（旅客）数量与其相应运输距离的乘积之总和。它是反映运输业生产总成果的重要指标，也是编制和检查运输生产计划，计算运输效率、劳动生产率以及核算运输单位成本的主要基础资料。计算货物周转量通常按发出站与到达站之间的最短距离，也就是计费距离计算。计算公式为：

货物（旅客）周转量＝∑货物（旅客）运输量×运输距离

民用汽车拥有量 指报告期末，在公安交通管理部门按照《机动车注册登记工作规范》，已注册登记领有民用车辆牌照的全部汽车数量。汽车拥有量统计的主要分类：根据汽车结构分为载客汽车、载货汽车以及其他汽车；根据汽车所有者的不同分为个人（私人）汽车、单位汽车；根据汽车的使用性质分为营运汽车、非营运汽车和特种汽车；根据汽车大小规格不同载客汽车分为大型、中型、小型和微型，载客汽车分为重型、中型、轻型和微型。

电信 指利用有线、无线的电磁系统或者光电系统，传送、发射或者接受语音、文字、数据图像以及其他任何形式信息的活动。主要包括固定电信服务、移动电信服务和其他电信服务。

移动电话用户 指在电信运营企业营业网点办理开户登记手续，通过移动电话交换机进入移动电话网，占用移动电话号码的各类电话用户。包括各类签约用户、智能网预付费用户、无线上网卡用户。

互联网上网人数 指过去半年内使用过互联网的6周岁及以上中国居民人数。

固定电话用户 指在电信运营企业营业网点办理开户登记手续并已接入固定电话网上的全部电话用户。包括普通电话用户、公用电话用户、窄带综合业务数字网（N—ISDN）用户、智能网专用接入终端用户等。按行政区划分为城市电话用户和农村电话用户。

城市电话用户 指直辖市、省辖市、地级市、县级市的市区、市郊区及县城(包括县人民政府所在地的县城关区或行政建制相当于县人民政府所在地的镇)范围内接入局用交换机的电话用户数，包括分布在农村地区的独立工矿区、林区、驻军等接入局用交换机的电话用户数。

农村电话用户 指县城关区以下的集镇和农村接入局用交换机的电话用户数。

住宅电话用户 指私人付费或安装在居民住宅并按照私人或住宅电话用户登记注册和收费的各类电话用户。

固定长途电话交换机容量　指用于接入长途电话网的电话交换机的设备额定容量，包括国际电话交换机容量。

局用交换机容量　指安装在电信企业内用于接续本地固定电话的电话交换机容量，包括接入网设备容量（安装在电信运营企业用于连接语音用户的远端节点的设备容量）。

移动电话交换机容量　指移动电话交换机根据一定话务模型和交换机处理能力计算出来的最大同时服务用户的数量。按报告期末已割接入网正式投入使用的设备实际容量统计。

Explanatory Notes on Main Statistical Indicators

Length of Railways in Operation refers to the total length of the trunk line for passenger and freight transportation in full operation or temporary operation.

Length of Electrified Railways refers to the length of the section of railways in operation in which the power supply lines and other equipment are installed for the running of electrified locomotives. The proportion of the length of electrified railways to the total length of railways in operation is an important indicator to show the modernization of railways.

Length of Highways refers to the actual length of highways at the end of reference period. It covers public roads running vehicles among cities, city and rural areas, township (villages), highways passing through streets at small cities and towns, length of bridges and tunnels, width of ferry piers. It does not include the length of streets in cities, dead end highways, the length of streets built for agricultural (forest) production and inside factories (mines). It can only be calculated with the actual mileage having been completed, checked and accepted or put into operation. If two or more highways go the same section of the way, the length of the section is only calculated for once.

Length of Navigable Inland Waterways an indicator reflecting the size and development of inland water network, it refers to the length of the natural rivers, lakes, reservoirs, canals, and ditches open to navigation during a given period, which enables the transport by ships and rafts. It includes the channels open to navigation for over an accumulative 3 months in a year, yet this does not include the river courses which are only used to float odd logs and bamboo rafts.

Length of Civil Aviation Routes refers to the length of all routes for civil aviation flights, which is used to account the freight, during the period of statistics.. There are usually two ways to calculate the route length: duplicated calculation and non-duplicated calculateion, the former is the sum of length of all civil aviation routes, and the latter should deduct the duplication length of same route among all routes.

Freight (Passenger) Traffic refers to the volume of freight (passenger) transported with various means. Freight transport is calculated in tons and passenger traffic is calculated in the number of persons. Despite the type of freight and travelling distance, the freight transport is calculated in the actual weight of the goods: and despite the travelling distance and ticket price, the passenger traffic is calculated by the principle that one person can be counted only once in one travel. The passenger who travel with a half price ticket or a child ticket is also calculated as one person. The freight (passenger) traffic provides a quantitative measure to show how the transport industry serves the national economy and people, and is also an important indicator for planning the transport industry and for studying the development scale and speed of the transport industry.

Freight Ton-kilometers (Passenger-kilometers) refer to the sum of the products of the volume of transported cargo (passengers) multiplying by the transport distance, usually using ton-kilometer and passenger-kilometer as units for measurement. Normally, the shortest distance between the departure station and the destination station (i.e., the payable distance) is the basis to calculate the freight ton-kilometers. This is an important indicator to show the total results of the transport industry, to prepare and examine the transport plan and to measure the efficiency, the labour productivity and the unit cost of transport.

The formula is as follows:

Freight Ton-kilometers (Passenger-kilometers) =∑{Freight (Passenger) Traffic x Distance of Transportation}

Measuring unit: ton-kilometer (person-kilometer)

Possession of civil Motor Vehicles refer to the total numbers of vehicles that are registered and received vehicles' license tags according to the Work Standard for Motor Vehicles Registration formulated by transport management office under department of public security at the end of reference period. They are divided into following categories according to the structure of motor vehicles: passenger vehicles, trucks and others; and private vehicles and vehicles for units use according to ownerships; working vehicles, non-working vehicles and special motor vehicles according to kind of usage; large passenger vehicles; medium passenger vehicles and small passenger vehicles, heavy trucks, light-heavy trucks and light trucks according to sizes of vehicles.

Telecom refers to fixed telecom service, mobile telecom service and other telecommunications services.

Mobile Telephone Subscribers refer to persons who have gone through registration procedures in the operation points of enterprises engaged in telecommunications and are hence connected with the mobile telephone communication network through the mobile telephone switchboards and occupy mobile phone numbers. Included are various types of subscriber, prepaid users for intelligent network and wireless network card users.

Internet Users refer to the number of Chinese citizens aged 6 and over who use the Internet in the past six months.

Local Telephone Subscribers refer to all subscribers who have gone through registration procedures in the operation points of enterprises engaged in telecommunications and are hence connected to the local telecommunications service provider through fixed line network. Included are general subscribers, public telephones subscribers, N-ISDN subscribers and intelligent network terminal subscribers. They are also classified in terms of administrative districts as urban telephone subscribers and rural telephone subscribers according to location.

Urban Telephone Subscribers refer to the number of telephone subscribers, located at the different administrative districts of municipalities directly under the Central Government, cities under the jurisdiction of province, cities at prefecture level, downtown and suburb of city at county level town and county towns, that are connected to the public line telephone network, including rural mineral area, forest area, military area.

Rural Telephone Subscribers refer to telephone subscribers, located at the towns below the level of county town and villages, that are connected to the public line telephone network.

Household Telephone Subscribers refer to all kinds of subscribers with telephone sets paid privately or installed in the dwelling units of residents, and registered as private subscribers or residence subscribers for payment.

Capacity of Long Distance Telephone Exchanges refers to the rated capacity of telephone exchanges to connect long distance telephone network, including capacity of international telephone exchanges.

Capacity of Office Telephone Exchanges refers to the capacity (measured in gate) of telephone exchanges installed in the offices of telecommunication service providers for communication between fixed telephones. It includes the capacity of access network equipment (capacity of equipment installed in the offices of telecommunication service providers for connecting distant nodes of voice users).

Capacity of Mobile Telephone Exchanges refers to the capacity of the maximum services provided to subscribers at any one time as computed based on a certain model of calls distribution and transacting capacity of the mobile telephone exchanges. It is calculated based on the actual capacity of equipments connected to network through cutover and put into operation officially at the end of the reference period.

资源和环境

Resources and Environment

20

◉ 资料整理：秦红涛

简要说明

一、主要内容

本篇包括自然状况，自然资源，水环境，大气环境，固体废物，生态环境，自然灾害和环境污染治理投资等资料。

二、资料来源

自然状况包括土地、山脉、河流等数据资料，根据有关历史资料整理。气象资料由河南省气象局提供；矿产资源数据由河南省国土资源厅提供；环境污染与治理、污染物排放及处理、工业污染治理投资情况为省环境保护厅提供；水资源、城市生活垃圾清运及处理、耕地变动、森林资源、自然灾害等情况分别为省水利厅、省住房和城乡建设厅、省国土资源厅、省林业厅、省民政厅提供。由河南省统计局能源处编辑整理。

Brief Introduction

I. Main Contents

Data in this chapter mainly reflect administrative areas, Natural Conditions and Natural Resources. the Water Environment, Atmospheric environment, solid waste, ecological environment, natural disasters and investment in environmental pollution treatment.

II. Sources of Data

Data on environmental pollution and reatment, pollutants from consumption, investment in the Data on natural conditions cover land area, mountain ranges, rivers and so on. Data on natural conditions are compiled by the Department of Comprehensive Statistics using relevant historical data. Data on meteorological phenomena and mineral are provided respectively by Henan Provincial Bureau of Meteorological and Henan Provincial Bureau of Land and Resources. treatment of industrial pollution are provided by the Henan provincial bureau of environmental protection. Data on water resource, city life garbage removed and disposed, change of cultivated land, forest resources, natural disaster are provided from the Henan provincial bureau of Land and Resources, Henan provincial bureau of Water Resources, Henan provincial bureau of Housing and Urban-Rural Development, Henan provincial bureau of Forestry Administration and Henan provincial bureau of civil affairs. Data in this chapter are provided by department of Energy of Henan province Bureau of Statistics.

20-1 生态环境保护情况

Basic Conditions of Environmental Protection

指标名称	Item	2010	2015	2019	2020	2021
森林面积(万公顷)	Forest Area (10 000 hectares)	336.59	394.50		418.67	
森林覆盖率(%)	Forest-coverage Rate (%)	20.2	23.6		25.1	
活立木蓄积量(万立方米)	Total Standing Stock Volume (10 000 cu.m)	18051	22881		26564	
森林蓄积量(万立方米)	Stock Volume of the Forest (10 000 cu.m)	12936	17095		20719	
当年造林面积(万公顷)	Area of Afforestation for This Year (10 000 hectares)	27.71	20.00	19.65	21.12	18.03
人工造林面积	Artificial afforestation	21.23	15.47	16.48	17.19	11.36
无林地和疏林地本年新封	Closure in non-stocked Land and Scattered Wood Land	5.15	3.19	1.83	1.50	1.94
湿地面积(万公顷)	Area of Wetlands (10 000 hectares)	110.87	62.79	62.79	62.79	62.79
自然保护区数(个)	Number of Nature Reserves (unit)	35	30	30	30	30
#国家级自然保护区	National-level Nature Reserves	11	12	13	13	13
自然保护区面积(万公顷)	Area of Nature Reserves (10 000 hectares)	73.48	75.90	74.32	76.93	76.86

20-2 主要矿产资源储量

Main Mineral Resource Reserves

资源品种	Category	截至2021年底保有资源储量 Retained Resource Reserves by the end of 2021		
		探 明 Measured Resources	控 制 Indicated Resources	推 断 Inferred Resources
煤炭（亿吨)	Coal (100 million tons)	51.84	101.56	233.18
铁矿(矿石)（亿吨)	Iron Ore (100 million tons)	1.96	6.17	15.63
锰矿(矿石)（万吨)	Manganese Ore(10 000 tons)		51.76	180.21
钒矿(万吨)	Vanadium Ore (10 000 tons)		102.47	368.03
原生钛铁矿(万吨)	Primary Ilmenite(10 000 tons)		4.74	36.93
铜矿(铜)（万吨)	Copper Ore (10 000 tons)	6.05	40.54	87.47
铅矿(铅)（万吨)	Lead Ore (10 000 tons)	21.82	160.37	385.13
锌矿(锌)(万吨)	Zinc Ore (10 000 tons)	4.35	144.10	307.00
铝土矿(矿石)（万吨)	Aluminium (10 000 tons)	6394.41	29370.49	99415.52
镍矿(镍)（万吨)	Nickel Ore(10 000 tons)	7.21	8.45	17.19
钨矿(WO)（万吨)	Tungsten (10 000 tons)	5.91	19.79	49.22
钼矿(钼)(万吨)	Molybdenum(10 000 tons)	52.02	255.68	481.92
锑矿(锑)(万吨)	Antimony Ore (10 000 tons)	0.08	2.66	5.83
金矿(金)（吨)	Gold Ore (ton)	24.49	217.72	595.77
银矿(银)（吨)	Silver Ore (ton)	783.73	3735.52	13968.19
普通萤石（万吨)	Ordinary Fluorite(10 000 tons)	49.03	289.57	489.89
硫铁矿(矿石)（万吨)	Pyrite (10 000 tons)	2055.02	5663.62	28922.94
磷矿(矿石)(亿吨)	Phosphate Rock (100 million tons)	0.04	0.71	0.08
盐矿(NaCl)（亿吨)	Salt Mine (100 million tons)	27.09	58.23	257.26
芒硝(Na2SO4)（亿吨)	Mirabilite (100 million tons)		0.73	0.87
重晶石(矿石)(万吨)	Barite (10 000 tons)		85.25	236.64
石墨(矿物)（万吨)	Graphite (10 000 tons)	16.41	531.49	2674.97
滑石(矿石)（万吨)	Speckstone(10 000 tons)		118.21	127.97
高岭土(矿石)(万吨)	Kaolin (10 000 tons)		95.31	1078.54

20-3 水资源情况

Water Resources

指标名称	Item	2010	2015	2018	2019	2020	2021
降水量(毫米)	Precipitation(mm)	842	704	755	876	874	1128
水资源总量(亿立方米)	Total Amount of Water Resources (100 million cu.m)	534.89	287.17	339.83	168.56	408.59	689.18
#地表水资源量	Surface Water Resources	415.70	186.74	241.67	105.79	294.85	556.85
地下水资源量	Ground Water Resources	214.66	173.07	187.97	119.12	185.79	257.06
地表水与地下水资源重复量	Duplicated Measurement Between Surface Water and Ground Water	95.47	72.64	89.81	56.34	72.05	124.73
用水总量(亿立方米)	Water Use (100 million cu.m)	224.61	222.83	234.63	237.85	237.15	222.92
农业用水	Agriculture	125.59	120.09	119.92	121.80	123.45	114.99
工业用水	Industry	55.57	52.51	50.38	45.19	35.59	28.05
生活用水	Consumption	36.11	41.17	40.70	41.63	43.12	45.10
生态环境补水	Ecological Protection	7.34	9.07	23.62	29.23	34.98	34.78

20-4 各市年平均气温和平均年降水量(2021年)

Annual Average Temperature and Average Annual Precipitation by City (2021)

地区	Region	年平均气温(摄氏度) Annual Average Temperature (degree centigrade)	平均年降水量(毫米) Average Annual Precipitation (mm)
全省	**Total**	**16.0**	**1214.0**
郑州市	Zhengzhou	16.9	1570.5
开封市	Kaifeng	16.6	1224.1
洛阳市	Luoyang	15.8	1172.0
平顶山市	Pingdingshan	16.6	986.3
安阳市	Anyang	15.4	1618.8
鹤壁市	Hebi	14.9	1785.5
新乡市	Xinxiang	15.6	1217.1
焦作市	Jiaozuo	17.3	1407.4
濮阳市	Puyang	15.2	1286.3
许昌市	Xuchang	15.5	1132.8
漯河市	Luohe	16.4	1189.3
三门峡市	Sanmenxia	14.2	1013.8
南阳市	Nanyang	16.0	843.5
商丘市	Shangqiu	15.1	943.4
信阳市	Xinyang	17.1	1252.7
周口市	Zhoukou	17.2	928.5
驻马店市	Zhumadian	15.9	1086.7
济源市	Jiyuan	16.2	1193.0

20-5 农村环境基本情况

Basic Condition of Rural Enviroment

指　　标	Item	2019	2020	2021
农村自来水普及率(%)	Popularizing rate of rural Tap water (%)	91.0	91.0	91.0
农村太阳能热水器面积(万平方米)	Area of Rural Solar water heater (10 000 cu.m)	611.99	539.33	483.00

20-6 自然灾害情况

Conditions of Natural Disasters

指标名称	Item	2019	2020	2021
地质灾害次数(次)	Number of Geological disasters (time)	6	14	766
地质灾害直接经济损失(万元)	Direct Economic Losses in Geological disasters (10 000 yuan)	335	123	32522
森林火灾次数(次)	Number of Forest fires (time)	156		1
森林火灾受害森林面积(火场总面积，公顷)	Destructed Forest area in Forest fires (ha)	596		12
突发环境事件次数(次)	Number of Environmental Emergencies (time)	10	5	13
特别重大环境事件	Particularly Significant			
重大环境事件	Significant			1
较大环境事件	Major			
一般环境事件	General	10	5	12

20-7 各市农村可再生能源利用情况(2021年)

Condition of Rural Renewable energy utilization by City (2021)

地区	Region	户用沼气池（万户）Household biogas digester (10 000 households)	沼气工程（个）Biogas project (unit)	太阳能热水器（万平方米）Solar water heater (10 000 cu.m)
全省	**Total**	**140.02**	**2151**	**483.00**
郑州市	Zhengzhou	1.82	9	7.19
开封市	Kaifeng	0.42		36.56
洛阳市	Luoyang	8.02	7	31.72
平顶山市	Pingdingshan	5.04	87	44.04
安阳市	Anyang	13.18	1095	47.62
鹤壁市	Hebi	0.57	8	9.82
新乡市	Xinxiang	4.10	7	6.75
焦作市	Jiaozuo	2.66	8	22.64
濮阳市	Puyang	6.55	96	22.51
许昌市	Xuchang	4.50		31.24
漯河市	Luohe	12.14	49	26.48
三门峡市	Sanmenxia	9.65	44	13.18
南阳市	Nanyang	19.09	223	70.97
商丘市	Shangqiu	26.99	42	18.84
信阳市	Xinyang	8.11	235	16.69
周口市	Zhoukou	3.73	46	53.93
驻马店市	Zhumadian	11.98	52	22.81
济源市	Jiyuan	1.47	143	

20-8 2017-2021年排放源统计数据

Emission Sources

污染物	Pollutant	2017年	2018年	2019年	2020年	2021年
汇总	**Total**					
废水排放量(万吨)	Waste Water Discharge (10 000 tons)	410210.80	420972.50	446025.00	273499.76	266961.61
化学需氧量(吨)	COD Emission (ton)	288546.49	270019.51	251854.07	1445681.80	1518450.66
氨氮(吨)	Ammonia Emission (ton)	25471.03	22996.46	20591.99	46344.42	43309.73
二氧化硫(吨)	Sulphur Dioxide Emission (ton)	139810.65	122672.44	104386.73	66754.04	59957.99
氮氧化物(吨)	Nitrogen Oxide Emission (ton)	693939.90	655966.76	607683.71	545489.31	498121.89
颗粒物(吨)	Particulate Emission (ton)	256800.85	214853.54	175250.87	85764.72	72655.46
其中：工业	**Industrial**					
废水排放量(万吨)	Waste Water Discharge (10 000 tons)	51133.81	47163.82	45922.98	43231.67	43889.85
化学需氧量(吨)	COD Emission (ton)	23879.55	21004.99	18026.66	16008.85	15237.21
氨氮(吨)	Ammonia Emission (ton)	1078.65	1014.62	946.01	790.48	741.28
二氧化硫(吨)	Sulphur Dioxide Emission (ton)	130650.39	113707.45	96567.14	56957.99	53615.13
氮氧化物(吨)	Nitrogen Oxide Emission (ton)	214377.89	171015.42	134570.13	103426.01	98369.73
颗粒物(吨)	Particulate Emission (ton)	218293.38	182920.44	149996.06	60790.67	55802.01

注：1. 2017年数据为二污普同源数据，2018、2019年数据是以二污普数据为基准，对污染源统计数据进行更新。废水排放量(汇总）不含集中式废水排放量。

2. 2020、2021年较2017-2019年（更新后）数据，废水排放量（汇总）增加了"集中式废水排放量"；污染物排放量（汇总）增加了"农活源""农业源"排放量数据。

a) 2017 data is the second pollution popularization data.2018、2019 data of pollution sources are based on the second pollution popularization data. Wastewater discharge (summary) does not include centralized wastewater discharge.

b) In 2020、2021, compared with 2017-2019 (updated) data, wastewater discharge (summary) increased by "centralized wastewater discharge"; Pollutant emission (summary) increases the emission data of "rural living sources" and "agricultural sources".

主要统计指标解释

森林覆盖率 以行政区域为单位的森林面积占区域土地总面积的百分比。计算公式为：

森林覆盖率=森林面积/土地总面积*100%。

湿地 指天然或人工、长久或暂时性的沼泽地、泥炭地或水域地带，包括静止或流动、淡水、半咸水、咸水体，低潮时水深不超过 6 米的水域以及海岸地带地区的珊瑚滩和海草床、滩涂、红树林、河口、河流、淡水沼泽、沼泽森林、湖泊、盐沼及盐湖。

自然保护区 指为了保护自然环境和自然资源，促进国民经济的持续发展，将一定面积的陆地和水体划分出来，并经各级人民政府批准而进行特殊保护和管理的区域个数。根据保护对象，自然保护区分为自然生态系统类、野生生物类、自然遗迹类。风景名胜区、文物保护区不计在内。

水资源总量 指当地降水形成的地表和地下产水总量，即地表径流量与降水入渗补给量之和。

地表水资源量 指河流、湖泊以及冰川等地表水体中可以逐年更新的动态水量，即天然河川径流量。

地下水资源量 指地下饱和含水层逐年更新的动态水量，即降水和地表水入渗对地下水的补给量。

用水总量 指各类用水户取用的包括输水损失在内的毛水量。

农业用水 包括农田灌溉用水、林果地灌溉用水、草地灌溉用水、鱼塘补水和畜禽用水。

工业用水 指工矿企业在生产过程中用于制造、加工、冷却、空调、净化、洗涤等方面的用水，按新水取用量计，不包括企业内部的重复利用水量。

生活用水 包括城镇生活用水和农村生活用水。城镇生活用水由居民用水和公共用水（含第三产业及建筑业等用水）组成；农村生活用水指居民生活用水。

生态环境补水 仅包括人为措施供给的城镇环境用水和部分河湖、湿地补水，而不包括降水、径流自然满足的水量。

废水排放总量 为工业废水排放量、城镇生活污水排放量和集中式治理设施污水排放量之和。

工业废水排放量 指报告期内经过企业厂区所有排放口排到企业外部的工业废水量。包括生产废水、外排的直接冷却水、超标排放的矿井地下水和与工业废水混排的厂区生活污水，不包括外排的间接冷却水(清污不分流的间接冷却水应计算在废水排放量内)。

城镇生活污水排放量 指报告期内城镇居民排放生活污水的量。城镇生活包括“住宿业与餐饮业、居民服务和其他服务业、医院和独立燃烧设施以及城镇生活污染源”。

集中式治理设施污水排放量 指报告期内集中式治理设施的渗滤液排放量。集中式治理设施包括垃圾处理场（厂）和危险废物（医疗废物）集中处置厂。

化学需氧量（COD）排放量 为工业、农业、城镇生活和集中式治理设施排放的废水中 COD 排放量之和。

氨氮排放量 为工业、农业、城镇生活和集中式治理设施排放的废水中氨氮排放量之和。

二氧化硫排放量 指报告期内工业、城镇生活和集中式治理设施 SO_2 排放量之和。

工业 SO_2 排放量 指报告期内企业在燃料燃烧和生产工艺过程中排入大气的 SO_2 总量。

烟（粉）尘排放量 指报告期内工业、城镇生活、机动车和集中式治理设施烟（粉）尘排放量之和。

工业烟（粉）尘排放量 指报告期内企业在燃料燃烧和生产工艺过程中排入大气的烟尘及工业粉尘的总质量之和。烟尘或工业粉尘排放量可以通过除尘系统的排风量和除尘设备出口烟尘浓度相乘求得。

一般工业固体废物产生量 指未被列入《国家危险废物名录》或者根据国家规定的危险废物鉴别标准（GB5085）、固体废物浸出毒性浸出方法（GB5086）及固体废物浸出毒性测定方法（GB／T 15555）鉴别方法判定不具有危险特性的工业固体废物。计算公式是：

一般工业固体废物产生量=（一般工业固体废物综合利用量-其中：综合利用往年贮存量）+一般工业固体废物贮存量+（一般工业固体废物处置量-其中：处置往年贮存量）+一般工业固体废物倾倒丢弃量

一般工业固体废物综合利用量 指报告期内企业通过回收、加工、循环、交换等方式，从固体废物中提取或者使其转化为可以利用的资源、能源和其他原材料的固体废物量（包括当年利用的往年工业固体废物累计贮存量）。如用作农业肥料、生产建筑材料、筑路等。

一般工业固体废物综合利用率 指一般工业固体废物综合利用量占一般工业固体废物产生量与综合利用往年贮存量之和的百分率。计算公式为：

一般工业固体废物综合利用率=一般工业固体废物综合利用量/一般工业固体废物产生量+综合利用往年贮存量×100%

一般工业固体废物处置量 指报告期内企业将工业固体废物焚烧和用其他改变工业固体废物的物理、化学、生物特性的方法，达到减少或者消除其危险成分的活动，或者将工业固体废物最终置于符合环境保护规定要求的填埋场的活动中，所消纳固体废物的量。

一般工业固体废物处置率 指一般工业固体废物处置量占一般工业固体废物产生量与处置往年贮存量之和的百分率。计算公式为：

一般工业固体废物处置率=一般工业固体废物处置量/一般工业固体废物产生量+处置往年贮存量×100%

环境污染治理投资 指城市环境基础设施投资、工业企业污染防治投资和完成环保验收项目环保投资之和。

资源量 经矿产资源勘查查明并经概略研究，预期可经济开采的固体矿产资源，其数量、品位或质量是依据地质信息、地质认识及相关技术要求而估算的。

探明资源量 在系统取样工程基础上经加密工程圈定并估算的资源量；矿体空间分布、形态、产状和连续性已确定；其数量、品位或质量是基于充足的取样工程和详尽的信息数据来估算的，地质可靠程度高。

控制资源量 经系统取样工程圈定并估算的资源量；矿体空间分布、形态、产状和连续性已基本确定；其数量、品位或质量是基于较多的取样工程和信息数据来估算的，地质可靠程度较高。

推断资源量 经稀疏取样工程圈定并估算的资源量，以及控制资源量或探明资源量外推部分；矿体空间分布、形态、产状和连续性是合理推测的；其数量、品位或质量是基于有限的取样工程和信息数据来估算的，地质可靠程度较低。

Explanatory Notes on Main Statistical Indicators

Forest Coverage Rate Taking the administrative jurisdiction as the unit, the percentage of area of afforested land to the area of total land. The formula for calculating forest coverage rate is as follows:

Forest coverage rate=area of afforested land/area of total land*100%.

Wetlands refer to marshland and peat bog, whether natural or man-made, permanent or temporary; water covered areas, whether stagnant or flowing, with fresh or semi-fresh or salty water that is less than 6 meters deep at low tide; as well as coral beach, weed beach, mud beach, mangrove, river outlet, rivers, fresh-water marshland, marshland forests, lakes, salty bog and salt lakes along the coastal areas.

Natural Reserves refer to number of certain areas of land, or waters that have been set aside and put under special protection and management in order to protect natural environment and natural resources, and promote the sustainable development of national economy. They are subject to formal approval from governments of various levels. According to the protected targets, natural reserves can be divided into three categories: reserves of natural ecological system, natural reserves of wildlife species, and natural heritage of historical significance.Scenic spots and cultural preservation zones are not included.

Total Water Resources refers to total volume of surface water and groundwater and is measured as run-off for surface water and replenishment of groundwater with rainfall in local area.

Surface Water Resources refers to total volume of year by year renewable dynamic resources which exist in rivers, lakes, glaciers and other surface water and are the natural run-off of rivers.

Groundwater Resources refers to total volume of year by year renewable dynamic resources which exist in saturation acquifers of groundwater and are measured as replenishment of groundwater with rainfall and surface water.

Water Use refers to gross water used by various water users, including losses during distribution.

Water Use by Agriculture includes uses of water by irrigation of farming fields, forestry and orchards, irrigation of grassland, replenishment of fishing farms and water used by animal husbandry.

Water Use by Industry refers to new withdrawals of water, excluding reuse of water within enterprises.

Water Use by Living Consumption includes use of water for living consumption in both urban and rural areas. Urban water use by living consumption is composed of household use and public use (including tertiary industry and construction). Rural water use by living consumption includes water used by households.

Water Use by Ecological and Environmental Protection includes replenishment of rivers and lakes and use for urban environment.

Waste water discharge Resources for industrial wastewater emissions, urban sewage emissions and centralized treatment facilities of wastewater.

Waste Water Discharged by Industry refers to the volume of waste water discharged by industrial enterprises through all their outlets, including waste water from production process, directly cooled water, groundwater from mining wells which does not meet discharge standards and sewage from households mixed with waste water produced by industrial activities, but excluding indirectly cooled water discharged (It should be included if the discharge is not separated from waste water).

Urban Waste Water Discharge refers to annual discharge of non-industrial waste water by urban households. Include accommodations industry and food industry, residents service and other services, hospitals and independent combustion facilities and urban life pollution sources.

Centralized treatment facilities wastewater refers to report period of centralized treatment facilities leachate emissions. Centralized management facilities including landfill (factory) and hazardous waste (medical waste) disposal factory.

Volume of Chemical Oxygen Demand (COD) refers to volume of COD in wastewater discharge form Industry, agriculture, urban life and centralized management facilities emissions.

Volume of Ammonia nitrogen refers to volume of ammonia nitrogen in wastewater discharge form Industry, agriculture, urban life and centralized management facilities emissions.

Volume of Sulfur dioxide refers to volume of SO_2 form Industry, urban life and centralized management facilities emissions.

Volume of Industrial Sulfur Dioxide Discharged refers to the volume of sulfur dioxide discharged to the air in the process of fuel burning or in the production process.

Volume of Industrial Soot Discharged refers to the volume of solid soot in the smoke discharged in the process of fuel burning in the area of the factory.

Industrial Dust Discharged refers to the total weight of solid dust discharged by industrial enterprises in the production process, such as dust of refractory materials from iron plants, dust from coke-screening system or from sintering machines of coking plants, dust from lime kilns, cement dust from building material enterprises, etc., but excluding smoke and dust discharged by power plants.

Common Industrial Solid Wastes Produced refers to the industrial solid wastes that are not listed in the 《National Catalogue of Hazardous Wastes》, or not regarded as hazardous according to the national hazardous waste identification standards (GB5085), solid waste-Extraction procedure for leaching toxicity (GB5086) and solid waste-Extraction procedure for leaching toxicity (GB/T 15555). The calculation formula is as followed:

Common Industrial Solid Wastes Produced = (common industrial solid wastes utilized – the proportion of utilized stock of previous years) + common industrial solid waste stock + (common industrial solid wastes disposed – the proportion of disposed stock of previous years) + common industrial solid wastes discharged.

Common Industrial Solid Wastes Utilized refers to volume of solid wastes from which useful materials can be extracted or which can be converted into usable resources, energy or other materials by means of reclamation, processing, recycling and exchange (including utilizing in the year the stocks of industrial solid wastes of the previous year). Examples of such utilizations include fertilizers, building materials and road materials.

Rate of Common Utilization of Industrial Solid Wastes refers to the percentage of industrial solid wastes utilized over industrial solid wastes produced.

Rate of General Utilization of Industrial Solid Wastes= General Industrial Solid Wastes Utilized / (General Industrial Solid Wastes Produced+ Solid Wastes Utilized of ever reserves)×100%

Common Industrial Solid Waste Disposal refers to enterprises during the reporting period the industrial solid waste incineration and other changes of industrial solid waste methods of physical, chemical, biological characteristics, activities to reduce or eliminate its dangerous substances, or the final placing of industrial solid waste landfill activities comply with the environmental protection requirements, the Council is satisfied that the amount of solid waste.

Rate of Common Industrial Solid Waste Disposal refer to general industrial solid waste disposal accounted for general industrial solid waste generation and disposal of storage volume and percentage in previous years. Calculation formula is:

Rate of General industrial solid waste disposal= General industrial solid waste disposal / (General Industrial Solid Wastes Produced+ Disposal of ever reserves) ×100%

Investment in Environment Pollution Harnessing Projects refers to the proportion of investment in fixed assets in the total investment in harnessing industrial pollution and in the construction of urban environment infrastructure facilities.

Resouces Quantity refers to the quantity, grade or quality of solid mineral resources that are expected to be economically exploitable after mineral resources exploration and general research are estimated based on geological information, geological understanding and relevant technical requirements.

Measured Resources refer to the resources delineated and estimated by the encryption project based on the systematic sampling project; The spatial distribution, shape, occurrence and continuity of ore body have been determined; Its quantity, grade or quality are estimated based on sufficient sampling engineering and detailed information data, with high geological reliability.

Indicated Resources refer to the resources delineated and estimated by systematic sampling project; The spatial distribution, shape, occurrence and continuity of ore body have been basically determined; Its quantity, grade or quality are estimated based on more sampling engineering and information data, and the geological reliability is high.

Inferred Resources referer to the resources delineated and estimated by sparse sampling project, and the extrapolation part of indicated or measured resources; The spatial distribution, shape, occurrence and continuity of ore bodies are reasonably inferred; Its quantity, grade or quality are estimated based on limited sampling engineering and information data, and the geological reliability is low.

科学技术
Science and Technology

21

资料整理：贾梁　仇国义

简要说明

一、主要内容

本篇包括全社会以及大中型工业企业、政府部门属研究机构、高校的研究与试验发展（R&D)活动及规模以上工业企业的研究与试验发展（R&D)人员、经费支出情况；全省专利申请和授权情况；科研成果及科研项目，技术市场技术合同成交资料；测绘、质量监督、气象、地震等综合技术服务部门业务机构及业务活动情况。

二、统计范围

科技活动统计资料范围为全社会有研究与试验发展（R&D)活动的企事业单位，具体包括工业企业、政府部门属研究机构、普通高等学校以及研究与试验发展（R&D)活动相对密集行业（包括农、林、牧、渔业，建筑业，交通运输、仓储和邮政业，信息传输、计算机服务和软件业，金融业，租赁和商务服务业，科学研究、技术服务和地质勘查业，水利、环境和公共设施管理业，卫生、社会保障和社会福利业，文化、体育和娱乐业等）中从事研究与试验发展（R&D)活动的企事业单位。

三、资料来源

全省综合资料、企业及有关行业企事业单位的研究与试验发展（R&D)活动情况资料由省统计局调查提供；政府部门属研究机构资料由省科技厅和国防科技工业局调查提供；科学研究、技术服务和地址勘查业企事业的研究与试验发展（R&D)活动情况资料，以及科技论文资料、技术市场资料由省科技厅调查提供；高校资料由省教育厅调查提供；测绘、产品质量监督抽查、专利、气象、地震等资料，分别由省自然资源厅、省市场监督管理局、省气象局、省地震局等部门调查提供。

四、统计调查方法

研究与试验发展(R&D)活动情况采用全面调查取得；测绘、产品质量监督抽查、专利资料采用抽样等多种调查方法取得。

科技活动统计资料口径变动说明：2005年以前科技活动统计资料只包括大中型工业企业、政府部门属研究机构、普通高等学校，2005年及以后年份扩大到了全社会范围。本篇资料由河南省统计局社会与科技统计处编辑整理。

Brief Introduction

I. Main Contents

Data on this chapter include the R&D personnel, the expenditure funds of R&D activities under whole society, large and medium-sized industrial enterprise, government departments, universities and colleges, data on patents application accepted and granted; data on technological markets; data on activities of the surveying and mapping, product quality supervision., Weather and earthquake, etc.

II. Scope of Statistics

Data on research and development (R&D) activities of enterprises and institutions all over the country, mainly including industrial enterprises, scientific and technological institutions under government departments, universities and colleges and R&D-intensive enterprises of different industries (such as agriculture, forestry, animal husbandry, fisher, construction, transport, storage and post, information transmission, computer services and software, financial intermediation, leasing and business services, scientific research, technical service and geologic prospecting, management of water conservancy, environment and public facilities , health, social security and social welfare, culture, sports and entertainment).

III. Sources of Data

Data on national aggregates and R&D activities of various enterprises and institutions are from Henan provincial bureau of statistics; data on scientific and technological institutions under government departments are from Henan provincial bureau of scientific and technological and Henan provincial bureau of defense science, technology industry; data on scientific research, technical service and geologic prospecting, scientific and technological papers; technological markets and high and new-tech industrial enterprises in development zones are from Henan provincial bureau of scientific and technological; data on scientific and technological activities in universities and colleges are from Henan provincial bureau of Education; Data on the development of surveying and mapping, product quality supervision and patents, Weather and earthquake are respectively provided by the provincial natural resources department, the provincial market supervision and Administration Bureau, the Provincial Meteorological Bureau, and the Provincial Seismological Bureau.

IV. Statistical methodology

Data on R&D activities of industrial enterprises, scientific and technological institutions under government departments, universities and colleges are collected through complete surveys. Data on surveying and mapping, product quality supervision and patent applications are through sample surveys and other surveys.

Changes of the statistical coverage of data on scientific and technological activities: Data only included large and medium-sized industrial enterprises, scientific research institutions under government departments, and universities and colleges before 2005. Since 2005 (inclusive) data have covered all industries. Data on this chapter are provided by Department of social and technological of Henan provincial bureau of statistics.

21-1 研究与试验发展(R&D)主要指标
Basic Statistics on R&D Activities

年份 Year	有(R&D)活动的单位数 (个) Number of Institutions for R&D (unit)	(R&D)人员 (人) R&D Personnel (person)	(R&D)人员折合全时当量 (人年) Full-time Equivalent of R&D Personnel (person-year)	(R&D)经费内部支出 (万元) Internal Expenditures on R&D (10 000 yuan)	(R&D)经费外部支出 (万元) External Expenditures on R&D (10 000 yuan)	(R&D)项目数 (项) R&D Projects (item)	(R&D)机构数 (个) Number of R&D Institutions (unit)
2000	1017		34629	248024	15050	7904	1331
2001	985		36138	283091	24064	8100	1122
2002	982		41492	293151	31148	8470	1151
2003	989		40742	341910	24664	9293	1173
2004	1090		38250	423560	24573	12105	1423
2005	1107		50888	556090	39913	16069	1498
2006	1109		58716	798414	47729	18904	1432
2007	1169		64888	1011302	59761	24395	1531
2008	1286		72830	1240890	55061	27349	1727
2009	1636		92571	1747599	96107	22347	1821
2010	1555	144408	101668	2113773	89253	24050	1798
2011	1585	167386	118266	2644922	109950	28422	1817
2012	1720	185116	128323	3107803	124399	30319	1870
2013	2051	216269	152541	3553486	109470	33015	2064
2014	2473	232105	161441	4000099	91021	36449	2203
2015	2850	241171	158855	4350430	92040	39956	2543
2016	3112	249876	173265	4941880	117270	41513	2953
2017	4112	266427	162504	5820538	146023	49904	3327
2018	3956	256175	166807	6715193	171764	53480	2781
2019	5393	296349	191570	7930369	229987	65835	3408
2020	6071	304602	203080	9012742	248056	75938	2923
2021	7367	346737	222433	10188408	275445	84289	4189

21-2 研究与试验发展(R&D)活动概况
Basic Statistics on R&D Activities

指　标	Item	2020	2021
有研究与试验发展(R&D)活动的单位数(个)	Number of Institutions for R&D (unit)	6071	7367
研究与试验发展(R&D)人员(人)	Number of Persons for R&D (person)	304602	346737
#女性	Female	77922	90122
#研究人员	Researchers	124579	132905
#全时人员	Full-time Personnel	206559	220526
非全时人员	Part-time Personnel	98043	126211
#博士毕业	Graduated from Doctor	13950	16504
硕士毕业	Graduated from Master	37857	44514
本科毕业	Graduated from Bachelor	129660	143663
其他学历	Other Degree	123136	142057
研究与试验发展(R&D人)员折合全时当量(人年)	Full-time Equivalent of R&D Personnel (person-year)	203080	222433
#研究人员	Researchers	80815	82126
#基础研究	Basic Research	7488	7769
应用研究	Applied Research	21681	20944
试验发展	Experimental Development	173914	193722
研究与试验发展(R&D)经费内部支出(万元)	Internal Expenditures on R&D (10 000 yuan)	9012742	10188408
#基础研究	Basic Research	209860	245491
应用研究	Applied Research	798947	880108
试验发展	Experimental Development	8003934	9062809
#日常性支出	Daily spending	7916080	9109453
#人员劳务费	Labour Cost	2485831	2791350
#资产性支出	Assets spending	1096662	1078955
#仪器和设备	Instruments and Equipment	1039893	1018021
#政府资金	Government Funds	794756	881257
企业资金	Self-raised Funds by Enterpirses	7877309	9079866
境外资金	Foreign Funds	82830	1785
其他资金	Other Funds	257847	225500

21-2 续表 continued

指 标	Item	2020	2021
研究与试验发展(R&D)经费外部支出(万元)	External Expenditures on R&D (10 000 yuan)	248056	275445
#对境内研究机构支出	Expenses on Domestic R&D Institutions	48657	55302
对境内高等学校支出	Expenses on Domestic Colleges and Universities	31948	32029
对境内企业支出	Expenses on Domestic Enterprises	162291	180445
对境外支出	Expenses on Overseas	4759	7437
研究与试验发展(R&D)产出情况	Statistics on R&D Outputs		
专利申请数(件)	Number of Patent Applications (piece)	63514	73758
#发明专利申请数	Inventions	19933	22685
专利授权数数(件)	Number of Patents Applications Granted (piece)	15439	16909
#发明专利	Inventions	4246	5759
有效发明专利数(件)	Number of Effective Invention Patent (piece)	58687	70366
专利所有权转让及许可数(件)	Assignment and Permit of Patent Ownership (piece)	2622	5849
专利所有权转让及许可收入(万元)	Income from Assignment and Permit of Patent Ownership (10 000 yuan)	11614	52942
植物新品种权授予数(项)	Number of New Varieties of Plants Applications Granted (item)	137	113
形成国家或行业标准数(项)	Become National or Trade standards (item)	1239	1526
发表科技论文(篇)	Scientific and Technological Treatise Published (paper)	71391	70665
出版科技著作(种)	Scientific and Technological Books Publiced (type)	2561	2442
研究与试验发展(R&D)项目(课题)情况	Statistics on R&D Topics		
项目(课题)数(项)	Projects of R&D (item)	75938	84289
项目(课题)经费内部支出(万元)	Internal Expenditures on R&D (10 000 yuan)	8192863	76210074
研究与试验发展(R&D)机构情况	Statistics on R&D Institutions		
机构数(个)	Number of R&D Institutions (unit)	2923	4189
从事研究与试验发展(R&D)人员(人)	Number of R&D Personnel (person)	110009	129887
#博士毕业	Graduated from Doctor	5473	6429
#硕士毕业	Graduated from Master	17565	21099
研究与试验发展(R&D)经费支出(万元)	Expenditures on R&D (10 000 yuan)	4303875	4788592
科研用仪器设备原价(万元)	Original price of Equipment for S&T (10 000yuan)	4519582	5530312
#进口	Import	559633	550913

21-3 规模以上工业企业研究与试验发展(R&D)人员活动情况(2021年)

单位：人

类别	Item	(R&D)人员合计(人) R&D Personnel	参加项目人员 Participating in project Personnel	管理和服务人员 Management and Service Personnel
总计	**Total**	**241034**	**225002**	**16032**
按企业规模分组	**By Size**			
大型企业	Large-sized	100934	94970	5964
中型企业	Medium-sized	59277	55369	3908
小型企业	Small-sized	77232	71310	5922
微型企业	Miniature	3591	3353	238
按工业行业大类分组	**By Sector**			
#煤炭开采和洗选业	Mining and Washing of Coal	11032	10059	973
石油和天然气开采业	Extraction of Petroleum and Natural Gas	1958	1767	191
黑色金属矿采选业	Mining of Ferrous Metal Ores	313	295	18
有色金属矿采选业	Mining of Non-ferrous Metal Ores	1396	1325	71
非金属矿采选业	Mining and Processing of Nonmetal Ores	254	241	13
农副食品加工业	Processing of Food from Agricultural Products	8699	8222	477
食品制造业	Manufacture of Foods	6055	5717	338
酒、饮料和精制茶制造业	Manufacture of Liquor,Bevevages and refined tea	1637	1527	110
烟草制品业	Manufacture of Tobacco	625	554	71
纺织业	Manufacture of Textile	4629	4326	303
纺织服装服饰业	Manufacture of Textile, Wearing Apparel and Accessories	2687	2429	258
皮革、毛皮、羽毛及其制品和制鞋业	Manufacture of Leather, Fur, Featherand Its Products, Footwear	1522	1440	82
木材加工及木、竹、藤、棕、草制品业	Processing of Timbers, Manufacture of Wood, Bamboo, Rattan, Palm, and Straw Products	1083	1000	83
家具制造业	Manufacture of Furniture	1284	1161	123
造纸及纸制品业	Manufacture of Paper and Paper Products	2267	2076	191
印刷和记录媒介的复制业	Printing,Reproduction of Recording Media	1864	1749	115
文教、工美、体育和娱乐用品制造业	Manufacture of Articles for Culture, Education, Arts and Crafts, Sport and Entertainment Activities	1837	1742	95
石油、煤炭及其他燃料加工业	Processing of Petroleum, Coking, Processing of Nucleus Fuel	1668	1544	124
化学原料及化学制品制造业	Manufacture of Raw Chemical Material and Chemical Products	13716	12632	1084
医药制造业	Manufacture of Medicines	11587	10707	880
化学纤维制造业	Manufacture of Chemical Fiber	1571	1442	129
橡胶和塑料制品业	Manufacture of Rubber and Plastic Products	4012	3704	308
非金属矿物制品业	Manufacture of Non-metallic Mineral Products	19912	18448	1464
黑色金属冶炼及压延加工业	Smelting and Pressing of Ferrous Metals	7580	7250	330
有色金属冶炼及压延加工业	Smelting and Pressing of Non-ferrous Metals	10752	10118	634
金属制品业	Manufacture of Metal Products	7344	6814	530
通用设备制造业	Manufacture of General Purpose Machinery	17785	16701	1084
专用设备制造业	Manufacture of Special Purpose Machinery	19458	18244	1214
汽车制造业	Manufacture of Automobile	14716	13657	1059
铁路、船舶、航空航天和其他运输设备制造业	Manufacture of Railway, ship, aerospace, and other transport equipment	6065	5523	542
电气机械及器材制造业	Manufacture of Electrical Machinery and Apparatus	17083	16003	1080
计算机、通信和其他电子设备制造业	Manufacture of Computer, Communication and Other Electronic Equipment	22880	21855	1025
仪器仪表制造业	Manufacture of Measuring Instruments and Machinery	6152	5772	380
其他制造业	Manufacture of others	1347	1165	182
废弃资源综合利用业	Utilization of waste Resources	294	270	24
金属制品、机械和设备修理业	Repairing of Metal products, machinery and equipment	712	697	15
电力、热力的生产和供应业	Production and Supply of Electric Power and Heat Power	4855	4497	358
燃气生产和供应业	Production and Supply of Gas	488	465	23
水的生产和供应业	Production and Supply of Water	482	440	42

Basic Statistics on R&D Activities in Enterprises above Designated Size (2021)

(person)

#女性 Female	#研究人员 Researchers	#全时人员 Full-time Personnel	非全时人员 Part-time Personnel	(R&D)人员折合全时当量合计(人年) Full-time Equivalent of R&D Personnel (person-year)	#研究人员 Researchers	#基础研究人员 Basic Research	应用研究人员 Applied Research	试验发展人员 Experimental Development
52058	**67107**	**164897**	**76137**	**162562**	**46005**	**193**	**6755**	**155614**
20062	31035	69889	31045	71380	21909	78	4400	66902
13564	15649	37717	21560	39442	10804	55	914	38474
17545	18949	54553	22679	49296	12245	60	1255	47981
887	1474	2738	853	2444	1047		186	2257
357	3232	4396	6636	6374	1899	13	918	5444
622	1009	1464	494	1336	686		501	835
24	61	84	229	180	47		11	169
130	336	614	782	922	237	47	53	823
37	44	89	165	157	25		31	127
2425	1925	4134	4565	5591	1280	3	149	5439
2072	1418	3558	2497	3653	907	3	150	3499
439	362	984	653	901	214		38	863
116	234	397	228	487	185	9		478
1693	844	2738	1891	2795	508	6	45	2745
1414	444	1617	1070	1577	253	11	4	1562
505	255	897	625	804	128		30	774
225	163	742	341	719	94		6	713
259	293	975	309	730	177		15	715
507	345	1422	845	1267	197	3	36	1228
396	408	1242	622	1248	281		19	1229
798	447	1216	621	1337	329	17	26	1294
350	331	728	940	765	152			765
3385	3425	9801	3915	9394	2413	11	311	9072
5367	3574	8339	3248	7814	2412	2	118	7694
353	390	519	1052	957	241		8	950
1198	832	2887	1125	2802	602		215	2587
3978	4344	13404	6508	13245	2894	15	301	12929
990	2219	5440	2140	4069	1089		151	3918
1479	2404	7254	3498	6836	1483		456	6380
1257	1628	5103	2241	4631	1038		30	4601
2896	5464	12705	5080	11764	3720	23	496	11245
3538	6655	14694	4764	13334	4616	9	321	13003
2356	5107	11087	3629	10156	3636		168	9988
1226	2606	5022	1043	4545	2064	12	42	4491
3642	5260	11869	5214	12376	3879	10	1183	11184
4815	4827	19031	3849	18265	3688		58	18207
1263	2486	4848	1304	4599	1910		97	4502
331	652	750	597	1036	519			1036
58	56	194	100	167	31		14	153
121	149	288	424	535	106		46	490
1026	2076	2798	2057	3257	1414		653	2605
143	154	197	291	354	111		32	322
140	185	337	145	331	134		22	309

21-4 规模以上工业企业研究与试验发展(R&D)经费支出活动情况(2021年)

单位：万元

类　别	Item	(R&D)经费内部支出 Internal Expenditures on R&D	#基础研究支出 Basic Research	应用研究支出 Applied Research	试验发展支出 Experimental Development
总 计	**Total**	**7640132**	**6332**	**248814**	**7384986**
按企业规模分组	**By Size**				
大型企业	Large-sized	3623747	1274	170188	3452285
中型企业	Medium-sized	1937871	1324	33225	1903322
小型企业	Small-sized	1980380	3688	44641	1932050
微型企业	Miniature	98135	46	759	97329
按工业行业大类分组	**By Sector**				
#煤炭开采和洗选业	Mining and Washing of Coal	192428	10	15544	176873
石油和天然气开采业	Extraction of Petroleum and Natural Gas	33892		8642	25250
黑色金属矿采选业	Mining of Ferrous Metal Ores	13898		682	13217
有色金属矿采选业	Mining of Non-ferrous Metal Ores	34749	799	616	33334
非金属矿采选业	Mining and Processing of Nonmetal Ores	8425		1057	7368
农副食品加工业	Processing of Food from Agricultural Products	277958	227	4184	273547
食品制造业	Manufacture of Foods	124206	239	7540	116428
酒、饮料和精制茶制造业	Manufacture of Liquor,Beverages and refined tea	29122		666	28457
烟草制品业	Manufacture of Tobacco	20954	358		20596
纺织业	Manufacture of Textile	112693	64	2915	109714
纺织服装服饰业	Manufacture of Textile, Wearing Apparel,Accessories	42960	625	416	41919
皮革、毛皮、羽毛及其制品和制鞋业	Manufacture of Leather, Fur, Featherand Its Products, Footwear	41919		1895	40025
木材加工及木、竹、藤、棕、草制品业	Processing of Timbers, Manufacture of Wood, Bamboo, Rattan, Palm, and Straw Products	25703		609	25094
家具制造业	Manufacture of Furniture	25056		650	24406
造纸及纸制品业	Manufacture of Paper and Paper Products	60285	281	1165	58839
印刷和记录媒介的复制业	Printing,Reproduction of Recording Media	40758		399	40359
文教、工美、体育和娱乐用品制造业	Manufacture of Articles for Culture, Education, Arts and Crafts, Sport and Entertainment Activities	43435	465	317	42653
石油、煤炭及其他燃料加工业	Processing of Petroleum, Coking, Processing of Nucleus Fuel	74352			74352
化学原料及化学制品制造业	Manufacture of Raw Chemical Material and Chemical Products	538189	936	21173	516080
医药制造业	Manufacture of Medicines	333424	41	5260	328123
化学纤维制造业	Manufacture of Chemical Fiber	23736		31	23705
橡胶和塑料制品业	Manufacture of Rubber and Plastic Products	113417		5309	108108
非金属矿物制品业	Manufacture of Non-metallic Mineral Products	669049	1377	7240	660433
黑色金属冶炼及压延加工业	Smelting and Pressing of Ferrous Metals	548276		13361	534915
有色金属冶炼及压延加工业	Smelting and Pressing of Non-ferrous Metals	649753		59922	589832
金属制品业	Manufacture of Metal Products	216352		1176	215176
通用设备制造业	Manufacture of General Purpose Machinery	573613	311	18809	554494
专用设备制造业	Manufacture of Special Purpose Machinery	567642	107	6313	561223
汽车制造业	Manufacture of Automobile	547518		9059	538459
铁路、船舶、航空航天和其他运输设备制造业	Manufacture of Railway, ship, aerospace, and other transport equipment	225623	288	1793	223542
电气机械及器材制造业	Manufacture of Electrical Machinery and Equipment	542756	159	25826	516771
计算机、通信和其他电子设备制造业	Manufacture of Computer, Communication, and Other Electronic Equipment	510480		2103	508377
仪器仪表制造业	Manufacture of Measuring Instrument	129494		2958	126536
其他制造业	Manufacture of others	45698			45698
废弃资源综合利用业	Utilization of waste Resourles	13488		1079	12409
金属制品、机械和设备修理业	Repairing of Metal products, machinery and equipment	16813		873	15941
电力、热力的生产和供应业	Production and Supply of Electric Power and Heat Power	96741	46	18082	78613
燃气生产和供应业	Production and Supply of Gas	11526		390	11137
水的生产和供应业	Production and Supply of Water	25444		730	24714

Basic Statistics on R&D Activities in Enterprises above Designated Size (2021)

(10 000 yuan)

政府资金 Government Funds	企业资金 Self-raised Funds by Enterpirses	境外资金 Foreign Funds	其他资金 Other Funds	(R&D)经费外部支出 External Expenditures on R&D	对境内研究机构支出 Expenses on Domestic R&D Institutions	对境内高等学校支出 Expenses on Domestic Universities	对境内企业支出 Expenses on Domestic Enterpirses	对境外支出 Expenses on Overseas
98534	**7534837**	**1500**	**5262**	**215362**	**47034**	**23481**	**137740**	**7107**
51949	3569008	1040	1750	133040	26342	10729	92394	3574
24871	1911163		1837	45033	9994	5791	26109	3139
20099	1958248	459	1574	30943	8761	6207	15581	394
1615	96418		102	6347	1936	755	3656	
	192405		23	21631	2877	3406	15348	
	33892			1573	55	142	1376	
	13898							
2422	32327			1042	76	354	612	
21	8404			928			928	
2330	275625		3	761	81	534	145	
2780	121197		229	1019	197	518	304	
63	29059			623	37	160	426	
	20954			2793	796	561	1436	
895	111510		287	215	3	139	73	
182	42646		132	1009	83	168	758	
192	41728			18		18		
360	25343			17	14		3	
5	24924		126	125	64		61	
158	60127			90	60	30		
207	40437		114	102		95	7	
140	43295			21	11		10	
163	74189			688		20	668	
4522	533141	173	353	5720	1036	1505	3108	70
8522	324901			34151	21076	3439	8373	1263
111	23625			907	54	101	752	
1453	111836		128	243	134	30	79	
3805	664560	286	398	4892	606	810	2711	766
140	548136			1300	899	151	250	
4139	645393		222	2078	592	170	857	459
1777	214230		346	1936	159	518	1259	
20009	553558		47	2754	261	1228	1217	47
11352	554431		1859	9637	1403	3004	3315	1915
4576	541469	1040	433	71594	2028	299	69265	3
12881	212743			1777	1260	71	447	
2627	539974		155	23757	6598	3732	13341	85
3423	506960		97	12060	2791	321	7034	1914
3307	126119		67	4318	612	839	2390	478
5235	40464			72		72		
	13488			3		3		
11	16803			276			276	
86	96410		244	4939	3170	944	716	109
	11526			44			44	
643	24801			11		2	9	

21-5 规模以上工业企业研究与试验发展(R&D)活动情况(2021年)

Basic Statistics on R&D Activities in Enterprises above Designated Size (2021)

类 别	Item	新产品销售收入(万元) Sales Revenue of New Products (10 000 yuan)	专利申请数(项) Total Patent Applications (item)	有效发明专利数(项) Number of Inverntions In Force (item)
总 计	**Total**	**88258121**	**45391**	**42849**
按企业规模分组	**By Size**			
大型企业	Large-sized	56223115	11259	12333
中型企业	Medium-sized	16916615	9796	9340
小型企业	Small-sized	14671152	23301	20228
微型企业	Miniature	447238	1035	948
按工业行业大类分组	**By Sector**			
#煤炭开采和洗选业	Mining and Washing of Coal	546843	282	97
石油和天然气开采业	Extraction of Petroleum and Natural Gas		276	247
黑色金属矿采选业	Mining of Ferrous Metal Ores	25629	13	
有色金属矿采选业	Mining of Non-ferrous Metal Ores	244004	126	47
非金属矿采选业	Mining and Processing of Nonmetal Ores	17574	38	26
农副食品加工业	Processing of Food from Agricultural Products	2474574	1152	692
食品制造业	Manufacture of Foods	993103	810	843
酒、饮料和精制茶制造业	Manufacture of Liquor,Beverages and refined tea	262163	303	232
烟草制品业	Manufacture of Tobacco	117294	1350	511
纺织业	Manufacture of Textile	783432	531	413
纺织服装服饰业	Manufacture of Textile, Wearing Apparel and Accessories	233740	280	149
皮革、毛皮、羽毛及其制品和制鞋业	Manufacture of Leather, Fur, Featherand Its Products, Footwear	404171.3	260	166
木材加工及木、竹、藤、棕、草制品业	Processing of Timbers, Manufacture of Wood, Bamboo, Rattan, Palm, and Straw Products	157764	170	103
家具制造业	Manufacture of Furniture	126524	296	134
造纸及纸制品业	Manufacture of Paper and Paper Products	305818	380	267
印刷和记录媒介的复制业	Printing,Reproduction of Recording Media	512952	422	376
文教、工美、体育和娱乐用品制造业	Manufacture of Articles for Culture, Education, Arts and Crafts, Sport and Enterntainment Activities	249110	331	187
石油、煤炭及其他燃料加工业	Processing of Petroleum, Coking, Processing of Nucleus Fuel	546182	238	343
化学原料及化学制品制造业	Manufacture of Raw Chemical Material and Chemical Products	5859485	2787	2785
医药制造业	Manufacture of Medicines	2466818	1504	2309
化学纤维制造业	Manufacture of Chemical Fiber	338101	116	90
橡胶和塑料制品业	Manufacture of Rubber and Plastic Products	969921	792	773
非金属矿物制品业	Manufacture of Non-metallic Mineral Products	5594112	4666	4233
黑色金属冶炼及压延加工业	Smelting and Pressing of Ferrous Metals	6103820	599	319
有色金属冶炼及压延加工业	Smelting and Pressing of Non-ferrous Metals	6024261	1203	1248
金属制品业	Manufacture of Metal Products	1699490	2029	1491
通用设备制造业	Manufacture of General Purpose Machinery	5411068	4386	4164
专用设备制造业	Manufacture of Special Purpose Machinery	5801919	6147	4766
汽车制造业	Manufacture of Automobile	5533219	2566	2512
铁路、船舶、航空航天和其他运输设备制造业	Manufacture of Railway, ship, aerospace, and other transport equipment	1427770	1144	1816
电气机械及器材制造业	Manufacture of Electrical Machinery and Equipment	7101314	3752	5230
计算机、通信和其他电子设备制造业	Manufacture of Computer, Communication and Other Electronic Equipment	24343379	1817	1373
仪器仪表制造业	Manufacture of Measuring Instrument	798592	1855	1696
其他制造业	Manufacture of others	280762	217	290
废弃资源综合利用业	Utilization of waste Resources	172886	79	81
金属制品、机械和设备修理业	Repairing of Metal products, machinery and equipment	5558	113	99
电力、热力的生产和供应业	Production and Supply of Electric Power and Heat Power	216055	2028	2455
燃气生产和供应业	Production and Supply of Gas	61713	63	8
水的生产和供应业	Production and Supply of Water	46998	160	65

21-6 各市研究与试验发展(R&D)人员情况(2021年)

Basic Statistics on Personnel Engaged in R&D Activities by City (2021)

地 区 Region	单位数 (个) Number of Institutions (unit)	#有(R&D)活动 Number of Institutions for R&D	(R&D)活动人员 (人) Number of Persons for R&D (person)	#研究人员 Researchers	(R&D)活动人员折合全时当量 (人年) Full-time Equivalent of R&D Personnel (person-year)	#研究人员 Researchers
全 省 Total	**30505**	**7367**	**346737**	**132905**	**222433**	**82126**
郑州市 Zhengzhou	5525	1994	118532	54099	81166	35137
开封市 Kaifeng	1412	302	10606	4202	6253	2080
洛阳市 Luoyang	2345	822	44724	17448	29370	11667
平顶山市 Pingdingshan	1295	284	16397	5159	9851	3042
安阳市 Anyang	1166	141	10975	4366	5025	1903
鹤壁市 Hebi	564	108	5351	1397	3453	832
新乡市 Xinxiang	2085	542	28629	9806	18079	6232
焦作市 Jiaozuo	1184	298	12663	4209	8016	2276
濮阳市 Puyang	887	141	6053	2069	4344	1425
许昌市 Xuchang	2086	325	12849	4787	8373	3094
漯河市 Luohe	808	226	8019	1677	4577	931
三门峡市 Sanmenxia	606	135	5643	1901	3497	1148
南阳市 Nanyang	2211	704	23867	7965	16091	5188
商丘市 Shangqiu	2372	313	12109	4050	6359	2074
信阳市 Xinyang	1882	300	9198	3005	5128	1484
周口市 Zhoukou	2038	204	5897	2322	3381	1213
驻马店市 Zhumadian	1708	458	10416	3458	6103	1795
济源示范区 Jiyuan	332	70	4806	982	3367	607

21-7 各市研究与试验发展(R&D)经费支出情况(2021年)

Statistics on Appropriation Expenditure for R&D by City (2021)

单位：万元 (10 000 yuan)

地区	Region	(R&D)经费内部支出 Intramural Expenditures on R&D	政府资金 Government Funds	企业资金 Self-raised Funds by Enterpirses	境外资金 Foreign Funds	其他资金 Other Funds	(R&D)经费外部支出 External Expenditures on R&D
全省	**Total**	**10188408**	**881257**	**9079866**	**1785**	**225500**	**275445**
郑州市	Zhengzhou	3104386	453204	2557666	31	93486	63136
开封市	Kaifeng	261003	13718	246690		595	53549
洛阳市	Luoyang	1539086	208004	1249628	173	81281	35541
平顶山市	Pingdingshan	483681	7597	471244		4840	16775
安阳市	Anyang	369325	38780	323333		7212	1852
鹤壁市	Hebi	116824	2981	113646		197	24795
新乡市	Xinxiang	791676	79094	692775		19807	13887
焦作市	Jiaozuo	340119	7625	331250	254	989	7887
濮阳市	Puyang	195688	3304	192356		29	2648
许昌市	Xuchang	598023	9896	585922	1327	879	15906
漯河市	Luohe	222118	9638	211731		750	2818
三门峡市	Sanmenxia	313621	2931	310516		174	2458
南阳市	Nanyang	678258	13734	663045		1479	10994
商丘市	Shangqiu	315856	7082	308178		596	5199
信阳市	Xinyang	234668	11408	213558		9701	7758
周口市	Zhoukou	148483	5431	142770		282	2733
驻马店市	Zhumadian	320906	5126	312580		3200	6624
济源示范区	Jiyuan	154688	1705	152980		3	885

21-8 各市研究与试验发展(R&D)产出情况(2021年)

Statistics on Achievements for R&D by City (2021)

地区 Region	专利申请数(件) Total Patens Applications (piece)	#发明专利申请数 Inventions	专利授权数(件) Number of Patents Applications Granted (piece)	#发明专利授权数 Number of Patent Applicatons Granted	有效发明专利数(件) Number of Inventions In Force (piece)
全省 Total	**73758**	**22685**	**16909**	**5759**	**70366**
郑州市 Zhengzhou	31942	10754	9835	3117	27320
开封市 Kaifeng	1665	440	290	85	1156
洛阳市 Luoyang	7874	3150	1229	797	10919
平顶山市 Pingdingshan	2332	786	412	151	2839
安阳市 Anyang	2090	448	291	137	1689
鹤壁市 Hebi	690	147	59	7	825
新乡市 Xinxiang	6562	1552	1173	560	5681
焦作市 Jiaozuo	3772	1232	844	321	3543
濮阳市 Puyang	1063	275	32	7	1091
许昌市 Xuchang	2753	987	503	157	3716
漯河市 Luohe	1128	139	388	35	1104
三门峡市 Sanmenxia	590	118	51	4	598
南阳市 Nanyang	4728	1213	767	142	5352
商丘市 Shangqiu	1509	386	287	75	1598
信阳市 Xinyang	1333	298	315	90	955
周口市 Zhoukou	1076	152	100	21	538
驻马店市 Zhumadian	1639	479	237	43	1120
济源示范区 Jiyuan	1012	129	96	10	322

21-8 续表 continued

地 区 Region	专利所有权转让及许可数(件) Assignment and Permit of Patent Ownership (piece)	专利所有权转让及许可收入(万元) Income from Assignment and Permit of Patent Ownership (10 000 yuan)	植物新品种权授予数(项) Number of New Varieties of Plants Applications Granted (item)	形成国家或行业标准数(项) Become National or Trade Standards (item)	发 表 科技论文(篇) Scientific Papers Published (paper)	出版科技著 作(种) Science and Technology Workers Published (type)
全 省 Total	**5849**	**52942**	**113**	**1526**	**70665**	**2442**
郑 州 市 Zhengzhou	878	7256	72	704	41000	1216
开 封 市 Kaifeng	11	116	4	29	2027	168
洛 阳 市 Luoyang	777	38341	3	159	5606	156
平 顶 山 市 Pingdingshan	64	58		30	2200	58
安 阳 市 Anyang	59	0	4	52	2383	128
鹤 壁 市 Hebi	61	1	10	31	301	2
新 乡 市 Xinxiang	112	2793	5	138	4805	203
焦 作 市 Jiaozuo	39	418		51	2351	105
濮 阳 市 Puyang	31	107	2	24	390	8
许 昌 市 Xuchang	89	1104	3	122	940	42
漯 河 市 Luohe	2	0	3	22	605	20
三 门 峡 市 Sanmenxia	26	50		22	472	11
南 阳 市 Nanyang	32	148		91	2151	83
商 丘 市 Shangqiu	27	4		10	1554	96
信 阳 市 Xinyang	31	49		13	1850	36
周 口 市 Zhoukou	3567	131	5	11	723	32
驻 马 店 市 Zhumadian	43	2364	2	5	796	59
济 源 示 范 区 Jiyuan				12	511	19

21-9 各市规模以上工业企业研究与试验发展(R&D)活动情况(2021年)

Basic Statistics on R&D Activities in Enterprises above Designated Size by City (2021)

地区	Region	(R&D)人员合计(人) R&D Personnel (person)	参加项目人员 Participating in project Personnel	管理和服务人员 Management and Service Personnel	#女性 Female	#研究人员 Researchers	全时人员 Full-time Personnel	非全时人员 Part-time Personnel
全省	Total	**241034**	**225002**	**16032**	**52058**	**67107**	**164897**	**76137**
郑州市	Zhengzhou	55851	52313	3538	11790	16917	41893	13958
开封市	Kaifeng	6883	6476	407	1556	1808	4980	1903
洛阳市	Luoyang	33206	31013	2193	5978	10268	24709	8497
平顶山市	Pingdingshan	13868	12929	939	2199	3615	8788	5080
安阳市	Anyang	7859	7433	426	1310	1906	4636	3223
鹤壁市	Hebi	4927	4540	387	1020	1126	2615	2312
新乡市	Xinxiang	22830	21220	1610	5862	5615	15960	6870
焦作市	Jiaozuo	9966	9298	668	2609	2116	7418	2548
濮阳市	Puyang	5243	4924	319	1230	1610	3876	1367
许昌市	Xuchang	11563	10768	795	2788	3973	8562	3001
漯河市	Luohe	7336	6887	449	2037	1212	3506	3830
三门峡市	Sanmenxia	4121	3693	428	733	1214	2434	1687
南阳市	Nanyang	21823	20241	1582	5320	6546	14246	7577
商丘市	Shangqiu	10691	9886	805	1930	3075	4804	5887
信阳市	Xinyang	6566	6039	527	1581	1404	3905	2661
周口市	Zhoukou	4906	4627	279	1271	1568	3315	1591
驻马店市	Zhumadian	8864	8312	552	2038	2324	5594	3270
济源示范区	Jiyuan	4531	4403	128	806	810	3656	875

21-9 续表 1 continued

地 区 Region	(R&D)人员折合全时当量合计(人年) Full-time Equivalent of R&D Persnnel (person-year)	#研究人员 Researchers	#基础研究人员 Basic Research	应用研究人员 Applied Research	试验发展人员 Experimental Development
全 省 Total	**162562**	**46005**	**193**	**6755**	**155614**
郑 州 市 Zhengzhou	41993	12728	52	967	40974
开 封 市 Kaifeng	4971	1346		75	4896
洛 阳 市 Luoyang	22579	7148	61	657	21861
平 顶 山 市 Pingdingshan	8714	2417	13	1110	7591
安 阳 市 Anyang	3597	790		159	3438
鹤 壁 市 Hebi	3232	688	4	11	3217
新 乡 市 Xinxiang	14958	3842	6	480	14473
焦 作 市 Jiaozuo	7000	1451		416	6584
濮 阳 市 Puyang	3927	1215		108	3818
许 昌 市 Xuchang	7762	2754	9	1034	6720
漯 河 市 Luohe	4216	706	3	130	4083
三 门 峡 市 Sanmenxia	2490	746		458	2032
南 阳 市 Nanyang	15248	4682	2	470	14776
商 丘 市 Shangqiu	5758	1699		123	5635
信 阳 市 Xinyang	4278	894		137	4140
周 口 市 Zhoukou	2992	900		128	2864
驻 马 店 市 Zhumadian	5569	1435	44	272	5254
济 源 示 范 区 Jiyuan	3277	563		20	3257

21-9 续表 2 continued

单位：万元 (10 000 yuan)

地区 Region	(R&D)经费内部支出合计 Internal Expenditures on R&D	基础研究支出 Basic Research	应用研究支出 Applied Research	#试验发展支出 Experimental Development	政府资金 Government Funds	企业资金 Self-raised Funds by Enterpirses	境外资金 Foreign Funds	其他资金 Other Funds
全　省 Total	**7640132**	**6332**	**248814**	**7384986**	**98534**	**7534837**	**1500**	**5262**
郑州市 Zhengzhou	1659826	1614	34497	1623715	27694	1629751		2381
开封市 Kaifeng	206158		2987	203171	1056	205102		
洛阳市 Luoyang	1062717	1121	17863	1043733	26329	1036069	173	146
平顶山市 Pingdingshan	417002	57	15725	401220	1846	415023		134
安阳市 Anyang	282607		12918	269689	1105	281502		
鹤壁市 Hebi	112859	35	420	112403	1179	111664		17
新乡市 Xinxiang	655375	124	14362	640889	9930	645386		59
焦作市 Jiaozuo	313412		15741	297671	3153	310259		
濮阳市 Puyang	182027		1053	180974	482	181545		
许昌市 Xuchang	571712	1243	27443	543026	2990	567186	1327	210
漯河市 Luohe	211372	197	4516	206659	4417	206955		
三门峡市 Sanmenxia	232662		55669	176993	1487	231009		166
南阳市 Nanyang	660573	32	9395	651146	9637	650267		670
商丘市 Shangqiu	298020		3491	294529	2792	295184		44
信阳市 Xinyang	185539		5024	180515	1689	182833		1017
周口市 Zhoukou	132995		1813	131183	339	132657		
驻马店市 Zhumadian	309376	1909	25350	282117	1596	307361		419
济源示范区 Jiyuan	145901		547	145354	815	145087		

21-9 续表 3 continued

单位：万元 (10 000 yuan)

地区 Region	(R&D)经费外部支出合计 External Expenditures on R&D	#对境内研究机构支出 Expenses on Domestic R&D Institutions	对境内高等学校支出 Expenses on Domestic Universities	对境内企业支出 Expenses on Domestic Expenditures	对境外支出 Expenses on Overseas
全省 Total	**215362**	**47034**	**23481**	**137740**	**7107**
郑州市 Zhengzhou	29390	8773	3412	12635	4571
开封市 Kaifeng	53484	91	111	53282	
洛阳市 Luoyang	13841	1810	1966	8256	1809
平顶山市 Pingdingshan	16716	6914	3575	6193	33
安阳市 Anyang	1392	998	116	279	
鹤壁市 Hebi	24633	908	853	22873	
新乡市 Xinxiang	13103	2292	1803	8939	70
焦作市 Jiaozuo	7249	3903	717	2586	43
濮阳市 Puyang	2594	229	837	1528	
许昌市 Xuchang	15690	3567	1048	11075	
漯河市 Luohe	1513	584	474	455	
三门峡市 Sanmenxia	1700	444	200	948	109
南阳市 Nanyang	10902	3866	3663	3361	11
商丘市 Shangqiu	5199	3330	291	1119	459
信阳市 Xinyang	7751	3656	1220	2874	
周口市 Zhoukou	2731	43	1642	1046	
驻马店市 Zhumadian	6618	5459	865	291	3
济源示范区 Jiyuan	857	167	689	1	

21-9 续表 4 continued

地 区 Region	新产品销售收入(万元) Sales Revenue of New Products (10 000 yuan)	企业办科技机构(个) Number of Institutions of S&T in Enterprises (unit)	专利申请数(件) Total Patent Applications (item)	有效发明专利数(件) Number of Inventions In Force (item)
全 省 Total	**88258121**	**3302**	**45391**	**42849**
郑 州 市 Zhengzhou	35425646	537	14737	12372
开 封 市 Kaifeng	3071628	187	1262	971
洛 阳 市 Luoyang	8096261	358	5417	6897
平 顶 山 市 Pingdingshan	2814200	109	1618	2358
安 阳 市 Anyang	4173948	122	1739	979
鹤 壁 市 Hebi	1061600	63	593	793
新 乡 市 Xinxiang	6828779	173	5014	3253
焦 作 市 Jiaozuo	5022269	158	2028	1905
濮 阳 市 Puyang	1081090	65	916	1024
许 昌 市 Xuchang	5033784	294	2000	2669
漯 河 市 Luohe	1956284	97	972	1018
三 门 峡 市 Sanmenxia	635127	32	479	450
南 阳 市 Nanyang	5050893	405	3517	4569
商 丘 市 Shangqiu	1198175	152	1225	1414
信 阳 市 Xinyang	1689575	106	832	591
周 口 市 Zhoukou	1079943	108	876	475
驻 马 店 市 Zhumadian	2572538	252	1317	803
济 源 示 范 区 Jiyuan	1466381	84	849	308

21−10　三种专利申请受理量及授权量

Three Types of Patent Application Accepted and Granted

单位：项 (item)

项　目	Item	2005	2010	2015	2019	2020	2021
申请量合计	**Total Applications Examined**	**8981**	**25149**	**74373**	**144010**	**186369**	**167550**
# 发明	Inventions	1703	6408	21338	30260	34412	34950
实用新型	Utility Models	4594	13856	40778	96203	132557	114130
外观设计	Designs	2684	4885	12257	17547	19400	18470
# 个人	Individuals	5955	9528	22399	38499	52835	36501
大专院校	Universities and Colleges	311	1387	9980	19397	19387	21391
科研单位	Research Institutions	166	578	1418	2235	2687	2826
工矿企业	Industrial and Mineral Enterprises	2534	13449	39047	77731	104441	101813
机关团体	Government Agencies and Organizations	15	207	1529	6148	7019	5019
授权量合计	**Total Applications Granted**	**3748**	**16539**	**47766**	**86247**	**122809**	**158038**
# 发明	Inventions	356	1498	5384	6991	9183	13536
实用新型	Utility Models	2304	11048	32592	65341	95894	126477
外观设计	Designs	1088	3993	9790	13915	17732	18025
# 个人	Individuals	2535	6395	12395	18192	27026	27932
大专院校	Universities and Colleges	65	630	6135	10012	14778	15893
科研单位	Research Institutions	60	410	571	1159	1419	2091
工矿企业	Industrial and Mineral Enterprises	1076	9043	27806	54123	74009	104887
机关团体	Government Agencies and Organizations	12	61	859	2761	5577	7235
发明专利拥有量	**Patent ownership**		**4501**	**17571**	**37311**	**43547**	**55749**

21-11 规模(限额)以上企业创新活动情况

Innovative Activities in Enterprises above Designated size

单位：个 (unit)

行　业	Sector	调　查企业数 Number of Enterprises Surveyed	开展创新活动企业数 Number of Enterprises Engaged in Innovative Activities	实现创新企业数 Number of Enterprises Achieved Innovation
	2013-2014	31864	11983	11709
	2016	42750	13103	12615
	2017	43326	13609	12843
	2018	39615	13481	12862
	2019	40049	15150	14503
	2020	41872	15494	15114
	2021	46269	18343	17478
按规模分	**by Size**			
大型	Large	959	714	678
中型	Medium	6912	3591	3469
小型	Small	29015	12370	11754
微型	Micro	9383	1668	1577
按登记注册类型分	**by Status of Registration**			
内资企业	Domestic Funded	45635	18007	17152
港、澳、台商投资企业	Funded from Hong Kong, Macao and Taiwan	300	156	149
外商投资企业	Foreign Funded	334	180	177
按行业分	**by Sector**			
采矿业	Mining	532	222	204
制造业	Manufacturing	20306	10496	9881
电力、热力、燃气及水生产和供应业	Production and Supply of Electricity, Heat, Gas and Water	837	290	267
建筑业	Construction	4258	1532	1485
批发和零售业	Wholesale and Retail Trades	14210	3720	3695
交通运输、仓储和邮政业	Transport, Storage and Post	2264	437	427
信息传输、软件和信息技术服务业	Information Transmission, Software and Information Technology	770	516	462
租赁和商务服务业	Leasing and Business Services	1626	417	404
科学研究和技术服务业	Scientific Research and Technical Services	1022	570	514
水利、环境和公共设施管理业	Management of Water Conservancy, Environment and Public Facilities	444	143	139

21-11 续表 continued

行 业	Sector	实现各种创新类型的企业数 Number of Enterprises Achieved Various Types of Innovation				
		实现产品创新 Achieved Product Innovation	实现工艺创新 Achieved Technique Innovation	实现组织创新 Achieved Organization Innovation	实现营销创新 Achieved Marketing Innovation	同时实现四种创新 Achieved Four Types of Innovation
	2013-2014	4907	4360	10512		2834
	2016	4059	5156	9013	8794	2264
	2017	4007	5145	9131	9042	2122
	2018	4584	5412	9075	8399	2296
	2019	5106	6198	10285	9878	2658
	2020	6074	7480	10559	10145	3153
	2021	6383	8561	11792	10442	2846
按规模分	**by Size**					
大型	Large	390	481	479	372	191
中型	Medium	1261	1737	2413	2077	597
小型	Small	4444	5859	7772	7054	1930
微型	Micro	288	484	1128	939	128
按登记注册类型分	**by Status of Registration**					
内资企业	Domestic Funded	6203	8356	11613	10252	2779
港、澳、台商投资企业	Funded from Hong Kong, Macao and Taiwan	79	85	81	82	31
外商投资企业	Foreign Funded	101	120	98	108	36
按行业分	**by Sector**					
采矿业	Mining	30	131	119	87	8
制造业	Manufacturing	4903	6121	6023	5891	2099
电力、热力、燃气及水生产和供应业	Production and Supply of Electricity, Heat, Gas and Water	38	139	188	99	14
建筑业	Construction	310	568	1251	605	152
批发和零售业	Wholesale and Retail Trades	434	797	2678	2756	252
交通运输、仓储和邮政业	Transport, Storage and Post	58	104	357	180	34
信息传输、软件和信息技术服务业	Information Transmission, Software and Information Technology	284	296	354	297	147
租赁和商务服务业	Leasing and Business Services	69	93	326	217	31
科学研究和技术服务业	Scientific Research and Technical Services	231	266	388	236	97
水利、环境和公共设施管理业	Management of Water Conservancy, Environment and Public Facilities	26	46	108	74	12

21-12 各市规模(限额)以上企业创新活动情况(2021年)

Innovative Activities in Enterprises above Designated size by City (2021)

单位：个 (unit)

地区 Region	调查企业数 Number of Enterprises Surveyed	开展创新活动企业数 Number of Enterprises Engaged in Innovative Activities	实现创新企业数 Number of Enterprises Achieved Innovation	实现各种创新类型的企业数 Number of Enterprises Achieved Various Types of Innovation				
				实现产品创新 Achieved Product Innovation	实现工艺创新 Achieved Technique Innovation	实现组织创新 Achieved Organization Innovation	实现营销创新 Achieved Marketing Innovation	同时实现四种创新 Achieved Four Types of Innovation
全省 Total	**46269**	**18343**	**17478**	**6383**	**8561**	**11792**	**10442**	**2846**
郑州市 Zhengzhou	9214	4400	4088	1724	2219	2981	2373	852
开封市 Kaifeng	1968	747	702	299	377	434	358	110
洛阳市 Luoyang	3621	1516	1462	604	826	934	782	246
平顶山市 Pingdingshan	1914	731	697	239	382	447	394	101
安阳市 Anyang	1893	682	650	188	273	462	374	87
鹤壁市 Hebi	821	290	277	97	168	171	162	42
新乡市 Xinxiang	3044	1158	1100	445	547	739	664	207
焦作市 Jiaozuo	1812	662	622	266	340	389	370	101
濮阳市 Puyang	1381	498	479	149	206	331	288	72
许昌市 Xuchang	2668	988	957	272	400	653	589	112
漯河市 Luohe	1151	440	417	203	255	256	246	80
三门峡市 Sanmenxia	1081	301	282	95	142	193	144	42
南阳市 Nanyang	3495	1491	1447	578	743	958	873	256
商丘市 Shangqiu	3422	1330	1315	272	379	888	876	101
信阳市 Xinyang	2886	850	832	272	419	533	566	141
周口市 Zhoukou	3008	1150	1085	211	337	791	739	107
驻马店市 Zhumadian	2380	938	899	397	446	532	560	166
济源示范区 Jiyuan	510	171	167	72	102	100	84	23

21－13　技术市场成交合同情况(2021年)
Statistics on Transaction of Technology (2021)

指　标	Item	合同数(个) Number of Contracts (unit)	成交额(万元) Transaction Value (10 000 yuan)
总　计	**Total**	**17650**	**6088925**
按合同类别分	**Grouped by Contract Type**		
技术开发	Technological Development	5911	1147243
技术转让	Technological Transfer	1282	271090
技术咨询	Technological Consultation	2049	373835
技术服务	Technological Services	8408	4296757
按知识产权分	**Grouped by Intellectual Property**		
技术秘密	Technology Secret	2490	566356
专利	Patent	2037	1666554
计算机软件著作权	Computer Software	886	279052
植物新品种权	New varieties of Plants	268	25014
集成电路布图设计专有权	Exclusive right of integrated circuit layout design	23	6462
生物、医药新品种权	New varieties of Biology and Medicine	90	32107
设计著作权	Design and copyright	57	19155
未涉及知识产权	Others	11799	3494226
按技术领域分	**Grouped by Technology**		
电子信息	Electronic Information Technology	4023	691430
航空航天	Aeronautic and Astronautic Technology	220	43829
先进制造	Advanced manufacturing technology	3472	1416586
生物、医药和医疗器械	Biological ,Medical and Medical Device Technology	1124	278870
新材料及其应用	New Materials and Their Application	1434	557764
新能源与高效节能	New Energy, High Efficiency and Energy Saving	1402	379785
环境保护与资源综合利用	Environmental Protetion and Resources comprehensive utilization Technology	1511	811606
核应用	Nuclear application	5	10094
农业	Agriculture Technology	1614	364008
现代交通	Modern Communication	485	305240
城市建设与社会发展	City Construction and Social Development	2360	1229714
按社会经济目标分	**Grouped by Social and Economic Service Objection**		
环境保护、生态建设及污染防治	Environmental protection, ecological construction and pollution control	1396	429075
能源生产、分配和合理利用	Energy production, distribution and rational utilization	1313	607756
卫生事业发展	Health	482	113689
教育事业发展	Education	315	27311
基础设施以及城市和农村规划	Infrastructure and urban and rural planning	998	312836
社会发展和社会服务	Social development and social services	4771	2066043
地球和大气层的探索与利用	Exploration and utilization of the earth and atmosphere	18	1678
民用空间探测及开发	Detection and development of Civilian space	61	10429
农林牧渔业发展	Animal husbandry fishery development	1410	396477
工商业发展	Industrial and commercial development	2022	752577
非定向研究	The directional research	743	167713
其他民用目标	Others Civilian space	3912	1163952
国防	National defense	209	39389

21-14 各市技术市场成交合同情况

Statistics on Transaction of Technology by City

地区 Region	合同数(个) Number of Contracts (unit)			成交额(万元) Transaction Value (10 000 yuan)		
	2019	2020	2021	2019	2020	2021
全省 Total	**9310**	**11751**	**17650**	**2340686**	**3844965**	**6088925**
郑州市 Zhengzhou	4953	6681	8622	1275411	2128225	3065743
开封市 Kaifeng	103	142	173	15284	25560	95493
洛阳市 Luoyang	1629	1368	1559	482667	662168	845098
平顶山市 Pingdingshan	54	79	333	57093	75567	118667
安阳市 Anyang	90	258	439	20445	28920	71358
鹤壁市 Hebi	48	41	71	5250	10457	26076
新乡市 Xinxiang	670	705	1295	179638	277866	361359
焦作市 Jiaozuo	823	694	1135	149691	215958	263655
濮阳市 Puyang	35	47	175	6526	35683	106596
许昌市 Xuchang	55	190	236	3002	24862	105695
漯河市 Luohe	13	12	434	4543	6670	94776
三门峡市 Sanmenxia	5	25	137	5771	10612	37631
南阳市 Nanyang	497	537	1221	82110	130546	385798
商丘市 Shangqiu	6	38	516	963	2473	56307
信阳市 Xinyang	82	75	441	11118	18006	141813
周口市 Zhoukou	10	330	269	11857	8592	71963
驻马店市 Zhumadian	116	355	512	19569	171895	218190
济源示范区 Jiyuan	121	174	82	9749	10905	22705

21–15 软科学基本情况

Statistics on Soft science

项　目	Item	2019	2020	2021
完成软科学课题(项)	Completed soft science subject (item)	560	414	476
正在进行的软科学课题(项)	Underway soft science subject (item)	799	820	890
投入软科学研究经费(万元)	Investment funds (10 000 yuan)	600	600	847
投入软科学研究人力(人.年)	Person Engaged in Soft Science (person.year)	5590	5700	6000
发表科学论文(篇)	Published scientific paper (paper)	505	432	501
#国外发表	Published abroad	16	21	46
获奖成果(项)	Award-winning achievements (item)	18	50	52

21–16 产品质量监督抽查情况(2021年)

Results of Sampling Check under State Supervision on the Quality of Products (2021)

项　目	Item	抽查产品(种) Production Supervised (kinds)	抽查企业(家) Number of Enterprises Supervised (unit)	抽查产品(批) Production Supervised (batch-time)	不合格产品(批) Production Unqualified (batch-time)
合　计	**Total**	**195**	**6260**	**7233**	**636**
食品相关产品	Food	17	519	551	9
日用消费品	Consumer Goods	77	2024	2668	262
建筑与装饰装修材料	Building & Decoration Material	32	1308	1320	93
农业生产资料	Agricultural Means of Production	7	390	398	20
工业生产资料	Industrial Means of Production	62	2019	2296	252

21-17 国家和地方标准、计量基本情况

National and local standards, measuring basic situation

指标名称	Item	2019	2020	2021
国家情况	**National conditions**			
计量基准和社会公用计量	Standards of measurement and public standards			
标准建立项目（项）	of measurement set up projects (item)	286	330	360
计量仪器检定按类别分(台、件)	Measurement instrument calibration (set)	375785	519865	471722
长度	length	40640	41234	37695
温度	Temperature	37233	33344	38010
力学	Mechanics	32817	28048	12656
电磁	Electromagnetism	92601	129657	92118
光学	Photology	1904	2128	2549
声学	Acoustics	7600	7331	6517
化学	Chemistry	14116	12937	14228
电离辐射	Ionizing Radioaction	3638	3075	4489
无线电	Radio	935	894	1828
时间频率	Temporal frequency	2691	2430	2296
其他	Others	141610	258787	259336
地方情况	**Local conditions**			
本年末标准累计(个)	Criterion Accumulative (unit)	1445	1197	1340
本年度制、修订标准合计(个)	Total (unit)	197	158	141
制定	Formulation	183	153	130
修订	Amendment	14	5	11

21-18 测绘行业单位、人员及测绘成果提供情况

Statistics on Unit,Persons Engaged and Output in Certificated Units in Surveying and Mapping Industry

指标	Item	2019	2020	2021
持证单位数（个）	**Number of Certificated Units (units)**	**1063**	**1038**	**415**
甲级	First	65	63	70
乙级	Second	331	337	345
丙级	Third	375	369	—
丁级	Fourth	292	269	—
测绘从业人员年末人数(人)	**Number of Staff and Workers (person)**	**25637**	**25572**	**17562**
# 测绘专业技术人员	Number of Professional	14351	14120	10266
# 高级	Senior	1665	1586	1210
中级	Medium	5210	5065	3607
初级	Jumior	6803	6805	4777
地形图（张）	**Topographic Map (unit)**	**250**	**1218**	**419**
1:10000	scale	118	901	297
1:50000	scale	128	308	122
测绘基准成果（点）	**Surveying and Mapping Datum Product (point)**	**2606**	**576**	**1178**
航摄成果（平方千米）	**Aerial Photograph (sq.km)**	**20071**		
卫星影像（平方千米）	**Satellite Imagery (sq.km)**	**3256051**	**5389701**	**30136**

21-19 气象部门基本情况

Basic Statistics on Meteorological Department

项 目	Item	2019	2020	2021
气象观测业务台站(个)	**Meteorological observation station (unit)**			
地面观测	Surface Observation	121	121	121
高空探测	Aerological Sounding	3	3	3
区域气象观测站	Regional Meteorological Observation Station	2541	2511	2485
天气雷达观测	Weather Radar Observation	18	18	18
大气成分观测	Atmospheric Composition Observation	26	26	26
辐射观测	Radiation Observation	26	26	28
农业气象观测	Agricultural Meteorological Observation	35	35	35
农业气象试验站	Agrometeorological Experimental Station	4	4	4
中国气象局卫星数据	China Meteorological Administration of Satellite			
广播系统	Data Broadcast System	122	122	5
闪电定位监测	Lightning Positioning Monitoring	32	32	32
紫外线观测	Ultraviolet Observations	26	26	26
风廓线雷达观测	Wind Profile Radar Observations	2	2	2
导航卫星气象观测	Navigation Satellite Meteorological Observation	37	37	31
酸雨观测	Acid Rain Observation	18	18	18
装备	**Equipment**			
高性能计算机	High Performance Computer			
服务器(套)	Server (unit)	379	410	467
个人计算机(含个人工作站)	Personal Computer (Including personal workstation)	3785	3880	4820
远程会商系统设备(多点控制	Remote Consultation System Equipment (Multipoint			
单元和会议终端)(套)	control unit and conference terminals) (unit)	20	20	20
人工影响天气地面作业(次)	Weather Modification Ground Operations (time)	1140	1276	539
设备高炮(门)	Equipment Anti-aircraft Gun (unit)	260	233	224
火箭发射系统(部)	Rocket-firing System (unit)	396	334	401
全省气象部门职工总数(人)	Total Number of Employees of Provincial			
	Meteorological (person)	1972	1984	1996

21-20 各市地震台(网)基本情况(2021年)
Basic Statistics on Earthquake Station (Net) by City (2021)

地区 Region	国家地震观测台（网） National Earthquake Observation Station (Set)			市、县地震台 City、County Earthquake Observation Station		
	国家级台 National Station	省级台 Provincial Station	强震观测点 Strong Motion Observation Spots	市、县级台 City、County Station	企业台 Enterprise Station	宏观观测点 Macro-Observation Spots
总计 Total	**3**	**10**	**20**	**91**	**17**	**1655**
郑州市 Zhengzhou		2	1	6	1	76
开封市 Kaifeng			1	4		34
洛阳市 Luoyang	1		4	9	8	292
平顶山市 Pingdingshan				6		6
安阳市 Anyang			3	6		21
鹤壁市 Hebi		4	2	1	1	5
新乡市 Xinxiang			5	10		48
焦作市 Jiaozuo			1	8		127
濮阳市 Puyang			2	5		81
许昌市 Xuchang				2		69
漯河市 Luohe						42
三门峡市 Sanmenxia		1	1	3	1	74
南阳市 Nanyang	1			11	6	111
商丘市 Shangqiu				2		17
信阳市 Xinyang	1	2		1		206
周口市 Zhoukou		1		9		161
驻马店市 Zhumadian				7		269
济源示范区 Jiyuan				1		16

主要统计指标解释

研究与试验发展(R&D) 指在科学技术领域，为增加知识总量，以及运用这些知识去创造新的应用进行的系统的创造性的活动，包括基础研究、应用研究、试验发展三类活动。国际上通常采用 R&D 活动的规模和强度指标反映一国的科技实力和核心竞争力。

基础研究 指为了获得关于现象和可观察事实的基本原理的新知识(揭示客观事物的本质、运动规律，获得新发现、新学说)而进行的实验性或理论性研究，它不以任何专门或特定的应用或使用为目的。其成果以科学论文和科学著作为主要形式。用来反映知识的原始创新能力。

应用研究 指为获得新知识而进行的创造性研究，主要针对某一特定的目的或目标。应用研究是为了确定基础研究成果可能的用途，或是为达到预定的目标探索应采取的新方法(原理性)或新途径。其成果形式以科学论文、专著、原理性模型或发明专利为主。用来反映对基础研究成果应用途径的探索。

试验发展 指利用从基础研究、应用研究和实际经验所获得的现有知识，为产生新的产品、材料和装置，建立新的工艺、系统和服务，以及对已产生和建立的上述各项作实质性的改进而进行的系统性工作。其成果形式主要是专利、专有技术、具有新产品基本特征的产品原型或具有新装置基本特征的原始样机等。在社会科学领域，试验发展是指把通过基础研究、应用研究获得的知识转变成可以实施的计划（包括为进行检验和评估实施示范项目）的过程。人文科学领域没有对应的试验发展活动。主要反映将科研成果转化为技术和产品的能力，是科技推动经济社会发展的物化成果。

R&D 人员 指参与研究与试验发展项目研究、管理和辅助工作的人员， 包括项目（课题）组人员，企业科技行政管理人员和直接为项目（课题）活动提供服务的辅助人员。反映投入从事拥有自主知识产权的研究开发活动的人力规模。

R&D 人员全时当量 指全时人员数加非全时人员按工作量折算为全时人员数的总和。例如：有两个全时人员和三个非全时人员（工作时间分别为 20%、30%和 70%），则全时当量为 2+0.2+0.3+0.7=3.2 人年。为国际上比较科技人力投入而制定的可比指标。

R&D 经费内部支出合计 指调查单位用于内部开展 R&D 活动（基础研究、应用研究和试验发展）的实际支出。包括用于 R&D 项目（课题）活动的直接支出，以及间接用于 R&D 活动的管理费、服务费、与 R&D 有关的基本建设支出以及外协加工费等。不包括生产性活动支出、归还贷款支出以及与外单位合作或委托外单位进行 R&D 活动而转拨给对方的经费支出。

R&D 经费内部支出中政府资金 指 R&D 经费内部支出中来自各级政府部门的各类资金，包括财政科学技术拨款、科学基金、教育等部门事业费以及政府部门预算外资金的实际支出。

R&D 经费内部支出中企业资金 指 R&D 经费内部支出中来自本企业的自有资金和接受其他企业委托而获得的经费，以及科研院所、高校等事业单位从企业获得的资金的实际支出。

R&D 项目（课题）数 指在当年立项并开展研究工作、以前年份立项仍继续进行研究的研发项目（课题）数，包括当年完成和年内研究工作已告失败的研发项目（课题），但不包括委托外单位进行的研发项目（课题）数。

R&D 项目（课题）经费内部支出 指调查单位内部在报告年度进行研发项目（课题）研究和试制等的实际支出。包括劳务费、其他日常支出、固定资产购建费、外协加工费等，不包括委托或与外单位合作进行项目（课题）研究而拨付给对方使用的经费。

专利 是专利权的简称，是对发明人的发明创造经审查合格后，由专利局依据专利法授予发明人和设计人对该项发明创造享有的专有权。包括发明、实用新型和外观设计。反映拥有自主知识产权的科技和设计成果情况。

Explanatory Notes on Main Statistical Indicators

Research and Development (R&D) refers to systematic and creative activities in the field of science and technology aiming at increasing the knowledge and using the knowledge for new application. R&D includes 3 categories of activities: basic research, applied research and experimentation for development. The scale and intensity of R&D are widely used internationally to reflect the strength of S&T and the core competitiveness of a country in the world.

Basic Research refers to empirical or theoretical research aiming at obtaining new knowledge on the fundamental principles regarding phenomena or observable facts to reveal the intrinsic nature and underlying laws and to acquire new discoveries or new theories. Basic research takes no specific or designated application as the aim of the research. Results of basic research are mainly released or disseminated in the form of scientific papers or monographs. This indicator reflects the innovation capacity for original knowledge.

Applied Research refers to creative research aiming at obtaining new knowledge on a specific objective or target. Purpose of the applied research is to identify the possible uses of results from basic research, or to explore new (fundamental) methods or new approaches. Results of applied research are expressed in the form of scientific papers, monographs, fundamental models or invention patents. This indicator reflects the exploration of ways to apply the results of basic research.

Experiments and Development refer to systematic activities aiming at using the knowledge from basic and applied researches or from practical experience to develop new products, materials and equipment, to establish new production process, systems and services, or to make substantial improvement on the existing products, process or services. Results of experiment and development activities are embodied in patents, exclusive technology, and monotype of new products or equipment. In social sciences, experiment and development activities refer to the process of converting the knowledge from basic or applied researches into feasible programmes (including conduct of demonstration projects for assessment and evaluation). There are no experiment and development activities in the science of humanities. This indicator reflects the capability of transferring the results of S&T into technique and products, and measures the realization of S&T in spearheading the economic and social development.

R & D Personnel refer to persons engaged in research, management and supporting activities of R & D, including persons in the project teams, persons engaged in the management of S&T activities of enterprises and supporting staff providing direct service to the research projects. This indicator reflects the size of personnel engaged in R&D activities with independent intellectual property.

Full-time Equivalent of R&D Personnel refers to the sum of the full-time persons and the full-time equivalent of part-time persons converted by workload. For instance, if there are 2 full-time persons and 3 part-time workers (20%, 30% and 70% of working hours respectively on R&D activities), the full-time equivalent are 2+0.2+0.3+0.7=3.2 person-years. This is an internationally comparable indicator of S&T manpower input.

Total Internal Expenditure of Funds on R&D refers to the real expenditure of surveyed units on their own R&D activities (basic research, application study, test and development) including direct expenditure on R&D activities, indirect expendure of management and services on R&D activities, expenditure on capital construction and material processing by others. Excluding the expenditure on production activities, return of loan, and fees transferred to cooperated and entrusted agencies on R&D activities.

Internal Expenditure of Government Funds refer to the expenditure of funds on R&D activities from government agencies at different levels, including appropriate funds on science and technology from financial departments, scientific funds, operating expenses from education departments and the real expenditure of extrabudgetary funds from government agencies.

Internal Expenditure of Funds of Enterprises refer to the expenditure of funds on R&D activities from self-raised funds of enterprises and funds from other enterprises through entrustment, and the expenditure of funds of institutions, such a institution of scientific research and universityies, from enterprises.

Number of R&D Projects (subjects) refers to the number of R&D projects (subjects) set up and implemented at the reference year, and the number of R&D projects (subjects) set up in former years and under implementation, including the projects (subjects) finished and failed at the reference year, excluding the projects (subjects) implemented by others throught entrustment.

Internal Expenditure of Funds on R&D Projects (subjects) refers to the real expenditure of internal funds of the surveyed units on research and test of R&D projects (subjects) at the reference year, including service fee, other daily expenditure, cost for captital goods, cost of external process; excluding expenditure of funds transferred to other cooperated and entrusted units of the projects.

Patent is an abbreviation for the patent right and refers to the exclusive right of ownership by the inventors or designers for the creation or inventions, given from the patent offices after due process of assessment and approval in accordance with the Patent Law. Patents are granted for inventions, utility models and designs. This indicator reflects the achievements of S&T and design with independent intellectual property.

教育

Education

22

资料整理：赵霞

简要说明

一、主要内容

本篇包括公办教育和民办教育、学历教育和非学历教育。具体有高等教育（研究生教育、普通高等教育和成人教育）、中等教育（高中阶段教育和初中阶段教育）、初等教育（小学）、学前教育、特殊教育（盲聋哑和弱智学校等）以及教育经费等资料。主要指标包括学校数、在校生数、招生数、毕业生数、教职工数和专任教师数、教育经费总投入及财政性教育经费等。

二、资料来源

教育事业统计资料由省教育厅提供；技工学校的资料由省人力资源和社会保障厅提供。由省统计局社会与科技处编辑整理。

Brief Introduction

I. Main Contents

Data on education cover the situations on education funded by government and non-government agencies, and the education with and without academic credentials including higher education (education of postgraduates, general higher education and adult education), secondary education(senior and junior high schools), elementary education (primary schools),preschool education, special education (schools for the blind, deaf-mutes and mentally retarded) and their expenditure. The main indicators include the number of schools, the number of students enrolled, the number of new students enrolled, the number of graduates, the number of stuff and workers, the number of full-time teachers, sources and outlay of education funding and education expenditure.

II. Sources of Data

Data on education undertakings are calculated from Henan Provincial bureau of Education. Data on technical training schools are calculated from Henan provincial bureau of Henan Resources and Social Security. Data in this chapter are provided by Department of social and technology of Henan provincial bureau of statistics.

22-1 各级各类学校数

Number of Schools by Level and Type

单位：所 (unit)

年 份 Year	小 学 Primary Schools	普通中学 Regular Secondary Schools	高 中 Senior Secondary Schools	初 中 Junior Secondary Schools	普通高等学校 Regular Institutions of Higher Education
1978	48772	26586	3705	22881	24
1979	34983	25826	2976	22850	24
1980	46672	12672	2431	10241	25
1981	45939	10304	1703	8601	26
1982	46542	10510	1279	9231	26
1983	46265	10324	1177	9147	32
1984	46232	9969	1102	8867	38
1985	41935	9459	1069	8390	43
1986	45250	9730	1058	8672	47
1987	44865	9632	1027	8605	47
1988	44379	9406	1003	8403	47
1989	43951	8961	958	8003	47
1990	43286	8249	920	7329	47
1991	42455	7369	854	6515	49
1992	42370	6893	789	6104	47
1993	42071	6644	719	5925	48
1994	41899	6476	661	5815	50
1995	41698	6367	641	5726	50
1996	41466	6282	635	5647	50
1997	41526	6142	645	5497	50
1998	41238	6069	643	5426	51
1999	41404	6120	688	5432	56
2000	41269	6217	761	5456	52
2001	39825	6384	819	5565	64
2002	37729	6399	854	5545	66
2003	36379	6363	888	5475	71
2004	34164	6229	909	5320	82
2005	33026	6207	945	5262	83
2006	31410	6045	955	5090	84
2007	30677	5864	920	4944	82
2008	30214	5718	908	4810	84
2009	29420	5571	868	4703	89
2010	28603	5441	825	4616	107
2011	27793	5388	792	4596	117
2012	27452	5336	785	4551	120
2013	26086	5326	776	4550	127
2014	25578	5340	774	4566	129
2015	24673	5335	770	4565	129
2016	22822	5349	792	4557	129
2017	20372	5328	813	4515	134
2018	18622	5371	852	4519	140
2019	18117	5492	889	4603	141
2020	17687	5620	925	4695	151
2021	17500	5696	970	4726	156

22-2 各级各类学校专任教师数

Number of Full-time Teachers by Level and Type of school

单位：万人 (10 000 persons)

年 份 Year	小 学 Primary Schools	普通中学 Regular Secondary Schools	高 中 Senior Secondary Schools	初 中 Junior Secondary Schools	普通高等学校 Regular Institutions of Higher Education
1978	42.88	29.34	4.98	24.36	0.54
1979	43.66	30.01	5.09	24.92	0.62
1980	44.72	30.13	4.48	25.65	0.68
1981	47.20	26.99	3.91	23.08	0.71
1982	41.95	22.58	3.52	19.05	0.84
1983	42.52	22.17	3.46	18.71	0.91
1984	42.81	21.86	3.41	18.45	0.97
1985	43.09	22.21	3.41	18.80	1.10
1986	43.62	22.93	3.54	19.39	1.27
1987	43.52	23.69	3.73	19.96	1.33
1988	43.79	24.01	3.79	20.22	1.38
1989	43.76	23.84	3.77	20.07	1.38
1990	44.34	24.05	3.79	20.25	1.40
1991	37.93	23.54	3.83	19.71	1.42
1992	37.55	23.49	3.76	19.73	1.45
1993	38.19	23.60	3.62	19.98	1.47
1994	38.87	23.94	3.48	20.46	1.55
1995	39.23	24.68	3.45	21.23	1.55
1996	40.02	25.48	3.51	21.97	1.64
1997	41.12	26.38	3.61	22.77	1.65
1998	42.55	27.60	3.75	23.85	1.70
1999	44.66	29.09	4.09	25.00	1.88
2000	45.93	30.86	4.57	26.29	2.02
2001	47.56	32.90	5.13	27.77	2.46
2002	49.62	35.06	6.03	29.03	2.85
2003	48.85	35.88	6.72	29.16	3.33
2004	47.85	36.55	7.60	28.95	4.18
2005	47.55	37.30	8.40	28.90	4.63
2006	47.82	37.64	9.19	28.45	5.29
2007	48.30	37.88	9.79	28.09	5.88
2008	48.53	37.89	10.27	27.62	6.49
2009	48.91	38.30	10.49	27.81	7.15
2010	49.04	38.10	10.43	27.67	7.75
2011	49.58	38.65	10.43	28.22	8.20
2012	49.69	38.97	10.73	28.24	8.60
2013	49.45	38.80	10.81	27.99	9.09
2014	46.99	41.83	12.67	29.16	9.51
2015	47.21	42.87	13.01	29.86	9.80
2016	47.42	43.63	13.55	30.08	10.27
2017	48.86	46.21	14.45	31.76	10.84
2018	50.02	49.24	15.33	33.90	11.54
2019	51.03	52.04	16.30	35.74	12.40
2020	52.39	55.13	17.31	37.82	13.34
2021	54.82	58.75	19.15	39.60	14.25

22-3　各级各类学校在校学生数

Student Enrollment by Level and Type of school

单位：万人　　(10 000 persons)

年　份 Year	小　学 Primary Schools	普通中学 Regular Secondary Schools	高　中 Senior Secondary Schools	初　中 Junior Secondary Schools	普通高等学校 Regular Institutions of Higher Education
1978	1140.26	521.62	116.38	405.24	2.73
1979	1147.88	504.04	106.42	397.62	3.38
1980	1133.75	487.27	83.75	403.52	4.59
1981	1110.65	412.31	60.66	351.65	4.93
1982	1098.47	361.41	49.25	312.16	4.63
1983	1054.04	341.32	47.82	293.50	4.80
1984	1055.08	354.20	50.87	303.33	5.33
1985	1034.97	357.46	52.27	305.19	6.85
1986	1015.67	366.96	54.66	312.30	7.50
1987	997.75	373.51	54.41	319.10	7.57
1988	980.05	362.64	52.51	310.13	7.99
1989	969.82	349.05	49.54	299.51	8.01
1990	961.15	352.56	49.26	303.30	8.04
1991	944.02	357.66	48.80	308.86	8.18
1992	936.71	359.78	46.21	313.57	8.95
1993	951.50	362.96	43.52	319.44	10.44
1994	991.06	384.80	42.51	342.29	11.71
1995	1039.56	417.86	42.91	374.95	12.24
1996	1105.58	454.48	44.02	410.46	12.79
1997	1169.96	480.21	46.68	433.53	13.60
1998	1200.06	512.51	51.13	461.38	14.64
1999	1186.97	568.86	61.06	507.80	18.55
2000	1130.63	638.14	75.15	562.99	26.24
2001	1070.73	683.38	94.73	588.65	36.91
2002	1104.59	733.35	125.55	607.80	46.80
2003	1058.61	750.51	146.42	604.09	55.72
2004	1014.06	759.42	168.75	590.67	70.28
2005	986.84	758.22	188.39	569.83	85.19
2006	997.09	742.22	201.58	540.64	97.41
2007	1018.71	719.83	212.63	507.20	109.52
2008	1036.60	691.46	207.26	484.20	125.02
2009	1052.03	675.45	201.20	474.25	136.88
2010	1070.53	661.56	192.16	469.40	145.67
2011	1092.90	657.48	189.50	467.98	150.01
2012	1079.20	646.42	192.63	453.78	155.90
2013	939.98	574.28	189.23	385.05	161.83
2014	928.60	588.91	189.55	399.36	167.97
2015	937.05	599.12	194.31	404.81	176.69
2016	965.59	615.43	199.60	415.83	187.48
2017	982.06	634.65	205.49	429.16	200.47
2018	994.60	661.94	210.06	451.88	214.08
2019	1012.48	684.36	215.88	468.48	231.97
2020	1021.59	697.00	224.86	472.14	249.22
2021	1011.87	716.87	237.69	479.19	268.64

22-4 各级各类学校招生数

New Student Enrollment by Level and Type of school

单位：万人 (10 000 persons)

年 份 Year	小 学 Primary Schools	普通中学 Regular Secondary Schools	高 中 Senior Secondary Schools	初 中 Junior Secondary Schools	普通高等学校 Regular Institutions of Higher Education
1978	254.37	234.71	53.79	180.92	1.39
1979	249.91	215.50	48.55	166.95	1.07
1980	239.12	169.65	28.69	140.96	1.25
1981	226.50	146.95	24.44	122.51	1.25
1982	219.17	124.70	18.17	106.53	1.36
1983	198.48	119.04	17.04	102.00	1.65
1984	197.99	119.69	17.40	102.29	1.89
1985	174.24	118.93	17.22	101.71	2.67
1986	190.38	123.72	17.77	105.95	2.42
1987	184.06	124.03	17.84	106.19	2.64
1988	181.53	121.80	17.09	104.71	2.72
1989	179.88	118.08	16.27	101.81	2.61
1990	172.46	122.53	16.92	105.61	2.66
1991	164.72	125.47	16.49	108.98	2.76
1992	169.53	125.38	15.28	110.10	3.38
1993	190.31	130.28	14.86	115.42	4.05
1994	220.01	144.20	13.98	130.23	4.17
1995	232.52	158.34	14.58	143.76	4.32
1996	239.94	164.89	15.12	149.77	4.49
1997	239.79	171.79	16.41	155.38	4.66
1998	217.82	189.67	18.72	170.95	5.02
1999	193.65	220.12	24.42	195.70	7.88
2000	171.11	246.46	31.48	214.98	11.69
2001	163.32	246.96	37.63	209.33	14.01
2002	185.77	253.93	50.93	203.00	16.61
2003	164.35	253.19	53.77	199.42	19.02
2004	162.49	257.45	61.33	196.12	25.74
2005	169.44	259.58	69.99	189.59	27.76
2006	176.86	233.85	67.75	166.10	33.77
2007	183.22	231.49	70.57	160.92	35.52
2008	186.92	233.55	68.42	165.13	44.51
2009	184.51	225.18	64.50	160.68	45.74
2010	187.76	221.66	62.85	158.81	47.83
2011	193.44	226.25	64.63	161.62	47.14
2012	190.97	224.73	66.57	158.16	49.82
2013	181.06	203.82	66.11	137.71	50.84
2014	159.44	202.99	64.49	138.50	51.43
2015	169.30	206.21	67.98	138.23	55.92
2016	173.16	213.66	69.53	144.13	60.60
2017	172.38	220.42	70.97	149.45	63.57
2018	173.56	232.52	72.65	159.86	70.87
2019	173.76	232.85	74.98	157.87	78.89
2020	165.99	232.49	78.44	154.05	82.86
2021	162.93	252.55	85.11	167.44	89.32

22-5 各级各类学校毕业生数

Graduates by Level and Type of school

单位：万人 (10 000 persons)

年 份 Year	小 学 Primary Schools	普通中学 Regular Secondary Schools	高 中 Senior Secondary Schools	初 中 Junior Secondary Schools	普通高等学校 Regular Institutions of Higher Education
1978	185.03	213.34	44.37	168.97	0.96
1979	179.69	204.86	50.44	154.42	0.41
1980	173.62	109.74	45.66	64.08	
1981	173.52	131.24	43.45	87.79	0.90
1982	165.80	104.44	27.36	77.08	1.65
1983	168.90	87.90	15.85	72.05	1.47
1984	166.90	86.78	14.74	72.04	1.35
1985	158.48	88.92	15.44	73.48	1.17
1986	172.97	91.60	16.70	74.90	1.75
1987	172.82	97.24	17.78	79.46	2.53
1988	167.45	99.44	18.03	81.40	2.29
1989	162.51	100.39	17.27	83.12	2.56
1990	162.60	99.36	16.70	82.66	2.61
1991	161.86	98.77	15.96	82.81	2.72
1992	162.39	99.90	15.01	84.89	2.59
1993	163.26	102.34	14.45	87.89	2.66
1994	166.48	103.90	13.98	89.92	2.93
1995	168.96	109.35	13.51	95.84	3.76
1996	165.13	115.90	13.82	102.08	3.91
1997	168.57	133.16	13.78	119.38	3.89
1998	180.67	145.88	14.93	130.95	3.96
1999	205.01	153.97	15.50	138.47	3.99
2000	225.57	162.16	17.47	144.69	4.17
2001	220.41	176.44	19.84	156.60	4.61
2002	202.55	203.04	25.78	177.26	7.12
2003	204.18	225.16	36.38	188.78	10.90
2004	203.54	240.69	42.48	198.21	13.43
2005	191.90	252.02	53.66	198.36	16.52
2006	166.71	245.24	57.36	187.88	20.21
2007	160.19	254.20	65.10	189.10	26.72
2008	168.90	258.05	74.98	183.07	30.25
2009	165.75	233.36	70.17	163.18	33.41
2010	165.35	225.35	70.43	154.92	38.25
2011	167.61	222.00	66.55	155.45	43.30
2012	170.44	213.82	64.01	149.81	43.53
2013	164.48	203.46	63.13	140.34	45.02
2014	140.81	174.94	60.28	114.66	44.53
2015	140.55	184.67	61.05	123.62	46.58
2016	144.16	192.81	63.31	129.50	48.69
2017	150.31	195.43	63.14	132.29	50.41
2018	160.70	199.71	66.08	133.63	55.99
2019	158.13	209.17	67.99	141.19	59.34
2020	154.17	217.49	69.03	148.46	63.82
2021	167.67	229.36	71.76	157.60	67.84

22-6 各级各类学校、教职工和专任教师情况(2021年)

Basic Statistics on Schools, Teachers and Staff and Full-time Teachers (2021)

项 目	Item	学校数(所) Number of Schools (unit)	教职工数(人) Educational Personnel (person)	#女性 Female	专任教师(人) Full-time Teachers (person)	#女性 Female
高等教育	**Higher Education**	**174**	**185144**	**96992**	**143369**	**77470**
研究生培养机构	Institutions Providing Postgraduate Programs	8	314	40	314	40
普通高校	Regular Higher Education Institutions	(19)	(21832)	(7379)	(21832)	(7379)
科研机构	Research Institutions	8	314	40	314	40
高等学校	Colleges and Universities	166	184830	96952	143055	77430
普通本科学校	Regular Higher Education Institutions	56	108656	55295	81501	43079
#独立学院	Independent Institutions	1	1403	833	1112	692
本科层次职业学校	Higher Vocational Colleges	1	1342	685	1130	588
高职(专科)院校	Higher Vocational School	99	73982	40502	59887	33441
成人高等学校	Adult HEIs	10	850	470	537	322
中等教育	**Secondary Education**	**6357**	**725975**	**468308**	**635509**	**423775**
高中阶段教育	Senior Secondary Education	1602	287803	168274	239353	146056
普通高中	Regular Senior Secondary Schools	970	217511	131441	191463	118989
完全中学	Combined Secondary Schools	135	34577	21466	30416	19477
高级中学	Regular High Schools	686	147968	84926	133240	79030
十二年一贯制学校	12-Year Schools	149	34966	25049	27807	20482
中等职业教育	Secondary Vocational Education	632	70292	36833	47890	27067
普通中专	Regular Specialized Secondary Schools	139	17963	9389	14420	8102
成人中专	Adult Specialized Secondary Schools	154	10844	5688	8133	4553
职业高中	Vocational High Schools	244	27468	14916	24329	13786
技工学校	Skilled Workers Schools	95	12767	6120		
其他中职机构(不计校数	Other Institutions	(20)	1250	720	1008	626
初中阶段教育	Junior Secondary Education	4755	438172	300034	396156	277719
初中	Junior Secondary Schools	4726	437907	299979	395991	277665
初级中学	Regular Junior Secondary Schools	3456	288144	187981	272620	182181
九年一贯制学校	9-Year Schools	1270	149763	111998	123371	95484
成人初中	Adult Junior Secondary Schools	29	265	55	165	54
初等教育	**Primary Education**	**17505**	**584298**	**442156**	**548173**	**422514**
普通小学	Regular Primary Schools	17500	584280	442147	548163	422511
小学	Primary Schools	17500	508889	396339	475410	377784
小学教学点	Primary Schools Teaching Point	(12495)	75391	45808	72753	44727
成人小学	Adult Primary Schools	5	18	9	10	3
专门学校	**Specialized School**	**3**	**67**	**30**	**61**	**28**
特殊教育	**Special Education**	**150**	**5073**	**3708**	**4494**	**3406**
学前教育	**Pre-school Education Institutions**	**24365**	**418138**	**389783**	**236166**	**234048**
#城区公办幼儿园	City Public Kindergarten	908	39958	37268	23702	23326
镇区公办幼儿园	Town Public Kindergarten	2090	39182	36722	25895	25285
乡村公办幼儿园	Country Public Kindergarten	3311	24352	22001	15251	14792
#普惠性幼儿园	Universally Beneficial Kindergartens	18849	324388	302104	184618	182755

注：括号内数据不计入总计(以下相关表格同）。
a) Data of total is not include data in the brackets (same as the following tables) .

22-7 各级各类学校专任教师分学历的人数与构成(2021年)

Number and Composition of Full-time Teachers in Schools by Educational Level (2021)

单位：人 (person)

学 历	Educational Level	专任教师 Full-time Teacher	构成(%) Composition (%)
普通高等学校教师	**Regular Higher Educational Institutions**	**137725**	**100.0**
博士研究生	Doctor	22746	16.5
硕士研究生	Master	59188	43.0
本科毕业	Undergraduate	54683	39.7
专科及以下	Specialized Courses and Below	1108	0.8
普通中等专业学校教师	**Specialized Secondary Schools**	**14153**	**100.0**
博士研究生	Doctor	14	0.1
硕士研究生	Master	1512	10.7
本科毕业	Undergraduate	11721	82.8
专科及以下	Specialized Courses and Below	906	6.4
高中教师	**Teachers of Senior Secondary School**	**164350**	**100.0**
大学本科毕业及以上	Undergraduates and over	162234	98.7
大学专科毕业	Specilized Courses	2108	1.3
高中阶段毕业及以下	Senior Secondary and below	8	0.0
初中教师	**Teachers of Junior Secondary School**	**350769**	**100.0**
大学本科毕业及以上	Undergraduates and over	300664	85.7
大学专科毕业	Specilized Courses	49445	14.1
高中阶段毕业	Senior Secondary	659	0.2
高中阶段毕业以下	Below Senior	1	0.0
小学教师	**Teachers of Primary School**	**605740**	**100.0**
大学专科毕业及以上	Specialized secondary of Higher Education and over	595581	98.3
高中阶段毕业	Senior Secondary	10140	1.7
高中阶段毕业以下	Below Senior	19	0.0
幼儿园教师	**Teachers of Kindergartens**	**252165**	**100.0**
大学专科毕业及以上	Specialized Secondary of Higher Education and Over	201673	80.0
高中阶段毕业	Senior Secondary	49925	19.8
高中阶段毕业以下	Below Senior	567	0.2

注：本表各级各类学校专任教师是以教授对象为参考进行分类。

a) In this table, full-time teachers of various schools at all levels are classified by reference to the teaching objects.

22-8 各级各类学历教育学生情况(2021年)

Basic Statistics on Students by Level and Type of Education (2021)

单位：人 (person)

项目	Item	招生数 Entrants	在校生数 Enrolment	# 女生 Female Students	毕业生数 Graduates
高等教育	**Higher Education**	**1253643**	**3496277**	**1870695**	**934046**
研究生	Postgraduates	30546	79744	45706	17397
博　士	Doctor's Degree	1201	4607	2336	536
硕　士	Master's Degree	29345	75137	43370	16861
普通本科	Undergraduate in Regular HEIs	365557	1299765	716421	305896
高职本专科		527668	1386675	666843	372488
本　科	Normal Courses	3851	8764	5095	
专　科	Short-cycle Courses	523817	1377911	661748	372488
成人本专科	Undergraduate in Adult HEIs	308099	637355	396946	205296
本　科	Normal Courses	145076	315923	189267	107186
专　科	Short-cycle Courses	163023	321432	207679	98110
网络本专科生	Web-based Undergraduates	21773	92738	44779	32969
本　科	Normal Courses	21773	76927	38583	22144
专　科	Short-cycle Courses		15811	6196	10825
中等教育	**Secondary Education**	**3090633**	**8661665**	**3886915**	**2767160**
高中阶段教育	Senior Secondary Education	1412073	3864669	**1696458**	1188293
普通高中	Regular Senior Secondary Schools	851108	2376877	1188622	717596
完全中学	Combined Secondary Schools	98584	283512	139717	87107
高级中学	Regular High Schools	676321	1912998	965754	592309
十二年一贯制学校	12-Year Schools	69145	160508	73623	32480
附设普通高中班	Attached Ordinary High School Class	7058	19859	9528	5700
中等职业教育	Secondary Vocational Education	560965	1487792	507836	470697
普通中专	Regular Specialized Secondary Schools	442530	1180043	507836	355674
技工学校	Skilled Workers Schools	118435	307749		115023
初中阶段教育	Junior Secondary Education	1678560	4796996	2190457	1578867
初中	Junior Secondary Schools	1674427	4791855	2189085	1575964
初级中学	Regular Junior Secondary Schools	1254230	3587572	1677415	1203721
九年一贯制学校	9-Year Schools	313810	893423	377036	267396
十二年一贯制学校	12-Year Schools	46909	134402	55772	44349
完全中学	Combined Secondary Schools	57442	168500	75413	56466
附设普通初中班	Supporting Regular Junior Secondary Schools	2036	7958	3449	4032
成人初中	Adult Junior Secondary Schools	4133	5141	1372	2903
初等教育	**Primary Education**	**1629409**	**10119016**	**4727911**	**1676832**
普通小学	Regular Primary Schools	1629255	10118713	4727784	1676746
小学	Primary Schools	1320681	8189053	3856407	1341661
小学教学点	Primary Schools Teaching Point	125643	611308	297146	62299
附设小学班	Attached Primary Schools Classes	3260	62091	29147	39784
九年一贯制学校	9-Year Schools	162845	1129366	493766	208468
十二年一贯制学校	12-Year Schools	16826	126895	51318	24534
成人小学	Adult Primary Schools	154	303	127	86
专门学校	**Correctional Work-Study Schools**	**81**	**218**		**48**
特殊教育	**Special Education Schools**	**10024**	**68013**	**25801**	**6981**
学前教育	**Pre-school Education Institutions**	**997365**	**3994784**	**1911688**	**1509297**

22-9 分学科研究生层次学生情况(2021年)

Number of Postgraduate Students by Academic Field (2021)

单位：人 (person)

项　目	Item	招生数 Entrants	硕士 Master's Degree	博士 Doctor's Degree	在校学生数 Enrolment	硕士 Master's Degree	博士 Doctor's Degree	毕业生数 Graduates	硕士 Master's Degree	博士 Doctor's Degree
分学科研究生数(总计)	**Total**	**30546**	**29345**	**1201**	**79744**	**75137**	**4607**	**17397**	**16861**	**536**
#女生	Female	17345	16724	621	45706	43370	2336	10618	10359	259
学术型学位	Academic Degree	11149	10121	1028	31185	27005	4180	6813	6286	527
专业学位	Professional Degree	19397	19224	173	48559	48132	427	10584	10575	9
哲　学	Philosophy	84	84		278	278		82	82	
经济学	Economics	824	813	11	1834	1775	59	444	439	5
法　学	Law	1548	1494	54	4089	3868	221	873	860	13
教育学	Education	3116	3073	43	7634	7499	135	2020	2016	4
文　学	Literature	1149	1105	44	2802	2616	186	771	751	20
历史学	History	388	362	26	1121	989	132	275	251	24
理　学	Science	2672	2394	278	6949	5942	1007	1339	1231	108
工　学	Engineering	9016	8645	371	23878	22385	1493	4554	4391	163
农　学	Agriculture	2250	2162	88	6007	5648	359	1074	1018	56
医　学	Medicine	4749	4497	252	12758	11949	809	3001	2878	123
军事学	Military Science									
管理学	Administrators	3888	3856	32	10112	9912	200	2401	2381	20
艺术学	Art	862	860	2	2282	2276	6	563	563	0
分学科研究生数(普通高校)	**Regular HEIs**	**30464**	**29266**	**1198**	**79505**	**74912**	**4593**	**17352**	**16818**	**534**
#女生	Female	17326	16705	621	45650	43315	2335	10605	10346	259
学术型学位	Academic Degree	11067	10042	1025	30946	26780	4166	6768	6243	525
专业学位	Professional Degree	19397	19224	173	48559	48132	427	10584	10575	9
哲　学	Philosophy	84	84		278	278		82	82	
经济学	Economics	824	813	11	1834	1775	59	444	439	5
法　学	Law	1548	1494	54	4089	3868	221	873	860	13
教育学	Education	3116	3073	43	7634	7499	135	2020	2016	4
文　学	Literature	1149	1105	44	2802	2616	186	771	751	20
历史学	History	388	362	26	1121	989	132	275	251	24
理　学	Science	2672	2394	278	6946	5939	1007	1339	1231	108
工　学	Engineering	8937	8569	368	23649	22170	1479	4509	4348	161
农　学	Agriculture	2250	2162	88	6007	5648	359	1074	1018	56
医　学	Medicine	4749	4497	252	12758	11949	809	3001	2878	123
军事学	Military Science									
管理学	Administrators	3885	3853	32	10105	9905	200	2401	2381	20
艺术学	Art	862	860	2	2282	2276	6	563	563	

22-10 分学科本科层次学生情况(2021年)

Number of Undergraduate Students by Academic Field (2021)

单位：人 (person)

项 目	Item	普通本科 Ordinary Undergraduates			成人本科 Adult Undergraduates			网络本科 Web-based Undergraduates		
		招生数 Entrants	在校学生数 Enrolment	毕业生数 Graduates	招生数 Entrants	在校学生数 Enrolment	毕业生数 Graduates	招生数 Entrants	在校学生数 Enrolment	毕业生数 Graduates
总 计	**Total**	**365557**	**1299765**	**305896**	**145076**	**315923**	**107186**	**21773**	**76927**	**22144**
#女生	Female	202404	716421	174125	85508	189267	70072	10660	38583	12212
哲 学	Philosophy	135	375	48						
经济学	Economics	15977	63415	14949	2191	4370	1697	578	2296	827
法 学	Law	11280	44496	10924	7268	13907	4240	1630	4655	1129
教育学	Education	22225	73664	15328	20432	39555	12901	1608	5418	1018
文 学	Literature	30035	112377	25819	9344	20088	8072	1235	3709	840
历史学	History	1975	6902	1389	141	306	100			
理 学	Science	19568	75829	17621	2898	6107	2954		31	29
工 学	Engineering	130844	454725	97217	32159	62364	20524	7059	25886	6722
农 学	Agriculture	7995	27825	6665	1698	3101	862			
医 学	Medicine	20545	82351	23058	32861	91277	33223	3298	13219	5823
管理学	Administrators	67448	225073	61590	35164	72960	21854	6365	21713	5756
艺术学	Art	37530	132733	31288	920	1888	759			

22-11 分学科职业本专科、成人专科、网络专科层次学生情况(2021年)

Number of Students in College by Acdemic Field (2021)

单位：人 (person)

项　目	Item	高职专科 Higher Vocational College			职业本科 Vocational Undergraduate		
		招生数 Entrants	在校学生数 Enrolment	毕业生数 Graduates	招生数 Entrants	在校学生数 Enrolment	毕业生数 Graduates
总　计	**Total**	**523817**	**1377911**	**372488**	**3851**	**8764**	
#女生	Female	244834	661748	191087	2192	5095	
农林牧渔大类	Agriculture, Forestry, Husbandry and Fishing	5652	15114	4248			
资源环境与安全大类	Resources and Environment	6888	16508	3694			
能源动力与材料大类	Energy and Material	3262	8894	2990			
土木建筑大类	Civil Engineering	39692	100830	25538	220	619	
水利大类	Water Resources	1390	3752	1025			
装备制造大类	Manufacturing	53372	126463	32974	371	893	
生物与化工大类	Biology and Chemstry	1889	4847	1429			
轻工纺织大类	Light lndustry and Textile	1425	3959	883			
食品药品与粮食大类	Medicine, Food and Grain	6254	15064	4214			
交通运输大类	Transportation and Communication	29488	80560	24314	66	163	
电子信息大类	Electronic Information	100801	245838	57576	924	2057	
医药卫生大类	Medicine and Health	80222	228508	59571	911	1854	
财经商贸大类	Finance and Business	79877	218747	65086	396	978	
旅游大类	Tourism	14162	36137	11614			
文化艺术大类	Culture and Arts	30696	82607	22084	405	868	
新闻传播大类	Journalistic Communication	4061	10650	3095			
教育与体育大类	Education and Sport	57210	157332	44404	558	1332	
公安与司法大类	Public Security and Law	3812	11369	4615			
公共管理与服务大类	Public Adminlstration and Service	3664	10732	3134			

22-11 续表 continued

单位：人 (person)

项 目	Item	成人专科 Adult College			网络专科 Web-based College		
		招生数 Entrants	在校学生数 Enrolment	毕业生数 Graduates	招生数 Entrants	在校学生数 Enrolment	毕业生数 Graduates
总 计	**Total**	**163023**	**321432**	**98110**		**15811**	**10825**
#女生	Female	105032	207679	62539		6196	4409
农林牧渔大类	Agriculture, Forestry, Husbandry and Fishing	1575	2995	1183			
资源环境与安全大类	Resources and Environment	1253	2284	792			
能源动力与材料大类	Energy and Material	308	655	403		339	168
土木建筑大类	Civil Engineering	15772	29279	8213		928	824
水利大类	Water Resources	853	1666	186			
装备制造大类	Manufacturing	8025	16108	5322		2574	2183
生物与化工大类	Biology and Chemstry	1619	1985	155			
轻工纺织大类	Light Industry and Textile	4	4				
食品药品与粮食大类	Medicine, Food and Grain	1005	1431	252			
交通运输大类	Transportation and Communication	1281	3245	1684			
电子信息大类	Electronic Information	11355	22305	6676		1929	1299
医药卫生大类	Medicine and Health	13065	29066	8739		1397	1087
财经商贸大类	Finance and Business	53562	106388	30635		5735	3857
旅游大类	Tourism	880	1805	530		425	116
文化艺术大类	Culture and Arts	194	382	168		13	63
新闻传播大类	Journalistic Communication			6			
教育与体育大类	Education and Sport	40344	80130	25513		768	364
公安与司法大类	Public Security and Law	2335	3627	1127		627	188
公共管理与服务大类	Public Adminlstration and Service	9593	18077	6526		1076	676

注：2021年网络专科停止招生。
a) The web-based colleges stop the enrollmen in 2021.

22-12 中等职业学校分学科学生情况(2021年)

Number of Students in Secondary Vocational Schools by Field (2021)

单位：人 (person)

项　目	Item	招生数 Entrants	在校学生数 Enrolment	毕业生数 Graduates	#获得职业资格证书 Recipients of Vocational Qualifications
总　计	**Total**	**442530**	**1180043**	**355674**	**164577**
#女生	Female	187966	507836	159724	74143
农林牧渔大类	Agriculture, Forestry, Husbandry & Fisheries	20773	60946	28241	14951
资源环境与安全大类	Resources and Environment	6660	13406	3379	1382
能源动力与材料大类	Energy and Materials	1335	3147	1032	643
土木建筑大类	Civil Engineering	18466	45952	10985	4026
水利大类	Water Conservancy	479	960	395	384
装备制造大类	Equipment Manufacturing	32875	88124	25170	9924
生物与化工大类	Biology and Chemical Engineering	1278	1984	474	190
轻工纺织大类	Textile Industry	2111	6233	2372	1400
食品药品与粮食大类	Food, Medicine and Grain	1431	2874	1310	382
交通运输大类	Transportation	41401	121433	40365	20939
电子与信息大类	Electronics and Information	95162	243494	68739	34439
医药卫生大类	Medicine and Health	29717	76837	23798	8797
财经商贸大类	Finance and Trade	50454	138131	45306	19005
旅游大类	Tourism	17641	51365	12887	5961
文化艺术大类	Culture and Arts	47340	125502	30805	12997
新闻传播大类	Journalism and Communication	8576	14970	3008	1331
教育与体育大类	Education and Sports	64474	172937	52203	24014
公安与司法大类	Public Security and Justice	177	389	160	
公共管理与服务大类	Public Administration and Services	2180	11359	5045	3812

注：本表数据不含技工学校有关数据。
a) Data in this table unclude data of technical school.

22-13 进城务工子女和农村留守儿童在校情况(2021年)

Statistics on Children of Migrant Workers and Rural Left-behind Children in Schools (2021)

单位：人 (person)

项　目	Item	普通小学 Regular Primary School				初　中 Junior Middle School			
		毕业生数 Graduates	招生数 Entrants	在校生数 Enrolment	#女生 Female	毕业生数 Graduates	招生数 Entrants	在校生数 Enrolment	#女生 Female
进城务工人员随迁子女	Children Living with the Rural Migrant Workers in Cities	68229	77393	465771	210697	57846	66656	198391	88198
#外省迁入	Move from Other Provinces	5951	6958	41972	18873	4584	4624	13833	5962
本省外县迁入	Move from Other Counties	62278	70435	423799	191824	53262	62032	184558	82236
农村留守儿童	Rural Left-behind Children	144817	147485	1078983	498835	154533	174778	516572	239001

22-14 各市普通、职业高等学校情况(2021年)

Basic Statistics on Regular Institutions of Higher Education by City (2021)

单位：人 (person)

地 区 Region	学校数(所) Schools (unit)	教职工数 Educational Personnel	招生数 Entrants	专科 Junior College Student	本科 Undergraduate	在校学生数 Enrolment	专科 Junior College Student	本科 Undergraduate
全 省 Total	**156**	**183980**	**893225**	**523817**	**369408**	**2686440**	**1377911**	**1308529**
郑 州 市 Zhengzhou	68	85455	410321	226148	184173	1273840	615130	658710
开 封 市 Kaifeng	6	4273	27873	23178	4695	73503	55705	17798
洛 阳 市 Luoyang	8	10346	47920	22399	25521	150945	59176	91769
平 顶 山 市 Pingdingshan	7	5783	28082	17562	10520	83930	44436	39494
安 阳 市 Anyang	7	7997	41571	21730	19841	120148	57281	62867
鹤 壁 市 Hebi	3	1614	10978	10978		26365	26365	
新 乡 市 Xinxiang	11	13941	63010	22692	40318	194816	57578	137238
焦 作 市 Jiaozuo	6	7526	35613	20346	15267	109976	56387	53589
濮 阳 市 Puyang	3	2085	11994	11994		29867	29867	
许 昌 市 Xuchang	4	4134	25592	19013	6579	68762	45686	23076
漯 河 市 Luohe	3	6687	15271	15271		45228	45228	
三 门 峡 市 Sanmenxia	2	1766	12537	12537		31590	31590	
南 阳 市 Nanyang	7	8665	44351	30571	13780	125663	76053	49610
商 丘 市 Shangqiu	6	8639	44217	26241	17976	133378	68881	64497
信 阳 市 Xinyang	7	6865	30720	15454	15266	92732	34195	58537
周 口 市 Zhoukou	4	4199	22394	11531	10863	64026	31127	32899
驻 马 店 市 Zhumadian	3	2855	13921	9312	4609	42505	24060	18445
济源示范区 Jiyuan	1	1150	6860	6860		19166	19166	

22-14 续表 continued

单位：人 (person)

地 区 Region	毕业生数 Graduates	专科 Junior College Student	本科 Undergraduate	授予学位数 Degrecs Conferred	预计毕业生数 Estimated for Next Year	专科 Junior College Student	本科 Undergraduate
全 省 Total	**678384**	**372488**	**305896**	**304875**	**794745**	**447648**	**347097**
郑 州 市 Zhengzhou	322622	168012	154610	154125	379674	201020	178654
开 封 市 Kaifeng	20797	16421	4376	4376	23049	18961	4088
洛 阳 市 Luoyang	38013	15762	22251	22276	42178	17532	24646
平 顶 山 市 Pingdingshan	21843	12617	9226	9119	23832	13573	10259
安 阳 市 Anyang	28908	14135	14773	14753	37169	19628	17541
鹤 壁 市 Hebi	7264	7264			7826	7826	
新 乡 市 Xinxiang	48499	15860	32639	32544	55648	20243	35405
焦 作 市 Jiaozuo	30240	18104	12136	12020	32562	19773	12789
濮 阳 市 Puyang	6492	6492			9327	9327	
许 昌 市 Xuchang	16884	11535	5349	5340	20318	14261	6057
漯 河 市 Luohe	13038	13038			15251	15251	
三 门 峡 市 Sanmenxia	6289	6289			8536	8536	
南 阳 市 Nanyang	29196	17840	11356	11334	37173	23928	13245
商 丘 市 Shangqiu	34317	19390	14927	14946	40192	21558	18634
信 阳 市 Xinyang	25396	11369	14027	13949	24965	10815	14150
周 口 市 Zhoukou	14667	8592	6075	6062	17771	10658	7113
驻 马 店 市 Zhumadian	8985	4834	4151	4031	12909	8393	4516
济源示范区 Jiyuan	4934	4934			6365	6365	

22-15 各市普通高中情况(2021年)

Statistics on Regular Senior Secondary Schools by City (2021)

单位：人 (person)

地 区 Region	学校数(所) Number of Schools (unit)	教职工数 Teachers and Staff	#专任教师 Full-time Teachers	招生数 Entrants	在校学生数 Enrolment	#女生 Female	毕业生数 Graduates
全 省 Total	**970**	**217511**	**191463**	**851108**	**2376877**	**1188622**	**717596**
郑 州 市 Zhengzhou	134	22215	18944	80426	225925	112382	67638
开 封 市 Kaifeng	52	9600	8401	47122	135794	67715	40420
洛 阳 市 Luoyang	83	15553	13928	51746	150805	79674	48915
平 顶 山 市 Pingdingshan	47	9989	8827	47330	124552	64074	32327
安 阳 市 Anyang	69	12963	10799	51732	136928	68690	37437
鹤 壁 市 Hebi	19	4165	3379	13522	38295	18643	12011
新 乡 市 Xinxiang	74	15432	12571	53978	148567	74423	39744
焦 作 市 Jiaozuo	32	7078	6198	24030	72008	35790	25105
濮 阳 市 Puyang	42	9272	7676	31413	89522	45267	26795
许 昌 市 Xuchang	38	9150	8367	36506	97253	47977	26188
漯 河 市 Luohe	18	4097	3550	17795	50059	25482	15436
三 门 峡 市 Sanmenxia	21	4871	4186	13221	38781	20450	13388
南 阳 市 Nanyang	118	25113	22706	111300	286632	143329	75258
商 丘 市 Shangqiu	39	13900	12232	60008	169522	84301	51797
信 阳 市 Xinyang	71	16492	15038	69574	201796	94024	64017
周 口 市 Zhoukou	61	18882	16989	72801	217481	108550	80300
驻 马 店 市 Zhumadian	45	17386	16433	63259	176979	89772	55678
济 源 示 范 区 Jiyuan	7	1353	1239	5345	15978	8079	5142

22−16 各市中等职业学校情况(2021年)

Statistics on Secondary Vocational Schools by City (2021)

单位：人 (person)

地区 Region	学校数(所) Number of Schools (unit)	教职工数 Teachers and Staff	#专任教师 Full-time Teachers	#双师型教师 Double-qualified teachers	招生数 Entrants	在校学生数 Enrolment	毕业生数 Graduates	#获得职业资格证书 With Professional Qualification Certificates	预计毕业生数 Estimated Graduates for Next Year
全省 Total	**537**	**57525**	**47890**	**12485**	**442530**	**1180043**	**355674**	**164577**	**375845**
郑州市 Zhengzhou	109	14294	10777	2858	130488	353351	104737	46363	116665
开封市 Kaifeng	27	2196	1794	509	18643	43621	11777	8367	13764
洛阳市 Luoyang	36	3787	3295	752	35022	98260	30547	13410	32535
平顶山市 Pingdingshan	22	2163	1784	419	19356	48381	15214	2083	13306
安阳市 Anyang	15	2520	2224	693	18286	48926	12498	4516	13900
鹤壁市 Hebi	5	763	677	243	6224	17846	4877	848	6173
新乡市 Xinxiang	27	3042	2660	834	24854	66172	17414	6339	19481
焦作市 Jiaozuo	22	2133	1779	566	12211	30756	8777	2812	9317
濮阳市 Puyang	19	1976	1618	383	14250	41365	12326	6499	13131
许昌市 Xuchang	25	2306	2104	634	14957	39720	10601	3414	11788
漯河市 Luohe	20	2046	1821	469	11599	34288	7260	3634	11161
三门峡市 Sanmenxia	18	1272	1094	326	4418	12447	4075	1596	3876
南阳市 Nanyang	79	5734	4784	1113	40082	104755	31417	11332	33111
商丘市 Shangqiu	29	3324	2827	667	20574	56714	17478	11371	17210
信阳市 Xinyang	26	3363	2965	655	22901	64487	22781	15785	21126
周口市 Zhoukou	29	3445	2964	679	20448	54215	17452	8833	17818
驻马店市 Zhumadian	26	2654	2342	576	25870	58794	24962	16825	19872
济源示范区 Jiyuan	3	507	381	109	2347	5945	1481	550	1611

注：本表数据不含技工学校有关数据。
a) Data in this table unclude data of technical school.

22-17 各市普通初中教育情况(2021年)

Statistics on Regular Junior Secondary Schools by City (2021)

地 区 Region	学校数(所) Schools (unit)	专任教师(人) Full-time Teachers (person)	#女性 Female	#城镇 Urban	乡 村 Rural Area	#学历合格高一级教师 The Degree Higher Qualified Teachers
全 省 Total	**4726**	**395991**	**277665**	**322143**	**73848**	**10683**
郑 州 市 Zhengzhou	404	39448	29441	35476	3972	4727
开 封 市 Kaifeng	231	17917	12911	14291	3626	338
洛 阳 市 Luoyang	325	24601	17149	22064	2537	1024
平 顶 山 市 Pingdingshan	238	19463	13877	14138	5325	238
安 阳 市 Anyang	268	20417	14581	15691	4726	277
鹤 壁 市 Hebi	59	5238	3608	4907	331	120
新 乡 市 Xinxiang	341	22054	16169	16105	5949	713
焦 作 市 Jiaozuo	188	12570	9163	10645	1925	159
濮 阳 市 Puyang	160	16353	12055	13940	2413	380
许 昌 市 Xuchang	204	17942	12990	14919	3023	303
漯 河 市 Luohe	110	9754	7060	8235	1519	148
三 门 峡 市 Sanmenxia	115	7594	5020	6250	1344	74
南 阳 市 Nanyang	475	47880	33885	41813	6067	597
商 丘 市 Shangqiu	426	31177	20731	22945	8232	321
信 阳 市 Xinyang	333	29357	17890	21419	7938	495
周 口 市 Zhoukou	494	40879	29186	32158	8721	372
驻 马 店 市 Zhumadian	322	30811	20235	24783	6028	311
济 源 示 范 区 Jiyuan	33	2536	1714	2364	172	86

22-17 续表 continued

地 区 Region	在校学生数(人) Enrolment (person)	#女性 Female	#城镇 Urban	乡村 Rural Area	校舍建筑面积(平方米) Architectural Area of the Building (Square meters)	教学及辅助用房面积(平方米) Teaching and Auxiliary Area (Square meters)	城镇 Urban	乡村 Rural Area
全 省 Total	**4791855**	**2189085**	**4008105**	**783750**	**66051275**	**23970355**	**19547556**	**4422799**
郑 州 市 Zhengzhou	463226	200257	421951	41275	7823987	2781647	2486504	295143
开 封 市 Kaifeng	226141	102298	185377	40764	3081645	1128816	918728	210088
洛 阳 市 Luoyang	287892	136759	262969	24923	4364335	1548053	1383331	164722
平 顶 山 市 Pingdingshan	257637	120142	188658	68979	2999503	1021838	722031	299808
安 阳 市 Anyang	298733	135546	238374	60359	3133875	1231374	957747	273627
鹤 壁 市 Hebi	71438	32014	68355	3083	1012531	358623	335303	23320
新 乡 市 Xinxiang	301423	134160	236710	64713	4067965	1671812	1225645	446167
焦 作 市 Jiaozuo	124211	57174	109224	14987	2122514	701408	591128	110280
濮 阳 市 Puyang	214828	97968	186866	27962	2380974	926116	802736	123380
许 昌 市 Xuchang	203380	92266	168387	34993	3106078	1091936	919397	172539
漯 河 市 Luohe	103424	47096	89550	13874	1631623	575461	499372	76089
三 门 峡 市 Sanmenxia	77304	37318	66402	10902	1497020	524702	422754	101948
南 阳 市 Nanyang	614710	285381	535791	78919	7533283	2669540	2330862	338679
商 丘 市 Shangqiu	365835	168541	287336	78499	4768188	2046863	1489091	557772
信 阳 市 Xinyang	334183	151056	263371	70812	4442875	1662185	1263463	398722
周 口 市 Zhoukou	439335	204206	355685	83650	6760262	2153282	1702386	450896
驻 马 店 市 Zhumadian	381525	174456	317754	63771	4839612	1738988	1368273	370715
济源示范区 Jiyuan	26630	12447	25345	1285	485006	137711	128806	8904

22−18 各市普通小学教育情况(2021年)

Statistics on Regular Junior Secondary Schools by City (2021)

地 区 Region	学校数(所) Schools (unit)	专任教师(人) Full-time Teachers (person)	#女性 Female	#城镇 Urban	乡 村 Rural Area	#学历合格高一级教师 The Degree Higher Qualified Teachers
全 省 Total	**17500**	**548163**	**422511**	**330418**	**217745**	**394056**
郑 州 市 Zhengzhou	981	54843	46316	46135	8708	48740
开 封 市 Kaifeng	808	26814	21177	15509	11305	17215
洛 阳 市 Luoyang	756	30394	23069	22659	7735	24433
平 顶 山 市 Pingdingshan	1148	27828	21853	16338	11490	16788
安 阳 市 Anyang	1224	29491	23836	17296	12195	23159
鹤 壁 市 Hebi	296	7954	6242	5660	2294	6937
新 乡 市 Xinxiang	1252	29807	24647	18158	11649	22499
焦 作 市 Jiaozuo	512	15806	12490	11126	4680	11979
濮 阳 市 Puyang	760	22293	17799	13048	9245	16425
许 昌 市 Xuchang	805	22406	17141	13249	9157	14268
漯 河 市 Luohe	431	10026	7652	6115	3911	7772
三 门 峡 市 Sanmenxia	227	9537	6973	7405	2132	7687
南 阳 市 Nanyang	1668	59457	44321	35982	23475	37925
商 丘 市 Shangqiu	1769	48120	34832	25329	22791	27794
信 阳 市 Xinyang	1032	40737	30375	22150	18587	29848
周 口 市 Zhoukou	1813	58284	42691	27193	31091	37363
驻 马 店 市 Zhumadian	1933	51906	39248	25014	26892	40943
济 源 示 范 区 Jiyuan	85	2460	1849	2052	408	2281

22-18 续表 continued

地 区 Region	在校学生数(人) Enrolment (person)	#女性 Female	#城镇 Urban	乡村 Rural Area	校舍建筑面积(平方米) Architectural Area of the Building (Square meters)	教学及辅助用房面积(平方米) Teaching and Auxiliary Area (Square meters)	城镇 Urban	乡村 Rural Area
全 省 Total	**10118713**	**4727784**	**7187426**	**2931287**	**76966887**	**41465345**	**22792938**	**18672407**
郑 州 市 Zhengzhou	1059940	488904	907989	151951	8024624	3606492	2933627	672866
开 封 市 Kaifeng	504334	233171	342981	161353	3450578	1915891	1073744	842147
洛 阳 市 Luoyang	622237	299945	516734	105503	4804460	2349525	1556290	793235
平 顶 山 市 Pingdingshan	527797	249051	346463	181334	3800757	1967967	1036798	931170
安 阳 市 Anyang	599783	277704	400020	199763	3890501	2352545	1162774	1189771
鹤 壁 市 Hebi	149980	69682	121148	28832	1213925	652969	431650	221319
新 乡 市 Xinxiang	637457	293898	438671	198786	4505867	2801607	1521782	1279826
焦 作 市 Jiaozuo	281246	133516	230635	50611	2064410	1015396	707611	307785
濮 阳 市 Puyang	431166	199034	302969	128197	2978327	1752286	958317	793969
许 昌 市 Xuchang	425393	198003	299006	126387	3197954	1661734	919141	742593
漯 河 市 Luohe	210477	98850	159044	51433	1531355	745800	427741	318059
三 门 峡 市 Sanmenxia	156588	75656	131131	25457	1474595	661937	467349	194588
南 阳 市 Nanyang	1127682	522762	820831	306851	9427514	4905248	2600224	2305024
商 丘 市 Shangqiu	900551	421833	564806	335745	6416918	4132781	2114316	2018464
信 阳 市 Xinyang	663673	304810	465998	197675	5054196	2864084	1453788	1410296
周 口 市 Zhoukou	973372	463370	586565	386807	7945586	3881311	1577837	2303474
驻 马 店 市 Zhumadian	787754	369413	497797	289957	6745320	4006459	1696236	2310223
济源示范区 Jiyuan	59283	28182	54638	4645	440000	191312	153713	37599

22-19　各市特殊教育情况(2021年)

Statistics on Special Education by City (2021)

单位：人　　(person)

地　区　Region	学校数(所) Number of Schools (unit)	专任教师 Full-time Teachers	#女性 Female	招生数 Entrants	在校学生数 Enrolment	#女生 Female	毕业生数 Graduates
全　省 Total	**150**	**4494**	**3406**	**10024**	**68013**	**25801**	**6981**
郑　州　市 Zhengzhou	13	492	414	797	4727	1707	623
开　封　市 Kaifeng	9	194	163	406	2812	1063	273
洛　阳　市 Luoyang	14	333	244	684	4566	1819	553
平 顶 山 市 Pingdingshan	9	261	204	537	4255	1695	413
安　阳　市 Anyang	8	225	172	742	4102	1518	659
鹤　壁　市 Hebi	2	48	32	187	1177	446	200
新　乡　市 Xinxiang	8	247	195	752	4829	1878	605
焦　作　市 Jiaozuo	8	160	104	284	2073	769	251
濮　阳　市 Puyang	7	189	147	360	2746	1037	243
许　昌　市 Xuchang	6	142	103	306	2059	698	195
漯　河　市 Luohe	6	126	104	321	1795	740	223
三 门 峡 市 Sanmenxia	5	120	94	227	1487	578	186
南　阳　市 Nanyang	14	408	297	1093	8276	3089	612
商　丘　市 Shangqiu	10	423	334	772	5294	2001	365
信　阳　市 Xinyang	10	252	177	668	4708	1804	398
周　口　市 Zhoukou	10	459	315	781	5837	2170	389
驻 马 店 市 Zhumadian	10	353	261	978	6739	2597	699
济源示范区 Jiyuan	1	62	46	129	531	192	94

22-20 各市技工学校基本情况(2021年)
Basic Statistics on Technical Schools by City (2021)

单位：人 (person)

地区 Region	学校数(所) Number of Schools (unit)	在职教职工数 Teachers and Staff	在校学生数 Student Enrollment	招生数 New Student Enrollment	毕业生数 Graduates
全省 Total	**95**	**12767**	**307749**	**118435**	**115023**
郑州市 Zhengzhou	18	2721	101257	39112	37963
开封市 Kaifeng	8	1233	39877	15868	13444
洛阳市 Luoyang	9	614	17111	4164	5311
平顶山市 Pingdingshan	8	1126	23623	7968	9128
安阳市 Anyang	4	241	3844	765	1794
鹤壁市 Hebi	2	475	6776	2181	1912
新乡市 Xinxiang	5	951	17950	6530	6678
焦作市 Jiaozuo	4	626	8008	2904	3109
濮阳市 Puyang	4	462	7588	2584	1969
许昌市 Xuchang	2	671	5154	2093	2415
漯河市 Luohe	3	411	11571	2949	2555
三门峡市 Sanmenxia	4	511	12326	5307	5103
南阳市 Nanyang	10	548	8262	5077	2335
商丘市 Shangqiu	4	374	7112	3078	3237
信阳市 Xinyang	2	196	2063	1522	196
周口市 Zhoukou	2	747	14861	6543	3782
驻马店市 Zhumadian	4	690	16812	8060	7592
济源示范区 Jiyuan	2	170	3554	1730	6500

22-21 各市学前教育情况(2021年)

Statistics on Pre-school Education by City (2021)

地 区 Region	幼儿园数(所) Number of Kindergartens (unit)	专任教师数(人) Full-time Teachers (person)	#女性 Female	在园幼儿数(人) Student Enrollment (person)	#女童 Girl	#公办幼儿园 Public Kindergartens
全 省 Total	**24365**	**236166**	**234048**	**3994784**	**1911688**	**674250**
郑 州 市 Zhengzhou	1926	34413	33961	454526	215339	78797
开 封 市 Kaifeng	1293	11700	11630	194984	93051	30557
洛 阳 市 Luoyang	1411	16847	16788	276702	134027	47296
平 顶 山 市 Pingdingshan	1659	12890	12776	214531	102545	34741
安 阳 市 Anyang	1751	11863	11786	208148	100681	29494
鹤 壁 市 Hebi	462	3484	3455	56700	27472	10654
新 乡 市 Xinxiang	2031	15497	15409	245943	117294	35006
焦 作 市 Jiaozuo	856	8883	8818	143822	69786	22414
濮 阳 市 Puyang	1139	9517	9473	162430	77075	31096
许 昌 市 Xuchang	1196	11405	11344	176975	85730	13518
漯 河 市 Luohe	574	5520	5464	93933	45299	17847
三 门 峡 市 Sanmenxia	449	5506	5462	80650	39129	14203
南 阳 市 Nanyang	2336	19430	19218	357147	168012	79338
商 丘 市 Shangqiu	1779	19287	19123	356162	170183	57627
信 阳 市 Xinyang	1616	14089	13877	252598	118383	44115
周 口 市 Zhoukou	2412	19922	19718	390780	189530	71844
驻 马 店 市 Zhumadian	1281	13974	13828	295731	142086	47832
济 源 示 范 区 Jiyuan	194	1939	1918	33022	16066	7871

22-22 各市各级普通学校生师比(2021年)

Student-Teacher Ratio by Level of Regular Schools by City (2021)

(教师人数=1) (Number of Teachers =1)

地 区	Region	普通小学 Primary School	初 中 Junior Secondary School	普通高中 Regular Senior Secondary School	中等职业学校 Secondary Vocational School
全 省	**Total**	**16.70**	**13.66**	**14.46**	**22.87**
郑 州 市	Zhengzhou	17.43	13.21	13.06	28.83
开 封 市	Kaifeng	16.88	14.56	18.61	22.99
洛 阳 市	Luoyang	17.73	13.05	13.41	26.80
平 顶 山 市	Pingdingshan	17.47	14.66	14.97	26.29
安 阳 市	Anyang	18.53	15.65	15.48	17.97
鹤 壁 市	Hebi	17.83	13.67	13.70	20.82
新 乡 市	Xinxiang	18.65	14.79	15.81	22.72
焦 作 市	Jiaozuo	15.38	11.76	13.27	16.26
濮 阳 市	Puyang	17.25	14.63	14.42	26.03
许 昌 市	Xuchang	16.04	13.56	13.44	18.22
漯 河 市	Luohe	17.25	13.54	14.21	20.69
三 门 峡 市	Sanmenxia	14.56	11.35	10.30	10.98
南 阳 市	Nanyang	17.17	14.24	14.79	21.61
商 丘 市	Shangqiu	17.15	13.37	16.22	17.78
信 阳 市	Xinyang	15.28	12.41	15.05	20.64
周 口 市	Zhoukou	15.06	13.57	14.32	18.09
驻 马 店 市	Zhumadian	14.89	13.08	13.28	24.91
济 源 示 范 区	Jiyuan	20.50	12.66	12.90	12.41

22-23 各市每十万人口各级学校平均在校生数(2021年)

Number of Average Students Enrollment by Level of school per 10 0000 Population by City (2021)

单位：人 (person)

地 区 Region	学前教育 Pre-school Education	小 学 Primary School	初中阶段 Junior Secondary School	高中阶段 Senior Secondary School
全 省 Total	**4042.08**	**10238.50**	**4848.58**	**3910.42**
郑 州 市 Zhengzhou	3567.15	8318.47	3635.43	5340.86
开 封 市 Kaifeng	4076.60	10544.30	4728.02	4584.82
洛 阳 市 Luoyang	3914.30	8802.33	4072.60	3765.40
平 顶 山 市 Pingdingshan	4318.26	10623.93	5185.93	3956.44
安 阳 市 Anyang	3838.24	11059.99	5508.63	3498.03
鹤 壁 市 Hebi	3606.87	9540.71	4544.40	4002.35
新 乡 市 Xinxiang	3985.46	10329.88	4884.51	3770.69
焦 作 市 Jiaozuo	4082.37	7983.14	3525.72	3144.25
濮 阳 市 Puyang	4338.41	11516.19	5737.93	3698.58
许 昌 市 Xuchang	4038.68	9707.74	4641.26	3243.43
漯 河 市 Luohe	3960.08	8873.40	4360.20	4043.76
三 门 峡 市 Sanmenxia	3957.31	7683.42	3793.13	3118.45
南 阳 市 Nanyang	3709.08	11711.31	6383.94	4150.47
商 丘 市 Shangqiu	4611.71	11660.64	4736.95	3021.47
信 阳 市 Xinyang	4083.38	10728.63	5402.25	4337.96
周 口 市 Zhoukou	4414.10	10994.83	4962.56	3236.83
驻 马 店 市 Zhumadian	4272.33	11380.44	5511.77	3649.02
济 源 示 范 区 Jiyuan	4523.56	8120.96	3647.95	3490.00

22－24　各市教育经费情况(2021年)

Basic Statistics on Educational Funds by City (2021)

单位：万元　　(10 000 yuan)

地　区　Region	合　计 Total	国家财政性教育经费 Government Appropriation for Education	#一般公共预算教育经费 General Public Budget Expenditure on Education	民办学校中举办者投入 Funds from Runners of Private Schools	捐赠收入 Donations and Fund Raising for Running Schools	事业收入 Income from Teahing Research and other Auxiliary Activity	学费 Tuition	其他教育经费 Other Educational Funds
全　　省 Total	**27674810**	**20831756**	**17430919**	**230999**	**22411**	**6307523**	**5347948**	**282120**
省　本　级 Provincial Level	5265666	3084921	2557628		7853	1951483	1538757	221409
郑　州　市 Zhengzhou	3593633	2778251	2330243	40236	6942	751198	680097	17007
开　封　市 Kaifeng	1029123	772673	649104	1703	495	251757	221702	2494
洛　阳　市 Luoyang	1483930	1208924	1083502	8498	172	263296	228916	3042
平顶山市 Pingdingshan	932022	718376	593305	20608	370	188705	168316	3964
安　阳　市 Anyang	1144978	895704	712020	4046	256	243041	225764	1931
鹤　壁　市 Hebi	377791	299717	250732	1426	991	74999	65959	658
新　乡　市 Xinxiang	1336299	997343	840700	24207	3273	309578	278390	1899
焦　作　市 Jiaozuo	731773	534195	442336	11561	222	180643	165183	5152
濮　阳　市 Puyang	866038	710630	553023	4363	230	144390	131914	6423
许　昌　市 Xuchang	939609	724876	649451	1525	134	212476	188529	599
漯　河　市 Luohe	617296	490883	402281	15525	23	109386	95642	1479
三门峡市 Sanmenxia	591275	508176	442086	12828	51	69136	63498	1084
南　阳　市 Nanyang	2246128	1877265	1558670	36985	751	328832	283511	2296
商　丘　市 Shangqiu	1439105	1063027	894398	2876	60	370296	294033	2846
信　阳　市 Xinyang	1587995	1335466	1098762	15679	10	230422	197429	6418
周　口　市 Zhoukou	1838684	1447772	1250564	6813	449	381476	324970	2175
驻马店市 Zhumadian	1434611	1195456	966121	21214	130	216733	168483	1078
济源示范区 Jiyuan	218853	188101	155994	907		29677	26856	167

主要统计指标解释

教育 指国家、社会、私人依照国家有关法规开办的各类教育机构的活动，以及其他与教育相关的活动。主要包括学前教育、初等教育、中等教育、高等教育和其他教育等类别。学前教育指按照国家幼儿教育规定对学龄前幼儿进行保育和教育活动；初等教育指义务教育法规定的初等教育和成人扫盲教育活动；中等教育指小学毕业到大学专科教育以前的教育；高等教育指经教育行政部门批准、由国家、地方、社会办的获取学历的高等教育活动和经教育主管部门批准举办的成人高等教育活动；其他教育主要指职业技能培训、特殊教育以及其他未列明的教育活动。

国家财政性教育经费 包括一般公共预算安排的教育经费，政府性基金预算安排的教育经费，企业办学中的企业拨款，校办产业和社会服务收入用于教育的经费，其他属于国家财政性教育经费。

财政预算内教育经费 指中央、地方各级财政或上级主管部门在年度内安排，并计划拨到教育部门和其他部门主办的各级各类学校、教育事业单位，列入国家预算支出科目的教育经费，包括教育事业拨款、科研经费拨款、基建拨款和其他经费拨款。

在园幼儿数 指在单独设立的、小学附设的学前班、幼儿班及托儿所附设的幼儿班的幼儿数。托幼混合班仅统计三至周六岁的幼儿数。不包括季节性的农忙时临时组织的幼儿园。

学前教育毛入园率 指学前教育在学人数占国家规定的年龄组人口数的比重。计算公式为：

$$学前教育毛入园率=\frac{在园儿童数}{学前教育学龄人口总数}\times 100\%$$

小学学龄儿童净入学率 指小学学龄人口中正在接受小学教育人数所占比重。计算公式为：

$$学龄儿童净入学率=\frac{小学学龄人口中已经进入小学学习的在校学生总数}{小学学龄人口数}\times 100\%$$

小学五年巩固率 指小学五年级在校学生中，能够从一年级连续学习五年的学生数占入学时本年级学生数比重。计算公式为：

$$小学五年的巩固率=\frac{在校学生数}{该年级入小学一年级时的学生数}\times 100\%$$

初中阶段毛入学率 指初中阶段在校学生总数与12-14岁学龄组人口数的比重。计算公式为：

$$初中阶段毛入学率=\frac{初中阶段在校学生数}{12至14学龄组人口数}\times 100\%$$

初中三年巩固率 指初中三年级在校学生中，能够从一年级连续学习三年的学生占入学时本年级学生数比重。计算公式为：

$$初中三年巩固率=\frac{三年级在校学生数}{该年级入初中一年级时的学生数}\times 100\%$$

高中阶段毛入学率 指高中阶段(包括普通高中、职业高中、中等专业学校、技工学校、成人中等专业学校、成人高中)在校学生总数与15—17岁学龄组人口数的比重。计算公式为：

$$高中阶段毛入学率=\frac{高中阶段在校学生数}{15-17岁学龄组人口数}\times 100\%$$

特殊教育 指独立设置的招收盲聋哑和残疾儿童，以及其他特殊需要的儿童，青少年进行普通或职业初中，中等教育的教学。

普通高等学校 指通过国家普通高等教育招生考试，招收高中毕业生为主要培养对象，实施高等学历教育的全日制大学、独立设置的学院、独立学院和高等专科学校、高等职业学校及其他普通高教机构。

大学、独立设置的学院主要实施本科及本科层次以上的教育。独立学院主要实施本科层次的教育。高等专科学校、高等职业学校实施专科层次的教育。其他普通高教机构是指承担国家普通招生计划任务不计校数的机构，包括普通高等学校分校、大专班等。

成人高等学校 指通过国家成人高等教育招生考试，招收具有高中毕业或同等学力的人员为主要培养对象，利用函授、业余、脱产等多种形式，对其实施高等学历教育的学校。包括：职工高等学校、农民高等学校、管理干部学院、教育学院、独立函授学院、广播电视大学、其他成人高教机构等。其他成人高教机构是指承担国家成人招生计划任务不计校数的机构。

初中毕业生升学率 计算初中毕业生升学率所用分子数为高级中学招生数，包括：普通高中招生数、职业高中招生数、技工学校招生数、普通中专招收初中毕业生数、普通中专举办的成人中专招收应届初中毕业生数及成人中专招收应届初中毕业生数，分母是初中毕业生人数。

Explanatory Notes on Main Statistical Indicators

Education refers to education institutions offered activities in the state, society, private in according to the relevant regulations of the state of all kinds of, as well as other and education related activities. Mainly include preschool education, elementary mainly include education, secondary education, higher education and other education classes.

Government Appropriation for Education refers to the general public budget appropriation fund for education, educational funds budgeted by government funds, enterprise appropriation for enterprise-run schools, income from school-run enterprises and social services that are used for education purpose and other national appropriations for education.

Budgetary Fund for Education refers to education funding that is planned to be allocated to various schools and education institutions by central and local financial departments at various levels within the reference year, which is within the State budgetary expenditure, including: appropriated funds for education, for science and research, for capital construction and others.

The number of infant refers infant in all kinds of kindergarten. nursery and education establishment, enrolling children in 3-6 years old.

Pre-school education entrance rate refers proportion of number of Pre-school education persons in Pre-school education school-age population×100%.

Pre-school education entrance rate= number of Pre-school education persons/ Pre-school education school-age population.

Net Enrolment Ratio of Primary Schools refers to the proportion of school age children enrolled at schools to the total number of school age children both in and outside schools (including retarded children, but excluding blind, deaf and mute children). The formula is:

$$\text{Net Enrolment Ratio of Primary Schools} = \frac{\text{Total Primary School - age Children at Schools}}{\text{Total Primary School - age Children Whether or Not Attending School}} \times 100\%$$

Elementary school five years Consolidate rate refers to the proportion of Primary school pupils to the A primary school grade.

Elementary school five years Consolidate rate= Primary school pupils/ the A primary school grade×100%.

The junior middle school stage gross enrollment rate refers to the proportion of number of middle school students in school to 12-14 years old population.

The junior middle school stage gross enrollment rate= number of middle school students/12-14 years old population×100%

Junior school three years Consolidate rate refers to the proportion of Junior school students to the Junior school grade.

Junior school three years Consolidate rate= Junior school students / the Junior school grade×100%.

The senior middle school stage gross enrollment rate refers to the proportion of number of senior middle school students in school to 15-17 years old population.

The senior middle school stage gross enrollment rate= number of senior middle school students/15-17 years old population×100%

Higher Education gross enrollment rate refers to the proportion of number of Higher Education students in school to 18-22 years old population.

Special Education Schools refer to educational establishments set up independently, enrolling blind, deaf, dumb, amentia or other special children, and educational establishment, providing regular or vocational junior and senior secondary education for hobbledehoy.

Regular Institutions of Higher Education refer to educational establishments recruiting graduates from senior secondary schools as the main target through National Matriculation TEST. They include full-time universities, independently established colleges, colleges, and institutions of higher professional education, institutions of higher vocational education and other institutions of higher education.

Universities and independently established colleges primarily provide undergraduate and above courses; colleges mainly impart undergraduate courses, institutions of higher professional education and institutions of higher vocational education primarily provide professional trainings; and other institutions of higher education refer to educational establishments, which are responsible for enrolling higher education students under the State Plan but not enumerated in the total number of schools, including: branch schools of universities and colleges and junior colleges.

Institutions of Higher Education for Adults refer to educational establishments, enrolling personnel with senior secondary school or equivalent education through National Matriculation TEST for Adult, and providing higher education courses in forms of correspondence, spare time, or full time for adults. Institutions of higher learning for adults include schools of higher education for staff and workers, schools of higher education for peasants, colleges for management cadres, pedagogical colleges, independent correspondence colleges, radio and television universities and other educational establishments of higher education for adult. Other educational establishments of higher education for adult refer undertakings to enrol adult students but not enumerated in the number of schools under the State Plan.

Junior high school graduates entering middle schools rate refers to ordinary high school include, professional high school include, technicians schools include average technical secondary school, junior middle school graduate recruit average technical secondary school, the number of the adult technical secondary school recruit fresh held the junior middle school graduates number and adult secondary recruit fresh junior high school graduates number, the molecules is Senior middle schools recruit students, the denominator is junior high school graduates.

卫生和社会工作

Public Health and Social Work

23

◎ 资料整理：赵霞

简要说明

一、主要内容

本篇主要反映卫生、社会服务、残疾人事业的发展情况。

卫生统计资料主要包括医疗卫生机构、卫生人员、卫生设施、卫生经费、基层医疗卫生服务、妇幼保健、疾病控制、居民病伤死亡原因、医疗保障制度等情况。

社会服务统计资料主要包括社会服务企事业机构、社会组织、人员、床位情况，优抚和社会救济情况，社会服务机构情况，婚姻服务情况，殡葬服务情况，社会捐赠和福利彩票销售情况等。

残疾人统计资料主要包括残疾人康复、教育、就业、社会保障、扶贫和残联组织建设情况。

二、资料来源

卫生部分的资料由省卫生健康委员会提供，社会服务资料由省民政厅提供，由省统计局社会与科技处编辑整理。

Brief Introduction

I. Main Contents

Data in this chapter mainly reflect the development of public health, civil affairs, and work for person with disabilities.

Data on public health include mainly the number of medical and health institutions, health personnel, health facility, health expenses, medical and health services at grass-root level, maternal and child health, disease control, major diseases as the causes of death, and health security system.

Data on civil affairs include: institutions, social organizations, personnel and beds of social services, social welfare relief, community service facilities and marriage registration service, funeral and interment services, social donations and welfare lottery.

Data on disabled persons cover information on the rehabilitation, education, employment and poverty alleviation of disabled persons and institutions serving the needs of disabled persons.

II. Sources of Data

Data on public health are calculated from Health commission of Henan Province. Data on social services are calculated from Henan provincial civil bureau of civil affairs. Data on this chapter are provided by department of social and technology of the Henan province Bureau of Statistics.

23-1 卫生事业基本情况
Basic Statistics on Public Health

年份 Year	卫生机构数(个) Number of Health Institutions (unit)	#医院、卫生院 Hospitals & Health Centers	卫生机构床位数(万张) Number of Beds in Health Institutions (10 000 units)	#医院、卫生院 Hospitals & Health Centers	卫生技术人员数(万人) Medical Technical Personnel (10 000 persons)	#执业(助理)医师 Licensed (Assistant) Doctors	每万人口拥有 per 10 000 Population: 卫生机构床位数(张) Number of Beds in Health Institutions (unit)	每万人口拥有 per 10 000 Population: 执业(助理)医师数(人) Licensed (Assistant) Doctors (person)
1978	7356	2476	10.20	9.73	11.44	4.38	14.4	6.2
1979	7702	2501	11.23	10.63	12.89	4.79	15.6	6.7
1980	7831	2530	11.92	11.17	14.48	5.41	16.4	7.4
1981	8483	2563	12.49	11.65	16.31	6.81	16.9	9.2
1982	8513	2578	13.08	12.11	17.34	7.31	17.4	9.7
1983	8504	2611	13.77	12.74	18.38	7.82	18.0	10.2
1984	8583	2665	14.24	13.13	19.12	8.10	18.4	10.5
1985	9207	2688	14.91	13.77	19.49	8.36	19.0	10.7
1986	8933	2713	15.31	13.99	20.15	8.50	19.2	10.6
1987	8833	2730	16.90	15.42	20.44	8.49	20.7	10.4
1988	8865	2756	17.55	15.95	21.36	8.85	21.1	10.6
1989	8721	2810	17.96	16.25	21.85	9.61	21.2	11.3
1990	8676	2824	18.21	16.36	22.28	9.94	21.1	11.5
1991	8639	2834	18.49	16.56	23.03	9.93	21.1	11.3
1992	8375	2857	18.91	16.97	23.91	10.14	21.3	11.4
1993	7669	2892	18.91	17.22	24.39	10.16	21.1	11.4
1994	7656	2944	19.14	17.45	25.13	10.55	21.2	11.7
1995	7661	2965	19.23	17.54	25.50	10.57	21.1	11.6
1996	7253	2987	18.95	17.54	25.77	10.57	20.7	11.5
1997	7194	3001	18.92	17.58	26.20	10.67	20.5	11.5
1998	11774	2999	19.42	17.99	26.32	10.68	20.8	11.5
1999	11643	3014	19.71	18.26	26.66	10.89	21.0	11.6
2000	10764	3027	19.86	18.34	26.84	11.11	20.9	11.7
2001	10719	3024	19.99	18.50	27.18	11.12	20.9	11.6
2002	13291	3094	19.73	18.75	26.48	10.17	20.5	10.6
2003	13621	3149	20.37	19.28	27.87	10.64	21.1	11.0
2004	13821	3182	20.90	19.72	28.42	10.94	21.5	11.3
2005	14554	3260	21.40	20.23	28.92	11.11	21.9	11.4
2006	14629	3292	22.52	21.23	30.07	11.55	22.9	11.8
2007	11888	3281	23.95	22.61	29.79	11.59	24.3	11.7
2008	11683	3263	26.83	25.22	30.99	11.93	27.1	12.0
2009	12157	3282	30.24	28.30	34.64	13.96	30.3	14.0
2010	75741	3282	32.76	30.44	37.28	15.48	34.8	16.5
2011	76201	3304	34.92	32.49	39.52	15.58	37.2	16.6
2012	69222	3356	39.39	36.57	42.88	16.77	41.9	17.8
2013	71464	3471	42.98	40.03	46.91	18.06	45.7	19.2
2014	71157	3470	45.93	42.83	49.45	18.93	48.7	20.1
2015	71397	3585	48.96	45.65	51.96	19.86	51.6	21.0
2016	71273	3662	52.16	48.74	54.67	20.68	54.7	21.7
2017	71089	3693	55.90	52.21	58.05	22.03	58.5	23.0
2018	71352	3873	60.85	57.04	62.13	23.55	63.4	24.5
2019	70735	4023	64.00	60.05	65.39	25.14	66.4	26.1
2020	74653	4232	66.72	62.55	70.69	27.64	67.1	27.8
2021	78536	4429	70.87	66.15	75.56	29.75	71.7	30.1

注：从2010年起村卫生室、2013年起计划生育技术服务机构，其机构、人员分别计入卫生机构总数、卫生人员总数（下表同）。

a) Data on Number of Health Institutions and Personnel include Village Hospital & Health Center since 2010, and include family planning fertility technical service institution since 2013 (the same as the following table).

23-2 卫生事业发展情况

Basic Statistics on Public Health Development

项　目	Item	1990	1995	2000	2005	2010	2020	2021
卫生机构数(个)	**Number of Health Institutions (unit)**	**8676**	**7661**	**10764**	**14554**	**75741**	**74653**	**78536**
#村卫生室	Village Clinics					64140	57003	58488
医院	Hospitals	789	896	966	1172	1198	2205	2410
疗养院、所	Sanatoriums	12	8	7	5	6	7	3
门诊部、所	Outpatient Department	5142	3942	196	68	86	908	1148
诊所、卫生所、医务室	Clinics, Health clinic, Infirmary					6694	9756	11728
卫生院	Health Centers			2084	2084	2084	2027	2019
社区卫生服务中心(站)	Community Health Service Station			861	1017	861	1653	1791
专科防治所、站	Specialized Prevention & Treatment Centers (Stations，Institutions)	45	44	45	32	20	21	22
妇幼保健所、站	Maternity and Child Care Centers (Institutions, Stations)	138	142	135	167	167	164	164
卫生机构床位数(万张)	**Number of Beds in Health Institutions (10 000 units)**	**18.21**	**19.23**	**19.86**	**21.40**	**32.76**	**66.72**	**70.87**
#医院、卫生院	Hospital & Health Center	16.36	17.54	18.34	20.23	30.44	62.55	66.15
#医院	Hospitals	10.80	12.10	13.26	14.97	22.10	50.29	53.00
疗养院、所	Sanatoriums	0.22	0.15	0.15	0.06	0.09	0.04	0.02
门诊部	Outpatient Department	1.10	0.84	0.51	0.11	0.11	0.04	0.05
平均每千人口卫生机构床位数(张)	Beds of Health Institutions per 1 000 Population (unit)	2.11	2.11	2.09	2.19	3.48	6.71	7.17
#医院、卫生院	Hospitals & Health Centers	1.89	1.93	1.93	2.07	3.24	6.30	6.69
医院病床使用率(%)	Utilization Rate of Beds (%)	75.71	68.08	59.60	67.01	85.36	78.14	80.12
卫生机构人员数(万人)	**Number of Persons in Health Institutions (10 000 persons)**	**27.06**	**31.31**	**33.50**	**36.23**	**59.11**	**94.10**	**96.96**
#卫生技术人员	Medical Technical Personnel	22.28	25.50	26.84	28.92	37.28	70.69	75.56
#执业(助理)医师	Licensed (Assistant) Doctors	9.94	10.57	11.11	11.11	15.48	27.64	29.75
护士	Nurses	2.16	3.19	3.84	7.71	12.14	30.43	32.81

注：1.1996年及以后年度门诊部、所不含诊所、卫生保健所和医务室,与以前年度不可比(下同)。
2.1998年及以后年度卫生机构包括个体开业(下同)。
3.2002年以来医生、护士人员数为“执业医师、执业助理医师与注册护士人员数”。
4.2007年起，诊所、卫生室、医务室与社区卫生服务中心(站)分开统计。

a) The numbers of Outpatient Department since 1996 exclude cliniques, hygiene places and infirmaries. It cannot be compared with former years (the same as in following tables).
b) The number of health institutions include the number of clinics run by private since 1998 (the same as the following tables).
c) Number of doctors and nurses since 2002 is the Number of registered doctors, deputy doctors and junior nurses.
d) Number of clinics, hedth clinic, infirmary and community sanitation service station are calculated by separate statistics system since 2007.

23-3 卫生机构、床位、人员数(2021年)

Number of Health Institutions, Beds and Persons (2021)

机构类别	Type of Institutions	机构数(个) Institutions (unit)	床位数(张) Beds (unit)	人员合计(人) Total of Persons (person)	#卫生技术人员 Medical Technical Personnel	#其他技术人员 Other Technical Personnel	#管理人员 Administrative Personnel	#工勤人员 Logistics Workers
总计	**Total**	**78536**	**708696**	**969638**	**755596**	**46676**	**27313**	**68113**
医院合计	**Total Number of Hospitals**	**2410**	**529991**	**576293**	**488644**	**28614**	**19769**	**39242**
综合医院	General Hospitals	1395	361287	398611	340887	17676	13641	26407
中医医院	Hospitals Specialized in Traditional Chinese Medicine	431	87283	100831	84809	6351	2625	7046
中西医结合医院	Hospitals Combining Chinese and Western Medicine	68	6869	6960	5892	303	255	510
专科医院	Specialized Hospital	495	73175	68947	56388	4249	3224	5062
口腔医院	Hospitals for Mouth Cavity Diseases Care	28	1633	3953	3317	155	132	349
眼科医院	Hospital for Eye Care	60	4724	6592	5134	451	357	650
耳鼻喉科医院	ENT Hospital	8	457	507	441	33	24	9
肿瘤医院	Tumor Hospitals	14	7830	8579	7245	370	380	560
心血管病医院	Heart and Blood Vessel Trouble Hospital	9	3640	4476	3881	190	290	115
胸科医院	Chest Hospital	2	1320	1570	1388	97	29	56
血液病医院	Hematonosis Hospital	2	94	59	52	1	1	5
妇产(科)医院	Maternity Hospital	36	2826	4141	3195	482	208	256
儿童医院	Hospitals for Children	7	3430	4973	4291	213	275	194
精神病医院	Mental Hospital	110	23562	11176	8683	794	516	1183
传染病医院	Hospitals of Infectious Diseases	11	3049	4201	3484	286	238	193
皮肤病医院	Dermatosis Hospital	7	410	415	308	47	21	39
结核病医院	Tuberculosis Hospital	1	25	37	33		4	
麻风病医院	Leprosy hospital							
职业病医院	Diseases hospital	2	322	641	382	24	130	105
骨科医院	Orthopaedics Hospital	60	5857	6322	5399	266	227	430
康复医院	Rehabilitation Hospital	48	8188	4140	3399	233	152	356
整形外科医院	Plastic Surgery Hospital	1	65	190	136	2	10	42
美容医院	Cosmetic Hospital	15	349	961	531	333	16	81
其他专科医院	Other Specialized Hospital	74	5394	6014	5089	272	214	439
护理院	Nursing Homes	21	1377	944	668	35	24	217
基层医疗卫生机构	**Primary-level Medical and Health Care Institutions**	**75174**	**150946**	**312629**	**209866**	**10864**	**3003**	**16980**
社区卫生服务中心(站)	Community Health Service Stations	1791	18924	33620	28723	1695	828	2373
卫生院	Heath Center	2019	131507	114337	91111	8213	1591	13422
村卫生室	Village clinic	58488		117592	46122			
门诊部（所）	Clinics	1148	495	14542	13000	393	373	776
诊所、卫生室、医务室	Clinic and Infirmary	11728		32538	30910	563	211	409
专业公共卫生机构	**Specialized Public Health Agency**	**791**	**27564**	**75576**	**54315**	**6370**	**4062**	**10829**
疾病预防控制中心	Center for Disease Prevention and Control	183		16663	9714	2045	1209	3695
专科疾病防治院(所/站)	Specialized Prevention & Treatment Centers or Station	22	2071	1610	1160	181	64	205
健康教育中心(所)	Health Education Center	9		251	26	53	96	76
妇幼保健院(所/站)	Maternity and Child Care Center	164	25412	42759	34570	2692	1393	4104
急救中心(站)	First-aid Center	54	81	1008	632	101	110	165
采供血机构	Collectting and Supply Institutions for Blood	24		2669	1781	299	139	450
卫生监督所(中心)	Health Inspection Institution (center)	183		7865	5148	575	721	1421
计划生育技术服务机构	Family Planning Fertility Technical Service Institution	152		2751	1284	424	330	713
其他卫生机构	**Other Health Agencies**	**161**	**195**	**5140**	**2771**	**828**	**479**	**1062**

23-4 卫生总费用

Total Health Expenditure

指标名称	Index	2016	2017	2018	2019	2020
卫生总费用(亿元)	Total Health Expenditure (100 million yuan)	2472.63	2747.67	3100.17	3608.80	3931.59
# 政府卫生支出	Government Health Expenditure	794.42	844.81	935.60	1021.44	1163.03
社会卫生支出	Social Health Expenditure	859.06	1015.67	1170.29	1429.51	1590.34
个人卫生支出	Personal Health Expenditure	819.15	887.19	994.28	1157.86	1178.23
人均卫生总费用(元)	Per Capita Health Expenditure (yuan)	2594.03	2874.43	3215.94	3743.57	3954.93
卫生总费用占GDP比重(%)	Health Expenditure as Percentage of GDP (%)	6.11	6.11	6.45	6.65	7.15
门诊病人次均医药费用(元)	Outpatient Average expenses per time (yuan)	116.6	126.1	136.4	151.3	164.4

23-5 部分市、县前十位主要疾病死亡率(2021年)

Death Rate of Ten Major Diseases in Partial Cities and Counties (2021)

单位：1/10万 (1/100 000)

死亡原因	Cause of Death	死亡率 Death Rate
市 县	**City and County**	
心脏病	Cerebrovascular Disease	174.06
脑血管病	Heart Diseases	159.49
恶性肿瘤	Malignant Tumour	132.40
伤害	Injury and Poison	38.24
呼吸系统疾病	Diseases of the Respiratory System	31.04
内分泌，营养和代谢疾病	Endocrine, Nutritional & Metabolic Diseases	16.74
消化系统疾病	Diseases of the Digestive System	5.53
泌尿生殖系统疾病	Disease of the Genitourinary System	3.88
神经系统疾病	Diseases of the Nervous System	3.79
传染病和寄生虫病	Infestious and Parasitic Diseases	3.60
城 市	**City**	
心脏病	Heart Diseases	184.68
恶性肿瘤	Cerebrovascular Disease	143.57
脑血管病	Malignant Neoplasms	137.89
呼吸系统疾病	Diseases of the Respiratory System	34.65
伤害	Injury and Poison	34.52
内分泌，营养和代谢疾病	Endocrine, Nutritional & Metabolic Diseases	23.45
消化系统疾病	Diseases of the Digestive System	9.59
神经系统疾病	Diseases of the Nervous System	5.72
传染病和寄生虫病	Infestious and Parasitic Diseases	4.76
泌尿生殖系统疾病	Disease of the Genitourinary System	3.10
县	**County**	
心脏病	Heart Diseases	170.74
脑血管病	Cerebrovascular Disease	164.47
恶性肿瘤	Malignant Neoplasms	130.68
伤害	Injury and Poison	39.40
呼吸系统疾病	Diseases of the Respiratory System	29.91
内分泌，营养和代谢疾病	Endocrine, Nutritional & Metabolic Diseases	14.63
消化系统疾病	Diseases of the Digestive System	4.26
泌尿生殖系统疾病	Disease of the Genitourinary System	4.12
传染病和寄生虫病	Infestious and Parasitic Diseases	3.24
神经系统疾病	Diseases of the Nervous System	3.19

23-6 甲乙类法定报告传染病发病率及死亡率情况(2021年)

Incidence and Mortality Rate of Class A and B Infectious Diseases (2021)

病　名 Name	发病率 (1/10万) Incidence Rate (per100 000 persons)	病　名 Diseases	死亡率 (1/10万) Death Rate (1/100000)
肝　炎 Hepatitis	71.9214	艾滋病 AIDS	1.3707
肺结核 Pulmonary Tuberculosis	37.6861	肺结核 Pulmonary Tuberculosis	0.0926
梅　毒 Syphilis	18.8204	肝　炎 Hepatitis	0.0221
痢　疾 Dysentery	6.2889	狂犬病 Hydrophobia	0.0201
布　病 Brucellosis	4.9192	新型冠状病毒肺炎 COVID-19	0.0060
淋　病 Gonorrhea	3.4831	梅　毒 Syphilis	0.0020
艾滋病 AIDs	3.0453	出血热 Hemorrhage Fever	0.0010
新型冠状病毒肺炎 COVID-19	0.5767	乙　脑 Encephaliois B	0.0010
猩红热 Scarlet Fever	0.4187	痢　疾 Dysentery	
新生儿破伤风 Newborn Tetanus	0.3452	淋　病 Gonorrhea	
出血热 Hemorrhage Fever	0.1560	麻　疹 Measles	
伤寒+副伤寒 Typhoid and Paratyphoid Fever	0.1248	百日咳 Pertussis	
百日咳 Pertussis	0.0413	流　脑 Epidemic Encephalitis	
疟　疾 Malaria	0.0302	猩红热 Scarlet Fever	
乙　脑 Encephaliois B	0.0242	布　病 Brucellosis	
狂犬病 Hydrophobia	0.0221	炭　疽 Anthrax	
麻　疹 Measles	0.0091	新生儿破伤风 Newborn Tetanus	
流　脑 Epidemic Encephalitis	0.0050	疟　疾 Malaria	
炭　疽 Anthrax	0.0030	登革热 Dengue Fever	
登革热 Dengue Fever	0.0022	伤寒+副伤寒 Typhoid and Paratyphoid Fever	

23-7 防病工作情况

Basic Condition of Disease Prevention and Cure

指　标	Item	2018	2019	2020	2021
传染病发病总例数（甲、乙）(万例)	**Number of Incidence from infectious disease (A、B) (10 000 persons)**	**18.5**	**17.2**	**14.7**	**14.7**
发病率(1/10万)	Incidence Disease Rate (1/100 000)	193.9	178.8	152.8	147.9
传染病死亡总人数(人)	Number of Death from infectious disease (person)	1568	1445	1486	1506
死亡率(1/10万)	Death Rate (1/100 000)	1.6	1.5	1.5	1.5
结核病登记病人数(千例)	Number of register of Tuberculosis (1000 persons)	54.2	47.9	38.7	34.0
登记患病率(‰)	Register sicken Rate (‰)	0.57	0.50	0.40	0.34
结核病新发病人数(千例)	Number of New Incidence from Tuberculosis (1000 persons)	15.5	17.8	17.4	37.4
登记新发病率(1/万)	Register New Incidence Disease Rate (1/10 000)	1.62	1.85	1.80	3.77
结核病死亡人数(人)	Number of Death from Tuberculosis (person)	97	113	104	92
死亡率(1/10万)	Death Rate (1/100 000)	0.10	0.12	0.11	0.09
“五苗”接种率(%)	Five Type of bacterins inoculability Rate (%)	98.2	98.4	98.7	98.0
乙肝疫苗全程接种率(%)	Hepatitis B Bacterins Quite inoculability Rate (%)	98.4	98.4	99.0	98.0

23-8 各市医疗卫生机构情况(2021年)

Conditions of Health Institutions by City (2021)

单位：个 (unit)

地区 Region	合计 Total	城市 Urban Area	农村 Rural Area	#医院 Hospital	#公立医院 Public Hospitals	#基层医疗卫生机构 Health Care Institutions at Grass-root Level	#社区卫生服务中心(站) Community health sevice centers	卫生院 Health Centers	村卫生室 Village Clinics	#专业公共卫生机构 Specialized Public Health Institutions	#疾病预防控制中心 Center for Disease Control and Prevention	#妇幼保健院(所/站) Women and Children Care Agencies
全 省 Total	**78536**	**19553**	**58983**	**2410**	**728**	**75174**	**1791**	**2019**	**58488**	**791**	**183**	**164**
郑州市 Zhengzhou	6273	3021	3252	297	74	5884	297	96	2698	60	17	14
开封市 Kaifeng	3450	1171	2279	92	34	3317	87	92	2574	34	11	7
洛阳市 Luoyang	4810	2076	2734	167	56	4530	226	153	3237	109	16	15
平顶山市 Pingdingshan	3706	686	3020	112	58	3524	134	96	2793	59	11	10
安阳市 Anyang	5763	1681	4082	100	33	5607	55	90	4193	48	10	10
鹤壁市 Hebi	1405	598	807	59	19	1325	27	25	1039	18	6	5
新乡市 Xinxiang	5302	816	4486	154	59	5094	121	147	4047	49	13	13
焦作市 Jiaozuo	2784	430	2354	114	40	2616	98	74	2017	51	12	11
濮阳市 Puyang	3998	795	3203	74	31	3883	85	76	3263	27	8	6
许昌市 Xuchang	3965	822	3143	112	22	3824	67	78	3374	27	7	6
漯河市 Luohe	2360	1197	1163	79	22	2257	48	49	1577	23	6	4
三门峡市 Sanmenxia	1904	505	1399	68	22	1808	64	73	1346	23	7	6
南阳市 Nanyang	10077	2410	7667	269	89	9729	65	217	7722	63	15	14
商丘市 Shangqiu	6316	982	5334	124	38	6131	62	192	5671	41	10	9
信阳市 Xinyang	4356	989	3367	122	36	4162	188	188	3247	62	11	10
周口市 Zhoukou	7300	904	6396	245	47	7005	18	180	6282	41	11	11
驻马店市 Zhumadian	4002	470	3532	205	42	3739	84	181	2935	50	11	12
济源示范区 Jiyuan	765		765	17	6	739	65	12	473	6	1	1

23-9 各市医疗卫生机构床位情况(2021年)

Number of Beds in Health Institutions by City (2021)

单位：张 (unit)

地区 Region	合计 Total	城市 Urban Area	农村 Rural Area	#医院 Hospital	#公立医院 Public Hospitals	#基层医疗卫生机构 Health Care Institutions at Grass-root Level	#社区卫生服务中心(站) Community health sevice centers	#卫生院 Health Centers	#专业公共卫生机构 Specialized Public Health Institutions	#妇幼保健院(所、站) Women and Children Care Agencies	#专科疾病防治院(所、站) Specialized Disease Prevention & Treatment Institution
全　　省 Total	**708696**	**293917**	**414779**	**529991**	**374187**	**150946**	**18924**	**131507**	**27564**	**25412**	**2071**
郑　州　市 Zhengzhou	109675	79884	29791	95209	70750	10556	4095	6404	3910	3910	
开　封　市 Kaifeng	33445	14845	18600	25265	17161	6763	613	6144	1417	1319	98
洛　阳　市 Luoyang	55336	30670	24666	41635	30662	11718	984	10628	1883	1854	
平顶山市 Pingdingshan	34109	10673	23436	26150	21650	6604	623	5952	1355	1173	182
安　阳　市 Anyang	34537	15618	18919	24577	20664	8346	890	7432	1614	1538	76
鹤　壁　市 Hebi	10146	5247	4899	8259	6063	1637	165	1453	250	250	
新　乡　市 Xinxiang	42254	13384	28870	31362	24468	9609	1388	8183	1283	1148	130
焦　作　市 Jiaozuo	28899	13557	15342	21599	15864	5963	2082	3848	1337	1337	
濮　阳　市 Puyang	27368	9031	18337	18421	10479	7823	585	7237	1029	1029	
许　昌　市 Xuchang	26939	10742	16197	20230	11033	5781	714	5035	928	888	40
漯　河　市 Luohe	18572	11414	7158	13526	9691	4004	669	3283	1042	1012	30
三门峡市 Sanmenxia	16881	6280	10601	13473	9938	2945	350	2586	463	463	
南　阳　市 Nanyang	72351	23313	49038	51583	35416	18110	1781	16313	2658	1915	700
商　丘　市 Shangqiu	47928	11482	36446	32096	24882	13439	1060	12359	2393	2127	266
信　阳　市 Xinyang	41382	12539	28843	26993	18922	12453	1407	11000	1936	1936	
周　口　市 Zhoukou	55351	13262	42089	39599	20471	13868	760	13082	1884	1605	279
驻马店市 Zhumadian	48860	11976	36884	36978	23689	10460	746	9713	1422	1408	10
济源示范区 Jiyuan	4663		4663	3036	2384	867	12	855	760	500	260

23－10　各市卫生人员情况(2021年)

Employed Persons in Health Care Institutions by City (2021)

单位：人 (person)

地　区 Region	卫生人员 Medical Personnel	#卫生技术人员 Medical Technical Personnel	#执业(助理)医师 Licensed (Assistant) Doctors	#执业医师 Licensed Doctor	#注册护士 Registered Nurse	#药师(士) Pharmacist	乡村医生和卫生员 Village Doctors and Assistants	其他技术人员 Other Technical Personnel
全　　省 Total	**969638**	**755596**	**297509**	**228700**	**328077**	**31940**	**71914**	**46676**
郑　州　市 Zhengzhou	166241	140530	52783	47391	67375	5299	3592	7438
开　封　市 Kaifeng	48067	37752	14904	11313	16316	1553	3224	2342
洛　阳　市 Luoyang	75140	61065	23800	19381	27779	2323	3861	3132
平 顶 山 市 Pingdingshan	45920	35252	13319	10022	15005	1609	3075	2576
安　阳　市 Anyang	47410	36529	16015	11761	15160	1281	4135	2134
鹤　壁　市 Hebi	15372	11815	4810	3764	5317	463	1274	716
新　乡　市 Xinxiang	59572	45775	18730	14458	19848	1981	4217	3242
焦　作　市 Jiaozuo	35220	27344	11003	8470	11648	1115	1889	1930
濮　阳　市 Puyang	35587	26353	10725	7842	10915	978	4324	1940
许　昌　市 Xuchang	38187	29325	12042	8919	12095	1195	3354	1765
漯　河　市 Luohe	24405	18709	7361	5895	7718	818	2009	1588
三 门 峡 市 Sanmenxia	22250	18256	7125	5590	8060	732	957	973
南　阳　市 Nanyang	94874	73600	28974	20824	31813	3713	9044	4256
商　丘　市 Shangqiu	65283	47934	18556	12393	18648	2263	5540	4053
信　阳　市 Xinyang	53422	38347	15101	11053	15870	1562	6006	2570
周　口　市 Zhoukou	73467	53219	21156	14224	21372	2809	9473	3358
驻 马 店 市 Zhumadian	61837	47844	18621	13355	20624	1995	5498	2426
济源示范区 Jiyuan	7384	5947	2484	2045	2514	251	442	237

23-11 妇女儿童卫生保健状况

Basic Statistics on Health Care of Women and Children

指　　标	Item	2005	2010	2015	2019	2020	2021
婚前医学检查率(%)	Rate of Medical Examination before Marriage (%)	1.1	4.9	70.6	77.8	77.0	74.0
城市	Urban Areas	1.9	6.4	54.5	67.4	67.8	63.5
农村	Rural Areas	0.5	4.1	77.7	83.2	82.0	81.2
婴儿死亡率（‰）	Infant Mortality (‰)	10.8	7.1	4.4	3.6	3.2	2.9
城市	Urban Areas	10.0	5.5	3.5	3.0	2.0	2.8
农村	Rural Areas	11.1	8.0	4.6	3.7	3.4	2.9
5岁以下儿童死亡率(‰)	Mortality of Child under 5 Years Old (‰)	13.8	8.7	5.9	4.8	4.7	4.2
城市	Urban Areas	10.7	6.4	4.4	3.7	2.9	4.2
农村	Rural Areas	15.3	10.0	6.3	5.0	5.0	4.2
孕产妇死亡率(1/10万)	Mortality Rate of Pregnant and Lying-in Women (1/100 000)	44.8	15.2	10.5	9.7	9.3	9.9
城市	Urban Areas	33.3	20.2	11.0	5.1	8.0	10.3
农村	Rural Areas	49.3	13.2	10.2	11.7	10.2	9.6
全省住院分娩率(%)	Hospitalization Rate of Parturition in Province (%)	87.8	98.9	100.0	100.0	100.0	100.0
农村孕产妇住院分娩率(%)	Hospital Parturition Rate of Rural Pregnant Women (%)	85.0	98.7	100.0	100.0	100.0	100.0
产前检查率（%）	Medical Prenatal Examination Rate (%)	85.0	91.2	94.9	93.7	94.6	95.2
孕产妇系统管理率(%)	Systematic Management Rate of Pregnant and Lying-in Women (%)	67.2	76.4	86.0	83.8	84.9	86.9
城市	Urban Areas	67.6	80.0	86.0	85.0	86.1	87.4
农村	Rural Areas	67.0	75.0	86.0	83.1	84.1	86.6
5岁以下儿童低体重率（%）	Low Weight Rate of Children under 5 Years old (%)	3.4	2.0	1.6	1.5	1.3	1.2
城市	Urban Areas	2.4	1.5	1.6	1.4	1.2	1.1
农村	Rural Areas	4.0	2.2	1.6	1.6	1.4	1.3
7岁以下儿童健康管理率（%）	Health Care Rate of Children under 7 Years Old (%)	70.2	76.7	86.6	89.7	90.9	91.4
城市	Urban Areas		83.6	88.8	91.5	92.2	92.7
农村	Rural Areas		74.0	85.6	88.6	90.1	90.3
卡介苗疫苗接种率(%)	BCG (%)	99.4	99.8	99.6	99.6	99.9	99.7
脊髓灰质炎疫苗接种率(%)	Poliomyelitis (%)	99.2	99.3	98.3	98.6	97.8	98.0
百白破疫苗接种率(%)	DPT(%)	99.2	99.5	98.7	98.5	98.1	98.3
含麻疹成分疫苗接种率(%)	Measles (%)	98.7	99.3	98.3	98.2	98.8	98.0
乙肝疫苗接种率（%）	Inoculation Rate of Hepatitis B Vaccine (%)	99.1	99.8	98.1	98.4	99.0	98.0

23−12 社会工作机构基本情况(2021年)

Statistics on Social Service Institutions (2021)

指标名称	Item	单位数 (个) Number of Institutions (unit)	职工人数 (人) Number of Staff and Workers (person)
社会工作	**Social Work**	**64030**	**316365**
提供住宿的社会工作机构	**Social Work Institutions with Accommodations**	**3539**	**39848**
养老机构	Nursing Facility	3397	37472
精神疾病服务机构	Mental Illness Service	3	150
儿童福利机构	Child Welfare Institution	18	739
未成年人救助保护机构	Social Welfare and Protection Institutions for Children	14	216
流浪乞讨人员救助管理机构	Rescue Management Organization for Vagrants and Beggars	99	1136
其他提供住宿机构	Other Social Welfare Institutions with Accommodations	8	135
不提供住宿的社会工作机构和设施	**Social Welfare Institutions without Accommodations**	**60491**	**276517**
民政部门直属康复辅具机构	Rehabilitation Aids Institutions Directly under the Civil Affairs Department	1	77
社会救助服务机构	Social Assistance Services	50	438
福利彩票发行管理机构	Welfare Lottery Issuance Management Organization	40	435
社区服务机构和设施	Community Service Institutions and Facilities	49636	249330
社区养老服务机构和设施	Community Elderly Care Service Institutions and Facilities	10764	26237
其他社会服务机构	**Other Social Service Institutions**	**390**	**7070**
婚姻服务机构	Marriage Registration Institutions	61	450
殡葬服务机构	Funeral Service Institutions	329	6620
殡仪馆	Funeral Home	112	3052
公墓	Cemetery	133	2492
骨灰堂	Columbarium	1	23
殡仪服务站	Funeral Service Station	2	39
殡葬管理单位	Funeral and Interment Management Institutions	81	1014

注：民政部《民政事业统计调查制度（2021）》对"社区服务机构和设施"统计口径进行了调整，调整后的"社区服务机构和设施"包括社区服务指导中心、社区服务中心、社区服务站、社区专项服务机构和设施，不再包含社区养老服务机构和设施，社区养老服务机构和设施单独进行统计。23-16表同。

a) The Statistical Investigation System for Civil Affairs (2021) of the Ministry of Civil Affairs has adjusted the statistical caliber of "community service institutions and facilities". The adjusted "community service institutions and facilities" include community service guidance centers, community service centers, community service stations, and special community service institutions and facilities, no longer including community elderly care service institutions and facilities. Community elderly care service institutions and facilities are counted separately. The same as table 23-16.

23-13 各市孤儿和家庭收养基本情况(2021年)
Statistics on Orphans and Children Adopted by Families by City (2021)

单位：人 (person)

地 区 Region	孤儿数 Number of orphans	集中供养 Centralized support	社会散居 Live scattered	家庭收养儿童数 Number of Children Adopted by Families
全 省 Total	**17141**	**3860**	**13165**	**604**
郑州市 Zhengzhou	1154	740	409	45
开封市 Kaifeng	797	251	543	24
洛阳市 Luoyang	927	385	533	75
平顶山市 Pingdingshan	1094	316	778	81
安阳市 Anyang	498	76	417	8
鹤壁市 Hebi	181	54	127	4
新乡市 Xinxiang	616	141	474	27
焦作市 Jiaozuo	420	170	243	7
濮阳市 Puyang	462	63	396	17
许昌市 Xuchang	769	147	609	
漯河市 Luohe	383	116	243	13
三门峡市 Sanmenxia	254	109	144	23
南阳市 Nanyang	3336	403	2901	91
商丘市 Shangqiu	1375	237	1133	50
信阳市 Xinyang	1012	159	853	32
周口市 Zhoukou	1981	158	1819	36
驻马店市 Zhumadian	1821	306	1511	47
济源示范区 Jiyuan	61	29	32	24

23-14 各市社会救助情况(2021年)

Statistics on Social Relief by City (2021)

单位：人 (person)

地 区 Region	城市最低生活保障人数 Number of Urban Residents Receiving Minimum Living Allowance	农村最低生活保障人数 Number of Rural Residents Receiving Minimum Living Allowance	农村特困人员集中供养人数 Number of Rural Residents in Exceptional Poverty with Centralized Livelihood Guaranteed	农村特困人员分散供养人数 Number of Rural Residents in Exceptional Poverty with Decentralized Livelihood Guaranteed
全 省 Total	**357810**	**2891336**	**76035**	**408403**
郑 州 市 Zhengzhou	12235	37217	2466	9332
开 封 市 Kaifeng	15817	139088	4337	12456
洛 阳 市 Luoyang	21316	169209	4766	19948
平 顶 山 市 Pingdingshan	25178	128291	2796	23155
安 阳 市 Anyang	10366	90522	2091	15345
鹤 壁 市 Hebi	9312	26620	198	4010
新 乡 市 Xinxiang	14452	137398	3192	16027
焦 作 市 Jiaozuo	12832	60118	1792	3726
濮 阳 市 Puyang	9142	129218	1636	15679
许 昌 市 Xuchang	21992	63688	4438	16313
漯 河 市 Luohe	2841	44939	2555	11784
三 门 峡 市 Sanmenxia	10054	54718	1893	5517
南 阳 市 Nanyang	29226	475417	14470	68702
商 丘 市 Shangqiu	20495	314036	5112	42326
信 阳 市 Xinyang	63789	355321	4889	51143
周 口 市 Zhoukou	23854	359992	12200	46870
驻 马 店 市 Zhumadian	44385	305544	6648	45297
济 源 示 范 区 Jiyuan	10524		556	773

23-15 各市医疗救助基本情况(2021年)
Basic Statistics on Medical Aid by City (2021)

地 区 Region	资助参加基本医疗保险人数(人) Civil Affairs Aid for Medical Insurance (persons)	门诊和住院医疗救助人数(人次) Direct Medical Aid (persons-time)	资助参加基本医疗保险资金数(万元) Civil Affairs Expenses of Medical Insurance (10 000 yuan)	门诊和住院医疗救助资金数(万元) Expenses for Direct Medical Aid (10 000 yuan)
全 省 Total	**5627197**	**3452495**	**71130**	**162326**
郑 州 市 Zhengzhou	121587	91918	1222	4792
开 封 市 Kaifeng	332633	233795	2000	11519
洛 阳 市 Luoyang	405126	200646	7388	7390
平 顶 山 市 Pingdingshan	337080	178809	2503	4849
安 阳 市 Anyang	141893	256582	2340	5845
鹤 壁 市 Hebi	51830	21762	291	1789
新 乡 市 Xinxiang	263280	72130	5877	5897
焦 作 市 Jiaozuo	117144	82408	783	4385
濮 阳 市 Puyang	137273	86732	1059	4650
许 昌 市 Xuchang	134770	108377	1884	3172
漯 河 市 Luohe	42957	62952	1176	3305
三 门 峡 市 Sanmenxia	231584	81017	2150	5507
南 阳 市 Nanyang	657309	410449	9310	19478
商 丘 市 Shangqiu	499026	341166	7205	19783
信 阳 市 Xinyang	1020180	361606	6412	21978
周 口 市 Zhoukou	705496	501093	8255	21342
驻 马 店 市 Zhumadian	413687	358982	10875	16495
济 源 示 范 区 Jiyuan	14342	2071	402	150

23-16 各市社区服务基本情况(2021年)

Statistics on Community Service Facilities by City (2021)

地区 Region	社区服务机构和设施 Community Service Institutions and Facilities			社区养老服务机构和设施 Community Elderly Care Service Institutions and Facilities				
	机构和设施数(个) Number of Institutions and Facilities (unit)	年末职工人数(人) Number of Staffs at the End of the Year (person)	#女性 Female	机构和设施数(个) Number of Institutions and Facilities (unit)	年末职工人数(人) Number of Staffs at the End of the Year (person)	#女性 Female	床位数(张) Number of Beds (unit)	年末收养人数(人) Number of Adopted Person at the End of the Year (person)
全省 Total	**49636**	**249330**	**64777**	**10764**	**26237**	**11824**	**106215**	**11862**
郑州市 Zhengzhou	2009	14896	6457	760	2214	1319	9594	480
开封市 Kaifeng	2758	12693	2451	629	1421	663	3233	2
洛阳市 Luoyang	3410	23323	5573	2335	7107	3313	14065	3072
平顶山市 Pingdingshan	3126	20237	4665	509	937	462	4739	544
安阳市 Anyang	3457	16303	3650	271	835	529	2599	6
鹤壁市 Hebi	691	3174	1227	509	721	234	1804	
新乡市 Xinxiang	1947	10754	3389	676	2053	665	7404	318
焦作市 Jiaozuo	2159	8561	2827	1225	2636	1451	12691	98
濮阳市 Puyang	3292	14890	4576	158	470	81	3844	50
许昌市 Xuchang	2660	12323	3213	1039	1630	672	6690	
漯河市 Luohe	1403	5866	5081	384	470	305	4996	235
三门峡市 Sanmenxia	1448	6025	1869	242	421	249	2100	
南阳市 Nanyang	5006	26157	5485	229	892	270	3470	57
商丘市 Shangqiu	4707	23275	4866	547	766	254	4279	560
信阳市 Xinyang	2781	8892	1238	401	692	230	8546	1053
周口市 Zhoukou	5169	24154	4201	541	1810	649	13671	5163
驻马店市 Zhumadian	3120	16157	3430	188	673	280	1493	145
济源示范区 Jiyuan	493	1650	579	121	489	198	997	79

23-17 各市婚姻服务基本情况(2021年)

Statistics on Marriages and Divorces by City (2021)

地　区 Region	结婚登记(对) Total Number of Registered Marriages (couples)	初　婚(人) First Marriages (persons)	再　婚(人) Re-marriages (persons)	离　婚(对) Divorces (couples)	#民　政 Civil Affairs
全　省 Total	**596511**	**921187**	**271835**	**208311**	**152901**
省本级 Provincisl Level	159	236	82	19	19
郑州市 Zhengzhou	62355	80023	44687	27586	24174
开封市 Kaifeng	27054	41656	12452	8820	6659
洛阳市 Luoyang	39706	61674	17738	14165	11045
平顶山市 Pingdingshan	25395	37459	13331	9890	7094
安阳市 Anyang	31476	49038	13914	10700	7691
鹤壁市 Hebi	10088	17503	2673	3257	2531
新乡市 Xinxiang	33248	49615	16881	12156	9207
焦作市 Jiaozuo	18923	29309	8537	7480	5709
濮阳市 Puyang	23527	37384	9670	8224	5584
许昌市 Xuchang	25420	38631	12209	10073	7668
漯河市 Luohe	12762	18722	6802	5745	4507
三门峡市 Sanmenxia	11542	17420	5664	4357	2589
南阳市 Nanyang	51558	78036	25080	20846	12658
商丘市 Shangqiu	55791	89811	21771	15905	10521
信阳市 Xinyang	39708	63744	15672	14357	10091
周口市 Zhoukou	73114	124653	21575	17159	12196
驻马店市 Zhumadian	50918	80538	21298	16412	12056
济源示范区 Jiyuan	3767	5735	1799	1160	902

23–18 残疾人事业基本情况(2021年)

Basic Information of Person with Disabilities (2021)

单位：人 (person)

项　目	Item	2021
康复	**Rehabilitation**	
总体康复服务情况	**General Rehabilitation**	
接受康复服务总人数	People Receiving Rehabilitation	327258
得到辅助器具适配服务	Receiving Adaption and Services with Assistive Devices	121907
农村低收入残疾人	Rural Low-income Disabled	96676
按残疾类别	**According to the Disability**	
视力残疾人	Visual Disability	25708
听力残疾人	Hearing Disability	21402
言语残疾人	Speech Disability	1973
肢体残疾人	Physical Disability	187985
智力残疾人	Intellectual Disability	21246
精神残疾人	Mental Disability	31280
多重残疾人	Multiple Disability	15114
未持证残疾儿童	0-17 year-old Children without Certificate	22550
按年龄	**According to the Age**	
0–6岁残疾儿童	0-6 year-old Disabled Children	28478
7–17岁残疾儿童	7-17 year-old Disabled Children	16335
18–59岁残疾人	18-59 year-old Disabled People	131547
60岁及以上残疾人	60 years old and above	150898
接受康复服务内容情况	**According to the Rehabilitation Service Content**	
康复医疗	Medical Rehabilitation	19041
功能训练	Functional Training	56075
辅助器具	Auxiliary Appliance	121907
支持性服务	Supporting Services	138684
各类残疾基本服务情况	**According to the Rehabilitation Service Category**	
视力残疾	Visual Disability	
康复医疗	Medical Rehabilitation	837
康复训练	Rehabilitation Training	1324
辅助器具	Auxiliary Appliance	12452
支持性服务	Supporting Services	13189
听力、言语残疾	Hearing, Speech Disability	
康复医疗	Medical Rehabilitation	926
康复训练	Rehabilitation Training	4503
辅助器具	Auxiliary Appliance	12301
支持性服务	Supporting Services	12911
肢体残疾	Physical Disablity	
康复医疗	Medical Rehabilitation	5852
康复训练	Rehabilitation Training	31707
辅助器具	Auxiliary Appliance	94897
支持性服务	Supporting Services	78682
智力残疾	Intellectual Disability	
康复医疗	Medical Rehabilitation	529
康复训练	Rehabilitation Training	12880
支持性服务	Supporting Services	15599
其他	Others	1448
精神残疾	Mental Disability	
康复医疗	Medical Rehabilitation	10920
康复训练	Rehabilitation Training	5912
支持性服务	Supporting Services	18842
其他	Others	988
按辅助器具项目情况	**According to the Assistive Devices**	
盲杖	White Cane	4392
助听器	Hearing-aid	880
其他各类辅助器具	Other Assistive Devices	119527

23-18 续表 continued

单位：人 (person)

项 目	Item	2021
教育	**Education**	
高等教育阶段	Higher Education	
高等特殊教育机构录取残疾考生	Disabled Students at Special Higher Education Institutions	343
普通高等院校录取残疾考生	Disabled Students at Regular Higher Education Institutions	1118
就业	**Employment**	
残疾人就业人数	Eemployed PWDS	534644
按比例就业	Employed on Percentage	23484
集中就业	Centralized Employment	11754
个体就业	Self-employed	84138
公益性岗位就业	Employment at Public Welfare	5957
辅助性就业	Supporting Employment	15763
农村种养加	Engaged in Planting, Breeding and Processing	267218
灵活就业	Fixable Employment	126330
盲人按摩	**Massage by Persons with Visual Disability**	
保健按摩人员培训	Massage Therapists Training	850
医疗按摩人员培训	Medical Massage Training	950
维权	**Rights Protection**	
执法检查	Law Enforcement Inspection	
人大执法检查或专题调研(次)	Law enforcement inspection of National People's Congress and Special investigation (time)	6
政协视察或专题调研(次)	Inspection of CPPCC and Special investigation (time)	6
法律救助	Legal Aid and Assistance	
残疾人法律救助工作站(个)	Legal aid Workstations for disabled People (unit)	157
残疾人法律救助工作站办理案件(件)	Cases of Legal aid workstations for disabled People (case)	96
无障碍设施建设	Construction of Barrier-free Facilities	
困难重度残疾人家庭无障碍改造(户)	Barrier-free Reconstruction for Poor Family with Disabled People (household)	191789
无障碍环境建设检查(次)	Barrier-free Check (time)	61
无障碍培训(人次)	Barrier-free Training (person-time)	881
残疾人信访	Letters and Calls from Disabled Persons	
残疾人来信(件)	Letters from Disabled Persons (case)	468
残疾人来访(人次)	Visit from Disabled Persons (person-time)	1180
残疾人来电(通)	Calls from Disabled Persons (person-time)	1648
网上投诉（件）	Online Complaints	7
残联组织建设	**Organization of the Disabled Persons' Federation**	
残疾人工作者数(人)	Disabled Worker (person)	7746

主要统计指标解释

医疗卫生机构　指从卫生（卫生计生）行政部门取得《医疗机构执业许可证》《中医诊所备案证》《计划生育技术服务许可证》，或从民政、工商行政、机构编制管理部门取得法人单位登记证书，为社会提供医疗服务、公共卫生服务或从事医学科研和医学在职培训等工作的单位。医疗卫生机构包括医院、基层医疗卫生机构、专业公共卫生机构、其他医疗卫生机构。

基层医疗卫生机构　包括社区卫生服务中心、社区卫生服务站、街道卫生院、乡镇卫生院、村卫生室、门诊部、诊所（医务室）。

专业公共卫生机构　包括疾病预防控制中心、专科疾病防治机构、妇幼保健机构（含妇幼保健计划生育服务中心）、健康教育机构、急救中心（站）、采供血机构、卫生监督机构、取得《医疗机构执业许可证》或《计划生育技术服务许可证》的计划生育技术服务机构。

其他医疗卫生机构　包括疗养院、临床检验中心、医学科研机构、医学在职教育机构、医学考试中心、农村改水中心、人才交流中心、统计信息中心等卫生事业单位。

医院　指设有固定床位，能收容病人住院并能为病人提供医疗、护理服务的医疗机构。包括综合医院、中医医院、中西医结合医院、民族医院、各类专科医院和护理院，不包括专科疾病防治院、妇幼保健院和疗养院。

卫生技术人员　包括执业医师、执业助理医师、注册护士、药师（士）、检验技师（士）、影像技师（士）、卫生监督员和见习医（药、护、技）师（士）等卫生专业人员。不包括从事管理工作的卫生技术人员（如院长、副院长、党委书记等）。

执业医师　指《医师执业证》“级别”为“执业医师”且实际从事医疗、预防保健工作的人员，不包括实际从事管理工作的执业医师。执业医师类别分为临床、中医、口腔和公共卫生四类。

执业助理医师　指《医师执业证》“级别”为“执业助理医师”且实际从事医疗、预防保健工作的人员，不包括实际从事管理工作的执业医师。执业助理医师类别分为临床、中医、口腔和公共卫生四类。

注册护士　指具有注册护士证书且实际从事护理工作的人员，不包括从事管理工作的护士。

提供住宿的社会工作机构　指能为老年人、残疾人、智障与精神病人、儿童等人员提供住宿的社会服务机构。包括社会福利院、特困人员救助供养机构、其他各类养老机构、社会福利医院、儿童福利院、未成年人救助保护机构、流浪乞讨人员救助管理机构、安置农场以及其他提供住宿的机构。

城市最低生活保障人数　指在报告期末纳入当地城市最低生活保障范围、并已发放补助经费的人数。

农村最低生活保障人数　指在报告期末纳入当地农村最低生活保障范围、并已发放补助经费的人数。

残疾人就业人数　指截止到本年度 12 月 31 日，以各种就业形式实际在业的城乡持证残疾人数。

Explanatory Notes on Main Statistical Indicators

Medical and Health Care Institutions refer to the units which have been qualified the Certification of Health Care Institution, filing certificate of traditional Chinese medicine clinic, certification of family planning technical service by the administration of public health (family planning), or qualified the Certification of Corporate Unit by the civil affairs, administration for industry and commerce, commission office for public sector reform, and engaging in medical health care services, public health services, or medicine research and on-job training, etc., including: hospitals, health care institutions at grass-root level, specialized public health institutions, and other medical and health care institutions.

Health Care Institutions at Grass-root Level include community health service centers, community health service stations, urban health centers, township health centers, village clinics, outpatient departments and clinics (health centers).

Specialized Public Health Institutions include centers for disease control and prevention, specialized disease prevention and treatment institutions, women and children care agencies(including women and children health care family planning service center), health education institutions, first aid centers, blood gathering and supplying institutions, health supervision and inspection agencies, and family planning technical service centers that obtained the Certification of Health Care Institution or certification of family planning technical service centers.

Other Medical and Health Care Institutions include sanatoriums, clinical laboratory centers, medicinal scientific research institutions, on-job training institutions, medical examination centers, rural water improvement centers, talent exchange centers, and statistical information centers, etc.

Hospitals refer to medical institutions with permanent hospital beds, which are able to take in patients and provide them with medical and nursing services. Include general hospital, hospital of traditional Chinese medicine, hospital of combining traditional Chinese and western medicine, national hospital, all kinds of specialized subject hospital and nursing homes, not including specialized subject hospital, maternity and child care centers, and convalescent hospital.

Medical Technical Personnel include Licensed Doctors, Licensed Assistant Doctors, Pharmacists, inspection technician, image technicians, hygiene supervisors and apprentice physicians and other health professionals. Not including engaged in the management of the health technical personnel.

Licensed Doctors refer to the medical workers who have obtained the licenses of qualified doctors and are employed in medical treatment, disease prevention or healthcare institutions, excluding the licensed doctors engaged in management job. The licensed doctors are divided into 4 categories: clinician, Chinese medicine physicians, dentist and public health physicians.

Licensed Assistant Doctors refer to the medical workers who have obtained the licenses of qualified assistant doctors and are employed in medical treatment, disease prevention or healthcare institutions, excluding the licensed assistant doctors engaged in management job. The classification of licensed assistant doctors is clinician, Chinese medicine, dentist and public health.

Registered Nurse refers to has registered nurse certificate and actually engaged in nursing work of the staff, not including engaged in the management of the nurse.

Social Work Institutions with Accommodation refer to social service institutions that can provide accommodation for the elderly, the disabled, the mentally disabled and the mentally ill, children and other personnel. It includes social welfare homes, relief and support institutions for the poverty-stricken, other types of elderly care institutions, social welfare hospital, children's welfare homes, minors' relief and protection institutions, relief and management institutions for vagrants and beggars, resettlement farms and other institutions providing accommodation.

Number of Urban Residents Receiving Minimum Living Allowances refers to the number of people who have been included in the local urban minimum living allowances at the end of the reporting period and have been granted subsidies.

Number of Rural Residents Receiving Minimum Living Allowances refers to the number of people included in the local rural minimum living security at the end of the reporting period and granted subsidies.

Number of Disabled Persons in Employment refers to the number of urban and rural disabled persons who actually work in various forms of employment before December 31 of this year.

文化和体育

Culture and Sports

24

◎ 资料整理：郑文革

简要说明

一、主要内容

本篇包括文化、文物机构、档案、广播、电视、新闻出版、文化及相关产业增加值、规模以上企业等方面的活动情况。

二、资料来源

文化机构人员，艺术表演团体，艺术表演场馆，公共图书馆，博物馆，群众艺术馆，文化馆等资料由河南省文化和旅游厅提供；档案资料由省档案局（馆）提供；文物机构资料由省文物局提供；广播、电视资料由省广播电视局提供；新闻出版资料由省新闻出版局提供；体育资料由省体育局提供。由省统计局社会与科技处编辑整理。

Brief Introduction

I. Main Contents

Data in this chapter mainly reflect the situations on culture, relics institutions, archives, broadcasting, television; news and publication.

II. Sources of Data

Data on the number of the staff and workers in cultural situations, art performing groups and performance venues, public libraries, museums, art venues, cultural venues are provided by Henan Provincial Department of culture and tourism; the archives are provided by the Provincial Archives Bureau (Museum); the information of cultural relics institutions is provided by the Provincial Bureau of cultural relics; the radio and television materials are provided by the provincial radio and Television Bureau; the press and publication materials are provided by the provincial press and Publication Bureau; and the sports materials are provided by the provincial sports and Education Bureau. It is edited by the social and science and Technology Department of the Provincial Bureau of statistics.

24−1 文化及相关产业增加值

Value-Added of Cultural and Related Industry

年 份	增加值(亿元) Value-Added (100 million yuan)	文 化 制造业 Culture Manufacturing	文化批发和零售业 Wholesaleand Retail of Culture	文 化 服务业 Services of Culture	构 成 (%) Composition (%) 文 化 制造业 Culture Manufacturing	文化批发和零售业 Wholesaleand Retail of Culture	文 化 服务业 Services of Culture	占GDP比 重(%) Percentage to GDP (%)
2004	101.40							1.21
2008	249.70							1.41
2009	293.62							1.53
2010	367.13							1.62
2011	454.37							1.73
2012	670.00	363.30	34.30	271.90	54.2	5.1	40.6	2.31
2013	815.69	435.89	56.61	323.19	53.4	6.9	39.6	2.58
2014	984.66	528.16	117.83	338.67	53.6	12.0	34.4	2.85
2015	1111.87	588.47	128.71	394.70	52.9	11.6	35.5	3.00
2016	1212.80	608.62	157.23	446.95	50.2	13.0	36.9	3.01
2017	1349.23	588.26	167.30	593.66	43.6	12.4	44.0	3.01
2018	2142.51	569.58	298.96	1273.97	26.6	14.0	59.5	4.29
2019	2251.15	584.92	317.83	1348.41	26.0	14.1	59.9	4.19
2020	2202.99	523.25	324.14	1355.60	23.8	14.7	61.5	4.06

注：2013年以前增加值数据为法人单位口径。
a) The data on value-added before 2013 were on the caliber of establishment.

24−2 文化及相关产业规模以上企业分类主要指标(2021年)

Main Indicators of Culture and Related Industry above Designated Size by Type (2021)

项 目	Item	法人单位数(个) Number of Institutional Unit (unit)	从业人员期末人数(人) Number of Employed Persons at yearend (person)	资产总计(亿元) Total Assets (100 million yuan)	营业收入(亿元) Business Revenue (100 million yuan)	利润总额(亿元) Total Profits (100 million yuan)
全 省	**Total**	**2895**	**308325**	**3425.82**	**2533.16**	**129.24**
文化核心领域	**Core Area**	**1993**	**217539**	**2687.51**	**1603.53**	**87.67**
新闻信息服务	News and Information Service	69	32337	171.45	125.30	-1.96
内容创作生产	Content Authoring	713	92343	998.34	701.59	46.01
创意设计服务	Creative Design Service	425	36716	369.37	357.69	25.65
文化传播渠道	Channels of Cultural Transmission	430	28930	347.99	313.12	9.15
文化投资运营	Cultural Investment and Operation	17	882	114.29	24.21	0.38
文化娱乐休闲服务	Cultural Entertainment and Service	339	26331	686.06	81.63	8.44
文化相关领域	**Related Area**	**902**	**90786**	**738.32**	**929.64**	**41.57**
文化辅助生产和中介服务	Subsidiary Production and Intermediary Services	495	64262	588.66	633.70	27.59
文化装备生产	Production of Cultural Equipment	74	7379	49.31	66.30	4.47
文化消费终端生产	Terminal Production of Cultural Consumption	333	19145	100.35	229.64	9.51

24-3 文化及相关产业规模以上企业主要经济指标(2021年)

Main Economic Indicators of Culture and Related Industry Enterprises above Designated Size (2021)

单位：亿元 (100 million yuan)

指　标	Item	合　计 Total	文化制造业 Cultural Manufacturing Industry	文化批零业 Cultural wholesale and Retail Industry	文化服务业 Cultural Service Industry
企业单位数（个）	Number of Enterprises (unit)	2895	997	580	1318
期末从业人员（人）	Employed Persons (person)	308325	151867	25950	130508
固定资产原价	Fixed Assets Price	1218.91	695.40	37.74	485.78
本年折旧	Depreciation in This Year	102.10	68.10	1.40	32.60
资产总计	Total Assets	3425.82	1371.56	254.58	1799.69
负债合计	Total Liabilities	1733.32	619.69	147.55	966.09
所有者权益合计	Total Owner's Equity	1689.13	751.87	103.68	833.57
营业收入	Business Revenue	2533.16	1330.28	443.96	758.92
营业成本	Operating Cost	2122.95	1154.69	392.72	575.54
税金及附加	Tax and Add	21.27	10.01	2.29	8.97
销售费用	Sales Expenses	88.94	31.20	19.87	37.87
管理费用	Management Fee	116.67	39.22	12.38	65.07
研发费用	R & D Expenses	32.80	13.75	0.10	18.95
财务费用	Financial Expenses	32.11	16.03	1.87	14.21
#利息收入	Income of Interest	4.50	1.44	0.27	2.79
#利息费用	Interest Expense	21.86	10.97	0.54	10.35
投资收益	Income from Investment	5.10	0.21	0.07	4.82
营业利润	Operating Profits	121.43	66.03	15.74	39.66
利润总额	Total Profits	129.24	67.51	16.19	45.54
应付职工薪酬	Wages Payable	267.89	115.66	15.30	136.92
应交增值税	Value Added Tax Payable	35.56	16.09	2.65	16.82

24-4 各市文化及相关产业规模以上企业主要指标(2021年)

Main Indicators of Enterprises in Culture and Related Industry above Designated Size by City (2021)

地 区 Region	法人单位数(个) Number of Institutional Unit (unit)	从业人员期末人数(人) Number of Employed Persons at year-end (person)	资产总计(亿元) Total Assets (100 million yuan)	营业收入(亿元) Business Revenue (100 million yuan)	利润总额(亿元) Total Profits (100 million yuan)
总 计 Total	**2895**	**308325**	**3425.82**	**2533.16**	**129.24**
郑 州 市 Zhengzhou	511	60451	941.82	542.69	15.48
开 封 市 Kaifeng	171	15818	124.12	130.12	14.69
洛 阳 市 Luoyang	247	40980	431.16	353.49	11.07
平 顶 山 市 Pingdingshan	119	10851	318.68	104.29	5.72
安 阳 市 Anyang	36	3923	35.88	15.92	0.22
鹤 壁 市 Hebi	35	2011	15.85	24.30	0.19
新 乡 市 Xinxiang	123	13105	119.37	138.80	2.43
焦 作 市 Jiaozuo	49	7970	84.37	58.83	2.65
濮 阳 市 Puyang	34	2850	41.42	41.25	-0.10
许 昌 市 Xuchang	391	51737	691.72	495.02	27.42
漯 河 市 Luohe	73	7469	87.54	72.19	0.00
三 门 峡 市 Sanmenxia	59	2532	49.65	26.27	0.55
南 阳 市 Nanyang	210	17744	154.08	164.78	9.75
商 丘 市 Shangqiu	246	23934	64.62	113.77	10.51
信 阳 市 Xinyang	227	13946	65.89	63.95	8.12
周 口 市 Zhoukou	200	19083	81.62	115.04	14.35
驻 马 店 市 Zhumadian	146	12750	100.76	68.56	6.36
济源示范区 Jiyuan	18	1171	17.28	3.90	-0.16

24－5 各市文化及相关产业规模以上文化制造业企业主要指标(2021年)

Main Indicators of Cultural Manufacturing Enterprises above Designated Size by City (2021)

地区 Region	法人单位数(个) Number of Institutional Unit (unit)	从业人员期末人数(人) Number of Employed Persons at year-end (person)	资产总计(亿元) Total Assets (100 million yuan)	营业收入(亿元) Business Revenue (100 million yuan)	利润总额(亿元) Total Profits (100 million yuan)
总计 Total	**997**	**151867**	**1371.56**	**1330.28**	**67.51**
郑州市 Zhengzhou	76	8632	56.69	58.73	3.44
开封市 Kaifeng	67	10666	57.45	85.47	7.98
洛阳市 Luoyang	60	7261	39.46	81.85	4.36
平顶山市 Pingdingshan	34	6787	24.55	80.56	4.04
安阳市 Anyang	11	1740	8.60	7.78	0.32
鹤壁市 Hebi	8	1027	8.62	20.21	0.33
新乡市 Xinxiang	58	7655	70.90	85.38	1.60
焦作市 Jiaozuo	21	6177	50.74	52.14	3.33
濮阳市 Puyang	10	1304	18.44	20.76	0.18
许昌市 Xuchang	293	48176	669.13	443.70	22.25
漯河市 Luohe	59	6769	84.35	67.43	-0.13
三门峡市 Sanmenxia	4	1015	3.09	4.49	-0.05
南阳市 Nanyang	63	10605	116.17	123.18	5.32
商丘市 Shangqiu	56	7992	35.69	58.57	3.22
信阳市 Xinyang	43	5421	23.91	26.76	2.21
周口市 Zhoukou	92	13243	57.07	75.89	7.89
驻马店市 Zhumadian	38	6924	45.20	35.40	1.16
济源示范区 Jiyuan	4	473	1.52	1.96	0.07

24-6 各市文化及相关产业限额以上文化批零业企业主要指标(2021年)

Main Indicators of Cultural wholesale and Retail Enterprises above Designated Size by City (2021)

地区 Region	法人单位数(个) Number of Institutional Unit (unit)	从业人员期末人数(人) Number of Employed Persons at year-end (person)	资产总计(亿元) Total Assets (100 million yuan)	营业收入(亿元) Business Revenue (100 million yuan)	利润总额(亿元) Total Profits (100 million yuan)
总计 Total	**580**	**25950**	**254.58**	**443.96**	**16.19**
郑州市 Zhengzhou	125	4587	125.84	218.97	5.55
开封市 Kaifeng	35	1452	9.86	14.99	0.70
洛阳市 Luoyang	58	2224	17.27	23.76	0.70
平顶山市 Pingdingshan	23	754	5.18	8.82	-0.14
安阳市 Anyang	14	628	3.08	5.63	0.27
鹤壁市 Hebi	13	352	1.76	2.65	0.08
新乡市 Xinxiang	32	1073	10.16	38.43	0.67
焦作市 Jiaozuo	16	522	4.14	4.53	0.12
濮阳市 Puyang	14	508	6.96	6.67	0.42
许昌市 Xuchang	22	933	6.98	17.37	0.56
漯河市 Luohe	8	316	1.64	2.19	0.10
三门峡市 Sanmenxia	21	365	2.61	3.47	0.07
南阳市 Nanyang	65	3513	14.02	27.79	2.39
商丘市 Shangqiu	47	5194	11.28	30.74	2.40
信阳市 Xinyang	36	1351	5.71	9.73	0.80
周口市 Zhoukou	27	1095	7.02	14.25	1.14
驻马店市 Zhumadian	23	1032	20.54	13.39	0.33
济源示范区 Jiyuan	1	51	0.54	0.58	0.04

24-7 各市文化及相关产业规模以上文化服务业企业主要指标(2021年)

Main Indicators of Culture Service Enterprises above Designated Size by City (2021)

地区 Region	法人单位数(个) Number of Institutional Unit (unit)	从业人员期末人数(人) Number of Employed Persons at year-end (person)	资产总计(亿元) Total Assets (100 million yuan)	营业收入(亿元) Business Revenue (100 million yuan)	利润总额(亿元) Total Profits (100 million yuan)
总计 Total	**1318**	**130508**	**1799.69**	**758.92**	**45.54**
郑州市 Zhengzhou	310	47232	759.30	264.99	6.49
开封市 Kaifeng	69	3700	56.81	29.65	6.01
洛阳市 Luoyang	129	31495	374.43	247.88	6.02
平顶山市 Pingdingshan	62	3310	288.96	14.91	1.81
安阳市 Anyang	11	1555	24.20	2.51	-0.37
鹤壁市 Hebi	14	632	5.47	1.43	-0.22
新乡市 Xinxiang	33	4377	38.31	14.99	0.16
焦作市 Jiaozuo	12	1271	29.50	2.15	-0.80
濮阳市 Puyang	10	1038	16.02	13.82	-0.70
许昌市 Xuchang	76	2628	15.62	33.95	4.61
漯河市 Luohe	6	384	1.54	2.57	0.03
三门峡市 Sanmenxia	34	1152	43.95	18.31	0.53
南阳市 Nanyang	82	3626	23.89	13.81	2.04
商丘市 Shangqiu	143	10748	17.65	24.46	4.89
信阳市 Xinyang	148	7174	36.28	27.46	5.11
周口市 Zhoukou	81	4745	17.53	24.89	5.32
驻马店市 Zhumadian	85	4794	35.02	19.77	4.86
济源示范区 Jiyuan	13	647	15.23	1.36	-0.26

24-8 文化文物机构和人员情况(2021年)

Number of Institutions and Employed persons in Cultural Industry (2021)

指标名称	Item	机构（个） Number of Institutions (unit)	文化和旅游部门 Culture and Tourism Department	其他部门 Other Department	从业人员（人） Number of Employed Persons (person)	文化和旅游部门 Culture and Tourism Department	其他部门 Other Department
总　　计	**Total**	**19992**	**4060**	**15932**	**132291**	**44609**	**87682**
文化和旅游合计	**Cultural and Tourism**	**19307**	**3515**	**15792**	**119853**	**33896**	**85957**
艺术表演团体	Arts Performance Troupes	2249	160	2089	51545	7850	43695
艺术表演场馆	Arts Performance Places	222	127	95	4859	2083	2776
公共图书馆	Public Libraries	169	169		2877	2877	
文化馆	Cultural Centers	207	207		3205	3205	
文化站	Cultural Stations	2485	2485		8532	8532	
艺术展览创作机构	Art Exhibition and Creative Institutions	13	13		141	141	
艺术教育业	Culture and Education	7	7		246	246	
文化科研机构	Art Research Institutions	16	16		189	189	
文化市场经营机构(不含非公有制艺术表演团体)	Institutions of Business of Culture (Excluding non-public Art Performance Troupes)	13608		13608	39486		39486
文化行政主管部门	Admisistrative Department of Culture	174	174		5893	5893	
其他文化机构	Other Cultural Institutions	157	157		2880	2880	
文物合计	**Cultural Relics**	**685**	**545**	**140**	**12438**	**10713**	**1725**
博物馆	Museums	367	229	138	7837	6125	1712
文物保护管理机构	Agencies of Cultural Relics Preservation	126	124	2	2186	2173	13
文物科研机构	Scientific and Research Agencies	17	17		926	926	
文物行政主管部门	Administrative Department for Cultural Relics	167	167		1386	1386	
其他文物机构	Other Cultural Relics Agencies	8	8		103	103	

24-9 艺术表演场馆基本情况(2021年)

Basic Statistics of Arts Performance Places (2021)

指标名称	Item	机构数（个）Number of Institutions (unit)	从业人员（人）Number of Employed Persons (person)	座席数（个）Number of Seats (unit)	演(映)出场次（万场次）Number of Performances (10 000 shows)	#艺术演出 Art Performance
总　计	**Total**	**222**	**4859**	**201487**	**1.73**	**1.52**
按登记注册类型分	By Status of Registration					
国　有	State-owned	122	2095	65092	0.44	0.32
其　他	Others	100	2764	136395	1.29	1.20
按管理部门分	By Management Department					
文化和旅游部门	Culture and Tourism Department	127	2083	105546	0.35	0.19
其他部门	Others	95	2776	95941	1.38	1.33
按机构类型分	By Type					
剧场	Theatres	68	1105	43458	0.78	0.73
影剧院	Music Halls and Cinemas	86	1435	83676	0.50	0.36
书场、曲艺场	Storytelling, Recitation and Ballad Places	2	11	250	0.03	0.03
杂技、马戏场	Acrobatics and Circus Places	1	9	360	0.01	0.01
音乐厅	Concert Halls	5	85	377	0.03	0.03
综合性	General Performance Theartres	12	1081	12924	0.09	0.07
其他艺术表演场馆	Others	48	1133	60442	0.29	0.29
按隶属关系分	By Jurisdiction of Management					
省	Province	3	282	4511	0.16	0.15
地、市	Prefectures, cities	29	547	7726	0.04	0.03
县、市及以下	Counties and Below	190	4030	189250	1.53	1.34

指标名称	Item	观众人次（万人次）Number of Audiences (10 000 person-times)	#艺术演出 Art Performances	收入合计（万元）Total Income (10 000 yuan)	#财政拨款 Government	#演出收入 Performance Income	支出合计（万元）Total Expenses (10 000 yuan)
总　计	**Total**	**466.52**	**357.73**	**71872**	**9908**	**23356**	**60715**
按登记注册类型分	By Status of Registration						
国　有	State-owned	207.98	124.82	13787	7246	202	13427
其　他	Others	258.54	232.91	58085	2662	23154	47288
按管理部门分	By Management Department						
文化和旅游部门	Culture and Tourism Department	139.40	54.07	13261	6432	202	12858
其他部门	Others	327.12	303.66	58612	3477	23154	47857
按机构类型分	By Type						
剧场	Theatres	164.72	135.20	18316	4054	9559	18501
影剧院	Music Halls and Cinemas	71.50	22.10	4576	1037	465	4889
书场、曲艺场	Storytelling, Recitation and Ballad Places	1.20	1.05	22		9	70
杂技、马戏场	Acrobatics and Circus Places	1.80	1.80	11		11	6
音乐厅	Concert Halls	1.28	1.11	398		151	563
综合性	General Performance Theartres	66.93	39.45	13881	3668	4941	13392
其他艺术表演场馆	Others	159.09	157.02	34669	1149	8220	23295
按隶属关系分	By Jurisdiction of Management						
省	Province	96.66	74.59	7215	3938		6202
地、市	Prefectures, cities	21.20	14.17	3285	852	59	3530
县、市及以下	Counties and Below	348.66	269.0	61372	5118	23297	50983

24-10 艺术表演团体基本情况(2021年)

Basic Statistics of Arts Performance Troupes (2021)

指标名称	Item	剧团数（个） Number of Performance Troupes (unit)	从业人员（人） Number of Employed Persons (person)	演出场次（万场次） Number of Performances (10 000 times)	#国内演出 Domestic performance	#农村 Rural Areas
总　计	**Total**	**2249**	**51545**	**22.89**	**22.89**	**12.58**
按登记注册类型分	By Registration Status					
国有	State-owned	158	7754	3.44	3.44	2.90
集体	Collective-owned	1	16	0.02	0.02	0.02
其他	Others	2090	43775	19.43	19.43	9.66
按隶属关系分	By Jurisdiction of Management					
省	Province	6	1141	0.12	0.12	0.11
地、市	Prefectures, cities	26	2061	0.71	0.71	0.39
县、市及以下	Counties and Below	2217	48343	22.06	22.06	12.08
按管理部门分	By Management Department					
文化和旅游部门	Culture and Tourism Department	160	7850	3.50	3.50	2.95
其他部门	Other Department	2089	43695	19.39	19.39	9.63
按剧种分	Grouped by Type of Drama					
话剧、儿童剧、滑稽剧团	Drama, Children's Play and Comedy Troupes	12	360	0.08	0.08	0.02
歌舞、音乐类	Song and Dance, Musicals	179	4246	1.32	1.32	0.64
京剧、昆曲类	Beijing Opera and Kunqu Opera	5	197	0.04	0.04	0.03
地方戏曲类	Local Opera	1364	30080	11.35	11.35	8.80
杂技、魔术、马戏类	Acrobatics, Magic, Circus	102	2871	2.48	2.48	0.41
曲艺类	Folk Arts	247	4811	2.61	2.61	1.61
综合性艺术表演团体	Comprehensive Art Performing Troupes	340	8980	5.01	5.01	1.07

指标名称	Item	国内演出观众人次（万人次） Number of Audience (10 000 persontimes)	#农村 Rural Areas	收入合计（万元） Total Income (10 000 yuan)	支出合计（万元） Total EXpenses (10 000 yuan)	政府采购的公益演出活动 Public performance by government procurement: 演出场次（万场次） Number of Performances (10 000 times)	观众人次（万人次） Number of Audience (10 000 persontimes)
总　计	**Total**	**11748.00**	**5942.52**	**165198**	**164076**	**2.19**	**1768.52**
按登记注册类型分	By Registration Status						
国有	State-owned	2904.95	2428.12	69672	74068	2.16	1744.90
集体	Collective-owned	14.80	14.80	19	19		10.70
其他	Others	8828.25	3499.60	95508	89990	0.03	12.92
按隶属关系分	By Jurisdiction of Management						
省	Province	162.14	132.66	21233	23336	0.10	77.64
地、市	Prefectures, cities	568.25	285.44	27390	29593	0.41	284.73
县、市及以下	Counties and Below	11017.61	5524.42	116576	111147	1.68	1406.15
按管理部门分	By Management Department						
文化和旅游部门	Culture and Tourism Department	2936.80	2457.77	71074	75472	2.19	1768.52
其他部门	Other Department	8811.20	3484.75	94125	88604		
按剧种分	Grouped by Type of Drama						
话剧、儿童剧、滑稽剧团	Drama, Children's Play and Comedy Troupes	979.23	24.74	3521	4492	0.01	8.55
歌舞、音乐类	Song and Dance, Musicals	448.52	165.63	18985	18521	0.08	40.96
京剧、昆曲类	Beijing Opera and Kunqu Opera	20.17	19.07	1642	2084	0.01	8.61
地方戏曲类	Local Opera	6445.95	4811.35	72672	80472	1.90	1521.05
杂技、魔术、马戏类	Acrobatics, Magic, Circus	941.43	122.63	8640	8880	0.06	40.69
曲艺类	Folk Arts	568.93	375.95	3758	3219	0.06	37.43
综合性艺术表演团体	Comprehensive Art Performing Troupes	2343.77	423.15	55981	46407	0.07	111.23

24-11 娱乐场所基本情况
Basic Statistics on Entertainment

指标名称	Item	2020	2021
机构数(个)	Number of Institutions (unit)	2579	1542
游艺	Carnival	563	153
歌舞	Musical	1410	900
其他	Others	606	489
从业人员(人)	Number of Employed Persons (person)	15997	13102
资产总计(万元)	Total assets (10 000 yuan)	218178	182951
营业收入(万元)	Operating Revenue (10 000 yuan)	93352	81355
营业成本(万元)	Operating Cost (10 000 yuan)	86962	76024
养老、医疗、事业等保险费	Insurance expenses of Pension, Medical and Business	1655	2454
工资总额	Total Wages	34563	31946
税金总额	Total Taxes	1905	1835
营业利润(万元)	Operating Profit (10 000 yuan)	6390	5331

24-12 公共图书馆基本情况(2021年)
Basic Statistics on Libraries (2021)

指标名称	Item	总计 Total	#少儿图书馆 Chilren Libraries	#省级 Provincial Level	地市级 Prefecture -level	县市级 County-level	#县图书馆 county Libraries
机构数(个)	Number of Institutions (unit)	169	11	2	21	146	86
从业人员(人)	Number of Employed Persons (person)	2877	160	216	837	1824	1015
总藏量(万册)	Total Collections (10 000 volumes)	4105.89	248.17	434.47	1412.89	2258.53	1021.34
#图书(万册)	Books (10 000 volumes)	3503.36	223.23	342.65	1205.31	1955.40	864.08
报刊(万份)	Newspapers and Periodicals (10 000 pieces)	391.22	18.32	37.90	148.20	205.12	90.68
当年购买的报刊种类(万种)	Newspapers and Periodicals Purchased this year (10 000 types)	3.26	0.18	0.22	1.38	1.66	0.83
实际持证读者数(万个)	Actual Number of Licensed Readers (10 000 persons)	258.45	34.38	21.92	110.96	125.57	53.96
总流通人次(万人次)	Total Circulation Person Times (10 000 person times)	3090.55	305.78	96.77	1264.77	1729.01	1017.78
#书刊文献外借人次(万人次)	Persons Times of Book and Literature Lending (10 000 person times)	1280.47	225.79	35.01	386.52	858.94	527.24
书刊文献外借册次(万册次)	Number of Book and Literature Lending (10 000 volume times)	2013.96	313.78	101.79	588.46	1323.71	769.72
为读者服务举办各种活动	Various Activities are held to Serve Readers						
次数(次)	Times (Times)	8468	1190	117	3121	5230	3107
参加人数(万人次)	Number of Participants (10 000 person times)	386.9	68.11	9.75	234.01	143.14	101.15
组织各类讲座次数(次)	Number of Lectures Organized (Times)	4552	946	29	2032	2491	1481
举办展览(个)	Exhibitions (unit)	1972	190	76	513	1383	856
举办培训班(个)	Training Courses (unit)	1944	54	12	576	1356	770
计算机(台)	Computer (set)	10512	383	280	2868	7364	4175
#电子阅览室终端数(台)	Number of Terminals in Electronic Reading Room (set)	6853	212	128	1522	5203	3065
阅览室坐席数(万个)	Number of Seats in the Reading Room (10 000 unit)	6.72	0.63	0.21	2.41	4.10	2.15
实际使用公共用房建筑面积(万平方米)	Construction Area of Public Housing Actually Used (10 000 square meters)	83.21	3.44	3.89	33.40	45.92	24.09
#书库	Library	19.40	0.59	1.04	7.87	10.49	5.10

24-13 分地区公共图书馆基本情况(2021年)

Basic Statistics on Public Libraries by City (2021)

地 区 Region	机构数（个）Number of Institutions (unit)	从业人员（人）Number of Employed Persons (person)	总藏量（万册）Total Collections (10 000 volumes)	#图书 Books	少儿文献（万册）Children's Literature (10 000 volumes)
全 省 Total	**169**	**2877**	**4105.89**	**3503.36**	**659.89**
省本级 Provincial Level	**2**	**216**	**434.47**	**342.65**	**65.11**
省辖市 City					
郑州市 Zhengzhou	15	383	510.35	447.96	85.81
开封市 Kaifeng	9	108	155.51	128.08	31.20
洛阳市 Luoyang	18	303	507.89	455.81	126.98
平顶山市 Pingdingshan	10	131	209.87	175.39	33.73
安阳市 Anyang	7	108	197.95	154.15	48.55
鹤壁市 Hebi	6	75	86.27	77.93	17.72
新乡市 Xinxiang	11	153	175.05	132.61	15.64
焦作市 Jiaozuo	8	78	152.08	133.89	12.77
濮阳市 Puyang	7	109	127.50	118.42	26.47
许昌市 Xuchang	7	153	195.19	162.80	30.82
漯河市 Luohe	5	72	78.51	70.47	14.08
三门峡市 Sanmenxia	7	79	167.91	134.32	15.05
南阳市 Nanyang	13	190	239.15	192.34	42.47
商丘市 Shangqiu	9	180	134.06	109.31	22.37
信阳市 Xinyang	12	196	202.05	177.21	33.17
周口市 Zhoukou	11	156	116.56	102.77	19.69
驻马店市 Zhumadian	11	162	343.22	324.38	15.41
济源示范区 Jiyuan	1	25	72.30	62.87	2.85

24-14 文物业、博物馆和文物管理机构基本情况

Statistics on Cultural Relics, Museums and Agencies of cultural relics Preservation

指标名称	Item	2020	2021
文物业	**Cultural Relics**		
机构(个)	Number of Institutions (unit)	656	685
从业人员(人)	Number of Employed Persons (person)	12401	12438
本年收入合计(万元)	Total Revenue this Year (10 000 yuan)	313298	317091
本年支出合计(万元)	Total Expenditure this Year (10 000 yuan)	313497	328039
资产总计(万元)	Total Assets (10 000 yuan)	800042	959840
实际使用房屋建筑面积(万平方米)	Floor Space of Buildings Actually Used (10 000 sq.m)	161.46	183.53
藏品数(件/套)	Number of Collections (piece/set)	2119935	2193023
#一级品	Grade One	2633	2581
本年新增藏品数(件/套)	Number of Newly Increased Collections this Year (piece/set)	40012	14351
举办陈列展览(个)	Exhibition & Displays (unit)	1448	1576
参观人次(万人次)	Spectators (10 000 person-times)	4039.67	5996.41
博物馆	**Museums**		
机构数(个)	Number of Institutions (unit)	336	367
#免费开放馆数	Number of Free Museums	293	322
从业人员(人)	Number of Employed Persons (person)	7433	7837
#专业技术人员	Professional Skilled Person	2112	2198
藏品数(件/套)	Number of Collections (pieces)	1200736	1257209
#一级品	Grade One	2323	2281
陈列展览(个)	Exhibition & Displays (unit)	1429	1553
参观人次(万人次)	Spectators (10 000 person-times)	3191.01	5081.81
#未成年人	Minors	905.86	1350.07
门票销售总额(万元)	Income from Tickets (10 000 yuan)	2190	12718
收入合计(万元)	Total Revenue (10 000 yuan)	137420	134812
支出合计(万元)	Total Expenditure (10 000 yuan)	142937	148558
资产总计(万元)	Total Assets (10 000 yuan)	464198	627681
实际使用房屋建筑面积(万平方米)	Floor Space of Buildings Actually Used (10 000 sq.m)	132.45	157.69
#展览用房	Room for Exhibition	69.64	80.76
#库房	Storeroom	13.03	15.6
文物管理机构	**Agencies of Cultural Relics Preservation**		
机构数(个)	Number of Institutions (unit)	127	126
从业人员(人)	Number of Employed persons (person)	2372	2186
#专业技术人员	Professional Skilled Person	468	467
藏品数(件/套)	Number of Collections (pieces)	108236	112267
#一级品	Grade One	58	63
陈列展览(个)	Exhibition & Displays (unit)	12	11
参观人次(万人次)	Spectators (10 000 person-times)	843.11	907.82
门票销售总额(万元)	Income from Tickets (10 000 yuan)	14257	15845
收入合计(万元)	Total Revenue (10 000 yuan)	42588	35357
支出合计(万元)	Total Expenditure (10 000 yuan)	42743	37643
资产总计(万元)	Total Assets (10 000 yuan)	204426	171804
实际使用房屋建筑面积(万平方米)	Floor Space of Buildings Actually Used (10 000 sq.m)	17.45	16.34
#展览用房	Room for Exhibition	5.66	4.99
#文物库房	Storeroom For Relics	1.73	1.62

24−15 国家综合档案馆基本情况(2021年底)

Basic Statistics on the National comprehensive Archives (End of 2021)

分 类	Item	机构数 (个) Number of Institutions (unit)	馆藏档案 (万卷、万件) Number of Archives (10 000 volume、 10 000 pieces)	开放档案 (万卷、万件) Arcives open to Public (10 000 volume、 10 000 pieces)
总 计	**Total**	**177**	**1694.45**	**419.21**
省 级	Province Level	1	48.45	19.16
市 级	Prefecture Level	18	492.31	154.21
县 级	County Level	158	1153.69	245.84

分 类	Item	利用档案 (万卷、万件次) Utilized Archives (10 000 volume-time 10 000 pieces-time)	馆藏资料 (万册) Number of Material Stored (10 000 volume)	档案馆建筑面积 (万平方米) Construction Area of Archives (10 000 sq.m)
总 计	**Total**	**51.29**	**312.22**	**44.53**
省 级	Province Level	4.53	8.99	5.24
市 级	Prefecture Level	16.52	60.58	12.43
县 级	County Level	30.24	242.65	26.86

24-16 新闻出版业主要指标

Main Indicators of Press and Publication Industry

指标名称	Item	2020	2021
机构和人员情况	**Agencies and Employed Persons**		
机构数(个)	Agencies (unit)	11145	11544
从业人员(人)	Employed Persons (penson)	106912	106768
出版情况	**Publishing**		
图书出版	Publishing of Books		
图书种数(种)	Sort of Books (sort)	8735	9670
图书总印数(万册)	Total Printed Copies of Books (10 000 volumes)	41155	44653
图书总印张(千印张)	Total Printed Sheets of Books (1 000 sheets)	2930695	3198090
图书定价总金额(万元)	Total Priced Value of Books (10 000 yuan)	430059	480808
期刊出版	Magazine		
期刊种数(种)	Sort of Magazine (sort)	245	245
期刊总印数(万册)	Total Printed Copies of Magazine (10 000 volumes)	6799	6585
期刊总印张(千印张)	Total Printed Sheets of Magazine (1 000 sheets)	324980	314872
期刊定价总金额(万元)	Total Priced Value of Magazine (10 000 yuan)	51831	49872
报纸出版	Publishing of Newspaper		
报纸种数(种)	Sort of Newspaper (sort)	77	77
报纸总印数(万份)	Total Printed Copies of Newspaper (10 000 volumes)	132314	129096
报纸总印张(千印张)	Total Printed Sheets of Newspaper (1 000 sheets)	2363517	2229205
报纸定价总金额(万元)	Total Priced Value of Newspaper (10 000 yuan)	203895	203101
音像及电子出版物出版	Audio Products and Electronic Publications		
音像及电子出版物出版种数(种)	Category of Audio Products and Electronic Publications (kind)	254	332
音像及电子出版物出版数量(万盒、万张)	Number of Audio Products and Electronic Publications (10 000 cases)	64	175
音像及电子出版物发行数量(万盒、万张)	Total Issuance of Audio and Electronic Publications (10 000 cases)	64	175
印刷企业单位数(个)	Number of Enterprises of Printing (unit)	2858	2985
出版物发行情况	**Issuance of Publication**		
出版物购进数量(万册(张、份、盒))	Number of Publication Bought (10 000 volumes/paper/cases)	181369	187239
出版物购进金额(万元)	Total Bought Value (10 000 yuan)	1542068	1848954
出版物销售数量(万册(张、份、盒))	Volume of Saling Printing (10 000 volumes/paper/cases)	180831	185085
出版物销售金额(万元)	Total Sales Amount of Publication (10 000 yuan)	1538863	1828561
出版物库存数量(万册(张、份、盒))	Storage of Publication (10 000 volumes/paper/cases)	17535	11251
出版物库存金额(万元)	Publication Inventory (10 000 yuan)	242683	266624

24-17 课本出版情况(2021年)

Basic Statistics of Publication of Textbook (2021)

项　　目	Item	种　数 (种) Number of Items (number)	#新版 (种) New Publication (number)	总印数 (万册) Printed Copies (10 000 volumes)	总印张 (千印张) Printed Sheets (1000 copies)	定价总金额 (万元) Total Priced Value (10 000 yuan)
总　　计	**Total**	**1171**	**403**	**25674**	**1641687**	**179822**
#大专及以上课本	Textbooks for Colleges and Universities	819	345	202	33159	8910
中专、技校课本	Textbooks for Secondary Technical Schools	5	3	5	378	149
中学课本	Textbooks for Secondary Schools	122	9	11905	921244	89326
小学课本	Textbooks for Primary Schools	127	15	13541	683472	79537
教学用书	Teaching Materials	37	4	4	644	951

24-18 录像制品及电子出版物情况

Basic Statistics of Audio-video Products and Electronic Publications

指标名称	Item	2020	2021
录像制品出版品种(种)	Number of Publication of video Products (kind)	39	28
#新版	Newly Published	39	17
录像制品出版数量(万盒、万张)	Volume of Publication of Video Products (10 000 cases)	6.75	2.11
#新版	Newly Published	6.75	1.66
录像制品发行数量(万盒、万张)	Total Issuance of Video Products (10 000 cases)	6.73	2.11
录音制品出版品种(种)	Number of Publication of Andio Products (kind)	7	2
#新版	Newly Published	7	2
录音制品出版数量(万盒、万张)	Volume of Publication of Audio Products (10 000 cases)	0.43	0.13
#新版	Newly Published	0.43	0.13
录音制品发行数量(万盒、万张)	Total Issuance of Audio Products (10 000 cases)	0.41	0.13
电子出版物出版品种(种)	Electronic Publications (kind)	208	302
#新版	Newly Published	208	231
电子出版物出版数量(万张)	Number of Electronic Publications (10 000 cases)	56.55	172.76
#新版	Newly Published	56.55	32.51

24-19 各市出版物发行网点数和从业人数(2021年)

Issuing Institutions and Spots of Publication by City (2021)

地 区	Region	发行网点合计(处) Issuing Institutions (unit)	#国有书店及国有发行点 State-owned Book Store and Issuing Spots	集体个体零售 Collective and Private Retail	国有书店及国有发行点从业人数(人) Employed Persons of State-owned Bookstores and Issuing Spots (person)
合计	**Total**	**9723**	**1608**	**7389**	**12526**
省直	**Directly Administated by Province**	**25**	**13**		**1068**
省辖市	**City**				
郑州市	Zhengzhou	2297	205	1527	776
开封市	Kaifeng	526	111	405	716
洛阳市	Luoyang	684	158	477	738
平顶山市	Pingdingshan	352	82	266	681
安阳市	Anyang	541	49	487	461
鹤壁市	Hebi	187	33	154	151
新乡市	Xinxiang	647	95	531	716
焦作市	Jiaozuo	206	28	176	479
濮阳市	Puyang	445	25	414	463
许昌市	Xuchang	275	76	198	514
漯河市	Luohe	211	34	172	256
三门峡市	Sanmenxia	177	36	138	249
南阳市	Nanyang	784	197	580	1360
商丘市	Shangqiu	611	137	465	1089
信阳市	Xinyang	470	93	367	1096
周口市	Zhoukou	697	108	576	923
驻马店市	Zhumadian	477	124	351	728
济源示范区	Jiyuan	111	4	105	62

24-20 广播电视业基本情况

Basic Statistics on Radio and Television Industry

指标名称	Index	2020	2021
广播电台情况	**Broadcasting stations**		
广播电台(座)	Number of broadcasting stations (set)	18	18
中、短波转播发射台(座)	Transmission and Relaying Stations of Medium and Short Wave Broadcast (unit)	30	30
公共广播节目套数（套）	Number of Public Radio Programs (set)	160	162
广播综合人口覆盖率(%)	Population Coverage Rate of Radio Programs (%)	99.64	99.66
公共广播节目播出时间(时：分)	Annual Broadcasting Hours of Radio Programs (hour:minute)	727321:21	725486:08
制作广播节目时间(时：分)	Annual Production Hours of Radio Programs (hour:minute)	310878:20	334798:20
被中央台采用新闻类节目(条)	Number of News Programs Adopted by CCTV (item)	2773	2673
电视台情况	**TV stations**		
电视台(座)	Number of TV stations (set)	18	18
调频、电视转播发射台(座)	Frequency Modulation, Television Transmission and Relaying Stations (set)	161	161
公共电视节目套数(套)	Number of Public Programs (set)	174	170
电视综合人口覆盖率(%)	Population Coverage Rate of TV Programs (%)	99.58	99.64
公共电视节目播出时间(时：分)	Broadcasting Hours of Public TV Programs (hour:minute)	948205:52	940166:02
制作电视节目时间(时：分)	Preduction Hours of Public TV Programs (hour:minute)	126158:21	135620:29
被中央台采用新闻类节目数(条)	Number of News Programs Adopted by CCTV (item)	3007	4901
有线广播电视覆盖用户数(万户)	Users of Cable Radios and TVs (10 000 households)	748.42	666.08
#数字电视覆盖用户数	Digital TV	696.07	642.22
有线电视入户率(%)	Popularization Rate of Cable TV (%)	22.65	20.05

24-21 广播电视业经营情况

Basic Statistics on Radio and Television Operation

单位：万元 (10 000 yuan)

指标名称	Index	2020	2021
单位数(个)	Number of Work Units (unit)	616	608
从业人员(人)	Number of Employed Persons (person)	43775	38541
总收入	Total Income	770413	796054
行政事业单位	Income of Agencies and Institutions	496901	473434
企业单位	Revenue form Principal Business of Enterprises	273512	322621
实际创收收入	Actual Income of Institutions and Enterprises	433277	467633
#广告收入	From Advertisement	114262	169956
#网络收入	From Internet	104378	84812
#新媒体业务收入	From New Media Business Income	91191	73510
资产总额	Total Assets	2400983	2463208

24-22 分市广播电视覆盖率

Coverage Rate of Radio and TV

单位：% (%)

地区	Region	2020		2021	
		广播覆盖率 Radio Coverage Rate	电视覆盖率 TV Coverage Rate	广播覆盖率 Radio Coverage Rate	电视覆盖率 TV Coverage Rate
合计	**Total**	**99.64**	**99.58**	**99.66**	**99.64**
郑州市	Zhengzhou	99.70	99.85	99.01	99.65
开封市	Kaifeng	100.00	100.00	100.00	100.00
洛阳市	Luoyang	99.95	98.65	98.59	98.95
平顶山市	Pingdingshan	100.00	98.45	99.32	98.85
安阳市	Anyang	100.00	100.00	100.00	99.73
鹤壁市	Hebi	100.00	100.00	100.00	100.00
新乡市	Xinxiang	99.95	99.80	99.95	99.81
焦作市	Jiaozuo	100.00	99.49	99.93	99.51
濮阳市	Puyang	100.00	100.00	100.00	100.00
许昌市	Xuchang	100.00	100.00	100.00	100.00
漯河市	Luohe	100.00	100.00	100.00	100.00
三门峡市	Sanmenxia	100.00	100.00	100.00	100.00
南阳市	Nanyang	98.86	98.57	99.44	98.94
商丘市	Shangqiu	100.00	100.00	100.00	100.00
信阳市	Xinyang	100.00	100.00	100.00	100.00
周口市	Zhoukou	100.00	100.00	100.00	100.00
驻马店市	Zhumadian	99.62	99.51	99.80	99.60
济源示范区	Jiyuan	100.00	100.00	100.00	100.00

24-23 运动员人数

Number of Athletes

单位：人 (person)

人员分类	Category of Personnel	2020	#女 Female	2021	#女 Female
等级运动员人数	**Number of Athletes in Grades**	**1776**	**603**	**2173**	**734**
运动健将	Master of Sports	30	8	21	8
一级运动员	First Grades	481	195	176	63
二级运动员	Second Grades	1265	400	1976	663

24-24 体育彩票发行情况

Issue of Sports Lottery Ticket

单位：万元 (10 000 yuan)

项　目	Item	2019	2020	2021
体育彩票销售点(个)	Sale Place of Sports Lottery (unit)	11209	16232	16025
体育彩票销售收入	Sale Revenue of Sports Lottery	1624323	1309677	1653071
用于兑奖金额	Bonus	1250417	821460	1093161

主要统计指标解释

文化　主要包括新闻出版业、广播电视电影和影像业、文化艺术业等类别。新闻业指新华通讯社、各新闻单位及派驻的记者站、境外驻我国的新闻机构、中心、办事处联络站等的活动；出版业指国家批准的出版社的活动；广播电视电影和影像业指对广播、电视、电影、录音、录像内容的制作、编导、播出、放映等活动；文化艺术业主要包括文艺创作与表演、艺术表演场馆、图书与档案馆、文物及文化保护、博物馆、烈士陵园、纪念馆、文化艺术经纪代理等活动。

体育　主要包括体育组织、体育场馆、以及其他体育活动。

娱乐业　主要包括室内娱乐活动、游乐园、休闲健身娱乐活动、以及其他娱乐活动。

艺术表演团体　指由文化部门主办或实行行业管理（经文化行政部门审批或已申报登记并领取相关许可证），专门从事表演艺术等活动的各类专业艺术表演团体，含民间职业剧团。不包括群众业余文艺表演团队。

艺术表演场馆　指由文化部门主办或实行行业管理（经文化市场行政部门审批或已申报登记并领取相关许可证），有观众席、舞台、灯光设备，公开售票、专供文艺团体演出的文化活动场所。附属于文化部门机构内非独立核算的剧场、排演场，公开营业的也应单独统计。

文化市场经营机构　指经文化市场行政部门审批或已申报登记并领取相关许可证的、从事文化经营和文化服务活动的机构。

公共图书馆　指文化部门主办的面向社会服务的图书馆。

广播节目综合人口覆盖率　是指根据国家广电总局制定的《广播电视人口覆盖率统计技术标准和方法》，在对象区内采用无线、有线、卫星等技术手段能够收听到包括中央、省、地市、县广播节目其中任意一套的人口数与总人口的比。

电视节目综合人口覆盖率　是指根据国家广电总局制定的《广播电视人口覆盖率统计技术标准和方法》，在对象区内采用无线、有线、卫星等技术手段能够收看到包括中央、省、地市、县级电视节目中任意一套的人口数与总人口的比。

有线电视入户率　指能接收到有线广播电视台、有线广播电视站(系统内和系统外)和共享天线系统播放的有线电视节目的家庭户数与总户数的比率。计算公式：

有线电视入户率= 年末有线电视总用户数/年末总户数×100%

等级运动员　是指经考核正式批准授予技术等级的运动员，分为国际级运动健将、运动健将、一级、二级运动员。

Explanatory Notes on Main Statistical Indicators

Culture mainly includes Journalism, radio, television and film and video industry, culture art industry etc. Journalism refers to The Xinhua news agency, the press agencies and their reporter station. In our country overseas news agency, center, office activities; The publishing refers to the activities approved by the state; Radio, television and film and video refers to broadcasting, television, films, sound recording, video content production, broadcast playwright-director, showing activities; Culture and art owner to should include the creation of literature and art and performance, artistic performance venues, books and archives, cultural relics and culture protection, museums, martyr cemetery, memorial, arts and culture, as an agent and other activities.

Sports include sports organizations, sports venues, and other physical activities.

Entertainment include entertainment activities interior, amusement park, the leisure fitness entertainment activities, and other recreational activities.

Arts Performance Troupes refer to the various professional performing arts groups, which sponsored by the cultural sectors or guided by the cultural society (approved by the cultural market administration, or registered and permitted with the relative certificate), including non-governmental troupes, such as drama troupes, dialect troupes, comedy troupes, children troupes, Opera troupes, puppetry troupes, Shadowgraph troupes, etc., comprehensive professional arts performance troupes. The mass amateur arts performance troupes are not included.

Arts Performance Places refer to the various sites for cultural activities, which sponsored by the cultural sectors or guided by the cultural society (approved by the cultural market administration, or registered and permitted with the relative certificate), with the facility of auditorium, stage, and lighting, and selling tickets in public. The theaters and rehearse sites which are affiliated to the cultural sectors without independent financial accounts which are open to the public should be covered independently.

Cultural Market Operating Units refer to the units dealing in culture and cultural services, which registered and permitted with the relative certificate by cultural market administration.

Public library refers to the library service set up by the social cultural departments.

Radio Coverage of Population refers to the percentage of population, which can listen to one of central, provincial, city, prefecture, and county radio programs by wireless, cable, satellite and other technical means, in the surveying area, to national total population, according to Statistical Standard and Method on Television and Radio Coverage of Population established by the State Administration of Broadcasting, Film and Television.

Television Coverage of Population refers to the percentage of population, which can watch one of central, provincial, city, prefecture, and county television programs by wireless, cable, satellite and other technical means, in the surveying area, to national total population, according to Statistical Standard and Method on Television and Radio Coverage of Population established by the State Administration of Broadcasting, Film and Television.

Cable Television Coverage of Household refers to the percentage of households, which can watch television by cable of radio and television network, to national total household.

Class athletes refers to formally approved by the examination on the level of the athletes awarded technology, divided into international sports, master of sports, level 1, level 2 player.

公共管理、社会保障和社会组织

Public Management , Social Security and Social Organizations

25

◎ 资料整理：赵霞

简要说明

一、主要内容

本篇包括公检法司、安全生产、工会组织、劳动保障情况等。公检法司的资料主要包括公安机关的刑事案件立案情况和治安案件查处情况、交通事故情况，省应急管理厅的火灾事故情况，检察机关的办案情况，人民法院审理案件和收结案情况，以及司法部门律师、公证、调解工作等资料。

二、资料来源

公检法司统计资料分别由河南省公安厅、河南省高级人民法院、河南省人民检察院和河南省司法厅提供。劳动争议仲裁由河南省人力资源和社会保障厅提供。工会组织情况由河南省总工会提供。安全生产由河南省应急管理厅提供。参加社会保险人数、社会保险基金收支资料由省人力资源和社会保障厅提供。由省统计局社会与科技处编辑整理。

Brief Introduction

I. Main Contents

Data in this chapter include This article includes the public prosecution law department, safety production, trade union organization, labor security, etc. The information of the public prosecution and law division mainly includes the criminal case filing of public security organs, the investigation and treatment of public security cases, trafficaccidents, the fire accidents of provincial emergency management department, the handling of cases by the procuratorial organs, the trial and closing of cases by the people's court, and the lawyers, notarization and mediation of the judicial department.

II. Sources of Data

The statistics of the public prosecution and law department are provided by Henan Provincial Public Security Department, Henan Provincial High People's court, Henan people's Procuratorate and Henan Provincial Judicial Department. Labor dispute arbitration shall be provided by the Department of human resources and social security of Henan Province. The organization of trade unions shall be provided by the Henan Federation of trade unions. The safety production is provided by Henan emergency management department. The number of participants in social insurance and income and expenditure information of social insurance funds shall be provided by the Provincial Department of human resources and social security. Edited and organized by the social and scientific and Technological Department of the Provincial Bureau of statistics.

25-1 公安机关立案的刑事案件情况

Criminal Case of Register in Public Security Organs

案件类别	Category of Cases	立案(起) Number of Cases Registered (case)		构成(%) Composition (%)	
		2020	2021	2020	2021
总计	**Total**	**344080**	**361406**	**100.0**	**100.0**
杀人	Homicide	523	433	0.2	0.1
伤害	Injury	6630	6040	1.9	1.7
抢劫	Robbery	551	512	0.2	0.1
强奸	Rape	2689	3152	0.8	0.9
拐卖妇女、儿童	Abducting Women or Children	151	156	0.0	0.0
盗窃	Larceny	133887	132616	38.9	36.7
诈骗	Fraud	122452	135012	35.6	37.4
走私	Smuggling	5	4	0.0	0.0
伪造、变造货币，出售、购买、运输、持有、使用假币	Forging Currency, Selling, Buying, Transporting, Holding and Using Counterfeit Currency	66	25	0.0	0.0
其他	Others	77126	83456	22.4	23.1

25-2 公安机关受理和查处治安案件情况(2021年)

Cases of Offence Against Public Order Handled by Public Security Organs (2021)

案件类别	Category of Cases	受理(起) Number of cases Accepted to be Treated (case)	查处(起) Number of cases Investigated and Treated (case)	每万人口受理案件数(起) Number of Cases Accepted per 10 000 Population (case)
合计	**Total**	**425174**	**390511**	**43.02**
扰乱单位秩序	Disturbing Business Orders	2878	2752	0.29
扰乱公共场所秩序	Disturbing the Orders in Public Places	1101	1054	0.11
寻衅滋事	Causing Quarrels and Making Troubles	6930	6549	0.70
阻碍执行职务	Obstructing Government Workers in Performing Their Duties	1464	1406	0.15
非法携带枪支、弹药、管制器具	Violation of Firearms Control Regulations	514	461	0.05
违反危险物质管理规定	Violation of Explosives Control Regulations	8648	8423	0.88
殴打他人	Battering Other Persons	103817	92696	10.50
故意伤害	Willfully Injuring Others	6306	5639	0.64
盗窃	Stealing Property	150761	138345	15.25
敲诈勒索	Extortion and Blackmail	1088	1047	0.11
抢夺	Robbery and Snatch	188	169	0.02
伪造、变造、倒卖有价票证、凭证	Forge/alter/scalp Valuable Coupons or Certificates	29	25	0.00
违反旅馆业管理	Violating the Hotel Management Regulations	2725	2647	0.28
违反房屋出租管理	Violating the Rent Control Regulations	1031	1022	0.10
诈骗	Swindling, Seizing and Extorting Property	27626	24981	2.80
卖淫、嫖娼	Prostitution or Soliciting Prostitutes	2445	2429	0.25
赌博或为赌博提供条件	Gambling or Providing Conditions for Gambling	13458	13241	1.36
毒品违法活动	Illegal Drug Related Action	5383	5318	0.54
其他	Others	88782	82307	8.98

25-3 交通事故情况(2021年)

Basic Statistics on Traffic Accidents (2021)

项 目	Item	发生数（起）Number of Traffic Accidents (case)	死亡人数（人）Number of Deaths (person)	受伤人数（人）Number of Injuries (person)	直接财产损失（万元）Direct Property Losses (10 000 yuan)
总 计	**Total**	**18741**	**2698**	**20711**	**9929.61**
机动车	Vehicles	14628	2377	15547	8652.38
#汽车	Motor Vehicles	12208	2011	12595	7768.64
摩托车	Motorcycles	1403	211	1817	612.71
拖拉机	Tractors	83	15	89	19.99
非机动车	Non-motor-driven Vehicles	3956	271	5047	1190.02
#自行车	Bicycles	2932	182	3802	717.80
行人乘车人	Pedestrians and Passengers	144	47	109	79.05
其他	Others	13	3	8	8.16

25-4 人民检察院审查逮捕、审查起诉情况(2021年)

Arrests and Prosecution Approved by People's Procuratorate (2021)

案件分类	Category of Cases	批捕、决定逮捕合计 Total of Arrests		决定起诉合计 Total of Public Prosecutions	
		(件) (case)	(人) (person)	(件) (case)	(人) (person)
合 计	**Total**	**53131**	**78312**	**106115**	**151688**
危害公共安全案	Offences Against Public Security	3105	3236	33080	33520
破坏社会主义市场经济秩序案	Offences Against Socialist Market Economic Order	3748	5856	6413	10831
侵犯公民人身、民主权利案	Offences Against Citizens' Personal and Democratic Rights	8680	10382	12031	15002
侵犯财产案	Offences Against Properties	13925	18448	20553	28803
妨害社会管理秩序案	Offences Against Social Management of Order	23609	40301	33347	62711
贪污贿赂案	Corruption and Bribery	14	18	568	645
渎职侵权案	Infingement of Rightes and Dereliction of Duty	41	46	106	142
其他	Others	9	25	17	34

25-5 人民检察院处理申诉案件情况(2021年)
Appeals Handled by People's Procuratorate (2021)

单位：件 (case)

案件分类	Category of Cases	受案 Cases Accepted	审查结案 Cases Settled	立案复查 Cases Registered for-Reinvestigation	复查结案 Cases Review and Settled and Settled	#改变原决定 Original Decision Changed
合计	**Total**	**654**	**588**	**173**	**145**	**7**
不服检察机关处理决定	Appeals Against Decision of Procuratorate's Offices	132	120	62	59	7
不服不批捕	Appeals Against Rejection of Arrest	13	13	4	5	
不服不起诉	Appeals Against Rejection of Prosecuting	98	85	55	51	6
不服撤案	Appeals Against Withdrawal of the Case	2	2			
不服其他诉讼终结的刑事处理决定	Appeals Against Original Exemption of Lawsuit	19	20	3	3	1
不服法院刑事判决裁定	Appeals Against Judgment of Criminal Case	522	468	111	86	

25-6 人民检察院办理刑事抗诉案件情况(2021年)
Criminal Appeals Handled by People's Procuratorate (2021)

案件类别	Category of Cases	提出抗诉(件) Presenting Protest Appeal (case)	审判结果 合计(件) Total Result of Judgement (case)	改判 Revising Judgment (件) (case)	改判 Revising Judgment (人) (person)	维持原判(件) Affirming Original Judgment (case)	发回重审(件) Remanding for Retrial (case)
合计	**Total**	**497**	**375**	**159**	**266**	**141**	**75**
贪污贿赂案件	Corruption and Bribery Cases	15	13	4	4	7	1
渎职侵权案件	Infingement of Rightes and Dereliction of Duty	6	6	4	4	1	1
其他刑事案件	Other Criminal Cases	476	356	151	258	133	73

25-7 人民检察院办理民事、行政抗诉案件情况(2021年)

Civil and Administrative Protest Cases Handled by People's Procuratorate (2021)

单位：件 (case)

案件类别	Category of Cases	合计 Total	民事案件 Civil Cases	行政案件 Administrative Cases
提出抗诉	Presenting Protest	282	276	6
抗诉案件再审	Retrial of Protested Cases	278	271	7
改　判	Revising Judgment	173	167	6
调　解	Mediation	16	16	
发回重审	Remanding for Retrial	46	46	
和解撤诉	Reconciliation and Withdrawal	5	5	
维持原判	Affirming Original Judgment	33	32	1
其　他	Others	5	5	
提出再审检察建议	Giving Retrial Procuratorate Suggestion	630	595	35
采纳再审检察建议再审情况	Retrial after Adopting Procuratorate Suggestion	315	287	28
改　判	Revising Judgment	235	234	1
调　解	Mediation	37	11	26
发回重审	Remanding for Retrial	4	4	
和解撤诉	Reconciliation and Withdrawal	9	9	
维持原判	Affirming Original Judgment	8	8	
其　他	Others	22	21	1

25-8 人民检察院办理公益诉讼案件情况(2021年)

Public Interest Litigation Handled by people's procuratorate (2021)

单位：件 (case)

案件类别	Category of Cases	线索 Clue	立案 Register	诉前程序 Pre Litigation Procedure	起诉 Prosecute
合　计	**Total**	**7317**	**5679**	**4385**	**467**
民事公益诉讼	Civil Public Interest Litigation	866	722	667	439
环境资源领域	Environmental Resources Field	440	389	345	248
食品药品领域	Food and Drug Field	273	229	196	151
英烈保护领域	Heroic Protection Field	1			
其他领域	Others	152	104	126	40
行政公益诉讼	Administrative Public Interest Litigation	6451	4957	3718	28
环境资源领域	Environmental Resources Field	4338	3242	2385	16
食品药品领域	Food and Drug Field	766	686	532	3
国土出让领域	Territorial Transfer Field	136	115	80	
国有财产保护领域	State-owned Property Field	37	26	20	
其他领域	Others	1174	888	701	9

25−9 人民检察院纠正违法情况

Law-breaking Cases Rectified by People's Procuratorate

项　　目	Item	2019	2020	2021
已纠正件次合计（件次）	**Total of Rectification (case-times)**	**2608**	**3438**	**5406**
立案监督小计	Sub-total of Supervision of Cases Registered	1341	1821	1976
监督立案	Supervision of Cases Filing	611	751	742
监督撤案	Supervision of Cases Withdrawed	730	1070	1234
侦查监督	Supervision of Investigation	208	275	1492
刑事执行活动检察	Prosecution of Criminal Execution Activities	1059	1342	1938
已纠正案件涉及人次合计(人次)	**Total of Rectified Cases (person-times)**	**9101**	**11718**	**15094**
立案监督小计	Sub-total of Supervision of Cases Registered	1700	2208	2399
监督立案	Supervision of Cases Filing	796	934	955
监督撤案	Supervision of Cases Withdrawed	904	1274	1444
侦查监督小计	Sub-total of Supervision of Investigation	3216	4262	5519
纠正漏捕	Rectified of Missed Arrests	1617	2028	2873
纠正漏诉	Rectified of Missed Appeals	1599	2234	2646
减刑、假释、暂予监外执行检察	Commutation of Sentence, Parole and Temporary Execution Outside Prison	1268	1597	2534
监外执行和社区矫正监管活动检察	Prosecution of Outside Prison Execution and Community Correction	2917	3651	4642

25-10 人民检察院检察官基本情况

Basic Statistics on Procurator

单位：人 (person)

指　标	Item	2020	2021
检察长人数	Number of Chief Procurators	183	173
#女性	Female	26	26
副检察长人数	Number of Deputy Chief Procurators	547	462
#女性	Female	80	81
检察官人数	Number of Procurators	4105	4076
#女性	Female	1297	1379
司法辅助人员数	ancillary judicial personel	3875	3729
#女性	Female	1412	1358

25-11 人民法院审理刑事一审案件收结案情况

First Trial Criminal Case Accepted and Settled by People's Courts

单位：件 (case)

项　目	Item	2020		2021	
		收案 Cases Accepted	结案 Cases Settled	收案 Cases Accepted	结案 Cases Settled
合　计	**Total**	**82560**	**84204**	**107213**	**105373**
危害公共安全罪	Offences Against Public Security	28379	28551	33529	33448
破坏社会主义市场经济秩序罪	Offences Against Socialist Economic Order	5354	5551	6830	6553
侵犯公民人身权利、民主权利罪	Offences Against Citizens' Personal and Democratic Rights	10056	10258	12158	11862
侵犯财产罪	Offences Against Properties	20401	20903	21075	20701
妨害社会管理秩序罪	Offences Against Social Management of Order	17630	18121	32878	32166
危害国防利益罪	Offences Against National Defense	36	38	28	28
贪污贿赂罪	Offences on Corruption and Bribery	447	526	594	523
渎职罪	Offences on Dereliction of Duty	126	126	119	90
其他	Others	131	130	2	2

25-12 各市人民法院审理刑事案件罪犯情况(2021年)

Criminal Offenders Heard by Courts by City (2021)

地区 Region	刑事罪犯总数(人) Number of Offenders (person)	#青少年犯罪 Young Offenders	不满18岁 Less Than 18 Years	18-25岁 Between 18 and 25 Years	青少年罪犯占刑事罪犯比重(%) Proportion of Young Offenders in the Total (%)
全省 Total	**143687**	**29478**	**4177**	**25301**	**20.5**
郑州市 Zhengzhou	18859	3144	414	2730	16.7
开封市 Kaifeng	7761	1743	224	1519	22.5
洛阳市 Luoyang	10192	2255	342	1913	22.1
平顶山市 Pingdingshan	7132	1366	199	1167	19.2
安阳市 Anyang	8051	1568	291	1277	19.5
鹤壁市 Hebi	2096	439	64	375	20.9
新乡市 Xinxiang	8878	1850	177	1673	20.8
焦作市 Jiaozuo	5416	1061	104	957	19.6
濮阳市 Puyang	5548	1105	183	922	19.9
许昌市 Xuchang	5166	886	99	787	17.2
漯河市 Luohe	2864	564	62	502	19.7
三门峡市 Sanmenxia	4717	1041	145	896	22.1
南阳市 Nanyang	18222	3750	469	3281	20.6
商丘市 Shangqiu	9572	2399	320	2079	25.1
信阳市 Xinyang	7773	1440	181	1259	18.5
周口市 Zhoukou	10603	2474	357	2117	23.3
驻马店市 Zhumadian	9851	2258	524	1734	22.9
济源示范区 Jiyuan	986	135	22	113	13.7

25-13 人民法院审理婚姻家庭、继承一审案件收结案情况(2021年)

First Trial Civil Cases of Marriage, Family Affairs and Inheritance Accepted and Settled by Courts (2021)

单位：件 (case)

项 目	Item	收案 Cases Accepted	结案 Cases Settled	调解 Mediate	判决 Judgment	不予受理 Dismiss	驳回起诉 Reject	撤诉 With-drawal	其他 Other
合 计	**Total**	**142903**	**138881**	**45127**	**60665**	**96**	**3251**	**28969**	**773**
婚姻家庭纠纷	Marriage and Family Affairs	137659	133901	43382	58852	88	2964	27886	729
离婚纠纷	Divorce Disputes	111000	108184	36122	48060	46	2107	21359	490
抚养纠纷	Upbringing Disputes	8846	8574	2445	3539	9	282	2225	74
扶养纠纷	Maintenance Disputes	259	256	44	124	1	10	72	5
赡养纠纷	Support Disputes	2282	2229	494	981	1	53	664	36
收养关系纠纷	Adoption Relation Disputes	135	133	32	57		8	35	1
监护权纠纷	Guardianship Disputes	32	30	11	10		2	7	
探望权纠纷	Vistation Disputes	613	595	195	253	1	17	125	4
其他	Others	14492	13900	4039	5828	30	485	3399	119
继承纠纷	Inheritance Disputes	5178	4917	1728	1798	8	281	1059	43
法定继承纠纷	Legal Inheritance	600	557	192	204		29	128	4
遗嘱继承纠纷	Testament Inheritance	149	132	39	53	1	13	26	
其他	Others	4429	4228	1497	1541	7	239	905	39
其他	Others	66	63	17	15		6	24	1

25-14 人民法院审理合同纠纷一审案件收结案情况(2021年)

First Trial Cases of Contract Disputes Accepted and Settled by Courts (2021)

单位：件 (case)

项 目	Item	收案 Cases Accepted	结案 Cases Settled	判决 Judgment	不予受理 Dismiss	驳回起诉 Reject	撤诉 With-drawal	调解 Mediate	其他 Other
合 计	**Total**	**649332**	**623889**	**295040**	**1562**	**33029**	**156133**	**132987**	**5138**
借款合同	Loan Contracts	269880	261884	134154	332	14372	53076	58898	1052
买卖合同	Trade Contracts	88315	85048	34981	186	4490	23259	21330	802
电信服务合同	Telecom Contracts	89	86	26		6	46	6	2
租赁合同	Lease Contracts	31143	29551	14002	93	1441	7758	6047	210
劳动争议	Work Disputes	41957	40490	17366	49	1835	10189	10723	328
房地产开发经营合同	Real Estate Contracts	284	275	161	1	27	63	17	6
供用动力合同	Power Supply Contracts	459	452	130	6	29	172	115	
建设工程合同	Construction Contracts	31120	28872	13152	149	1863	7730	5573	405
农村承包合同	Rural Contracts	147	143	80		4	44	13	2
承揽合同	Contracts for Work	7890	7547	3381	24	334	2023	1707	78
其他	Others	178048	169541	77607	722	8628	51773	28558	2253

25-15 人民法院审理民事一审案件收结案情况(2021年)

First Trial Civil Cases Accepted and Settled by Courts (2021)

单位：件 (case)

项 目	Item	收案 Cases Accepted	结案 Cases Settled	判决 Judgment	不予受理 Dismiss
合 计	**Total**	**1042868**	**1000268**	**483293**	**2258**
人格权纠纷	Personality Disputes	16037	15411	8246	35
婚姻家庭、继承纠纷	Disputes of Marriage, Family Affairs and Inheritance	142903	138881	60665	96
物权纠纷	Property Rights Disputes	24302	22994	10315	154
合同、无因管理、不当得利纠纷	Contract, Non-cause Management, Improper Profit Disputes	660919	634860	299601	1645
知识产权与竞争纠纷	Intellectual Property Right and Competition Disputes	16911	15891	3705	13
劳动争议、人事争议	Labor Disputes, Personnel Disputes	30216	28736	14133	95
海事海商纠纷	Maritime Disputes				
与公司、证券、保险、票据等有关的民事纠纷	Civil Disputes Relating to Companies, Securities, Insurance, Bills, etc	41512	39306	22231	108
侵权责任纠纷	Tort Liability Dispute	101381	95996	58707	97
其他	Others	8687	8193	5690	15

项 目	Item	驳回起诉 Reject	撤诉 Withdrawal	调解 Mediation	其他 Other
合 计	**Total**	**46520**	**239643**	**220280**	**8274**
人格权纠纷	Personality Disputes	463	3754	2849	64
婚姻家庭、继承纠纷	Disputes of Marriage, Family Affairs and Inheritance	3251	28969	45127	773
物权纠纷	Property Rights Disputes	2277	7586	2507	155
合同、无因管理、不当得利纠纷	Contract, Non-cause Management, Improper Profit Disputes	34207	159571	134557	5279
知识产权与竞争纠纷	Intellectual Property Right and Competition Disputes	238	8584	3153	198
劳动争议、人事争议	Labor Disputes, Personnel Disputes	2022	5820	5929	737
海事海商纠纷	Maritime Disputes				
与公司、证券、保险、票据等有关的民事纠纷	Civil Disputes Relating to Companies, Securities, Insurance, Bills, etc	1305	7447	7436	779
侵权责任纠纷	Tort Liability Dispute	2209	16098	18664	221
其他	Others	548	1814	58	68

25-16 人民法院审理行政一审案件收结案情况(2021年)

First Trial Administrative Cases Accepted and Settled by Courts (2021)

单位：件 (case)

项　目	Item	收案 Cases Accepted	结案 Cases Settled	判决 Judgment	不予立案 Dismiss	驳回起诉 Reject	撤诉 With-drawal	调解 Mediation	其他 Other
合　计	**Total**	**19732**	**19042**	**9286**	**584**	**4048**	**3922**	**116**	**1086**
公安	Public Security	2680	2575	1386	71	369	710		39
资源	Natural Resources	4889	4782	2109	143	1275	1051	10	194
城乡建设	Urban and Rural Construction	6406	6383	3091	112	1382	1026	76	696
计划生育	Family Planning	9	8	1	1	4	2		
工商	Industry and Commerce	458	433	236	17	77	93	1	9
商标	Trademark	12	13	8		1	4		
质量监督检验检疫	Quality Supervision, Inspection and Quarantine	129	123	54	1	18	46	2	2
卫生	Health	92	85	47	7	11	20		
食品药品安全	Food and Drug Safety	255	241	105	4	52	77	2	1
农业	Agriculture	27	19	11		7	1		
物价	Prices	4	5	1	1		2	1	
环境保护	Environment Protection	179	164	92	1	16	43	5	7
交通运输	Traffic and Transport	144	127	60	4	15	46		2
信息电讯	Information Telecommunication	10	10	4	2	2	2		
邮政	Postal Service	16	16	1	8	7			
专利	Patent	7	7	4		1	1		1
新闻出版	Press and Publications	1	1			1			
税务	Taxes	33	35	18	2	10	5		
金融	Finance	27	21	4	4	10	3		
外汇	Foreign Exchange								
海关	Customs								
财政	Government Finance	34	32	13	3	7	9		
劳动和社会保障	Labour and Social Security	1221	1160	762	23	98	266	3	8
审计	Audit	6	6	2	1	1	2		
经贸	Economy and Trade	1	1	1					
水利	Water Conservancy	51	48	13	1	17	16		1
旅游	Tourism	3	2			1	1		
烟草专卖	Tobacco Monopoly	5	4	1		1	2		
司法	Justice	61	59	19	16	10	9		5
民政	Civil Administration	400	391	174	10	95	108		4
教育	Education	49	49	16	10	13	8		2
文化	Culture	10	10	3		3	4		
广播电视电影	Broadcasting, Television and Film	1	1		1				
统计	Statistics	2	2	1	1				
电力	Electric Power	11	14	8	1	3	2		
国有资产	State Assets	4	2		1		1		
外资	Foreign Capital								
盐业	Salt Industry	4	6	1		1	3	1	
体育	Sports	4	4	3					1
行政监察	Administrative Supervision	8	17	4		5	8		
乡政府	Townships Government	1454	1389	664	71	345	212	4	93
其他	Others	1025	797	369	67	190	139	11	21

25-17 全省法官及建立少年法庭情况

Statistics on Judges and Juvenile Courts

指 标	Item	2020	2021
法官及陪审员情况(人)	Juudges and juror (person)		
法院员额法官人数	Specified Number of Judges in court	7013	6971
#女法官	Female	2161	2510
高级法院员额法官人数	Specified Number of Judges in Superior Court	197	188
#女法官	Female	70	59
人民陪审员人数	Number of juror	20099	23717
#女陪审员	Female	8637	10299
建立少年法庭数(个)	Number of Juvenile Courts (unit)	180	182

25-18 律师、公证和调解工作基本情况

Basic Statistics on Lawyers, Notarization and Mediation

项 目	Item	2020	2021
律师工作	Lawyers		
律师事务所（个）	Number of Law Offices (unit)	1550	1622
律师人数（人）	Number of Lawyers (person)	27453	29245
#女性	Female	9300	10302
#专职律师	Full-time Lawyers	23575	24886
#女性	Female	7890	8855
兼职律师	Part-time Lawyers	749	772
#中共党员	Member of Communist Party of China	9913	11667
律师人员学历构成（人）	Education Composition of Lawer (person)		
#博士	Doctor's Degree	217	435
硕士、双学士	Master's Degree, Double Bachelor's Degree	3818	4546
法律专业本科	Bachelor Degree in Law	18253	20837
其他专业本科	Bachelor Degree In Other Specialities	2324	2792
担任法律顾问（家）	Number of Units with Legal Advisors (unit)	26456	28453
民事诉讼代理（件）	Agent of Civil Cases (case)	284544	369521
刑事诉讼辩护及代理（件）	Agent and Defender of Criminal Cases (case)	71815	84451
行政诉讼代理（件）	Agent of Administrative Action (case)	9972	12178
非诉讼法律事务（件）	Non-Litigious Legal Affairs (case)	47677	48540
咨询和代书（件）	Legal Advisory Services (case)	443797	139437
公证工作	Notarization		
公证处（个）	Number of Notary Offices (unit)	164	164
#涉外公证处	Foreign-related Notary offices	41	41
公证人员（人）	Notarial Personnel (person)	1359	1827
#公证员	Notaries	729	749
公证员助理	Assistant Notaries	630	639
办理公证文书（万件）	Number of Notarized Documents (10 000 cases)	46.6	45.2
人民调解工作	People's Mediation		
人民调解委员会（万个）	Number of People's Mediation Committees (10 000 units)	5.47	5.51
人民调解员（万人）	Number of Mediators (10 000 persons)	16.43	16.82
调解民间纠纷（万件）	Number of Civil Disputes Mediated (10 000 cases)	48.54	58.92

25-19 法律援助工作情况
Statistics on legal Aid

项 目	Item	2020	2021
法律援助机构（个）	Number of Institutions (unit)	278	179
工作人员（人）	Staffs (person)	999	796
#法律专业	Major in Law	630	498
受理案件 （件）	Case Accepted (case)	146109	94521
民事法律援助	Civil	33720	34582
刑事法律援助	Criminal	112094	59621
行政法律援助	Administrative	295	318
咨询（人次）	Consultation (person-time)	806347	1128873

注：1. 法律援助机构统计口径变更，不含法律援助管理机构；工作人员、法律专业统计口径变更，不含法律援助管理机构工作人员。
2. 2021年司法部刑事法律援助受理案件数统计口径变更，不包含值班律师法律帮助案件。

a) The statistical caliber of legal aid institutions has changed, excluding legal aid management institutions; The statistical caliber of staff and legal profession has changed, excluding the staff of legal aid management institutions

b) In 2021, the statistical caliber of the number of criminal legal aid cases accepted by the Ministry of justice changed, excluding the legal assistance cases of lawyers on duty

25-20 法律服务基本情况(2021年)
Basic Statistics on Legal Services (2021)

地 区 Region	律师人数（人） Number of Lawer (person)	#女性 Female	专职律师人数（人） Number of full-time lawyer (person)	#女性 Female	公证员（人） Notary personnel (person)	#女性 Female	获得法律援助的受援人数（人） Number of Persons Received legal aid (person)
全 省 Total	**29245**	**10302**	**24886**	**8438**	**749**	**388**	**116338**
郑州市 Zhengzhou	13415	5578	11795	4512	158	107	20811
开封市 Kaifeng	731	156	562	163	28	12	6433
洛阳市 Luoyang	2226	650	1964	678	69	37	8934
平顶山市 Pingdingshan	989	200	749	193	34	17	6039
安阳市 Anyang	1620	500	1406	384	36	18	6233
鹤壁市 Hebi	288	55	169	43	14	6	1835
新乡市 Xinxiang	1252	451	1117	433	37	18	7635
焦作市 Jiaozuo	758	230	572	186	43	22	3256
濮阳市 Puyang	617	174	511	183	30	16	4075
许昌市 Xuchang	760	236	589	175	22	12	6981
漯河市 Luohe	444	116	354	111	21	15	4362
三门峡市 Sanmenxia	480	131	369	115	25	16	2593
南阳市 Nanyang	1451	281	1196	263	69	31	7114
商丘市 Shangqiu	1246	811	1077	297	48	21	4915
信阳市 Xinyang	971	225	797	215	47	19	6797
周口市 Zhoukou	1039	269	862	250	31	8	9212
驻马店市 Zhumadian	777	194	650	181	30	9	7827
济源示范区 Jiyuan	181	45	147	56	7	4	642

25-21 劳动人事仲裁委员会受理及处理案件情况(2021年)

单位：件

项 目	Item	合 计 Total
上期未结争议案件数	**Number of Cases Left Over from Last Period**	**677**
当期立案受理情况	**Cases Accepted**	
立案受理案件总数	Number of Cases	31141
#十人以上劳动(人事)争议	Number of Collective Labour Disputes	168
#劳动者申请	Number of Cases Appealed by Laborers	27282
立案受理案件涉及劳动者人数(人)	Number of Persons Involoved in Collective Disputes (person)	33846
#十人以上劳动(人事)争议	Number of Collective Labor Disputes	2423
按争议类型分	by Cause of Disputes	
劳动报酬	Labor Remuneration	13067
社会保险	Social Insurances	4545
#工伤保险	Work Injury Insurance	2346
确认劳动关系	Confirm Labor (personnel) Relations	4665
工作时间及休假	Working Hours and Holidays	950
解除、终止劳动合同	Dissolution or Termination of Labor Contracts	5737
履行聘用合同	Fulfill the Labor (Recruit) Contracts	7
解除人事关系	Remove the Labor (recruit) Contracts	13
其他	Others	2157
案件处理情况	**Cases settled**	
当期审结案件数	Number of Cases Settled	31168
涉案金额(万元)	Involving Amount (10 000 yuan)	84358
按处理方式分	by Manners of Settlement	
仲裁调解	by Mediation	18073
仲裁裁决	by Arbitration Lawsuit	11446
#终局裁决	Final Arbitration	2288
其他	Others	1649
按处理结果分	by Result of Settlement	
用人单位胜诉	Lawsuits Won by Employers	2218
劳动者胜诉	Lawsuit Won by Laborers	13055
双方部分胜诉	Lawsuit Partly Won by Both Parties	13249
其他	Others	2646
期末累计未结案数	**Number of Cases Unsettled**	**650**

Cases Accepted and Handled by Board of Labor Arbitration (2021)

(case)

劳动争议 Labor Dispute				人事争议 Personnel Disputes	
国有企业 State-owned Enterprises	集体企业 Collective-owned Enterprises	港澳台及外资企业 Foreign Funded and Hong Kong, Macao and Taiwan Funded Enterprises	私营企业 Private Enterprises	机　关 Administrative Authority	事业单位 Public Institution
53	**20**	**4**	**592**	**2**	**6**
1372	496	100	28584	122	259
6	1		158		1
1273	478	99	24899	120	208
1431	555	104	31137	122	276
10	29		2384		
369	128	30	12412	11	43
285	59	24	4044	34	73
111	27	10	2170	6	17
330	156	6	4122	13	19
72	41	2	834		
279	61	32	5149	63	90
					7
					13
37	51	6	2023	1	14
1240	508	103	28744	118	249
3524	845	331	77897	313	989
677	273	48	16727	78	131
527	208	50	10473	34	105
49	16	17	2185	2	14
36	27	5	1544	6	13
79	14	19	2059	6	33
765	181	37	11819	44	123
319	216	33	12433	62	86
77	97	14	2433	6	7
185	**8**	**1**	**432**	**6**	**16**

25-22 工会组织情况

Statistics on Trade Unions

单位：万人 (10 000 persons)

年 份 Year	工会基层组织数（万个） Number of Grassroot Trade Unions (10 000 units)	工会组织基层单位的职工与会员人数 Membership and Staff and Workers in Grassroot Trade Unions				工会专职工作人员人数 Number of Full-time Personnel of Trade Unions
		职工人数 Staff and Workers	#女职工 Female	会员人数 Membership	#女会员 Female	
2000	3.61	672.80		611.60		2.38
2001	4.86	757.84		700.10		
2002	5.68	811.02	298.59	749.51	270.99	3.28
2003	5.23	777.38	291.23	717.47	263.68	3.55
2004	5.38	785.64	297.21	734.64	266.71	3.20
2005	6.14	841.38	303.38	803.68	281.73	3.06
2006	6.94	905.50	325.51	866.43	306.15	3.36
2007	8.15	1070.20	380.30	1016.70	360.10	4.10
2008	9.13	1164.40	404.10	1125.00	392.10	4.50
2009	10.30	1291.31	443.76	1208.81	419.37	5.09
2010	11.43	1396.41	499.99	1324.06	480.69	6.45
2011	14.89	1517.46	548.67	1441.09	526.66	10.35
2012	19.42	1698.29	625.82	1616.72	602.21	13.02
2013	20.43	1734.41	642.58	1653.14	620.27	13.52
2014	21.12	1789.89	662.51	1707.29	642.37	13.67
2015	21.44	1852.19	685.95	1780.90	667.73	13.13
2016	21.61	1905.14	701.74	1832.35	682.88	13.70
2017	21.49	1900.16	700.19	1825.72	681.25	13.72
2018	20.50	1859.45	686.55	1778.42	665.94	13.06
2019	18.44	1716.66	637.34	1634.81	615.07	11.55
2020	16.88	1639.09	614.08	1562.17	591.90	10.55
2021	13.85	1488.76	562.10	1413.82	537.23	9.03

25-23 全省工会组织基本情况
Basic Statistics on Trade Unions

指标名称	Item	2020	2021
工会基层组织数（万人）	Number of Grassroot Trade Unions (10 000 persons)	16.88	13.85
基层工会专职工作人员人数	Number of Full-time Personnel of Grassroot Trade Unions		
（万人）	(10 000 persons)	10.55	9.03
已建工会组织的基层单位职工人数	Staff and Workers in Grassroot Trade Unions		
（万人）	(10 000 persons)	1639.09	1488.76
#女职工	Female Staff and Workers	614.08	562.10
#农民工	Migrant workers	719.12	635.75
#女性	Female	251.41	224.29
已建工会组织的基层单位工会	Membership in Grassroot Trade Unions		
会员人数（万人）	(10 000 persons)	1562.17	1413.82
#女会员	Female Membership	591.90	537.23
职工代表数	Number of worker representative	76.40	78.16
#女性	Female	22.27	19.46
企业职工代表大会中女性代表比重	Proportion of Female Representatives in Enterprise		
(%)	Staff and Workers'Congress (%)	29.15	24.90

25-24 各市工会劳动法律监督工作情况(2021年)

Statistics on Labor Law Supervision Work of Trade Union by City (2021)

单位：个、件 (units, case)

地 区 Region	基层工会劳动法律监督组织 Labor Law Supervision Organizations of Grassroot Trade Union		基层以上工会劳动法律监督组织 Labor Law Supervision Organizations of Trade Union Above Grassroot	
	组织个数 Number of Organizations	本年度工会劳动法律监督组织受理违法、违规案件 Accepted Cases of Violation of Laws and Regulations	组织个数 Number of Organizations	本年度工会劳动法律监督组织受理案件 Number of Cases Accepted
全 省 Total	**14465**	**1049**	**597**	**502**
郑 州 市 Zhengzhou	863	105	33	35
开 封 市 Kaifeng	213		23	27
洛 阳 市 Luoyang	1953	102	57	18
平 顶 山 市 Pingdingshan	217	14	27	1
安 阳 市 Anyang	152	6	53	84
鹤 壁 市 Hebi	117	8	18	7
新 乡 市 Xinxiang	1955	196	48	53
焦 作 市 Jiaozuo	980	45	129	13
濮 阳 市 Puyang	1163	16	41	22
许 昌 市 Xuchang	38		6	
漯 河 市 Luohe	1398	7	24	27
三 门 峡 市 Sanmenxia	1154	13	22	14
南 阳 市 Nanyang	2368	488	53	82
商 丘 市 Shangqiu	201	4	5	7
信 阳 市 Xinyang	612	20	12	29
周 口 市 Zhoukou	70		6	23
驻 马 店 市 Zhumadian	846	9	26	54
济 源 示 范 区 Jiyuan	165	16	14	6

25-25 参加各类保险人数

Participants of Social Insurance

单位：万人 (10 000 persons)

年 份 Year	基本养老保险 Basic Endowment Insurance	城镇职工基本养老保险 Basic Endowment Insurance for Urban Employee	失业保险 Unemploy-ment Insurance	医疗保险 Basic Medical Insurance	工伤保险 Work Injury Insurance	生育保险 Birth Insurance
2000		662.68	671.00	287.00	198.00	172.00
2001		639.05	676.00	456.40	245.00	207.00
2002		645.53	670.00	537.28	218.79	204.54
2003		659.25	679.97	567.93	210.61	199.29
2004		688.70	681.60	590.19	324.72	200.66
2005		716.17	681.90	640.70	404.00	228.30
2006		762.60	682.80	704.00	432.90	238.40
2007		804.68	684.65	726.03	452.32	254.02
2008		948.57	689.00	840.87	501.20	313.35
2009		1019.09	694.82	1970.13	521.02	379.76
2010		1079.33	696.46	2043.75	551.74	412.87
2011	4474.29	1168.38	701.19	2122.26	655.54	460.69
2012	5990.31	1270.63	735.50	2222.20	720.56	520.29
2013	6192.74	1349.99	741.29	2297.20	773.09	569.60
2014	6275.34	1431.55	773.30	2340.03	805.71	590.17
2015	6362.64	1508.71	783.34	2344.90	856.68	609.46
2016	6643.76	1750.02	788.07	2360.75	876.97	646.80
2017	6907.80	1897.59	805.57	10410.70	900.88	692.73
2018	7089.00	2006.54	819.91	10435.74	926.26	755.35
2019	7333.04	2133.84	837.26	10289.78	966.24	765.30
2020	7504.39	2248.52	885.87	10349.51	999.98	872.07
2021	7695.27	2377.23	1004.94	10339.23	1045.44	889.35

注：1. 基本养老保险参保人数为城镇职工基本养老保险参保人数与城乡居民基本养老保险参保人数之和。
2. 2009年-2016年医疗保险参保人数为城镇职工基本医疗保险人数与城镇居民基本医疗保险参保人数之和。
3. 2017年起医疗保险参保人数为城镇职工基本医疗保险参保人数与城乡居民基本医疗保险参保人数之和。

a) Number of persons covered of basic pension insurance refers to the number of persons covered of basic pension insurance for urban employee and number of persons covered of basic pension insurance for urban and rural residents.

b) Number of persons covered of basic medical insurance refers to the number of persons covered of basic medical insurance for urban employee and number of persons covered of basic medical insurance for urban and rural residents in 2009-2016.

c) Number of persons covered of basic medical insurance refers to the number of persons covered of basic medical insurance for urban employee and number of persons covered of basic medical insurance for urban and rural residents since 2017.

25-26 社会保险基金

Social Insurance Fund

单位：亿元 (100 million yuan)

年 份 Year	基金收入 Revenue	基金支出 Expenses	累计结余 Balance at theYear-end
2003	187.50	151.10	145.20
2004	216.10	166.90	195.80
2005	257.10	203.20	244.20
2006	298.50	239.20	303.30
2007	365.20	289.60	363.80
2008	540.61	445.51	496.21
2009	558.14	462.74	595.57
2010	609.40	484.90	664.70
2011	723.60	581.25	806.68
2012	872.46	702.51	977.21
2013	1304.45	1043.23	1505.51
2014	1440.14	1210.84	1734.19
2015	1515.98	1310.66	1828.51
2016	1738.63	1473.87	2093.26
2017	2636.55	2365.21	2586.76
2018	3181.20	2939.47	2831.89
2019	3341.76	3177.85	2976.55
2020	3275.54	3394.16	2868.44
2021	3914.46	3703.72	3179.30

注：1. 2015年社保基金收入、支出、累计结余数据不含机关事业单位养老保险数据。
2. 2017年起社会保险基金数据包含已整合的原新型农村合作医疗保险数据。

a) Data on 2015 exclude Agencies and institutions Endowment insurance.

b) Since 2017 the data include the data of the new rural cooperative medical insurance.

25-27 各市城镇职工参加基本养老保险人数

Participants in Basic Endowment Insurance for Urban Workers by City

单位：万人 (10 000 persons)

地区 Region	2012	2013	2014	2015	2016	2017	2018	2019	2020	2021
郑州市 Zhengzhou	251.76	290.69	331.98	370.70	379.61	449.94	490.98	534.76	582.96	584.77
开封市 Kaifeng	62.14	64.54	67.91	70.84	62.45	82.93	88.09	93.74	98.23	85.62
洛阳市 Luoyang	100.34	105.98	110.91	114.98	110.85	136.78	141.63	145.31	150.66	132.74
平顶山市 Pingdingshan	47.63	49.77	50.91	53.03	49.27	70.79	74.67	79.00	83.54	67.25
安阳市 Anyang	67.63	69.79	71.78	74.42	71.61	93.16	98.44	104.86	112.00	99.95
鹤壁市 Hebi	17.33	18.09	19.20	20.29	21.13	27.85	29.76	32.02	35.47	32.40
新乡市 Xinxiang	76.11	80.43	84.31	88.31	93.24	118.34	125.04	131.58	137.59	124.48
焦作市 Jiaozuo	52.70	53.97	55.70	57.16	54.00	70.58	74.49	78.24	82.80	72.96
濮阳市 Puyang	28.73	29.95	31.26	32.07	25.24	39.84	42.05	44.65	47.94	38.64
许昌市 Xuchang	42.50	45.09	48.53	52.31	51.49	70.70	74.43	79.10	82.00	71.45
漯河市 Luohe	27.69	29.82	31.36	32.39	29.90	41.47	43.88	46.08	47.98	41.61
三门峡市 Sanmenxia	28.80	29.94	30.92	31.98	30.49	42.07	43.85	46.02	47.87	39.89
南阳市 Nanyang	83.88	86.72	89.36	91.58	70.98	112.77	116.74	124.31	131.36	101.09
商丘市 Shangqiu	50.58	53.10	55.25	57.73	50.35	81.70	85.79	91.33	95.73	70.33
信阳市 Xinyang	58.48	60.49	62.88	65.40	59.24	89.04	92.60	96.71	101.79	78.69
周口市 Zhoukou	55.48	57.41	60.13	62.20	57.40	92.02	97.88	105.99	112.16	86.95
驻马店市 Zhumadian	37.22	39.12	40.69	41.83	38.77	67.53	69.74	72.87	75.55	54.82
济源示范区 Jiyuan	14.15	15.27	16.63	17.43	17.50	21.54	22.62	28.45	29.41	28.43

注：2016年城镇职工基本养老保险参保人数为企业职工基本养老保险参保人数，不包括机关事业单位养老保险参保人数。

a) Date on 2016 only include the number of people work in enterprises, exclude the number of people work in government agencies and institutions.

25-28 各市参加基本医疗保险人数

Participants in Basic Medical Insurance by City

单位：万人 (10 000 persons)

地 区 Region	2012	2013	2014	2015	2016	2017	2018	2019	2020	2021
郑州市 Zhengzhou	296.53	315.40	329.47	344.52	360.70	821.56	826.11	848.52	859.07	886.65
开封市 Kaifeng	99.23	101.66	104.52	105.01	97.41	503.93	504.59	469.38	475.61	475.69
洛阳市 Luoyang	202.24	197.75	210.39	214.41	215.98	668.81	688.91	694.20	692.46	688.81
平顶山市 Pingdingshan	128.22	127.54	127.85	127.98	128.35	515.53	515.62	510.29	510.05	507.96
安阳市 Anyang	122.19	121.91	124.13	124.62	124.91	575.77	576.69	570.49	570.31	569.28
鹤壁市 Hebi	39.24	39.21	39.60	41.39	41.44	147.73	148.38	148.06	150.17	152.26
新乡市 Xinxiang	142.18	142.12	143.17	144.15	144.70	582.46	585.25	579.25	582.78	587.59
焦作市 Jiaozuo	93.97	94.64	95.02	95.20	95.55	348.61	348.97	348.09	347.66	348.88
濮阳市 Puyang	80.50	69.50	64.50	60.00	60.00	375.00	375.60	375.60	379.01	384.49
许昌市 Xuchang	90.79	92.40	93.10	95.07	95.14	458.30	457.23	448.54	454.86	448.02
漯河市 Luohe	78.12	76.48	76.89	74.69	74.82	256.42	256.89	234.85	233.76	235.71
三门峡市 Sanmenxia	64.93	66.73	59.78	59.84	59.96	219.95	220.10	218.05	216.55	209.44
南阳市 Nanyang	160.50	161.92	163.14	164.02	164.35	1114.71	1115.26	1082.48	1088.53	1086.83
商丘市 Shangqiu	142.24	153.82	154.96	140.30	139.11	870.08	880.23	877.41	875.29	876.14
信阳市 Xinyang	134.02	134.62	134.73	133.34	137.50	832.30	832.12	803.00	803.66	794.19
周口市 Zhoukou	137.76	140.41	140.88	140.52	141.59	1113.85	1094.78	1099.53	1108.75	1095.11
驻马店市 Zhumadian	121.44	122.06	125.47	127.25	127.68	840.20	841.83	814.78	822.40	821.20
济源示范区 Jiyuan	20.88	23.73	24.43	24.46	25.63	70.15	70.50	69.53	70.52	69.28

注：2017年以后医疗保险参保人数为职工基本医疗保险参保人数与城乡居民基本医疗保险参保人数之和。

a) The number of people participated in basic medical insurance the sum of the number of employees and urban and rural residents articipating in basic medical insurance.

25-29 各市参加失业保险人数

Participants in Unemployment Insurance by City

单位：万人 (10 000 persons)

地　区 Region	2012	2013	2014	2015	2016	2017	2018	2019	2020	2021
郑　州　市 Zhengzhou	131.24	133.13	154.94	172.62	187.63	195.24	196.19	211.71	255.91	303.17
开　封　市 Kaifeng	34.23	34.27	34.61	35.08	23.82	25.02	25.60	27.32	27.17	29.85
洛　阳　市 Luoyang	60.83	61.07	63.46	63.64	63.59	63.78	64.01	64.21	68.35	71.38
平顶山市 Pingdingshan	47.44	45.93	46.41	45.56	45.79	46.48	47.15	47.73	48.06	54.52
安　阳　市 Anyang	40.51	40.54	41.89	41.72	41.89	42.76	42.81	42.26	42.86	48.56
鹤　壁　市 Hebi	15.75	14.69	14.66	14.20	14.21	14.65	14.81	14.05	14.21	15.62
新　乡　市 Xinxiang	45.15	44.92	45.34	44.39	44.26	46.49	46.41	46.41	46.21	52.32
焦　作　市 Jiaozuo	35.45	35.06	35.86	34.69	34.86	35.32	36.08	36.71	37.19	44.20
濮　阳　市 Puyang	31.04	29.40	30.09	29.71	30.12	31.68	31.84	31.95	31.48	37.01
许　昌　市 Xuchang	27.50	27.50	27.50	27.50	27.50	28.01	28.50	28.50	28.50	31.13
漯　河　市 Luohe	17.64	17.10	17.54	17.54	17.56	18.03	18.20	18.32	18.39	21.93
三门峡市 Sanmenxia	23.24	22.23	22.32	23.07	23.06	23.18	23.59	23.76	23.57	25.73
南　阳　市 Nanyang	65.01	62.15	63.15	61.45	62.07	63.53	64.92	64.75	64.38	72.29
商　丘　市 Shangqiu	35.25	34.20	34.76	34.33	34.42	36.95	36.80	37.14	37.26	42.97
信　阳　市 Xinyang	39.70	38.88	38.92	37.81	37.68	38.73	39.04	38.05	38.50	42.47
周　口　市 Zhoukou	39.54	38.41	38.92	38.01	38.01	39.86	40.51	40.62	40.54	44.14
驻马店市 Zhumadian	38.92	38.83	38.21	37.80	37.92	39.95	40.39	40.94	40.43	44.32
济源示范区 Jiyuan	7.06	9.57	11.47	11.22	11.01	11.45	11.51	11.30	11.71	12.43

25-30 各市参加工伤保险人数

Participants in Work Injury Insurance by City

单位：万人 (10 000 persons)

地 区 Region	2012	2013	2014	2015	2016	2017	2018	2019	2020	2021
郑 州 市 Zhengzhou	134.95	147.29	154.47	164.97	173.77	178.58	186.03	193.77	204.37	231.02
开 封 市 Kaifeng	33.00	33.61	34.33	34.96	24.87	28.60	29.95	33.51	36.61	37.27
洛 阳 市 Luoyang	60.02	61.56	64.10	66.51	68.13	69.16	72.48	77.06	78.09	79.42
平 顶 山 市 Pingdingshan	32.13	33.20	35.05	36.83	38.45	39.20	40.35	41.43	43.43	37.83
安 阳 市 Anyang	42.77	43.88	45.79	48.04	49.46	50.25	51.48	53.07	54.55	55.66
鹤 壁 市 Hebi	11.01	11.56	12.03	12.51	12.75	13.39	13.67	14.65	15.40	15.70
新 乡 市 Xinxiang	51.30	52.92	55.20	57.41	58.65	59.69	61.14	63.20	54.52	58.06
焦 作 市 Jiaozuo	30.11	31.33	32.82	34.45	35.08	35.78	36.54	35.38	37.03	39.05
濮 阳 市 Puyang	22.20	22.70	23.50	24.50	25.01	22.75	22.80	24.14	25.66	25.92
许 昌 市 Xuchang	22.23	23.03	24.13	25.42	26.11	26.74	27.34	29.08	35.15	36.62
漯 河 市 Luohe	19.56	20.28	21.17	22.39	22.91	22.75	23.80	24.95	25.95	28.24
三 门 峡 市 Sanmenxia	20.05	20.58	21.01	21.56	21.94	22.38	22.90	23.53	24.61	24.93
南 阳 市 Nanyang	49.22	50.46	52.41	54.64	56.33	57.92	59.75	61.75	62.67	64.29
商 丘 市 Shangqiu	30.40	31.01	31.64	32.13	32.43	29.23	29.73	31.14	32.47	35.43
信 阳 市 Xinyang	32.93	33.68	31.85	33.32	35.48	36.79	38.50	41.23	44.70	47.95
周 口 市 Zhoukou	36.78	40.00	41.82	43.10	47.76	48.54	48.78	51.25	53.76	54.08
驻 马 店 市 Zhumadian	27.19	28.20	29.53	30.73	31.32	33.51	35.64	37.66	40.21	42.11
济 源 示 范 区 Jiyuan	7.77	8.34	9.36	11.21	11.61	11.80	11.92	12.21	12.58	13.66

25-31 各市参加生育保险人数
Participants in Birth Insurance by City

单位：万人 (10 000 persons)

地区 Region	2012	2013	2014	2015	2016	2017	2018	2019	2020	2021
郑州市 Zhengzhou	75.84	85.04	94.73	101.45	117.77	143.71	176.32	193.26	203.08	223.77
开封市 Kaifeng	23.61	24.60	24.90	20.14	21.73	25.76	29.10	30.26	33.85	32.85
洛阳市 Luoyang	52.52	54.11	54.96	56.41	57.26	59.92	63.92	66.29	74.66	73.14
平顶山市 Pingdingshan	31.47	32.83	33.66	34.31	34.68	42.57	43.85	44.11	46.11	47.26
安阳市 Anyang	26.37	27.60	29.03	29.99	30.54	31.10	31.73	32.20	34.77	36.39
鹤壁市 Hebi	10.62	10.81	10.91	11.12	11.22	14.38	14.91	14.80	15.26	15.09
新乡市 Xinxiang	28.73	29.90	30.37	31.47	32.33	32.77	35.05	37.32	39.09	51.63
焦作市 Jiaozuo	26.97	28.18	28.49	29.18	29.59	30.54	33.55	34.34	34.28	32.46
濮阳市 Puyang	22.80	14.30	14.40	14.80	15.00	15.10	15.20	15.20	21.84	24.13
许昌市 Xuchang	19.63	20.47	20.80	21.66	22.17	22.41	23.34	23.80	29.71	33.92
漯河市 Luohe	12.43	13.06	13.30	13.89	14.32	16.79	17.49	17.65	19.19	20.20
三门峡市 Sanmenxia	13.97	14.82	14.93	15.12	15.58	20.99	22.00	20.87	31.01	24.14
南阳市 Nanyang	34.20	36.33	37.31	40.06	42.94	44.53	47.72	49.41	53.20	62.52
商丘市 Shangqiu	17.08	19.25	19.60	19.62	20.60	22.82	25.51	28.69	34.94	34.11
信阳市 Xinyang	26.05	28.46	29.59	33.55	35.97	40.83	43.83	31.79	34.03	33.66
周口市 Zhoukou	30.27	33.07	34.86	35.96	37.89	38.89	39.93	31.96	33.01	34.63
驻马店市 Zhumadian	23.56	25.15	26.49	28.51	30.10	30.35	31.25	32.24	34.09	35.23
济源示范区 Jiyuan	5.36	7.21	8.84	9.50	10.12	11.02	11.44	11.61	14.39	11.43

25-32 安全生产基本情况

Basic Statistics on safetyin production

指　标	Indicate	2020	2021
发生伤亡事故总数(起)	Casuatlty Accidents (case)	1211	1132
农林牧渔业	Agriculture, Forestry, Animal Husbandry and Fishery	4	10
采矿业	Mining	7	10
商贸制造业	Trade Manufacturing	22	36
建筑业	Construction	48	41
交通运输仓储业	Transport and Storage	1124	1022
其它行业	Others	6	13
造成死亡总人数(人)	Death (person)	1055	970
农林牧渔业	Agriculture, Forestry, Animal Husbandry and Fishery	1	4
采矿业	Mining	13	24
商贸制造业	Trade Manufacturing	40	50
建筑业	Construction	68	48
交通运输仓储业	Transport and Storage	922	811
其它行业	Others	11	33
一次死亡3-9人较大事故(起)	Major Accidents with 3-9 People Dead (case)	27	22
农林牧渔业	Agriculture, Forestry, Animal Husbandry and Fishery		
采矿业	Mining	1	3
商贸制造业	Trade Manufacturing	5	4
建筑业	Construction	7	2
交通运输仓储业	Transport and Storage	12	10
其它行业	Others	2	3
一次死亡3-9人较大事故中死亡人数(人)	Number of People Dead in Major Accidents (person)	114	77
农林牧渔业	Agriculture, Forestry, Animal Husbandry and Fishery		
采矿业	Mining	7	15
商贸制造业	Trade Manufacturing	21	13
建筑业	Construction	22	7
交通运输仓储业	Transport and Storage	58	36
其它行业	Others	6	6
一次死亡10人以上重特大事故(起)	Extra Serious Accident with more than 10 People Dead (case)		1
农林牧渔业	Agriculture, Forestry, Animal Husbandry and Fishery		
采矿业	Mining		
商贸制造业	Trade Manufacturing		
建筑业	Construction		
交通运输仓储业	Transport and Storage		
其它行业	Others		1
一次死亡10人以上重特大事故中死亡人数(人)	Number of People Dead in Extra Serious Accidents (person)		18
农林牧渔业	Agriculture, Forestry, Animal Husbandry and Fishery		
采矿业	Mining		
商贸制造业	Trade Manufacturing		
建筑业	Construction		
交通运输仓储业	Transport and Storage		
其它行业	Others		18
煤矿死亡人数(人)	Death Toll from Coal Mine Accidents (person)	6	20
骨干煤矿企业	Key Coal Mine Enterprises	2	17
地方煤矿	Local Coal Mine	4	3
煤矿百万吨死亡率	Death Rate in Million tons Coal Production	0.058	0.219
骨干煤矿企业	Key Coal Mine Enterprises	0.02	0.193
地方煤矿	Local Coal Mine	0.714	1.012

主要统计指标解释

受理劳动争议案件数 指劳动争议仲裁委员会根据国家有关规定，对劳动争议当事人的申请予以审查，符合受理条件而正式立案、准备处理的劳动争议案件数。

要案 指县、处级以上干部的犯罪案件。该指标主要反映职务犯罪案件中县、处级以上干部被人民检察院依法立案侦查的情况。

批准逮捕 指人民检察院对公安机关、国家安全机关、监狱管理机关提出逮捕的犯罪嫌疑人进行审查，根据事实，依法做出逮捕决定。该指标主要反映人民检察院对提请逮捕犯罪嫌疑人进行审查后依法做出批准逮捕决定的情况。

决定逮捕 指人民检察院对直接立案侦查的案件，认为需要逮捕犯罪嫌疑人时，依据法律做出的逮捕决定。该指标主要反映人民检察院对直接受理的案件行使决定逮捕权的情况。

提起公诉 指人民检察院对公安机关、国家安全机关、监狱管理机关和检察机关侦查部门等移送起诉的案件进行审查，根据事实，做出提起公诉的案件。该指标主要反映人民检察院对各种刑事案件向人民法院提起公诉的情况。

适用简易程序 指人民法院对依法可能判处三年以下有期徒刑、拘役、管制、单处罚金的公诉案件，事实清楚，证据充分，人民检察院建议或者同意适用简易程序的案件 ；告诉才处理的案件；被害人起诉的有证据证明的轻微刑事案件。

提出抗诉 指人民检察院对人民法院的判决、裁定认为确有错误，向人民法院提出对案件重新进行审理的诉讼活动。包括按照第二审程序提出的抗诉和按照审判监督程序（再审程序）提出的抗诉。

撤回抗诉 指上级人民检察院对下级人民检察院按照第二审程序提出的抗诉，经审查，认为抗诉不当时向同级人民法院撤回抗诉，同时通知提出抗诉的下级人民检察院。

立案监督 指人民检察院对侦查机关刑事立案活动的监督。包括对应当立案而不立案的监督和不应立案而立案的监督。

监督立案 包括侦查机关接到要求说明不立案理由后主动立案和执行通知立案两个内容。

监管活动 指人民检察院对监狱等监管改造场所的管理活动进行的监督。

青少年罪犯 指人民法院在报告期内判决发生法律效力的有罪判决中 14 周岁以上不满 25 周岁的罪犯。其中 14 周岁以上不满 18 周岁的罪犯为未成年罪犯。

行政案件 指公民、法人和其他组织不服行政机关作出的具体行政行为，向人民法院提起行政诉讼，人民法院依法审理的案件。

单独赔偿 指单独提起行政赔偿的案件。当事人对行政行为的合法性没有争议，就行政侵权造成的损害赔偿单独提起赔偿诉讼。

公证人员 指在公证处工作的人员总称，包括公证处主任、副主任、公证员、公证员助理（助理公证员）和其他从事辅助性工作的人员。

公证文书 指公证处根据当事人申请，依照事实和法律，按照法定程序制作的，具有法律效力的司法证明文书。

受理劳动争议案件数 指劳动争议仲裁委员会根据国家有关规定，对劳动争议当事人的申请予以审查，符合受理条件而正式立案、准备处理的劳动争议案件数。

城镇职工基本养老保险

1.参保职工人数 指报告期末按照国家法律、法规和有关政策规定参加基本养老保险并在社保经办机构已建立缴费记录档案的职工人数，包括中断缴费但未终止养老保险关系的职工人数，不包括只登记未建立缴费记录档案的人数。

2.（参保）离退休人员人数 指报告期末参加基本养老保险的离休、退休和退职人员的人数。

3.基金收入 指根据国家有关规定，由纳入基本养老保险范围的缴费单位和个人按国家规定的缴费基数和缴费比例缴纳的养老保险基金，以及通过其他方式取得的形成基金来源的收入。包括单位和职工个人缴纳的基本养老保险费、基本养老保险基金利息收入、上级补助收入、下级上解收入、转移收入、财政补贴和其他收入。

4.基金支出 指按照国家政策规定的开支范围和开支标准从养老保险基金中支付给参加基本养老保险的个人的养老金、丧葬抚恤补助，以及由于保险关系转移、上下级之间调剂资金等原因而发生的支出。包括离休金、退休金、退职金、各种补贴、医疗费、死亡丧葬补助费、抚恤救济费、社会保险经办机构管理费、补助下级支出、上解上级支出、转移支出、其他支出等。

5.基金累计结余 指截止报告期末基本养老保险基金收支相抵后的累计余额。

基本医疗保险

1.参保人数 指报告期末按国家有关规定参加相应基本医疗保险的人数。

2.基金收入 指由用人单位和个人按照国家规定的缴费基数、缴费比例或缴费标准缴纳的基本医疗保险基金，财政补助资金以及通过其他方式取得的形成基金来源的款项，包括：单位缴纳收入、个人缴纳收入、财政补助收入（含医疗救助补助个人收入）、财政补贴收入、利息收入和其他收入。

3.基金支出 指按照国家政策规定的开支范围和开支标准，从基本医疗保险基金中支付给参保人员的医疗保险待遇支出，以及其他支出。包括住院医疗费用支出、门急诊医疗费用支出、个人账户基金支出、其他支出。

4.基金累计结余 指截止报告期末基本医疗保险基金累计结余金额。

失业保险

1.参保人数 指报告期末按照国家法律、法规和有关政策规定参加了失业保险的城镇企业、事业单位的职工及地方政府规定参加失业保险的其他人员的人数。

2.基金收入 指报告期内筹集的失业保险基金的总额，包括失业保险费收入、利息收入、财政补贴收入、其他收入、转移收入、上级补助收入、下级上解收入。

3.基金支出 指报告期内为保障失业人员基本生活、促进其再就业等支出的基金总额，包括失业保险金支出、医疗补助金支出、丧葬补助金和抚恤金支出、职业培训和职业介绍补贴支出、农民合同制工人一次性生活补助支出、其他支出、转移支出、上级补助支出、下级上解支出。

4.基金累计结余 指截止报告期末失业保险基金收支相抵后的累计余额。

工伤保险

1.参加保险人数 指报告期末依据国家有关规定参加工伤保险的职工人数和有雇工的个体工商户的雇工数。

2.享受保险待遇人数 指年初至报告期末因工伤或职业病而享受工伤保险待遇的人数。为享受工伤医疗待遇中未评定等级的人数、享受伤残待遇人数以及享受因工死亡待遇人数之和。

3.基金收入 指根据国家有关规定，由参加工伤保险的单位按国家规定的缴费基数和缴费比例缴纳的工伤保险基金，以及通过其他形式取得的形成基金来源的款项。包括：单位缴纳的社会统筹基金收入、财政补贴收入、利息收入、其他收入。

4.基金支出 指按照国家政策规定的开支范围和开支标准从工伤保险基金中支付给参加工伤保险的人员及供养直系亲属工伤保险待遇支出及其他支出。包括工伤医疗费、伤残补助金、工亡补助金、护理费、丧葬补助费、工伤预防费用、职业康复费用和其他支出。

5.基金累计结余 指截止报告期末工伤保险基金累计结余金额。

生育保险

1.参保人数 指报告期末依据有关规定参加生育保险的人数。

2.基金收入 指根据国家有关规定，由参加生育保险的单位按照国家规定的缴费基数和缴费比例缴纳的生育保险基金，以及通过其他方式取得的形成基金来源的款项，包括：单位缴纳的基金收入、利息收入和其他收入。

3.基金支出 指按照国家政策规定的开支范围和开支标准，从生育保险基金中支付给参加生育保险的职工，因妊娠、分娩和计划生育手术而享受的待遇及其他支出。包括：生育津贴、医疗费用支出及其他支出。

4.基金累计结余 指截止报告期末生育保险基金累计结余金额。

Explanatory Notes on Main Statistical Indicators

Number of Labour Dispute Cases Accepted refers to the number of cases of labour dispute submitted that, after being reviewed by the labour dispute arbitration committees in line with the relevant state regulations, are accepted and registered for treatment.

Key Cases refer to crimes committed by county and director-level officials. This indicator reflects the situation of those county and director-level officials involved in criminal cases registered and handled by People's Procuratorate offices.

Approval for Arrest refers to the decision made by people's procuratorate office, in accordance with the law and relevant facts, to approve the arrest of the suspect (s) as proposed by the public security departments, state security departments or prisons authority. This indicator reflects approved arrests made by people's procuratorate offices that are proposed by related departments.

Decision on Arrest refers to decision made by the people's procuratorate office, in accordance with laws, to arrest the suspect(s) in the cases that are accepted and to be investigated by procurators office. This indicator mainly reflects the implementation of the decision on arrest by people's procuratorate office.

Cases by Public Prosecution refer to those ones that are instituted by People's Procuratorate offices after their examination of such cases transferred by public security organs, national security organs, jail management organs and prosecutorial organs on the bases of the facts found. This indicator reflects the situation of public prosecutions instituted to the people's courts by People's Procuratorate Offices.

Application of Summary Procedure refers to those cases of public prosecution where the suspects might be, according to law, sentenced to fixed-term imprisonment of not more than three years, criminal detention, public surveillance or punishment with fines exclusively by People's Court ;, those cases where the facts are clear and the evidence is sufficient, and for which the People's Procuratorate suggests or agrees to the application of summary procedure; those cases to be handled only upon complaints; and those minor criminal cases prosecuted by the victims with evidence.

Protests Presented refers to those protests presented by local People's Procuratorate at any level who considers that there exists some definite error in a judgment or order of first instance made by a People's Court at the same level to the People's Court at the next higher level, including the protests raised in accordance with the second instance and protests raised in accordance with procedure for trial supervision.

Withdrawal of Protests refers to the actions made by the People's Procuratorate at the next higher level when it considers the protests inappropriate by withdrawing the protests from the People's Court at the same level and notifying the People's Procuratorate at the next lower level.

Case Registration Supervision refers to the actions made by the People's Procuratorate to supervise the registration of criminal cases initiated by investigative authorities, including supervision of the cases which have wrongly not been registered and have wrongly been registered.

Supervision of Case Registration includes both the supervision of those registrations initiated by investigatory authorities and the supervision of those registrations according to notifications after hearing declined reasons for registration.

Supervisory Activities refers to the supervision of the People's Procuratorate over the management of prisons as well as other places of criminal reformation under supervision.

Juvenile Criminals refers to the offenders within the age range of 14 to 25 convicted guilty by the court during the reporting period while those between 14 and 18 are defined as minor offenders.

Administrative Cases refers to the cases filed by citizens, corporations and other organizations against the specific administrative conducts of administrative authorities and handled by the court.

Separate Compensation refers to cases that are separately filed for administrative compensation by the party who has no dispute on the legality of administrative conducts but brings proceedings separately to claim for damages caused by administrative tort.

Notary Personnel refers to people working for notary offices including: directors, deputy directors, notaries, assistant notaries and other people providing assistance.

Notary Documents refer to legally binding judicial notary documents developed at the request of the interested party based on facts and the law following certain legal proceedings.

Number of Labour Disputes Cases Accepted refers to the number of cases of labour disputes submitted that, after being reviewed by the labour dispute arbitration committees in line with the relevant national regulations, are accepted and registered for treatment.

Basic Pension Insurance

1. Number of staff and workers covered refer to staff and workers participating in the basic pension insurance programme according to national laws, regulations and related policies at the end of the reference period, who have already had payment records in social security management agencies, including those who have interrupt payment without terminating the insurance programme. Those who have registered in the programme but with no payment records are not included.

2. Number of retirees participating in the basic pension insurance programme refer to the number of retirees participating in basic pension insurance programmes by the end of the reference period.

3. Revenue of the basic pension insurance programme refers to payments made by employers and individuals participating in the pension insurance programme in accordance with the basis and proportion stipulated in State regulations, and income from other sources that become source of pension insurance fund, including the premium paid by employers and staff and workers, interest income, subsidies from higher level agencies, income as transfer from subordinate agencies, transferred income, government financial subsidies and other income.

4. Expenditure of basic pension insurance programme refer to payment made on pensions and funeral subsidies to those retired and resigned people covered in pension insurance programmes according to related national policies on scope and standard of expenditure. Also included are expenditure which arises due to shift of the insurance relationship or adjustment of funds among agencies. More specifically, included are pensions for resigned people, pensions for retired people, pension for people quitting jobs, various subsidies, medical fees, funeral subsidies, compensation payments, management fees for social security agencies, expenses on subsidies to lower subordinates, expenses as transfer to agencies at higher level, transferred expenditure and other expenditure.

5. Balance of basic pension insurance programme refers to the balance of basic pension insurance funds at the end of the reference period after deducting expenses from revenue.

Basic Medical Care Insurance

1. Number of people participating in the insurance programme refers to people participating in the basic medical care insurance programme according to related regulations at the end of the reference period.

2. Revenue of the insurance programme refers to payments made by employers and individuals participating in the medical care insurance programme in accordance with the basis and proportion stipulated in State regulations, and income from other sources that become source of medical insurance fund, including income paid by units, individual paid income, financial assistance's income (including individual income from medicaid) , financial subsidies' income, interest income and other income.

3. Expenditure of the insurance programme refers to payment made to people covered in basic medical care insurance programme within the scope and standards of expenditure according to related national policies, and medical care payment and other expenses, including medical expenses of hospital inpatients, medical expenses for outpatients and emergency patients, payment from individual accounts and other expenditure.

4. Balance of the basic medical care insurance programme refers to the balance of medical care insurance funds at the end of the reference period.

Unemployment Insurance

1. Number of people covered refers to staff and workers in urban enterprises or institutions who have participated in the unemployment insurance programme according to relevant policies and regulations, and other people who have participated according to local government regulations at the end of the reference period.

2. Revenue of the unemployment insurance programme refers to the total unemployment insurance funds raised in the reference period, including unemployment insurance premium, interest income, financial subsidies, other income, transferred income, subsidies from higher level agencies and income as transfer from subordinate agencies.

3. Expenditure of the unemployment insurance programme refers to total expenses during the reference period to guarantee the basic livelihood of unemployed people, and to encourage their re-employment. Included are unemployment relief, medical fees, funeral subsidies, compensation payments, training expenses, management fees for unemployment insurance agencies, subsidies to lower level agencies, expenses as transfer to higher level agencies, transferred expenditure and other expenditure.

4. Balance of the unemployment insurance programme refers to the balance of revenue of the programme after deducting expenses at the end of the reference period.

Work Injury Insurance

1. Number of people covered refers to staff and workers who have participated in the work injury insurance programme and number of employees in private business according to relevant national regulations at the end of the reference period.

2. Number of beneficiaries refers to number of people benefited from work injury insurance, as a result of work injury or occupational disease. It is the sum of beneficiaries from the work injury medical treatment without rating, disabilities and deaths at work places.

3. Revenue of the work injury insurance programme refers to payments made by employers participating in the work injury insurance programme in accordance with the basis and proportion stipulated in State regulations, and income from other sources that become source of work injury insurance fund, including income of social comprehensive funds paid by employers, government financial subsidies, interest income and other income.

4. Expenditure of the work injury insurance programme refers to payments made from work injury insurance funds to those who participated in the work injury insurance programme and their direct dependents within the scope and standards of expenditure according to related national policies, and other expenditure, including medical fees for work injury, injury and disability subsidies, death subsidies, nursing fees, funeral subsidies, injury prevention fees, occupational rehabilitation fees and other expenditure.

5. Balance of the work injury insurance programme refers to the balance of the work injury funds at the end of the reference period.

Maternity Insurance

1. Number of people covered refers to people who have participated in the maternity insurance programme according to relevant regulation at the end of the reference period.

2. Revenue of maternity insurance refers to payments made by employers participating in the maternity insurance programme in accordance with the basis and proportion stipulated in State regulations, and income from other sources that become source of maternity insurance fund, including income of funds paid by employers, interest income and other income.

3. Expenditure of the maternity insurance programme refers to payments made from maternity insurance funds to staff and workers who participate in the maternity insurance programme within the scope and standards of expenditure in accordance with related national policies, expenses paid for pregnancy, child delivery or surgeries related to family planning, and other expenditure, including allowance for child bearing, medical fees and other expenditure.

4. Balance of the maternity programme refers to the balance of the maternity insurance funds at the end of the reference period.

各县（市、区）主要统计指标

Main Indicators of County (City, municipal districts)

26

26−1 各县(市、区)人口及城镇单位就业人员和工资(2021年)

Population and Employed Person and Wages by County and District (2021)

县市区	County and District	常住人口(万人) Resident Population (10 000 persons)	#城镇 Urban	城镇化率(%) Urbanization Rate (%)	城镇单位年末就业人员(人) Number of Employed Person in Urban Area (person)	城镇单位就业人员平均工资(元) Average Wage of Employed Persons in Urban Area (yuan)
郑州市	**Zhengzhou**					
中原区	Zhongyuan	152.21	147.22	96.72	282767	98417
二七区	Erqi	106.32	96.37	90.64	168559	92437
管城区	Guancheng	118.95	109.56	92.11	242591	93271
金水区	Jinshui	215.76	209.22	96.97	669089	93534
上街区	Shangjie	20.09	19.91	99.10	26803	81927
惠济区	Huiji	55.95	40.77	72.86	51897	84332
中牟县	Zhongmu	144.46	89.20	61.75	131843	87473
巩义市	Gongyi	80.24	53.21	66.31	65547	68061
荥阳市	Xingyang	73.25	43.28	59.08	48959	82528
新密市	Xinmi	82.71	53.92	65.19	69405	72702
新郑市	Xinzheng	151.04	100.67	66.65	375851	84046
登封市	Dengfeng	73.22	44.57	60.87	64905	62865
开封市	**Kaifeng**					
龙亭区	Longting	59.32	49.37	83.22	69491	69018
顺河区	Shunhe	22.49	22.00	97.84	35926	67345
鼓楼区	Gulou	13.17	12.50	94.89	28032	67380
禹王台区	Yuwangtai	12.07	9.66	80.01	11905	65752
祥符区	Xiangfu	66.19	26.92	40.67	41763	62982
杞县	Qixian	92.45	36.91	39.92	36264	63764
通许县	Tongxu	53.56	22.70	42.38	29995	62226
尉氏县	Weishi	82.59	36.05	43.65	29602	67295
兰考县	Lankao	76.46	36.69	47.98	57501	67035
洛阳市	**Luoyang**					
老城区	Laocheng	26.80	25.99	96.97	15272	90526
西工区	Xigong	36.70	35.41	96.49	86113	99321
瀍河区	Chanhe	22.94	22.01	95.93	18265	98665
涧西区	Jianxi	72.64	67.43	92.83	119954	88335
偃师区	Yanshi	53.71	34.94	65.04	27599	67632
洛龙区	Luolong	95.02	77.12	81.16	92358	97255
孟津区	Mengjin	48.98	31.04	63.38	53819	69607
新安县	Xinan	47.80	26.64	55.73	69223	61222
栾川县	Luanchuan	31.95	19.49	61.00	25370	67083
嵩县	Songxian	54.24	23.07	42.53	18844	61345
汝阳县	Ruyang	43.38	20.44	47.13	17324	67232
宜阳县	Yiyang	56.84	27.32	48.06	28439	62166
洛宁县	Luoning	37.54	15.42	41.06	18454	58430
伊川县	Yichuan	78.36	39.40	50.28	36552	56594

注：本表中城镇单位指城镇非私营单位。

a) Urban units in this table refer to urban non-private units.

26-1 续表 1 continued

县市区 County and District	常住人口(万人) Resident Population (10 000 persons)	#城镇 Urban	城镇化率(%) Urbanization Rate (%)	城镇单位年末就业人员(人) Number of Employed Person in Urban Area (person)	城镇单位就业人员平均工资(元) Average Wage of Employed Persons in Urban Area (yuan)
平顶山市 Pingdingshan					
新华区 Xinhua	45.68	42.50	93.04	150585	81467
卫东区 Weidong	33.28	32.56	97.85	56277	66829
石龙区 Shilong	3.19	3.09	96.86	4408	54538
湛河区 Zhanhe	34.27	27.80	81.10	46199	74149
宝丰县 Baofeng	50.41	24.59	48.78	25398	56283
叶县 Yexian	73.41	27.07	36.87	32561	55753
鲁山县 Lushan	78.97	26.85	34.00	31298	60186
郏县 Jiaxian	50.45	20.23	40.10	31044	54963
舞钢市 Wugang	30.08	17.88	59.42	33767	57202
汝州市 Ruzhou	97.05	47.94	49.40	63190	56439
安阳市 Anyang					
文峰区 Wenfeng	58.32	55.32	94.85	68468	90662
北关区 Beiguan	32.45	29.01	89.41	56158	65040
殷都区 Yindu	40.44	34.87	86.22	48638	76185
龙安区 Longan	26.91	15.22	56.57	11350	64686
安阳县 Anyang	62.80	18.62	29.65	20518	70821
汤阴县 Tangyin	45.01	23.64	52.52	30749	61489
滑县 Huaxian	115.64	43.65	37.75	63133	65342
内黄县 Neihuang	67.33	18.87	28.03	24525	65184
林州市 Linzhou	93.43	54.00	57.80	136060	65387
鹤壁市 Hebi					
鹤山区 Heshan	6.30	5.30	84.18	15338	81633
山城区 Shancheng	15.60	13.48	86.43	13647	66804
淇滨区 Qibin	46.40	39.10	84.26	63248	66627
浚县 Xunxian	62.60	23.58	37.66	31850	55097
淇县 Qixian	26.30	15.56	59.16	21235	48683
新乡市 Xinxiang					
红旗区 Hongqi	62.11	59.43	95.69	76147	77755
卫滨区 Weibin	24.08	24.08	100.00	24101	72364
凤泉区 Fengquan	14.86	8.38	56.41	10982	59443
牧野区 Muye	38.19	37.37	97.87	33484	80081
新乡县 Xinxiang	33.50	19.04	56.83	30456	58579
获嘉县 Huojia	39.18	20.18	51.50	17366	54591
原阳县 Yuanyang	73.48	29.80	40.56	32220	65445
延津县 Yanjin	44.78	17.75	39.63	15632	64947
封丘县 Fengqiu	69.28	27.69	39.97	34406	64050
长垣市 Changyuan	90.70	52.90	58.32	98153	62013
卫辉市 Weihui	46.63	22.50	48.26	27973	70449
辉县市 Huixian	80.32	41.20	51.30	49078	61601

26-1 续表 2　continued

县市区 County and District	常住人口(万人) Resident Population (10 000 persons)	#城镇 Urban	城镇化率(%) Urbanization Rate (%)	城镇单位年末就业人员(人) Number of Employed Person in Urban Area (person)	城镇单位就业人员平均工资(元) Average Wage of Employed Persons in Urban Area (yuan)
焦作市 Jiaozuo					
解放区 Jiefang	34.76	34.64	99.65	40926	75246
中站区 Zhongzhan	10.74	8.45	78.73	21714	65793
马村区 Macun	12.06	7.62	63.14	7544	67149
山阳区 Shanyang	51.06	37.59	73.61	73133	70346
修武县 Xiuwu	24.87	13.50	54.26	20732	68749
博爱县 Boai	35.04	20.83	59.43	13321	59677
武陟县 Wuzhi	66.17	32.49	49.09	48581	60511
温县 Wenxian	39.40	21.78	55.27	24333	62274
沁阳市 Qinyang	44.78	28.33	63.26	36950	65809
孟州市 Mengzhou	33.45	19.35	57.86	27483	69101
濮阳市 Puyang					
华龙区 Hualong	96.89	83.61	86.29	187176	86107
清丰县 Qingfeng	58.44	20.23	34.62	27646	71706
南乐县 Nanle	47.37	17.04	35.97	19387	71915
范县 Fanxian	44.58	16.37	36.72	26706	75719
台前县 Taiqian	31.98	11.88	37.15	17461	64054
濮阳县 Puyang	95.14	41.85	43.99	42629	69481
许昌市 Xuchang					
魏都区 Weidu	59.90	57.10	95.33	91760	79082
建安区 Jianan	74.20	29.20	39.35	62026	70603
鄢陵县 Yanling	54.70	25.20	46.07	37029	59052
襄城县 Xiangcheng	67.50	29.50	43.70	54796	72165
禹州市 Yuzhou	110.90	57.70	52.03	64407	64750
长葛市 Changge	71.00	40.50	57.04	62989	61068
漯河市 Luohe					
源汇区 Yuanhui	32.31	22.75	70.42	47671	74724
郾城区 Yancheng	50.61	31.16	61.57	38187	76771
召陵区 Zhaoling	50.06	28.39	56.71	61688	74316
舞阳县 Wuyang	44.78	19.77	44.16	31690	57989
临颍县 Linying	59.44	30.42	51.17	49219	62984

26-1 续表 3 continued

县市区 County and District	常住人口（万人）Resident Population (10 000 persons)	#城镇 Urban	城镇化率（%）Urbanization Rate (%)	城镇单位年末就业人员（人）Number of Employed Person in Urban Area (person)	城镇单位就业人员平均工资（元）Average Wage of Employed Persons in Urban Area (yuan)
三门峡市 Sanmenxia					
湖滨区 Hubin	32.78	30.41	92.76	73537	88663
陕州区 Shanzhou	28.92	15.04	52.01	21669	79221
渑池县 Mianchi	31.05	16.95	54.58	15252	82802
卢氏县 Lushi	31.75	14.14	44.55	12998	71315
义马市 Yima	13.59	13.18	97.00	28663	61414
灵宝市 Lingbao	65.71	28.54	43.43	47144	59729
南阳市 Nanyang					
宛城区 Wancheng	99.18	67.21	67.77	83064	87116
卧龙区 Wolong	109.36	77.58	70.94	121169	70697
南召县 Nanzhao	53.94	22.55	41.81	30331	60103
方城县 Fangcheng	86.34	38.64	44.75	47218	61071
西峡县 Xixia	44.54	24.50	55.00	38880	59571
镇平县 Zhenping	82.09	38.48	46.88	43028	57242
内乡县 Neixiang	54.24	26.76	49.33	34839	54402
淅川县 Xichuan	53.30	28.25	53.00	50127	60515
社旗县 Sheqi	55.54	24.14	43.46	26902	49859
唐河县 Tanghe	104.18	46.55	44.68	51320	60192
新野县 Xinye	59.55	27.70	46.52	29013	49053
桐柏县 Tongbai	37.11	20.12	54.21	26935	49118
邓州市 Dengzhou	123.53	54.23	43.90	66337	59677
商丘市 Shangqiu					
梁园区 Liangyuan	100.71	58.95	58.53	89367	59892
睢阳区 Suiyang	90.25	47.89	53.06	62897	84983
民权县 Minquan	75.41	31.85	42.24	56123	61829
睢县 Suixian	71.22	28.42	39.90	56217	61923
宁陵县 Ningling	53.36	22.36	41.90	40511	58746
柘城县 Zhecheng	77.05	31.64	41.07	50168	58835
虞城县 Yucheng	88.16	38.09	43.21	69596	59882
夏邑县 Xiayi	90.26	39.30	43.54	67332	59933
永城市 Yongcheng	125.88	66.10	52.51	92211	61998

26-1 续表 4 continued

县市区 County and District	常住人口（万人） Resident Population (10 000 persons)	#城镇 Urban	城镇化率（%） Urbanization Rate (%)	城镇单位年末就业人员（人） Number of Employed Person in Urban Area (person)	城镇单位就业人员平均工资（元） Average Wage of Employed Persons in Urban Area (yuan)
信　阳　市 Xinyang					
浉　河　区 Shihe	63.37	44.56	70.32	65897	70244
平　桥　区 Pingqiao	86.39	56.89	65.85	99225	70669
罗　山　县 Luoshan	49.04	22.37	45.62	25154	62613
光　山　县 Guangshan	59.02	25.43	43.08	27251	61856
新　　县 Xinxian	27.69	14.62	52.79	26552	62705
商　城　县 Shangcheng	45.69	18.95	41.47	30554	60399
固　始　县 Gushi	103.29	47.35	45.84	74654	68759
潢　川　县 Huangchuan	63.24	36.50	57.72	47026	55964
淮　滨　县 Huaibin	54.64	23.98	43.88	44154	60714
息　　县 Xixian	66.24	25.72	38.82	42165	54953
周　口　市 Zhoukou					
川　汇　区 Chuanhui	73.46	55.39	75.40	116138	71215
淮　阳　区 Huaiyang	104.39	35.77	34.27	30168	54715
扶　沟　县 Fugou	55.87	22.98	41.14	29445	47359
西　华　县 Xihua	69.54	28.21	40.57	54303	47836
商　水　县 Shangshui	93.39	38.06	40.75	42008	57930
沈　丘　县 Shenqiu	92.81	38.68	41.68	75172	52279
郸　城　县 Dancheng	96.71	35.61	36.82	58091	51992
太　康　县 Taikang	111.61	46.30	41.48	66800	65475
鹿　邑　县 Luyi	92.47	36.38	39.34	52676	55671
项　城　市 Xiangcheng	95.05	49.05	51.60	61496	58933
驻马店市 Zhumadian					
驿　城　区 Yicheng	104.47	77.57	74.25	136916	73278
西　平　县 Xiping	64.30	27.44	42.68	42128	58472
上　蔡　县 Shangcai	98.99	35.20	35.56	48751	58626
平　舆　县 Pingyu	71.83	31.47	43.82	60228	63101
正　阳　县 Zhengyang	61.31	23.36	38.10	32923	62780
确　山　县 Queshan	39.31	16.32	41.51	29868	61713
泌　阳　县 Biyang	68.05	31.65	46.52	50806	59963
汝　南　县 Runan	59.68	22.55	37.78	38584	50967
遂　平　县 Suiping	43.62	19.67	45.10	37845	60557
新　蔡　县 Xincai	80.44	27.93	34.72	55674	57309

26-2 各县(市、区)生产总值和指数(2021年)

县市区	County and District	生产总值(亿元) Gross Domestic Products (100 million yuan)	第一产业 Primary Industry	第二产业 Secondary Industry	第三产业 Tertiary Industry
郑州市	**Zhengzhou**				
中原区	Zhongyuan	1294.42	0.10	506.49	787.83
二七区	Erqi	784.23	0.47	173.01	610.74
管城区	Guancheng	1833.82	1.06	928.43	904.33
金水区	Jinshui	2844.82	0.29	331.96	2512.58
上街区	Shangjie	176.80	0.03	84.17	92.61
惠济区	Huiji	306.85	5.84	109.45	191.55
中牟县	Zhongmu	1363.34	40.52	722.09	600.73
巩义市	Gongyi	901.88	13.55	535.48	352.85
荥阳市	Xingyang	554.23	32.77	265.48	255.98
新密市	Xinmi	713.25	28.20	363.70	321.36
新郑市	Xinzheng	1451.26	30.70	810.20	610.36
登封市	Dengfeng	466.11	28.14	208.83	229.14
开封市	**Kaifeng**				
龙亭区	Longting	336.21	5.69	87.79	242.73
顺河区	Shunhe	140.48	3.03	71.69	65.75
鼓楼区	Gulou	101.48	2.22	15.62	83.64
禹王台区	Yuwangtai	100.68	3.86	41.54	55.28
祥符区	Xiangfu	309.35	70.10	118.95	120.30
杞县	Qixian	408.07	104.86	132.74	170.48
通许县	Tongxu	294.67	68.06	105.85	120.76
尉氏县	Weishi	459.79	67.14	217.02	175.64
兰考县	Lankao	406.76	56.03	178.42	172.32
洛阳市	**Luoyang**				
老城区	Laocheng	193.35	1.47	115.10	76.79
西工区	Xigong	539.06	0.27	185.02	353.77
瀍河区	Chanhe	136.06	0.60	44.01	91.45
涧西区	Jianxi	698.08	1.69	312.63	383.76
偃师区	Yanshi	464.68	22.38	251.54	190.77
洛龙区	Luolong	720.42	12.71	248.84	458.87
孟津区	Mengjin	553.55	27.96	339.62	185.97
新安县	Xinan	452.81	25.41	197.41	229.99
栾川县	Luanchuan	291.90	15.17	155.71	121.02
嵩县	Songxian	221.78	30.29	76.51	114.99
汝阳县	Ruyang	195.50	16.14	81.83	97.54
宜阳县	Yiyang	333.25	39.85	127.17	166.23
洛宁县	Luoning	224.59	34.11	86.99	103.48
伊川县	Yichuan	455.20	32.00	203.17	220.03
平顶山市	**Pingdingshan**				
新华区	Xinhua	350.02	1.91	188.46	159.65
卫东区	Weidong	328.66	1.46	184.28	142.91
石龙区	Shilong	41.83	0.54	24.33	16.96
湛河区	Zhanhe	237.64	2.63	93.02	141.98
宝丰县	Baofeng	376.16	23.11	186.24	166.82
叶县	Yexian	248.65	63.69	70.28	114.68
鲁山县	Lushan	191.95	32.71	58.98	100.26
郏县	Jiaxian	225.82	30.55	95.38	99.90
舞钢市	Wugang	158.86	16.32	83.02	59.52
汝州市	Ruzhou	534.57	43.95	224.54	266.08

Gross Domestic Product and Its indices by County and District (2021)

人均生产总值 (元) (按常住人口计算) Per Capita GDP (yuan) (calculated atresidents)	生产总值指数 (%) (上年=100) Indices of Gross Domestic Products (%) (preced-ing year=100)	第一产业 Primary Industry	第二产业 Secondary Industry	第三产业 Tertiary Industry	人均生产总值指数 (%) Indices of Per Capita GDP (%)
85415	103.7	93.5	98.8	107.0	102.2
73828	101.3	108.3	89.1	105.2	100.5
154674	104.5	94.0	103.2	105.8	102.5
132222	103.6	69.5	89.2	105.7	102.3
88800	105.1	53.6	104.9	105.4	101.4
55060	103.1	108.7	100.4	104.4	100.5
95368	107.0	100.4	107.8	106.6	105.7
112440	107.0	102.1	108.5	105.0	106.5
75787	101.7	103.4	99.0	104.4	100.4
86293	101.8	103.3	99.4	104.3	101.8
97538	107.8	102.8	112.4	102.6	103.8
63785	100.5	103.4	94.5	105.8	99.6
57262	107.0	95.6	107.7	107.1	103.9
62116	106.8	99.2	107.3	106.7	108.0
76242	107.0	97.4	101.4	108.4	109.2
82054	107.0	98.6	106.4	108.1	110.5
46442	107.4	106.3	106.5	108.8	108.2
43792	107.8	107.2	106.9	108.7	108.3
54660	107.4	106.9	106.9	108.1	107.9
55250	107.6	107.2	106.6	108.9	108.6
52792	107.6	105.9	107.1	108.6	107.9
74327	101.9	101.7	100.3	104.3	95.4
146429	106.1	101.2	104.1	107.2	105.4
60166	105.6	101.4	98.8	109.1	101.9
96589	105.7	101.0	105.3	106.1	105.0
85817	106.1	107.4	105.7	106.4	107.8
77097	106.1	103.3	105.5	106.5	101.9
113432	104.8	107.4	103.4	106.8	104.9
94181	87.1	106.5	69.0	107.7	87.9
90267	105.2	107.2	105.1	105.1	108.4
40843	105.3	106.7	103.0	106.4	105.2
45012	103.0	107.3	98.5	106.1	101.4
58223	105.2	107.1	102.7	106.7	106.7
58970	106.2	107.2	107.7	104.7	111.5
57740	105.3	107.2	104.3	106.0	105.3
75898	101.9	104.9	97.1	107.3	101.0
98402	103.8	104.9	99.4	109.2	105.6
132864	107.0	103.6	107.7	106.3	104.3
68772	106.7	104.4	105.0	107.8	107.2
74437	109.2	107.2	106.9	112.1	108.8
33871	108.2	107.0	109.6	108.1	108.1
24283	109.2	107.0	110.8	109.2	108.6
44676	109.5	107.2	110.2	109.6	110.5
53336	110.4	106.8	112.6	108.4	109.0
54966	108.2	108.2	106.3	109.8	108.2

26-2 续表 1

县 市	County and city	生产总值（亿元）Gross Domestic Products (100 million yuan)	第一产业 Primary Industry	第二产业 Secondary Industry	第三产业 Tertiary Industry
安 阳 市	**Anyang**				
文 峰 区	Wenfeng	259.25	0.71	62.43	196.11
北 关 区	Beiguan	171.77	1.49	48.84	121.44
殷 都 区	Yindu	327.87	9.87	218.93	99.06
龙 安 区	Longan	182.12	3.45	137.42	41.24
安 阳 县	Anyang	107.46	15.54	29.69	62.23
汤 阴 县	Tangyin	175.36	29.24	67.94	78.18
滑 县	Huaxian	409.77	79.54	148.45	181.78
内 黄 县	Neihuang	186.63	80.77	31.15	74.72
林 州 市	Linzhou	615.34	14.54	319.86	280.95
鹤 壁 市	**Hebi**				
鹤 山 区	Heshan	92.61	4.17	69.26	19.19
山 城 区	Shancheng	138.35	4.79	90.93	42.63
淇 滨 区	Qibin	277.21	10.68	129.91	136.62
浚 县	Xunxian	293.82	31.33	159.23	103.25
淇 县	Qixian	262.65	21.55	166.60	74.50
新 乡 市	**Xinxiang**				
红 旗 区	Hongqi	588.63	2.49	277.57	308.58
卫 滨 区	Weibin	129.14	1.00	34.50	93.64
凤 泉 区	Fengquan	83.18	1.95	39.27	41.96
牧 野 区	Muye	231.70	1.60	111.24	118.86
新 乡 县	Xinxiang	239.40	12.27	137.21	89.92
获 嘉 县	Huojia	192.11	30.94	81.60	79.58
原 阳 县	Yuanyang	264.16	44.03	96.02	124.11
延 津 县	Yanjin	166.15	30.75	55.64	79.75
封 丘 县	Fengqiu	264.05	57.14	95.43	111.49
长 垣 市	Changyuan	529.59	48.05	284.75	196.79
卫 辉 市	Weihui	186.25	24.03	69.22	93.00
辉 县 市	Huixian	359.04	38.22	161.45	159.36
焦 作 市	**Jiaozuo**				
解 放 区	Jiefang	181.78	0.18	32.85	148.75
中 站 区	Zhongzhan	137.80	0.59	102.25	34.96
马 村 区	Macun	88.94	1.93	54.52	32.49
山 阳 区	Shanyang	342.28	5.16	117.25	219.88
修 武 县	Xiuwu	154.05	10.87	68.36	74.82
博 爱 县	Boai	163.68	17.31	62.57	83.79
武 陟 县	Wuzhi	308.82	35.03	110.87	162.91
温 县	Wenxian	201.70	25.89	55.52	120.28
沁 阳 市	Qinyang	320.63	19.90	145.19	155.54
孟 州 市	Mengzhou	237.16	24.54	107.29	105.33

continued

人均生产总值 (元) (按常住人口计算) Per Capita GDP (yuan) (calculated atresidents)	生产总值指数 (%) (上年=100) Indices of Gross Domestic Products (%) (preced-ing year=100)	第一产业 Primary Industry	第二产业 Secondary Industry	第三产业 Tertiary Industry	人均生产总值指数 (%) Indices of Per Capita GDP (%)
44613	107.4	90.2	111.6	106.2	104.8
52678	105.3	97.4	101.8	106.8	105.1
105070	99.1	97.6	97.3	103.2	70.2
67302	108.0	107.3	107.6	109.7	108.4
14829	106.4	101.8	107.4	107.2	120.5
38748	101.9	100.6	96.3	107.7	102.2
35248	106.3	108.2	103.3	108.0	107.0
27540	102.8	101.7	94.4	108.2	103.5
65285	106.8	105.8	104.9	109.0	106.7
147238	114.0	101.6	117.0	106.8	119.7
88770	104.2	101.3	105.2	102.7	106.3
59905	106.7	101.4	106.5	107.3	103.9
46947	104.8	94.5	106.5	106.0	104.8
99925	107.8	100.1	106.9	112.3	107.5
95140	107.7	102.1	107.4	108.0	106.3
53719	108.6	99.7	106.3	109.6	110.9
56053	104.4	97.3	96.5	113.1	104.3
60917	104.2	95.9	102.2	106.3	103.8
70620	107.8	104.8	105.0	112.6	110.4
48722	108.2	105.3	107.2	110.3	109.9
35539	107.4	105.0	107.7	108.2	109.4
36573	105.7	103.3	104.4	107.5	104.9
37625	106.0	104.2	103.9	108.7	106.6
58421	108.0	104.6	106.3	111.4	107.6
39392	104.0	95.6	97.9	111.5	103.6
44151	104.1	102.3	98.4	110.7	106.3
52289	105.3	103.9	103.0	105.8	97.9
128326	105.4	103.0	105.2	106.2	104.5
73704	100.9	103.5	99.0	103.8	108.4
67031	104.7	101.4	101.5	106.5	101.6
61922	103.0	104.4	100.2	105.2	103.3
46709	106.1	101.0	107.8	106.3	108.4
46661	103.0	103.6	101.9	103.5	102.6
51180	107.0	102.4	105.1	109.2	109.5
71591	103.9	103.8	103.5	104.2	102.3
70894	104.0	103.9	102.4	105.5	109.0

26−2 续表 2

县 市 County and city	生产总值(亿元) Gross Domestic Products (100 million yuan)	第一产业 Primary Industry	第二产业 Secondary Industry	第三产业 Tertiary Industry
濮 阳 市 Puyang				
华 龙 区 Hualong	705.61	26.54	306.98	372.09
清 丰 县 Qingfeng	219.61	49.68	72.77	97.15
南 乐 县 Nanle	185.33	39.85	53.48	91.99
范 县 Fanxian	232.62	25.34	104.50	102.79
台 前 县 Taiqian	125.58	15.45	42.14	68.00
濮 阳 县 Puyang	302.79	52.77	82.73	167.29
许 昌 市 Xuchang				
魏 都 区 Weidu	448.42	0.10	161.50	286.81
建 安 区 Jianan	598.69	31.74	315.27	251.68
鄢 陵 县 Yanling	394.68	42.04	158.26	194.37
襄 城 县 Xiangcheng	484.97	42.82	201.06	241.09
禹 州 市 Yuzhou	903.83	34.09	494.38	375.36
长 葛 市 Changge	824.84	31.20	582.33	211.31
漯 河 市 Luohe				
源 汇 区 Yuanhui	251.54	9.91	72.27	169.36
郾 城 区 Yancheng	285.65	28.42	87.17	170.06
召 陵 区 Zhaoling	568.36	35.41	329.24	203.71
舞 阳 县 Wuyang	228.77	35.69	80.49	112.59
临 颍 县 Linying	386.75	46.04	171.73	168.98
三 门 峡 市 Sanmenxia				
湖 滨 区 Hubin	317.84	6.96	127.94	182.94
陕 州 区 Shanzhou	283.78	27.38	139.19	117.21
渑 池 县 Mianchi	238.71	21.62	120.58	96.51
卢 氏 县 Lushi	129.63	28.31	37.24	64.08
义 马 市 Yima	146.84	1.86	92.46	52.52
灵 宝 市 Lingbao	465.73	64.27	231.41	170.05
南 阳 市 Nanyang				
宛 城 区 Wancheng	488.01	43.27	155.15	289.59
卧 龙 区 Wolong	623.47	35.30	176.89	411.28
南 召 县 Nanzhao	195.10	30.56	76.17	88.37
方 城 县 Fangcheng	293.03	59.25	91.70	142.08
西 峡 县 Xixia	283.89	40.77	111.93	131.19
镇 平 县 Zhenping	291.41	47.30	86.12	157.99
内 乡 县 Neixiang	292.11	58.94	127.02	106.16
淅 川 县 Xichuan	271.05	54.68	93.60	122.77
社 旗 县 Sheqi	199.33	51.67	49.69	97.98
唐 河 县 Tanghe	422.29	108.23	109.39	204.68
新 野 县 Xinye	303.65	64.89	82.95	155.80
桐 柏 县 Tongbai	197.99	30.71	78.67	88.62
邓 州 市 Dengzhou	480.89	105.65	133.06	242.18

continued

人均生产总值（元）（按常住人口计算）Per Capita GDP (yuan) (calculated atresidents)	生产总值指数（%）（上年=100）Indices of Gross Domestic Products (%) (preced-ing year=100)	第一产业 Primary Industry	第二产业 Secondary Industry	第三产业 Tertiary Industry	人均生产总值指数（%）Indices of Per Capita GDP (%)
72913	107.4	106.9	107.5	107.3	105.6
37339	110.2	106.8	112.7	110.5	110.6
39016	108.9	106.6	108.1	110.4	108.7
52081	107.4	108.2	104.2	110.4	107.5
39062	109.1	107.2	105.7	111.7	109.3
31550	109.5	107.4	110.6	109.7	110.9
74886	104.5	92.3	103.2	105.3	103.3
80713	106.0	106.0	103.9	108.6	105.9
72120	105.2	106.5	102.2	107.4	105.1
71858	104.7	106.4	102.7	105.9	104.6
81466	106.3	105.9	104.7	108.4	106.3
116167	105.3	106.3	105.0	106.0	105.3
77877	108.5	107.2	101.4	111.7	108.1
56433	109.3	108.0	105.9	111.2	109.0
113602	109.1	108.0	108.0	111.1	108.6
51081	108.9	108.1	106.7	110.7	109.8
65044	109.4	108.5	106.4	112.6	110.3
97111	107.1	107.3	102.9	110.0	106.6
98212	107.8	107.0	105.8	110.4	107.0
76915	107.6	107.6	105.5	110.2	107.2
40847	107.5	106.0	105.1	109.6	107.1
108090	107.0	107.1	105.5	109.5	106.5
70898	107.5	107.6	105.9	109.7	107.1
49199	108.8	107.3	106.0	110.5	108.3
57010	109.1	106.8	105.7	110.8	108.7
35966	108.4	106.9	106.2	110.8	108.8
33738	109.3	107.7	107.3	111.2	109.6
63384	108.4	107.7	106.7	110.0	108.4
35307	108.4	107.4	105.9	110.1	109.2
53525	109.8	107.1	110.0	110.9	111.3
50588	109.2	107.6	106.9	111.6	110.2
35691	109.2	107.3	108.8	110.4	109.8
40291	109.4	107.9	106.4	111.8	111.1
50679	109.0	106.9	106.9	111.0	110.7
53059	107.6	107.0	106.2	109.0	109.1
38720	109.5	107.8	107.1	111.5	111.1

26-2 续表 3

县 市	County and city	生产总值（亿元） Gross Domestic Products (100 million yuan)	第一产业 Primary Industry	第二产业 Secondary Industry	第三产业 Tertiary Industry
商 丘 市	**Shangqiu**				
梁 园 区	Liangyuan	349.23	41.56	137.42	170.25
睢 阳 区	Suiyang	320.77	57.70	98.17	164.91
民 权 县	Minquan	271.81	68.66	64.22	138.94
睢 县	Suixian	247.08	62.43	89.09	95.56
宁 陵 县	Ningling	192.81	39.31	69.48	84.02
柘 城 县	Zhecheng	295.14	68.11	110.28	116.76
虞 城 县	Yucheng	360.83	70.10	151.03	139.71
夏 邑 县	Xiayi	334.44	70.81	128.08	135.55
永 城 市	Yongcheng	720.01	92.61	311.85	315.56
信 阳 市	**Xinyang**				
浉 河 区	Shihe	355.14	45.79	100.89	208.46
平 桥 区	Pingqiao	431.55	54.74	182.36	194.44
罗 山 县	Luoshan	256.00	63.34	84.84	107.82
光 山 县	Guangshan	260.09	63.23	89.29	107.56
新 县	Xinxian	180.86	35.70	70.40	74.76
商 城 县	Shangcheng	258.09	56.49	99.31	102.30
固 始 县	Gushi	452.84	95.57	138.83	218.45
潢 川 县	Huangchuan	331.75	66.15	114.22	151.39
淮 滨 县	Huaibin	253.21	52.96	94.75	105.50
息 县	Xixian	287.99	67.29	92.69	128.02
周 口 市	**Zhoukou**				
川 汇 区	Chuanhui	316.35	10.10	130.93	175.32
淮 阳 区	Huaiyang	304.07	64.61	127.28	112.18
扶 沟 县	Fugou	258.68	58.43	106.90	93.35
西 华 县	Xihua	275.36	63.35	101.27	110.74
商 水 县	Shangshui	333.90	66.67	134.21	133.02
沈 丘 县	Shenqiu	367.25	63.30	146.75	157.20
郸 城 县	Dancheng	366.89	70.28	159.33	137.29
太 康 县	Taikang	399.66	82.33	148.13	169.20
鹿 邑 县	Luyi	455.98	77.38	180.53	198.07
项 城 市	Xiangcheng	418.05	53.98	181.48	182.59
驻 马 店 市	**Zhumadian**				
驿 城 区	Yicheng	575.53	33.05	237.78	304.70
西 平 县	Xiping	279.22	69.54	94.71	114.97
上 蔡 县	Shangcai	296.77	55.37	119.21	122.19
平 舆 县	Pingyu	293.22	52.33	120.90	119.99
正 阳 县	Zhengyang	271.65	67.35	99.63	104.67
确 山 县	Queshan	213.03	47.07	80.55	85.42
泌 阳 县	Biyang	330.03	73.69	129.83	126.50
汝 南 县	Runan	270.11	63.31	110.85	95.95
遂 平 县	Suiping	258.33	37.93	115.30	105.10
新 蔡 县	Xincai	294.98	55.58	90.44	148.96

continued

人均生产总值 (元) (按常住人口计算) Per Capita GDP (yuan) (calculated atresidents)	生产总值指数 (%) (上年=100) Indices of Gross Domestic Products (%) (preced-ing year=100)	第一产业 Primary Industry	第二产业 Secondary Industry	第三产业 Tertiary Industry	人均生产总值指数 (%) Indices of Per Capita GDP (%)
34742	102.5	105.5	99.2	104.3	102.0
35661	104.0	105.8	103.6	103.6	103.6
36229	97.6	105.5	82.1	102.5	97.2
34412	104.2	106.4	103.1	103.9	105.0
35174	102.6	106.6	101.9	101.3	105.2
38017	103.2	106.4	100.0	104.4	103.3
39369	104.2	106.6	102.1	105.2	108.1
37177	102.4	105.8	100.7	102.2	102.4
57271	109.0	107.3	109.3	109.1	108.7
55699	106.2	106.7	105.0	106.6	107.4
49551	108.4	106.8	108.2	108.9	107.7
52046	106.0	107.0	102.2	108.6	107.0
43937	107.3	106.8	107.3	107.5	107.5
65104	106.6	106.7	105.9	107.2	107.2
56318	105.7	106.7	102.7	108.0	105.9
43722	106.6	106.9	104.4	107.9	107.1
52274	105.5	106.2	100.5	109.2	106.5
46200	107.2	106.7	107.6	107.1	107.8
43345	106.5	106.7	104.3	108.1	107.9
43783	108.1	106.5	107.7	108.4	104.6
29254	107.2	106.6	108.2	106.4	106.3
45634	106.8	106.4	106.4	107.6	111.0
39028	97.3	106.6	84.9	105.6	101.0
35238	107.9	106.5	107.2	109.2	109.4
39000	106.9	106.6	106.4	107.4	109.2
37301	107.2	106.7	106.8	107.9	109.9
35292	104.4	106.6	102.2	105.1	103.2
48496	107.9	106.6	106.8	109.4	109.4
43729	108.0	106.5	108.3	108.1	109.1
55608	105.6	106.2	104.1	106.8	105.7
43286	108.3	106.9	107.4	109.8	111.6
29745	108.3	107.3	106.7	110.2	107.5
40535	109.2	107.2	108.6	110.6	108.7
43884	108.0	106.9	105.7	110.8	108.9
53521	109.0	106.5	110.5	109.2	110.4
47987	106.2	103.7	104.8	109.3	105.8
44675	105.7	106.6	103.6	107.5	111.0
58885	108.1	106.2	105.3	112.1	107.5
36235	106.5	105.0	106.0	107.3	108.3

26–3 各县(市、区)固定资产投资、建筑业及规模以上工业主要指标(2021年)

Main Indicators on Investment in Fixed Assets、Construction and Enterprises above Designated Size Industry by County and District (2021)

县市区	County and District	工业增加值增速(%) Growth Rate of Value Added of Industry (%)	营业收入(亿元) Business Revenue (100 million yuan)	利润总额(亿元) Profits (100 million yuan)	固定资产投资增速(%) Growth Rate of Investment in Fixed Assets (%)	#房地产开发 Growth Rate of Real Estate	建筑业总产值(亿元) Gross Output Value of Construction (100 million yuan)
郑州市	**Zhengzhou**						
中原区	Zhongyuan	11.9	1078.35	81.19	-7.2	-14.0	892.82
二七区	Erqi	-1.0	217.77	9.35	-25.7	-37.2	390.59
管城区	Guancheng	3.6	1435.56	149.15	-6.2	-11.3	2036.11
金水区	Jinshui	11.8	128.18	-9.72	-3.4	-8.0	1238.05
上街区	Shangjie	10.5	145.07	0.86	4.2	-7.5	35.86
惠济区	Huiji	6.8	165.97	5.80	-1.3	-13.6	225.55
中牟县	Zhongmu	28.9	3878.40	19.07	-7.0	-6.4	290.01
巩义市	Gongyi	15.5	1635.49	81.22	2.5	32.1	30.33
荥阳市	Xingyang	2.8	306.96	-6.53	-2.2	15.5	103.33
新密市	Xinmi	5.4	268.88	0.89	-19.1	-22.3	52.25
新郑市	Xinzheng	4.5	3116.05	104.75	-2.3	0.2	115.75
登封市	Dengfeng	-9.0	226.62	-8.52	0.7	-29.0	12.72
开封市	**Kaifeng**						
龙亭区	Longting	9.6	327.27	2.20	13.0	-0.6	56.90
顺河区	Shunhe	0.5	51.23	-1.57	13.2	-11.3	162.72
鼓楼区	Gulou	10.5	28.91	1.29	13.1	149.7	8.55
禹王台区	Yuwangtai	6.9	129.71	19.45	13.4	217.8	46.46
祥符区	Xiangfu	6.3	190.47	13.50	13.2	-0.4	18.61
杞县	Qixian	9.2	209.94	21.02	13.5	1.3	11.25
通许县	Tongxu	8.6	124.56	5.45	13.2	-17.3	34.10
尉氏县	Weishi	9.1	423.36	39.08	13.7	3.3	28.22
兰考县	Lankao	13.2	239.67	14.94	12.0	59.9	139.01
洛阳市	**Luoyang**						
老城区	Laocheng	7.7	12.66	0.78	12.0	1.6	147.80
西工区	Xigong	13.5	311.17	2.43	21.0	34.3	159.48
瀍河区	Chanhe	8.0	234.90	0.27	8.9	-28.4	129.34
涧西区	Jianxi	11.6	914.35	40.91	6.3	-13.4	202.69
偃师区	Yanshi	8.0	426.38	13.84	14.6	6.8	13.91
洛龙区	Luolong	11.5	600.65	46.41	7.8	0.4	545.84
孟津区	Mengjin	6.0	1034.02	30.03	0.7	107.7	33.97
新安县	Xinan	-42.4	460.19	25.01	-62.9	31.1	21.90
栾川县	Luanchuan	11.7	429.62	116.82	6.1	207.0	31.81
嵩县	Songxian	11.4	56.07	3.96	3.5	185.9	7.10
汝阳县	Ruyang	-2.1	79.05	8.46	-62.2	-10.0	6.56
宜阳县	Yiyang	4.8	152.99	8.40	5.8	57.2	9.68
洛宁县	Luoning	13.4	170.62	17.07	11.0	228.3	10.87
伊川县	Yichuan	9.0	393.62	3.87	-34.4	32.3	8.52
平顶山市	**Pingdingshan**						
新华区	Xinhua	-8.4	394.53	45.45	10.2	12.5	26.49
卫东区	Weidong	-3.3	535.48	52.72	8.2	10.2	61.17
石龙区	Shilong	10.1	120.95	9.67	8.1		11.97
湛河区	Zhanhe	6.5	188.82	-7.29	15.8	-7.5	58.94
宝丰县	Baofeng	20.2	402.47	23.82	11.9	15.1	5.48
叶县	Yexian	21.6	312.14	14.97	12.6	-16.1	15.59
鲁山县	Lushan	19.1	135.84	5.65	13.4	46.6	15.50
郏县	Jiaxian	19.1	197.45	11.98	13.4	-12.3	12.38
舞钢市	Wugang	21.0	568.91	20.60	16.8	-6.1	4.68
汝州市	Ruzhou	11.9	422.16	25.80	13.2	29.0	17.11

26-3 续表 1 continued

县市区	County and District	工业增加值增速(%) Growth Rate of Value Added of Industry (%)	营业收入(亿元) Business Revenue (100 million yuan)	利润总额(亿元) Profits (100 million yuan)	固定资产投资增速(%) Growth Rate of Investment in Fixed Assets (%)	#房地产开发 Growth Rate of Real Estate	建筑业总产值(亿元) Gross Output Value of Construction (100 million yuan)
安阳市	**Anyang**						
文峰区	Wenfeng	25.4	108.09	8.15	23.6	37.6	47.08
北关区	Beiguan	20.0	33.34	0.67	24.7	1.4	116.11
殷都区	Yindu	-3.7	1331.98	31.46	34.4	22.8	33.74
龙安区	Longan	9.8	342.49	7.41	28.5	2.8	7.40
安阳县	Anyang	6.5	20.70	0.81	36.9	43.2	62.93
汤阴县	Tangyin	-3.0	277.30	6.10	-6.5	40.4	21.11
滑县	Huaxian	0.9	161.96	14.66	13.8	44.2	40.45
内黄县	Neihuang	-6.8	45.21	2.74	-13.8	-27.0	7.48
林州市	Linzhou	8.6	308.99	6.02	4.3	-1.0	775.01
鹤壁市	**Hebi**						
鹤山区	Heshan	9.4	150.42	1.04	14.5		5.08
山城区	Shancheng	0.7	129.50	1.31	10.3	-100.0	5.62
淇滨区	Qibin	5.8	195.61	8.38	15.0	35.9	74.94
浚县	Xunxian	7.0	95.17	1.93	10.0	-51.1	9.00
淇县	Qixian	10.7	296.68	8.03	15.3	-38.8	3.63
新乡市	**Xinxiang**						
红旗区	Hongqi	15.4	676.35	64.34	10.6	15.7	77.40
卫滨区	Weibin	12.0	111.36	-1.95	14.5	-13.2	8.21
凤泉区	Fengquan	-7.4	85.40	-5.81	6.7	120.8	12.19
牧野区	Muye	4.0	229.66	-8.32	5.5	1.5	132.20
新乡县	Xinxiang	10.6	382.19	31.87	16.0	-1.9	31.73
获嘉县	Huojia	13.1	92.63	2.31	17.8	-26.4	35.51
原阳县	Yuanyang	13.2	215.32	5.56	15.3	1.4	27.31
延津县	Yanjin	10.5	112.56	6.06	18.4	32.5	11.01
封丘县	Fengqiu	6.9	50.06	3.05	13.1	-31.3	139.59
长垣市	Changyuan	13.1	575.85	27.52	14.0	43.4	381.29
卫辉市	Weihui	-11.5	126.93	-2.61	5.2	-28.9	21.14
辉县市	Huixian	-2.0	325.23	15.93	5.0	-5.6	30.03
焦作市	**Jiaozuo**						
解放区	Jiefang	7.0	21.96	1.47	6.2	-19.9	30.45
中站区	Zhongzhan	8.5	424.73	53.46	14.8	231.4	11.74
马村区	Macun	-2.3	152.41	12.90	18.8	-6.4	11.27
山阳区	Shanyang	1.9	334.11	4.67	7.8	-1.0	39.63
修武县	Xiuwu	1.8	196.52	-1.92	18.2	-81.3	4.57
博爱县	Boai	7.1	123.47	3.06	12.7	43.0	4.51
武陟县	Wuzhi	6.5	234.33	7.50	0.4	35.7	5.05
温县	Wenxian	7.1	125.89	8.31	5.0	109.4	5.00
沁阳市	Qinyang	6.9	388.73	12.72	4.4	118.0	6.85
孟州市	Mengzhou	4.0	360.46	23.16	11.6	137.5	4.80

26−3 续表 2　continued

县市区	County and District	工业增加值增速(%) Growth Rate of Value Added of Industry (%)	营业收入(亿元) Business Revenue (100 million yuan)	利润总额(亿元) Profits (100 million yuan)	固定资产投资增速(%) Growth Rate of Investment in Fixed Assets (%)	#房地产开发 Growth Rate of Real Estate	建筑业总产值(亿元) Gross Output Value of Construction (100 million yuan)
濮阳市	**Puyang**						
华龙区	Hualong	7.9	666.18	-45.24	10.4	-17.1	264.45
清丰县	Qingfeng	15.8	65.54	4.59	10.3	24.0	19.34
南乐县	Nanle	12.4	99.61	2.36	10.3	-1.7	3.38
范县	Fanxian	8.4	215.48	-2.32	10.3	51.5	4.92
台前县	Taiqian	11.9	112.68	2.72	10.2	42.1	3.74
濮阳县	Puyang	20.3	135.95	8.51	10.8	-21.0	30.11
许昌市	**Xuchang**						
魏都区	Weidu	6.1	522.05	20.45	-3.8	-5.6	89.51
建安区	Jianan	6.7	427.31	34.50	8.2	-0.3	60.12
鄢陵县	Yanling	14.1	121.52	7.27	17.6	9.7	30.69
襄城县	Xiangcheng	1.5	443.60	28.68	9.3	-40.1	20.82
禹州市	Yuzhou	7.5	1500.43	83.74	8.2	-5.6	10.84
长葛市	Changge	7.3	1809.23	114.91	10.5	8.1	9.90
漯河市	**Luohe**				13.4	3.6	95.15
源汇区	Yuanhui	7.6	117.01	5.16	14.8	29.2	17.51
郾城区	Yancheng	7.9	99.58	1.66	13.8	41.3	21.60
召陵区	Zhaoling	8.2	877.31	75.38	13.1	-18.8	25.81
舞阳县	Wuyang	8.1	124.17	22.18	12.9	-52.8	6.59
临颍县	Linying	8.2	424.65	27.03	12.5	-31.0	23.64
三门峡市	**Sanmenxia**						
湖滨区	Hubin	12.0	113.63	0.88	14.0	-18.4	187.34
陕州区	Shanzhou	11.4	778.26	31.18	14.6	-40.0	17.96
渑池县	Mianchi	9.7	186.45	11.40	2.3	13.7	16.32
卢氏县	Lushi	15.8	25.31	1.44	14.1	16.6	14.48
义马市	Yima	10.9	131.90	0.27	2.9	-4.7	6.91
灵宝市	Lingbao	10.3	431.30	17.09	14.1	28.9	16.11
南阳市	**Nanyang**						
宛城区	Wancheng	10.4	186.53	0.04	15.8	12.5	92.33
卧龙区	Wolong	10.4	513.87	16.83	13.3	-3.9	94.62
南召县	Nanzhao	5.5	82.40	1.49	13.5	63.1	23.32
方城县	Fangcheng	11.5	86.18	12.53	12.2	25.2	28.02
西峡县	Xixia	10.0	499.44	23.95	2.1	22.6	18.18
镇平县	Zhenping	10.0	134.21	9.62	13.2	11.0	10.32
内乡县	Neixiang	12.3	186.87	-8.30	13.6	38.7	68.59
淅川县	Xichuan	10.8	131.21	8.54	13.3	1.1	60.16
社旗县	Sheqi	10.2	49.88	5.04	13.2	40.4	26.96
唐河县	Tanghe	10.6	172.60	11.07	13.2	33.2	49.00
新野县	Xinye	10.5	154.33	6.80	12.7	35.4	18.05
桐柏县	Tongbai	9.9	126.69	17.72	13.4	-6.5	26.39
邓州市	Dengzhou	12.0	226.58	22.49	18.2	67.2	67.27

26-3 续表 3 continued

县市区 County and District	工业增加值增速(%) Growth Rate of Value Added of Industry (%)	营业收入(亿元) Business Revenue (100 million yuan)	利润总额(亿元) Profits (100 million yuan)	固定资产投资增速(%) Growth Rate of Investment in Fixed Assets (%)	#房地产开发 Growth Rate of Real Estate	建筑业总产值(亿元) Gross Output Value of Construction (100 million yuan)
商丘市 Shangqiu						
梁园区 Liangyuan	6.3	325.99	8.09	3.9	45.7	203.89
睢阳区 Suiyang	5.9	288.48	5.77	8.2	12.3	59.63
民权县 Minquan	-29.9	303.91	11.01	11.3	21.2	47.47
睢县 Suixian	7.5	267.83	26.65	11.0	20.1	28.82
宁陵县 Ningling	7.6	280.46	16.26	9.1	0.4	27.50
柘城县 Zhecheng	7.4	331.10	47.99	8.9	-14.9	13.61
虞城县 Yucheng	7.7	552.26	34.17	12.0	3.4	18.32
夏邑县 Xiayi	7.5	539.20	48.76	9.2	3.6	25.03
永城市 Yongcheng	12.5	652.97	39.15	11.6	30.9	112.20
信阳市 Xinyang						
浉河区 Shihe	7.3	106.45	0.48	0.2	-18.0	96.26
平桥区 Pingqiao	14.4	795.80	21.69	20.3	10.4	77.02
罗山县 Luoshan	2.7	162.14	13.98	16.7	13.9	77.67
光山县 Guangshan	12.0	75.94	6.73	15.1	6.6	54.27
新县 Xinxian	7.9	132.95	15.68	17.1	17.6	69.53
商城县 Shangcheng	4.5	188.92	15.06	5.8	21.4	73.54
固始县 Gushi	10.6	286.24	19.27	5.4	7.2	72.58
潢川县 Huangchuan	1.5	196.22	11.45	1.6	21.7	73.21
淮滨县 Huaibin	10.6	282.27	20.54	19.0	21.0	66.35
息县 Xixian	10.5	58.09	6.73	15.5	1.4	50.44
周口市 Zhoukou						
川汇区 Chuanhui	10.2	635.91	45.03	20.2	64.3	149.40
淮阳区 Huaiyang	12.6	277.65	34.42	22.0	108.2	36.78
扶沟县 Fugou	11.1	386.40	51.26	6.8	5.5	21.38
西华县 Xihua	-16.9	318.17	33.59	-28.7	-3.4	18.21
商水县 Shangshui	10.5	262.16	9.45	12.3	-8.4	48.55
沈丘县 Shenqiu	10.0	458.34	41.56	-7.6	41.0	16.88
郸城县 Dancheng	10.7	398.56	36.11	12.8	9.4	62.17
太康县 Taikang	6.4	481.26	32.91	-13.3	31.3	118.11
鹿邑县 Luyi	11.7	248.45	41.88	10.1	6.0	96.36
项城市 Xiangcheng	10.7	467.87	39.29	20.5	-11.1	43.95
驻马店市 Zhumadian						
驿城区 Yicheng	2.5	618.37	12.41	12.9	19.9	295.57
西平县 Xiping	8.0	78.30	6.72	13.2	-14.3	94.83
上蔡县 Shangcai	7.5	111.39	11.42	13.0	20.4	53.84
平舆县 Pingyu	8.3	167.74	21.21	13.0	14.5	114.92
正阳县 Zhengyang	7.6	183.69	17.97	12.6	11.0	72.32
确山县 Queshan	7.5	105.17	10.40	12.6	-22.5	198.28
泌阳县 Biyang	5.2	159.21	15.19	12.8	9.8	68.35
汝南县 Runan	0.9	176.21	12.69	12.7	-11.6	27.36
遂平县 Suiping	8.7	158.93	4.42	13.1	-7.9	55.06
新蔡县 Xincai	8.6	138.34	7.78	12.4	2.4	74.60

26-4 各县(市、区)城乡居民收入和社会消费品零售总额(2021年)

Per Capita Net Income of Rural and Urban Residents, Total Retail Sales of Consumer Goods by County and District (2021)

县市区	County and District	居民人均可支配收入（元） Per Capita Disposable Income of Residents (yuan)	城镇居民人均可支配收入（元） Per Capita Net Income of Urban Residents (yuan)	农村居民人均可支配收入（元） Disposable Income of Rural Household (yuan)	社会消费品零售总额（亿元） Total Retail Sales of Consumer Goods (100 million yuan)
郑州市	**Zhengzhou**				
中原区	Zhongyuan	45507	47525	28655	475.47
二七区	Erqi	46330	48381	29917	498.73
管城区	Guancheng	43913	45967	32301	1195.87
金水区	Jinshui	51526	53471	32068	1372.68
上街区	Shangjie	49753	52454	27168	40.80
惠济区	Huiji	36986	39441	31354	230.34
中牟县	Zhongmu	29271	35826	24186	354.62
巩义市	Gongyi	33656	38497	28760	302.16
荥阳市	Xingyang	31861	38408	25525	167.55
新密市	Xinmi	32145	38539	25561	195.82
新郑市	Xinzheng	33019	38950	26879	388.65
登封市	Dengfeng	29958	37325	22950	166.50
开封市	**Kaifeng**				
龙亭区	Longting	31223	36531	19115	168.59
顺河区	Shunhe	32089	35434	18165	70.58
鼓楼区	Gulou	35920	37891	19333	143.44
禹王台区	Yuwangtai	30335	34659	18393	59.48
祥符区	Xiangfu	21130	29646	16711	90.40
杞县	Qixian	21074	27982	17527	128.33
通许县	Tongxu	21773	29187	18101	98.13
尉氏县	Weishi	22771	31784	18023	131.68
兰考县	Lankao	21927	29904	16784	221.89
洛阳市	**Luoyang**				
老城区	Laocheng	39923	41964	18887	71.19
西工区	Xigong	47113	50101	21515	316.14
瀍河区	Chanhe	41946	43943	21408	109.59
涧西区	Jianxi	43688	44589	25376	331.14
偃师区	Yanshi	31126	37234	23927	158.55
洛龙区	Luolong	35390	44223	19442	308.01
孟津区	Mengjin	27848	38651	17785	121.87
新安县	Xinan	29162	41046	20084	121.97
栾川县	Luanchuan	25634	37501	15325	112.45
嵩县	Songxian	21671	34948	15264	131.42
汝阳县	Ruyang	20330	32296	14288	110.94
宜阳县	Yiyang	21393	34622	14469	151.84
洛宁县	Luoning	20436	34212	14182	83.96
伊川县	Yichuan	26207	36914	18539	162.08
平顶山市	**Pingdingshan**				
新华区	Xinhua	40059	40861	21511	146.58
卫东区	Weidong	40641	40897	22616	174.47
石龙区	Shilong	28715	32150	19640	5.62
湛河区	Zhanhe	37470	41132	22553	92.06
宝丰县	Baofeng	27449	37282	20304	86.80
叶县	Yexian	22736	36117	15824	97.42
鲁山县	Lushan	19730	34468	12293	78.36
郏县	Jiaxian	22866	34782	15497	83.28
舞钢市	Wugang	29546	37740	18626	53.62
汝州市	Ruzhou	26921	33655	21511	282.64

26-4 续表 1 continued

县市区	County and District	居民人均可支配收入(元) Per Capita Disposable Income of Residents (yuan)	城镇居民人均可支配收入(元) Per Capita Net Income of Urban Residents (yuan)	农村居民人均可支配收入(元) Disposable Income of Rural Household (yuan)	社会消费品零售总额(亿元) Total Retail Sales of Consumer Goods (100 million yuan)
安 阳 市	**Anyang**				
文 峰 区	Wenfeng	38212	42784	23223	156.01
北 关 区	Beiguan	35176	38186	23750	98.72
殷 都 区	Yindu	34024	41079	22915	84.72
龙 安 区	Longan	29489	37195	20389	45.81
安 阳 县	Anyang	24831	33375	20430	44.57
汤 阴 县	Tangyin	24497	32170	18339	187.09
滑 县	Huaxian	19762	30962	15230	164.04
内 黄 县	Neihuang	18275	26392	15491	62.85
林 州 市	Linzhou	30369	35952	24581	64.13
鹤 壁 市	**Hebi**				
鹤 山 区	Heshan	32501	34263	19886	19.13
山 城 区	Shancheng	34781	36278	21076	52.31
淇 滨 区	Qibin	35652	41691	19376	98.11
浚 县	Xunxian	23922	29667	21653	104.81
淇 县	Qixian	27838	33712	21835	43.67
新 乡 市	**Xinxiang**				
红 旗 区	Hongqi	37672	39259	20883	174.95
卫 滨 区	Weibin	38874	38874		132.31
凤 泉 区	Fengquan	27589	34682	18940	12.05
牧 野 区	Muye	38719	40030	22603	74.27
新 乡 县	Xinxiang	29962	36246	23063	54.14
获 嘉 县	Huojia	22489	27764	18876	71.25
原 阳 县	Yuanyang	20619	29196	16651	82.34
延 津 县	Yanjin	22659	29577	19240	58.02
封 丘 县	Fengqiu	19697	29601	14652	59.00
长 垣 市	Changyuan	28812	33091	25252	202.56
卫 辉 市	Weihui	23024	29230	18748	34.00
辉 县 市	Huixian	27148	36384	20174	101.74
焦 作 市	**Jiaozuo**				
解 放 区	Jiefang	39607	39607		107.63
中 站 区	Zhongzhan	28645	33026	20992	30.23
马 村 区	Macun	27673	32480	20937	25.23
山 阳 区	Shanyang	39189	39189		127.55
修 武 县	Xiuwu	28152	35499	21276	59.07
博 爱 县	Boai	28550	35270	21259	80.62
武 陟 县	Wuzhi	27772	35146	22072	127.21
温 县	Wenxian	28347	34840	22288	92.78
沁 阳 市	Qinyang	30726	36061	23480	119.02
孟 州 市	Mengzhou	29564	35884	23291	93.96

26-4 续表 2 continued

县市区 County and District	居民人均可支配收入（元）Per Capita Disposable Income of Residents (yuan)	城镇居民人均可支配收入（元）Per Capita Net Income of Urban Residents (yuan)	农村居民人均可支配收入（元）Disposable Income of Rural Household (yuan)	社会消费品零售总额（亿元）Total Retail Sales of Consumer Goods (100 million yuan)
濮阳市 Puyang				
华龙区 Hualong	39436	39891	19918	321.84
清丰县 Qingfeng	21309	29059	18789	70.06
南乐县 Nanle	20927	29447	17530	65.15
范县 Fanxian	17267	26164	13516	76.61
台前县 Taiqian	16370	25157	12763	50.56
濮阳县 Puyang	23417	32645	17488	138.37
许昌市 Xuchang				
魏都区 Weidu	39418	39418		387.05
建安区 Jianan	26301	35205	21553	154.29
鄢陵县 Yanling	26820	34608	21671	112.68
襄城县 Xiangcheng	25076	32947	20238	117.68
禹州市 Yuzhou	29202	37574	22219	340.19
长葛市 Changge	28650	35458	21868	219.13
漯河市 Luohe				
源汇区 Yuanhui	34644	41149	24231	193.62
郾城区 Yancheng	31829	39748	23517	182.78
召陵区 Zhaoling	29746	37337	22850	117.61
舞阳县 Wuyang	19579	28009	13635	102.50
临颍县 Linying	25460	31770	20795	120.00
三门峡市 Sanmenxia				
湖滨区 Hubin	36560	36560		127.91
陕州区 Shanzhou	23951	33669	16619	62.29
渑池县 Mianchi	27841	37185	20647	63.32
卢氏县 Lushi	19303	31314	12546	50.72
义马市 Yima	34256	34256		47.53
灵宝市 Lingbao	26763	35698	21097	183.37
南阳市 Nanyang				
宛城区 Wancheng	31997	41309	19263	270.71
卧龙区 Wolong	32194	41610	19099	529.97
南召县 Nanzhao	20852	31757	14709	99.74
方城县 Fangcheng	22343	33574	16315	164.16
西峡县 Xixia	28632	38217	20539	69.60
镇平县 Zhenping	23881	33817	18133	206.51
内乡县 Neixiang	23936	34507	17574	97.49
淅川县 Xichuan	23340	35803	15475	123.70
社旗县 Sheqi	20610	30356	14990	84.01
唐河县 Tanghe	23765	34204	17387	169.98
新野县 Xinye	25486	34986	19918	99.79
桐柏县 Tongbai	22327	33217	14904	64.59
邓州市 Dengzhou	25150	34342	19160	216.03

26-4 续表 3 continued

县市区	County and District	居民人均可支配收入(元) Per Capita Disposable Income of Residents (yuan)	城镇居民人均可支配收入(元) Per Capita Net Income of Urban Residents (yuan)	农村居民人均可支配收入(元) Disposable Income of Rural Household (yuan)	社会消费品零售总额(亿元) Total Retail Sales of Consumer Goods (100 million yuan)
商丘市	**Shangqiu**				
梁园区	Liangyuan	26078	36150	15055	404.59
睢阳区	Suiyang	23737	35334	14888	197.42
民权县	Minquan	20282	32107	14163	93.97
睢县	Suixian	20646	32670	14235	107.18
宁陵县	Ningling	18751	28536	14085	72.81
柘城县	Zhecheng	20119	30731	14609	118.27
虞城县	Yucheng	21289	33248	14807	122.66
夏邑县	Xiayi	22237	34871	14790	123.92
永城市	Yongcheng	27288	37860	18451	248.69
信阳市	**Xinyang**				
浉河区	Shihe	30480	36168	20130	211.90
平桥区	Pingqiao	27496	35874	17793	165.60
罗山县	Luoshan	22666	32427	16376	88.38
光山县	Guangshan	22407	32215	16712	106.73
新县	Xinxian	23764	32312	16721	62.33
商城县	Shangcheng	22018	32227	16127	79.92
固始县	Gushi	23380	32328	17640	222.23
潢川县	Huangchuan	25183	32942	18099	123.53
淮滨县	Huaibin	21197	31578	15223	85.23
息县	Xixian	21298	32055	15301	107.00
周口市	**Zhoukou**				
川汇区	Chuanhui	27569	33153	18771	252.49
淮阳区	Huaiyang	19417	29980	13285	171.24
扶沟县	Fugou	19736	28824	14454	96.27
西华县	Xihua	19419	29454	13562	148.54
商水县	Shangshui	19082	29626	13659	108.62
沈丘县	Shenqiu	20000	30204	13891	150.34
郸城县	Dancheng	20248	30389	14418	149.75
太康县	Taikang	19583	29062	14439	255.29
鹿邑县	Luyi	22843	31769	16583	261.10
项城市	Xiangcheng	22958	31720	15693	211.11
驻马店市	**Zhumadian**				
驿城区	Yicheng	29876	37249	15455	304.09
西平县	Xiping	21289	30325	16191	69.43
上蔡县	Shangcai	20347	31269	14895	120.53
平舆县	Pingyu	21970	32396	15577	78.11
正阳县	Zhengyang	18892	28180	14930	73.43
确山县	Queshan	21406	31280	15023	49.32
泌阳县	Biyang	21751	32041	15360	97.13
汝南县	Runan	19842	28436	15357	66.25
遂平县	Suiping	22434	32004	15945	77.81
新蔡县	Xincai	20165	29658	15668	159.91

26−5 各县(市)农业生产条件(2021年)

Agricultural Conditions by County and City (2021)

县 市	County and city	农用机械总动力(万千瓦) Total Agricultural Machinery Power (10 000 kw)	化肥施用折纯量(吨) Consumption of Chemical Fertilizers (ton)	农药使用量(吨) Consumption of Agricultural Pesticides (ton)	农用塑料薄膜使用量(吨) Consumption of Plastic Film (ton)
郑州市	**Zhengzhou**				
中牟县	Zhongmu	68.59	32988	819	2605
巩义市	Gongyi	50.39	19080	112	28
荥阳市	Xingyang	42.85	25316	495	392
新密市	Xinmi	95.61	24745	251	551
新郑市	Xinzheng	65.11	28046	365	360
登封市	Dengfeng	68.77	22759	219	131
开封市	**Kaifeng**				
杞县	Qixian	166.51	67855	922	2707
通许县	Tongxu	79.20	35478	989	2049
尉氏县	Weishi	123.36	48640	815	2285
兰考县	Lankao	80.44	67517	554	1652
洛阳市	**Luoyang**				
新安县	Xinan	50.34	20593	475	533
栾川县	Luanchuan	33.34	5566	67	79
嵩县	Songxian	60.91	20534	360	238
汝阳县	Ruyang	49.15	15878	380	459
宜阳县	Yiyang	67.30	42849	756	681
洛宁县	Luoning	40.45	23105	391	563
伊川县	Yichuan	78.46	23949	286	472
平顶山市	**Pingdingshan**				
宝丰县	Baofeng	49.64	47630	364	268
叶县	Yexian	90.61	89353	595	1011
鲁山县	Lushan	36.89	40249	404	366
郏县	Jiaxian	44.10	38759	525	590
舞钢市	Wugang	29.31	13564	216	261
汝州市	Ruzhou	154.52	83103	625	471
安阳市	**Anyang**				
安阳县	Anyang	60.59	38211	774	93
汤阴县	Tangyin	58.85	38906	478	187
滑县	Huaxian	207.04	179746	1763	4529
内黄县	Neihuang	79.72	76856	1362	13753
林州市	Linzhou	47.75	29136	207	37
鹤壁市	**Hebi**				
浚县	Xunxian	154.36	41105	506	790
淇县	Qixian	35.01	6005	200	31

26-5 续表 1 continued

县市	County and city	农用机械总动力(万千瓦) Total Agricultural Machinery Power (10 000 kw)	化肥施用折纯量(吨) Consumption of Chemical Fertilizers (ton)	农药使用量(吨) Consumption of Agricultural Pesticides (ton)	农用塑料薄膜使用量(吨) Consumption of Plastic Film (ton)
新乡市	**Xinxiang**				
新乡县	Xinxiang	52.51	25778	459	64
获嘉县	Huojia	58.12	34576	358	126
原阳县	Yuanyang	139.35	38331	681	676
延津县	Yanjin	104.56	46487	834	161
封丘县	Fengqiu	134.16	70888	2205	252
长垣市	Changyuan	106.02	62217	950	719
卫辉市	Weihui	74.69	42046	670	305
辉县市	Huixian	87.01	75379	883	340
焦作市	**Jiaozuo**				
修武县	Xiuwu	25.28	12703	286	20
博爱县	Boai	21.99	24912	377	609
武陟县	Wuzhi	65.74	50216	1226	221
温县	Wenxian	42.32	21268	363	158
沁阳市	Qinyang	40.47	28827	662	225
孟州市	Mengzhou	36.20	25269	394	588
濮阳市	**Puyang**				
清丰县	Qingfeng	83.69	60377	499	435
南乐县	Nanle	74.09	56830	528	1021
范县	Fanxian	55.17	25088	361	406
台前县	Taiqian	30.51	12138	120	208
濮阳县	Puyang	131.82	80965	991	436
许昌市	**Xuchang**				
鄢陵县	Yanling	83.90	26724	840	943
襄城县	Xiangcheng	75.29	38736	457	676
禹州市	Yuzhou	89.00	43739	388	804
长葛市	Changge	61.74	35069	523	332
漯河市	**Luohe**				
舞阳县	Wuyang	65.48	35616	640	404
临颍县	Linying	92.75	46112	719	1106
三门峡市	**Sanmenxia**				
渑池县	Mianchi	33.39	16551	232	767
卢氏县	Lushi	18.21	12285	163	854
义马市	Yima	1.33	924	17	70
灵宝市	Lingbao	32.74	30215	1042	660
南阳市	**Nanyang**				
南召县	Nanzhao	45.63	12489	391	596
方城县	Fangcheng	146.26	58586	1252	2936
西峡县	Xixia	17.71	20282	286	1946

26−5 续表 2 continued

县 市	County and city	农用机械总动力（万千瓦）Total Agricultural Machinery Power (10 000 kw)	化肥施用折纯量（吨）Consumption of Chemical Fertilizers (ton)	农药使用量（吨）Consumption of Agricultural Pesticides (ton)	农用塑料薄膜使用量（吨）Consumption of Plastic Film (ton)
镇平县	Zhenping	107.56	41150	787	924
内乡县	Neixiang	84.31	26509	408	734
淅川县	Xichuan	54.04	31830	349	1075
社旗县	Sheqi	93.78	64486	1288	1295
唐河县	Tanghe	250.50	96326	2584	1715
新野县	Xinye	150.63	83243	2060	6772
桐柏县	Tongbai	89.09	32258	324	651
邓州市	Dengzhou	212.71	161770	2354	2619
商丘市	**Shangqiu**				
民权县	Minquan	98.94	40584	1153	1152
睢县	Suixian	94.52	52599	738	1109
宁陵县	Ningling	69.68	41896	1017	930
柘城县	Zhecheng	88.34	46462	494	241
虞城县	Yucheng	120.42	135608	1054	1954
夏邑县	Xiayi	107.32	86529	1353	2613
永城市	Yongcheng	144.57	163263	1519	1756
信阳市	**Xinyang**				
罗山县	Luoshan	84.60	34602	600	757
光山县	Guangshan	54.14	39108	569	448
新县	Xinxian	30.31	9834	303	147
商城县	Shangcheng	41.41	18341	359	316
固始县	Gushi	147.20	118013	3618	4315
潢川县	Huangchuan	65.22	34394	334	1372
淮滨县	Huaibin	80.66	49356	1258	2842
息县	Xixian	124.97	59954	1603	619
周口市	**Zhoukou**				
扶沟县	Fugou	107.20	71870	1707	3356
西华县	Xihua	113.44	121650	3009	1202
商水县	Shangshui	100.26	83179	1058	2281
沈丘县	Shenqiu	92.02	104564	2642	2082
郸城县	Dancheng	117.64	121914	2174	1769
太康县	Taikang	181.44	115574	2878	2815
鹿邑县	Luyi	108.04	99435	981	726
项城市	Xiangcheng	76.03	42623	1314	1160
驻马店市	**Zhumadian**				
西平县	Xiping	128.71	63647	283	1082
上蔡县	Shangcai	156.24	97710	956	1102
平舆县	Pingyu	169.50	52719	467	888
正阳县	Zhengyang	238.29	115619	305	1040
确山县	Queshan	109.36	63823	904	2395
泌阳县	Biyang	156.52	60662	351	2212
汝南县	Runan	155.98	80074	763	1165
遂平县	Suiping	113.46	59173	485	490
新蔡县	Xincai	145.71	75259	2296	165

26−6 各县(市)主要农作物播种面积(2021年)

Sown Area of Major Farm Products by County and City (2021)

单位：千公顷 (1 000 hectares)

县 市 County and city	粮 食 Food	#谷物 Grain	#小麦 Wheat	#玉米 Corn	#豆类 Beans	棉 花 Cotton	油 料 Oil-bearing Crops
郑州市 Zhengzhou							
中牟县 Zhongmu	30.46	28.24	11.65	16.59	0.41	0.16	8.91
巩义市 Gongyi	36.39	35.09	18.59	16.13	0.41	0.14	2.53
荥阳市 Xingyang	40.88	39.79	20.11	18.86	0.26	0.00	1.80
新密市 Xinmi	53.72	50.18	26.53	23.28	1.20	0.01	2.78
新郑市 Xinzheng	40.89	39.38	20.30	18.82	0.67		5.12
登封市 Dengfeng	51.88	49.44	25.48	23.84	0.54	0.06	2.91
开封市 Kaifeng							
杞县 Qixian	121.84	113.86	64.94	48.92	4.31	1.00	20.89
通许县 Tongxu	67.17	64.63	39.53	25.10	1.32	0.57	9.80
尉氏县 Weishi	108.62	102.67	65.61	36.74	3.36	0.75	27.62
兰考县 Lankao	101.34	97.20	59.45	37.63	1.50	0.55	16.68
洛阳市 Luoyang							
新安县 Xinan	46.96	42.34	20.96	21.01	2.05	0.08	2.76
栾川县 Luanchuan	9.53	8.57	0.49	8.07	0.60	0.00	0.42
嵩县 Songxian	47.60	39.65	19.34	20.18	3.28	0.26	4.56
汝阳县 Ruyang	43.42	38.75	19.89	18.42	1.04	0.21	4.56
宜阳县 Yiyang	89.14	77.46	41.81	30.98	5.05	0.27	17.78
洛宁县 Luoning	61.97	56.07	29.80	24.62	3.01	0.05	2.60
伊川县 Yichuan	78.98	69.67	39.16	25.35	1.34	0.47	4.76
平顶山市 Pingdingshan							
宝丰县 Baofeng	52.22	51.74	26.71	25.02	0.16		5.23
叶县 Yexian	123.12	117.09	59.41	57.51	4.25		15.92
鲁山县 Lushan	62.63	59.85	30.51	28.87	0.72		9.01
郏县 Jiaxian	62.87	50.92	31.00	19.92	5.61	0.11	6.37
舞钢市 Wugang	32.49	30.74	16.34	14.40	1.35		1.83
汝州市 Ruzhou	95.35	92.72	48.28	44.37	0.74	0.18	6.75
安阳市 Anyang							
安阳县 Anyang	64.19	63.63	31.23	32.40	0.23	0.14	0.08
汤阴县 Tangyin	73.20	71.75	36.69	34.95	0.75	0.04	1.90
滑县 Huaxian	207.07	205.98	120.80	85.17	0.43	0.04	24.10
内黄县 Neihuang	95.53	93.89	60.16	33.72	0.43	0.11	18.79
林州市 Linzhou	56.00	50.00	17.20	29.88	1.59	0.38	3.75
鹤壁市 Hebi							
浚县 Xunxian	101.03	100.96	55.56	45.40	0.02	0.02	12.00
淇县 Qixian	41.14	40.80	20.49	20.16	0.00	0.03	0.52

26–6 续表 1　continued

单位：千公顷　(1 000 hectares)

县 市 County and city	粮 食 Food	#谷物 Grain	#小麦 Wheat	#玉米 Corn	#豆类 Beans	棉 花 Cotton	油 料 Oil-bearing Crops
新 乡 市 Xinxiang							
新 乡 县 Xinxiang	37.97	36.15	20.36	15.78	1.71	0.01	2.75
获 嘉 县 Huojia	57.32	55.16	27.38	24.64	2.15	0.02	0.08
原 阳 县 Yuanyang	109.79	109.10	54.48	51.40	0.41	0.03	6.74
延 津 县 Yanjin	82.38	80.72	55.92	24.80	0.12		32.29
封 丘 县 Fengqiu	116.76	113.14	67.59	45.54	1.07	0.16	14.57
长 垣 市 Changyuan	108.87	105.55	57.87	47.08	2.86	0.23	9.22
卫 辉 市 Weihui	66.73	66.29	32.52	33.47	0.11		3.09
辉 县 市 Huixian	93.49	91.97	47.02	44.67	0.65		7.51
焦 作 市 Jiaozuo							
修 武 县 Xiuwu	29.70	28.75	14.82	13.68	0.83	0.06	0.22
博 爱 县 Boai	27.66	27.44	13.44	13.95	0.13		0.23
武 陟 县 Wuzhi	73.41	73.16	40.17	32.26	0.14	0.01	9.67
温 县 Wenxian	40.33	40.05	22.16	17.89	0.08	0.01	4.04
沁 阳 市 Qinyang	45.18	44.22	22.91	21.29	0.62	0.03	1.49
孟 州 市 Mengzhou	36.48	36.21	21.61	14.47	0.06	0.03	8.66
濮 阳 市 Puyang							
清 丰 县 Qingfeng	85.19	82.23	49.43	32.81	0.24	0.00	9.48
南 乐 县 Nanle	68.22	66.74	35.86	30.85	0.89	0.01	2.33
范 县 Fanxian	62.28	56.45	31.16	12.82	5.65	0.06	0.51
台 前 县 Taiqian	38.41	32.50	18.90	13.59	5.75	0.04	0.56
濮 阳 县 Puyang	154.82	144.34	83.63	55.53	9.87	0.21	4.54
许 昌 市 Xuchang							
鄢 陵 县 Yanling	77.00	71.60	42.69	28.91	3.78	0.08	2.49
襄 城 县 Xiangcheng	91.13	62.30	45.30	16.04	15.18	0.04	5.14
禹 州 市 Yuzhou	98.69	92.58	48.11	43.51	2.69	0.03	5.03
长 葛 市 Changge	80.75	77.52	40.29	36.87	2.85		2.90
漯 河 市 Luohe							
舞 阳 县 Wuyang	81.42	75.37	42.83	32.54	5.04	0.01	10.72
临 颍 县 Linying	77.34	62.02	42.11	19.91	12.37	0.04	1.15
三 门 峡 市 Sanmenxia							
渑 池 县 Mianchi	43.78	33.44	21.40	11.07	7.06		6.36
卢 氏 县 Lushi	30.67	24.77	13.07	11.60	4.90		0.32
义 马 市 Yima	2.47	2.18	1.08	1.08	0.10		0.20
灵 宝 市 Lingbao	55.21	48.58	24.34	24.17	4.86	0.01	3.47
南 阳 市 Nanyang							
南 召 县 Nanzhao	28.83	25.79	8.36	10.56	1.54		10.96
方 城 县 Fangcheng	160.77	152.76	82.26	70.49	3.91	0.00	55.59
西 峡 县 Xixia	24.89	22.51	10.90	11.60	1.11		2.89

26-6 续表 2 continued

单位：千公顷 (1 000 hectares)

县市	County and city	粮食 Food	#谷物 Grain	#小麦 Wheat	#玉米 Corn	#豆类 Beans	棉花 Cotton	油料 Oil-bearing Crops
镇平县	Zhenping	100.57	98.09	53.29	44.63	0.89		22.93
内乡县	Neixiang	73.71	70.12	35.49	34.63	0.17	0.07	19.65
淅川县	Xichuan	64.67	56.98	35.20	21.45	3.11	0.01	40.83
社旗县	Sheqi	126.71	119.33	64.34	54.92	4.54	0.01	26.58
唐河县	Tanghe	229.37	213.42	141.86	64.93	6.44	0.01	63.00
新野县	Xinye	81.34	78.20	53.60	23.56	2.15		32.91
桐柏县	Tongbai	46.74	44.70	15.96	12.38	1.26		19.48
邓州市	Dengzhou	218.55	212.40	139.29	64.72	3.88	0.03	63.51
商丘市	**Shangqiu**							
民权县	Minquan	108.73	105.67	68.08	37.59	1.42	0.08	20.71
睢县	Suixian	102.73	99.23	57.65	41.22	2.22	0.05	12.53
宁陵县	Ningling	76.93	73.39	48.40	24.99	1.73		21.96
柘城县	Zhecheng	119.23	117.09	66.54	50.55	1.40	0.13	2.22
虞城县	Yucheng	147.98	143.92	77.27	66.61	2.35	0.22	7.68
夏邑县	Xiayi	160.98	156.68	82.32	73.81	2.41	0.34	4.47
永城市	Yongcheng	212.84	188.26	114.24	74.02	23.31	0.02	2.45
信阳市	**Xinyang**							
罗山县	Luoshan	96.33	95.62	28.46	0.07	0.22	0.03	15.83
光山县	Guangshan	67.33	65.72	8.29	0.35	0.85	0.22	24.61
新县	Xinxian	14.47	14.12	1.28	0.15	0.03	0.07	5.49
商城县	Shangcheng	37.33	35.74	2.59	0.76	0.73	0.21	11.51
固始县	Gushi	153.89	153.61	36.03	1.91	0.12	0.16	30.09
潢川县	Huangchuan	99.33	99.20	37.34	0.17	0.08		13.86
淮滨县	Huaibin	102.00	100.29	56.00	1.73	0.55		18.46
息县	Xixian	178.91	177.18	107.12	8.61	1.01		25.20
周口市	**Zhoukou**							
扶沟县	Fugou	105.17	96.07	65.22	30.71	8.76	0.04	21.01
西华县	Xihua	135.83	127.56	74.63	52.66	6.96		7.87
商水县	Shangshui	162.50	155.32	80.19	75.11	5.40		12.15
沈丘县	Shenqiu	137.89	126.73	73.15	53.58	7.03		10.37
郸城县	Dancheng	178.67	169.00	91.11	77.74	6.12	0.06	12.78
太康县	Taikang	201.31	188.17	111.69	76.47	10.51	0.74	8.06
鹿邑县	Luyi	143.68	133.02	73.10	59.92	9.30	0.01	5.49
项城市	Xiangcheng	139.33	122.47	75.89	46.44	14.11	0.22	10.53
驻马店市	**Zhumadian**							
西平县	Xiping	142.49	140.97	72.51	68.38	1.21		9.00
上蔡县	Shangcai	169.66	161.89	98.81	63.08	6.06	0.01	26.96
平舆县	Pingyu	132.80	130.00	80.92	49.08	1.59	0.00	28.88
正阳县	Zhengyang	159.08	155.29	130.78	4.17	2.61		107.47
确山县	Queshan	98.68	90.36	57.41	28.39	5.16		40.86
泌阳县	Biyang	126.71	121.17	76.25	42.59	1.17		51.48
汝南县	Runan	129.38	123.85	88.11	35.72	4.20		49.91
遂平县	Suiping	102.80	101.12	54.38	46.74	0.64		12.15
新蔡县	Xincai	154.57	149.58	87.54	61.44	1.81		29.89

26–7 各县(市)主要农作物产量(2021年)

Output of Major Farm Products by County and City (2021)

县 市	County and city	粮食产量 (万吨) Output of Grain (10 000 tons)	#谷物 Cereal	#小麦 Wheat	#玉米 Corn	#豆类 Beans	棉花产量 (吨) Output of Cotton (ton)	油料产量 (吨) Output of Oil-bearing Crops (ton)	园林水果产量 (吨) Output of Fruits (ton)
郑州市	**Zhengzhou**								
中牟县	Zhongmu	18.41	17.09	7.73	9.36	0.09	87	39024	23001
巩义市	Gongyi	15.17	14.76	8.21	6.40	0.08	99	4624	26154
荥阳市	Xingyang	22.99	22.44	13.01	9.18	0.04	2	4043	56412
新密市	Xinmi	21.01	19.46	11.63	7.74	0.13	8	7074	17831
新郑市	Xinzheng	23.66	22.98	12.54	10.36	0.18		17350	62799
登封市	Dengfeng	19.65	18.16	9.19	8.93	0.08	47	5805	17429
开封市	**Kaifeng**								
杞县	Qixian	72.64	69.68	43.86	25.82	0.94	1213	112509	23309
通许县	Tongxu	41.10	40.23	26.53	13.70	0.17	756	45219	112619
尉氏县	Weishi	64.47	62.38	43.40	18.86	0.57	925	108983	80764
兰考县	Lankao	55.52	53.24	36.01	17.15	0.45	834	76606	139828
洛阳市	**Luoyang**								
新安县	Xinan	22.76	20.48	10.63	9.74	0.50	145	6934	58909
栾川县	Luanchuan	4.55	4.26	0.24	4.01	0.13	3	782	9234
嵩县	Songxian	18.71	15.99	8.85	7.09	0.56	326	14498	62517
汝阳县	Ruyang	20.40	18.15	8.82	9.07	0.13	352	15957	11970
宜阳县	Yiyang	42.22	38.12	20.21	15.72	1.18	637	66538	176695
洛宁县	Luoning	28.04	25.34	14.39	10.41	0.75	72	6583	386545
伊川县	Yichuan	39.90	34.90	22.72	9.97	0.25	489	12495	12631
平顶山市	**Pingdingshan**								
宝丰县	Baofeng	28.56	28.39	15.95	12.44	0.03		16413	10486
叶县	Yexian	69.42	67.34	35.93	31.35	1.03		59976	58894
鲁山县	Lushan	23.72	22.45	12.19	10.00	0.15		23706	114724
郏县	Jiaxian	36.16	31.28	18.88	12.40	1.35	141	24089	13247
舞钢市	Wugang	17.69	17.27	9.53	7.73	0.24		6423	11303
汝州市	Ruzhou	45.03	43.90	25.47	18.41	0.17	210	20254	47536
安阳市	**Anyang**								
安阳县	Anyang	35.24	35.08	23.32	11.77	0.05	121	339	3871
汤阴县	Tangyin	37.68	37.19	26.19	10.97	0.20	40	5635	25706
滑县	Huaxian	153.89	153.41	95.59	57.82	0.10	46	102064	142797
内黄县	Neihuang	58.68	58.09	43.50	14.59	0.06	149	66948	228301
林州市	Linzhou	21.59	18.98	8.09	10.18	0.32	424	5381	17506
鹤壁市	**Hebi**								
浚县	Xunxian	53.60	53.59	44.70	8.89		18	42910	13053
淇县	Qixian	22.84	22.66	16.01	6.61		32	1696	8608

26-7 续表 1　continued

县 市 County and city	粮食产量 (万吨) Output of Grain (10 000 tons)	#谷物 Cereal	#小麦 Wheat	#玉米 Corn	#豆类 Beans	棉花产量 (吨) Output of Cotton (ton)	油料产量 (吨) Output of Oil-bearing Crops (ton)	园林水果产量 (吨) Output of Fruits (ton)
新乡市 Xinxiang								
新乡县 Xinxiang	22.62	22.30	15.35	6.94	0.27	5	11222	5981
获嘉县 Huojia	32.15	31.66	20.05	9.63	0.48	14	187	13634
原阳县 Yuanyang	64.17	64.00	37.73	25.10	0.05	61	27487	31727
延津县 Yanjin	51.55	50.58	38.72	11.86	0.03		149942	24566
封丘县 Fengqiu	73.29	71.89	50.04	21.84	0.16	161	53447	36669
长垣市 Changyuan	77.89	76.91	45.72	30.81	0.59	311	34019	19353
卫辉市 Weihui	31.35	31.24	21.98	9.16	0.02		8819	55120
辉县市 Huixian	50.21	49.80	33.23	16.51	0.05		25331	46106
焦作市 Jiaozuo								
修武县 Xiuwu	18.53	18.31	11.40	6.85	0.14	109	775	5081
博爱县 Boai	18.61	18.56	10.70	7.85	0.01		141	11421
武陟县 Wuzhi	50.03	49.94	32.18	17.27	0.02	6	31189	46382
温县 Wenxian	28.97	28.77	18.25	10.53	0.02	14	18581	24368
沁阳市 Qinyang	30.61	30.19	18.10	12.08	0.17	27	5110	29492
孟州市 Mengzhou	26.19	26.01	17.23	8.73	0.02	35	38927	24645
濮阳市 Puyang								
清丰县 Qingfeng	60.95	58.91	38.30	20.60	0.06	2	37024	15911
南乐县 Nanle	49.89	49.10	28.93	20.16	0.26	8	10442	143024
范县 Fanxian	40.03	38.69	21.67	8.53	1.25	42	2252	9474
台前县 Taiqian	22.73	21.30	13.45	7.85	1.32	45	1497	15292
濮阳县 Puyang	100.91	97.94	59.89	34.38	2.42	243	17101	56501
许昌市 Xuchang								
鄢陵县 Yanling	53.63	51.34	33.62	17.72	1.13	83	9135	5608
襄城县 Xiangcheng	57.30	45.49	34.48	10.49	3.51	38	18092	16398
禹州市 Yuzhou	59.61	57.29	31.81	25.14	0.52	25	13949	25979
长葛市 Changge	54.31	53.68	30.88	22.66	0.41		10046	6189
漯河市 Luohe								
舞阳县 Wuyang	57.78	56.01	32.41	23.60	1.15	8	48626	17569
临颍县 Linying	51.15	46.66	32.72	13.93	3.00	38	3701	6419
三门峡市 Sanmenxia								
渑池县 Mianchi	19.71	16.36	10.33	5.68	1.35		20319	218575
卢氏县 Lushi	13.45	11.87	6.15	5.70	1.06		935	100508
义马市 Yima	1.13	1.03	0.51	0.52	0.02		612	1745
灵宝市 Lingbao	24.72	22.95	12.20	10.74	0.61	11	9405	1740532
南阳市 Nanyang								
南召县 Nanzhao	14.51	13.27	3.64	4.37	0.38		59631	14653
方城县 Fangcheng	73.03	69.58	40.47	29.10	0.80	2	265760	124541
西峡县 Xixia	10.03	9.01	3.70	5.30	0.14		9302	666915

26−7 续表 2　　continued

县 市 County and city	粮食产量 (万吨) Output of Grain (10 000 tons)	#谷物 Cereal	#小麦 Wheat	#玉米 Corn	#豆类 Beans	棉花产量 (吨) Output of Cotton (ton)	油料产量 (吨) Output of Oil-bearing Crops (ton)	园林水果产量 (吨) Output of Fruits (ton)
镇　平　县 Zhenping	53.18	51.93	29.13	22.67	0.18		84585	10979
内　乡　县 Neixiang	39.32	37.04	20.53	16.51	0.02	76	86056	92962
淅　川　县 Xichuan	29.30	25.09	16.44	8.41	0.53	8	125665	79225
社　旗　县 Sheqi	64.98	61.52	31.23	30.28	1.30	9	145808	18171
唐　河　县 Tanghe	134.60	126.43	97.93	25.43	1.20	20	267003	70186
新　野　县 Xinye	53.40	51.97	37.71	13.86	0.49		175555	25867
桐　柏　县 Tongbai	24.97	24.37	6.90	4.33	0.18		72023	19035
邓　州　市 Dengzhou	127.34	124.86	86.86	32.71	0.85	36	309584	47031
商　丘　市 Shangqiu								
民　权　县 Minquan	70.57	68.82	50.17	18.65	0.43	95	105787	193918
睢　　县 Suixian	65.69	64.42	42.65	21.54	0.69	55	67535	34209
宁　陵　县 Ningling	50.13	48.17	35.93	12.24	0.53		105463	299811
柘　城　县 Zhecheng	78.03	76.84	50.43	26.41	0.60	149	9632	18405
虞　城　县 Yucheng	95.70	93.72	58.14	35.56	0.66	252	33911	547585
夏　邑　县 Xiayi	103.09	101.49	62.49	38.64	0.74	379	18924	304474
永　城　市 Yongcheng	135.24	127.91	86.44	41.47	6.18	23	9391	331707
信　阳　市 Xinyang								
罗　山　县 Luoshan	72.06	71.79	11.88	0.04	0.02	48	43701	7981
光　山　县 Guangshan	54.63	53.96	3.45	0.23	0.22	198	59658	38966
新　　县 Xinxian	11.43	11.24	0.43	0.10	0.00	97	22766	3503
商　城　县 Shangcheng	29.03	28.53	1.03	0.38	0.06	279	34915	7855
固　始　县 Gushi	113.25	113.13	16.58	0.89	0.02	170	90015	27448
潢　川　县 Huangchuan	70.12	70.08	16.04	0.10	0.02		38279	13203
淮　滨　县 Huaibin	58.81	58.10	28.53	0.94	0.04		66753	37472
息　　县 Xixian	106.08	105.43	57.33	5.13	0.21		90394	20020
周　口　市 Zhoukou								
扶　沟　县 Fugou	68.81	67.10	49.10	17.92	1.54	43	73606	22813
西　华　县 Xihua	88.82	86.80	56.16	30.55	1.37		41234	170870
商　水　县 Shangshui	110.00	108.10	60.62	47.48	1.02		30326	53979
沈　丘　县 Shenqiu	94.47	90.40	55.46	34.94	1.74		47192	126936
郸　城　县 Dancheng	120.56	117.59	69.07	48.47	1.40	80	64183	13393
太　康　县 Taikang	137.68	133.93	84.32	49.61	2.24	1325	44435	42315
鹿　邑　县 Luyi	97.36	94.38	55.21	39.18	2.12	9	19251	13023
项　城　市 Xiangcheng	91.20	86.50	57.14	29.28	3.03	377	22302	46299
驻马店市 Zhumadian								
西　平　县 Xiping	95.89	95.51	51.85	43.62	0.23		51520	30613
上　蔡　县 Shangcai	109.73	107.32	71.10	36.22	1.17	8	97100	10480
平　舆　县 Pingyu	87.36	86.44	58.00	28.44	0.34	2	79437	6962
正　阳　县 Zhengyang	94.00	93.15	75.25	1.88	0.42		486214	16689
确　山　县 Queshan	56.99	53.21	34.11	15.76	1.43		198235	9782
泌　阳　县 Biyang	71.32	68.39	43.37	23.62	0.25		224736	59734
汝　南　县 Runan	83.84	82.15	60.90	21.23	0.85		242018	9325
遂　平　县 Suiping	64.11	63.34	37.81	25.53	0.15		51455	26975
新　蔡　县 Xincai	95.29	93.77	58.15	35.30	0.40		118021	23943

26-8 各县(市)畜牧业生产情况(2021年)

Statistics on Animal Husbandry by County and City (2021)

县市 County and city	猪出栏头数(万头) Slaughtered Fattened Hogs (10 000 heads)	牛出栏头数(万头) Slaughtered Fattened Cattles (10 000 heads)	羊出栏只数(万只) Slaughtered Fattened Sheep and Goats (10 000 heads)	猪肉产量(万吨) Output of pork (10 000 ton)	禽蛋产量(万吨) Poultry Eggs (10 000 ton)	猪年末头数(万头) Hogs (year-end) (10 000 heads)	牛年末头数(万头) Cattles (year-end) (10 000 heads)	羊年末只数(万只) Sheep and Goats (year-end) (10 000 heads)
郑州市 Zhengzhou								
中牟县 Zhongmu	3.03	0.81	2.80	0.23	0.22	2.32	1.37	2.95
巩义市 Gongyi	24.86	0.38	3.57	1.81	1.03	15.74	0.47	3.85
荥阳市 Xingyang	7.42	0.87	3.03	0.55	2.27	6.30	1.26	3.24
新密市 Xinmi	15.98	0.36	4.84	1.16	2.68	9.10	0.44	5.14
新郑市 Xinzheng	15.71	0.52	4.04	1.17	2.30	16.02	0.57	4.44
登封市 Dengfeng	20.92	0.99	7.04	1.55	1.92	15.15	1.04	7.70
开封市 Kaifeng								
杞县 Qixian	119.38	4.79	43.72	8.79	9.76	99.62	7.66	38.61
通许县 Tongxu	70.47	0.79	26.29	5.19	2.48	53.18	2.17	29.26
尉氏县 Weishi	90.36	4.63	47.54	6.68	8.25	70.01	12.97	47.99
兰考县 Lankao	21.01	1.74	41.65	1.37	9.45	13.74	3.18	30.82
洛阳市 Luoyang								
新安县 Xinan	19.43	1.45	11.32	1.46	1.38	14.88	2.12	9.00
栾川县 Luanchuan	4.62	0.22	0.93	0.34	0.59	2.55	0.60	1.70
嵩县 Songxian	24.40	3.81	11.85	1.82	1.70	12.29	5.24	10.18
汝阳县 Ruyang	20.46	1.75	8.88	1.55	1.99	15.49	2.10	10.10
宜阳县 Yiyang	33.36	1.28	18.07	2.60	1.12	31.18	4.74	17.25
洛宁县 Luoning	12.88	3.69	14.56	0.97	2.08	5.71	7.43	12.15
伊川县 Yichuan	31.49	1.98	7.12	2.41	4.61	29.40	2.81	11.60
平顶山市 Pingdingshan								
宝丰县 Baofeng	47.54	0.71	7.89	3.42	1.03	39.76	2.73	8.10
叶县 Yexian	93.48	3.97	72.32	6.90	4.61	76.50	3.01	42.41
鲁山县 Lushan	27.70	1.65	18.31	2.01	2.95	23.49	2.65	15.76
郏县 Jiaxian	16.87	3.22	19.01	1.24	1.48	11.25	4.85	12.04
舞钢市 Wugang	26.99	0.31	8.49	1.98	1.17	19.62	0.61	10.73
汝州市 Ruzhou	101.91	3.67	23.34	7.54	6.17	75.23	5.95	38.97
安阳市 Anyang								
安阳县 Anyang	13.07	0.13	2.24	1.07	1.00	11.72	0.15	2.43
汤阴县 Tangyin	24.15	0.52	8.87	1.80	3.75	14.43	0.63	5.44
滑县 Huaxian	85.66	1.00	20.58	6.34	4.78	72.89	2.21	17.09
内黄县 Neihuang	44.37	0.65	27.90	3.28	6.06	44.72	0.89	17.83
林州市 Linzhou	32.18	0.20	5.86	2.38	1.35	21.36	0.48	8.34
鹤壁市 Hebi								
浚县 Xunxian	58.07	0.77	18.13	4.29	4.60	40.93	1.05	20.07
淇县 Qixian	45.94	0.17	2.42	3.39	3.89	27.75	0.77	6.12

26-8 续表 1 continued

县 市	County and city	猪出栏头数（万头） Slaughtered Fattened Hogs (10 000 heads)	牛出栏头数（万头） Slaughtered Fattened Cattles (10 000 heads)	羊出栏只数（万只） Slaughtered Fattened Sheep and Goats (10 000 heads)	猪肉产量（万吨） Output of pork (10 000 ton)	禽蛋产量（万吨） Poultry Eggs (10 000 ton)	猪年末头数（万头） Hogs (year-end) (10 000 heads)	牛年末头数（万头） Cattles (year-end) (10 000 heads)	羊年末只数（万只） Sheep and Goats (year-end) (10 000 heads)
新乡市	**Xinxiang**								
新乡县	Xinxiang	22.00	0.50	3.32	1.55	2.01	11.81	1.31	3.51
获嘉县	Huojia	30.62	0.46	5.06	2.15	1.69	19.07	0.78	4.31
原阳县	Yuanyang	49.12	1.08	11.88	3.45	5.99	30.96	3.45	9.40
延津县	Yanjin	28.48	0.72	8.69	2.00	2.20	15.08	1.67	6.06
封丘县	Fengqiu	73.67	1.66	19.02	5.46	4.15	56.86	1.90	12.71
长垣市	Changyuan	34.24	0.53	8.34	2.61	3.76	16.94	0.75	4.70
卫辉市	Weihui	42.52	0.82	10.68	3.14	3.85	30.08	1.47	7.73
辉县市	Huixian	53.73	1.73	21.05	3.96	3.99	40.83	4.30	16.88
焦作市	**Jiaozuo**								
修武县	Xiuwu	18.50	0.68	2.65	1.41	1.68	9.24	0.71	2.69
博爱县	Boai	15.55	1.40	2.89	1.14	1.32	9.62	1.23	2.78
武陟县	Wuzhi	25.30	1.19	11.51	1.86	5.01	12.46	1.61	10.10
温县	Wenxian	12.56	0.49	3.91	0.91	1.71	9.91	0.80	3.25
沁阳市	Qinyang	15.81	0.77	5.23	1.16	1.11	10.14	0.96	3.97
孟州市	Mengzhou	13.85	0.93	4.67	1.05	1.67	13.35	1.12	4.28
濮阳市	**Puyang**								
清丰县	Qingfeng	29.75	0.20	12.11	2.22	5.55	19.00	0.19	7.23
南乐县	Nanle	25.74	0.20	9.52	1.94	9.43	14.84	0.48	7.41
范县	Fanxian	30.88	0.80	19.21	2.41	3.31	28.35	1.15	11.62
台前县	Taiqian	6.28	0.73	3.68	0.47	2.63	7.82	1.02	3.58
濮阳县	Puyang	32.73	1.99	66.88	2.47	4.70	41.13	2.17	35.23
许昌市	**Xuchang**								
鄢陵县	Yanling	61.29	0.18	8.24	4.54	1.53	53.50	0.22	4.60
襄城县	Xiangcheng	53.47	3.18	21.69	3.95	3.26	43.08	5.74	19.58
禹州市	Yuzhou	61.32	1.64	24.99	4.53	2.50	45.32	1.50	18.37
长葛市	Changge	65.71	1.29	17.84	4.85	6.50	43.46	1.54	11.82
漯河市	**Luohe**								
舞阳县	Wuyang	67.79	0.60	8.22	5.00	2.45	46.88	0.77	9.75
临颍县	Linying	79.23	0.80	7.18	5.87	4.98	47.91	1.18	6.18
三门峡市	**Sanmenxia**								
渑池县	Mianchi	28.47	2.63	16.48	2.08	1.45	19.21	6.08	14.17
卢氏县	Lushi	8.32	1.19	4.67	0.60	1.07	4.01	3.97	5.40
义马市	Yima	7.52	0.09	0.79	0.55	0.07	5.14	0.08	0.65
灵宝市	Lingbao	29.19	1.79	10.29	2.15	1.49	25.18	3.91	13.45
南阳市	**Nanyang**								
南召县	Nanzhao	10.12	0.64	17.02	0.74	1.73	8.42	1.62	13.34
方城县	Fangcheng	79.23	3.58	29.40	5.68	2.73	65.55	4.61	35.08
西峡县	Xixia	13.28	1.34	25.24	0.95	1.02	9.30	2.54	15.93

26-8 续表 2 continued

县 市 County and city	猪出栏头数(万头) Slaughtered Fattened Hogs (10 000 heads)	牛出栏头数(万头) Slaughtered Fattened Cattles (10 000 heads)	羊出栏只数(万只) Slaughtered Fattened Sheep and Goats (10 000 heads)	猪肉产量(万吨) Output of pork (10 000 ton)	禽蛋产量(万吨) Poultry Eggs (10 000 ton)	猪年末头数(万头) Hogs (year-end) (10 000 heads)	牛年末头数(万头) Cattles (year-end) (10 000 heads)	羊年末只数(万只) Sheep and Goats (year-end) (10 000 heads)
镇平县 Zhenping	18.80	0.95	17.77	1.36	3.07	14.98	2.76	19.00
内乡县 Neixiang	147.51	3.68	52.95	10.93	2.25	153.06	5.93	36.95
淅川县 Xichuan	12.54	1.59	22.50	0.90	1.09	9.80	3.96	15.30
社旗县 Sheqi	73.70	5.23	18.66	5.44	2.02	63.55	7.91	25.23
唐河县 Tanghe	115.48	12.03	43.08	8.53	5.54	86.01	17.01	40.09
新野县 Xinye	22.91	6.55	23.85	1.64	2.95	19.66	10.19	19.86
桐柏县 Tongbai	12.50	1.73	13.40	0.89	1.39	7.14	2.99	10.64
邓州市 Dengzhou	134.36	10.04	67.28	9.95	6.68	95.92	16.55	48.85
商丘市 Shangqiu								
民权县 Minquan	40.17	4.87	63.42	2.95	5.43	28.05	7.26	59.10
睢县 Suixian	44.13	1.32	27.92	3.26	6.52	25.35	1.31	15.11
宁陵县 Ningling	100.36	1.19	26.60	7.02	2.47	80.36	2.05	18.83
柘城县 Zhecheng	48.01	4.11	36.89	3.55	4.66	34.54	7.06	37.70
虞城县 Yucheng	24.32	5.10	45.11	1.78	7.69	17.46	10.96	31.36
夏邑县 Xiayi	68.86	2.49	39.99	5.08	6.91	45.07	3.93	47.81
永城市 Yongcheng	53.71	2.42	93.81	4.17	13.11	38.42	3.25	54.01
信阳市 Xinyang								
罗山县 Luoshan	50.87	0.28	3.88	3.68	2.35	35.59	0.96	4.52
光山县 Guangshan	9.11	0.53	5.67	0.66	1.94	11.10	1.27	5.72
新县 Xinxian	4.89	0.79	2.55	0.35	0.85	4.75	1.39	4.67
商城县 Shangcheng	10.29	0.25	4.28	0.75	1.56	12.16	0.56	4.90
固始县 Gushi	74.64	1.57	36.56	5.52	11.84	71.48	1.26	31.75
潢川县 Huangchuan	53.06	0.84	5.23	3.92	6.73	38.65	1.38	3.88
淮滨县 Huaibin	14.25	1.55	13.38	1.03	3.73	14.27	2.43	10.63
息县 Xixian	54.98	1.48	6.89	3.99	7.55	35.73	3.51	7.92
周口市 Zhoukou								
扶沟县 Fugou	88.32	0.81	9.75	6.11	3.98	73.78	1.52	13.92
西华县 Xihua	94.98	1.98	27.18	7.01	4.42	67.30	3.74	30.17
商水县 Shangshui	94.51	1.19	35.45	6.99	6.76	72.22	1.29	20.23
沈丘县 Shenqiu	65.97	3.44	59.58	4.87	5.45	47.16	6.03	67.96
郸城县 Dancheng	50.44	1.88	33.57	3.48	6.07	42.87	3.38	34.24
太康县 Taikang	124.44	1.85	58.09	9.19	6.87	86.78	4.04	40.77
鹿邑县 Luyi	90.30	1.03	30.35	6.69	5.89	67.31	0.98	18.28
项城市 Xiangcheng	50.96	1.63	22.21	3.51	3.30	45.41	4.13	27.95
驻马店市 Zhumadian								
西平县 Xiping	122.63	1.09	21.22	9.10	6.21	94.53	1.98	15.46
上蔡县 Shangcai	121.68	2.60	19.80	9.05	4.90	103.79	3.26	15.84
平舆县 Pingyu	80.08	1.49	26.06	5.94	2.96	73.54	3.27	21.01
正阳县 Zhengyang	141.19	1.19	5.52	10.49	2.89	110.54	4.44	4.23
确山县 Queshan	85.13	5.71	40.15	6.33	2.81	59.88	10.80	38.36
泌阳县 Biyang	98.01	26.10	29.35	6.86	2.95	58.32	39.94	32.42
汝南县 Runan	90.21	3.51	40.00	6.69	3.14	62.30	4.53	23.43
遂平县 Suiping	80.81	1.66	14.63	6.01	4.82	57.84	1.92	10.31
新蔡县 Xincai	89.02	4.15	33.65	6.60	4.02	61.05	4.66	22.82

26-9 各县(市、区)财政、金融主要指标(2021年)

Main Indicators of Finance by County and Distict (2021)

单位：亿元 (100 million yuan)

县市区	County and District	一般公共预算收入 General Public Budget Revenue	一般公共预算支出 General Public Budget Expenditure	#教育 Education	#农林水事务 Farming Forestry Water Conservancy Operating	金融机构存款余额 Deposits of Financial Institutions	金融机构贷款余额 Loans of Financial Institutions
郑州市	**Zhengzhou**						
中原区	Zhongyuan	50.78	49.89	11.29	0.32		
二七区	Erqi	48.67	44.28	11.76	0.75		
管城区	Guancheng	47.32	34.39	8.52	0.27		
金水区	Jinshui	121.13	81.42	20.98	1.50		
上街区	Shangjie	15.57	17.65	3.33	0.22		
惠济区	Huiji	29.20	29.88	6.62	1.07		
中牟县	Zhongmu	56.78	80.38	16.60	6.50	694.99	563.50
巩义市	Gongyi	51.62	69.88	11.25	4.31	582.70	332.35
荥阳市	Xingyang	49.03	67.22	11.17	6.83	470.50	371.75
新密市	Xinmi	38.20	58.88	11.75	6.83	552.05	321.58
新郑市	Xinzheng	74.70	100.96	19.03	10.43	747.78	702.00
登封市	Dengfeng	27.36	50.49	11.40	6.84	416.79	276.81
开封市	**Kaifeng**						
龙亭区	Longting	2.54	3.92	0.66	0.21		
顺河区	Shunhe	2.62	10.31	1.43	0.28		
鼓楼区	Gulou	2.57	5.21	0.78	0.24		
禹王台区	Yuwangtai	3.37	7.37	0.97	0.32		
祥符区	Xiangfu	13.34	42.08	7.92	7.73		
杞县	Qixian	21.63	58.58	12.14	6.77	295.82	152.72
通许县	Tongxu	12.39	25.63	4.17	4.03	227.10	125.29
尉氏县	Weishi	30.04	69.08	11.31	10.11	335.25	198.68
兰考县	Lankao	35.29	85.99	13.91	18.18	348.25	290.35
洛阳市	**Luoyang**						
老城区	Laocheng	8.99	10.98	1.55	0.08		
西工区	Xigong	20.87	23.69	2.91	0.13		
瀍河区	Chanhe	7.41	11.33	1.88	0.08		
涧西区	Jianxi	28.58	29.76	5.47	0.17		
偃师区	Yanshi	26.71	38.91	9.90	4.63		
洛龙区	Luolong	23.41	33.00	5.43	0.92		
孟津区	Mengjin	32.32	45.27	6.88	6.37		
新安县	Xinan	28.23	37.69	8.16	4.64	282.14	216.72
栾川县	Luanchuan	24.45	24.99	6.45	4.92	232.51	138.34
嵩县	Songxian	10.85	32.55	6.79	7.71	206.71	95.11
汝阳县	Ruyang	14.49	27.90	6.04	5.59	168.24	107.95
宜阳县	Yiyang	15.27	43.40	9.47	7.34	241.30	202.17
洛宁县	Luoning	14.19	27.99	6.93	5.63	179.19	96.48
伊川县	Yichuan	21.87	36.96	7.51	5.07	290.33	761.08
平顶山市	**Pingdingshan**						
新华区	Xinhua	7.86	11.09	2.24	0.37		
卫东区	Weidong	5.40	10.75	1.78	0.22		
石龙区	Shilong	5.40	5.09	0.68	0.52		
湛河区	Zhanhe	9.08	11.90	2.60	0.58		
宝丰县	Baofeng	20.03	37.64	5.80	3.52	253.47	232.58
叶县	Yexian	11.01	40.85	7.00	6.99	298.71	144.49
鲁山县	Lushan	10.38	41.87	7.53	8.44	341.20	126.48
郏县	Jiaxian	12.00	25.59	4.37	3.02	216.23	135.27
舞钢市	Wugang	15.33	23.09	4.17	3.03	234.44	166.76
汝州市	Ruzhou	37.68	47.62	7.46	3.75	417.98	305.38

26-9 续表 1 continued

单位：亿元 (100 million yuan)

县市区 County and District	一般公共预算收入 General Public Budget Revenue	一般公共预算支出 General Public Budget Expenditure	#教育 Education	#农林水事务 Farming Forestry Water Conservancy Operating	金融机构存款余额 Deposits of Financial Institutions	金融机构贷款余额 Loans of Financial Institutions
安阳市 Anyang						
文峰区 Wenfeng	9.23	12.46	2.29	0.32		
北关区 Beiguan	10.10	9.81	2.11	0.36		
殷都区 Yindu	25.03	30.77	5.59	2.05		
龙安区 Longan	10.02	12.89	2.42	1.32		
安阳县 Anyang	6.51	26.12	5.30	2.24	490.63	258.00
汤阴县 Tangyin	20.06	28.37	5.06	3.58	228.45	144.72
滑县 Huaxian	16.16	64.28	14.30	7.45	535.47	286.71
内黄县 Neihuang	12.86	32.73	6.50	4.54	264.40	132.31
林州市 Linzhou	40.01	66.62	13.57	4.88	729.28	342.46
鹤壁市 Hebi						
鹤山区 Heshan	4.30	10.99	0.97	1.24		
山城区 Shancheng	8.34	13.47	2.36	0.71		
淇滨区 Qibin	12.09	18.02	2.77	1.16		
浚县 Xunxian	7.07	55.39	6.45	4.68	265.57	153.94
淇县 Qixian	11.65	27.96	3.47	4.76	143.17	155.08
新乡市 Xinxiang						
红旗区 Hongqi	10.24	12.32	2.72	0.51		
卫滨区 Weibin	3.15	5.52	1.01	0.28		
凤泉区 Fengquan	3.65	10.72	1.57	1.21		
牧野区 Muye	5.54	8.47	1.49	0.27		
新乡县 Xinxiang	10.63	17.45	3.47	1.91	247.99	164.51
获嘉县 Huojia	7.71	17.74	3.57	2.09	183.38	84.41
原阳县 Yuanyang	12.36	32.98	5.57	6.56	227.70	159.10
延津县 Yanjin	6.57	23.47	4.18	4.29	179.45	88.38
封丘县 Fengqiu	7.84	41.33	8.05	7.87	283.56	91.50
长垣市 Changyuan	40.72	78.66	16.61	9.40	708.41	345.63
卫辉市 Weihui	10.82	38.87	5.16	4.47	242.33	119.50
辉县市 Huixian	25.20	44.26	8.62	5.61	502.85	270.37
焦作市 Jiaozuo						
解放区 Jiefang	13.75	15.36	2.23	0.50		
中站区 Zhongzhan	10.14	9.94	1.42	0.46		
马村区 Macun	7.01	9.08	1.71	1.04		
山阳区 Shanyang	15.37	8.03	1.73	0.15		
修武县 Xiuwu	12.78	20.75	3.45	2.59	140.92	110.19
博爱县 Boai	10.06	19.66	3.36	2.00	198.68	104.12
武陟县 Wuzhi	15.54	33.48	6.12	4.10	288.31	186.09
温县 Wenxian	10.32	24.87	3.93	2.78	210.92	117.23
沁阳市 Qinyang	18.35	32.35	5.33	3.67	250.86	185.34
孟州市 Mengzhou	16.67	21.95	2.58	3.03	189.26	133.92

26-9 续表 2 continued

单位：亿元 (100 million yuan)

县市区	County and District	一般公共预算收入 General Public Budget Revenue	一般公共预算支出 General Public Budget Expenditure	#教育 Education	#农林水事务 Farming Forestry Water Conservancy Operating	金融机构存款余额 Deposits of Financial Institutions	金融机构贷款余额 Loans of Financial Institutions
濮阳市	**Puyang**						
华龙区	Hualong	13.22	21.57	3.23	0.84		
清丰县	Qingfeng	10.33	38.76	6.63	4.00	233.40	157.71
南乐县	Nanle	7.88	25.16	5.32	3.08	182.47	112.87
范县	Fanxian	9.57	29.93	5.91	4.22	231.78	107.61
台前县	Taiqian	5.16	24.85	4.29	6.44	172.35	87.08
濮阳县	Puyang	17.00	45.18	9.91	6.56	349.42	257.69
许昌市	**Xuchang**						
魏都区	Weidu	9.89	12.30	2.72	0.26		
建安区	Jianan	20.94	49.40	8.79	5.06		
鄢陵县	Yanling	14.25	42.77	8.40	5.68	277.17	168.25
襄城县	Xiangcheng	22.72	47.00	9.49	5.15	363.56	258.45
禹州市	Yuzhou	27.24	53.46	11.28	8.17	500.13	329.59
长葛市	Changge	37.21	42.44	8.90	3.97	447.40	313.78
漯河市	**Luohe**						
源汇区	Yuanhui	8.41	17.55	3.17	2.02		
郾城区	Yancheng	8.14	25.01	5.69	3.38		
召陵区	Zhaoling	6.96	23.21	3.77	2.58		
舞阳县	Wuyang	15.44	30.19	5.26	4.25	239.72	82.50
临颍县	Linying	20.16	46.31	9.11	5.31	261.15	165.91
三门峡市	**Sanmenxia**						
湖滨区	Hubin	10.81	11.02	3.20	0.85		
陕州区	Shanzhou	22.19	35.68	5.00	5.40		
渑池县	Mianchi	28.39	37.38	7.43	5.09	190.01	88.01
卢氏县	Lushi	8.80	35.92	6.07	9.88	182.22	108.39
义马市	Yima	18.89	23.20	3.34	0.51	153.61	90.59
灵宝市	Lingbao	25.97	41.24	8.30	4.65	393.03	225.45
南阳市	**Nanyang**						
宛城区	Wancheng	10.02	29.96	6.52	3.35		
卧龙区	Wolong	13.83	36.57	8.85	3.33		
南召县	Nanzhao	7.75	35.13	7.42	6.01	220.51	127.22
方城县	Fangcheng	11.28	49.24	11.90	8.47	339.57	176.63
西峡县	Xixia	19.58	42.68	12.67	5.82	307.32	173.02
镇平县	Zhenping	11.35	41.68	8.63	5.80	401.61	178.25
内乡县	Neixiang	16.32	43.37	10.53	7.56	344.59	252.63
淅川县	Xichuan	12.16	60.90	13.11	11.18	322.26	177.39
社旗县	Sheqi	8.01	35.65	7.10	7.13	229.83	121.99
唐河县	Tanghe	12.34	72.18	13.92	11.80	455.89	215.16
新野县	Xinye	9.45	32.29	6.12	3.55	329.70	175.85
桐柏县	Tongbai	11.67	29.93	5.47	4.81	216.01	83.14
邓州市	Dengzhou	20.96	80.86	18.48	12.54	565.44	317.29

26-9 续表 3 continued

单位：亿元 (100 million yuan)

县市区 County and District	一般公共预算收入 General Public Budget Revenue	一般公共预算支出 General Public Budget Expenditure	#教育 Education	#农林水事务 Farming Forestry Water Conservancy Operating	金融机构存款余额 Deposits of Financial Institutions	金融机构贷款余额 Loans of Financial Institutions
商丘市 Shangqiu						
梁园区 Liangyuan	12.61	31.76	5.43	3.16		
睢阳区 Suiyang	12.58	40.66	7.85	5.02		
民权县 Minquan	12.14	45.12	8.55	9.14	312.67	168.39
睢县 Suixian	11.08	40.60	7.12	8.06	284.58	131.41
宁陵县 Ningling	6.28	29.34	5.89	4.83	212.19	154.38
柘城县 Zhecheng	10.43	45.66	9.80	7.50	326.59	150.61
虞城县 Yucheng	11.95	44.95	9.57	8.77	386.96	171.76
夏邑县 Xiayi	11.54	61.07	9.96	10.73	404.93	155.13
永城市 Yongcheng	50.58	80.55	13.38	9.01	714.64	379.40
信阳市 Xinyang						
浉河区 Shihe	13.92	34.32	6.19	3.50		
平桥区 Pingqiao	10.84	40.28	11.69	7.55		
罗山县 Luoshan	8.61	45.59	8.66	10.41	341.83	98.66
光山县 Guangshan	7.60	61.68	14.48	12.77	405.43	159.07
新县 Xinxian	7.62	30.68	6.77	5.98	196.83	87.75
商城县 Shangcheng	8.21	48.50	11.07	9.28	332.90	108.96
固始县 Gushi	19.18	83.46	13.83	19.77	665.85	264.80
潢川县 Huangchuan	8.77	44.53	9.79	8.90	346.43	249.40
淮滨县 Huaibin	10.02	50.18	9.17	12.91	268.31	113.67
息县 Xixian	10.19	64.91	12.18	13.65	371.05	154.43
周口市 Zhoukou						
川汇区 Chuanhui	7.04	22.94	4.89	0.90		
淮阳区 Huaiyang	12.90	82.53	14.63	9.83		
扶沟县 Fugou	10.43	46.55	8.98	7.59	292.93	110.38
西华县 Xihua	9.75	50.72	8.45	8.18	309.85	135.63
商水县 Shangshui	9.82	67.10	9.92	11.83	382.98	125.04
沈丘县 Shenqiu	17.13	67.60	16.39	10.32	426.87	210.16
郸城县 Dancheng	13.66	66.27	15.11	11.49	422.86	136.32
太康县 Taikang	13.95	70.24	14.45	11.68	423.16	168.54
鹿邑县 Luyi	16.90	57.46	9.75	9.37	429.53	192.43
项城市 Xiangcheng	16.03	56.45	13.15	8.34	475.05	181.53
驻马店市 Zhumadian						
驿城区 Yicheng	21.28	34.55	8.09	4.13		
西平县 Xiping	15.31	27.80	5.93	4.45	355.15	189.54
上蔡县 Shangcai	11.62	36.46	8.42	6.02	473.83	155.83
平舆县 Pingyu	13.69	44.66	10.42	6.32	377.15	199.61
正阳县 Zhengyang	9.43	52.60	8.64	10.25	365.84	165.57
确山县 Queshan	15.00	39.30	8.36	9.40	291.55	135.83
泌阳县 Biyang	15.40	38.18	8.21	7.48	326.74	149.61
汝南县 Runan	11.65	39.52	9.89	8.10	324.47	136.20
遂平县 Suiping	14.95	26.73	6.72	3.53	248.03	173.51
新蔡县 Xincai	14.05	43.80	7.76	7.28	372.07	181.07

26-10 各县(市)义务教育主要指标(2021年)

Main Indicators of Compulsory Education by County and City (2021)

县市	County and City	校数(所) Number of Schools (unit)			在校学生数（人） Student Enrollment (person)			专任教师数（人） Full-time Teachers (person)		
		合计 Total	小学 Primary Schools	初中 Junior Secondary School	合计 Total	小学 Primary Schools	初中 Junior Secondary School	合计 Total	小学 Primary Schools	初中 Junior Secondary School
郑州市	**Zhengzhou**									
中牟县	Zhongmu	180	141	39	183163	130275	52888	11132	6596	4536
巩义市	Gongyi	104	77	27	83133	56837	26296	6259	3332	2927
荥阳市	Xingyang	83	59	24	81019	57679	23340	5208	3087	2121
新密市	Xinmi	153	117	36	103184	69726	33458	6567	3860	2707
新郑市	Xinzheng	168	128	40	186128	130978	55150	11455	7062	4393
登封市	Dengfeng	133	83	50	145100	74937	70163	8192	3048	5144
开封市	**Kaifeng**									
杞县	Qixian	192	143	49	136942	95240	41702	10317	6327	3990
通许县	Tongxu	93	64	29	81895	57538	24357	4571	2653	1918
尉氏县	Weishi	205	168	37	139889	95417	44472	7568	4235	3333
兰考县	Lankao	227	171	56	130607	93098	37509	8417	4996	3421
洛阳市	**Luoyang**									
新安县	Xinan	83	59	24	58164	38289	19875	3527	1879	1648
栾川县	Luanchuan	58	41	17	45292	30510	14782	2655	1436	1219
嵩县	Songxian	93	73	20	80807	53457	27350	4675	2649	2026
汝阳县	Ruyang	84	60	24	76491	51979	24512	4549	2696	1853
宜阳县	Yiyang	99	62	37	78183	52095	26088	5378	2803	2575
洛宁县	Luoning	97	61	36	53892	36525	17367	3570	1861	1709
伊川县	Yichuan	166	120	46	127242	88055	39187	7522	4344	3178
平顶山市	**Pingdingshan**									
宝丰县	Baofeng	137	117	20	82737	55025	27712	4502	2701	1801
叶县	Yexian	180	153	27	110562	75717	34845	7247	4393	2854
鲁山县	Lushan	283	237	46	146753	93000	53753	8345	4885	3460
郏县	Jiaxian	131	106	25	78202	51470	26732	5521	3269	2252
舞钢市	Wugang	50	38	12	44040	29404	14636	2448	1563	885
汝州市	Ruzhou	433	372	61	171821	117970	53851	9628	5424	4204
安阳市	**Anyang**									
安阳县	Anyang	179	155	24	61004	37766	23238	3541	2125	1416
汤阴县	Tangyin	141	120	21	74664	47753	26911	3919	2424	1495
滑县	Huaxian	352	298	54	220389	150729	69660	11302	7173	4129
内黄县	Neihuang	237	198	39	120145	79157	40988	7724	4253	3471
林州市	Linzhou	230	181	49	159239	105134	54105	8271	4236	4035
鹤壁市	**Hebi**									
浚县	Xunxian	186	167	19	87603	60952	26651	5394	3598	1796
淇县	Qixian	76	63	13	36985	25792	11193	2269	1207	1062

26-10 续表 1　continued

县 市 County and City	校 数（所） Nunber of Schools (unit)			在校学生数（人） Student Enrollment (person)			专任教师数（人） Full-time Teachers (person)		
	合计 Total	小学 Primary Schools	初中 Junior Secondary School	合计 Total	小学 Primary Schools	初中 Junior Secondary School	合计 Total	小学 Primary Schools	初中 Junior Secondary School
新　乡　市 Xinxiang									
新　乡　县 Xinxiang	94	73	21	48687	31943	16744	2920	1563	1357
获　嘉　县 Huojia	119	93	26	56517	38085	18432	3694	1997	1697
原　阳　县 Yuanyang	230	180	50	110413	76493	33920	6520	4150	2370
延　津　县 Yanjin	153	118	35	68891	44954	23937	3957	2225	1732
封　丘　县 Fengqiu	228	175	53	111015	76759	34256	7615	3883	3732
长　垣　市 Changyuan	265	223	42	152302	105479	46823	8267	4798	3469
卫　辉　市 Weihui	134	105	29	75372	46851	28521	4205	2639	1566
辉　县　市 Huixian	186	145	41	143327	96147	47180	6090	2760	3330
焦　作　市 Jiaozuo									
修　武　县 Xiuwu	67	51	16	28553	19547	9006	2348	1459	889
博　爱　县 Boai	66	44	22	44630	30991	13639	3027	1339	1688
武　陟　县 Wuzhi	165	134	31	86298	60678	25620	5888	3609	2279
温　县 Wenxian	101	77	24	46847	32863	13984	3194	2021	1173
沁　阳　市 Qinyang	115	85	30	53497	36199	17298	3452	1860	1592
孟　州　市 Mengzhou	65	42	23	31393	22594	8799	2416	1242	1174
濮　阳　市 Puyang									
清　丰　县 Qingfeng	150	128	22	88160	60634	27526	5751	3617	2134
南　乐　县 Nanle	152	130	22	84848	60380	24468	5825	3761	2064
范　县 Fanxian	130	110	20	73628	51160	22468	4198	2686	1512
台　前　县 Taiqian	105	90	15	56243	38697	17546	3606	1994	1612
濮　阳　县 Puyang	257	222	35	148020	110262	37758	9585	6814	2771
许　昌　市 Xuchang									
鄢　陵　县 Yanling	161	138	23	88246	60386	27860	5786	3784	2002
襄　城　县 Xiangcheng	184	159	25	107867	70787	37080	6796	4274	2522
禹　州　市 Yuzhou	299	223	76	156234	105876	50358	10668	5138	5530
长　葛　市 Changge	162	128	34	97977	66487	31490	6836	3432	3404
漯　河　市 Luohe									
舞　阳　县 Wuyang	112	91	21	55975	37096	18879	3751	1910	1841
临　颍　县 Linying	197	161	36	74663	48522	26141	5478	2352	3126
三门峡市 Sanmenxia									
渑　池　县 Mianchi	62	39	23	44769	28513	16256	3054	1505	1549
卢　氏　县 Lushi	62	33	29	39587	23328	16259	2786	1399	1387
义　马　市 Yima	17	10	7	11718	8775	2943	1237	677	560
灵　宝　市 Lingbao	117	89	28	75673	52279	23394	5711	3388	2323
南　阳　市 Nanyang									
南　召　县 Nanzhao	94	60	34	97422	64185	33237	6111	3511	2600
方　城　县 Fangcheng	275	230	45	167926	108032	59894	10213	5722	4491
西　峡　县 Xixia	116	85	31	67422	41595	25827	4826	2869	1957

26-10 续表 2 continued

县 市	County and City	校 数（所） Nunber of Schools (unit)			在校学生数（人） Student Enrollment (person)			专任教师数（人） Full-time Teachers (person)		
		合计 Total	小学 Primary Schools	初中 Junior Secondary School	合计 Total	小学 Primary Schools	初中 Junior Secondary School	合计 Total	小学 Primary Schools	初中 Junior Secondary School
镇平县	Zhenping	192	153	39	134935	89073	45862	9332	5247	4085
内乡县	Neixiang	141	117	24	98768	59373	39395	6613	3240	3373
淅川县	Xichuan	142	117	25	92467	61134	31333	7025	3549	3476
社旗县	Sheqi	133	102	31	98037	65987	32050	6180	3719	2461
唐河县	Tanghe	272	226	46	184966	122912	62054	11141	6453	4688
新野县	Xinye	121	96	25	116720	73059	43661	8047	4748	3299
桐柏县	Tongbai	76	50	26	65200	39684	25516	5177	2643	2534
邓州市	Dengzhou	250	184	66	240860	156934	83926	14476	7771	6705
商丘市	**Shangqiu**									
民权县	Minquan	195	144	51	123697	90204	33493	7791	4194	3597
睢县	Suixian	298	241	57	112978	79549	33429	6851	3806	3045
宁陵县	Ningling	162	130	32	87158	63595	23563	5701	3435	2266
柘城县	Zhecheng	195	136	59	123498	88937	34561	10005	6099	3906
虞城县	Yucheng	311	263	48	172194	122044	50150	11020	6320	4700
夏邑县	Xiayi	241	197	44	146094	105763	40331	10861	7282	3579
永城市	Yongcheng	386	325	61	228492	153377	75115	12436	7618	4818
信阳市	**Xinyang**									
罗山县	Luoshan	153	125	28	84442	52094	32348	6277	3857	2420
光山县	Guangshan	179	136	43	98537	65900	32637	7591	4308	3283
新县	Xinxian	54	32	22	38158	25133	13025	3011	1399	1612
商城县	Shangcheng	126	96	30	73566	48848	24718	5935	3581	2354
固始县	Gushi	233	177	56	181231	115817	65414	12155	7325	4830
潢川县	Huangchuan	129	100	29	90840	64679	26161	6066	3789	2277
淮滨县	Huaibin	111	84	27	90800	64256	26544	6771	4245	2526
息县	Xixian	181	140	41	122624	81296	41328	8715	4738	3977
周口市	**Zhoukou**									
扶沟县	Fugou	135	109	26	78546	53723	24823	6141	3594	2547
西华县	Xihua	187	154	33	97166	67063	30103	7410	4365	3045
商水县	Shangshui	246	190	56	138352	95669	42683	9847	5656	4191
沈丘县	Shenqiu	265	200	65	148546	100498	48048	12200	7414	4786
郸城县	Dancheng	386	329	57	191629	128685	62944	12125	8142	3983
太康县	Taikang	328	262	66	190716	132609	58107	12001	7211	4790
鹿邑县	Luyi	244	189	55	145847	103237	42610	10370	5944	4426
项城市	Xiangcheng	217	161	56	161737	109895	51842	11594	5785	5809
驻马店市	**Zhumadian**									
西平县	Xiping	218	189	29	78225	55492	22733	6377	3953	2424
上蔡县	Shangcai	441	393	48	174891	117320	57571	12205	7966	4239
平舆县	Pingyu	139	110	29	139089	96965	42124	10571	7071	3500
正阳县	Zhengyang	238	207	31	117852	76428	41424	7870	4404	3466
确山县	Queshan	152	131	21	62574	38740	23834	4950	3140	1810
泌阳县	Biyang	183	149	34	130362	88122	42240	9226	5527	3699
汝南县	Runan	190	165	25	91850	63185	28665	6572	4403	2169
遂平县	Suiping	167	148	19	70855	47612	23243	5032	3095	1937
新蔡县	Xincai	303	254	49	147510	98652	48858	9817	6287	3530

26−11 各县(市)卫生主要指标(2021年)

Main Indicators of Sanitation by County and City (2021)

县 市	County and City	卫生机构床位数(张) Number of Beds in Health Institutions (unit)	卫生技术人员(人) Medical Technical Personnel (person)	执业医师(人) Medical practitioner (person)	助理医师(人) Assistant doctor of the operation (person)	注册护士(人) Registered Nurse (person)
郑州市	**Zhengzhou**					
中牟县	Zhongmu	4305	5063	1603	538	2103
巩义市	Gongyi	5546	5705	1770	378	2516
荥阳市	Xingyang	3231	4090	1225	370	1790
新密市	Xinmi	5052	5249	1555	345	2414
新郑市	Xinzheng	6277	7665	2428	508	3403
登封市	Dengfeng	5380	5288	1669	446	2315
开封市	**Kaifeng**					
杞县	Qixian	4224	4950	1205	848	2021
通许县	Tongxu	3568	3571	847	462	1645
尉氏县	Weishi	5390	4428	1192	599	1840
兰考县	Lankao	5418	6364	1749	757	2433
洛阳市	**Luoyang**					
新安县	Xinan	2985	2747	775	253	1174
栾川县	Luanchuan	2215	2259	687	177	1023
嵩县	Songxian	4048	3386	956	396	1507
汝阳县	Ruyang	2621	2664	713	196	1186
宜阳县	Yiyang	4745	3902	910	423	1496
洛宁县	Luoning	3543	2617	679	357	1065
伊川县	Yichuan	4509	5224	1357	775	2482
平顶山市	**Pingdingshan**					
宝丰县	Baofeng	3076	3135	926	429	1140
叶县	Yexian	3089	3307	854	590	1090
鲁山县	Lushan	5312	3720	912	561	1434
郏县	Jiaxian	3134	3405	980	363	1341
舞钢市	Wugang	1821	1914	496	131	851
汝州市	Ruzhou	7004	6531	1822	721	2560
安阳市	**Anyang**					
安阳县	Anyang	1250	1475	545	373	366
汤阴县	Tangyin	1785	2405	827	464	700
滑县	Huaxian	6747	6645	1878	1059	2664
内黄县	Neihuang	3639	3452	957	548	1175
林州市	Linzhou	5498	4523	1463	735	1523
鹤壁市	**Hebi**					
浚县	Xunxian	2773	2760	851	455	1082
淇县	Qixian	2126	2275	653	169	1047

26-11 续表 1 continued

县 市	County and City	卫生机构床位数（张） Number of Beds in Health Institutions (unit)	卫生技术人员（人） Medical Technical Personnel (person)	执业医师（人） Medical practitioner (person)	助理医师（人） Assistant doctor of the operation (person)	注册护士（人） Registered Nurse (person)
新乡市	**Xinxiang**					
新乡县	Xinxiang	1376	1820	607	295	676
获嘉县	Huojia	2654	2517	779	270	910
原阳县	Yuanyang	3691	4343	1188	691	1769
延津县	Yanjin	3285	2561	730	291	1038
封丘县	Fengqiu	3772	3349	882	431	1344
长垣市	Changyuan	4464	5552	1763	747	2279
卫辉市	Weihui	5368	5327	1630	380	2556
辉县市	Huixian	4260	3761	1178	563	1368
焦作市	**Jiaozuo**					
修武县	Xiuwu	1657	1632	495	280	568
博爱县	Boai	2479	2115	603	341	768
武陟县	Wuzhi	4524	3444	1021	583	1324
温县	Wenxian	2542	2715	757	288	1038
沁阳市	Qinyang	1934	2331	666	298	874
孟州市	Mengzhou	2206	2471	763	240	1052
濮阳市	**Puyang**					
清丰县	Qingfeng	3155	2722	731	279	1041
南乐县	Nanle	2930	2203	590	356	884
范县	Fanxian	2772	2397	522	399	944
台前县	Taiqian	2192	2484	614	359	1036
濮阳县	Puyang	7288	5069	1409	1074	1755
许昌市	**Xuchang**					
鄢陵县	Yanling	3264	2861	771	546	1105
襄城县	Xiangcheng	3987	3835	1089	492	1542
禹州市	Yuzhou	5762	6386	1874	869	2353
长葛市	Changge	3184	4113	1284	406	1655
漯河市	**Luohe**					
舞阳县	Wuyang	3548	2711	700	307	1039
临颍县	Linying	3610	3573	978	331	1589
三门峡市	**Sanmenxia**					
渑池县	Mianchi	2548	2115	582	238	800
卢氏县	Lushi	2531	2307	643	313	944
义马市	Yima	1775	1467	387	66	688
灵宝市	Lingbao	3747	4407	1468	559	1775
南阳市	**Nanyang**					
南召县	Nanzhao	3207	3601	795	573	1404
方城县	Fangcheng	5802	4133	1152	522	1671
西峡县	Xixia	3490	3306	912	361	1456

26-11 续表 2 continued

县 市	County and City	卫生机构床位数(张) Number of Beds in Health Institutions (unit)	卫生技术人员(人) Medical Technical Personnel (person)	执业医师(人) Medical practitioner (person)	助理医师(人) Assistant doctor of the operation (person)	注册护士(人) Registered Nurse (person)
镇平县	Zhenping	4085	4095	1012	763	1555
内乡县	Neixiang	3746	2962	756	419	1091
淅川县	Xichuan	3565	3274	895	377	1175
社旗县	Sheqi	2858	3704	1046	694	1512
唐河县	Tanghe	6049	6768	1635	1148	3146
新野县	Xinye	3170	3127	857	434	1170
桐柏县	Tongbai	3012	2776	656	373	1107
邓州市	Dengzhou	10054	9358	2612	1247	4240
商丘市	**Shangqiu**					
民权县	Minquan	4166	3811	937	534	1547
睢县	Suixian	3781	4596	1241	455	1879
宁陵县	Ningling	2936	3534	821	540	1141
柘城县	Zhecheng	5229	5283	1242	808	2205
虞城县	Yucheng	5078	4703	1070	1004	1412
夏邑县	Xiayi	5002	5500	1380	885	2153
永城市	Yongcheng	10254	8154	2221	897	3005
信阳市	**Xinyang**					
罗山县	Luoshan	2811	2480	720	221	1111
光山县	Guangshan	3532	3021	784	438	1084
新县	Xinxian	1118	1331	342	111	520
商城县	Shangcheng	3055	2444	690	309	1054
固始县	Gushi	7890	6464	1724	811	2610
潢川县	Huangchuan	3534	2875	836	612	945
淮滨县	Huaibin	3319	2472	632	372	948
息县	Xixian	3584	3542	937	323	1471
周口市	**Zhoukou**					
扶沟县	Fugou	3617	3452	879	498	1324
西华县	Xihua	4360	3875	879	521	1481
商水县	Shangshui	4550	4353	1238	725	1671
沈丘县	Shenqiu	5217	4881	1338	856	1679
郸城县	Dancheng	6480	6849	1674	690	2932
太康县	Taikang	8124	5968	1430	898	2455
鹿邑县	Luyi	5660	5388	1372	964	1942
项城市	Xiangcheng	4081	3557	937	452	1411
驻马店市	**Zhumadian**					
西平县	Xiping	4611	4456	1200	608	1857
上蔡县	Shangcai	5834	4692	1380	537	1803
平舆县	Pingyu	4826	5119	1329	678	2322
正阳县	Zhengyang	3814	3378	950	430	1376
确山县	Queshan	2724	2587	676	242	1185
泌阳县	Biyang	4968	4836	1145	763	2123
汝南县	Runan	3038	3472	948	471	1326
遂平县	Suiping	2856	3054	843	283	1277
新蔡县	Xincai	4213	4211	1036	733	1509

26−12 各县(市)社会保险和低保参保人数(2021年)

Number of People Participated in Basic Insurance and Lowest Cost-of-Living by County and City (2021)

单位：人 (person)

县 市 County and city	城镇职工基本养老保险参保人数 Number of Employees Participating in Basic Endowment Insurance in Urban Area	城乡居民基本养老保险参保人数 Number of Residents Participating in Basic Endowment Insurance in Urban and Rural Area	基本医疗保险参保人数 Number of People Participating in Basic Medical Insurance	城乡居民基本医疗保险参保人数 Number of Residents Participating in Basic Medical Insurance in Urban and Rural Area	城镇居民最低生活保障人数 Number of Urban Residents with Minimum Living Security	农村居民最低生活保障人数 Number of Rural Residents with Minimum Living Security
郑州市 Zhengzhou						
中牟县 Zhongmu	122394	268234	554697	481971	143	2293
巩义市 Gongyi	142787	415894	750133	666557	470	10590
荥阳市 Xingyang	99866	325169	637745	557094	325	6270
新密市 Xinmi	115687	410996	774478	687239	261	4642
新郑市 Xinzheng	136076	333703	641087	547681	1353	6696
登封市 Dengfeng	85710	364816	642341	563264	131	6726
开封市 Kaifeng						
杞县 Qixian	43906	642412	926066	891352	1802	45716
通许县 Tongxu	28157	373562	583020	556985	2381	26689
尉氏县 Weishi	105870	656677	843616	797368	1025	21992
兰考县 Lankao	103800	521487	846420	795943	2492	28123
洛阳市 Luoyang						
新安县 Xinan	82777	286409	470315	425513	4326	15511
栾川县 Luanchuan	29301	204352	328588	285959	373	8781
嵩县 Songxian	29651	342705	588583	553353	1345	23251
汝阳县 Ruyang	43596	268549	483076	452704	1714	12162
宜阳县 Yiyang	52952	379001	632405	595369	2348	39057
洛宁县 Luoning	21993	248230	452312	424021	901	13777
伊川县 Yichuan	50975	461169	801696	754391	2985	31516
平顶山市 Pingdingshan						
宝丰县 Baofeng	33043	291230	502800	465160	1388	11734
叶县 Yexian	70528	483214	735739	697377	3688	26223
鲁山县 Lushan	45646	508548	867205	821926	2172	24201
郏县 Jiaxian	53969	371797	581357	551814	2855	16661
舞钢市 Wugang	73371	146478	310081	260001	979	6613
汝州市 Ruzhou	94357	667200	1018532	962629	3335	38834
安阳市 Anyang						
安阳县 Anyang	37183	338024	527269	497074	98	12272
汤阴县 Tangyin	53955	269554	468742	430650	1556	7183
滑县 Huaxian	103092	762180	1350281	1291451	944	36726
内黄县 Neihuang	64466	494900	760452	727531	343	12070
林州市 Linzhou	142500	609700	1007974	940274	1179	15916
鹤壁市 Hebi						
浚县 Xunxian	56577	315068	655492	626031	1198	15014
淇县 Qixian	37437	110618	267623	245666	765	7453

26-12 续表 1 continued

单位：人 (person)

县 市 County and city	城镇职工基本养老保险参保人数 Number of Employees Participating in Basic Endowment Insurance in Urban Area	城乡居民基本养老保险参保人数 Number of Residents Participating in Basic Endowment Insurance in Urban and Rural Area	基本医疗保险参保人数 Number of People Participating in Basic Medical Insurance	城乡居民基本医疗保险参保人数 Number of Residents Participating in Basic Medical Insurance in Urban and Rural Area	城镇居民最低生活保障人数 Number of Urban Residents with Minimum Living Security	农村居民最低生活保障人数 Number of Rural Residents with Minimum Living Security
新乡市 Xinxiang						
新乡县 Xinxiang	79988	159655	342064	296219	196	5533
获嘉县 Huojia	38154	228718	395634	371085	446	7789
原阳县 Yuanyang	36681	333196	711193	679358	762	20872
延津县 Yanjin	64705	234974	445445	415901	1204	16654
封丘县 Fengqiu	70484	492244	723014	693428	798	30234
长垣市 Changyuan	118383	488381	862325	809925	4944	20615
卫辉市 Weihui	84718	221816	463091	415791	1932	8887
辉县市 Huixian	101572	488432	815745	759033	361	18453
焦作市 Jiaozuo						
修武县 Xiuwu	23153	125189	231364	206408	225	3687
博爱县 Boai	39892	185208	367466	332587	1242	8847
武陟县 Wuzhi	55989	356519	643100	595525	1167	13163
温县 Wenxian	70397	247249	421141	386714	900	6832
沁阳市 Qinyang	69506	293808	453855	410581	1952	11940
孟州市 Mengzhou	49257	218979	354344	316154	1154	9686
濮阳市 Puyang						
清丰县 Qingfeng	40688	368054	683912	645120	622	16439
南乐县 Nanle	33815	324717	525989	501181	709	10745
范县 Fanxian	39479	298407	530801	506176	1316	17950
台前县 Taiqian	14963	185500	380304	363332	288	14749
濮阳县 Puyang	48338	653839	1109521	1058727	2974	66381
许昌市 Xuchang						
鄢陵县 Yanling	36345	384570	643460	608711	6223	8657
襄城县 Xiangcheng	59979	506553	779676	739281	454	13096
禹州市 Yuzhou	137774	710054	1138016	1057915	6019	25874
长葛市 Changge	73200	407597	685123	625092	1136	8673
漯河市 Luohe						
舞阳县 Wuyang	10942	324131	516876	483404	454	11155
临颍县 Linying	14350	350400	634337	586745	524	17279
三门峡市 Sanmenxia						
渑池县 Mianchi	69709	157483	312521	277673	835	8809
卢氏县 Lushi	35770	226990	355042	333987	1569	18961
义马市 Yima	42384	30140	92962	78666	3100	
灵宝市 Lingbao	85386	454877	559256	505421	726	13007
南阳市 Nanyang						
南召县 Nanzhao	33335	337349	617940	587624	3438	41331
方城县 Fangcheng	36547	602200	1044344	993147	2186	63780
西峡县 Xixia	63446	204400	459290	397373	964	14432

26-12 续表 2 continued

单位：人 (person)

县 市 County and city	城镇职工基本养老保险参保人数 Number of Employees Participating in Basic Endowment Insurance in Urban Area	城乡居民基本养老保险参保人数 Number of Residents Participating in Basic Endowment Insurance in Urban and Rural Area	基本医疗保险参保人数 Number of People Participating in Basic Medical Insurance	城乡居民基本医疗保险参保人数 Number of Residents Participating in Basic Medical Insurance in Urban and Rural Area	城镇居民最低生活保障人数 Number of Urban Residents with Minimum Living Security	农村居民最低生活保障人数 Number of Rural Residents with Minimum Living Security
镇平县 Zhenping	43479	598200	964066	912450	2992	58639
内乡县 Neixiang	64490	378600	662462	612479	1576	19188
淅川县 Xichuan	53981	336800	651344	608168	1939	49251
社旗县 Sheqi	67245	362457	659454	623267	2158	29087
唐河县 Tanghe	57375	707600	1204339	1145872	4032	61674
新野县 Xinye	54831	401000	718954	676985	2943	22827
桐柏县 Tongbai	31885	238100	430003	395502	1780	22859
邓州市 Dengzhou	91830	957704	1622384	1557758	1734	54919
商丘市 Shangqiu						
民权县 Minquan	79159	502933	908172	870105	677	35946
睢县 Suixian	45854	473087	808197	773163	959	25040
宁陵县 Ningling	44546	306849	630106	603048	1599	33444
柘城县 Zhecheng	57100	500000	952200	919292	3615	43783
虞城县 Yucheng	589258	438989	1051913	1013528	918	41668
夏邑县 Xiayi	36000	711787	1157638	1115473	3837	53280
永城市 Yongcheng	117023	881300	1469954	1365455	3309	48861
信阳市 Xinyang						
罗山县 Luoshan	49134	396128	678799	644626	9147	34969
光山县 Guangshan	43857	443664	812415	772024	2100	27505
新县 Xinxian	35532	218875	335453	310179	4113	16797
商城县 Shangcheng	54043	411989	688483	656594	2863	26880
固始县 Gushi	134175	981274	1561931	1487441	13012	72843
潢川县 Huangchuan	54000	476200	789356	746534	4215	36713
淮滨县 Huaibin	41731	397144	667918	639092	4480	29338
息县 Xixian	68887	631944	968703	935493	8347	62309
周口市 Zhoukou						
扶沟县 Fugou	48371	438682	671321	629846	2954	23029
西华县 Xihua	42326	458998	861194	817198	4551	34501
商水县 Shangshui	71018	611130	1117233	1073310	3262	46441
沈丘县 Shenqiu	109952	729603	1215111	1162598	2451	32849
郸城县 Dancheng	100538	727316	1394633	1345657	2406	55462
太康县 Taikang	98218	784709	1438772	1385810	837	50824
鹿邑县 Luyi	85876	1013452	1211515	1166860	1383	50930
项城市 Xiangcheng	116002	723500	1116498	1073459	2146	20071
驻马店市 Zhumadian						
西平县 Xiping	72169	513401	765905	724747	3002	22157
上蔡县 Shangcai	52867	780000	1285325	1242492	5480	71772
平舆县 Pingyu	33489	630898	966510	930932	11167	48661
正阳县 Zhengyang	44000	503000	762229	729872	4220	20640
确山县 Queshan	49334	308933	501505	469301	1650	15582
泌阳县 Biyang	56015	543050	765645	724177	665	30417
汝南县 Runan	26844	532249	764941	726044	2537	24940
遂平县 Suiping	34943	312365	506607	466610	903	10288
新蔡县 Xincai	55944	561300	1062062	1026656	8633	44627

全国及各省、区、市主要统计指标

Main Indicators of the whole Nation and 31 Provinces (Municipality, Autonomous, Regions)

27

27-1 全国及各省区市人口、工资及投资(2021年)

Population, Wage and Investment by Province and Region (2021)

地区	Region	常住人口(万人) Number of the resident population (10 000 persons)	在岗职工平均工资(元) Average Wage of Staff and Workers (yuan)	#国有经济 State-Owned Units	#城镇集体经济 Urban Collective Owned Units	固定资产投资增速(%) Investment in Fixed Assets (%)	#房地产 Real Estate
全国	**National**	**141260**	**110221**	**119139**	**76440**	**4.9**	**4.4**
北京	Beijing	2189	201504	209851	75023	4.9	5.1
天津	Tianjin	1373	128171	155065	70912	4.8	6.2
河北	Hebei	7448	85611	83139	64079	3.0	9.2
山西	Shanxi	3480	84938	80667	57916	8.7	6.3
内蒙古	Inner Mongolia	2400	93266	88900	90860	9.8	4.9
辽宁	Liaoning	4229	88474	92654	50088	2.6	-2.6
吉林	Jilin	2375	86658	88614	82078	11.0	5.5
黑龙江	Heilongjiang	3125	85157	81079	68927	6.4	-4.8
上海	Shanghai	2489	196053	229498	123099	8.0	7.2
江苏	Jiangsu	8505	117868	160771	108053	5.8	2.3
浙江	Zhejiang	6540	125351	176357	76437	10.8	8.5
安徽	Anhui	6113	97445	120465	86810	9.4	3.1
福建	Fujian	4187	101516	129507	77428	6.0	2.8
江西	Jiangxi	4517	86116	103736	58317	10.8	6.3
山东	Shandong	10170	98094	116179	68432	6.0	3.9
河南	**Henan**	**9883**	**76261**	**83940**	**65036**	**4.5**	**1.2**
湖北	Hubei	5830	100190	116671	60429	20.4	25.2
湖南	Hunan	6622	88874	99706	61259	8.0	11.2
广东	Guangdong	12684	120299	163492	78446	6.3	0.9
广西	Guangxi	5037	91369	98833	49488	7.6	-2.9
海南	Hainan	1020	101090	107133	70430	10.2	2.8
重庆	Chongqing	3212	106966	132577	72529	6.1	0.1
四川	Sichuan	8372	100469	116872	64919	5.9	7.1
贵州	Guizhou	3852	99324	104471	71308	-3.1	-1.0
云南	Yunnan	4690	104286	117958	94537	4.0	-4.3
西藏	Tibet	366	145461	168632	82915	-14.2	-14.2
陕西	Shaanxi	3954	94435	91147	67085	-3.0	0.8
甘肃	Gansu	2490	88289	96007	60837	11.1	12.6
青海	Qinghai	594	112397	119756	95557	-2.9	5.0
宁夏	Ningxia	725	109437	116925	85265	2.2	7.8
新疆	Xinjiang	2589	96749	95465	94436	15.0	19.1
河南为全国%	**Henan as % of the Country**	**7.0**	**69.2**	**70.5**	**85.1**		
河南居全国位次	**Rank of Henan in the Country**	**3**	**31**	**28**	**22**	**23**	**22**

27-2 全国及各省区市生产总值(2021年)

Gross Domestic Product by Province and Region (2021)

地区	Region	生产总值 (亿元) Gross Domestic Products (100 million yuan)	第一产业 Primary Industry	第二产业 Secondary Industry	第三产业 Tertiary Industry	生产总值 增速 (%) Growth Rate of GDP (%)	第一产业 Primary Industry	第二产业 Secondary Industry	第三产业 Tertiary Industry
全国	**National**	**1143670**	**83086**	**450904**	**609680**	**8.1**	**7.1**	**8.2**	**8.2**
北京	Beijing	40270	111	7269	32890	8.5	2.7	23.2	5.7
天津	Tianjin	15695	225	5854	9615	6.6	2.7	6.5	6.7
河北	Hebei	40391	4030	16364	19997	6.5	6.3	4.8	7.7
山西	Shanxi	22590	1287	11213	10090	9.1	8.1	10.2	8.3
内蒙古	Inner Mongolia	20514	2225	9374	8915	6.3	4.8	6.1	6.7
辽宁	Liaoning	27584	2462	10875	14247	5.8	5.3	4.2	7.0
吉林	Jilin	13236	1554	4768	6913	6.6	6.4	5.0	7.8
黑龙江	Heilongjiang	14879	3463	3975	7441	6.1	6.6	5.0	6.3
上海	Shanghai	43215	100	11449	31666	8.1	-6.5	9.4	7.6
江苏	Jiangsu	116364	4722	51775	59866	8.6	3.1	10.1	7.7
浙江	Zhejiang	73516	2209	31189	40118	8.5	2.2	10.2	7.6
安徽	Anhui	42959	3361	17613	21985	8.3	7.4	7.9	8.7
福建	Fujian	48810	2898	22866	23046	8.0	4.9	7.5	8.8
江西	Jiangxi	29620	2334	13183	14102	8.8	7.3	8.2	9.5
山东	Shandong	83096	6029	33187	43880	8.3	7.5	7.2	9.2
河南	**Henan**	**58887**	**5621**	**24332**	**28935**	**6.3**	**6.4**	**4.1**	**8.1**
湖北	Hubei	50013	4662	18953	26398	12.9	11.1	13.6	12.6
湖南	Hunan	46063	4323	18126	23614	7.7	9.3	6.9	7.9
广东	Guangdong	124370	5004	50219	69147	8.0	7.9	8.7	7.5
广西	Guangxi	24741	4016	8188	12537	7.5	8.2	6.7	7.7
海南	Hainan	6475	1254	1239	3982	11.2	3.9	6.0	15.3
重庆	Chongqing	27894	1922	11185	14787	8.3	7.8	7.3	9.0
四川	Sichuan	53851	5662	19901	28288	8.2	7.0	7.4	8.9
贵州	Guizhou	19586	2731	6985	9871	8.1	7.7	9.4	7.3
云南	Yunnan	27147	3870	9589	13687	7.3	8.4	6.1	7.7
西藏	Tibet	2080	164	757	1159	6.7	7.3	-0.9	11.8
陕西	Shaanxi	29801	2409	13803	13589	6.5	6.3	5.6	7.3
甘肃	Gansu	10243	1365	3467	5412	6.9	10.1	6.4	6.5
青海	Qinghai	3347	353	1333	1661	5.7	4.5	6.5	5.4
宁夏	Ningxia	4522	364	2022	2136	6.7	4.7	6.6	7.1
新疆	Xinjiang	15984	2356	5967	7660	7.0	7.9	6.7	6.9
河南为全国%	**Henan as % of the Country**	**5.1**	**6.8**	**5.4**	**4.7**				
河南居全国位次	**Rank of Henan in the Country**	**5**	**3**	**5**	**7**	**27**	**17**	**30**	**11**

注：生产总值按当年价格计算。生产总值指数按可比价格计算。

a) GDP in this table are calculated at current prices. The indices in this table are calculated at comparable prices.

27-3 全国及各省区市物价指数(2021年)

Price Indices by Province and Region (2021)

(上年=100) (Preceding Year=100)

地区	Region	居民消费价格总指数 General Consumer Price Index	工业生产者出厂价格指数 Producer Price Indices for Industrial Products	工业生产者购进价格指数 Purchasing Price Indices for Industrial Producers
全　国	**National**	**100.9**	**108.1**	**111.0**
北　京	Beijing	101.1	101.1	103.7
天　津	Tianjin	101.3	110.9	114.7
河　北	Hebei	101.0	116.4	119.8
山　西	Shanxi	101.0	130.2	116.3
内蒙古	Inner Mongolia	100.9	128.5	128.0
辽　宁	Liaoning	101.1	113.6	115.0
吉　林	Jilin	100.6	105.1	106.2
黑龙江	Heilongjiang	100.6	112.3	110.5
上　海	Shanghai	101.2	102.1	107.3
江　苏	Jiangsu	101.6	106.3	113.8
浙　江	Zhejiang	101.5	106.3	114.5
安　徽	Anhui	100.9	107.7	111.5
福　建	Fujian	100.7	104.9	109.2
江　西	Jiangxi	100.9	110.5	112.3
山　东	Shandong	101.2	110.3	109.5
河　南	**Henan**	**100.9**	**107.8**	**109.5**
湖　北	Hubei	100.3	104.1	108.5
湖　南	Hunan	100.5	105.9	108.1
广　东	Guangdong	100.8	103.4	108.0
广　西	Guangxi	100.9	108.9	110.7
海　南	Hainan	100.3	113.5	116.5
重　庆	Chongqing	100.3	103.2	107.2
四　川	Sichuan	100.3	105.9	107.5
贵　州	Guizhou	100.1	106.5	112.0
云　南	Yunnan	100.2	110.0	108.9
西　藏	Tibet	100.9	101.5	
陕　西	Shaanxi	101.5	116.9	116.3
甘　肃	Gansu	100.9	116.4	118.1
青　海	Qinghai	101.3	114.5	111.5
宁　夏	Ningxia	101.4	119.9	120.8
新　疆	Xinjiang	101.2	119.4	115.0
河南居全国位次	**Rank of Henan in the Country**	**14**	**17**	**19**

27-4 全国及各省区市城乡居民收支(2021年)

Income and Expenditure of Urban and Rural Residents by Province and Region (2021)

单位：元 (yuan)

地区	Region	居民人均可支配收入 Per Capita Annual Disposable Income	城镇居民 Urban Households	农村居民 Rural Households	居民人均消费支出 Per Capita Consumption Expenditures	城镇居民 Urban Households	农村居民 Rural Households
全国	**National**	**35128**	**47412**	**18931**	**24100**	**30307**	**15916**
北京	Beijing	75002	81518	33303	43640	46776	23574
天津	Tianjin	47449	51486	27955	33188	36067	19285
河北	Hebei	29383	39791	18179	19954	24192	15391
山西	Shanxi	27426	37433	15308	17191	21965	11410
内蒙古	Inner Mongolia	34108	44377	18337	22658	27194	15691
辽宁	Liaoning	35112	43051	19217	23831	28438	14606
吉林	Jilin	27770	35646	17642	19605	24421	13411
黑龙江	Heilongjiang	27159	33646	17888	20636	24422	15225
上海	Shanghai	78027	82429	38521	48879	51295	27205
江苏	Jiangsu	47498	57743	26791	31451	36558	21130
浙江	Zhejiang	57541	68487	35247	36668	42193	25415
安徽	Anhui	30904	43009	18368	21911	26495	17163
福建	Fujian	40659	51140	23229	28440	33942	19290
江西	Jiangxi	30610	41684	18684	20290	24587	15663
山东	Shandong	35705	47066	20794	22821	29314	14299
河南	**Henan**	**26811**	**37095**	**17533**	**18391**	**23178**	**14073**
湖北	Hubei	30829	40278	18259	23846	28506	17647
湖南	Hunan	31993	44866	18295	22798	28294	16951
广东	Guangdong	44993	54854	22306	31589	36621	20012
广西	Guangxi	26727	38530	16363	18088	22555	14165
海南	Hainan	30457	40213	18076	22242	27565	15487
重庆	Chongqing	33803	43502	18100	24598	29850	16096
四川	Sichuan	29080	41444	17575	21518	26971	16444
贵州	Guizhou	23996	39211	12856	17957	25333	12557
云南	Yunnan	25666	40905	14197	18851	27441	12386
西藏	Tibet	24950	46503	16935	15342	28159	10577
陕西	Shaanxi	28568	40713	14745	19347	24784	13158
甘肃	Gansu	22066	36187	11433	17456	25757	11206
青海	Qinghai	25919	37745	13604	19020	24513	13300
宁夏	Ningxia	27904	38291	15337	20024	25386	13536
新疆	Xinjiang	26075	37642	15575	18961	25724	12821
河南为全国%	**Henan as % of the Country**	**76.3**	**78.2**	**92.6**	**76.3**	**76.5**	**88.4**
河南居全国位次	**Rank of Henan in the Country**	**24**	**28**	**21**	**26**	**29**	**21**

27-5 全国及各省区市主要农产品产量(2021年)
Output of Major Farm Products by Province and Region (2021)

单位：万吨 (10 000 tons)

地区	Region	粮食 Grain	棉花 Cotton	油料 Oilbearing Crops	水果(含果用瓜) Fruits (include fruit with melon)	肉类 Meat	奶类 Milk
全国	**National**	**68284.75**	**573.09**	**3613.17**	**29970.20**	**8989.98**	**3778.06**
北京	Beijing	37.75		0.52	48.84	4.42	25.85
天津	Tianjin	249.87	0.40	0.31	49.43	30.50	51.81
河北	Hebei	3825.09	15.97	118.36	1445.08	464.34	501.85
山西	Shanxi	1421.25	0.09	15.46	974.87	135.38	135.73
内蒙古	Inner Mongolia	3840.30		213.89	190.82	277.32	680.04
辽宁	Liaoning	2538.74		116.18	856.42	435.41	139.25
吉林	Jilin	4039.24		85.75	164.09	274.65	32.75
黑龙江	Heilongjiang	7867.72		13.58	184.29	300.42	501.00
上海	Shanghai	93.96		0.49	32.62	9.14	29.36
江苏	Jiangsu	3746.10	0.79	97.81	969.13	306.51	64.88
浙江	Zhejiang	620.90	0.56	31.71	722.55	103.56	18.61
安徽	Anhui	4087.56	2.91	167.14	778.10	456.31	47.56
福建	Fujian	506.42		23.31	810.29	286.54	19.97
江西	Jiangxi	2192.33	1.72	130.91	744.64	344.96	8.35
山东	Shandong	5500.75	14.03	285.89	3032.59	819.26	288.37
河南	**Henan**	**6544.20**	**1.40**	**657.28**	**2455.34**	**646.81**	**216.82**
湖北	Hubei	2764.33	10.89	354.14	1119.38	425.51	9.61
湖南	Hunan	3074.36	8.05	263.00	1193.64	562.05	5.70
广东	Guangdong	1279.87		117.30	1957.79	457.42	17.30
广西	Guangxi	1386.54	0.11	75.86	3121.13	440.97	13.09
海南	Hainan	146.03		7.46	525.67	66.87	0.10
重庆	Chongqing	1092.84		68.48	553.18	196.59	3.07
四川	Sichuan	3582.14	0.20	416.60	1290.90	664.04	68.35
贵州	Guizhou	1094.86	0.04	94.88	653.66	228.23	4.92
云南	Yunnan	1930.30		63.89	1142.60	488.06	72.51
西藏	Tibet	106.15		4.58	3.01	27.36	53.72
陕西	Shaanxi	1270.43	0.03	58.33	2141.13	127.97	161.90
甘肃	Gansu	1231.46	3.06	58.79	883.77	135.29	67.54
青海	Qinghai	109.09		31.88	2.96	40.03	35.62
宁夏	Ningxia	368.44		4.82	262.77	35.33	280.51
新疆	Xinjiang	1735.78	512.85	34.60	1659.51	198.73	221.92
河南为全国%	**Henan as % of the Country**	**9.6**	**0.2**	**18.2**	**8.2**	**7.2**	**5.7**
河南居全国位次	**Rank of Henan in the Country**	**2**	**9**	**1**	**3**	**3**	**7**

27−6　全国及各省区市规模以上工业主要统计指标(2021年)

Main Indicators of Enterprises Above Designed Size by Province and Region (2021)

地　区	Region	原　油 (万吨) Crude Oil (10 000 tons)	发电量 (亿千瓦小时) Electricity (100 million kwh)	原　煤 (万吨) Coal (10 000 tons)	成品钢材 (万吨) Steel (10 000 tons)	水　泥 (万吨) Cement (10 000 tons)	农用化肥 (万吨) Chemical Fertilizers (10 000 tons)	增加值增速 (%) Indices of Value-Added of Industry (%)
全　国	**National**	**19888**	**85342**	**412583**	**133667**	**237811**	**5544**	**9.6**
北　京	Beijing		473		203	258		31.0
天　津	Tianjin	3407	800		5992	632	56	8.2
河　北	Hebei	545	3513	4643	29559	11355	202	4.9
山　西	Shanxi		3926	120346	6174	5689	383	12.7
内蒙古	Inner Mongolia	42	6120	106990	2958	3668	395	6.0
辽　宁	Liaoning	1054	2258	3088	7759	4939	37	4.6
吉　林	Jilin	414	1026	905	1791	2125	29	4.6
黑龙江	Heilongjiang	2945	1201	6016	951	2189	74	7.3
上　海	Shanghai	51	1003		1941	444	1	11.0
江　苏	Jiangsu	151	5969	934	15702	15402	179	12.8
浙　江	Zhejiang		4222		3452	13638	81	12.9
安　徽	Anhui		3083	11274	3820	15001	210	8.9
福　建	Fujian		2951	548	3981	10131	67	9.9
江　西	Jiangxi		1563	237	3481	10404	99	11.4
山　东	Shandong	2211	6210	9312	10668	16618	404	9.6
河　南	**Henan**	**235**	**3039**	**9372**	**4336**	**11386**	**359**	**6.3**
湖　北	Hubei	53	3292	30	3852	11873	582	14.8
湖　南	Hunan		1742	727	2980	10513	66	8.4
广　东	Guangdong	1745	6306		5111	17084	8	9.0
广　西	Guangxi	47	2082	352	5282	11433	41	8.6
海　南	Hainan	37	391			1938	67	10.3
重　庆	Chongqing		991		1311	6238	162	10.7
四　川	Sichuan	9	4530	1953	3496	14171	343	9.8
贵　州	Guizhou		2368	13232	811	9333	337	12.9
云　南	Yunnan		3770	6099	2646	11511	248	8.8
西　藏	Tibet		113			992		12.9
陕　西	Shaanxi	2553	2740	70192	2097	6699	166	7.6
甘　肃	Gansu	1029	1897	4407	1081	4478	27	8.9
青　海	Qinghai	234	996	1109	182	1107	494	9.2
宁　夏	Ningxia	135	2083	8670	582	1870	63	8.0
新　疆	Xinjiang	2990	4684	32148	1468	4693	365	8.8
河南为全国%	**Henan as % of the Country**	**1.2**	**3.6**	**2.3**	**3.2**	**4.8**	**6.5**	
河南居全国位次	**Rank of Henan in the Country**	**11**	**13**	**7**	**9**	**10**	**7**	**27**

27-7 全国及各省区市贸易外经和财政主要指标(2021年)

Main Indicators of Internal and Foreign Trade、Government Finance by Province and Region (2021)

地区	Region	社会消费品零售总额(亿元) Total Retail Sales of Consumer Goods (100 million yuan)	进出口贸易总额(亿元) Total Value of Import and Export Trade (100 million yuan)	#出口 Total Value of Exports	公共财政预算收入(亿元) Public Budget Revenue (100 million yuan)	公共财政预算支出(亿元) Public Budget Expenditure (100 million yuan)
全国	**National**	**440823.20**	**391008.54**	**217347.60**	**111077.08**	**211271.54**
北京	Beijing	14867.74	30438.37	6118.47	5932.31	7205.12
天津	Tianjin	3769.78	8567.42	3875.61	2141.04	3150.44
河北	Hebei	13509.87	5415.64	3029.79	4167.58	8854.51
山西	Shanxi	7747.26	2230.25	1365.93	2834.61	5048.07
内蒙古	Inner Mongolia	5060.31	1235.56	478.39	2349.94	5240.14
辽宁	Liaoning	9783.95	7724.05	3312.60	2764.71	5901.30
吉林	Jilin	4216.63	1503.77	353.54	1143.97	3696.72
黑龙江	Heilongjiang	5542.89	1995.01	447.71	1300.50	5104.49
上海	Shanghai	18079.25	40610.35	15718.67	7771.80	8430.86
江苏	Jiangsu	42702.65	52130.59	32532.33	10015.16	14585.96
浙江	Zhejiang	29210.54	41429.09	30121.25	8262.57	11016.87
安徽	Anhui	21471.16	6920.21	4094.78	3498.19	7592.14
福建	Fujian	20373.11	18449.58	10816.50	3383.38	5210.93
江西	Jiangxi	12206.69	4980.39	3671.80	2812.25	6778.48
山东	Shandong	33714.55	29304.06	17582.68	7284.45	11709.11
河南	**Henan**	**24381.70**	**8208.07**	**5024.06**	**4353.92**	**9784.29**
湖北	Hubei	21561.37	5374.42	3509.33	3283.30	7937.28
湖南	Hunan	18596.85	5988.56	4212.71	3250.69	8364.84
广东	Guangdong	44187.71	82680.28	50528.72	14103.43	18222.73
广西	Guangxi	8538.50	5930.63	2939.11	1800.12	5810.20
海南	Hainan	2497.62	1476.78	332.60	921.16	1982.84
重庆	Chongqing	13967.67	8000.59	5168.33	2285.45	4835.11
四川	Sichuan	24133.21	9513.60	5708.67	4773.27	11215.56
贵州	Guizhou	8904.27	654.16	487.11	1969.51	5590.15
云南	Yunnan	10731.80	3143.83	1766.75	2278.24	6634.40
西藏	Tibet	810.34	40.16	22.52	215.59	2028.68
陕西	Shanxi	10250.50	4757.75	2566.07	2775.27	6069.43
甘肃	Gansu	4037.11	490.93	96.94	1001.83	4025.89
青海	Qinghai	947.84	31.34	17.06	330.76	1871.97
宁夏	Ningxia	1335.12	214.04	174.81	460.01	1428.29
新疆	Xinjiang	3584.62	1569.07	1272.77	1618.60	5309.19
河南为全国%	**Henan as % of the Country**	**5.5**	**2.1**	**2.3**	**3.9**	**4.6**
河南居全国位次	**Rank of Henan in the Country**	**5**	**10**	**10**	**8**	**6**

注：财政收支为地方本级收支，数据来源于《中国统计提要-2022》。河南数据已根据河南省财政厅财政总决算进行调整。

a) Government revenue and expenditures is corresponding level.Data are from China statistical abstract - 2022. The data of Henan have been adjusted according to the financial budget of finance department of Henan province.

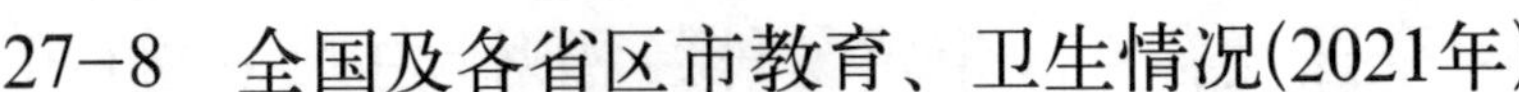

27−8 全国及各省区市教育、卫生情况(2021年)

Main Indicator on Education and Public Health by Province and Region (2021)

地 区	Region	在校学生数(万人) Student Enrollment (10 000 persons)			卫生机构数(个) Health Institutions (unit)	卫生机构床位数(张) Number of Beds in Health Institutions (unit)	执业(助理)医师数(人) Licensed (Assistant) Doctors (person)
		普通高等学校 Institutions of Higher Education	普通中学 Regular Secondary Schools	小 学 Primary Schools			
全 国	**National**	**3496**	**7623**	**10780**	**1030935**	**9437771**	**4287604**
北 京	Beijing	62	53	104	10699	130259	112514
天 津	Tianjin	58	53	75	6076	68656	51777
河 北	Hebei	170	474	684	88162	454830	254227
山 西	Shanxi	89	178	233	41007	228834	113350
内 蒙 古	Inner Mongolia	51	108	141	24948	166036	84230
辽 宁	Liaoning	118	160	197	33051	323852	132022
吉 林	Jilin	76	105	115	25344	176306	87312
黑 龙 江	Heilongjiang	88	141	117	20578	259795	96932
上 海	Shanghai	55	67	89	6308	160378	84055
江 苏	Jiangsu	211	389	586	36448	548071	272666
浙 江	Zhejiang	121	250	383	35120	369692	232663
安 徽	Anhui	150	346	469	29554	411023	172581
福 建	Fujian	102	223	353	28693	223813	111058
江 西	Jiangxi	135	332	396	36764	307227	111395
山 东	Shandong	243	571	756	85715	673370	342794
河 南	**Henan**	**269**	**717**	**1012**	**78536**	**708696**	**297509**
湖 北	Hubei	170	272	383	36529	433764	169527
湖 南	Hunan	160	393	530	55677	532278	192504
广 东	Guangdong	254	630	1079	57964	588964	319438
广 西	Guangxi	132	351	516	34112	319045	131975
海 南	Hainan	25	59	87	6277	61180	29682
重 庆	Sichuan	100	177	203	21361	240726	92134
四 川	Chongqing	192	424	549	80249	662029	250397
贵 州	Guizhou	88	277	396	29292	296865	105369
云 南	Yunnan	104	285	385	26885	329870	125764
西 藏	Tibet	4	22	37	6907	19492	10625
陕 西	Shaanxi	128	186	296	34971	284163	120558
甘 肃	Gansu	61	140	203	25759	182665	70649
青 海	Qinghai	8	35	52	6408	42061	18773
宁 夏	Ningxia	16	45	60	4571	41191	22519
新 疆	Xinjiang	56	162	293	16970	185647	70599
河南为全国%	**Henan as % of the Country**	**7.7**	**9.4**	**9.4**	**7.6**	**7.6**	**6.9**
河南居全国位次	**Rank of Henan in the Country**	**1**	**1**	**2**	**4**	**1**	**3**